新工科·新商科·统计与数据科学系列教材
全国统计教材编审委员会推荐使用教材（2003年第2版）

# SPSS 统计分析
## （第6版）（高级版）

朱红兵　朱一力　　　　　主　编

何丽娟　沙　捷　　　　　副主编

卢纹岱　刘　瑶　宋楚强
殷小川　费青松　解利辉　　　编
宋　峥　梁　蕾　卢纹凯　张泰昌

吴喜之　　　　　　　　　审　校

电子工业出版社
Publishing House of Electronics Industry
北京·BEIJING

## 内 容 简 介

本书是在第5版11.8节及之后内容的基础上，基于软件SPSS 26，根据读者的反馈意见修订而成的。全书内容以统计分析应用为主，简要介绍各种统计分析方法的基本思想和基本概念；详细叙述操作方法，每种分析方法均设置了对应的例题，涉及各个领域。每个例题均从数据解释、数据文件结构、方法选择、操作步骤，以及对输出结果的分析解释方面给予了说明。本书保留第5版的统计分析方法，对基本操作的内容等进行了压缩、修正及简化。对于SPSS 26中的界面改动部分及新增按钮部分，本书进行了相应图形及文字方面的解释、修改和补充。在内容上，本书增加了分位数回归、ROC曲线、ROC分析、贝叶斯推断等内容。为方便读者阅读，本书所有例题数据均按章节编号，上传至华信教育资源网（www.hxedu.com.cn）。为便于教学，我们为将本书作为教材的教师免费提供电子课件，教师登录华信教育资源网便可下载使用。

本书可以作为要求掌握统计分析方法和SPSS软件操作的高等院校的本科生、研究生的教材和自学参考书，也可作为数据分析或统计应用各领域、各专业的研究人员、中高层管理人员和决策者的参考资料。

未经许可，不得以任何方式复制或抄袭本书之部分或全部内容。
版权所有，侵权必究。

图书在版编目（CIP）数据

SPSS统计分析：高级版 / 朱红兵，朱一力主编. —6版. —北京：电子工业出版社，2023.2
ISBN 978-7-121-44805-8

Ⅰ. ①S… Ⅱ. ①朱… ②朱… Ⅲ. ①统计分析—软件包—高等学校—教材 Ⅳ. ①C819

中国版本图书馆CIP数据核字（2022）第250492号

责任编辑：秦淑灵　　　　特约编辑：田学清
印　　刷：北京捷迅佳彩印刷有限公司
装　　订：北京捷迅佳彩印刷有限公司
出版发行：电子工业出版社
　　　　　北京市海淀区万寿路173信箱　　邮编：100036
开　　本：787×1092　1/16　　印张：29.25　　字数：748.8千字
版　　次：2000年6月第1版
　　　　　2023年2月第6版
印　　次：2025年8月第4次印刷
定　　价：89.00元

凡所购买电子工业出版社图书有缺损问题，请向购买书店调换。若书店售缺，请与本社发行部联系，联系及邮购电话：（010）88254888，88258888。
质量投诉请发邮件至zlts@phei.com.cn，盗版侵权举报请发邮件至dbqq@phei.com.cn。
本书咨询联系方式：qinshl@phei.com.cn。

# 前　　言

SPSS 是一个集数据整理、分析过程、结果输出等功能于一身，提供统计产品与服务解决方案的组合式软件包，是世界著名的统计分析软件之一。2009 年，IBM 公司收购了 SPSS 软件公司，SPSS 软件更名为 IBM SPSS Statistics，考虑到读者习惯，本书仍简称为 SPSS。

SPSS 使用 Windows 的窗口方式展示各种管理数据和分析方法功能，使用对话框展示各种功能选择项，清晰、直观、易学易用、涵盖面广。读者只要掌握一定的 Windows 操作技能和统计分析原理，就可以使用该软件服务于特定的科研工作。即使统计学知识有限，也可以使用系统默认选项得到初步的分析结果，免去了编写程序的复杂工作。SPSS 具有强大的图形功能，使用该软件不仅可以得到分析后的数字结果，还可以得到直观、清晰、漂亮的统计图，形象地显示对原始数据和分析结果的各种描述。

SPSS 在我国的社会科学和自然科学的各个领域得到广泛应用，发挥着巨大作用。我们编写的《SPSS 统计分析》第 1~5 版得到广大读者的厚爱，成为受读者欢迎的畅销书。

在第 5 版 11.8 节及之后内容的基础上，我们编写了《SPSS 统计分析（第 6 版）（高级版）》。

根据 SPSS 的发展和广大读者的要求，我们对原作进行了仔细的检查、修正，并遵循增加内容但不大幅增加篇幅的原则进行了如下改动。

（1）本书软件操作内容基于 SPSS 26 版本，兼顾 25 以下版本。

（2）为更符合分布条件的要求，对几个实例进行了解法提炼以及内容更换；对不常用的数据合并中的个别方法进行了优化。

（3）对于 SPSS 26 中界面改动部分及新增按钮部分，本书进行了相应图形及文字方面的解释、修改和补充。

（4）对于软件汉化中的名称与专业名称或习惯用法不一致之处，本书保留传统用法，因此，可能会出现图题与图中标题不一致的情形。对于明显汉化有误之处，书中也进行了说明。

（5）随着应用统计学知识的普及，根据读者要求，相对于上一个版本，本书增加的内容如下：
- 在第 1 章对数线性模型及其他回归分析中，增加了分位数回归。
- 在第 3 章聚类分析与判别分析中，增加了 ROC 曲线和 ROC 分析。
- 新增第 11 章贝叶斯推断。

本书共分两大部分。
- 第 1~8 章及第 11 章主要介绍了对数线性模型及其他回归分析、非参数检验、聚类分析、判别分析、因子分析、对应分析、信度分析、多维尺度分析、结合分析、时间序列分析、生存分析以及贝叶斯推断。

● 第9章和第10章详细介绍了各种统计图的生成、编辑和修饰方法。

为便于初学者和非统计学专业的读者学习,本书章节的编排有利于读者由浅入深地系统学习统计学知识和正确选择分析方法。每章均对统计分析方法的基本思想或基本概念进行了深入浅出的介绍;对软件的操作进行了尽量详细的说明;并对每种分析方法配以相应的例题。本书各章节的例题从数据解释、数据文件结构、方法选择、软件操作、输出结果解释和结论等几方面加以详细的说明。本书大部分例题均为作者科研或教学中的实例,读者容易接受。

本书所有例题按章节编号,已上传至华信教育资源网(www.hxedu.com.cn),数据文件名均以"data"开头,后接章号,横线后是两位数字,表明数据文件在本章中出现的序号。文件类型主要是SPSS数据文件(dataxx-xx.sav),也有少量Excel文件(dataxx-xx.xls)和文本文件(dataxx-xx.txt)。读者可以按照书中的数据图例查找并参照。为方便读者学习,每种分析方法的介绍,除有些基本操作被简化外,基本彼此独立,读者可根据自己的需要自行安排阅读。为方便教学,我们向将本书作为教材的教师免费提供电子课件,教师可登录华信教育资源网下载使用。

本书由中国人民大学统计学院吴喜之教授审校,在此深表谢意!

本书各章编写情况如下:第1章由朱红兵、沙捷、刘瑶共同完成,第2章由朱红兵完成,第3章由卢纹岱、梁蕾共同完成,第4章由卢纹岱、朱红兵共同完成,第5章由何丽娟与殷小川共同完成,第6章由卢纹岱完成,第7章由朱红兵完成,第8章、第9章、第10章由朱一力完成,第11章由朱红兵完成。朱红兵负责全书的统稿工作。

本书可以作为要求掌握统计分析方法和SPSS软件操作的高等院校的本科生、研究生的教材和自学参考书,也可作为数据分析或统计应用的各领域、各专业的研究人员、中高层管理人员和决策者的参考资料。

由于编者水平有限,加之时间仓促,本书仍存在有待改进的地方,恳请广大读者批评指正,我们愿与各位同行和爱好者进行交流学习。反馈意见请发至邮箱:zhuhongbing@cupes.edu.cn。

编 者

# 目　　录

**第1章　对数线性模型及其他回归分析** ............................................................. 1

　1.1　加权回归 ............................................................................................. 1
　　　1.1.1　加权回归的概念 ....................................................................... 1
　　　1.1.2　加权回归过程 ........................................................................... 2
　　　1.1.3　加权回归分析实例 ................................................................... 3
　1.2　两阶最小二乘法 ................................................................................. 5
　　　1.2.1　两阶最小二乘法的概念 ........................................................... 5
　　　1.2.2　两阶最小二乘法过程 ............................................................... 7
　　　1.2.3　两阶最小二乘法分析实例 ....................................................... 8
　1.3　最优尺度回归 ................................................................................... 10
　　　1.3.1　最优尺度回归的概念 ............................................................. 10
　　　1.3.2　最优尺度回归过程 ................................................................. 20
　　　1.3.3　最优尺度回归分析实例 ......................................................... 28
　1.4　对数线性模型 ................................................................................... 31
　　　1.4.1　对数线性模型的概念 ............................................................. 31
　　　1.4.2　一般对数线性回归分析 ......................................................... 34
　　　1.4.3　Logit对数线性回归分析 ........................................................ 42
　　　1.4.4　选择模型对数线性回归分析 ................................................. 49
　1.5　分位数回归 ....................................................................................... 57
　　　1.5.1　分位数回归分析概述 ............................................................. 57
　　　1.5.2　分位数回归过程 ..................................................................... 57
　　　1.5.3　分位数回归分析实例 ............................................................. 64
　习题1 ........................................................................................................... 67

**第2章　非参数检验** ............................................................................................. 68

　2.1　卡方检验 ........................................................................................... 69
　　　2.1.1　卡方检验的基本概念 ............................................................. 69
　　　2.1.2　卡方检验过程 ......................................................................... 69
　　　2.1.3　卡方检验分析实例 ................................................................. 71
　2.2　二项分布检验 ................................................................................... 73
　　　2.2.1　二项分布检验的基本概念与操作 ......................................... 73
　　　2.2.2　二项分布检验分析实例 ......................................................... 74
　2.3　游程检验 ........................................................................................... 75
　　　2.3.1　游程检验的基本概念 ............................................................. 75

|     | 2.3.2 | 游程检验过程 | 76 |
|---|---|---|---|
|     | 2.3.3 | 游程检验分析实例 | 76 |
| 2.4 | 一个样本的柯尔莫戈洛夫-斯米诺夫检验 | | 77 |
|     | 2.4.1 | 一个样本的柯尔莫戈洛夫-斯米诺夫检验的基本概念 | 77 |
|     | 2.4.2 | 一个样本的柯尔莫戈洛夫-斯米诺夫检验过程 | 78 |
|     | 2.4.3 | 一个样本的柯尔莫戈洛夫-斯米诺夫检验分析实例 | 78 |
| 2.5 | 两个独立样本检验 | | 79 |
|     | 2.5.1 | 两个独立样本检验的用途与基本操作 | 79 |
|     | 2.5.2 | 两个独立样本检验分析实例 | 83 |
| 2.6 | 多个独立样本检验 | | 84 |
|     | 2.6.1 | 多个独立样本检验的用途与操作 | 84 |
|     | 2.6.2 | 多个独立样本检验分析实例 | 86 |
| 2.7 | 两个相关样本检验 | | 87 |
|     | 2.7.1 | 两个相关样本检验的用途与操作 | 87 |
|     | 2.7.2 | 两个相关样本检验分析实例 | 89 |
| 2.8 | 多个相关样本检验 | | 90 |
|     | 2.8.1 | 多个相关样本检验的用途与操作 | 90 |
|     | 2.8.2 | 多个相关样本检验分析实例 | 92 |
| 2.9 | 新版非参数假设检验的界面及其使用方法 | | 92 |
|     | 2.9.1 | 单样本检验 | 93 |
|     | 2.9.2 | 独立样本检验 | 100 |
|     | 2.9.3 | 相关样本检验 | 107 |

习题 2 ......113

## 第 3 章 聚类分析与判别分析 ......115

| 3.1 | 聚类分析、判别分析及其分析过程 | | 115 |
|---|---|---|---|
|     | 3.1.1 | 聚类分析 | 115 |
|     | 3.1.2 | 判别分析 | 116 |
| 3.2 | 两步聚类 | | 116 |
|     | 3.2.1 | 两步聚类的概述及有关术语 | 116 |
|     | 3.2.2 | 两步聚类过程 | 118 |
|     | 3.2.3 | 两步聚类分析实例 | 121 |
| 3.3 | 快速聚类 | | 123 |
|     | 3.3.1 | 快速聚类概述 | 123 |
|     | 3.3.2 | 快速聚类过程 | 124 |
|     | 3.3.3 | 快速聚类分析实例 | 126 |
| 3.4 | 系统聚类 | | 130 |
|     | 3.4.1 | 系统聚类概述 | 130 |
|     | 3.4.2 | 系统聚类过程 | 131 |
|     | 3.4.3 | 样品聚类分析实例 | 136 |

   3.4.4 变量聚类概述 ............................................................................................ 144
   3.4.5 变量聚类分析实例 .................................................................................... 144
 3.5 判别分析 ................................................................................................................ 148
   3.5.1 判别分析概述 ............................................................................................ 148
   3.5.2 判别分析过程 ............................................................................................ 150
   3.5.3 判别分析实例 ............................................................................................ 155
   3.5.4 逐步判别分析 ............................................................................................ 162
 3.6 ROC 曲线 ............................................................................................................... 168
   3.6.1 ROC 曲线的基本原理 ............................................................................... 168
   3.6.2 ROC 曲线的基本过程 ............................................................................... 169
   3.6.3 ROC 曲线实例 ........................................................................................... 170
 3.7 ROC 分析 ............................................................................................................... 172
   3.7.1 ROC 分析概述 ........................................................................................... 172
   3.7.2 ROC 分析过程 ........................................................................................... 172
   3.7.3 ROC 分析实例 ........................................................................................... 174
习题 3 .................................................................................................................................. 176

## 第 4 章 因子分析与对应分析

 4.1 主成分分析与因子分析 ........................................................................................ 177
   4.1.1 主成分分析与因子分析概述 .................................................................... 177
   4.1.2 因子分析过程 ............................................................................................ 182
   4.1.3 因子分析实例 ............................................................................................ 188
   4.1.4 利用因子得分进行聚类 ............................................................................ 191
   4.1.5 市场研究中的顾客偏好分析 .................................................................... 195
 4.2 对应分析 ................................................................................................................ 198
   4.2.1 对应分析概述 ............................................................................................ 198
   4.2.2 对应分析过程 ............................................................................................ 200
   4.2.3 对应分析实例 ............................................................................................ 203
习题 4 .................................................................................................................................. 205

## 第 5 章 信度分析与多维尺度分析

 5.1 信度分析 ................................................................................................................ 207
   5.1.1 信度分析的概念 ........................................................................................ 207
   5.1.2 信度分析过程 ............................................................................................ 210
   5.1.3 信度分析实例 ............................................................................................ 213
 5.2 多维尺度分析 ........................................................................................................ 214
   5.2.1 多维尺度分析的功能与数据要求 ............................................................ 214
   5.2.2 多维尺度分析过程 .................................................................................... 214
   5.2.3 多维尺度分析实例 .................................................................................... 217
习题 5 .................................................................................................................................. 219

## 第6章 结合分析 .................................................. 220

### 6.1 结合分析概述 .................................................. 220
### 6.2 正交试验设计 .................................................. 221
   - 6.2.1 试验设计中的问题 .................................................. 221
   - 6.2.2 正交试验设计的思路 .................................................. 221
   - 6.2.3 正交试验设计过程 .................................................. 223
   - 6.2.4 正交试验设计实例 .................................................. 225
   - 6.2.5 正交试验设计过程语句 .................................................. 227
### 6.3 试验设计结果的打印 .................................................. 233
   - 6.3.1 设计结果打印过程 .................................................. 233
   - 6.3.2 打印调查用卡片实例 .................................................. 234
   - 6.3.3 正交试验设计打印过程语句 .................................................. 235
### 6.4 结合分析语句与实例 .................................................. 236
   - 6.4.1 结合分析语句 .................................................. 237
   - 6.4.2 结合分析语句实例 .................................................. 241
### 6.5 结合分析实例 .................................................. 245
   - 6.5.1 课题分析与正交试验设计 .................................................. 245
   - 6.5.2 调查准备与调查 .................................................. 247
   - 6.5.3 结合分析编程与结果分析 .................................................. 249
### 习题6 .................................................. 253

## 第7章 时间序列分析 .................................................. 254

### 7.1 时间序列的建立和平稳化 .................................................. 255
   - 7.1.1 缺失值数据的替换 .................................................. 255
   - 7.1.2 建立时间序列新变量 .................................................. 256
### 7.2 序列图 .................................................. 259
   - 7.2.1 序列图过程 .................................................. 259
   - 7.2.2 序列图应用实例 .................................................. 261
### 7.3 建立时间序列模型 .................................................. 262
   - 7.3.1 指数平滑与ARIMA模型概述 .................................................. 263
   - 7.3.2 选择分析变量 .................................................. 275
   - 7.3.3 选择统计量 .................................................. 282
   - 7.3.4 图表 .................................................. 284
   - 7.3.5 输出项目的过滤 .................................................. 285
   - 7.3.6 保存新变量 .................................................. 286
   - 7.3.7 建模的其他选项 .................................................. 287
   - 7.3.8 时间序列分析实例 .................................................. 288
### 7.4 应用传统模型 .................................................. 292
   - 7.4.1 应用时间序列模型过程 .................................................. 292

    7.4.2 应用时间序列模型分析实例 ........................................................................293
  7.5 自相关 .....................................................................................................................294
    7.5.1 自相关系数与偏自相关系数的计算 ............................................................294
    7.5.2 自相关图 ........................................................................................................296
    7.5.3 自相关分析过程 ............................................................................................297
    7.5.4 自相关分析实例 ............................................................................................298
  7.6 季节性分解法 .........................................................................................................300
    7.6.1 季节性分解法模型 ........................................................................................300
    7.6.2 季节性分解法分析过程 ................................................................................302
    7.6.3 季节性分解法分析实例 ................................................................................303
  7.7 频谱分析 .................................................................................................................304
    7.7.1 频谱分析概述 ................................................................................................304
    7.7.2 频谱分析过程 ................................................................................................307
    7.7.3 频谱分析实例 ................................................................................................308
  7.8 互相关 .....................................................................................................................309
    7.8.1 互相关概述 ....................................................................................................309
    7.8.2 互相关过程 ....................................................................................................310
    7.8.3 互相关实例 ....................................................................................................311
  习题 7 ................................................................................................................................312

**第 8 章 生存分析** .........................................................................................................313
  8.1 生存分析概述 .........................................................................................................313
    8.1.1 生存分析与生存数据 ....................................................................................313
    8.1.2 生存时间函数 ................................................................................................314
    8.1.3 Kaplan-Meier 法 .............................................................................................314
    8.1.4 Cox 回归模型 .................................................................................................315
    8.1.5 Cox 依时协变量回归模型 .............................................................................315
  8.2 寿命表分析 .............................................................................................................316
    8.2.1 寿命表分析概述 ............................................................................................316
    8.2.2 寿命表分析过程 ............................................................................................316
    8.2.3 寿命表分析实例 ............................................................................................318
  8.3 Kaplan-Meier 分析 ..................................................................................................321
    8.3.1 Kaplan-Meier 分析概述 .................................................................................321
    8.3.2 Kaplan-Meier 分析过程 .................................................................................321
    8.3.3 Kaplan-Meier 分析实例 .................................................................................324
  8.4 Cox 回归分析 .........................................................................................................325
    8.4.1 Cox 回归分析概述 ........................................................................................325
    8.4.2 Cox 回归分析过程 ........................................................................................326
    8.4.3 Cox 回归分析实例 ........................................................................................331

8.5 Cox 依时协变量回归分析 ... 333
    8.5.1 Cox 依时协变量回归分析过程 ... 333
    8.5.2 Cox 依时协变量回归分析实例 ... 335
习题 8 ... 338

## 第 9 章 生成统计图 ... 339

9.1 概述 ... 339
9.2 条形图和三维条形图 ... 339
    9.2.1 选择图类型 ... 340
    9.2.2 简单条形图 ... 340
    9.2.3 复式条形图 ... 343
    9.2.4 堆积条形图 ... 344
    9.2.5 三维条形图 ... 345
9.3 线图、面积图、盘高-盘低图和饼图 ... 346
    9.3.1 选择图形类型 ... 346
    9.3.2 堆积面积图 ... 347
    9.3.3 多线折线图 ... 348
    9.3.4 垂直线图 ... 348
    9.3.5 简单盘高-盘低-收盘图 ... 349
    9.3.6 簇状盘高-盘低-收盘图 ... 350
    9.3.7 简单范围条形图 ... 351
    9.3.8 差别面积图 ... 352
    9.3.9 饼图 ... 353
9.4 箱图和误差条形图 ... 354
    9.4.1 选择箱图和误差条形图类型 ... 354
    9.4.2 简单箱图 ... 354
    9.4.3 复式箱图 ... 355
    9.4.4 简单误差条形图 ... 355
    9.4.5 复式误差条形图 ... 356
9.5 散点图 ... 357
    9.5.1 选择散点图模式 ... 357
    9.5.2 简单散点图 ... 357
    9.5.3 重叠散点图 ... 358
    9.5.4 矩阵散点图 ... 359
    9.5.5 简单点图 ... 360
9.6 直方图 ... 361
9.7 帕累托图 ... 362
    9.7.1 选择帕累托图类型 ... 362
    9.7.2 简单帕累托图 ... 362
    9.7.3 堆积帕累托图 ... 364

9.8 控制图 ............................................................................................................. 365
    9.8.1 选择控制图类型 ............................................................................... 365
    9.8.2 平均值控制图、极差控制图、标准差控制图 ............................... 366
    9.8.3 单值控制图和移动极差控制图 ....................................................... 368
    9.8.4 不合格品率控制图和不合格品数控制图 ....................................... 369
    9.8.5 缺陷数控制图和单位缺陷数控制图 ............................................... 371
习题 9 ............................................................................................................................ 372

## 第 10 章 编辑统计图

10.1 认识图形组成 ................................................................................................. 373
10.2 编辑平面统计图 ............................................................................................. 374
    10.2.1 图形编辑途径和操作 ..................................................................... 374
    10.2.2 改变图形构成 ................................................................................. 375
    10.2.3 图形与文字修饰 ............................................................................. 382
    10.2.4 坐标轴的编辑 ................................................................................. 384
    10.2.5 图形的修饰 ..................................................................................... 387
    10.2.6 图内线条的编辑 ............................................................................. 388
    10.2.7 饼图编辑 ......................................................................................... 390
    10.2.8 散点图的编辑 ................................................................................. 392
    10.2.9 文件管理 ......................................................................................... 396
习题 10 .......................................................................................................................... 397

## 第 11 章 贝叶斯推断

11.1 贝叶斯统计推断概述 ..................................................................................... 398
    11.1.1 贝叶斯公式 ..................................................................................... 398
    11.1.2 贝叶斯统计学 ................................................................................. 398
    11.1.3 贝叶斯统计推断中用到一些基本术语 ......................................... 399
    11.1.4 贝叶斯统计决策中用到一些基本术语 ......................................... 401
    11.1.5 几种常见先验条件下的后验分布 ................................................. 401
    11.1.6 "贝叶斯统计信息"菜单项涉及过程与 SPSS 其他过程的联系与
           区别 ................................................................................................. 402
11.2 贝叶斯单样本正态分布推断分析 ................................................................. 403
    11.2.1 贝叶斯单样本正态分布推断分析过程 ......................................... 404
    11.2.2 贝叶斯单样本正态分布分析实例 ................................................. 407
11.3 贝叶斯单样本二项分布推断分析 ................................................................. 409
    11.3.1 贝叶斯单样本二项分布推断分析过程 ......................................... 409
    11.3.2 贝叶斯单样本二项分布推断分析实例 ......................................... 411
11.4 贝叶斯单样本泊松分布推断分析 ................................................................. 413
    11.4.1 贝叶斯单样本泊松分布推断分析过程 ......................................... 413
    11.4.2 贝叶斯单样本泊松分布推断分析实例 ......................................... 414

11.5 贝叶斯相关样本正态分布推断分析 415
  11.5.1 贝叶斯相关样本正态分布推断分析过程 416
  11.5.2 贝叶斯相关样本正态分布推断分析实例 417
11.6 贝叶斯独立样本正态分布推断分析 419
  11.6.1 贝叶斯独立样本正态分布推断分析过程 419
  11.6.2 贝叶斯独立样本正态分布推断分析实例 422
11.7 皮尔逊相关分析贝叶斯推断分析 424
  11.7.1 皮尔逊相关分析贝叶斯推断分析过程 424
  11.7.2 皮尔逊相关分析贝叶斯推断分析实例 426
11.8 皮尔逊线性回归模型的贝叶斯推断分析 427
  11.8.1 皮尔逊线性回归模型的贝叶斯推断分析过程 428
  11.8.2 皮尔逊线性回归模型的贝叶斯推断分析实例 433
11.9 贝叶斯单因素方差分析 434
  11.9.1 贝叶斯单因素方差分析过程 435
  11.9.2 贝叶斯单因素方差分析实例 437
11.10 贝叶斯对数线性回归模型分析 439
  11.10.1 贝叶斯对数线性回归模型分析过程 439
  11.10.2 贝叶斯对数线性回归模型分析实例 442
11.11 贝叶斯单因素重复测量方差分析 444
  11.11.1 贝叶斯单因素重复测量方差分析过程 444
  11.11.2 贝叶斯单因素重复测量方差分析实例 446
习题 11 447

**附录 A 标准化、距离和相似性的计算** 449

**参考文献** 455

# 第1章 对数线性模型及其他回归分析

## 1.1 加权回归

### 1.1.1 加权回归的概念

回归模型为

$$y_i = b_0 + b_1 x_{i1} + \cdots + b_p x_{ip} + e_i$$

用 OLS 构建线性回归模型的前提条件是上式中的误差项 $e_i$ 服从平均值为 0,方差为 $\delta^2$ 的正态分布,即所有观测在计算过程中贡献相同。当某些观测的变异性较其他观测大时,使用 OLS 不能获得较好的模型。

如果上面模型中的误差项 $e_i$ 服从平均值为 0、方差为 $\delta^2 x_i^w$ 的正态分布,即因变量的方差与预测变量的值有关,也就是说如果它们的变异性是可以通过其他变量进行预测的,那么就可以使用 WLS 拟合线性回归模型,之后用加权回归得到加权转换的范围及最佳权数值。

例如,考虑到由于高市值的股票较低市值的股票具有较高的变异性(价格的波动),仅使用一般线性回归过程的 OLS 进行估算不能很好地反映通货膨胀与失业率对变异性较大的股票的影响,而 WLS 可以较好地解决这个问题。又如,在健康研究中,各种治疗方法对病人住院时间长短的影响,很明显住院时间长的病人的病情表现的变异性比住院时间短的病人的病情表现的变异性大;在产品研究中,工人的训练水平与产品质量之间的关系,产品质量越差,其变异性越大;在社会学与犯罪学研究中,犯罪率较高的地区要比犯罪率较低的地区表现出更高的变异性。

**1. 诊断与权重估算**

(1)图形。

图 1-1(a)中只有两个变量 $x$ 和 $y$,可以观察到因变量的变异性或分布随自变量的增加而增加,这表明方差相同的假设已经遭到破坏,且 OLS 不再是最佳解决方案。

观察如图 1-1(b)所示的预测值与残差散点图可以得出相同的结论。

(2)估算权重的方法。

① 由数据的复制集估算权重。为了使用 WLS 估算回归模型,将具有相同特点或近似特点的数据进行编组(数据的复制集),计算因变量相对于每一组数据具有不同特点的自变量的方差。此时得到的方差的倒数就是权重。

② 由变量估算权重。如果认为因变量的方差与自变量或者其他变量间存在关系,那么可以使用 WLS 估算权重。例如,研究收入与受教育程度之间的关系可知,获得硕士学位的人员的工资变异性比没有获得硕士学位的人员的工资的变异性高得多。

方差、变量、指数之间的关系为方差$\propto$变量$^{指数}$。指定指数的范围或增量,SPSS 将会在规定范围内估算所有指数的对数似然比，然后选择具有最大似然比的指数。

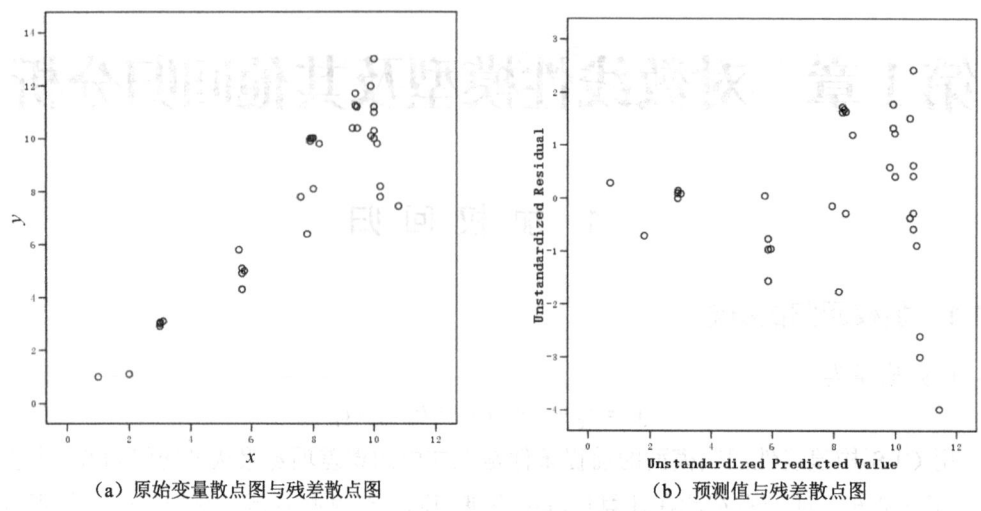

（a）原始变量散点图与残差散点图　　（b）预测值与残差散点图

图 1-1　原始变量散点图与残差散点图

**2. 数据要求**

自变量和因变量应该是数值型变量，类似宗教、民族和地区的分类变量应该被重新编码为二分变量或其他类型的对比变量。加权变量必须是与因变量有关的数值型变量。对于自变量的每个值，要求因变量的分布必须是正态的。因变量和每一个自变量的关系应该是线性的，并且所有观测应该是相互独立的。自变量取不同值时，因变量的方差不同，但是这些差异一定是可以根据加权变量预测的。

### 1.1.2　加权回归过程

（1）按"分析→回归→权重估算"顺序单击，打开"权重估算"对话框，如图 1-2 所示。

（2）从原始变量列表中选择一个变量作为因变量送入"因变量"框。

（3）从原始变量列表中选择一个或多个变量作为自变量送入"自变量"框。

（4）从原始变量列表中选择一变量作为加权变量送入"权重变量"框。观测数据的权重为 $1/wv^{power}$，wv 为加权变量，power 为加权变量指数。

（5）在"幂的范围"框中输入要在计算权重的过程中使用的指数值的范围。在第一个框中输入初始值，在第二个框中输入结束值，在第三个框中输入步长，应该保证（初始值-结束值）/步长≤150。指数值的范围为 $-6.5 \sim 7.5$。

（6）勾选"在方程中包括常量"复选框，要求模型包括常数项。

（7）单击"选项"按钮，打开如图 1-3 所示的"权重估算：选项"对话框。在此对话框中确定在数据文件中保存的新变量，并确定方差和估算值的输出形式。

①"将最佳权重保存为新变量"复选框：选择此项将会把最佳权重保存为新变量。新变量的值是根据最大对数似然比函数计算的最佳权重值。变量名为 WGT_$n$，$n$ 是运行、生成这个新变量的序号。

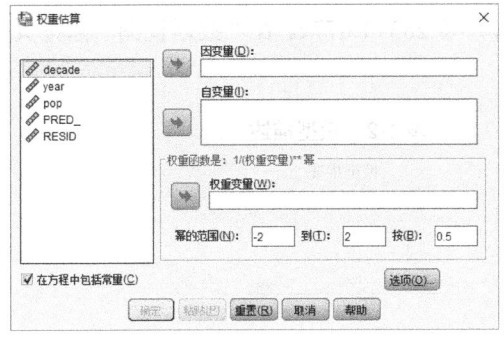 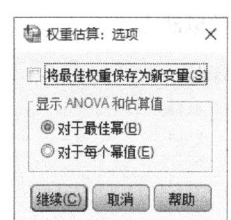

图 1-2 "权重估算"对话框　　　　图 1-3 "权重估算：选项"对话框

② "显示 ANOVA 和估算值"栏用于确定方差和估算值的输出形式，包含如下两个选项。
- "对于最佳幂"单选按钮：选择此项将只输出最终的方差和最佳指数估算值。
- "对于每个幂值"单选按钮：选择此项将输出方差和所设范围内的指数估算值。

单击"继续"按钮，返回"权重估算"对话框。

（8）单击"确定"按钮，提交系统运行。

### 1.1.3　加权回归分析实例

【例 1】 数据文件 data1-01 中有两个变量 $x$、$y$，求以 $x$ 为自变量，以 $y$ 为因本量的回归方程。

1）操作步骤

（1）按"分析→回归→权重估算"顺序单击，打开"权重估算"对话框。

（2）选择变量 y 为因变量送入"因变量"，选择变量 x 为自变量送入"自变量"框，选择变量 x 作为加权变量送入"权重变量"框。

（3）设置加权的指数值，初始值为 0，结束值为 2.5，步长为 0.1。

（4）在"权重估算：选项"对话框中勾选"将最佳权重保存为新变量"复选框，保存每个观测的权重值，其他选项保持系统默认设置。

（5）在"权重估算"对话框中单击"确定"按钮，提交系统运行。

2）输出结果

输出结果如表 1-1～表 1-5 所示。

表 1-1 是自变量为 x，因变量为 y，按照以 0.1 为步长的权值计算出的对数似然，最大值为–55.543526，得到的最佳指数值为 1.900。

表 1-2 所示为模型描述，是回归效果的统计量，其中自变量为 x，因变量为 y，权重值为 1.9。

由表 1-3 可知模型对数据的拟合程度较好。

表 1-4 所示为方差分析结果，$F$ 值为 567.319，显著水平小于 0.001，说明由回归解释的变异远远大于残差可解释的变异，回归效果较好。

表 1-5 所示为模型参数及各种统计量，是对回归方程中自变量 $x$ 的系数为 0 的假设检验。$T$ 检验的显著性水平为 0.000，有充分的证据可以拒绝 $x$ 的系数为 0 的假设，说明

回归效果较好。所得方程式的最后结果为 $y = -0.283 + 1.077x$。在"数据视图"标签页中生成新变量 WGT_1。

表1-1 对数似然比

对数似然值[b]

| 幂 | |
|---|---|
| .000 | -61.796 |
| .100 | -61.281 |
| .200 | -60.775 |
| .300 | -60.279 |
| .400 | -59.796 |
| .500 | -59.327 |
| .600 | -58.873 |
| .700 | -58.437 |
| .800 | -58.020 |
| .900 | -57.626 |
| 1.000 | -57.255 |
| 1.100 | -56.912 |
| 1.200 | -56.598 |
| 1.300 | -56.319 |
| 1.400 | -56.075 |
| 1.500 | -55.872 |
| 1.600 | -55.714 |
| 1.700 | -55.603 |
| 1.800 | -55.545 |
| 1.900 | -55.544[a] |
| 2.000 | -55.603 |
| 2.100 | -55.726 |
| 2.200 | -55.918 |
| 2.300 | -56.182 |
| 2.400 | -56.521 |
| 2.500 | -56.938 |

a. 选择了相应的幂进行进一步分析,这是因为,它使对数似然函数最大化。
b. 因变量:y,源变量:x

表1-2 模型描述

模型描述

| 因变量 | | y |
|---|---|---|
| 自变量 | 1 | x |
| 权重 | 源 | x |
| 幂值 | | 1.900 |

模型:MOD_2.

表1-3 模型综述

模型摘要

| 复 R | .972 |
|---|---|
| R 方 | .945 |
| 调整后 R 方 | .943 |
| 标准 估算的错误 | .197 |
| 对数似然函数值 | -55.544 |

表1-4 方差分析结果

ANOVA

| | 平方和 | 自由度 | 均方 | F | 显著性 |
|---|---|---|---|---|---|
| 回归 | 22.116 | 1 | 22.116 | 567.319 | .000 |
| 残差 | 1.286 | 33 | .039 | | |
| 总计 | 23.403 | 34 | | | |

表1-5 模型参数及各种统计量

系数

| | 未标准化系数 | | 标准化系数 | | | |
|---|---|---|---|---|---|---|
| | B | 标准 错误 | Beta | 标准 错误 | t | 显著性 |
| (常量) | -.283 | .194 | | | -1.457 | .155 |
| x | 1.077 | .045 | .972 | .041 | 23.818 | .000 |

3)与一般线性回归方法进行比较

(1)对同一数据文件进行一般线性回归分析和一般线性加权回归分析。

① 一般线性回归:选择 x 作为自变量,y 作为因变量进行一次回归。

② 一般线性加权回归:选择 x 作为自变量送入"自变量"框,选择 y 作为因变量送入"因变量"框,选择新变量 WGT_1 作为加权变量送入"权重变量"框。取消勾选"在方程中包括常量"复选框。

表1-6 一般线性回归小结

模型摘要

| 模型 | R | R 方 | 调整后 R 方 | 标准 估算的错误 |
|---|---|---|---|---|
| 1 | .905[a] | .819 | .814 | 1.45535 |

a. 预测变量:(常量), x

对比表1-6和表1-7,一般线性回归的 $R$ 值为 0.905,$R^2$ 为 0.819,明显小于一般线性加权回归的对应值。这说明方程式加权后的效果十分明显。

(2)两种回归方法的方差分析结果如表1-8和表1-9所示,系数检验结果如表1-10和表1-11所示。

比较表1-10和表1-11,发现 OLS 和 WLS 的斜率(分别为 1.096、1.051)差别不大,但它们的标准误差变化较大:斜率 $b$ 的标准误差分别为 0.090、0.030。

表 1-7 一般线性加权回归小结

模型摘要

| 复 R | .986 |
|---|---|
| R 方[a] | .973 |
| 调整后 R 方 | .972 |
| 标准 估算的错误 | 1.440 |
| 对数似然函数值 | -61.925 |

a. 对于过原点回归（无截距模型），R 方用于衡量因变量相对于此回归所解释的原点的可变比例。此 R 方不能与针对包含截距的模型的 R 方进行比较。

表 1-8 一般线性回归方差分析结果

ANOVA[a]

| 模型 | | 平方和 | 自由度 | 均方 | F | 显著性 |
|---|---|---|---|---|---|---|
| 1 | 回归 | 316.433 | 1 | 316.433 | 149.399 | .000[b] |
| | 残差 | 69.895 | 33 | 2.118 | | |
| | 总计 | 386.329 | 34 | | | |

a. 因变量：y
b. 预测变量：(常量), x

表 1-9 一般线性加权回归方差分析结果

ANOVA

| | 平方和 | 自由度 | 均方 | F | 显著性 |
|---|---|---|---|---|---|
| 回归 | 2509.034 | 1 | 2509.034 | 1209.995 | .000 |
| 残差 | 70.502 | 34 | 2.074 | | |
| 总计 | 2579.536[a] | 35 | | | |

a. 因为对于过原点回归而言常量为零，所以此总平方和对于常量而言不正确。

表 1-10 一般线性回归的系数检验结果

系数[a]

| 模型 | | 未标准化系数 | | 标准化系数 | t | 显著性 |
|---|---|---|---|---|---|---|
| | | B | 标准错误 | Beta | | |
| 1 | (常量) | -.387 | .722 | | -.535 | .596 |
| | x | 1.096 | .090 | .905 | 12.223 | .000 |

a. 因变量：y

表 1-11 加权回归的系数检验结果

系数

| | 未标准化系数 | | 标准化系数 | | t | 显著性 |
|---|---|---|---|---|---|---|
| | B | 标准错误 | Beta | 标准错误 | | |
| x | 1.051 | .030 | .986 | .028 | 34.785 | .000 |

为了进一步验证加权模型的效果,绘制转换后的预测值与转换后的残差的散点图。需要注意,在线性回归过程中先将预测值和残差保存到数据文件中,在绘制散点图之前对它们进行转换,转换的方法是它们本身乘以加权变量的 1/2 次方。

转换后的预测值对残差值的散点图如图 1-4 所示。可以看出,与图 1-1 (b) 相比转换后的预测值对残差值的散点图的喇叭形状有了改善,说明 WLS 获得了一定的效果。

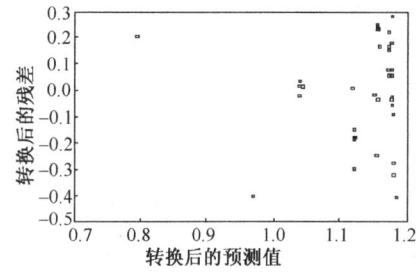

图 1-4 转换后的预测值对残差值的散点图

## 1.2 两阶最小二乘法

### 1.2.1 两阶最小二乘法的概念

**1. 概述**

一般线性回归模型总是假设自变量与模型中的误差项间不存在线性相关,此时,用最小二乘法可获取回归系数无偏且一致的估计。但是在计量经济的模型中,这种假设并非总能得到满足。

例如,将商品的价格和消费者的收入作为自变量,将人们对该商品的需求作为因变量构建回归模型,由于价格和需求互相具有倒数作用关系,即价格可以影响需求,需求也可以影响价格，故回归模型中的误差项与商品的价格间会存在相关，在这种情况下用最小二乘法建立的线性模型不再是最佳模型，因为在理论上可证得此时得到的回归系数是有偏且不一致的。

在计量经济模型的研究中，习惯上称线性模型中的自变量为解释变量，称因变量为被解释变量，称模型中的误差项为扰动项。当模型中的解释变量与扰动项间存在线性相关时，称该解释变量为内生变量；当模型中的解释变量与扰动项线性无关时，称该解释变量为外生变量。在上面的例子中，价格变量为内生变量，收入变量就是外生变量。

由此可知，仅当在线性回归模型中所有自变量均为外生变量时，才可以用最小二乘法来估计回归系数，以得到最小二乘法下的最佳回归模型。

为解决线性模型中存在的内生性，即有内生变量时模型系数的估计，在20世纪50年代，H.泰尔提出了分两步来解决模型内生性问题的两阶最小二乘法。

第一步，先寻找模型中的与误差项不存在线性相关的变量，如上例中的消费者的收入和商品价格，用它们作为当前商品价格的解释变量构建线性模型。由于这些变量在模型估计过程中被作为工具使用，以替代模型中与误差项存在线性相关的内生变量（当前商品价格），故将其称为工具变量。作为工具变量必须满足四个条件：①与所替代的内生变量高度相关；②与随机误差项不相关；③与模型中的其他自变量不相关；④当同一模型中需要引入多个工具变量时，这些工具变量间不相关。这样，用来估计当前商品价格的这两个自变量与其模型中的误差项，以及两个变量间都不存在线性相关，故可以用最小二乘法来估计最佳线性模型，从而得到当前商品价格的预测值。

第二步，将算得的当前商品价格的预测值作为当前商品价格的替代值，以此为自变量，来对因变量商品的需求进行线性回归分析。由于这个计算得到的值来自与模型误差不相关的变量，因此它与当前模型中的误差项不存在线性相关，进而可以使用最小二乘法来估计因变量的最佳线性模型。

需要注意的是，工具变量并没有替代模型中的解释变量，只是在估计过程中作为工具使用。因此，在"工具变量"框中需要输入的是两阶最小二乘法第一步中用来计算内生变量预测值的变量。同样的变量可以出现在"解释变量"框和"工具变量"框中。工具变量的数量至少与解释变量数量一样。如果"解释变量"框中的变量和"工具变量"框中的变量相同，两阶最小二乘法过程得到的结果与线性回归过程得到的结果就相同。没被指定为工具变量的解释变量被当作内生变量。通常在"解释变量"框中的所有外生变量也被指定为工具变量。

**2．两阶最小二乘法对数据的要求**

（1）因变量和自变量必须是定量变量。如果是分类变量，那么需要先重新编码为二分类的哑元变量或其他类型的对比变量。内生解释变量也应是定量变量（非分类变量）。

（2）对于自变量的每个值，因变量分布必须为正态分布。对于自变量的所有值，因变量分布的方差必须相等。

（3）因变量和每个自变量间呈线性关系。

**3．两阶最小二乘法回归模型**

（1）模型。两阶最小二乘法回归模型为

$$y = Z\beta = [Z_1, Z_2]\begin{bmatrix}\beta_1 \\ \beta_2\end{bmatrix} + \varepsilon$$

$$Z_1 = X\gamma + \delta$$

式中，$Z = [Z_1, Z_2]$；$\beta = \begin{bmatrix}\beta_1 \\ \beta_2\end{bmatrix}$；$\varepsilon$ 和 $\delta$ 分别是平均值为 0，协方差矩阵分别是 $\sigma^2 I_n$ 和 $\xi^2 I_n$ 的扰动，即随机误差；$y$ 是由因变量的一个样本数据组成的 $n \times 1$ 维向量；$Z$ 是观测预测变量的 $n \times p$ 维矩阵；$\beta$ 是 $p \times 1$ 维的参数向量；$X$ 是元素 $X_{ij}$ 的 $n \times 1$ 维矩阵，$X_{ij}$ 表示第 $i$ 个样品的第 $j$ 个工具变量的观测值；$Z_1$ 是 $Z$ 的 $n \times p_1$ 维子矩阵，表示观测的内生变量；$Z_2$ 是 $Z$ 的 $n \times p_2$ 维子矩阵，表示观测的外生变量；$n$ 为样品量；$p$ 为预测变量个数；$p_1$ 为预测变量中的内生变量个数；$p_2$ 为预测变量中的外生变量个数；$\beta_1$ 为 $\beta$ 中与 $Z_1$ 有关的参数的子向量；$\beta_2$ 为 $\beta$ 中与 $Z_2$ 有关的参数的子向量。

（2）估计量的计算方法。SPSS 中用到的估计技术是 Theil 在 1953 年发现的。先在模型的等号两边左乘 $X'$：

$$X'y = X'Z\beta + X'\varepsilon$$

由于干扰向量的平均值为 0，协方差矩阵为 $\sigma^2(X'X)$，所以 $(X'X)^{-\frac{1}{2}}X'\varepsilon$ 的协方差矩阵为 $\sigma^2 I_n$，因此在上述等式两边左乘 $(X'X)^{-\frac{1}{2}}$ 会得到多元线性模型：

$$(X'X)^{-\frac{1}{2}}X'y = (X'X)^{-\frac{1}{2}}X'Z\beta + (X'X)^{-\frac{1}{2}}X'\varepsilon$$

$\beta$ 的 OLS 估计量 $\hat{\beta}$ 为

$$\hat{\beta} = [Z'X(X'X)^{-1}X'Z]^{-1}Z'X(X'X)^{-1}X'y$$

在用 OLS 进行回归建模的过程中用到的其他统计量方面的计算方法请参见前面相关各章中的内容。

## 1.2.2 两阶最小二乘法过程

（1）按"分析→回归→二阶最小平方"顺序单击，打开"二阶最小平方"对话框，如图 1-5 所示。

（2）从原始变量列表中选择一个变量作为因变量送入"因变量"框。

（3）从原始变量列表中选择一个或多个用来对因变量建模的自变量送入"解释变量"框。

（4）从原始变量列表中选择一个或多个用来预测内生变量的工具变量送入"工具变量"框。

（5）勾选"在方程中包括常量"复选框，模型中将包括常数项。

（6）单击"选项"按钮，打开如图 1-6 所示的"二阶最小平方：选项"对话框，确定在数据文件中保存的新变量，并确定方差和估测值的列表形式。

① "保存新变量"栏用于选择向当前数据文件中添加的新变量，包括如下选项。

- "预测"复选框：勾选此复选框将在当前数据文件中自动添加名为 FIT_$n$ 的新变量。$n$ 是运行、生成这个新变量的序号。

- "残差"复选框：勾选此复选框将在当前数据文件中自动添加名为 ERR_$n$ 的新变量。$n$ 是运行、生成这个新变量的序号。

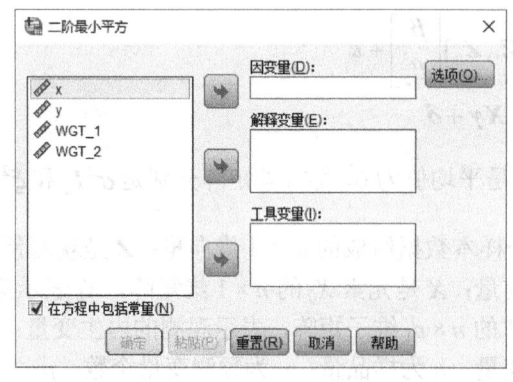 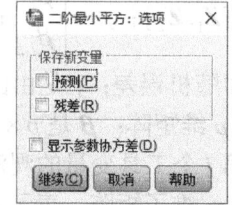

图 1-5 "二阶最小平方"对话框　　图 1-6 "二阶最小平方：选项"对话框

② 勾选"显示参数协方差"复选框，将在"查看器"窗口中输出参数估计的协方差矩阵。单击"继续"按钮，返回"二阶最小平方"对话框。

（7）在"二阶最小平方"对话框中单击"确定"按钮，提交系统运行。

### 1.2.3 两阶最小二乘法分析实例

【例 2】 在数据文件 data1-02 中有工龄 workingage、年龄 age、当前工资 salary、初始工资 salbegin、受教育水平 educ、父亲受教育水平 Feduc、母亲受教育水平 Meduc、当前工资的以 10 为底的自然对数转换值 LGsalary、初始工资的以 10 为底的自然对数转换值 LGsalbegin 等变量，以 LGsalary 为因变量，以 LGsalbegin、workingage、age、educ 为自变量建立线性回归模型。

由于工资与受教育水平间存在双向作用，受教育水平越高，工资越高，当工资达到一定水平后，就会有实力进一步提高受教育水平，因此线性回归模型中的受教育水平 educ 变量可当作内生变量。因此，本例在建立线性回归模型时，不能直接使用以最小二乘法为算法基础的一般线性回归过程来建模，而需要使用两阶最小二乘法过程来建模。

由于要建立的模型以 LGsalbegin、workingage、age、educ 为自变量，以 LGsalary 为因变量，因此需要送入"因变量"框的变量是 LGsalary，需要送入"解释变量"框中的变量是 LGsalbegin、workingage、age、educ。

由于 educ 受 Feduc 和 Meduc 的影响，但反过来却不起作用，且 Feduc 和 Meduc 与被调查对象的 salary 间无双向作用，因此 Feduc 和 Meduc 可作为 educ 的工具变量。将 workingage、age、LGsalbegin 作为外生变量。

因此，需要送入"工具变量"框的变量为 workingage、age、LGsalbegin、Feduc、Meduc。

通过比较"解释变量"框和"工具变量"框中变量可知，"解释变量"框中的 educ 没有出现在"工具变量"框中，因此可以确定 educ 是一个内生变量，这样的设置正是本例所需的。

具体操作步骤如下。

（1）打开数据文件 data1-02，按"分析→回归→二阶最小平方"顺序单击，打开"二阶最小平方"对话框。

（2）在原始变量列表中，选择 LGsalary 作为因变量送入"因变量"框，选择 LGsalbegin、

workingage、age、educ 作为解释变量送入"解释变量"框，选择 workingage、age、LGsalbegin、Feduc、Meduc 作为工具变量送入"工具变量"框。

（3）在"二阶最小平方：选项"对话框中勾选"保存新变量"栏下的"预测"复选框及"显示参数协方差"复选框。单击"继续"按钮，返回"二阶最小平方"对话框。

（4）单击"确定"按钮，提交系统运算。输出结果如表 1-12～表 1-17 所示。

表 1-12 所示为模型概述，是参与建模的各变量的名称及在模型中的角色。表 1-12 中变量类型为预测变量的变量是所求模型中的内生变量（educ），变量类型为预测变量和工具变量的变量是所求模型中的外生变量。同时，变量类型为工具变量的变量及变量类型为预测变量和工具变量的变量是内生变量 educ 的预测变量。

表 1-13 给出了拟合优度统计量，其中复相关系数为 0.941，$R^2$ 为 0.885，调整后的 $R^2$ 为 0.880，估计的标准误差为 0.065，这表明该回归模型可以解释总变异的 88.5%，回归模型效果较好。

表 1-12  模型概述

模型描述

|  |  | 变量类型 |
|---|---|---|
| 方程 1 | LGsalary | 因变量 |
|  | LGsalbegin | 预测变量和工具变量 |
|  | workingage | 预测变量和工具变量 |
|  | age | 预测变量和工具变量 |
|  | educ | 预测变量 |
|  | Feduc | 工具变量 |
|  | Meduc | 工具变量 |

MOD_4

表 1-13  模型统计量

模型摘要

|  |  |  |
|---|---|---|
| 方程 1 | 复 R | .941 |
|  | R 方 | .885 |
|  | 调整后 R 方 | .880 |
|  | 标准 估算的错误 | .065 |

表 1-14 显示了对回归模型进行方差分析的结果。由于 $p = 0.000$，因此回归模型有统计学上的显著性意义，可以用线性回归来描述 LGsalary 与相关因素的关系。

由表 1-15 可知，回归系数的 $p$ 值均小于 0.03，在这样的显著性水平下，可得到如下方程：

$$LGsalary = 0.519 - 0.03age + 0.008educ + 0.960LGsalbegin$$

表 1-14  方差分析表

ANOVA

|  |  | 平方和 | 自由度 | 均方 | F | 显著性 |
|---|---|---|---|---|---|---|
| 方程 1 | 回归 | 2.481 | 3 | .827 | 194.612 | .000 |
|  | 残差 | .323 | 76 | .004 |  |  |
|  | 总计 | 2.804 | 79 |  |  |  |

表 1-15  回归方程的系数及检验

系数

|  |  | 未标准化系数 | | Beta | t | 显著性 |
|---|---|---|---|---|---|---|
|  |  | B | 标准 错误 |  |  |  |
| 方程 1 | (常量) | .519 | .217 |  | 2.391 | .019 |
|  | LGsalbegin | .960 | .059 | .851 | 16.391 | .000 |
|  | age | -.003 | .001 | -.150 | -3.843 | .000 |
|  | educ | .008 | .004 | .117 | 2.257 | .027 |

由表 1-16 可知，变量 workingage 没有进入模型，其偏相关系数为 0.000，最小容忍度为 $1.248 \times 10^{-16}$，远小于 0.1，说明当该变量进入模型时存在十分严重的共线性，因此必须从模型中剔除。

表 1-16  排除出方程的变量

排除的变量

|  |  | 输入 Beta | 偏相关 | 最小容差 | t | 显著性 |
|---|---|---|---|---|---|---|
| 方程 1 | workingage | .212 | .000 | 1.248E-16 | 6.052E-8 | 1.000 |

表 1-17 显示了进入模型的 3 个变量间的相关系数及协方差矩阵。

表 1-17　变量间的相关系数及协方差矩阵

系数相关性

| 方程 1 | | | LGsalbegin | age | educ |
|---|---|---|---|---|---|
| 方程 1 | 相关性 | LGsalbegin | 1.000 | -.031 | -.661 |
| | | age | -.031 | 1.000 | .019 |
| | | educ | -.661 | .019 | 1.000 |
| | 协方差 | LGsalbegin | .003 | -1.342E-6 | .000 |
| | | age | -1.342E-6 | 5.420E-7 | 5.091E-8 |
| | | educ | .000 | 5.091E-8 | 1.352E-5 |

要求在文件中保存的因变量的预测值被保存在变量名为 FIT_1 的列下。

## 1.3　最优尺度回归

### 1.3.1　最优尺度回归的概念

**1. 概述**

在标准线性回归分析中，回归方程中的变量通常是定量的，即使是名义变量也会被重新编码为二分变量或对比变量。而且对应于自变量的值，因变量必须服从正态分布。建立在最小二乘法基础上的线性回归方程可以使得响应变量（因变量）和预测变量（自变量）的加权组合间的平方差之和达到最小。分类变量可用来对观测进行分组。估计的系数反映了预测变量变化对响应变量变化的影响程度。预测变量值的任何组合都可以预测响应变量的值。

但在调查研究中，尤其在问卷调查中，获得的大多资料不是定量变量，而是分类的名义变量和有序变量。例如，某服装制造商为了解不同性别、不同职业、不同学历的消费者对服装颜色的偏好，在目标市场的消费者人群中进行相关的问卷调查，希望建立不同性别、不同职业、不同学历的消费者对服装颜色的偏好的统计模型。在该调查中，性别（男、女）、职业（学生、公务员、公司职员、自由职业者、其他）、颜色偏好（黑色、白色、红色、黄色、蓝色、其他）均为名义变量，学历（研究生、本科、高中、初中、其他）为有序变量。

由于这些分类变量的各个类别没有进行量化处理，因此无法直接用标准的线性回归分析方法进行线性建模。对此，首先想到的解决方案是对这些分类变量的各类别用数值编码方案进行量化处理，如对性别变量，用"1"表示"男"，用"2"表示"女"；对职业变量用"1"表示"学生"，用"2"表示"公务员"，用"3"表示"公司职员"，用"4"表示"自由职业者"，用"5"表示"其他"；对学历变量用"1"表示"研究生"，用"2"表示"本科"，用"3"表示"高中"，用"4"表示"初中"，用"5"表示"其他"；对颜色偏好变量用"1"表示"黑色"，用"2"表示"白色"，用"3"表示"红色"，用"4"表示"黄色"，用"5"表示"蓝色"，用"6"表示"其他"。然后用基于分类预测变量的响应变量（因变量）来评价分类预测变量的回归，从而为每个分类变量分别估计一个系数。但是，分类变量的类别值是任意的，如对颜色偏好变量也可以用"1"表示"黑色"，用"3"表示"白色"，用"4"表示"红色"，用"8"表示"黄色"，用"9"表示"蓝色"，用"16"表示"其他"。用不同编码方案编码将产生不同回归系数,这样在对同样几个变量的分析进行比较时,就增大了难度,甚至无法给出解释。

上述通过对分类变量用任意的数值进行编码的量化处理,并不能保证是最优的。因为对于名义分类变量,类别间的差异是很难探索的;对于有序分类变量,类别间的差异不一定是相等的;即使变量均为连续型变量,它们之间的联系也有可能为某种曲线,直接按线性结构来拟合不一定合适。因此当需要用线性方程来表达某个分类变量与其他变量(包括分类变量)的关系时,需要用到一种新的回归方法,即使用交替最小二乘法的最优尺度分类回归法(CATREG),简称最优尺度回归法。

要使用最优尺度回归法对分类变量进行回归分析,必须先对分类变量进行量化处理。分类变量的量化并非简单地用正整数对其类别进行编码,而是要用优化的尺度将分类变量转换为连续型数值型变量,以使转换后的分类变量能用与数值型变量用相同的方式处理。

优化,是指在量化过程中要使得分类变量的量化结果能反映其初始类别的特征,并且保证变换后各变量间的关系为线性。这种优化是建立在分析分类变量的每个分类值对于因变量的影响程度的基础上的,采用一定的非线性变换方法进行反复迭代,通过同时尺度化名义变量、有序变量和数值型变量,对原始变量的每个值赋予一个最佳的量化数值,从而用标准线性回归方法对转换后的变量进行回归分析,得到最佳回归方程。

**2. 最优尺度回归对数据的要求**

(1)最优尺度回归可对分类指示符变量进行运算。分类指示符变量的值应为正整数。最优尺度回归对自变量的测量类型没有限制,对因变量也不进行分布假设。

(2)在最优尺度回归过程的"分类回归:离散化"对话框中,可使用连续的正整数对名义变量、有序变量重新编码。使用"1"作为每个分类变量的起始点。若变量已经是数值型变量,则不再重新编码。有小数值的变量和有字符串的变量可以通过重新编码转换成正整数。

(3)最优尺度回归只能设置 1 个因变量(在大多数情况下为分类变量),但最多可设置 200 个自变量。数据中至少要有 3 个有效观测,并且有效观测的数目必须大于自变量数+1。

**3. 分类变量离散化处理的方法**

分类变量的离散化处理是指对分类变量进行重新编码,是在未加权的原始数据上进行的,目的是使字符串型变量转换成虚拟变量,使得任意的多分类变量的类别值离散化为近似服从正态分布或均匀分布的类别值。常用的方法如下。

(1)乘法。先对原始变量进行标准化处理;然后用标准化的值乘 10,四舍五入取整,再加上一个值使得其最小值为 1。

(2)赋秩法。用观测的秩次代替原变量的值。

(3)分组到服从正态分布的指定数量的类别中。先对原始变量进行标准化处理;然后使用依据奥地利统计学家洛伦茨定义的间隔对观测值进行分类。

(4)分组到服从均匀分布的指定数量的类别中。先对原始变量中的观察数四舍五入取整,算得目标频数;然后将原始类别分到划分的组别中,如此以使组别中的频数尽可能接近目标频数。

(5)分到与规定大小等间隔的组中。先将间隔定义为最小值+间距,最小值+2 倍间距,等等;然后具有第 $K$ 个间隔值的样品被分到 $K$ 类。

**4. 最优尺度回归分析中用到的一些基本术语**

在最优尺度回归分析中,由于大量使用线性规划中的术语和算法,因此出现了许多新的术语,为便于读者理解本节内容,特将与统计方法有关的主要的术语归纳如下,其他未列出的术语请读者参阅与线性规划相关的书籍。

(1) 约束:受到一定条件的限制,不能超出限定的范围。

(2) 样条、样条约束与样条有序水平。

① 样条:样条函数的简称,是一种对若干个点进行曲线拟合的方式。例如,三次样条就是要求每两个点之间由三次曲线连接,而且两段曲线的连接点(内点)的一阶导数、二阶导数相等,或者说在该点上曲线的切线和凹凸相同。

② 样条约束:受到某个给定样条的限制。

如果除受到给定的样条的制约外,还受到函数的单调性(递增或递减)限制,则称其受样条及单调性约束。

③ 样条有序水平:一种用样条曲线拟合有序数据的方法。

(3) 目标函数与损失函数:目标函数是线性规划中对函数的另一种称谓,是指关心的目标(某一变量)与相关因素(某些变量)的函数关系,也就是将目标表示为未知变量的线性表达式。与一般函数不同的是,在线性规划中,除对目标函数中出现的变量有一定条件限制(约束)外,对目标函数的最大化或最小化也有要求,以确定目标函数与未知变量的表达式。

损失函数是一种衡量损失(这种损失与错误的估计有关,如费用或设备的损失)和错误程度的函数。

(4) 惩罚函数法:是线性规划中应用广泛且极有效的间接解法,又称序列无约束极小化方法(SUMT)。该方法通过将经加权处理后的原约束化问题中的等式和不等式约束函数与原目标函数结合,得到新的目标函数(称为惩罚函数),从而将原问题转换为新的无约束优化问题。通过求解该新的无约束优化问题,间接得到原约束化问题的最优解。

在目标函数的可行域中是不需要增加任何限制的,一旦在计算中自变量越出可行域,就需要对它进行限制,即惩罚,因此常把这样构造出来的函数称为惩罚函数。惩罚函数的作用是减少求解目标函数的运算量,使得迭代计算中的收敛速度更快。

(5) 岭回归:是一种改进的最小二乘法。岭回归分析是 1962 年由 Heer 提出的。1970 年 Heer 与 Kennard 合作,使得岭回归分析法得到发展。

在一般线性回归中,用最小二乘法得到的回归参数 $\beta$ 的估计为 $\hat{\beta} = (X'X)^{-1}XY$。式中,$X$ 是回归设计矩阵($p$ 个自变量 $X$ 经标准化处理后的数据);$X^T$ 为 $X$ 的转置矩阵;$X^T X$ 为相关系数矩阵;$(X^T X)^{-1}$ 是相关系数矩阵的逆矩阵;$Y$ 为因变量向量。在线性规划中,回归参数 $\beta$ 的估计也可以用 $\hat{\beta}^{LS} = \mathrm{argmin} \sum_{i=1}^{n} \left( Y_j - \sum_{j=1}^{p} X_{ij} \beta_j \right)^2$ 来表示。其中,argmin 表示使目标函数取最小值时的变量值;$\sum_{i=1}^{n} \left( Y_j - \sum_{j=1}^{p} X_{ij} \beta_j \right)^2$ 表示均方误差。

当自变量间的相关性较大,存在共线性时,均方误差将变得很大,使用最小二乘法得到的系数估计不再是无偏估计,因为此时相关系数矩阵的行列式的值近似为 0,存在奇异性,有可能使得相关系数矩阵不存在逆矩阵,此时需要用改良的岭回归分析法。

岭回归分析法的回归参数 $\boldsymbol{\beta}$ 的估计为 $\hat{\boldsymbol{\beta}}^{\text{ridge}} = (\boldsymbol{X}'\boldsymbol{X} + \lambda \boldsymbol{I})^{-1}\boldsymbol{X}\boldsymbol{Y}$。式中,$\lambda$ 是一个大于 0 的参数,$\boldsymbol{I}$ 是 $p \times p$ 的单位向量。由此可见,岭回归分析法实际上是在标准回归系数的计算公式中,通过在相关系数矩阵的每个对角线元素上加上一个常数 $\lambda$,来增加每个变量的变化范围,从而改善最小二乘法对回归系数估计的不稳定性。由于常数 $\lambda$ 起到了限制相关系数矩阵的行列式的值近似为 0 的奇异性(也就是相关系数矩阵不存在逆矩阵)的作用,因此称其为惩罚值。研究表明,$\lambda$ 值不能太大。当 $\lambda$ 值为 0 时,为一般线性回归分析。

岭回归分析法的回归参数 $\boldsymbol{\beta}$ 的估计还可表示为 $\hat{\boldsymbol{\beta}}^{\text{ridge}} = \operatorname{argmin}\left[\sum_{i=1}^{n}\left(Y_j - \sum_{j=1}^{p} X_{ij}\beta_j\right)^2 + \lambda\sum_{j=1}^{p}\beta_j^2\right]$,被称为岭回归的惩罚残差平方和,其中 $\lambda\sum_{j=1}^{p}\beta_j^2$ 为惩罚项,称为 L2 惩罚。

(6)Lasso 回归:"Lasso"一词在 SPSS 中被汉化为"套索",是 Tibshirani 提出的一种关于线性回归的新方法。Lasso 的全称为 The Least Absolute Shrinkage and Selectionator Operator。Lasso 回归的回归参数 $\boldsymbol{\beta}$ 的估计为 $\hat{\boldsymbol{\beta}}^{\text{Lasso}} = \operatorname{argmin}\left[\sum_{i=1}^{n}\left\|Y_j - \sum_{j=1}^{p} X_{ij}\beta_j\right\|^2 + \lambda\sum_{j=1}^{p}|\beta_j|\right]$,是在一般线性最小二乘法的前提下加约束,使回归系数的绝对值之和小于某个常数,从而通过构造一个惩罚函数获得一个精炼的模型。该回归模型是一个解释力较强的模型,用该模型得出的一些变量的回归系数为零。Lasso 回归法是一种处理复共线性数据的有偏估计。在 Lasso 回归中用惩罚项 $\lambda\sum_{j=1}^{p}|\beta_j|$ 来压缩模型系数,该惩罚项被称为 L1 惩罚。

(7)弹性网回归。在处理高维小样本的微阵列数据时,Zou 和 Hastie 针对一组具有复共线性的变量对因变量的影响,在 Lasso 回归的基础上引入了系数的二次惩罚,提出了弹性网方法。这种方法不仅能有效地进行模型选择,而且能处理自变量数目大于样本量的问题。

假设在数据集中有 $n$ 次观测和 $p$ 个变量,并假设因变量 $Y$ 是中心化的(进行了变换处理,预先用其原始观测值减去其平均值),预测变量 $X$ 是标准化的(进行了变换处理,预先用其原始观测值减去其平均值再除以其标准差)。

对于固定的两个非负数 $\lambda_1$、$\lambda_2$,弹性网回归的目标函数为
$$L(\lambda_1, \lambda_2, \boldsymbol{\beta}) = |Y - X\boldsymbol{\beta}|^2 + \lambda_1|\boldsymbol{\beta}|^2 + \lambda_2|\boldsymbol{\beta}|_1$$
式中,$\boldsymbol{\beta}$ 为回归系数;$|\boldsymbol{\beta}|^2 = \sum_{j=1}^{p}\beta_j^2$;$|\boldsymbol{\beta}|_1 = \sum_{j=1}^{p}|\beta_j|$,$j = 1, 2, \cdots, p$;$\lambda_1|\boldsymbol{\beta}|^2 + \lambda_2|\boldsymbol{\beta}|_1$ 是惩罚项,是岭回归和 Lasso 回归惩罚项函数的组合。

弹性网回归的回归参数 $\boldsymbol{\beta}$ 的估计为 $\hat{\boldsymbol{\beta}} = \operatorname{argmin}\left[\sum_{i=1}^{n}\left(Y_j - \sum_{j=1}^{p} X_{ij}\beta_j\right)^2 + \lambda_1\sum_{j=1}^{p}\beta_j^2 + \lambda_2\sum_{j=1}^{p}|\beta_j|\right]$。

(8)"规则化"方法,是指在 SPSS 的最优尺度回归过程中的"分类回归:规则化"对话框中提供的方法,主要有岭回归法、Lasso 回归法和弹性网回归法。

(9) 符号模式（模型），是指对象的组成元素与相互关系都用逻辑符号表示，是概念模型的一种。

### 5. 关于缺失值的插补

与标准回归分析一样，对于存在缺失值的变量，若不进行替换处理，要么在最优尺度回归分析中剔除该变量，要么将缺失值对应的观测删除。为了保证有足够的变量和样本量加入回归分析，对缺失值进行插补是一种不错的选择。

在最优尺度回归分析中，当含有缺失值的变量 $j$ 被指定主动用插补众数或额外的类别处理时，先用 $k_j$（变量 $j$ 的分类数）来计算缺失值，然后用具有最大的加权频数（众数：若有多个众数，则用频数最小的类别）的分类指示符或用 $k_j+1$（额外的类别）来计算缺失值。

若在"分类回归：缺失值"对话框中的"策略"栏中选择了"排除对于此变量具有缺失值的对象"单选按钮，则使用个案剔除法，此时 $k_j$ 将被调整。

如果对变量用样条名义、样条有序、有序或名义最优尺度水平来估算额外的类别，那么在最后阶段尺度水平的约束中不包括额外的类别。

有关样条名义、样条有序、有序或名义最优尺度水平的计算方法将在下面的分类变量的最优量化处理方法中进行进一步介绍。

### 6. 分类回归中的目标函数、分类变量最优量化处理方法及目标函数最优化

设响应变量的类别量化值的 $k_r$ 阶向量用 $y_r$ 表示；预测变量 $j$ 的类别量化值的 $k_j$ 阶向量用 $y_j$ 表示；预测变量的回归系数的 $p$ 阶向量用 $b$ 表示；预测变量的索引集为 $J_p$；$b_j$ 为 $s_j \times t_j$ 阶样条系数向量；$t_j$ 为内部节点数。

（1）目标函数。

实际上，分类回归的目的是要寻找一组 $y_r$、$b$、$y_j$，在 $j \in J_p$ 及 $y_r'D_r y_r = n_w$ 的条件约束下，以使目标函数：

$$\sigma(y_r;b;y_j) = \left(G_r y_r - \int_{j \in J_p} b_j G_j y_j\right) W \left(G_r y_r - \int_{j \in J_p} b_j G_j y_j\right)$$

有最小值。响应变量的量化值同样也被中心化处理，即它们满足 $u'WG_r y_r = 0$，式中，$u$ 表示元素全为 1 的 $n$ 维向量。

在"分类回归：规则化"对话框中选择规则化方法之后，损失函数受到下述条件约束：

$$\int_{j \in j_p}^{p} \beta_j^2 \leq t_2 \quad \text{适用于岭回归}$$

$$\int_{j \in j_p}^{p} |\beta_j| \leq t_1 \quad \text{适用于 Lasso 回归}$$

$$\int_{j \in j_p}^{p} |\beta_j| \leq t_1 \text{ 和 } \int_{j \in j_p}^{p} \beta_j^2 \leq t_2 \quad \text{适用于弹性网回归}$$

式中，$\beta_j$ 为预测变量 $j$ 的回归系数；$p$ 为预测变量的数量。

受到条件约束的损失函数也可写成如下形式：

$$L^{\text{Lasso}} = L + \lambda_1 \int_{j \in j_p}^{p} \text{sign}(\beta_j) \beta_j$$

$$L^{\text{ridge}} = L + \lambda_2 \int_{j \in j_p}^{p} \beta_j^2$$

$$L^{\text{e-net}} = L + \lambda_1 \int_{j \in j_p}^{p} \text{sign}(\beta_j)\beta_j + \lambda_2 \int_{j \in j_p}^{p} \beta_j^2$$

式中，$\lambda_1$ 为 Lasso 回归惩罚值；$\lambda_2$ 为岭回归惩罚值；$L$ 为一般线性回归的损失函数。

（2）分类变量的最优量化处理方法。SPSS 在分类回归过程中提供了如下 5 种最优尺度水平，以对分类回归中使用的变量进行最优化定量处理。所有变量可单独地选择这些最优尺度水平。对于这些选项的基本要求是同等类别的指示符可以得到相等的量化值。

① 名义尺度水平：只有等同约束。

② 样条名义尺度水平：$y_j = d_j + S_j a_j$（有等同和样条约束）。式中，$d_j$ 为样条截距；$S_j$ 为变量 $j$ 的 $k_j(s_j \times t_j)$ 阶的 I 型样条基函数多项式次数，$t_j$ 为内部结点的数量；为使 I 型样条基函数在给定范围内具有单调性，$a_j$ 中的元素必须为非负元素；$y_j$ 为变量 $j$ 的量化值，$j = 1, \cdots, m$。

③ 样条有序尺度水平：$y_j = d_j + S_j a_j$（有等同和单调性样条约束）。

④ 有序尺度水平：$y_j \in C_j$（有等同和单调性约束）。单调性约束 $y_j \in C_j$ 意指 $y_j$ 必须位于非递减元素的所有 $k_j$ 维向量的凸锥上，$k_j$ 为变量 $j$ 的类别数量（包括增补对象）。

⑤ 数值尺度水平：$y_j \in L_j$（有等同和线性约束）。线性约束 $y_j \in L_j$ 意指包含 $k_j$ 连续整数的向量的线性转换，$y_j$ 必须位于所有 $k_j$ 向量的子空间。

为达到鉴别目的，$y_j$ 总是被标准化处理，以便使得 $y_j' D_j y_j = n_w$。式中，$n_w$ 是加权分析样品的数量，假设对象 $i$ 的权重为 $w_i$；若对象 $i$ 没有加权，则 $w_i = 1$；若对象 $i$ 是增补对象，则 $w_i = 0$。因此，$n_w$ 可用 $n_w = \sum_{i=1}^{n} w_i$ 来计算。另外，$D_j$ 为 $k_j \times k_j$ 对角矩阵，$D_j = G_j' W G_j$，其中，$W$ 是对角线元素为 $w_i$ 的 $n_{\text{tot}} \times n_{\text{tot}}$ 阶对角矩阵，$n_{\text{tot}}$ 是样品的总数（分析样品+增补样品）；$G_j$ 是变量 $j$ 的 $n_{\text{tot}} \times k_j$ 阶指标矩阵，$G_j$ 中的元素被定义为，对于 $i = 1, \cdots, n_{\text{tot}}$；$r = 1, \cdots, k_j$，$r$ 为响应变量的索引，有

$$g_{(j)ir} = \begin{cases} 1 & \text{当第 } j \text{ 个对象在变量 } j \text{ 的第 } r \text{ 个类别中时} \\ 0 & \text{当第 } j \text{ 个对象不在变量 } j \text{ 的第 } r \text{ 个类别中时} \end{cases}$$

（3）目标函数最优化。

可通过执行迭代计划来实现目标函数最优化。该迭代计划具体如下。

① 初始化。类别量化的初始化可通过下述方式来完成。

- 随机化：初始类别量化值 $\tilde{y}_j$（$j = 1, \cdots, m$）被定义为变量 $j$ 的 $k_j$ 类指示符的标准化值，可使得 $u' W G_j \tilde{y}_j = 0$，$y_j' D_j y_j = n_w$，且初始回归系数就是类别量化值变量与响应变量之间的相关系数。

- 数值化：在这种情况下，执行迭代计划两次。在第一次循环中，用第一次初始化的值来初始化，所有变量被当作数值尺度水平处理；在第二次循环中，用指定的尺度水平开始量化类别，并且回归系数使用第一次循环中的值。

- 多点搜索（所有）：当为一个或多个预测因子指定了样条有序水平或有序尺度水平时，在"要检验的模式"栏中选择"所有可能的符号模式"单选按钮，确保得到全局最优解。在选择这个选项时，将执行 $2^s$ 次迭代计划，其中，$s$ 是具有（样条）有

序尺度水平的预测变量的数量，$2^s$ 是（样条）有序尺度水平的预测变量的回归系数的所有可能的符号模式的数量。每次执行迭代计划以相同初始类别量化值和回归系数开始，用第一次初始化的值来初始化，但系数有不同的符号模式。在迭代过程中，固定符号模式。最后使用最优符号模式（如果使用"分类回归：规则化"对话框中选定的方法，那么该符号模式能导致最大 $R^2$ 或决定系数）执行 1 次或多次迭代计划。

- 多点搜索（值）：当在"要检验的模式"栏中选择"精简的符号模式数"单选按钮，并指定阈值时，选择（样条）有序尺度水平的预测变量的回归系数的符号模式，执行两次迭代计划。使用组合的损失方差的百分比策略和分层策略选择符号模式。在本选项中符号模式的最大数量为 $1+\sum_{i=1}^{s} i$。

在第一个周期中（用第一次初始化的值来初始化），所有变量被当作名义水平处理。在第二个周期中，使用指定的尺度水平，将第一个周期中获取的类别量化值和回归系数作为它们的起始值。在第二个周期的一次迭代后，（样条）有序尺度水平预测变量在第一个周期的最后一次迭代与第二个周期的第一次迭代中的方差的减少被确定。若预测变量减少的百分比超出指定的阈值，则允许预测变量为负号。第二个周期继续执行一定次数的迭代：一次使用所有（样条）有序水平预测变量的正符号的回归系数及 $q$ 次使用所有（样条）有序水平预测变量的负符号的回归系数，这里 $q$ 是允许有负号的（样条）有序水平预测变量的数量。若所有正符号模式比所有负符号模式给出的结果更好（若使用在"分类回归：规则化"对话框中指定的方法，则有更大的 $R^2$ 或决定系数），则执行再一次使用所有正符号模式迭代计划。否则，当一个负符号模式之一比所有负符号模式给出的结果更好时，选择最好的一个负符号模式，并且对两个负符号模式（向最好的一个负符号模式中再增加一个负符号模式）重复第二个周期。然后比较两个负符号模式与一个负符号模式得到的结果，若一个负符号模式的结果更好，则选择一个负符号模式；否则，对三个负符号模式重复第二个周期，以此类推。

- 固定符号：在这种情况下，执行两次迭代计划。在第一次循环中（用第一次初始化的值来初始化），所有变量被当作名义水平处理。在第二次循环中，利用指定的尺度水平，将第一次循环中获取的类别量化值和回归系数及（样条）有序尺度水平的预测变量的回归系数固定的符号（在用户指定文件中读取）作为它们的起始值。

② 对响应变量更新类别量化值。

设固定的当前值为 $y_j$，$j \in j_p$，无约束的 $y_r$ 的更新值为 $\tilde{y}_r = \boldsymbol{D}_r^{-1}\boldsymbol{G}_r'\boldsymbol{W}_V$。

名义水平：$y_r^* = \tilde{y}_r$。

对于下面 4 个最优尺度水平，若变量 $j$ 是用额外类别来估算的，则 $y_r^*$ 在初始阶段包括类别 $k_r$。

- 样条名义水平和样条有序水平：$y_r^* = \boldsymbol{d}_r + \boldsymbol{S}_r\boldsymbol{a}_r$。

计算的样条转换值作为基于 $\boldsymbol{S}_r$ 的 I 型样条的 $\tilde{y}_r$ 的加权回归（$\boldsymbol{D}_r$ 的权重对角线元素）。对于受到非负约束的 $\boldsymbol{a}_r$ 的样条有序尺度水平的元素，$\tilde{y}_r$ 使得 $y_r^*$ 单调性增加。

- 有序水平：$y_r^* \leftarrow \text{WMON}(\tilde{y}_r)$。WMON( ) 表示加权单调的回归过程，使得 $y_r^*$ 单调性增加，使用的权重是 $\boldsymbol{D}_r$ 的对角线元素，使用的子算法是上下区最小违背算法。

- 数值水平：$y_r^* \leftarrow \text{WLIN}(\tilde{y}_r)$。WLIN( )用来表示加权线性回归过程，使用的权重是 $D_r$ 的对角线元素。

接下来 $y_r^*$ 被标准化处理（如果响应变量使用额外类别估算，那么 $y_r^*$ 从此以后包括类别 $k_r$）：$y_r^+ = n_w^{1/2} + y_r^*(y_r'^*D_r y_r^*)^{-1/2}$。

③ 对预测变量更新类别量化值和回归系数。

为更新预测变量 $j$，$j \in j_p$，需要先将变量 $j$ 的贡献从 $v: v = v - b_j G_j y_j$ 中消去，然后将无约束的 $y_r$ 的值更新为 $\tilde{y}_j = D_j^{-1} G_j' W(W_r y_r - v_j)$，再按步骤②中的要求对 $\tilde{y}_j$ 进行约束及标准化处理，从而得到 $y_j^+$。

最后更新回归系数：

$$b_j^+ = n_w^{-1} \tilde{y}_j' D_j y_j^+$$

得到如下正规化回归系数：

$$\beta_j^+ = \frac{\beta_j^*}{1+\lambda_2}$$

该系数适用于岭回归。

若 $\beta_j^* > 0$，则 $\beta_j^+ = \left(\beta_j^* - \frac{\lambda_1}{2}w_j\right)_+ = \beta_j^* - \frac{\lambda_1}{2}$；若 $\beta_j^* < 0$，则 $\beta_j^+ = \beta_j^* + \frac{\lambda_1}{2}$，适用于 Lasso 回归。

若 $\beta_j^* > 0$，则 $\beta_j^+ = \dfrac{\left(\beta_j^* - \frac{\lambda_1}{2}w_j\right)_+}{1+\lambda_2} = \dfrac{\left(\beta_j^* - \frac{\lambda_1}{2}\right)}{1+\lambda_2}$；若 $\beta_j^* < 0$，则 $\beta_j^+ = \dfrac{\left(\beta_j^* + \frac{\lambda_1}{2}\right)_+}{1+\lambda_2}$，适用于弹性网回归。

④ 收敛检验。

将连续的显性预测误差（APE）间的差值与用户指定收敛性判定标准 $\varepsilon$（一个小正数）进行比较。

APE 可用下式算得

$$\text{APE} = n_w^{-1} \left(G_r y_r - \int_{j \in j(p)} \beta_j G_j y_j\right)' W \left(G_r y_r - \int_{j \in j(p)} \beta_j G_j y_j\right)$$

在没有在"分类回归：规则化"对话框中指定方法时，APE 等于 1 减去多元回归系数的平方。只要 APE 差值超过 $\varepsilon$，就重复步骤②和步骤③。

**7. 选择规则化方法**

如果指定正规化使用"分类回归：规则化"对话框中的方法，那么上述所有诊断方法同样适用于选择或指定的"分类回归：规则化"对话框中的模型。如果指定的模型不止一个（不止一个惩罚值），那么可以要求对每个模型进行诊断。

（1）标准的回归系数和用下式计算。

① 适用于岭回归的标准的回归系数和：$\dfrac{\int_{j \in J_p}^p \beta_j^2}{\int_{j \in J_p}^p (\beta_j^*)^2}$。

② 适用于 Lasso 回归和弹性网回归的标准的回归系数和：$\dfrac{\int_{j\in J_p}^{p} \text{sing}(\beta_j)\beta_j}{\int_{j\in J_p}^{p} \text{sing}(\beta_j^*)\beta_j^*}$。

（2）显性预测误差（APE）。

在最优化算法最后迭代的收敛步骤中算得 APE。

（3）期望预测误差（EPE）。

为标准的量化的数据计算 EPE。只有在为所有变量指定数值尺度水平时，才需要为原始数据计算 EPE。

① 增补对象（测试样品）。

• 训练数据（活动样品）的 EPE 为

$$\text{EPE}^{\text{train}} = \frac{1}{n_w} \sum_{i=1}^{n} \left[ (G_r y_r)_i - \left( \sum_{j\in J_p} \beta_j G_j y_j \right)_i \right]^2$$

标准误差为

$$\text{SE}^{\text{train}} = \left[ \frac{1}{n_w^2} \sum_{i=1}^{n} w_i (\text{EPE}_i^{\text{train}} - \text{EPE}^{\text{train}})^2 \right]^{1/2}$$

• 检验数据（增补对象）的 EPE 为

$$\text{EPE}^{\text{test}} = \frac{1}{n_{\text{tot}} - n} \sum_{i\in s} \left[ (G_r y_r)_i - \left( \sum_{j\in J_p} \beta_j G_j y_j \right)_i \right]^2$$

式中，$s$ 是增补对象的索引集。

标准误差为

$$\text{SE}^{\text{test}} = \left[ \frac{1}{(n_{\text{tot}} - n)^2} \sum_{j\in s} (\text{EPE}_i^{\text{test}} - \text{EPE}^{\text{test}})^2 \right]^2$$

• 对于增补类别的量化的估计值（增补样品中只出现一个类别）的量化部分如下。

用 $\text{EPE}^{\text{train}}$、$\text{SE}^{\text{train}}$、$\text{EPE}^{\text{test}}$、$\text{SE}^{\text{test}}$ 乘以 $\dfrac{1}{n_w}\sum_{i=1}^{n}\left(h_{ri} - \dfrac{1}{n_w}\sum_{i=1}^{n}h_{ri}\right)^2$（每个活动样品响应变量的方差）就是原始数据的 EPE 和 SE。

② 重复采样，0.632 自举法（Bootstrap）。通过从训练数据（活动样品）中随机（有放回的）抽取 $n$ 次，建立自举法的数据集，包括样品权重。自举法中的 EPE 可用下式计算：

$$\text{EPE}^{\text{boot}} = \widehat{\text{Err}}^{(0.632)} = \overline{\text{err}} + \widehat{\text{OP}}$$

式中，OP（乐观值）用下式估计：

$$\widehat{\text{OP}} = 0.632(\overline{\text{Err}}^{(1)} - \overline{\text{err}})$$

式中，$\overline{\text{Err}}^{(1)}$ 表示预测误差，其留一法自举估计为

$$\overline{\text{Err}}^{(1)} = \frac{1}{n_w^{(1)}} \sum_{i=1}^{n} \frac{1}{|C^{-i}|} \sum_{b\in C^{-i}} w_i \left[ (G_r y_r^b)_i - \left( \sum_{j\in J_p} \beta_j^b G_j y_j^b \right)_i \right]^2$$

适用于 $|C^{-i}| \neq 0$。式中，$C^{-i}$ 是自举样本 $b$（$b=1,\cdots,B$）的索引集（不包括观测 $i$；对于名义或有序水平转换的变量，包括应用于观测 $i$ 的类别；对于样条转换变量的观测 $i$ 不需要使

用外推法）；$n_w^{(1)}$ 是 $|C^{-i}| \neq 0$ 的观察的数量。集合 $|C^{-i}|$ 可以为空集，假如观测 $i$ 在样条转换的变量上只有一个极端的类别，而且这个类别的频数为 1，那么每个自举样本不包括这个观测，也不包括极端的类别，因此适用于观测 $i$ 的所有自举样本被排除。

自举法中的标准误差用下式计算：

$$\text{SE}^{\text{boot}} = \left[\frac{1}{n_w^2}\sum_{i=1}^{n} w_i (\overline{\text{Err}}_i^{(1)} - \overline{\text{Err}}^{(1)})^2\right]^{1/2}$$

对于自举样本中的样品，在计算 $\overline{\text{Err}}^{(1)}$ 时，只要加入乘以响应变量的方差 $[\cdots, w_i \text{var}(h_r^b), \cdots]$，即可得到原始数据的 EPE 和 SE。

③ 重复采样，交叉验证。

数据被随机地分到训练数据（活动样品）的 $k$ 个不相交子集中，包括样品权重。重复采样中的 EPE 可用下式计算：

$$\text{EPE}^{\text{CV}} = \frac{1}{n_w}\sum_{i=1}^{n}\sum_{j \in k} w_i \left[(G_r y_r^k)_i - \left(\sum_{j \in J_p}\beta_j^{-k} G_j y_j^{-k}\right)_i\right]^2$$

式中，$k$（$k = 1, \cdots, K$）索引第 $k$ 个子集，$-k$ 索引其余数据部分。

其标准误差可用下式计算：

$$\text{SE}^{\text{CV}} = \left[\frac{1}{n_w^2}\sum_{i=1}^{n} w_i (\text{EPE}_i^{\text{CV}} - \text{EPE}^{\text{CV}})^2\right]^{1/2}$$

删除第 $k$ 部分的样品，在计算 $\text{EPE}^{\text{CV}}$ 时，只要加入乘以响应变量的方差 $[\cdots, w_i \text{var}(h_r^{-k}), \cdots]$，即可得到原始数据的 EPE 和 SE。

在自举样本中或在第 $k$ 部分删除的数据中不会发生类别的量化，可按增补类别估计。

**8．相关系数**

在转换前，变量间的相关系数 $R$ 可用下式计算：

$$R = n_w^{-1} H_c' W H_c$$

式中，$H_c$ 为加权的中心化，并且标准化的 $H$ 中不包括响应变量。

在转换后，变量间的相关系数 $R$ 可用下式计算：

$$R = n_w^{-1} Q' W Q$$

式中，$Q$ 的列向量为 $q_j = G_j y_j$，$j \in J_p$。

（1）0 阶相关系数。

转换的响应变量 $G_r y_r$ 和转换的预测变量 $G_j y_j$ 间的相关系数为

$$r_{ij} = n_w^{-1}(G_r y_r)' W G_j y_j$$

（2）偏相关系数。

$$\text{偏相关系数}_j = b_j[(1/t_j)(1 - R^2) + b_j^2]^{-1/2}$$

式中，$t_j$ 为变量 $j$ 的容忍度。

在使用正规化方法时，按下式计算常规最小二乘法的回归系数：

$$\boldsymbol{\beta}^* = (n_w R)^{-1} Q' W (G_r y_r)$$

使用 $R_p$ 的特征值和特征向量计算转换后的相关系数矩阵 $R$ 和 $R^{-1}$。$R_p$ 是回归系数大于 0 的预测变量的相关系数矩阵，$R^2$ 用下式来计算：
$$R^2 = \{(G_r y_r)'WQ\beta^*[n_w(Q\beta^*)'WQ\beta^*]^{-1/2}\}^2$$

（3）部分相关系数为
$$\text{PartCorr}_j = b_j t_j^{1/2}$$

式中，$t_j$ 为变量 $j$ 的容忍度。

### 9. 标准回归系数 $\beta$ 及其标准误差

（1）标准回归系数可用 $\beta = b_j$ 来计算。

（2）$\beta$ 的标准误差用下式计算：
$$\text{SE}(\beta) = [(1-R^2)/(n_w - l - u'f)t_j]^{1/2}$$

式中，$t_j$ 为变量 $j$ 的容忍度。

### 10. 自由度

一个变量的自由度取决于最优尺度水平。
① 数值水平变量的自由度：$f_j = 1$。
② 样条有序、样条名义水平变量的自由度 $f_j$ 为 $s_j + t_j$ 的值减去 $a_j$ 中元素等于 0 的个数。
③ 有序、名义水平变量的自由度 $f_j$ 为 $y_j$ 中不同值的数量减 1。

### 11. 重要性

相对重要性的 Pratt 测量：
$$\text{Im } p_j = b_j r_{rj} / R^2$$

仅当使用非正规化方法处理时显示相对重要性。

### 12. 容忍度

最优尺度预测变量的容忍度用下式计算：
$$t_j = r_{pjj}^{-1}$$

式中，$r_{pjj}^{-1}$ 是 $R_p$ 的第 $j$ 个对角元素；$R_p$ 是回归系数大于 0 的预测变量的相关系数矩阵。

## 1.3.2 最优尺度回归过程

（1）按"分析→回归→最优标度"顺序单击，打开"分类回归"对话框，如图 1-7 所示。

（2）从原始变量列表中选择一个分类变量作为因变量送入"因变量"框。

（3）单击"因变量"框下的"定义标度"按钮，打开如图 1-8 所示的"类别回归：定义标度"对话框，设置因变量的最优尺度水平。在默认情况下，系统采用有两个内部结点的二次单调性样条有序水平。除此之外，还可以在"类别回归：定义标度"对话框中设置分析变量的权重。

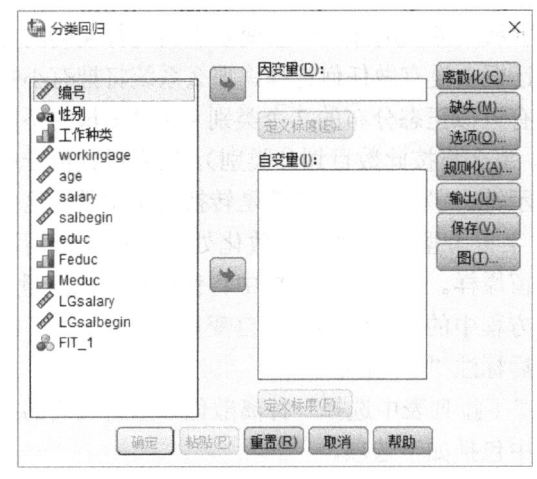
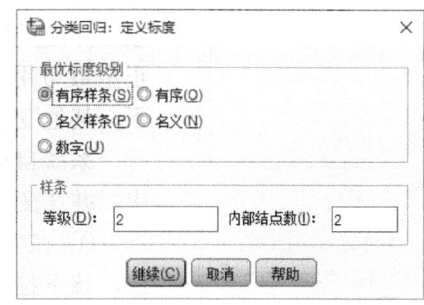

图 1-7  "分类回归"对话框　　　　图 1-8  "分类回归:定义标度"对话框

① "最佳标度级别"(应译为"最佳尺度水平")栏提供了 5 种可以用于量化每个变量的尺度水平,包括如下选项。

- "有序样条"单选按钮:变换后的最优尺度变量中保留观测变量的分类顺序。类别点将位于一条通过原点的直线上。转换结果是一个选定次数的平滑单调的分段多项式。样条的每一段都是按用户指定的次数和内部结点的确定位置生成的。
- "名义样条"单选按钮:变换后的最优尺度变量中只保留观测变量的信息是按分类构成的对象分组,不再保留观测变量的分类顺序。类别点将位于一条通过原点的直线上。转换结果是一个预先选定次数的平滑的可能非单调的分段多项式。样条的每一段都是按用户指定的次数和内部结点的确定位置生成的。
- "数字"单选按钮:分类将被视为有序且等间距的。变换后的最优尺度变量中保留观测变量的分类号之间的分类顺序和等间距性。类别点将位于一条通过原点的直线上。当所有变量都为定量变量时,该分析类似于主成分分析。
- "有序"单选按钮:变换后的最优尺度变量中保留观测变量的分类顺序。类别点将位于一条通过原点的直线上。转换结果比有序样条转换拟合得好,但是平滑度较低。
- "名义"单选按钮:变换后的最优尺度变量中只保留观测变量的信息是按分类构成的对象分组,不再保留观测变量的分类顺序。类别点将位于一条通过原点的直线上。转换结果比名义样条转换拟合得好,但是平滑度较低。

② "样条"栏用于定义在选择"有序样条"单选按钮或"名义样条"单选按钮时样条的次数和节点个数,包括如下选项。

- "等级"(应译为"次数")框:输入样条的次数,系统默认值为 2。
- "内部结点数"框:输入内部结点数,系统默认值为 2。

单击"继续"按钮,返回"分类回归"对话框。

(4)在"分类回归"对话框中,从原始变量列表中选择一个或多个自变量送入"自变量"框。单击"定义标度"按钮,打开"分类回归:定义标度"对话框,对自变量的最优尺度水平进行设置。

(5)在"分类回归"对话框中,单击"离散化"按钮,打开"分类回归:离散化"对

图 1-9 "分类回归：离散化"对话框

话框，如图 1-9 所示，可以选择对原始变量重新进行编码的方法。如果在该对话框中没有做任何选择，那么系统将把有小数值的变量分成具有近似正态分布的 7 个类别（如果变量的不同值的数目小于 7，那么将按此数目划分类别），按字母数值升序顺序分配类别指示符。字符串型变量总是转换为正整数，这些正整数可用来对字符串型变量进行离散化处理。在默认情况下，其他变量保留原样。在随后的分析中将使用离散化变量。

系统自动将方程中的因变量和全部自变量列在"变量"框中，并在变量名后标注"（未指定）"。

① 在"方法"下拉列表中选择一种离散化并重新编码的方法，该下拉列表中包括如下选项。

- "未指定"选项：选择此选项将采用系统默认设置。
- "分组"选项：选择此选项将按指定的分类数或按等间距进行重新编码。
- "排秩"选项：选择此选项将用样品排序后的秩来代替原变量的值。
- "乘"选项：选择此选项将先对原始变量进行标准化处理，然后将标准化的值乘以 10 并进行四舍五入处理，再加上一个值使得其最小值为 1。

如果需要对某个变量进行重新编码，那么要先选中该变量，再选择重新编码的方法，然后单击"方法"下拉列表右侧的"变化量"按钮。完成更改的变量的名称后将显示相应的重新编码方法，同时，"继续"按钮将被激活。

② "分组"栏仅当在"方法"下拉列表中选择"分组"选项时才被激活，包括以下选项。

- "类别数"（应译为"分类数"）单选按钮，用于指定分类的数量，并指定这些类别间的变量值是服从近似正态分布，还是服从均匀分布。系统默认分类数为 7。
- "等宽区间"单选按钮。选择此选项后必须输入相应的数值来设定间隔的长度。系统将按设定数值对原始变量进行分类。

单击"继续"按钮，返回"分类回归"对话框。

（6）在"分类回归"对话框单击"缺失"按钮，打开"分类回归：缺失值"对话框，如图 1-10 所示。在该对话框中可以选择处理分析变量及其缺失值处理方法。

① "缺失值策略"栏中只有一个"分析变量"框，该框列出了因变量和所有自变量，并在所有变量名后附有处理缺失值的默认方式的标示。

② "策略"栏中的选项如下。

- "排除对于此变量具有缺失值的对象"单选按钮：选择此选项，在分析时将去除在"分析变量"框中选择的分析变量有缺失值的对象。它是系统默认选项，此方案对补充变量不适用。

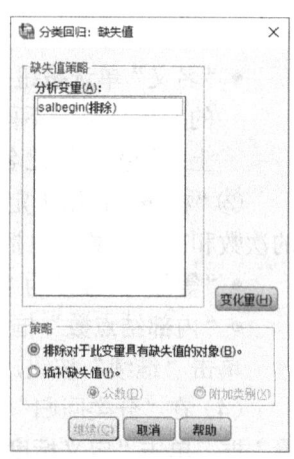

图 1-10 "分类回归：缺失值"对话框

- "插补缺失值"单选按钮：选择此选项，将激活如下选项。
  - "众数"单选按钮：选择此选项，将用众数所在组的类别值替代缺失值，如果有多个众数，那么将用其中最小类别值替代缺失值。
  - "附加类别"单选按钮：选择此选项，缺失值将被替换为相同的一个额外划分的类别值。这意味着该变量中有缺失值的对象被视为属于同一个类别。

选择完成后，单击"缺失值策略"栏右下角的"变化量"按钮，提交系统运行。

（7）在"分类回归"对话框单击"选项"按钮，打开如图1-11所示的"分类回归：选项"对话框。在此对话框中指定迭代和收敛条件，选择补充对象，设置绘图标记。

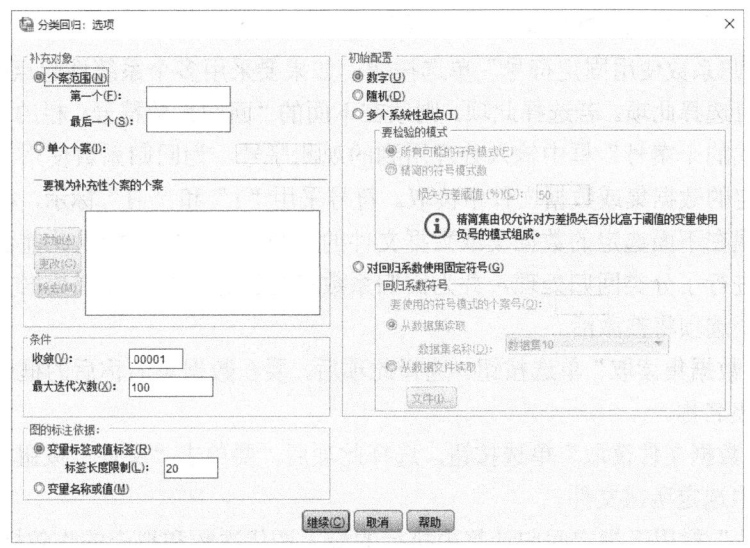

图1-11 "分类回归：选项"对话框

①"补充对象"栏用于指定要视为补充对象的观测。如果认为数据文件中的某些观测不太可靠或不太重要，可对其进行标示，将其视作补充对象。该栏包括如下选项。
- "个案范围"单选按钮：若有一个连续区域的观测被视作补充对象，则选择本项并在"第一个"框及"最后一个"框中输入这些观测的起止序号，以指定观测范围。
- "单个个案"单选按钮：在其后框中输入被视为补充对象的观测序号。

指定后，单击下面的"添加"按钮，即可将指定的观测添加到"要视为补充个案的个案"框中。

选定补充对象后，不可以对其进行加权处理，否则之前为其指定的权重将无效。

②"初始配置"栏包括如下选项。
- "数字"单选按钮：系统默认选项。当所有变量均为尺度或有序测量的变量时，选择此项。
- "随机"单选按钮：当变量中至少有一个变量是名义测量变量时，选择此项。
- "多个系统性起点"单选按钮：当至少有一个变量在量化过程中使用有序或有序样条尺度水平时，常用的模拟拟合算法得到的解可能欠佳，在这种情况下，可以选择本项。选择本项后将激活"要检验的模式"栏中的两个选项。
  - "所有可能的符号模式"（应译为"所有可能的符号模型"）单选按钮。由于其具有多个系统性起点的所有可能的待检验的符号模型，因此可以始终寻找最优解。但由于数据集中的有序和有序样条变量的数量增加，因此所需处理时间将大大增加。

- ■ "精简的符号模式数"单选按钮。为提高运算速度，可以选择本项，并在"损失方差阈值"框中指定方差损失阈值百分比，以减少检验的符号模型的数量，该值越高，排除的符号模型越多。在选择此项时，虽然无法保证获得最优解，但降低了得到的解欠佳的可能性。即使找不到最优解，欠佳的解与最优解也不会差别太大。在选择"多个系统性起点"单选按钮时，每个起点的回归系数符号将被写入外部 SPSS Statistics 数据文件或当前数据集。
- "对回归系数使用固定符号"单选按钮：如果要采用多个系统性起点的运行结果，那么可选择此项。若选择此项，则须在下面的"回归系数符号"栏的"要使用的符号模式的个案号"框中输入处理用到的观测序号。为回归系数使用的固定符号可在指定的数据集或数据文件中读取。符号采用"1"和"-1"标示，标示的符号需要出现在下面选定的数据集或数据文件的某个指定行中。如果此前已经对此数据文件进行了分类回归处理，并为回归系数符号创建了数据集或数据文件，那么下面两个选项将被激活。
  - ■ "从数据集读取"单选按钮。选择此项后，要在数据集名称后的框中输入所需数据集名称。
  - ■ "从数据文件读取"单选按钮。选择此项后，要单击"文件"按钮，在文件浏览器中选定所需文件。

③"条件"栏用于指定回归计算中执行的最大迭代次数和拟合的收敛标准。
- 在"收敛"框中输入收敛标准。系统默认值为 0.00001。
- 在"最大迭代次数"框中输入最大迭代次数。系统默认值为 100。

如果上两次迭代间的总拟合之差小于收敛值，或者达到了最大迭代次数，那么回归的迭代过程将终止。

④"图的标注依据"栏用来指定在图中使用变量标签（或值标签）或变量名（或变量值）及标签的最大长度，包括如下选项。
- "变量标签或值标签"单选按钮。选择此项后需要在"标签长度限制"框中输入定义标签的最大长度的值。系统默认值为 20。
- "变量名称或值"单选按钮。选择此项后将在输出的图中使用变量名或变量值。

单击"继续"按钮，返回"分类回归"对话框。

（8）在"分类回归"对话框单击"规则化"按钮，打开如图 1-12 所示的"分类回归：规则化"对话框。在此对话框中可以对规则化的方法进行设置，还可以对产生的弹性网络图进行设置。

①"方法"栏。规则化方法可以使回归系数估计缩小为 0，以降低其变异性，从而改善模型的预测误差。在选择了规则化方法后，每个惩罚系数值的规则化模型和系数都将被写入外部 SPSS Statistics 数据文件或当前数据集。该栏包括如下选项。
- "无"单选按钮：选择此项将不施加惩罚系数的约束。

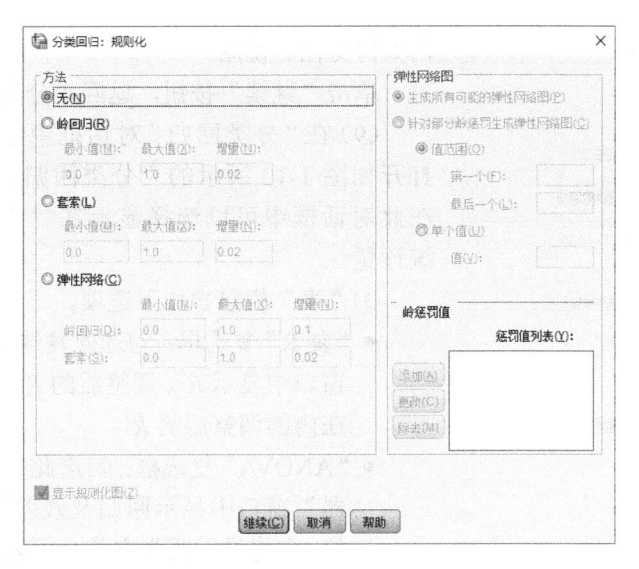

图1-12 "分类回归：规则化"对话框

- "岭回归"单选按钮：选择此项将在回归过程中引入惩罚项，以缩小系数。惩罚项等于系数平方乘以惩罚系数的总和。该惩罚系数可从0（无惩罚）变化到1；如果指定了惩罚系数范围与增量，那么回归过程将寻求最佳惩罚系数。
- "套索"（应为"Lasso"）单选按钮：选择此项将进行 Lasso 回归。Lasso 回归的惩罚项是建立在绝对系数总和的基础上的，惩罚系数的指定与岭回归类似，但 Lasso 回归涉及的计算量更大。
- "弹性网络"单选按钮：选择此项将进行弹性网回归。弹性网回归简单地将 Lasso 回归惩罚系数和岭回归惩罚系数两者结合在一起，在给定值的网格中搜寻，以发现最佳 Lasso 回归惩罚系数和岭回归惩罚系数。对于给定的 Lasso 回归惩罚系数与岭回归惩罚系数，弹性网回归的计算量并不比 Lasso 多很多。

②"弹性网络图"栏。如果选择了"弹性网络"单选按钮，那么将按岭回归的惩罚系数生成各自的规则化图。该栏包括如下选项。

- "生成所有可能的弹性网络图"单选按钮：选择此项将为由指定的最小和最大 Ridge 回归惩罚值确定的范围中的每个值产生弹性网络图。
- "针对部分岭惩罚生成弹性网络图"单选按钮：如果只需要产生部分值的弹性网络图，就选择此项。若选择此项，则需进一步指定下面两个选项之一。
  - "值范围"单选按钮：选择此项需在"第一个"框和"最后一个"框中输入岭回归惩罚系数的最小值和最大值，此范围中的值子集的弹性网络图将被显示在"查看器"窗口中。
  - "单个值"单选按钮：选择此项只需要在"值"框中输入惩罚系数的序号，该值对应的弹性网络图将显示在"查看器"窗口中。

完成上述设定后，单击"岭惩罚值"栏中的"添加"按钮，在"惩罚值列表"框中将出现所选结果。

③ 勾选"显示规则化图"复选框，将在"查看器"窗口中输出回归系数与规则化惩罚图。在搜寻某个值范围以寻找最佳惩罚系数时，该选项提供了有关回归系数在该范围

内如何变化的视图。

单击"继续"按钮,返回"分类回归"对话框。

(9) 在"分类回归"对话框中单击"输出"按钮,打开如图 1-13 所示的"分类回归:输出"对话框。在此对话框中可以选择显示在"查看器"窗口中的统计量。

① "表"栏包含如下选项。

- "复 R"复选框:勾选此复选框,将在"查看器"窗口中显示 $R^2$、调整后的 $R^2$ 及将最优尺度考虑在内的调整后的 $R^2$。
- "ANOVA"复选框:勾选此复选框,将在"查看器"窗口中显示回归及残差平方和、均方和 $F$ 值。它将显示两张方差分析表:一张表的回归自由度等于预测变量数,另一张表的回归自由度是将最优尺度考虑在内的自由度。

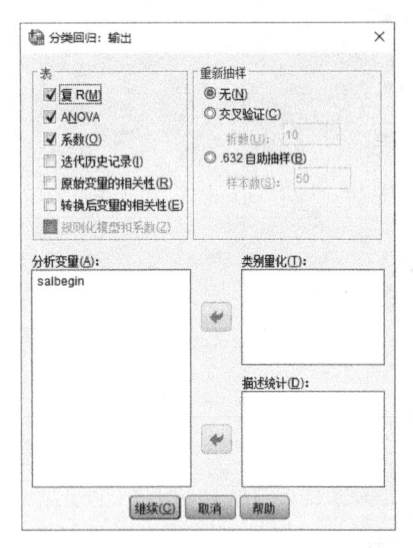

图 1-13 "分类回归:输出"对话框

- "系数"复选框:勾选此复选框,将在"查看器"窗口中显示 3 张系数表。第 1 张表为方程系数表,包括 $\beta$、$\beta$ 的标准误差、$t$ 值和 $p$ 值;第 2 张表为系数最优尺度表,包括具有最优尺度的标准化系数 $\beta$ 的标准误差和自由度;第 3 张表为相关系数表,包括每个变量与因变量的零阶相关系数、部分相关系数和偏相关系数、转换后预测值的相对重要测量及转换前后的容忍度。
- "迭代历史记录"复选框:勾选此复选框,将在"查看器"窗口中显示迭代过程,包括每次迭代的初始值、复相关系数 $R$ 和回归误差。除此之外,还会显示从第一次迭代开始的复相关系数 $R$ 的各次增量。
- "原始变量的相关性"复选框:勾选此复选框,将在"查看器"窗口中显示原始变量间的相关系数矩阵。
- "转换后变量的相关性"复选框:勾选此复选框,将在"查看器"窗口中显示转换后变量间的相关系数矩阵。
- "规则化模型和系数"复选框:勾选此复选框,将在"查看器"窗口中显示每个规则化模型的惩罚值、$R^2$ 和回归系数。如果指定了重新抽样方法,或者指定了补充对象(单个个案),在"查看器"窗口中还会显示预测误差或均方误差。

② "重新抽样"栏用于选择有关模型预测误差的估计方法。该栏包含如下选项。

- "无"单选按钮:选择此项,将直接用建模样本估计模型的预测误差。
- "交叉验证"单选按钮:选择此项,将用交叉验证法进行抽样,即将初始样本分割成 $K$ 个子样本或群。分割的子样本或群数通过"拆数"框设置。每一个单独的子样本分别被作为验证样本,除验证样本外的数据被用来训练,以生成分类回归模型,得到 $K$ 个分类回归模型。对于每个模型,用其对应的验证样本来估计模型的预测误差。
- ".632 自助抽样"单选按钮:选择此项,将用自举法进行抽样,即采用有放回方式从数据中随机抽取观测值。多次重复该过程将获得大量 Bootstrap 样本。为所有

Bootstrap 样本拟合模型，并将该拟合模型估计的模型预测误差应用到非 Bootstrap 观测上。

③ "分析变量"框提供可供选择的参与分析的所有变量名。

④ "类别量化"框显示选定变量转换前后值的对照表。

⑤ "描述统计"框显示选定变量的描述统计表，包括频数、缺失值和众数。

单击"继续"按钮，返回"分类回归"对话框。

（10）在"分类回归"对话框中单击"保存"按钮，打开如图 1-14 所示的"分类回归：保存"对话框。在该对话框中设置将预测值、残差和转换后的值保存到当前数据集，或者将离散化数据、转换后的值、规则化模型、系数及回归系数符号保存到外部 SPSS Statistics 数据文件或当前数据集。

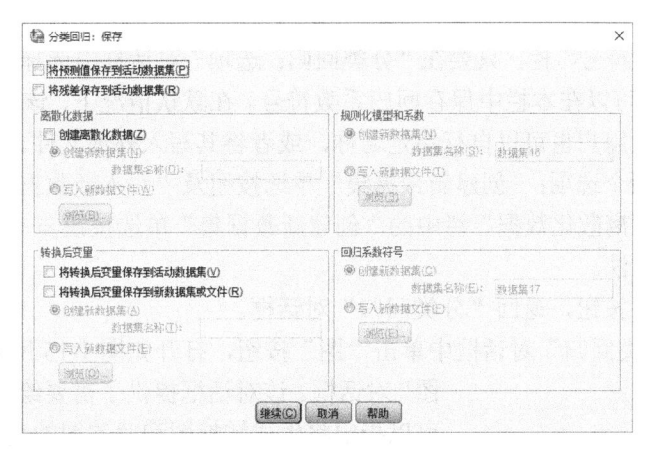

图 1-14　"分类回归：保存"对话框

"分类回归：保存"对话框中的选项如下。

① "将预测值保存到活动数据集"复选框。勾选此复选框将在当前数据集中自动添加新变量，来存放预测值，除非在关闭 SPSS 前对当前数据集进行了保存处理，否则再次调用的原数据文件中将不保留这个预测值信息。

② "将残差保存到活动数据集"复选框。勾选此复选框将把残差保存在当前数据集中。

③ "离散化数据"栏用于指定被离散化处理的数据保存在哪个文件中。该栏中的选项如下。

- "创建离散化数据"复选框：勾选此复选框后才可对如下选项进行选择。
  - "创建新数据集"单选按钮：选择此项后，需要在"数据集名称"框中输入数据集名。
  - "写入新数据文件"单选按钮：选择此项后，需要单击"浏览"按钮，在弹出的"浏览"窗口中选择数据文件的存放路径，在"文件名"框中输入文件名，单击"保存"按钮，返回如图 1-14 所示对话框，被离散化处理的数据将被保存到新的数据文件中。

④ "转换后变量"栏用于指定转换后的变量保存到哪个文件中。该栏中的选项如下。

- "将转换后变量保存到活动数据集"复选框：勾选此复选框后，可将转换后的变量保存到当前数据集中。

- "将转换后变量保存到新数据集或文件"复选框：勾选此复选框后可将转换后的变量保存到新数据集或文件中。具体操作方法同"离散化数据"栏中的"写入新数据文件"单选按钮的操作方法。

需要注意的是，保存离散化数据与保存转换变量时保存的文件名或数据集名应不相同。

⑤"规则化模型和系数"栏。只要在"分类回归：规则化"对话框中选择了规则化的方法，就可以在本栏中保存规则化模型和系数。在默认情况下，该过程以唯一名称创建新数据集，当然用户也可以自行指定名称，或者将其写入外部文件。

该栏下面有两个选项："创建新数据集"单选按钮及"写入新数据文件"单选按钮。具体操作方法同"离散化数据"栏中的"创建新数据集"单选按钮与"写入新数据文件"单选按钮的操作方法。

⑥"回归系数符号"栏。只要在"分类回归：选项"对话框中选择了"多个系统性起点"单选按钮，就可以在本栏中保存回归系数符号。在默认情况下，该过程以唯一名称创建新数据集，当然用户也可以自行指定名称，或者将其写入外部文件。

该栏下面有两个选项："创建新数据集"单选按钮及"写入新数据文件"单选按钮。具体操作方法同"离散化数据"栏中的"创建新数据集"单选按钮与"写入新数据文件"单选按钮的操作方法。

单击"继续"按钮，返回"分类回归"对话框。

（11）在"分类回归"对话框中单击"图"按钮，打开如图 1-15 所示的"分类回归：图"对话框。该对话框提供了需要绘制的图形，在其中可以指定将生成转换图和残差图的变量。

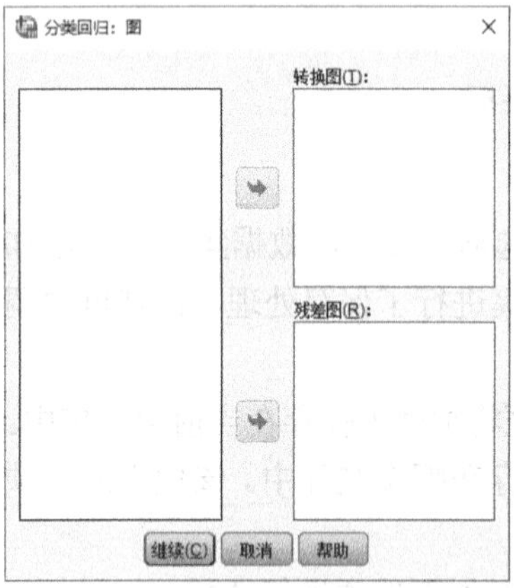

在左侧框中列有"分类回归"对话框中选择的因变量名称和自变量名称。

①"转换图"框。在左侧框中选择用来绘制转换图的变量，将其移入本框。对于选定的变量，在"查看器"窗口中显示每个原始分类变量和定量化后的分类的转换图。空类别将出现在水平轴上，不影响计算。这些空类别通过连接定量化的线中的断点来识别。

②"残差图"框。在左侧框中选择用来绘制残差图的变量，将其移入本框。对于选定的变量，在"查看器"窗口中显示其残差图。这里的残差是从所有自变量中排除所选变量后根据因变量的预测值计算的

图 1-15 "分类回归：图"对话框

结果，而且最优分类的量化是用分类指示符乘以 $\beta$ 得到的。

单击"继续"按钮，返回"分类回归"对话框。

（12）在"分类回归"对话框中单击"确定"按钮，提交系统运行。

### 1.3.3 最优尺度回归分析实例

【例 3】 以数据文件 data1-03（1991 年美国社会情况调查）中的 life（生活状况）、regin（地区）、race（种族）、occcat80（职业类型）为自变量，对因变量 happy（幸福感）进行最优尺度回归分析。

在 SPSS 中打开数据文件 data1-03 后的操作步骤如下。

（1）按"分析→回归→最优标度"顺序单击，打开"分类回归"对话框。

（2）定义因变量及其最优尺度水平。在原始变量列表中，选择 happy 为因变量送入"因变量"框，单击"定义标度"按钮，打开"分类回归：定义标度"对话框，选择"有序样条"单选按钮，单击"继续"按钮，返回"分类回归"对话框。

（3）定义自变量及其最优尺度水平。在原始变量列表中，选择 life、regin、race、occcat80 为自变量送入"自变量"框。在"自变量"框中，选中 life，单击"定义标度"按钮，打开"分类回归：定义标度"对话框，选择"有序样条"单选按钮，单击"继续"按钮，返回"分类回归"对话框。在"自变量"框中，同时选中 regin、race、occcat80，单击"定义标度"按钮，打开"分类回归：定义标度"对话框，选择"名义"单选按钮，单击"继续"按钮，返回"分类回归"对话框。

（4）定义选项。单击"选项"按钮，打开"分类回归：选项"对话框。由于 regin、race、occcat80 被定义为名义变量，因此在"初始配置"栏中，选择"随机"单选按钮。单击"续续"按钮，返回"分类回归"对话框。

（5）定义输出。单击"输出"按钮，打开"分类回归：输出"对话框。选择"复 R"复选框、"系数"复选框、"ANOVA"复选框。单击"继续"按钮，返回"分类回归"对话框。

（6）单击"图"按钮，打开"分类回归：图"对话框。在左侧框中选择 happy，将其移入"转换图"框。单击"继续"按钮，返回"分类回归"对话框。

其他保持系统默认设置。

（7）单击"确定"按钮，提交系统运算。输出结果如表 1-18～表 1-22 所示。

表 1-18 显示了参与最优尺度回归的个案的基本情况。由表 1-18 可知，样本容量为 1517，其中有缺失值或异常值的无效个案数为 617，它们不参与回归分析，在表的下方显示了前 30 个被排除个案所在的记录号。

表 1-18 个案处理摘要

个案处理摘要

| | |
|---|---|
| 有效活动个案 | 900 |
| 具有缺失值的活动个案 | 617 |
| 补充个案 | 0 |
| 总计 | 1517 |
| 在分析中使用的个案 | 900 |

a. 排除的个案（显示前 30 个）：3 4 6 7 8 9 12 13 16 17 19 22 24 25 27 29 31 32 33 34 36 39 42 44 45 47 51 52 59 60。

例如，"3"表示在数据文件的第 3 个记录（行）中存在不符合定义分类的值，检验原始数据可发现，该值出现在记录 3 的 life 变量中，如图 1-16 所示。该值为 0，不符合分类变量值最小为 1 的规定，从该数据文件的"变量视图"标签页的"缺失"列中可知，0 为缺失值标记。记录 6、记录 7 的 occcat80 变量的值为缺失值，其余可类推。

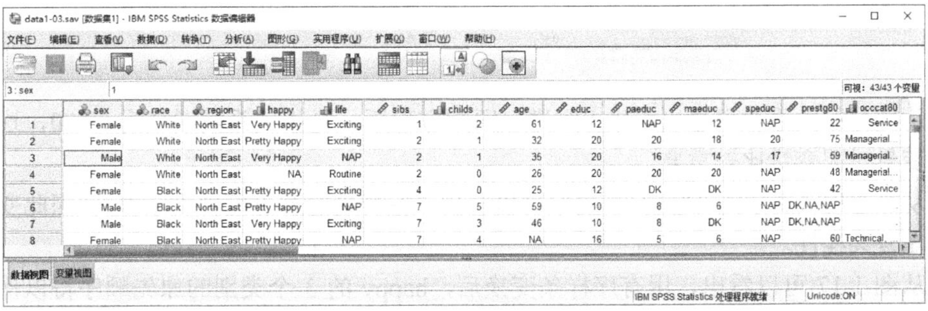

图 1-16 被排除的记录

表 1-19 所示为相关系数统计量表，是最优尺度回归中的复相关系数（表中为"复R"）、判定系数 $R^2$、调整 $R^2$、回归方程的预测误差。由 $R^2=0.153$ 可知，回归方程的拟合效果不太理想。

表 1-20 所示为方差分析表。由表 1-20 可知，$p=0.000$，在显著性水平 0.001 时，建立的模型有统计学上的显著性意义。

表 1-19 相关系数统计量表

模型摘要

| 复R | R方 | 调整后R方 | 表观预测误差 |
|---|---|---|---|
| .392 | .153 | .142 | .847 |

因变量：General Happiness
预测变量：Is Life Exciting or Dull Region of the United States Race of Respondent Occupational Category

表 1-20 方差分析表

ANOVA

|  | 平方和 | 自由度 | 均方 | F | 显著性 |
|---|---|---|---|---|---|
| 回归 | 138.101 | 12 | 11.508 | 13.398 | .000 |
| 残差 | 761.899 | 887 | .859 |  |  |
| 总计 | 900.000 | 899 |  |  |  |

因变量：General Happiness
预测变量：Is Life Exciting or Dull Region of the United States Race of Respondent Occupational Category

根据表 1-21 中的标准回归系数可知，最优尺度回归方程为

$$happy = 0.371life + 0.030reign + 0.103race + 0.063occcat80$$

表 1-21 回归系数表

系数

|  | 标准化系数 Beta | 标准误差的自助抽样(1000)估算 | 自由度 | F | 显著性 |
|---|---|---|---|---|---|
| Is Life Exciting or Dull | .371 | .042 | 3 | 79.222 | .000 |
| Region of the United States | .030 | .027 | 2 | 1.269 | .282 |
| Race of Respondent | .103 | .038 | 2 | 7.405 | .001 |
| Occupational Category | .063 | .027 | 5 | 5.369 | .000 |

因变量：General Happiness

表 1-22 所示为相关性和容忍度统计量表，它列出了零阶相关系数、偏相关系数和部分相关系数。从重要性指标可以看出，回归方程中对因变量最重要的自变量为 life，其余 3 个自变量对因变量不太重要。

表 1-22 相关性和容忍度统计量表

相关性和容差

|  | 相关性 | | | 重要性 | 容差 | |
|---|---|---|---|---|---|---|
|  | 零阶 | 偏 | 部分 |  | 转换后 | 转换前 |
| Is Life Exciting or Dull | .372 | .373 | .370 | .900 | .993 | .973 |
| Region of the United States | -.017 | .032 | .030 | -.003 | .967 | .995 |
| Race of Respondent | .101 | .109 | .101 | .068 | .972 | .993 |
| Occupational Category | .086 | .068 | .063 | .035 | .987 | .968 |

因变量：General Happiness

从部分相关系数可看出，当 life 进入回归方程后，复相关系数增加为 0.370，这也说明该变量对因变量比较重要。

从容忍度（表中为"容差"）列中可以看出，各变量的容忍度都大于 0.1，因此变量间不存在复共线性。

从图 1-17 可以看出，用有序样条变换后，happy 的 3 个类别的原先顺序得以保留，但类别值已发生变化（原来分别为 1，2，3）。

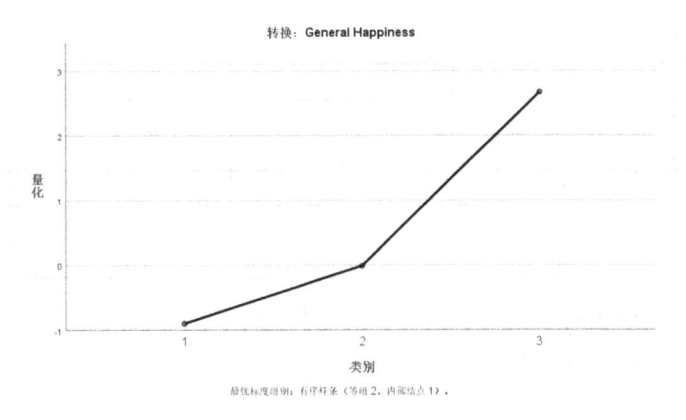

图 1-17  happy 转换图

## 1.4 对数线性模型

### 1.4.1 对数线性模型的概念

#### 1. 概述

对数线性模型适用于分析交叉表中的数据。描述概率 $p$ 与协变量 $x_1,\cdots,x_p$ 间关系的 Logistic 模型为

$$\ln\frac{p}{1-p} = \beta_0 + \beta_1 x_1 + \cdots + \beta_k x_k$$

对数线性模型为

$$\ln m = \beta_0 + \beta_1 x_1 + \cdots + \beta_k x_k$$

描述了期望频数 $m$ 与协变量 $x_1,\cdots,x_p$ 间的关系。

Logistic 模型和对数线性模型是广义线性模型的特殊形式。

对数线性模型假设交叉表中的单元格频数服从泊松分布或多项分布，可以用于任意维数的交叉表。

在用对数线性模型对交叉表中的数据进行分析时，每个类别是一个响应变量。与回归分析相比，对数线性分析更像相关分析，其核心是对每对变量间的关联关系进行研究，而非在其他项上对它们中的一个响应类别构建模型。

为更清楚地理解对数线性模型在多维交叉表中是如何应用的，以三维交叉表为例进行说明，三维以上的交叉表的对数线性回归分析与其极其相似。

假设有 $n$ 个被试对象是根据属性 $A$、$B$、$C$ 来进行分类的，它们依次有 $I$ 个水平、$J$ 个水平、$K$ 个水平，$n$ 个被试对象中属于 $A_i$、$B_j$、$C_k$ 类的有 $n_{ijk}$ 个，可以得到如表 1-23 所示的三维 $I \times J \times K$ 交叉表。

表 1-23  三维 *I×J×K* 交叉表

| $C$ | $A$ | $B$ | | |
|---|---|---|---|---|
| | | $B_1$ | … | $B_J$ |
| $C_1$ | $A_1$ | $n_{111}$ | … | $n_{1J1}$ |
| | ⋮ | ⋮ | | ⋮ |
| | $A_I$ | $n_{I11}$ | … | $n_{IJ1}$ |

续表

| $C$ | $A$ | $B$ | | |
|---|---|---|---|---|
| | | $B_1$ | ... | $B_J$ |
| ⋮ | ⋮ | ⋮ | | ⋮ |
| $C_K$ | $A_1$ | $n_{11K}$ | ... | $n_{1JK}$ |
| | ⋮ | ⋮ | | ⋮ |
| | $A_I$ | $n_{I1K}$ | ... | $n_{IJK}$ |

对数线性模型描述的是交叉表分表中的条件关联关系，也就是在控制其中一个变量（称为第 3 个变量）时，其他两个变量之间的关联关系。当每个分表的总体满足独立性时，称每对变量是条件独立的，此时分表中的优势比为 1。下面按关联程度由低到高的顺序，给出交叉表中的 5 个层次的对数线性模型。

（1）3 对变量全部是条件独立的，即控制 $C$，$A$ 与 $B$ 是独立的；控制 $B$，$A$ 与 $C$ 是独立的；控制 $A$，$B$ 与 $C$ 是独立的。

（2）3 对变量中有两对变量是条件独立的。例如，控制 $C$，$A$ 与 $B$ 是独立的；控制 $B$，$A$ 与 $C$ 是独立的；控制 $A$，$B$ 与 $C$ 是关联的。

（3）3 对变量中有一对变量是条件独立的。例如，控制 $C$，$A$ 与 $B$ 是独立的；控制 $B$，$A$ 与 $C$ 是关联的；控制 $A$，$B$ 与 $C$ 是关联的。

（4）3 对变量中没有一对变量是条件独立的，但在第 3 个变量的每个类别上，任意 2 个变量之间的关联关系是一样的，称其为同质性关联。

（5）每对变量都是关联的，且有交互效应，即每对变量之间的关联关系由于第 3 个变量的类别不同而不同。

下面用符号来表示模型，连在一起的符号表示这些变量间存在关联关系。例如，用符号（$A$，$B$，$C$）表示（1）层次中的模型，$A$、$B$、$C$ 没有连在一起，表示这 3 个变量是条件独立的。再如，用符号（$AB$，$AC$，$BC$）表示（4）层次中的模型，表示 3 对变量都是关联的。用符号（$ABC$）表示（5）层次中的模型，由于这个模型能准确无误地拟合三维交叉表的样本数据，故称这个模型为饱和模型。其他模型只包含饱和模型的参数子集的更简单模型，故称为简约模型。

三维交叉表中各种情况下的典型对数线性模型如表 1-24 所示。

表 1-24　三维交叉表中各种情况下的典型对数线性模型

| 模型符号 | 对数线性模型 | 说　明 |
|---|---|---|
| （$A$，$B$，$C$） | $\ln m_{ijk} = \lambda + \lambda_i^A + \lambda_j^B + \lambda_k^C$ | 完全独立 |
| （$AB$，$C$） | $\ln m_{ijk} = \lambda + \lambda_i^A + \lambda_j^B + \lambda_k^C + \lambda_{ij}^{AB}$ | 部分独立 |
| （$AB$，$BC$） | $\ln m_{ijk} = \lambda + \lambda_i^A + \lambda_j^B + \lambda_k^C + \lambda_{ij}^{AB} + \lambda_{jk}^{BC}$ | 条件独立 |
| （$AB$，$BC$，$AC$） | $\ln m_{ijk} = \lambda + \lambda_i^A + \lambda_j^B + \lambda_k^C + \lambda_{ij}^{AB} + \lambda_{jk}^{BC} + \lambda_{ik}^{AC}$ | 同质性关联 |
| （$ABC$） | $\ln m_{ijk} = \lambda + \lambda_i^A + \lambda_j^B + \lambda_k^C + \lambda_{ij}^{AB} + \lambda_{jk}^{BC} + \lambda_{ik}^{AC} + \lambda_{ijk}^{ABC}$ | 饱和模型 |

表 1-24 中的 $m_{ijk}$ 为期望频数，$m_{ijk} = E(n_{ijk})$，$i = 1,\cdots,I$，$j = 1,\cdots,J$，$k = 1,\cdots,K$；$\lambda_i^A$、$\lambda_j^B$、$\lambda_k^C$ 分别表示变量 $A$、$B$、$C$ 的主效应；$\lambda_{ij}^{AB}$、$\lambda_{jk}^{BC}$、$\lambda_{ik}^{AC}$ 分别表示变量 $A$、$B$、$C$ 两两间的交互效应，在 SPSS 的对数线性模型中，将其称为二阶交互效应；$\lambda_{ijk}^{ABC}$ 表示变量 $A$、$B$、$C$ 的交互效应，在 SPSS 的对数线性模型中将其称为三阶交互效应。表 1-24 中的

模型等式右边的各被加项称为参数。

常采用最大似然估计法对对数线性模型中的参数进行估计。从理论上可以证得，在单元格频数服从泊松分布或多项分布时，它们的对数线性模型的参数具有相同的最大似然估计。由于模型参数较多，因此要想得到模型参数唯一的最大似然估计，需要对参数施加条件约束。在 SPSS 中，每个变量的最后一个分类的参数被设置为 0，模型中的交互作用项等同于一个新变量。称被设置为 0 的参数是冗余的。

用对数线性模型来分析变量间有无关联关系，实质上是检验交互作用项的对应参数是否等于 0，若不能拒绝这样的假设，则认为变量间相互独立；否则，认为变量间存在关联关系。关联关系的强弱可用优势比来描述，优势比大于 1 表明变量间存在正关联，优势比等于 1 表明变量间独立，优势比小于 1 表明变量间存在负关联。

模型拟合效果采用皮尔逊卡方检验和似然比检验。皮尔逊卡方检验统计量的计算公式为

$$\chi^2 = \sum \frac{(观测频数 - 期望频数)^2}{期望频数}$$

似然比检验统计量为

$$G^2 = 2\sum 观测频数 \times \lg \frac{观测频数}{期望频数}$$

若统计量的 $p$ 值大于 0.05，则模型拟合较好；否则，模型拟合不佳。

### 2. SPSS 的对数线性模型过程对数据的要求

（1）因变量只能是分类变量，最多可以选择 10 个因变量。

（2）因子只能是分类变量，最多可以选择 10 个因子来定义交叉表的单元格。单元格中的观测值称为单元格频数。

（3）单元协变量为连续型变量。

（4）单元结构变量用来指定变量的权重。当分类变量的某些组合不可能存在时，对应的单元格是单元结构中的无效单元格，其单元结构变量值为 0 或 1。不可以使用单元结构变量对分类汇总数据进行加权，而应选择"数据"菜单中的个案加权过程来进行加权。

当交叉表中有单元结构变量值为 0 时，称此类交叉表为不完全交叉表。SPSS 用"单元结构"选项来对不完全交叉表进行识别，在单元结构变量值为非正数时，认为是单元结构变量值为 0。在样本量不大时，表格数较多的表的单元格中也会出现观测值 0，称之为抽样 0，因此 SPSS 将交叉表中的单元格频数 0 默认为抽样 0；否则，需要在对单元结构加权时，对 0 进行定义。

（5）对比变量为连续型变量。它们用来计算广义对数几率的比值。对比变量的值是期望单元格频数的对数线性组合的系数。

### 3. 对数线性模型过程

在 SPSS 中，单击"分析"菜单中的"对数线性"选项，打开如图 1-18 所示的菜单列表，该列表中提供了 3 个用来进行对数线性模型过程：一般对数线性回归过程（对应"常规"选项）、Logit 对数线性回归过程（对应"分对数"选项）与选择模型对数线性回归过

程（对应"选择模型"选项）。它们分别适用于不同研究场合。虽然它们的算法略有不同，但参数估计结果是一样的，用来对参数进行估计的方法均为 Newton-Raphson 法。

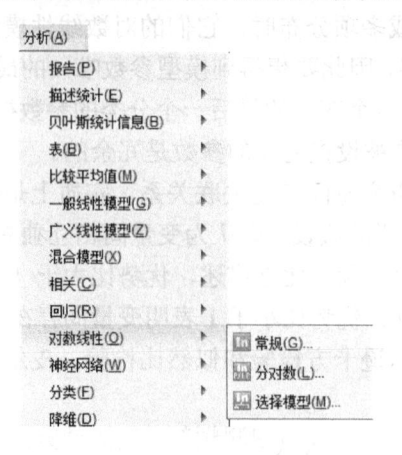

图 1-18　对数线性模型过程调用菜单列表

### 1.4.2　一般对数线性回归分析

在建立的分层或非分层的对数线性模型中，均可用一般对数线性回归过程。本过程是一个证实性研究过程，研究人员使用本过程时应对数据有较多了解，事先已经知道需要建立什么样的模型及对应检验的参数是什么，拟合模型的目的是验证原先经验结论的正确性。

在一般对数线性回归过程中，没有因变量和自变量之分，进入模型的分类变量都作为影响单元格频数的因素对待。

SPSS 在一般对数线性回归过程中提供了两种分布，即泊松分布和多项分布。

在泊松分布假设下，研究前不需要确定总样本量，或分析不依赖于总样本量。单元格频数间相互独立。

在多项分布假设下，总样本量是固定的，或分析依赖总样本量。单元格频数间相互不独立。

对于对数线性模型，真正有用的模型不是饱和模型，而是不饱和的简约模型。但饱和模型只有一个，简约模型有多个，而且随着交叉表维数及各变量水平数的增多，简约模型成倍增加。如何才能找到最佳简约模型呢？不同研究人员有不同的做法，不妨进行如下处理。

先建立饱和模型；然后通过检验每个参数的 $Z$ 值或置信区间，从饱和模型中剔除无意义的效应；再建立主效应模型，通过查看拟合优度检验结果，来判定建立的模型是否有意义；从饱和模型出发用淘汰法，从主效应模型出发用加入法，逐步寻找最佳简约模型。在各个参数均有统计学显著性意义的前提下，拟合优度值最小的简约模型较佳。

**1. 一般对数线性回归过程**

（1）按"分析→对数线性→常规"顺序单击，打开"常规对数线性分析"对话框，如图 1-19 所示。

（2）选定模型中需要的各种变量。

从原始变量列表中选择多个分类变量作为因素变量送入"因子"框。

从原始变量列表中选择一个或多个连续型变量作为单元协变量送入"单元格协变量"框。

从原始变量列表中选择一个单元结构变量送入"单元格结构"框,用来定义单元格中是否含有值为 0 的单元格。

从原始变量列表中选择一个或多个连续型的对比变量送入"对比变量"框。

(3) 选择单元格频数的分布类型。在"单元计数分布"栏中,根据实际情况,选择单元格频数的分布是泊松分布还是多项分布,该栏中包含如下选项。

① "泊松"单选按钮。如果单元格频数之间相互独立,就选择本项。

② "多项"单选按钮。如果单元格频数之间不相互独立,就选择本项。

(4) 设定模型。单击"模型"按钮,打开如图 1-20 所示的"常规对数线性分析:模型"对话框。

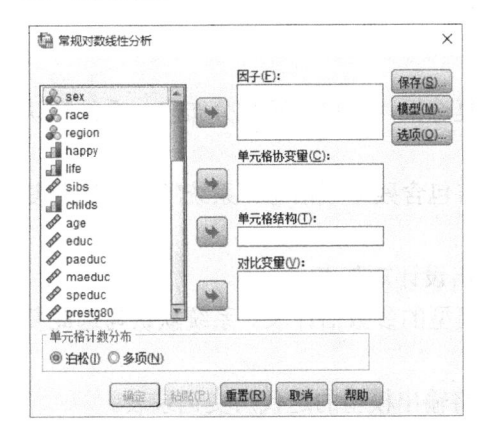

图 1-19 "常规对数线性分析"对话框　　图 1-20 "常规对数线性分析:模型"对话框

① "指定模型"栏用于指定模型类型,包含如下选项。

- "饱和"单选按钮:选择本选项,模型中将包含"因子"框中选择的因素变量的所有主效应和交互效应。在饱和模型中,不包含协变量项。系统默认选择此单选按钮。
- "构建项"单选按钮:选择本选项后,用户需要自定义模型中用到的交互项,包括因素变量与协变量之间的交互项。

② "因子与协变量"框中列出了在"常规对数线性分析"对话框中选择的因素变量和协变量的名称。

③ 在用户选择"构建项"单选按钮后,"模型中的项"框被激活。在该框中选中模型需要的变量或变量组合,单击两框间的"构建项"栏中的"类型"下拉列表,选择变量在模型中的作用。从"因子与协变量"框中,将主效应及交互效应的变量名及变量组合名移到"模型中的项"框中。值得一提的是,必须指定在模型中需要包含的所有项。

单击"继续"按钮,返回"常规对数线性分析"对话框。

(5) 单击"选项"按钮,打开如图 1-21 所示的"常规对数线性分析:选项"对话框,选择输出有关模型的信息、拟合优度、单元格期望频数、残差等统计量,以及统计图和拟合过程中的迭代收敛的标准。

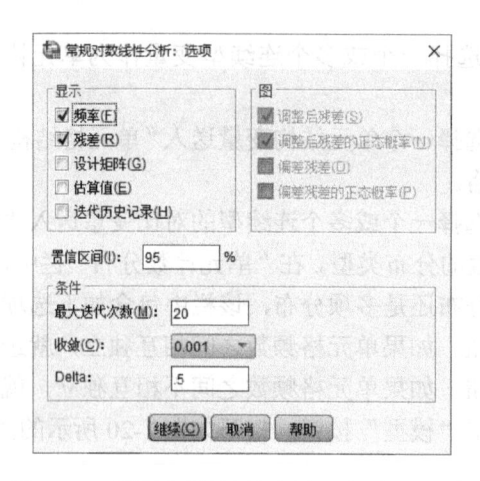

图 1-21 "常规对数线性分析：选项"对话框

① "显示"栏包含如下选项。
- "频率"（应译为"频数"）复选框：勾选此复选框，将输出频数分布表。系统默认勾选此复选框。
- "残差"复选框：勾选此复选框，输出表中将包含残差项信息。系统默认勾选此复选框。
- "设计矩阵"复选框：勾选此复选框，将输出设计矩阵表。
- "估算值"复选框：勾选此复选框，将输出模型的参数估计表。系统默认勾选此复选框。
- "迭代历史记录"复选框：勾选此复选框，将输出模型的迭代历史记录表。

② "图"栏包含如下选项。
- "调整后残差"复选框：勾选此复选框，将输出校正残差图。
- "调整后残差的正态概率"复选框：勾选此复选框，将输出校正残差的正态概率图。
- "偏差残差"复选框：勾选此复选框，将输出 Deviance 残差图。

Deviance 残差的计算公式为

$$d_i = \text{sgn}(O_i - E_i)\left(2O_i \lg \frac{O_i}{E_i} + 2(n_i - O_i) \lg \frac{n_i - O_i}{n_i - E_i}\right)^{\frac{1}{2}}$$

式中，$O_i$ 为观测频数；$E_i$ 为期望频数；$n_i$ 为每一自变量组合的观测单位数。

- "偏差残差的正态概率"复选框：勾选此复选框，将输出 Deviance 残差的正态概率图。

③ "置信区间"框用于调整参数估计值的置信区间，在其中输入一个介于 0～100 的值。系统默认值为 95。

④ "条件"栏用于设置使用 Newton-Raphson 方法获取最大似然参数估计值的参数值，包含如下选项。
- "最大迭代次数"框。系统默认值为 20。
- "收敛"下拉列表。可在此下拉列表中选择收敛标准。系统默认值为 0.001。
- "Delta"框。此框用于设置饱和模型的校正系数。系统默认值为 0.5。

单击"继续"按钮，返回"常规对数线性分析"对话框。

（6）单击"保存"按钮，打开如图 1-22 所示的"常规对数线性分析：保存"对话框，选取要在当前数据集中保存为新变量的各种值。新变量名称中的后缀 $n$ 会递增，以使每个保存变量都具有唯一变量名称。

可以保存 4 种类型的残差：原始残差、标准化残差、校正残差和 Deviance 残差，分别对应"残差"复选框、"标准化残差"复选框、"调整后残差"复选框、"偏差残差"复选框；还可以保存预测值。

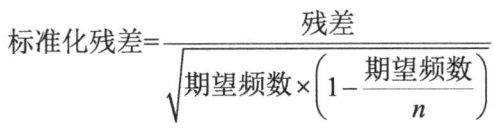

图 1-22 "常规对数线性分析：保存"对话框

原始残差=观测频数−期望频数，是观测值与期望值之差。

$$标准化残差=\frac{残差}{\sqrt{期望频数\times\left(1-\frac{期望频数}{n}\right)}}$$

式中，$n$ 为样本量。

校正残差的计算比较复杂，在此不列出其计算公式，有兴趣的读者可参阅相关资料。

**2．一般对数线性回归实例分析**

【例4】 美国莱特州立大学医学院及代顿市的联合健康服务机构，于 1992 年对来自代顿市郊区的 2276 名高中生进行了有关是否有饮酒、吸烟或使用大麻的情况调查，调查结果如表 1-25 所示，对应数据文件为 data1-04，其中对数据使用频数变量进行了加权处理。

表 1-25 高中生饮酒、吸烟或使用大麻的调查结果

| 饮 酒 | 吸 烟 | 使用大麻 | |
|---|---|---|---|
| | | 是 | 否 |
| 是 | 是 | 911 | 538 |
| | 否 | 44 | 456 |
| 否 | 是 | 3 | 43 |
| | 否 | 2 | 279 |

现用一般对数线性模型分析该地区高中生饮酒、吸烟、使用大麻 3 种行为是否存在关联关系。

1）建立饱和模型

（1）打开数据文件 data1-04。按"分析→对数线性模型→常规"顺序单击，打开"常规对数线性分析"对话框。

（2）从原始变量列表中选择饮酒、吸烟、使用大麻 3 个分类变量作为因素变量进入"因子"框。

（3）单击"选项"按钮，在"常规对数线性分析：选项"对话框中勾选"估算值"复选框。其他选项保持系统默认设置，即进行饱和模型分析。单击"继续"按钮，返回"常规对数线性分析"对话框。

（4）单击"确定"按钮，在"查看器"窗口中得到相关模型拟合信息。只需查看其中的拟合优度检验表（见表 1-26）、单元格频数和残差表（见表 1-27）和参数估计表（见表 1-28）。

表 1-26 拟合优度检验表

**拟合优度检验**[a,b]

| | 值 | 自由度 | 显著性 |
|---|---|---|---|
| 似然比 | .000 | 0 | . |
| 皮尔逊卡方 | .000 | 0 | . |

a. 模型: 泊松
b. 设计: 常量 + 饮酒 + 吸烟 + 使用大麻 + 饮酒 * 吸烟 + 饮酒 * 使用大麻 + 吸烟 * 使用大麻 + 饮酒 * 吸烟 * 使用大麻

表 1-27 单元格频数和残差表

**单元格计数和残差**[a,b]

| 饮酒 | 吸烟 | 使用大麻 | 实测 | | 期望 | | 残差 | 标准化残差 | 调整后残差 | 偏差 |
|---|---|---|---|---|---|---|---|---|---|---|
| | | | 计数 | % | 计数 | % | | | | |
| 否 | 否 | 否 | 279.500 | 12.3% | 279.500 | 12.3% | .000 | .000 | .000 | .000 |
| | | 是 | 2.500 | 0.1% | 2.500 | 0.1% | .000 | .000 | .000 | .000 |
| | 是 | 否 | 43.500 | 1.9% | 43.500 | 1.9% | .000 | .000 | .000 | .000 |
| | | 是 | 3.500 | 0.2% | 3.500 | 0.2% | .000 | .000 | .000 | .000 |
| 是 | 否 | 否 | 456.500 | 20.0% | 456.500 | 20.0% | .000 | .000 | .000 | .000 |
| | | 是 | 44.500 | 2.0% | 44.500 | 2.0% | .000 | .000 | .000 | .000 |
| | 是 | 否 | 538.500 | 23.6% | 538.500 | 23.6% | .000 | .000 | .000 | .000 |
| | | 是 | 911.500 | 40.0% | 911.500 | 40.0% | .000 | .000 | .000 | .000 |

a. 模型: 泊松
b. 设计: 常量 + 饮酒 + 吸烟 + 使用大麻 + 饮酒 * 吸烟 + 饮酒 * 使用大麻 + 吸烟 * 使用大麻 + 饮酒 * 吸烟 * 使用大麻

表 1-28 参数估计表

**参数估算值**[b,c]

| 参数 | 估算 | 标准错误 | Z | 显著性 | 95% 置信区间 | |
|---|---|---|---|---|---|---|
| | | | | | 下限 | 上限 |
| 常量 | 6.815 | .033 | 205.755 | .000 | 6.750 | 6.880 |
| [饮酒 = 0] | -5.562 | .536 | -10.386 | .000 | -6.612 | -4.513 |
| [饮酒 = 1] | 0[a] | . | . | . | . | . |
| [吸烟 = 0] | -3.020 | .154 | -19.669 | .000 | -3.320 | -2.719 |
| [吸烟 = 1] | 0[a] | . | . | . | . | . |
| [使用大麻 = 0] | -.526 | .054 | -9.683 | .000 | -.633 | -.420 |
| [使用大麻 = 1] | 0[a] | . | . | . | . | . |
| [饮酒 = 0] * [吸烟 = 0] | 2.683 | .842 | 3.186 | .001 | 1.032 | 4.334 |
| [饮酒 = 0] * [吸烟 = 1] | 0[a] | . | . | . | . | . |
| [饮酒 = 1] * [吸烟 = 0] | 0[a] | . | . | . | . | . |
| [饮酒 = 1] * [吸烟 = 1] | 0[a] | . | . | . | . | . |
| [饮酒 = 0] * [使用大麻 = 0] | 3.046 | .558 | 5.457 | .000 | 1.952 | 4.140 |
| [饮酒 = 0] * [使用大麻 = 1] | 0[a] | . | . | . | . | . |
| [饮酒 = 1] * [使用大麻 = 0] | 0[a] | . | . | . | . | . |
| [饮酒 = 1] * [使用大麻 = 1] | 0[a] | . | . | . | . | . |
| [吸烟 = 0] * [使用大麻 = 0] | 2.854 | .166 | 17.176 | .000 | 2.529 | 3.180 |
| [吸烟 = 0] * [使用大麻 = 1] | 0[a] | . | . | . | . | . |
| [吸烟 = 1] * [使用大麻 = 0] | 0[a] | . | . | . | . | . |
| [吸烟 = 1] * [使用大麻 = 1] | 0[a] | . | . | . | . | . |
| [饮酒 = 0] * [吸烟 = 0] * [使用大麻 = 0] | -.658 | .860 | -.765 | .445 | -2.344 | 1.028 |
| [饮酒 = 0] * [吸烟 = 0] * [使用大麻 = 1] | 0[a] | . | . | . | . | . |
| [饮酒 = 0] * [吸烟 = 1] * [使用大麻 = 0] | 0[a] | . | . | . | . | . |
| [饮酒 = 0] * [吸烟 = 1] * [使用大麻 = 1] | 0[a] | . | . | . | . | . |
| [饮酒 = 1] * [吸烟 = 0] * [使用大麻 = 0] | 0[a] | . | . | . | . | . |
| [饮酒 = 1] * [吸烟 = 0] * [使用大麻 = 1] | 0[a] | . | . | . | . | . |
| [饮酒 = 1] * [吸烟 = 1] * [使用大麻 = 0] | 0[a] | . | . | . | . | . |
| [饮酒 = 1] * [吸烟 = 1] * [使用大麻 = 1] | 0[a] | . | . | . | . | . |

a. 此参数冗余, 因此设置为零。
b. 模型: 泊松
c. 设计: 常量 + 饮酒 + 吸烟 + 使用大麻 + 饮酒 * 吸烟 + 饮酒 * 使用大麻 + 吸烟 * 使用大麻 + 饮酒 * 吸烟 * 使用大麻

（5）结果分析。

从表 1-26 中可以看出，在饱和模型下，似然比值为 0.000。从表 1-27 中可以看出，对应各单元格频数与期望频数全都相等，表明模型能全部正确预测观测值。

但从表 1-28 中可以看出，饮酒、吸烟、使用大麻的交互作用项的显著性为 0.445，因此即使在显著性水平为 0.4 时，也没有足够的证据可以拒绝三阶交互作用项的参数为 0 的假设，故不能认为饮酒、吸烟、使用大麻之间是两两关联的。该三阶交互作用项可以从模型中剔除。

2）建立主效应模型

（1）步、（2）步操作方法与建立饱和模型的操作方法相同。

（3）单击"模型"按钮，打开"常规对数线性分析：模型"对话框。在"指定模型"栏中，选择"构建项"单选按钮。在"因子与协变量"框中一次性选中饮酒、吸烟、使用大麻，单击两个框中间的"构建项"栏中的"类型"下拉列表，选择"主效应"选项，单击向右移动变量按钮，将饮酒、吸烟、使用大麻送入"模型中的项"框。单击"继续"按钮，返回"常规对数线性分析"对话框。

（4）其他选项保持系统默认设置。

（5）单击"确定"按钮，在"查看器"窗口中得到相关模型拟合信息。只需要查看其中拟合优度检验表（见表1-29）的结果即可。

表1-29 拟合优度检验表

| 拟合优度检验[a,b] | 值 | 自由度 | 显著性 |
|---|---|---|---|
| 似然比 | 1286.020 | 4 | .000 |
| 皮尔逊卡方 | 1411.386 | 4 | .000 |

a. 模型：泊松
b. 设计：常量 + 饮酒 + 吸烟 + 使用大麻

（6）结果分析。

从表1-29中可以看出，在主效应模型下，似然比值为1286.020，显著性=0.000，在显著性水平0.001时，有充分的证据可以拒绝零假设，也就是说，主效应模型拟合效果不佳。这表明，当从饱和模型中移去所有二阶交互作用项时，模型会发生显著变化。因此应在模型中考虑二阶交互效应。

3）建立含二阶交互效应的模型

（1）步、（2）步操作方法与建立饱和模型的操作方法相同。

（3）单击"模型"按钮，打开"常规对数线性分析：模型"对话框。在"指定模型"栏中，选择"构建项"单选按钮。在"因子与协变量"框中一次性选中饮酒、吸烟、使用大麻，单击"构建项"栏中的"类型"下拉列表，选择"主效应"选项，单击向右移动变量按钮，将饮酒、吸烟、使用大麻移入"模型中的项"框。在"因子与协变量"框中一次性选中饮酒、吸烟、使用大麻，单击"构建项"栏中的"类型"下拉列表，选择"所有二阶"选项，单击向右移动变量按钮，将3个变量两两间的交互效应都选入模型。单击"继续"按钮，返回"常规对数线性分析"对话框。

（4）单击"选项"按钮，打开"常规对数线性分析：选项"对话框。在"显示"栏中除保留默认选项外，再勾选"估算值"复选框。单击"继续"按钮，返回"常规对数线性分析"对话框。

（5）其他选项保持系统默认设置。

（6）单击"确定"按钮，在"查看器"窗口中得到相关的模型拟合信息。

（7）结果分析。

表1-30所示为数据基本信息。由表1-30可知样本量为2276，单元格为8个，没有结构0或抽样0数据出现。

表1-31所示为参数估计拟合过程中的迭代信息。由表1-31可知，设定的最大迭代次数为20，实际迭代8次达到收敛标准0.001，最终最大绝对差值为0.00199，最终最大相对差值为0.00067。

表1-32所示为拟合优度检验表。由表1-32可知，似然比检验和皮尔逊卡方检验的$p$值都大于0.50，即使在显著性水平0.10时，也没有充分的证据可以拒绝零假设，即模型对数据拟合得较好。与只有主效应的模型相比，当模型中引入3个变量的两两交互效应后，模型的拟合效果有显著变化。

表 1-30　数据基本信息

数据信息

| | | 个案数 |
|---|---|---|
| 个案 | 有效 | 8 |
| | 缺失 | 0 |
| | 加权有效 | 2276 |
| 单元格 | 定义的单元格 | 8 |
| | 结构零 | 0 |
| | 抽样零 | 0 |
| 类别 | 饮酒 | 2 |
| | 吸烟 | 2 |
| | 使用大麻 | 2 |

表 1-31　参数估计拟合过程中的迭代信息

收敛信息[a,b]

| 最大迭代次数 | 20 |
|---|---|
| 收敛容差 | .00100 |
| 最终最大绝对差值 | .00199 |
| 最终最大相对差值 | .00067[c] |
| 迭代次数 | 8 |

a. 模型：泊松
b. 设计：常量 + 饮酒 + 吸烟 + 使用大麻 + 吸烟 * 使用大麻 + 饮酒 * 使用大麻 + 饮酒 * 吸烟
c. 由于参数估计值的最大相对变化量小于指定的收敛准则，因此迭代已收敛。

表 1-32　拟合优度检验表

拟合优度检验[b]

| | 值 | 自由度 | 显著性 |
|---|---|---|---|
| 似然比 | .374 | 1 | .541 |
| 皮尔逊卡方 | .401 | 1 | .527 |

a. 模型：泊松
b. 设计：常量 + 饮酒 + 吸烟 + 使用大麻 + 吸烟 * 使用大麻 + 饮酒 * 使用大麻 + 饮酒 * 吸烟

表 1-33 显示了观测频数、期望频数、残差等信息，残差值不大，这进一步说明本模型的拟合效果不错。

表 1-33　单元格频数和残差表

单元格计数和残差[a,b]

| 饮酒 | 吸烟 | 使用大麻 | 实测 计数 | 实测 % | 期望 计数 | 期望 % | 残差 | 标准化残差 | 调整后残差 | 偏差 |
|---|---|---|---|---|---|---|---|---|---|---|
| 否 | 否 | 否 | 279 | 12.3% | 279.617 | 12.3% | -.617 | -.037 | -.633 | -.037 |
| | | 是 | 2 | 0.1% | 1.383 | 0.1% | .617 | .524 | .633 | .491 |
| | 是 | 否 | 43 | 1.9% | 42.383 | 1.9% | .617 | .095 | .633 | .095 |
| | | 是 | 3 | 0.1% | 3.617 | 0.2% | -.617 | -.324 | -.632 | -.334 |
| 是 | 否 | 否 | 456 | 20.0% | 455.383 | 20.0% | .617 | .029 | .633 | .029 |
| | | 是 | 44 | 1.9% | 44.617 | 2.0% | -.617 | -.092 | -.633 | -.093 |
| | 是 | 否 | 538 | 23.6% | 538.617 | 23.7% | -.617 | -.027 | -.633 | -.027 |
| | | 是 | 911 | 40.0% | 910.383 | 40.0% | .617 | .020 | .633 | .020 |

a. 模型：泊松
b. 设计：常量 + 饮酒 + 吸烟 + 使用大麻 + 吸烟 * 使用大麻 + 饮酒 * 使用大麻 + 饮酒 * 吸烟

表 1-34 显示了模型中各参数的估计值、标准误差、$Z$ 值、$p$ 值和 95% 的置信区间等信息。由表 1-34 可知，各参数估计的 $Z$ 检验 $p$ 值均小于 0.001，有足够证据可以拒绝这些参数为 0 的零假设，即模型中加入这些参数对应的变量后是显著增效的。

表 1-34　参数估计表

参数估算值[b,c]

| 参数 | 估算 | 标准 错误 | Z | 显著性 | 95% 置信区间 下限 | 95% 置信区间 上限 |
|---|---|---|---|---|---|---|
| 常量 | 6.814 | .033 | 205.699 | .000 | 6.749 | 6.879 |
| [饮酒 = 0] | -5.528 | .452 | -12.237 | .000 | -6.414 | -4.643 |
| [饮酒 = 1] | 0[a] | . | . | . | . | . |
| [吸烟 = 0] | -3.016 | .152 | -19.891 | .000 | -3.313 | -2.719 |
| [吸烟 = 1] | 0[a] | . | . | . | . | . |
| [使用大麻 = 0] | -.525 | .054 | -9.669 | .000 | -.631 | -.418 |
| [使用大麻 = 1] | 0[a] | . | . | . | . | . |
| [吸烟 = 0] * [使用大麻 = 0] | 2.848 | .164 | 17.383 | .000 | 2.527 | 3.169 |
| [吸烟 = 0] * [使用大麻 = 1] | 0[a] | . | . | . | . | . |
| [吸烟 = 1] * [使用大麻 = 0] | 0[a] | . | . | . | . | . |
| [吸烟 = 1] * [使用大麻 = 1] | 0[a] | . | . | . | . | . |
| [饮酒 = 0] * [使用大麻 = 0] | 2.986 | .464 | 6.432 | .000 | 2.076 | 3.896 |
| [饮酒 = 0] * [使用大麻 = 1] | 0[a] | . | . | . | . | . |
| [饮酒 = 1] * [使用大麻 = 0] | 0[a] | . | . | . | . | . |
| [饮酒 = 1] * [使用大麻 = 1] | 0[a] | . | . | . | . | . |
| [饮酒 = 0] * [吸烟 = 0] | 2.055 | .174 | 11.804 | .000 | 1.713 | 2.396 |
| [饮酒 = 0] * [吸烟 = 1] | 0[a] | . | . | . | . | . |
| [饮酒 = 1] * [吸烟 = 0] | 0[a] | . | . | . | . | . |
| [饮酒 = 1] * [吸烟 = 1] | 0[a] | . | . | . | . | . |

a. 此参数冗余，因此设置为零。
b. 模型：泊松
c. 设计：常量 + 饮酒 + 吸烟 + 使用大麻 + 吸烟 * 使用大麻 + 饮酒 * 使用大麻 + 饮酒 * 吸烟

结合表 1-32 得到的结论，可以认为 3 个变量确实存在两两交互效应。

表 1-33 中的期望频数是用表 1-34 中的各参数估计值（表中"估算"列的值）组成的对数线性模型计算得到的。下面以计算 $n_{101}$ 的观测频数的期望频数 $m_{101} = E(n_{101})$ 为例来说明这两表之间的关系。

从数据文件 data1-04 中可知，在饮酒、吸烟、使用大麻的变量值标签中，"1"表示是，"0"表示否，因此，$n_{101}$ 是指表中饮酒为是、吸烟为否、使用大麻为是对应单元格中的频数，其值为 44。有

$$\ln m_{101} = \beta_0 + \beta_1 x_1 + \cdots + \beta_k x_k$$
$$= \lambda + \lambda_1^A + \lambda_0^B + \lambda_1^C + \lambda_{10}^{AB} + \lambda_{01}^{BC} + \lambda_{11}^{AC}$$
$$= 6.814 + 0 - 3.016 + 0 + 0 + 0 + 0$$
$$= 3.798$$

所以

$$m_{101} = e^{3.798} = 44.617$$

这与表 1-33 中的期望频数 44.617 是一致的。

基于表 1-34 中的交互作用项的参数估计，交互项的参数估计可用来描述条件关联，还可得到估计的优势比。由于本模型假设同质性关联，因此估计的优势比在给定变量的每个类别上是相同的。

由此可得，在饮酒的每个水平上，吸烟和使用大麻的优势比为 $e^{2.848} = 17.3$；在吸烟的每个水平上，饮酒和使用大麻的优势比为 $e^{2.986} = 19.8$；在使用大麻的每个水平上，吸烟和饮酒的优势比为 $e^{2.055} = 7.8$。各优势比的值都远大于 1，说明每对变量间估计的条件正关联关系是非常强的。

事实上，在不同模型下，可得到各自模型下的条件优势比，而且所得条件优势比往往是不一样的。因此选择一个好的模型很重要。

重复上述过程，把处在主效应模型与饱和模型间的所有可能的模型运行一遍，根据拟合优度检验表，可寻得最佳简约模型。

读者可自行加以验证，在本例中，($AB$、$BC$、$AC$) 模型是最佳简约模型。

表 1-35 显示了参数估计的相关系数矩阵。

**表 1-35 参数估计的相关系数表**

参数估算值相关性[a,b,c]

| | 常量 | [饮酒=0] | [吸烟=0] | [使用大麻=0] | [吸烟=0]*[使用大麻=0] | [饮酒=0]*[使用大麻=0] | [饮酒=0]*[吸烟=0] |
|---|---|---|---|---|---|---|---|
| 常量 | 1 | -.054 | -.214 | -.609 | .197 | .051 | .006 |
| [饮酒=0] | -.054 | 1 | -.074 | .013 | .083 | -.941 | -.105 |
| [吸烟=0] | -.214 | -.074 | 1 | .125 | -.922 | .080 | -.026 |
| [使用大麻=0] | -.609 | .013 | .125 | 1 | -.324 | -.084 | .187 |
| [吸烟=0]*[使用大麻=0] | .197 | .083 | -.922 | -.324 | 1 | -.065 | -.113 |
| [饮酒=0]*[使用大麻=0] | .051 | -.941 | .080 | -.084 | -.065 | 1 | -.204 |
| [饮酒=0]*[吸烟=0] | .006 | -.105 | -.026 | .187 | -.113 | -.204 | 1 |

a. 模型：泊松
b. 设计：常量 + 饮酒 + 吸烟 + 使用大麻 + 吸烟*使用大麻 + 饮酒*使用大麻 + 饮酒*吸烟
c. 未显示冗余参数。

表 1-36 显示了参数估计的协方差矩阵。

表 1-36 参数估计的协方差表

参数估算值协方差<sup>a,b,c</sup>

| | 常量 | [饮酒 = 0] | [吸烟 = 0] | [使用大麻 = 0] | [吸烟 = 0] * [使用大麻 = 0] | [饮酒 = 0] * [使用大麻 = 0] | [饮酒 = 0] * [吸烟 = 0] |
|---|---|---|---|---|---|---|---|
| 常量 | .001 | -.001 | -.001 | -.001 | .001 | .001 | .000 |
| [饮酒 = 0] | -.001 | .204 | -.005 | .000 | .006 | -.197 | -.008 |
| [吸烟 = 0] | -.001 | -.005 | .023 | .001 | -.023 | .006 | -.001 |
| [使用大麻 = 0] | -.001 | .000 | .001 | .003 | -.003 | -.002 | .002 |
| [吸烟 = 0] * [使用大麻 = 0] | .001 | .006 | -.023 | -.003 | .027 | -.005 | -.003 |
| [饮酒 = 0] * [使用大麻 = 0] | .001 | -.197 | .006 | -.002 | -.005 | .216 | -.016 |
| [饮酒 = 0] * [吸烟 = 0] | .000 | -.008 | -.001 | .002 | -.003 | -.016 | .030 |

a. 模型: 泊松
b. 设计: 常量 + 饮酒 + 吸烟 + 使用大麻 + 吸烟 * 使用大麻 + 饮酒 * 使用大麻 + 饮酒 * 吸烟
c. 未显示冗余参数。

在"查看器"窗口中还有 3 张诊断图。图 1-23 所示为观测频数、期望频数和校正残差两两对应的散点图。由图 1-23 可知,散点明显存在一定趋势。从如图 1-24 和图 1-25 所示的 Q-Q 图可知,散点很有规则地分布在直线的两侧,说明残差不服从正态分布。

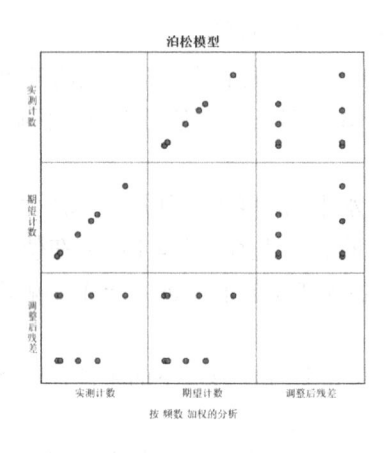

图 1-23 观测频数、期望频数和校正残差两两对应的散点图

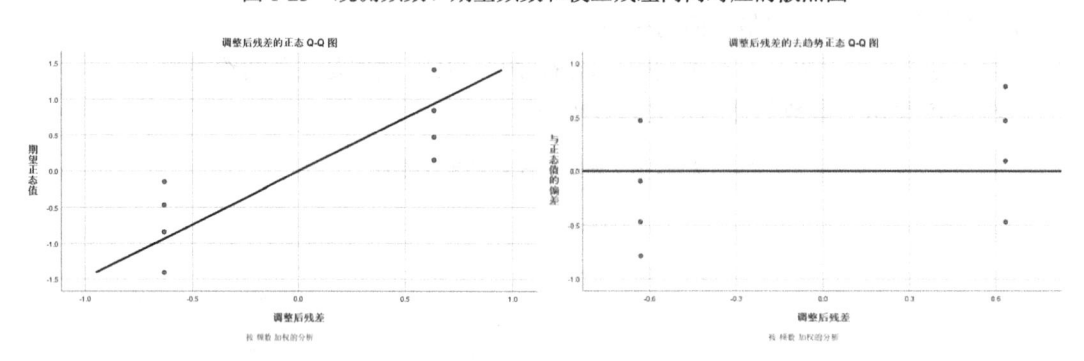

图 1-24 校正残差的正态 Q-Q 图　　图 1-25 校正残差的去趋势正态 Q-Q 图

## 1.4.3 Logit 对数线性回归分析

对于一般对数线性模型,不需要关注交叉表分类变量间的因果关系,关注的是分类变量间的条件关联关系。如果分类变量间的因果关系明确,就需要研究因变量(或响应变量)与自变量(或解释变量)间的关系。此时,就需要使用 Logit 对数线性回归分析,该

分析使用的参数估计方法也是 Newton-Raphson 法。

名义响应变量的 Logit 模型将每个类别与一个基准类别配对比较。SPSS 使用类别值最大的类别作为基准类别。

为便于理解，假设响应变量的分类变量共有 $k$ 个类别，只有一个预测变量 $x$ 的基准类别的 Logit 模型为

$$\ln\frac{p(y=j)}{p(y=k)}=\alpha_j+\beta_j x \qquad j=1,\cdots,k-1$$

在已知响应类别落在 $j$ 类或最后一个类别时，构建的是响应类别为 $j$ 的几率的对数。Logit 模型本身就是由几率构成的，其本意就是对几率取对数。

在 Logit 模型中，自动采用多项分布，并假设多项分布中的观测值是独立的。

在 SPSS 中参考水平对应的参数被设置为冗余参数，模型拟合时，系统自动将其置为 0，且不对其进行检验。

Logit 对数线性回归过程除分析人为指定引入模型的各项外，还将自动对引入的项与因变量的交互项进行分析，无论用户在模型选项中是如何设定的。关于这一点，从程序运行后的输出结果中可感受到。

值得一提的是，在拟合结果上，Logit 模型与一般对数线性回归模型是等价的。

**1．Logit 对数线性回归过程**

按"分析→对数线性→分对数"顺序单击，打开"分对数的对数线性分析"对话框，如图 1-26 所示。

与"常规对数线性分析"对话框相比，"分对数的对数线性分析"对话框中增加了"因变量"框，少了"单元格计数分布"栏。

单击"保存"按钮、"模型"按钮、"选项"按钮打开的各对话框与对"常规对数线性分析"对话框进行相应操作打开的对话框一样。

为节省篇幅，此处不再赘述，相关操作请参见 1.4.2 节。

在"分对数的对数线性分析"对话框中，需选取一个可以有多个类别的分类变量作为分析中的因变量，并将其送入"因变量"框。其他变量作为自变量分别移到其相应的框中。这里的因

图 1-26 "分对数的对数线性分析"对话框

素变量必须为分类变量，最多可输入 10 个，是作为自变量使用的。

**2．Logit 对数线性回归实例分析**

**【例 5】** 一项在不同性别和种族的人群中开展的"相信死后有来世"的社会调查的调查结果如表 1-37 所示。设 $y$ = 相信死后有来世，用性别、种族作自变量，对因变量 $y$ 进行 Logit 对数线性回归分析。

表 1-37  "相信死后有来世"调查结果

| 种　族 | 性　别 | 相信死后有来世 | | |
|---|---|---|---|---|
| | | 是 | 不确定 | 否 |
| 黑人 | 女 | 64 | 9 | 15 |
| | 男 | 25 | 5 | 13 |
| 白人 | 女 | 371 | 49 | 74 |
| | 男 | 250 | 45 | 71 |

表 1-37 对应的数据文件为 data1-05。种族（值标签：0—黑人，1—白人）、性别（值标签：0—女，1—男）、相信死后有来世（值标签：1—是，2—不确定，3—否）均为名义分类变量。

操作步骤如下。

（1）打开数据文件 data1-05。按"分析→对数线性→分对数"顺序单击，打开"分对数的对数线性分析"对话框。

（2）从原始变量列表中选择相信死后有来世变量作为因变量送入"因变量"框。

（3）从原始变量列表中选择种族、性别两个分类变量作为因素变量送入"因子"框。

（4）单击"模型"按钮，打开"分对数的对数线性分析：模型"对话框。在"指定模型"栏中，选择"构建项"单选按钮。在"因子与协变量"框中一次性选中种族、性别，单击两个框中间的"构建项"栏中的下拉列表，选择"主效应"选项，单击向右移动变量按钮，将种族、性别移入"模型中的项"框。单击"继续"按钮，返回"分对数的对数线性分析"对话框。

**注意**：选择主效应选项的原因是性别和种族间不存在交互效应。

（5）单击"选项"按钮，打开"分对数的对数线性分析：选项"对话框，在"显示"栏中勾选"估算值"复选框。其他选项保持系统默认设置。单击"继续"按钮，返回"分对数的对数线性分析"对话框。

（6）单击"确定"按钮，在"查看器"窗口中得到相关的模型拟合信息。

（7）结果分析。

表 1-38 所示为数据基本信息；表 1-39 所示为拟合模型过程中的迭代信息。对这两个表的解释参见例 4 的结果分析。

表 1-38  数据基本信息

数据信息

| | | 个案数 |
|---|---|---|
| 个案 | 有效 | 12 |
| | 缺失 | 0 |
| | 加权有效 | 991 |
| 单元格 | 定义的单元格 | 12 |
| | 结构零 | 0 |
| | 抽样零 | 0 |
| 类别 | 相信死后有来世 | 3 |
| | 种族 | 2 |
| | 性别 | 2 |

表 1-39  拟合模型过程中的迭代信息

收敛信息[a,b]

| 最大迭代次数 | 20 |
|---|---|
| 收敛容差 | .00100 |
| 最终最大绝对差值 | 7.52664E-5[c] |
| 最终最大相对差值 | .00015 |
| 迭代次数 | 4 |

a. 模型：多项分对数

b. 设计：常量 + 相信死后有来世 + 相信死后有来世 * 种族 + 相信死后有来世 * 性别

c. 由于参数估算值的最大绝对变化量小于指定的收敛准则，因此迭代已收敛。

表 1-40 所示为拟合优度检验表,由于似然比检验统计量值和皮尔逊卡方检验统计量值都不足 1,在显著性水平 0.10 时,没有充分的证据可以拒绝模型对原始数据拟合良好的零假设($p$=0.650)。

表 1-41 所示为对因变量的离散性分析。在表 1-41 中出现了两个新的统计量,一个是熵,另一个是集中(应译为"集中度")。这两个统计量在分类资料中都是用来描述数据资料的离散程度的。

熵本是一个物理学概念,是用来描述系统是否处于平衡状态的一种测量标准。它的一般计算公式为

$$H(\xi) = -\sum_{i=1}^{r} \hat{p}_i \ln \hat{p}_i$$

式中,$i$ 是类别指示符,用正整数表示,$i=1,\cdots,r$,$r$ 是类别数;$\hat{p}_i$ 是第 $i$ 类出现的期望概率;$\xi$ 是随机变量。在给定 $\sum_{i=1}^{k} \hat{p}_i = 1$ 的条件约束下,熵用来衡量给定分布与均匀分布的接近程度。熵值越高,说明离散程度越大,给定分布越接近均匀分布,越处于平衡状态。

表 1-40 拟合优度检验表

拟合优度检验[a,b]

| | 值 | 自由度 | 显著性 |
|---|---|---|---|
| 似然比 | .854 | 2 | .653 |
| 皮尔逊卡方 | .861 | 2 | .650 |

a. 模型: 多项分对数
b. 设计: 常量 + 相信死后有来世 + 相信死后有来世 * 种族 + 相信死后有来世 * 性别

表 1-41 对因变量的离散性分析

离散分析[a,b]

| | 熵 | 集中 | 自由度 |
|---|---|---|---|
| 模型 | 4.372 | 2.716 | 4 |
| 残差 | 773.727 | 437.635 | 1976 |
| 总计 | 778.098 | 440.351 | 1980 |

a. 模型: 多项分对数
b. 设计: 常量 + 相信死后有来世 + 相信死后有来世 * 种族 + 相信死后有来世 * 性别

在集中度统计量的计算中,会用描述分类变量离散程度的 Gini-Simpson(基尼-辛卜生)指数,简称 G-S 指数。其计算公式为

$$\text{G-S}(\xi) = 1 - \sum_{i=1}^{r} \hat{p}_i^2$$

G-S 值越小,随机变量的分布越集中;反之,随机变量的分布越离散。

在表 1-41 中,总熵=模型熵+残差熵,与方差分析中总偏差平方和的分解公式很相似。

下面用 $S(B)$ 表示总熵,用 $S(A)$ 表示模型熵,用 $S(B|A)$ 表示残差熵,来说明这些值是如何计算得到的。

总的平衡式为

$$S(B) = S(A) + S(B|A)$$

总熵为

$$S(B) = -N \sum_{i=1}^{r} S_i(B)$$

式中,$S_i(B) = \hat{p}_i \ln \hat{p}_i$。显然,总熵等于总观测频数乘以熵值。

残差熵为

$$S(B|A) = -\sum_{j=1}^{c} N_j \sum_{i=1}^{r} S_{ij}(B|A)$$

式中，$S_{ij}(B|A) = \hat{p}_{i|j} \ln \hat{p}_{i|j}$。

因此，模型熵可用下式计算：

$$S(A) = S(B) - S(B|A)$$

在集中性表中，同样用 $S(B)$ 表示总集中度，用 $S(A)$ 表示模型集中度，用 $S(B|A)$ 表示残差集中度，则存在总的平衡式为

$$S(B) = S(A) + S(B|A)$$

总集中度的计算公式为

$$S(B) = N\left(1 - \sum_{i=1}^{r} \hat{p}_i^2\right)$$

也就是，总集中度等于总观测频数乘以 G-S 值。

$$S(B|A) = \sum_{j=1}^{c} N_j \left(1 - \sum_{i=1}^{r} \hat{p}_i^2\right)$$

式中，$A$ 为通用的分类自变量（解释变量），其类别用一些整数表示；$B$ 为通用的分类因变量（响应变量），其类别用一些整数表示；$r$ 为 $B$ 的分类数，$r \geq 1$；$c$ 为 $A$ 的分类数，$c \geq 1$；$i$ 为 $B$ 的通用指示符，$i = 1, \cdots, r$；$j$ 为 $A$ 的通用指示符，$j = 1, \cdots, c$；$N_j$ 为 $A$ 的第 $j$ 个组的边际总数，$N_j = \sum_{i=1}^{r} n_{ij}$；$n_{ij}$ 为 $B$ 的第 $i$ 个响应与 $A$ 的第 $j$ 组对应单元格中的观测频数；$N$ 为总观测频数，$N = \sum_{j=1}^{c} \sum_{i=1}^{r} n_{ij}$。

在表 1-41 中，模型熵值与模型集中度值都较小，说明在因变量的总变异中，由模型解释的部分很少，主要是由模型外的其他因素引起的变异。

对 Logit 对数线性模型而言，没有一个精确的公式可以计算线性回归中的 $R^2$ 统计量，只能近似用计算的关联度 $R$ 来替代。关联度 $R$ 的计算公式为

$$R = S(A) / S(B)$$

显然，$R$ 是介于 0～1 的值。熵、集中度的关联度统计量值越大，越接近 1，表明由模型解释的离散性越大；反之，由模型解释的离散性越小。

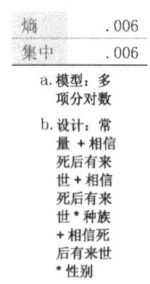

根据上面的公式，可以算得熵的关联度为 4.372/778.098 ≈ 0.005619，集中度的关联度为 2.716/440.351 ≈ 0.006168，这就是表 1-42 中熵和集中度的关联度的结果。由于模型的关联度很小，因此有必要加入其他自变量来改善模型的关联度。

表 1-42 关联度

相关性测量[a]

| | |
|---|---|
| 熵 | .006 |
| 集中 | .006 |

a. 模型：多项分对数
b. 设计：常量 + 相信死后有来世 + 相信死后有来世 * 种族 + 相信死后有来世 * 性别

表 1-43 列出了观测频数、期望频数、残差等统计量值。期望"%"列的值是各组合条件下的期望概率值，利用该值，根据总熵、残差熵等计算公式，可以得到表 1-41 中的各个值。感兴趣的读者可自行验证。

表 1-44 显示了模型中所有可能参数的估计值，以及其 $Z$ 检验。$Z$ = 估计值/标准误差。它有渐近的正态分布。在 $Z$ 值的基础上，可得到其 $p$ 值。这里所做的假设为各参数的估计，值为 0。

表 1-43 单元格频数和残差表

单元格计数和残差[a,b]

| 种族 | 性别 | 相信死后有来世 | 实测 计数 | % | 期望 计数 | % | 残差 | 标准化残差 | 调整后残差 | 偏差 |
|---|---|---|---|---|---|---|---|---|---|---|
| 黑人 | 女性 | 是 | 64 | 72.7% | 62.247 | 70.7% | 1.753 | .411 | .739 | 1.885 |
| | | 不确定 | 9 | 10.2% | 8.816 | 10.0% | .184 | .065 | .116 | .610 |
| | | 否 | 15 | 17.0% | 16.937 | 19.2% | -1.937 | -.524 | -.926 | -1.909 |
| | 男性 | 是 | 25 | 58.1% | 26.753 | 62.2% | -1.753 | -.551 | -.739 | -1.841 |
| | | 不确定 | 5 | 11.6% | 5.184 | 12.1% | -.184 | -.086 | -.116 | -.601 |
| | | 否 | 13 | 30.2% | 11.063 | 25.7% | 1.937 | .676 | .926 | 2.048 |
| 白人 | 女性 | 是 | 371 | 75.1% | 372.753 | 75.5% | -1.753 | -.183 | -.739 | -1.870 |
| | | 不确定 | 49 | 9.9% | 49.184 | 10.0% | -.184 | -.028 | -.116 | -.606 |
| | | 否 | 74 | 15.0% | 72.063 | 14.6% | 1.937 | .247 | .925 | 1.981 |
| | 男性 | 是 | 250 | 68.3% | 248.247 | 67.8% | 1.753 | .196 | .739 | 1.876 |
| | | 不确定 | 45 | 12.3% | 44.816 | 12.2% | .184 | .029 | .116 | .607 |
| | | 否 | 71 | 19.4% | 72.937 | 19.9% | -1.937 | -.253 | -.925 | -1.955 |

a. 模型: 多项分对数
b. 设计: 常量 + 相信死后有来世 + 相信死后有来世 * 种族 + 相信死后有来世 * 性别

表 1-44 参数估计表

参数估算值[c,d]

| 参数 | | 估算 | 标准 错误 | Z | 显著性 | 95% 置信区间 下限 | 上限 |
|---|---|---|---|---|---|---|---|
| 常量 | [种族 = 0] * [性别 = 0] | 2.830[a] | | | | | |
| | [种族 = 0] * [性别 = 1] | 2.404[a] | | | | | |
| | [种族 = 1] * [性别 = 0] | 4.278[a] | | | | | |
| | [种族 = 1] * [性别 = 1] | 4.290[a] | | | | | |
| [相信死后有来世 = 1] | | 1.225 | .128 | 9.561 | .000 | .974 | 1.476 |
| [相信死后有来世 = 2] | | -.487 | .183 | -2.659 | .008 | -.846 | -.128 |
| [相信死后有来世 = 3] | | 0[b] | . | . | . | . | . |
| [相信死后有来世 = 1] * [种族 = 0] | | -.342 | .237 | -1.442 | .149 | -.806 | .123 |
| [相信死后有来世 = 1] * [种族 = 1] | | 0[b] | . | . | . | . | . |
| [相信死后有来世 = 2] * [种族 = 0] | | -.271 | .354 | -.765 | .444 | -.965 | .423 |
| [相信死后有来世 = 2] * [种族 = 1] | | 0[b] | . | . | . | . | . |
| [相信死后有来世 = 3] * [种族 = 0] | | 0[b] | . | . | . | . | . |
| [相信死后有来世 = 3] * [种族 = 1] | | 0[b] | . | . | . | . | . |
| [相信死后有来世 = 1] * [性别 = 0] | | .419 | .171 | 2.444 | .015 | .083 | .754 |
| [相信死后有来世 = 1] * [性别 = 1] | | 0[b] | . | . | . | . | . |
| [相信死后有来世 = 2] * [性别 = 0] | | .105 | .247 | .426 | .670 | -.378 | .588 |
| [相信死后有来世 = 2] * [性别 = 1] | | 0[b] | . | . | . | . | . |
| [相信死后有来世 = 3] * [性别 = 0] | | 0[b] | . | . | . | . | . |
| [相信死后有来世 = 3] * [性别 = 1] | | 0[b] | . | . | . | . | . |

a. 在多项假设下, 常量不是参数。因此, 不会计算其标准误差。
b. 此参数冗余, 因此设置为零。
c. 模型: 多项分对数
d. 设计: 常量 + 相信死后有来世 + 相信死后有来世 * 种族 + 相信死后有来世 * 性别

在本例中, 重点要关注相信死后有来世与种族, 以及相信死后有来世与性别之间的交互项的参数估计的检验结果。若 $p$ 值小到你所能承受的一个显著性水平, 则有充分的证据可以拒绝交互作用项参数估计为 0 的零假设, 也就是这两个变量间存在关联关系; 否则没有充分的证据可以拒绝这两个变量是相互独立的。由表 1-44 可知, 相信死后有来世与性别间存在关联关系($p=0.015$), 而相信死后有来世与种族是相互独立的($p=0.149$)。

在交互作用项中, 有显著性意义的参数估计的值为 $0.419 > 0$ ($p = 0.015$), 它对应于性别=0, 即女性, 软件默认的基准类别为 1 (1>0), 即男性, 而相信死后有来世=1 的类别为是。因此, 女性相信死后有来世的概率比男性相信死后有来世的概率要高。

事实上，表 1-44 中的效应参数描述的是与基准类别的优势比的对数。根据 Logit 模型的建模规则可知，在本例中因变量 $y$（相信死后有来世）的基准类为 3，即否，因此 0.419 也是给定种族、性别和响应类别是与否之间的优势比的条件对数。

对于女性，在确定种族后，相信死后有来世与不相信死后有来世的几率，是男性的 $e^{0.419}$ 倍，约 1.52 倍。

同样，对于黑色人种，在确定性别后，黑色人种相信死后有来世与不相信死后有来世的几率是白色人种的 $e^{-0.342}$ 倍，约 0.71 倍，但这没有统计学上的显著性意义。

利用表 1-44 中提供的参数估计的数据，令 $s=1$ 为女性，$s=0$ 为男性，$r=1$ 为黑色人种，$r=0$ 为白色人种，可以得到如下 Logit 模型：

$$\ln\frac{P(y=1)}{P(y=3)} = 1.225 + 0.419s - 0.342r$$

$$\ln\frac{P(y=2)}{P(y=3)} = -0.487 + 0.105s - 0.271r$$

由此，还可以得到：

$$\ln\frac{P(y=1)}{P(y=2)} = \ln\frac{\dfrac{P(y=1)}{P(y=3)}}{\dfrac{P(y=2)}{P(y=3)}} = \ln\frac{P(y=1)}{P(y=3)} - \ln\frac{P(y=2)}{P(y=3)}$$

$$= 1.225 + 0.419s - 0.342r - (-0.487 + 0.105s - 0.271r)$$

$$= 1.71 + 0.314s - 0.071r$$

有了这些模型，加上在因变量各类上的累积概率和为 1 的条件约束，就可计算出表 1-43 中期望"%"列中的值。

如果在模型中不包含截距，与自变量最后一类有关的参数将不再是冗余的。

表 1-45 与表 1-46 分别给出了参数估计的相关系数矩阵与协方差矩阵。

表 1-45 参数估计的相关系数

参数估算值相关性[a,b,c]

| | [相信死后有来世 = 1] | [相信死后有来世 = 2] | [相信死后有来世 = 1] * [种族 = 0] | [相信死后有来世 = 2] * [种族 = 0] | [相信死后有来世 = 1] * [性别 = 0] | [相信死后有来世 = 2] * [性别 = 0] |
|---|---|---|---|---|---|---|
| [相信死后有来世 = 1] | 1 | .539 | -.226 | -.124 | -.692 | -.367 |
| [相信死后有来世 = 2] | .539 | 1 | -.129 | -.219 | -.370 | -.691 |
| [相信死后有来世 = 1] * [种族 = 0] | -.226 | -.129 | 1 | .512 | -.081 | -.045 |
| [相信死后有来世 = 2] * [种族 = 0] | -.124 | -.219 | .512 | 1 | -.042 | -.075 |
| [相信死后有来世 = 1] * [性别 = 0] | -.692 | -.370 | -.081 | -.042 | 1 | .553 |
| [相信死后有来世 = 2] * [性别 = 0] | -.367 | -.691 | -.045 | -.075 | .553 | 1 |

a. 模型：多项分对数
b. 设计：常量 + 相信死后有来世 + 相信死后有来世 * 种族 + 相信死后有来世 * 性别
c. 未显示常量和冗余参数。

图 1-27、图 1-28 及图 1-29 所示为 3 张诊断图。图 1-27 所示为观测频数、期望频数和校正残差两两对应的散点图，可见散点分布很随机。在如图 1-28、图 1-29 所示的 Q-Q 图中，散点基本分布在直线上，且在 0 线周围随机分布，说明残差近似服从正态分布。

表 1-46 参数估计的协方差表

参数估算值协方差[a,b,c]

| | [相信死后有来世 = 1] | [相信死后有来世 = 2] | [相信死后有来世 = 1] * [种族 = 0] | [相信死后有来世 = 2] * [种族 = 0] | [相信死后有来世 = 1] * [性别 = 0] | [相信死后有来世 = 2] * [性别 = 0] |
|---|---|---|---|---|---|---|
| [相信死后有来世 = 1] | .016 | .013 | -.007 | -.006 | -.015 | -.012 |
| [相信死后有来世 = 2] | .013 | .034 | -.006 | -.014 | -.012 | -.031 |
| [相信死后有来世 = 1] * [种族 = 0] | -.007 | -.006 | .056 | .043 | -.003 | -.003 |
| [相信死后有来世 = 2] * [种族 = 0] | -.006 | -.014 | .043 | .125 | -.003 | -.007 |
| [相信死后有来世 = 1] * [性别 = 0] | -.015 | -.012 | -.003 | -.003 | .029 | .023 |
| [相信死后有来世 = 2] * [性别 = 0] | -.012 | -.031 | -.003 | -.007 | .023 | .061 |

a. 模型：多项分对数
b. 设计：常量 + 相信死后有来世 + 相信死后有来世 * 种族 + 相信死后有来世 * 性别
c. 未显示常量和冗余参数。

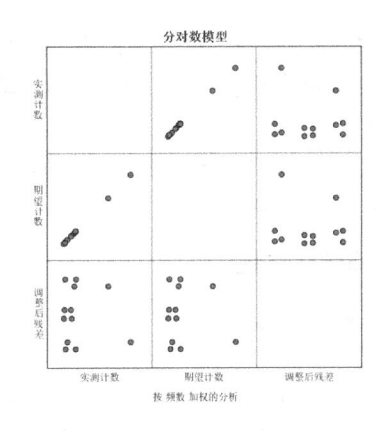

图 1-27 观测频数、期望频数和校正残差两两对应的散点图

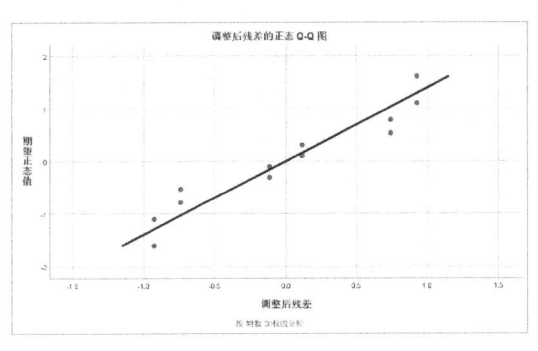

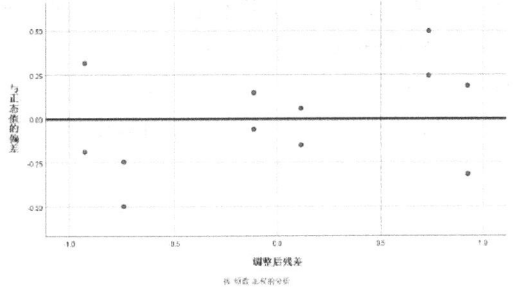

图 1-28 校正残差的正态 Q-Q 图　　图 1-29 校正残差的去趋势正态 Q-Q 图

### 1.4.4 选择模型对数线性回归分析

选择模型对数线性回归过程使用迭代比例拟合算法拟合多维交叉表的分层对数线性模型。在研究人员对分类变量间的因果关系不甚了解，分不清哪个是因变量，哪个是自变量，或者只想了解分类变量间是否可能存在关联关系时，可以首选分层对数线性模型，用该模型可以找出关联的分类变量。

在用分层对数线性模型建模时，可以使用强制输入法，也可以使用向后去除法。向后去除法从饱和模型入手,它从高阶交互项开始逐步去除无意义的参数,直到得到最佳简约模型为止。

向后去除法与多元线性回归中的逐步回归法有很多相似之处,它能对进出模型的变量进行自动筛选,因此在高维交叉表上进行联合分析时,可以节省大量时间。需要注意的是,选择模型对数线性回归过程中的向后去除法,当所有 $K+1$ 阶的交互作用项都无显著性意义,全部从模型中去除后,才考虑 $K$ 阶交互作用项是否被剔除问题。

饱和模型会给所有单元格中的数据加上 0.5,目的是避免抽样 0 的出现。另外,只有选用饱和模型,才可以要求输出参数估计值和关联性检验。

**注意:** 先利用选择模型对数线性回归过程来获取模型中需要哪些项的信息,再根据需要使用一般对数线性回归过程或 Logit 对数线性回归过程继续评估模型。

### 1. 对数据的要求

(1) 因素变量必须是分类变量。

(2) 要分析的变量必须是数值型变量。对于字符串型的分类变量,在分析前需要采用自动重新编码方案将其重新编码为数值型变量。如果数值型变量中有空类别,就使用重新编码方案创建连续的整数值。

(3) 要避免指定多个多水平的分类变量。因为这样做可能会导致多个单元格中只有少量的观察值,从而无法使用卡方检验。

### 2. 选择模型对数线性回归分析过程

(1) 按"分析→对数线性→选择模型"顺序单击,打开"模型选择对数线性分析"对话框,如图 1-30 所示。

(2) 选中模型中需要的各种变量。从原始变量列表中选择多个分类变量作为因素变量送入"因子"框。注意,其中大多数变量应为二分变量。

对每个选中的变量,需要定义类别取值范围,方法为在"因子"框中选中该变量,单击"定义范围"按钮,在弹出的"对数线性分析:定义范围"对话框中(见图 1-31)的"最小值"框中输入类别中的最小整数值,在"最大值"框中输入类别中的最大整数值,最小值必须小于最大值。单击"继续"按钮,返回"模型选择对数线性分析"对话框。重复这个定义过程,直到定义完所有因素变量。定义完变量后,在其变量名后面的括号中会出现定义的最小值和最大值。

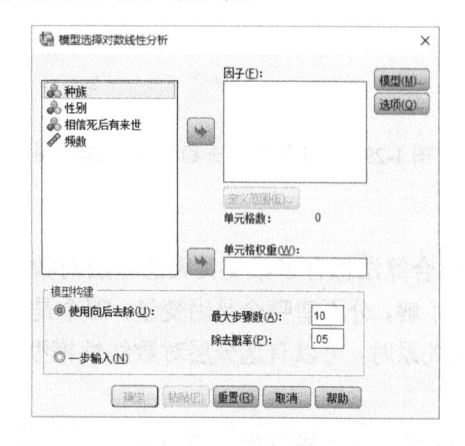

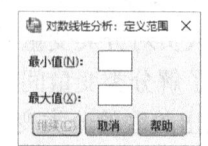

图 1-30 "模型选择对数线性分析"对话框    图 1-31 "对数线性分析:定义范围"对话框

**注意**：不在最小值和最大值定义范围内的观测，将不用于建模。

从原始变量列表中选择一个加权变量，将其送入"单元格权重"框。

（3）选择建模方法。"模型构建"栏中提供了如下两种变量进出模型的方法。

① 向后去除法。选择"使用向后去除"单选按钮，将从饱和模型中逐渐从最高阶交互项中去除无意义的参数，直到得到最佳简约模型。

② 一步输入法。如果建立的是不饱和模型，就选择"一步输入"单选按钮，将所有变量一次性强制选入模型。

在"最大步骤数"框中，输入最大迭代次数，系统默认值为 10。在"除去概率"框中，输入从模型中剔除变量的显著性水平的标准，系统默认值为 0.05，大于此概率值的变量将被从模型中剔除。

（4）定义模型。单击"模型"按钮，打开如图 1-32 所示的"对数线性分析：模型"对话框。

在"指定模型"栏中有如下两个选项。

①"饱和"单选按钮。选择此单选按钮，模型中将包含所有因子的主效应及所有因子间的交互作用。

②"构建项"单选按钮。选择此单选按钮，用户可为不饱和模型自定义生成类。

从左侧"因子"列表框中选择要进入模型的变量组合，在两个框中间的"构建项"栏中的"类型"下拉列表中选择一个变量间交互作用的方式，单击向右移动变量按钮，"生成类"框中列出需要的生成类。

"生成类"框中列出的是因素变量出现的最高阶项的列表。生成的模型中将包括定义的生成类及比该阶低的所有相关的项。例如，在左侧的"因子"框中选择变量 $A$、$B$、$C$，在"构建项"栏中的"类型"下拉列表中选择"交互"选项。"生成类"框中出现 $A*B*C$ 项，生成的模型中将包含指定的三阶交互 $A*B*C$，二阶交互 $A*B$、$A*C$ 和 $B*C$，以及 $A$、$B$ 和 $C$ 的主效应。因此，不要在生成类中指定低阶的相关性。

按"继续"按钮，返回"模型选择对数线性分析"对话框。

（5）定义输出结果中的显示项。单击"选项"按钮，打开如图 1-33 所示的"对数线性分析：选项"对话框，选择输出频数、残差等统计量及统计图，设置饱和模型状态下的参数估计、交叉表等模型拟合过程中的迭代收敛标准。

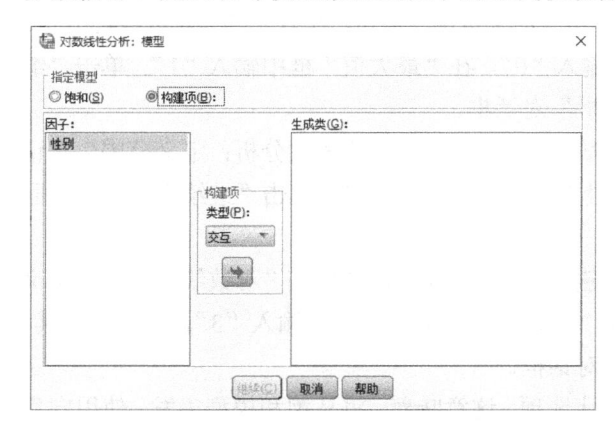

图 1-32 "对数线性分析：模型"对话框 　　图 1-33 "对数线性分析：选项"对话框

① "显示"栏包含如下选项。
- "频率"（应译为"频数"）复选框：勾选此复选框将输出频数分布表。系统默认选择此项。
- "残差"复选框：勾选此复选框输出表中将包含残差项信息。系统默认选择此项。在饱和模型中，观测频数和期望频数相同，残差为0。

② "图"栏包含如下选项。在饱和模型中该栏无效。
- "残差"复选框：勾选此复选框将输出残差图。
- "正态概率"复选框：勾选此复选框将输出正态概率图。

残差图和正态概率图可帮助确定模型与数据的拟合度。

③ "饱和模型的显示"栏包含如下选项。在不饱和模型中本栏无效。
- "参数估算值"复选框：勾选此复选框将显示饱和模型的参数估计表，这些值有助于确定从模型中删除哪一项。
- "关联表"复选框：勾选此复选框将显示内含偏关联检验的关联表。需要注意的是，如果模型中选择了多个因素变量，那么选择此选项将进行大量计算。

④ "模型条件"栏用于指定使用迭代比例拟合算法获取参数估计值的最大迭代次数、收敛标准或 Delta 值，包含如下选项。
- "最大迭代次数"框。系统默认值为 20。
- "收敛"下拉列表。在该下拉列表中选择收敛标准，系统默认选择"缺省"。
- "Delta"框。该框用来设置饱和模型的校正系数，系统默认值为 0.5。

单击"继续"按钮，返回"模型选择对数线性分析"对话框。
单击"确定"按钮，在"查看器"窗口中得到运行结果。

### 3. 选择模型对数线性回归实例分析

**【例6】** 仍以例5中的数据为例，使用选择模型对数线性回归过程来分析性别、种族与相信死后有来世间的关联。

操作步骤如下。

（1）打开数据文件 data1-05。按"分析→对数线性→选择模型"顺序单击，打开"模型选择对数线性分析"对话框。

（2）从原始变量列表中选择种族、性别与相信死后有来世作为因素变量送入"因子"框。

在"因子"框中，选择性别变量，单击"定义范围"按钮，在打开的"对数线性分析：定义范围"对话框中的"最小值"框中输入"0"，在"最大值"框中输入"1"。单击"继续"按钮，返回"模型选择对数线性分析"对话框。

选择种族变量，单击"定义范围"按钮，在打开的"对数线性分析：定义范围"对话框中的"最小值"框中输入"0"，在"最大值"框中输入"1"。单击"继续"按钮，返回"模型选择对数线性分析"对话框。

选择相信死后有来世变量，单击"定义范围"按钮，在弹出的"对数线性分析：定义范围"对话框中的"最小值"框中输入"1"，在"最大值"框中输入"3"。单击"继续"按钮，返回"模型选择对数线性分析"对话框。

对话框中的其他选项均选用系统默认选项。这意味着，将从饱和模型出发，使用向后去除法建立模型。可以在输出中要求显示参数估计表。

由于本例已选择饱和模型，因此可以不进行任何选择。

（3）单击"选项"按钮，打开"对数线性分析：选项"对话框。

在"饱和模型的显示"栏中，勾选"参数估算值"复选框和"关联表"复选框，其他选项保持系统默认设置。

单击"继续"按钮，返回"模型选择对数线性分析"对话框。

（4）单击"确定"按钮，在"查看器"窗口中得到如表 1-47 和表 1-48 所示的结果。

（5）结果分析。

表 1-47 显示了数据基本信息。由表 1-47 可知，共有 12 个单元格，没有超出定义范围的数据，也没有缺失值，样本量为 991，有 3 个变量参与建模。

表 1-48 所示为收敛信息。由表 1-48 可知，模型中设定的生成类为种族*性别*相信死后有来世，由于模型中只有 3 个变量，因此设定的是饱和模型。迭代次数为 1，收敛准则为 0.371，表明只进行 1 次迭代运算就达到了 0.5 的收敛标准，完成了饱和模型的拟合。实测边际与拟合边际的最大差值为 0，表示两个边际相同。

表 1-47 数据基本信息

数据信息

| | | 个案数 |
|---|---|---|
| 个案 | 有效 | 12 |
| | 超出范围[a] | 0 |
| | 缺失 | 0 |
| | 加权有效 | 991 |
| 类别 | 种族 | 2 |
| | 性别 | 2 |
| | 相信死后有来世 | 3 |

a. 由于因子值超出范围，因此个案被拒绝。

表 1-48 收敛信息

收敛信息

| 生成类 | 种族*性别*相信死后有来世 |
|---|---|
| 迭代次数 | 1 |
| 实测边际与拟合边际之间的最大差值 | .000 |
| 收敛准则 | .371 |

表 1-49 给出了原始的观测频数与用饱和模型计算得到的期望频数，以及它们之间的残差。在饱和模型中，期望频数总是与观测频数相同，因此残差必为 0，即在饱和模型中不需要查看该表。

表 1-49 单元格频数和残差表

单元格计数和残差

| 种族 | 性别 | 相信死后有来世 | 实测 | | 期望 | | 残差 | 标准残差 |
|---|---|---|---|---|---|---|---|---|
| | | | 计数[a] | % | 计数 | % | | |
| 黑人 | 女性 | 是 | 64.500 | 6.5% | 64.500 | 6.5% | .000 | .000 |
| | | 不确定 | 9.500 | 1.0% | 9.500 | 1.0% | .000 | .000 |
| | | 否 | 15.500 | 1.6% | 15.500 | 1.6% | .000 | .000 |
| | 男性 | 是 | 25.500 | 2.6% | 25.500 | 2.6% | .000 | .000 |
| | | 不确定 | 5.500 | 0.6% | 5.500 | 0.6% | .000 | .000 |
| | | 否 | 13.500 | 1.4% | 13.500 | 1.4% | .000 | .000 |
| 白人 | 女性 | 是 | 371.500 | 37.5% | 371.500 | 37.5% | .000 | .000 |
| | | 不确定 | 49.500 | 5.0% | 49.500 | 5.0% | .000 | .000 |
| | | 否 | 74.500 | 7.5% | 74.500 | 7.5% | .000 | .000 |
| | 男性 | 是 | 250.500 | 25.3% | 250.500 | 25.3% | .000 | .000 |
| | | 不确定 | 45.500 | 4.6% | 45.500 | 4.6% | .000 | .000 |
| | | 否 | 71.500 | 7.2% | 71.500 | 7.2% | .000 | .000 |

a. 对于饱和模型，向所有实测单元格添加了 .500。

同样，在饱和模型中，拟合优度检验表（见表 1-50）也没有任何意义。由表 1-50 可知两个检验统计量的计算结果总为 0，自由度也总为 0，无法给出检验的概率值，因此系统将其设为缺失值。

表 1-51 显示了 $K$ 阶及更高阶效应检验结果，"K 向效应和高阶效应"栏的确切含义应为 $K$ 阶及更高阶效应等于 0 的检验，同样"K 向效应"栏的含义为 $K$ 阶效应等于 0 的检验。

表 1-50 拟合优度检验

拟合优度检验

| | 卡方 | 自由度 | 显著性 |
|---|---|---|---|
| 似然比 | .000 | 0 | . |
| 皮尔逊 | .000 | 0 | . |

表 1-51 $K$ 阶及更高阶效应检验结果

K 向效应和更高阶效应

| | | | 似然比 | | 皮尔逊 | | |
|---|---|---|---|---|---|---|---|
| | K | 自由度 | 卡方 | 显著性 | 卡方 | 显著性 | 迭代次数 |
| K 向效应和更高阶效应[a] | 1 | 11 | 1265.541 | .000 | 1676.669 | .000 | 0 |
| | 2 | 7 | 14.141 | .049 | 13.604 | .059 | 2 |
| | 3 | 2 | .854 | .653 | .861 | .650 | 3 |
| K 向效应[b] | 1 | 4 | 1251.400 | .000 | 1663.065 | .000 | 0 |
| | 2 | 5 | 13.287 | .021 | 12.743 | .026 | 0 |
| | 3 | 2 | .854 | .653 | .861 | .650 | 0 |

a. 检验 K 向效应和更高阶效应是否为零。
b. 检验 K 向效应是否为零。

在指定饱和模型条件下，可以要求进行效应的偏关联分析。设 $\chi^2(k)$ 表示包含主效应及 $K$ 阶交互项模型的卡方值。第 $K$ 阶交互作用的显著性检验可基于 $\chi^2(k-1)-\chi^2(k)$ 进行，自由度可通过减去相应模型的自由度获取。

由此可知，"K 向效应和更高阶效应"栏中第一个检验检验的是模型中 1 阶（主效应）及以上阶的交互效应为 0 的零假设，由于 $p=0.000$，即使在显著性水平为 0.001 时，也有充分证据可以拒绝零假设，也就是说，主效应及其交互效应有统计学意义，即在性别、种族、相信死后有来世、种族*性别、种族*相信死后有来世、性别*相信死后有来世、种族*性别*相信死后有来世中至少有一项交互效应有统计学意义。

"K 向效应和更高阶效应"栏中第二个检验检验的是模型中 2 阶及以上阶的交互效应为 0 的零假设，在显著性水平为 0.05 时，有充分证据可以拒绝零假设（$p=0.049$），因此 2 阶及以上阶的交互效应有统计学意义，即在种族*性别、种族*相信死后有来世、性别*相信死后有来世、种族*性别*相信死后有来世中，至少有一项交互效应有统计学意义。

"K 向效应和更高阶效应"栏中第三个检验检验的是模型中 3 阶及以上阶的交互效应为 0 的零假设，即使在显著性水平 0.10 时，也没有充分的证据可以拒绝零假设（$p=0.653$），也就是种族*性别*相信死后有来世的交互作用没有统计学上的显著性意义。

用"K 向效应和更高阶效应"栏中第一个似然比检验的结果减去"K 向效应和更高阶效应"栏中第二个似然比检验的结果，可以得到熵差 $\Delta_1 G = 1265.541 - 14.141 = 1251.400$，$df_1 = 11 - 7 = 4$，这是表 1-51 中"K 向效应"栏第一个似然比检验的结果。它是检验模型中 1 阶交互效应（主效应）为 0 的零假设，$p=0.000$，有充分的证据可以拒绝零假设，也就是说，在性别、种族、相信死后有来世三个主效应中至少有一个的效应不为 0。

**注意**：用皮尔逊卡方检验来分析同样可以得到上面的结论，下同。

同理，用"K 向效应和更高阶效应"栏中第二个似然比检验的结果减去"K 向效应和更高阶效应"栏中第三个似然比检验的结果，可以得到熵差 $\Delta_2 G = 14.141 - 0.854 = 13.287$，

$df_2 = 7 - 2 = 5$，这是表 1-51 中"K 向效应"栏第二个似然比卡方值检验的结果。它是检验模型中 2 阶交互效应（主效应）为 0 的零假设，在显著性水平为 0.03 时，有充分证据可以拒绝零假设（$p = 0.021$），也就是说，种族*性别、种族*相信死后有来世、性别*相信死后有来世的二阶效应中至少有一个的效应不为 0。

由于本例中参与模型拟合的变量只有性别、种族、相信死后有来世，最高的交互作用项只有一个，即种族*性别*相信死后有来世。因此，"K 向效应和更高阶效应"栏中第三个检验检验的是种族*性别*相信死后有来世的交互效应=0，它同"K 向效应"栏中第三个检验是等价的，所以它们有相同的检验结果。

由上面的分析可以认为，性别、种族、相信死后有来世 3 个变量间存在主效应和二阶交互效应。

表 1-52 显示了有显著性意义的主效应和 2 阶效应的各项名称。由表 1-52 可知，在二阶交互项和主效应中，在显著性水平为 0.03 时，有显著效应的分别为种族*性别（$p=0.026$）、性别*相信死后有来世（$p=0.027$），种族（$p=0.00$）。

表 1-52 偏关联检验

偏关联

| 效应 | 自由度 | 偏卡方 | 显著性 | 迭代次数 |
|---|---|---|---|---|
| 种族*性别 | 1 | 4.987 | .026 | 2 |
| 种族*相信死后有来世 | 2 | 1.994 | .369 | 2 |
| 性别*相信死后有来世 | 2 | 7.193 | .027 | 2 |
| 种族 | 1 | 599.791 | .000 | 2 |
| 性别 | 1 | 30.356 | .000 | 2 |
| 相信死后有来世 | 2 | 621.253 | .000 | 2 |

表 1-53 显示了在饱和模型中，部分主效应、交互效应的参数估计及显著性检验结果。种族参数估计有显著性意义（$p = 0.000$），在显著性水平为 0.04 时，有充分的证据可以认为性别*相信死后有来世的第一个参数估计有显著性意义（$p = 0.033$）。

表 1-53 参数估计值

参数估算值

| 效应 | 参数 | 估算 | 标准错误 | Z | 显著性 | 95% 置信区间 下限 | 上限 |
|---|---|---|---|---|---|---|---|
| 种族*性别*相信死后有来世 | 1 | .042 | .072 | .591 | .555 | -.098 | .183 |
|  | 2 | .024 | .104 | .236 | .813 | -.179 | .227 |
| 种族*性别 | 1 | .091 | .062 | 1.465 | .143 | -.031 | .213 |
| 种族*相信死后有来世 | 1 | -.089 | .072 | -1.244 | .214 | -.230 | .051 |
|  | 2 | -.021 | .104 | -.205 | .838 | -.224 | .182 |
| 性别*相信死后有来世 | 1 | .153 | .072 | 2.131 | .033 | .012 | .293 |
|  | 2 | -.020 | .104 | -.193 | .847 | -.223 | .183 |
| 种族 | 1 | -.920 | .062 | -14.792 | .000 | -1.042 | -.798 |
| 性别 | 1 | .178 | .062 | 2.858 | .004 | .056 | .300 |
| 相信死后有来世 | 1 | 1.008 | .072 | 14.049 | .000 | .867 | 1.148 |
|  | 2 | -.785 | .104 | -7.579 | .000 | -.988 | -.582 |

表 1-54 中的步骤 0 表示从这里正式开始分析，由生成类可知，分析是从饱和模型开始的，此时卡方值为 0。删除最高阶交互项种族*性别*相信死后有来世后，即使在显著性水平为 0.10 时，也没有充分的证据可以拒绝模型拟合效果无显著性变化（$p = 0.653$）的假设。

表 1-54　逐步筛选过程摘要

步骤摘要

| 步骤[a] | | 效应 | 卡方[c] | 自由度 | 显著性 | 迭代次数 |
|---|---|---|---|---|---|---|
| 0 | 生成类[b] | 种族*性别*相信死后有来世 | .000 | 0 | | |
| | 删除后效应 1 | 种族*性别*相信死后有来世 | .854 | 2 | .653 | 3 |
| 1 | 生成类[b] | 种族*性别, 种族*相信死后有来世, 性别*相信死后有来世 | .854 | 2 | .653 | |
| | 删除后效应 1 | 种族*性别 | 4.987 | 1 | .026 | 2 |
| | 2 | 种族*相信死后有来世 | 1.994 | 2 | .369 | 2 |
| | 3 | 性别*相信死后有来世 | 7.193 | 2 | .027 | 2 |
| 2 | 生成类[b] | 种族*性别, 性别*相信死后有来世 | 2.848 | 4 | .584 | |
| | 删除后效应 1 | 种族*性别 | 4.543 | 1 | .033 | 2 |
| | 2 | 性别*相信死后有来世 | 6.749 | 2 | .034 | 2 |
| 3 | 生成类[b] | 种族*性别, 性别*相信死后有来世 | 2.848 | 4 | .584 | |

a. 在每个步骤中,将删除"似然比变更"的显著性水平最高的效应,前提是该显著性水平大于 .050。

b. 将显示第 0 步之后的每个步骤中最佳模型的统计。

c. 对于"删除后效应",这是将效应从模型中删除后卡方的变更。

拟合的步骤如下。

步骤 1：模型当前有三个二阶交互项,当从模型中逐一剔除一个交互项时发现,在显著性水平为 0.03 时,剔除种族*性别（$p = 0.026$）和种族*相信死后有来世（$p = 0.027$）时,模型拟合效果有显著性变化,也就是说,种族*性别、性别*相信死后有来世有交互作用,而即使在显著性水平 0.10 时,而种族*相信死后有来世没有交互作用（$p = 0.369$）。

步骤 2：在步骤 1 的基础上,继续逐一剔除不显著的交互项,由于剩下的两个交互项检验的 $p$ 值均小于 0.05,剔除后模型的拟合效果将有显著变化,故不能再剔除。

步骤 3：得到最终拟合模型,其中包括种族、性别、相信死后有来世、种族*性别、性别*相信死后有来世 5 项。

表 1-55 给出了表 1-54 中的步骤 0 中的收敛信息。

表 1-55　模型拟合过程步骤 0 中的收敛信息

收敛信息[a]

| | 种族*性别, 性别*相信死后有来世 |
|---|---|
| 生成类 | |
| 迭代次数 | 0 |
| 实测边际与拟合边际之间的最大差值 | .000 |
| 收敛准则 | .371 |

a. 统计信息之后的最终模型统计。

表 1-56 给出了用种族、性别、相信死后有来世、种族*性别、性别*相信死后有来世 5 项建模后,得到的期望频数与观测频数。

表 1-56 单元格频数和残差表

单元格计数和残差

| 种族 | 性别 | 相信死后有来世 | 实测 计数 | % | 期望 计数 | % | 残差 | 标准残差 |
|---|---|---|---|---|---|---|---|---|
| 黑人 | 女性 | 是 | 64.000 | 6.5% | 65.773 | 6.6% | -1.773 | -.219 |
| | | 不确定 | 9.000 | 0.9% | 8.770 | 0.9% | .230 | .078 |
| | | 否 | 15.000 | 1.5% | 13.457 | 1.4% | 1.543 | .421 |
| | 男性 | 是 | 25.000 | 2.5% | 28.912 | 2.9% | -3.912 | -.728 |
| | | 不确定 | 5.000 | 0.5% | 5.257 | 0.5% | -.257 | -.112 |
| | | 否 | 13.000 | 1.3% | 8.831 | 0.9% | 4.169 | 1.403 |
| 白人 | 女性 | 是 | 371.000 | 37.4% | 369.227 | 37.3% | 1.773 | .092 |
| | | 不确定 | 49.000 | 4.9% | 49.230 | 5.0% | -.230 | -.033 |
| | | 否 | 74.000 | 7.5% | 75.543 | 7.6% | -1.543 | -.178 |
| | 男性 | 是 | 250.000 | 25.2% | 246.088 | 24.8% | 3.912 | .249 |
| | | 不确定 | 45.000 | 4.5% | 44.743 | 4.5% | .257 | .038 |
| | | 否 | 71.000 | 7.2% | 75.169 | 7.6% | -4.169 | -.481 |

表 1-57 显示了对用性别、种族、相信死后有来世、种族*性别、性别*相信死后有来世 5 项建立的模型的拟合优度检验结果。如果显著性的值很小，则可以认为模型没能充分拟合数据。在本例中，因为两个检验方法的 $p$ 值很大，即使在显著性水平为 0.10 时，也没有充分证据可以拒绝零假设，也即模型拟合效果不错。

表 1-57 拟合优度检验

拟合优度检验

| | 卡方 | 自由度 | 显著性 |
|---|---|---|---|
| 似然比 | 2.848 | 4 | .584 |
| 皮尔逊 | 3.076 | 4 | .545 |

## 1.5 分位数回归

### 1.5.1 分位数回归分析概述

回归是定量建模中广泛使用的一种统计方法。使用多个自变量的值来预测尺度因变量的平均值的多元线性回归是一种基本的标准方法。但在大多情况下，人们更关心预测尺度因变量的中位数或任意分位数。

分位数回归过程用于构建一组预测变量（自变量）和目标变量（因变量）的特定的百分位数（或分位数）（通常是中位数）间的关系模型，可以使用分位数回归分析对条件分位数和解释变量间的关系进行推断。与普通最小二乘法回归相比，分位数回归主要有如下两个优点。

- 分位数回归不需要对目标变量的分布做任何假设。
- 分位数回归有助于消除离群观测值对预测结果的影响。

分位数回归被广泛应用于生态学、医疗保健和金融经济学等研究领域。

分位数回归对建模数据的要求：因变量（目标变量）需要是连续型尺度变量；自变量（预测变量）可以是连续型变量或分类预测变量的虚拟变量；有一个因变量，至少有一个截距项或至少有一个预测变量才能运行分位数回归过程。

### 1.5.2 分位数回归过程

（1）在"数据视图"标签页中建立或打开一个数据文件，按"分析→回归→分位数"顺序单击，打开"分位数回归"对话框，如图 1-34 所示。

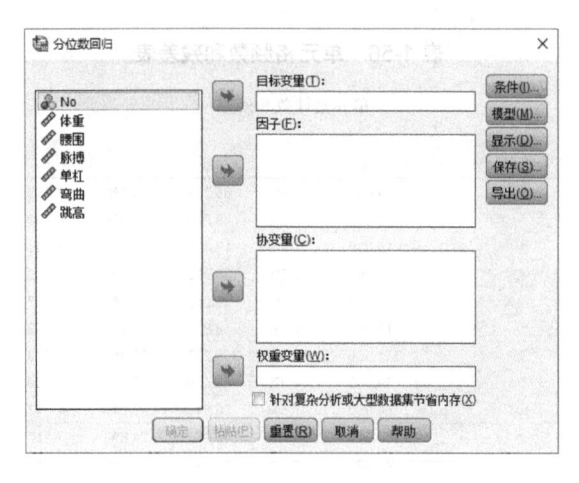

图 1-34 "分位数回归"对话框

（2）在原始变量列表框中，选择一个尺度变量移入"目标变量"框，选择一个或多个分类变量移入"因子"框，选择一个或多个非字符串型变量移入"协变量"框，选择一个非字符串型变量作为回归加权变量移入"权重变量"框。勾选"针对复杂分析或大型数据集节省内存"复选框，要求在程序处理数据期间将数据保存在外部文件中。这样做有助于在运行复杂分析或大型数据集分析时节约内存资源。

（3）模型设置。单击"模型"按钮，打开如图 1-35 所示的"分位数回归：模型"对话框。

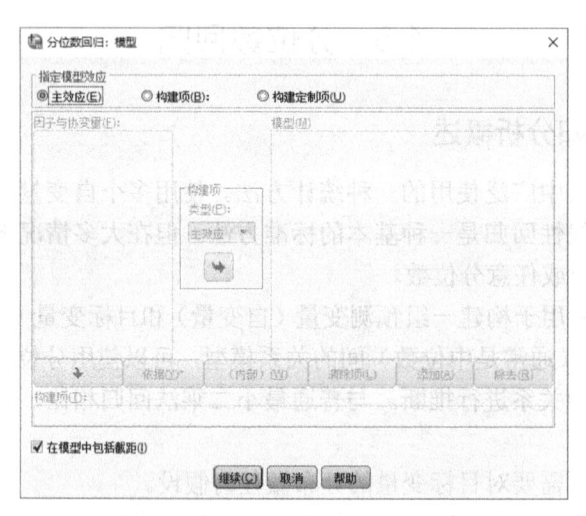

图 1-35 "分位数回归：模型"对话框

A 在"指定模型效应"栏中，指定模型类型。

① "主效应"单选按钮：系统默认选项，对应全模型。全模型包括所有因素变量的主效应、所有协变量的主效应、所有因素与因素的交互效应，不包括协变量与其他因素变量的交互效应。不打开此对话框，就是选择了全模型。

② "构建项"单选按钮：建立自定义模型。选择此项将激活下面各操作框。

③ "构建定制项"单选按钮：如果要包含嵌套项，或者想要用"变量*变量"来构建任何嵌套项，就选择此项。

B 建立自定义模型。

选择"构建项"单选按钮,"因子与协变量"框中自动列出可以作为因素变量的变量名,根据框中列出的变量名建立模型,可以仅指定其中部分因子之间的交互作用或指定因子与协变量之间的交互作用。必须指定要包含在模型中的所有项。

① 选择模型中的主效应。在"因子与协变量"框中选择一个因素变量名,单击两框中间的"构建项"栏中的移动变量按钮,将变量送入"模型"框,一个变量名占一行,称为主效应项。欲在模型中包括几个主效应项,就进行几次该操作。也可以同时选择多个变量,将其一次送入"模型"框。

② 选择交互效应类型。两框中间的"构建项"栏中的"类型"下拉列表中有如下几个选项。

- "主效应"选项:选择此项只可以指定主效应。
- "交互"选项:选择此项可以指定任意的交互效应。
- "所有二阶"选项、"所有三阶"选项、"所有四阶"选项和"所有五阶"选项:选择对应选项,将指定所有二阶交互效应到所有五阶交互效应。

在下拉菜单中单击某一项,选择的交互类型将显示在矩形框中。

③ 建立模型中的交互项。以三个因素变量为例来进行说明,具体方法如下:

- 要求模型中包括两个变量的二阶交互效应。相应的操作是,在"因子与协变量"框内选择第一个变量,此为交互项之一,再选择第二个变量,此为交互项之二。单击"构建项"栏内的移动变量按钮,一个交互效应显示在"模型"框中。模型增加了一个交互效应项,表示为用"*"连接的两个变量名。
- 若要求模型中包括三个变量的所有二阶交互效应项,则应该分别选择三个变量。在"构建项"栏内的"类型"下拉列表中选择"所有二阶"选项,单击移动变量按钮,"模型"框中出现三个二阶交互效应项,表示为三个两两变量名间用"*"连接的表达式。
- 若要求模型中包括所有三阶效应,则分三次选择三个变量,在"构建项"栏内的"类型"下拉列表中选择"交互"选项或"所有三阶"选项,单击移动变量按钮,"模型"框中出现三维交互效应项,具体为用"*"连接的三个变量名。

C 建立嵌套项。

为处理包含嵌套项的方差分析,应选择"构建定制项"单选按钮,通过下述步骤可构建嵌套项。

① 在"因子与协变量"框中,选择一个嵌套在另一个因子中的因子或协变量,单击"因子与协变量"框下方的向下移动变量按钮,将其移入下面的"构建项"框。

② 单击"内部"按钮,刚才移入"构建项"框中的因素变量名后出现"()"。

③ 在"因子与协变量"框中,选择一个嵌套因子或协变量,单击"因子与协变量"框下方的向下移动变量按钮,将其移入"()"。

④ 单击"添加"按钮,将其添加到"模型"框中。

⑤ 在将一个因素变量移入"构建项"框中后,单击"依据"按钮,在嵌套因素变量名后出现"*"号,再进行第③步操作可将包含交互效应的嵌套或者将多层嵌套添加到嵌套项中。

⑥ 在选中其他因子后,单击"因子与协变量"框下方的向下移动变量按钮,将其移

入下面的"构建项"框，再单击"添加"按钮，将其添加到"模型"框中。

D 勾选"在模型中包括截距"复选框，系统默认截距包括在回归模型中。如果假设数据通过原点，那么可以不包括截距，即不勾选此复选框。

单击"继续"按钮，返回"分位数回归"对话框。

（4）单击"条件"按钮，打开如图1-36所示的"分位数回归：条件"对话框。

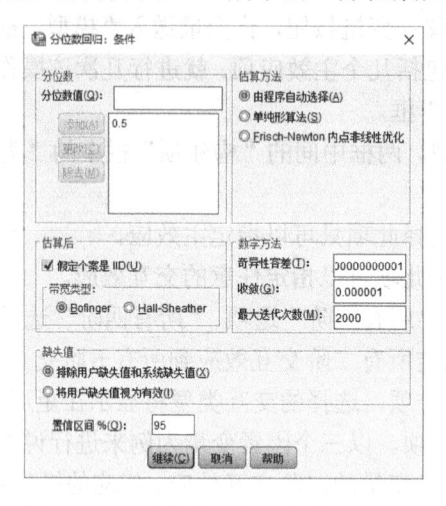

图1-36 "分位数回归：条件"对话框

①"分位数"框提供了指定分位数选项。

在"分位数值"框中，至少需要输入一个介于[0,1]的数值。允许输入多个数值，各数值间用空格分隔，所有数值必须是唯一的，不能存在重复数值，系统默认值为0.5。

指定后，单击下面的"添加"按钮，可将指定的观测添加到"分位数值"框下面的框中。如输入的数值有误，选中该数值后单击"更改"按钮可进行更改，或者单击"除去"按钮删除该数值。

②"估算方法"栏提供了指定模型估计方法选项。

- "由程序自动选择"单选按钮：选择此项过程将自动选择相应的估计方法。系统默认选择此项。
- "单纯形算法"单选按钮：选择此项将调用Barrodale和Roberts开发的单纯算法。
- "Frisch-Newton内点非线性优化"单选按钮：选择此项将调用Frisch-Newton内点非线性优化算法。

③"估算后"栏提供了如下选项。

- "假定个案是IID"复选框：勾选此复选框，将假设误差项是独立且均匀分布的。如果不勾选此复选框，那么大型模型的计算时间可能显著增长。系统默认勾选此复选框。
- "带宽类型"栏用于确定用来估计参数估计的方差-协方差矩阵的带宽方法。
    - "Bofinger"单选按钮。系统默认选择此项。
    - "Hall-Sheather"单选按钮。

④"数字方法"栏提供了如下选项。

- "奇异性容差"框。在该框中指定Frish-Newton内点非线性化算法中矩阵运算的容差值。指定的值必须是介于$0 \sim 10^{-3}$的单精度值、双精度值，系统默认值为$10^{-12}$。

- "收敛"框。该框用于指定数值计算方法的收敛标准。指定的值必须是介于 $0 \sim 10^{-3}$ 的单精度值、双精度值，系统默认值为 $10^{-6}$。
- "最大迭代次数"框。该框用于指定最大迭代次数。指定的值必须是一个正整数。系统默认值为 2000。

⑤ "缺失值"栏用于确定处理缺失值的方法，包含如下选项。
- "排除用户缺失值和系统缺失值"单选按钮：选择此单选按钮，将同时排除用户缺失值和系统缺失值。
- "将用户缺失值视为有效"单选按钮：选择此单选按钮，将把用户缺失值视为有效值。

⑥ "置信区间"框用于指定显著性水平。框中输入的值必须介于 0~100。系统默认值为 95。

单击"继续"按钮，返回"分位数回归"对话框。

（5）单击"显示"按钮，打开如图 1-37 所示的"分位数回归：显示"对话框。在此对话框中可进行输出、绘图、制表相关设置。

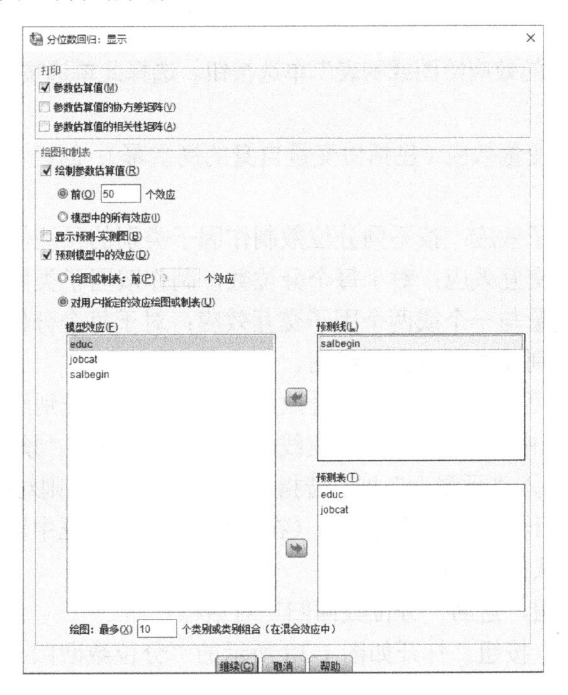

图 1-37 "分位数回归：显示"对话框

① "打印"栏包含如下选项。
- "参数估算值"复选框：勾选此复选框，将输出参数估计值、相应的检验统计量值、置信区间。除了显示原始参数估计值，还可以选择显示取幂参数估计值。
- "参数估算值的协方差矩阵"复选框：勾选此复选框，将输出估计参数协方差矩阵。
- "参数估算值的相关性矩阵"复选框：勾选此复选框将，输出估计参数相关系数矩阵。

② "绘图和制表"栏包含如下选项
- "绘制参数估算值"复选框：勾选此复选框，可选择绘制特定数量的主效应或模型中所有效应的参数估计图、表。

■ "前□个效应"单选按钮：选择此单选按钮，并在框中设置混合效应中类别或类别组合的数量，将绘制一个协变量和一个或多个因子的交互效应图。该值必须是一个正整数，系统默认值为50。

**注意**：当指定的整数值大于类别或组合数量时，将对所有效应创建预测图。此选项只在"分位数回归：条件"对话框中的"分位数值"框中指定多个值时有效。

■ "模型中的所有效应"单选按钮：选择此单选按钮，将对模型中的所有效应创建预测图。

● "显示预测-实测图"复选框：勾选此复选框，将单独创建包含分位数点（用不同颜色的点表示不同的分位数）的预测值与实测值的图。

● "预测模型中的效应"复选框：勾选此复选框还需在如下选项中做出选择。

■ "绘图或制表：前□个效应"单选按钮：选择此单选按钮，并在框中指定将创建其预测图或预测表的前几个效应的数量。系统默认值为3。

**注意**：当指定的整数值大于模型中的有效效应数量时，将针对所有效应创建预测图或预测表。

■ "对用户指定的效应绘图或制表"单选按钮。选择此单选按钮时，其有效效应准则如下。

◆ 有一个协变量效应（包括协变量自身的高次幂）：创建包含不同分位数预测的单线图。

◆ 有一个因子效应：按不同分位数制作因子类别的预测值表。

◆ 有双因子交互效应：对于每个分位数，制作双因子类别的预测值表。

◆ 一个协变量与一个或两个因子交互效应：对于每个分位数，创建交互效应中的每个类别或类别组合的线图。

◆ 组合最大可绘图的数量受混合效应中指定类别或类别组合绘图数值控制。

从"模型效应"框中，选择需要做预测线的效应，将其移入"预测线"框；选择需要做预测表的效应，将其移入"预测表"框。若指定的效应是常量，则对绘图、制表无效。

在"绘图：最多□个类别或类别组合（在混合效应中）"框中输入要绘图的类别组合的最大数量。系统默认值为10。

单击"继续"按钮，返回"分位数回归"对话框。

（6）单击"保存"按钮，打开如图1-38所示的"分位数回归：保存"对话框，选择保存模型预测值的选项。

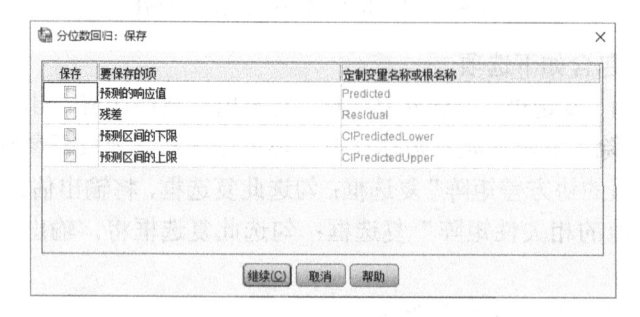

图1-38 "分位数回归：保存"对话框

对于需要保存的项，勾选对应的"保存"列中的复选框。

# 第1章 对数线性模型及其他回归分析

"要保存的项"列有 4 个可供选择的项。
- "预测的响应值"项。选择本项,将保存预测目标的预测值。
- "残差"项。选择本项,将保存预测值的残差。
- "预测区间的下限"项。选择本项,将保存预测区间下限的预测值。
- "预测区间的上限"项。选择本项,将保存预测区间上限的预测值。

在"定制变量名称或根名称"列中,可以对每个保存项指定一个变量名。如果指定根名,那么它必须是有效的变量名。当在"分位数回归:条件"对话框中的"分位数值"框中指定了多个值时,将使用一个根名,后跟一个下画线"_"和一个有意义的分位数后缀。

单击"继续"按钮,返回"分位数回归"对话框。

(7) 单击"导出"按钮,打开如图 1-39 所示的"分位数回归:导出"对话框。在本对话框中可以指定要导出的统计量、统计量导出方式(外部数据文件或数据集),并且可以设置在处理期间如何处理数据(正常处理或者在处理时保存在外部临时文件中)。

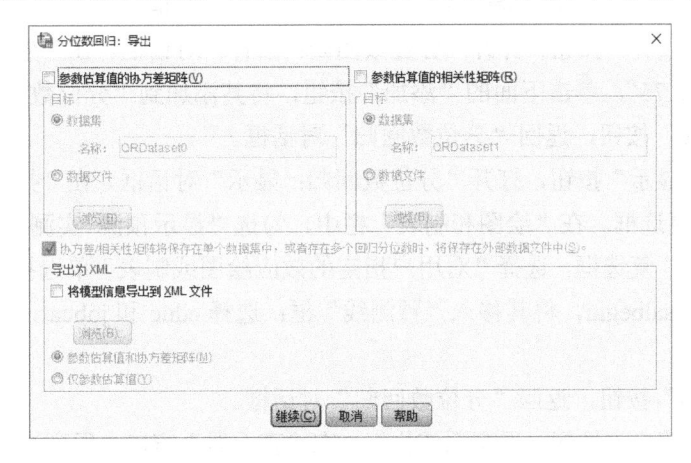

图 1-39 "分位数回归:导出"对话框

① "参数估算值的协方差矩阵"复选框:勾选此复选框后,选择下面"目标"框中的"数据集"单选按钮或"数据文件"单选按钮,指定将参数估计的协方差矩阵写入先前声明的数据集或外部数据文件。

② "参数估算值的相关性矩阵"复选框:勾选此复选框后,选择下面"目标"框中的"数据集"单选按钮或"数据文件"单选按钮,指定将参数估计的相关系数矩阵写入先前声明的数据集或外部数据文件。

③ "协方差/相关性矩阵将保存在单个数据集,或者存在多个回归百分位数时,将保存在外部数据文件中"复选框:在选择上述①、②两个选项之一时,该选项被激活,且系统默认勾选。只有在"分位数回归:条件"对话框中的"分位数值"框中指定了多个值时,本选项才有效。如果勾选本复选框,协方差矩阵或相关系数矩阵将保存在多个外部数据文件或数据集中。如果不勾选本复选框,协方差矩阵或相关系数矩阵将保存在单个外部数据文件或数据集中。

④ "导出为 XML"栏用于选择将模型信息导出到指定.xml 文件。
- "将模型信息导出到 XML 文件"复选框:勾选此复选框后,可选择"参数估算值和协方差矩阵"单选按钮,或"仅参数估算值"单选按钮。系统默认选择"参数估算值和协方差矩阵"单选按钮。

单击"继续"按钮,返回"分位数回归"对话框。

(8)单击"确定"按钮,提交系统执行,在"查看器"窗口中得到运算结果。

### 1.5.3 分位数回归分析实例

【例7】 使用数据文件data1-06中的数据,对雇员的salary(当前工资)条件分位数(下四分位数、中位数、上四分位数)与educ(受教育年限)、jobcat(职务等级)、salbegin(起始工资)等解释变量间的关系建立分位数回归模型,进行统计推断。

操作步骤如下。

(1)在"数据视图"标签页中建立或打开一个数据文件,按"分析→回归→分位数"顺序单击,打开"分位数回归"对话框。

(2)从原始变量列表中选择salary,将其移入"目标变量"框;选择educ、jobcat,将其移入"因子"框;选择salbegin,将其移入"协变量"框。

(3)单击"条件"按钮,打开"分位数回归:条件"对话框。在"分位数值"框中输入"0.25"和"0.75",单击下面的"添加"按钮,将其添加到"分位数值"框下的框中。

单击"继续"按钮,返回"分位数回归"对话框。

(4)单击"显示"按钮,打开"分位数回归:显示"对话框。在"打印"栏中,勾选"参数估算值"复选框。在"绘图和制表"栏中,勾选"显示预测-实测图"复选框、"预测模型中的效应"复选框,选择"对用户指定的效应绘图或制表"单选按钮。从"模型效应"框中,选择salbegin,将其移入"预测线"框;选择educ和jobcat,将其移入"预测表"框。

单击"继续"按钮,返回"分位数回归"对话框。

(5)单击"确定"按钮,提交系统执行,在"查看器"窗口中得到如表1-58~表1-64和图1-40~图1-42所示的运算输出结果。

(6)结果分析。

表1-58显示了25%、50%、75%三个分位数上模型质量统计量伪$R^2$及平均绝对误差的值。一般而言,伪$R^2$值越大越好。

表1-58 模型质量

模型质量[a,b,c]

| | q=0.25 | q=0.5 | q=0.75 |
|---|---|---|---|
| 伪R方 | .509 | .572 | .659 |
| 平均绝对误差(MAE) | 5390.2910 | 4585.8826 | 5723.7675 |

a. 因变量:当前工资
b. 模型:(截距),起始工资,受教育程度(年),职务分类
c. 方法:单纯形算法

表1-59显示了三个预测变量对应于25%、50%、75%三个分位数上的参数估计,给出了预测模型中截距及各自变量对应的系数。

对于每个分位数的参数估计,表1-60~表1-62更详细地给出了模型中各个系数等于0的假设检验结果和置信区间。它们对表1-59进行了进一步说明。

### 表 1-59 三个不同分位数的参数估计

参数估计与不同的分位数[a,b]

| 参数 | q=0.25 | q=0.5 | q=0.75 |
|---|---|---|---|
| (截距) | 22001.279 | 15000.000 | 19259.368 |
| 起始工资 | 1.147 | 1.333 | 1.220 |
| [受教育程度(年)=8] | -7047.059 | -2120.000 | 3560.012 |
| [受教育程度(年)=12] | -5101.023 | 180.000 | 6011.124 |
| [受教育程度(年)=14] | -2050.895 | 880.000 | 12090.398 |
| [受教育程度(年)=15] | -3871.100 | 1880.000 | 9578.162 |
| [受教育程度(年)=16] | -2260.742 | 4430.000 | 12120.023 |
| [受教育程度(年)=17] | 1729.028 | 6930.000 | 20573.770 |
| [受教育程度(年)=18] | 389.514 | 9805.000 | 22283.665 |
| [受教育程度(年)=19] | 889.258 | 8555.000 | 18185.012 |
| [受教育程度(年)=20] | -1460.230 | 4375.000 | 3523.126 |
| [受教育程度(年)=21] | 0[c] | 0[c] | 0[c] |
| [职务分类=1] | -9249.872 | -7730.000 | -13675.644 |
| [职务分类=2] | -3759.719 | -3130.000 | -10080.445 |
| [职务分类=3] | 0[c] | 0[c] | 0[c] |

a. 因变量: 当前工资
b. 模型: (截距), 起始工资, 受教育程度(年), 职务分类
c. 设置为 0, 因为此参数冗余。

### 表 1-60 25%分位数的假设检验及置信区间

参数估计[a,b]

| 参数 | 系数 | 标准误差 | t | 自由度 | 显著性 | 95% 置信区间 下限 | 上限 |
|---|---|---|---|---|---|---|---|
| (截距) | 22001.279 | 4998.6704 | 4.401 | 461 | .000 | 12178.276 | 31824.282 |
| 起始工资 | 1.147 | .0497 | 23.069 | 461 | .000 | 1.049 | 1.244 |
| [受教育程度(年)=8] | -7047.059 | 4843.2760 | -1.455 | 461 | .146 | -16564.693 | 2470.575 |
| [受教育程度(年)=12] | -5101.023 | 4802.7106 | -1.062 | 461 | .289 | -14538.941 | 4336.895 |
| [受教育程度(年)=14] | -2050.895 | 5135.2900 | -.399 | 461 | .690 | -12142.373 | 8040.582 |
| [受教育程度(年)=15] | -3871.100 | 4788.7816 | -.808 | 461 | .419 | -13281.645 | 5539.446 |
| [受教育程度(年)=16] | -2260.742 | 4726.3681 | -.478 | 461 | .633 | -11548.637 | 7027.154 |
| [受教育程度(年)=17] | 1729.028 | 4867.4444 | .355 | 461 | .723 | -7836.100 | 11294.156 |
| [受教育程度(年)=18] | 389.514 | 4896.0492 | .080 | 461 | .937 | -9231.826 | 10010.854 |
| [受教育程度(年)=19] | 889.258 | 4724.8674 | .188 | 461 | .851 | -8395.688 | 10174.205 |
| [受教育程度(年)=20] | -1460.230 | 5680.8908 | -.257 | 461 | .797 | -12623.881 | 9703.420 |
| [受教育程度(年)=21] | 0[c] | | | | | | |
| [职务分类=1] | -9249.872 | 1064.9583 | -8.686 | 461 | .000 | -11342.646 | -7157.098 |
| [职务分类=2] | -3759.719 | 1404.2118 | -2.677 | 461 | .008 | -6519.168 | -1000.270 |
| [职务分类=3] | 0[c] | | | | | | |

a. 因变量: 当前工资
b. 模型: (截距), 起始工资, 受教育程度(年), 职务分类
c. 设置为 0, 因为此参数冗余。

### 表 1-61 50%分位数的假设检验及置信区间

参数估计[a,b]

| 参数 | 系数 | 标准误差 | t | 自由度 | 显著性 | 95% 置信区间 下限 | 上限 |
|---|---|---|---|---|---|---|---|
| (截距) | 15000.000 | 5848.1675 | 2.565 | 461 | .011 | 3507.650 | 26492.350 |
| 起始工资 | 1.333 | .0582 | 22.928 | 461 | .000 | 1.219 | 1.448 |
| [受教育程度(年)=8] | -2120.000 | 5666.3550 | -.374 | 461 | .708 | -13255.086 | 9015.086 |
| [受教育程度(年)=12] | 180.000 | 5618.8958 | .032 | 461 | .974 | -10861.823 | 11221.823 |
| [受教育程度(年)=14] | 880.000 | 6007.9945 | .146 | 461 | .884 | -10926.450 | 12686.450 |
| [受教育程度(年)=15] | 1880.000 | 5602.5996 | .336 | 461 | .737 | -9129.798 | 12889.798 |
| [受教育程度(年)=16] | 4430.000 | 5529.5795 | .801 | 461 | .423 | -6436.305 | 15296.305 |
| [受教育程度(年)=17] | 6930.000 | 5694.6305 | 1.217 | 461 | .224 | -4260.651 | 18120.651 |
| [受教育程度(年)=18] | 9805.000 | 5728.0966 | 1.712 | 461 | .088 | -1451.416 | 21061.416 |
| [受教育程度(年)=19] | 8555.000 | 5527.8237 | 1.548 | 461 | .122 | -2307.855 | 19417.855 |
| [受教育程度(年)=20] | 4375.000 | 6646.3162 | .658 | 461 | .511 | -8685.830 | 17435.830 |
| [受教育程度(年)=21] | 0[c] | | | | | | |
| [职务分类=1] | -7730.000 | 1245.9401 | -6.204 | 461 | .000 | -10178.426 | -5281.574 |
| [职务分类=2] | -3130.000 | 1642.8472 | -1.905 | 461 | .057 | -6358.397 | 98.397 |
| [职务分类=3] | 0[c] | | | | | | |

a. 因变量: 当前工资
b. 模型: (截距), 起始工资, 受教育程度(年), 职务分类
c. 设置为 0, 因为此参数冗余。

### 表 1-62 75%分位数的假设检验及置信区间

参数估计[a,b]

| 参数 | 系数 | 标准误差 | t | 自由度 | 显著性 | 95% 置信区间 下限 | 上限 |
|---|---|---|---|---|---|---|---|
| (截距) | 19259.368 | 8131.7656 | 2.368 | 461 | .018 | 3279.446 | 35239.289 |
| 起始工资 | 1.220 | .0809 | 15.085 | 461 | .000 | 1.061 | 1.379 |
| [受教育程度(年)=8] | 3560.012 | 7878.9722 | .452 | 461 | .652 | -11923.140 | 19043.163 |
| [受教育程度(年)=12] | 6011.124 | 7812.9810 | .769 | 461 | .442 | -9342.346 | 21364.595 |
| [受教育程度(年)=14] | 12090.398 | 8354.0163 | 1.447 | 461 | .149 | -4326.273 | 28507.070 |
| [受教育程度(年)=15] | 9578.162 | 7790.3214 | 1.229 | 461 | .220 | -5730.780 | 24887.103 |
| [受教育程度(年)=16] | 12120.023 | 7688.7882 | 1.576 | 461 | .116 | -2989.393 | 27229.440 |
| [受教育程度(年)=17] | 20573.770 | 7918.2890 | 2.598 | 461 | .010 | 5013.357 | 36134.184 |
| [受教育程度(年)=18] | 22283.665 | 7964.8229 | 2.798 | 461 | .005 | 6631.807 | 37935.523 |
| [受教育程度(年)=19] | 18185.012 | 7714.3535 | 2.366 | 461 | .018 | 3080.393 | 33289.630 |
| [受教育程度(年)=20] | 3523.126 | 9241.5920 | .381 | 461 | .703 | -14637.741 | 21683.994 |
| [受教育程度(年)=21] | 0[c] | | | | | | |
| [职务分类=1] | -13875.644 | 1732.4590 | -7.894 | 461 | .000 | -17080.139 | -10271.149 |
| [职务分类=2] | -10080.445 | 2284.3516 | -4.413 | 461 | .000 | -14569.477 | -5591.413 |
| [职务分类=3] | 0[c] | | | | | | |

a. 因变量: 当前工资
b. 模型: (截距), 起始工资, 受教育程度(年), 职务分类
c. 设置为 0, 因为此参数冗余。

表 1-63 是用模型预测的各分位数对应的当前工资预测值。

当前工资的预测值=对应分位数的截距+对应分位数的起始工资的系数×起始工资+对应分位数的受教育程度

式中，对应分位数的受教育程度=给定受教育程度的系数+对应分位数的职务分类值的系数。

例如，当受教育程度为 8 年时，职务分类值为 1，25%分位的当前工资的预测值可以用下述预测模型来预测：

当前工资的预测值=22001.279+1.147×起始工资−7047.059−9249.872

注：22001.279 是表 1-59 中分位数 25%对应的截距值。根据表 1-63 下的脚注可知起始工资为 17016.09。−7047.0589 是表 1-59 中分位数 25%对应的受教育程度为 8 年时的系数。−9249.872 是表 1-59 中分位数 25%对应的职务分类为 1 时的系数。

表 1-64 所示为不同职务在各分位数上对当前工资的预测值。读者可参考表 1-63 的说明自行验算。

表 1-63 不同受教育程度在各分位数上对当前工资的预测值

预测表 a,b,c

| 受教育程度(年) | q=0.25 | q=0.5 | q=0.75 |
|---|---|---|---|
| 8 | 25215.547 | 27838.115 | 29899.110 |
| 12 | 27161.583 | 30138.115 | 32350.223 |
| 14 | 30211.710 | 30838.115 | 38429.497 |
| 15 | 28391.506 | 31838.115 | 35917.260 |
| 16 | 30001.864 | 34388.115 | 38459.122 |
| 17 | 33991.634 | 36888.115 | 46912.869 |
| 18 | 32652.120 | 39763.115 | 48622.764 |
| 19 | 33151.864 | 38513.115 | 44524.110 |
| 20 | 30802.375 | 34333.115 | 29862.225 |
| 21 | 32262.606 | 29958.115 | 26339.098 |

a. 因变量：当前工资
b. 模型：（截距），起始工资，受教育程度(年)，职务分类
c. 按下列值对模型的预测变量进行求值：职务分类=办事员，起始工资=$17,016.09

表 1-64 不同职务在各分位数上对当前工资的预测值

预测表 a,b,c

| 职务分类 | q=0.25 | q=0.5 | q=0.75 |
|---|---|---|---|
| 办事员 | 27161.583 | 30138.115 | 32350.223 |
| 保管员 | 32651.736 | 34738.115 | 35945.422 |
| 经理 | 36411.455 | 37868.115 | 46025.867 |

a. 因变量：当前工资
b. 模型：（截距），起始工资，受教育程度(年)，职务分类
c. 按下列值对模型的预测变量进行求值：受教育程度(年)=12，起始工资=$17,016.09

在存在多个分位数的情况下，可以创建估计参数图（见图 1-40）。将分位数回归模型与用相同预测因子拟合的普通线性回归模型进行比较。请注意，由线性回归估计的系数在不同的分位数下保持相同，通常这在分位数回归中是不正确的。估计的置信区间也被叠加到图表上进行比较。在一般情况下，对协变量绘制预测线，对因素变量创建预测表（见图 1-41）。

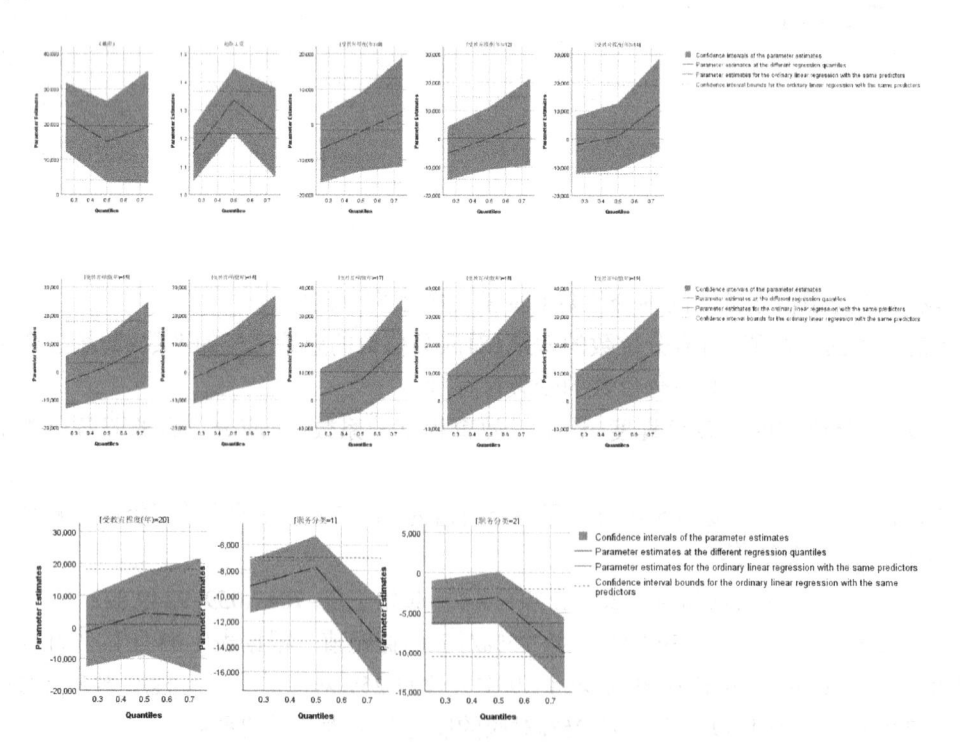

图 1-40 三个预测变量分别的估计参数图

图 1-42 所示为三个分位数的预测值与实测值叠加图，通过该图可以比较不同分位数

的预测值和观测值。由于分位数预测不易受极端值影响，所以其比一般线性预测的视觉效果更佳。

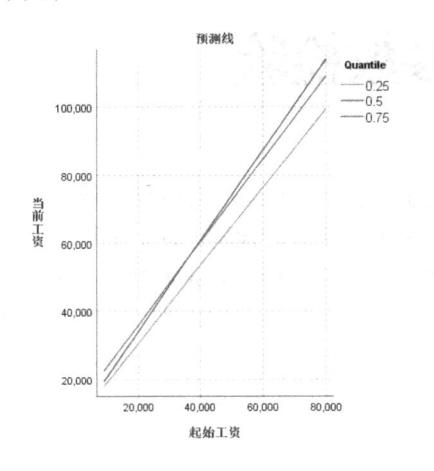

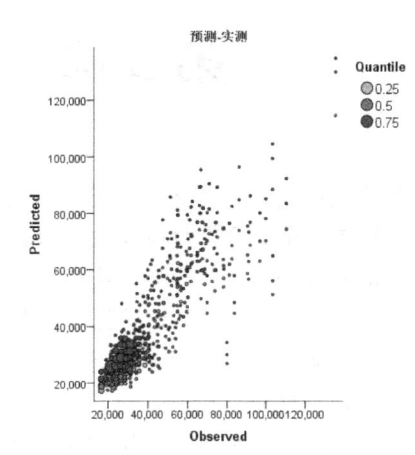

图 1-41　由起始工资预测当前工资　　图 1-42　三个分位数的预测值与实测值叠加图

# 习　题　1

数据文件 data1-07 中是 R.Norell 进行的一项用电流刺激农场动物的试验数据，其目的是求得一成牲畜对高压电流有反应的临界值。在对新农场进行选址时，要求高压线的辐射电流低于临界值，若辐射电流超过临界值，则需要重新选址。试求辐射电流临界值。

# 第2章 非参数检验

检验问题可划分为两大类：若已知总体分布的具体函数形式，其中只有若干个参数未知，则称这种检验问题为参数检验问题；否则，称之为非参数检验问题。平均值比较假设检验大都要求知道总体分布，且检验与总体参数有关，这类检验就是参数假设检验。在实际问题中，人们常常在不知道总体分布的类型，或者知之甚少的情况下，需要根据样本提供的信息对假设的总体分布进行检验，而且在遇到多维随机变量时，需要对随机变量间是否具有独立性进行检验，这种和数据本身的总体分布无关的假设检验称为非参数假设检验。本章将介绍 SPSS 中用到的一些非参数假设检验方法。

非参数检验过程从"分析"下拉菜单中的"非参数检验"菜单项调用。单击"分析"菜单，使鼠标指针指向"非参数检验"选项，显示如图 2-1 所示的子菜单，包括"单样本"菜单项、"独立样本"菜单项、"相关样本"菜单项和"旧对话框"菜单项。本章中提到的"新版"是针对"旧对话框"菜单项中的界面而言的，不是指 SPSS 版本的新旧。单击"旧对话框"菜单项，弹出先前 SPSS 版本的非参数检验中用到的各种检验过程，如图 2-2 所示，它们分别是"卡方"菜单项、"二项"菜单项、"游程"菜单项、"单样本 K-S"菜单项、"2 个独立样本"菜单项、"K 个独立样本"菜单项、"2 个相关样本"菜单项、"K 个相关样本"菜单项对应的检验过程。

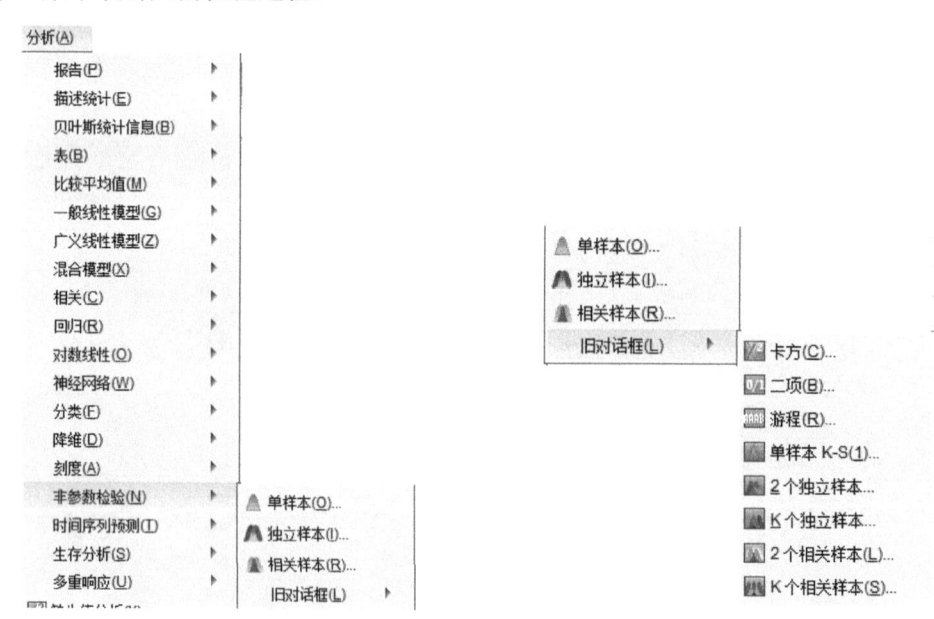

图 2-1 各种非参数检验　　　　图 2-2 "旧对话框"菜单项下的各种非参数检验

在上述 8 种非参数检验方法中，前 4 种方法通常用来进行分布的拟合优度检验，即检验样本所在总体是否服从某个已知的理论分布；后 4 种方法通常用来进行分布位置检验，即检验样本所在总体的分布位置或形状是否相同。

新版对旧版的检验过程进一步进行了分类，将旧版中的前 4 项，即"卡方"菜单项、"二项"菜单项、"游程"菜单项、"单样本 K-S"菜单项对应的检验过程和威尔科克森秩和检验过程合并成"单样本"菜单项对应的单样本检验过程，将"2 个独立样本"菜单项和"K 个独立样本"菜单项对应的检验过程合并为独立样本检验过程，将"2 个相关样本"菜单项和"K 个相关样本"菜单项对应的检验过程合并为相关样本检验过程，分类更加明确。为兼顾各类读者的习惯，本章在介绍旧版的检验过程的同时，将在 2.9 节对新版非参数假设检验的界面及其使用方法进行介绍。

## 2.1 卡方检验

### 2.1.1 卡方检验的基本概念

在《SPSS 统计分析（第 6 版）（经典版）》中介绍的检验方法大多先假设总体服从正态分布，然后对其平均值或方差进行差异显著性检验，事实上某个随机变量是否服从某种特定的分布是需要进行检验的。根据以往的经验或实际观测数据的分布情况，可以推测总体可能服从某种分布函数 $F(x)$，再利用这些样本数据，具体检验该总体的分布函数是否就是 $F(x)$。卡方检验（Chi-Square Test）就是这样一种用来检验在给定概率值下数据来自同一总体的零假设的方法。通常情况下，卡方检验可以用来对分类变量是二项分布或多项分布的总体进行分布的一致性检验。

在卡方分布的一致性检验中，零假设为 $A_i$ 所占比例为 $p_i = p_{i0}$（$i=1,2,\cdots,r$），其中，$A_i$ 表示第 $i$ 类。

检验统计量为

$$\chi^2 = \sum_{i=1}^{r} \frac{(O_i - E_i)^2}{E_i}$$

式中，$O_i$ 表示在第 $i$ 类中观察到的样本实际出现的频数；$E_i$ 表示第 $i$ 类中的理论期望频数，$E_i = np_{i0}$，$n$ 为总的观测数，$p_{i0}$ 为第 $i$ 类的理论出现概率。

在零假设成立时，在第 $i$ 类中观察到的样本实际出现的频数 $O_i$（$O_i = n_i$）应非常接近理论期望频数 $E_i$（$E_i = np_{i0}$），上述统计量的渐近分布为 $\chi^2(r-1)$。在给定显著性水平 $\alpha$ 下，当 $\chi^2 \geq \chi^2_{1-\alpha}(r-1)$ 或 $P < 0.05$ 时，拒绝零假设。

卡方检验适用于数值型有序或名义测量的分类变量。如果是字符串型变量，要先使用"转换"菜单中的自动重新编码过程将其转换成数值型变量。类别一般用整数表示。

在卡方检验过程中，假设数据来自随机样本。每个类别的期望频数不小于 1，且期望频数小于 5 的类别数不能超过总类别数的 20%。

### 2.1.2 卡方检验过程

（1）按"分析→非参数检验→旧对话框→卡方"顺序单击，打开"卡方检验"对话框，如图 2-3 所示。

（2）从左侧原始变量列表中选择一个或多个需要进行检验的变量，单击向右移动变量按钮，将变量移到"检验变量列表"框中。

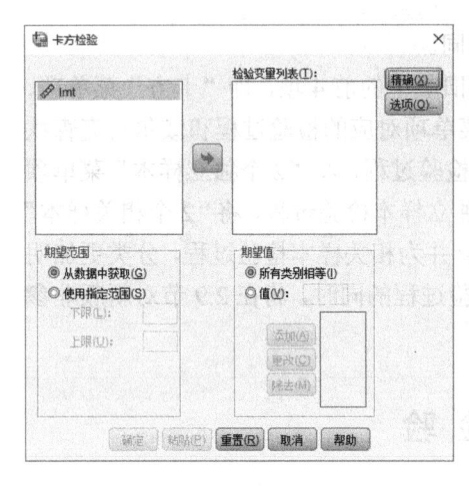

图 2-3 "卡方检验"对话框

(3) 在"期望范围"栏内确定检验值的范围。在默认情况下,变量的各个不同的值被当作分类值。

① "从数据中获取"单选按钮:选择此项将采用数据中的最小值和最大值确定的范围。系统默认选择此项。

② "使用指定范围"单选按钮:选择此项可指定检验范围,只检验数据中一个子集的值,在"下限"框和"上限"框中分别输入检验范围的下限和上限。输入的数值应为整数。数值超过该指定范围的观测不参与分析。

(4) 在"期望值"栏中指定期望值。

① "所有类别相等"单选按钮:选择此项将检验所有组对应的期望值是否相同,这意味着检验的是总体是否服从均匀分布。系统默认选择此项。

② "值"单选按钮:选择此项将检验总体是否服从某个给定分布。选择此项后要在右边的框中输入各组对应的由给定分布计算得到的期望值的百分比。该框中的数值必须大于 0,并应同原分类次序相同的升序顺序保持一致。这一点非常重要。

每输入一个值后单击"添加"按钮,该数值将被添加到右边的框中,直到输完所有的期望值为止。如果输入了错误数值,就选中该数值,单击"除去"按钮,删除该数值;或者单击"更改"按钮,将该数值修改为正确数值。

(5) 单击"选项"按钮,打开"卡方检验:选项"对话框,如图 2-4 所示。

① 在"统计"栏中选择要输出的统计量。

- "描述"复选框:勾选此复选框将输出变量的平均值、标准差、最大值、最小值、非缺失观测数。
- "四分位数"复选框:勾选此复选框将输出四分位数。

② "缺失值"栏用于设置缺失值的处理方式。

- "按检验排除个案"单选按钮:选择此项将剔除参与对比的缺失值。
- "成列排除个案"单选按钮:选择此项将剔除任何变量中含有缺失值的观测。

单击"继续"按钮,返回"卡方检验"对话框。

(6) 单击"精确"按钮,打开"精确检验"对话框,如图 2-5 所示。

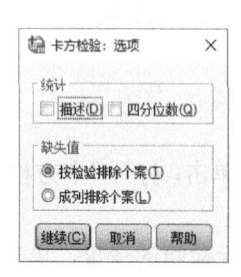

图 2-4 "卡方检验:选项"对话框

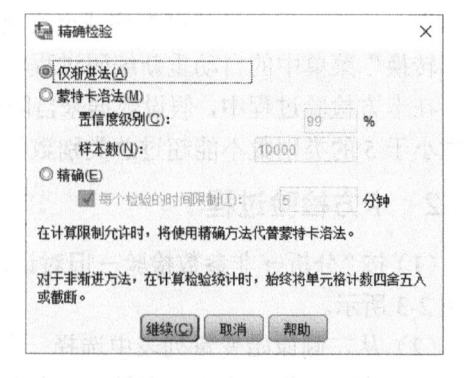

图 2-5 "精确检验"对话框

该对话框提供了 Fisher 精确法和蒙特卡洛法，当数据不满足标准渐近法必需的基本假设条件时，通过这两种方法可获得精确结果。在如图 2-5 所示的对话框中有如下 3 个选项。

① "仅渐进法"单选按钮。系统默认选择此项，选择此项将使用标准渐近法。该方法的使用条件为大样本且各类的期望频数大于 5。

② "蒙特卡洛法"单选按钮。选择此项将使用蒙特卡洛法，此方法与 Fisher 精确法都适用于数据集很小（如样本含量小于 30），表格稀疏或不平衡，或者样本含量小于 50 且出现小于 5 的期望频数的情况。选择此项后需在"置信度级别"框中输入置信水平，并在"样本数"框中指定观测数。若想复制结果，每次使用此法时都要设置随机数种子。与 Fisher 精确法相比，蒙特卡洛法能更快得到结果。

③ "精确"单选按钮。选择此项后将使用 Fisher 精确法，使用条件与蒙特卡洛法相同。选择本项后需在"每个检验的时间限制"框中输入最大限制时间。如果检验计算时间超过 30 分钟，建议使用蒙特卡洛法。如果发现没有足够的内存空间，应先关闭其他正在运行的应用软件，为计算提供内存。如果还不能获得精确结果，应改用蒙特卡洛法。

单击"继续"按钮，返回"卡方检验"对话框。

（7）单击"确定"按钮，系统立即执行命令；或者单击"粘贴"按钮，在语法窗口中生成卡方检验命令程序，单击"运行"按钮，系统执行命令。

### 2.1.3 卡方检验分析实例

**【例 1】** 掷一个六面体 300 次，观测结果如表 2-1 所示，设变量名称为 lmt，用数值型数据 1、2、3、4、5、6 分别代表六面体各面对应的 6 个点，试问这个六面体是否均匀。

表 2-1 掷一个六面体 300 次试验观测结果

| 点数 | 1 | 2 | 3 | 4 | 5 | 6 |
| --- | --- | --- | --- | --- | --- | --- |
| 频数 | 43 | 49 | 56 | 45 | 66 | 41 |

（1）数据录入有两种方式，分别参见数据文件 data2-01 和 data2-01a。数据文件 data2-01 采用的是直接录入原始数据的方式，只有一个变量，在以下操作中可直接使用，但数据录入量较大。因此，建议使用数据文件 data2-01a 采用的方式录入数据资料，即在进行下述操作方法前先用"数据"菜单中的个案加权过程将 Frequency 定义为频数变量，对变量 lmt 进行加权处理。在本章的以后各例中，简称为"加权处理"。经加权处理后的变量与数据文件 data2-01 方式录入的同名变量在后续统计分析过程中是等价的。

（2）操作方法。

① 读取数据文件 data2-01a。

② 按"分析→非参数检验→旧对话框→卡方"顺序单击，打开"卡方检验"对话框。

③ 将 lmt 变量送入"检验变量列表"框。

④ 由于这是一个均匀分布检验，因此直接使用系统默认设置，单击"确定"按钮，执行运算。

（3）输出结果如表 2-2 所示。

**说明：** 在本例中，零假设为"这个六面体是均匀的"。表 2-2 左表的第二列为实际的各点数观测频数；第三列为在零假设成立的条件下，理论上各点数应出现的期望频数；第四列为观测频数与理论频数的差值。表 2-2 右表由上到下依次显示的是统计检验的卡方值、自由度和零假设成立的显著性水平概率值,该表脚注说明期望频数小于 5 的单元格有 0 个,最小的期望单元格频数为 50。因 $p=0.111$,故在这个检验中,即使在显著性为 0.10 时,现有证据不足以拒绝这个六面体是均匀的零假设。

表2-2 六面体均匀性卡方检验结果

| 六面体各面点数 | 实测个案数 | 期望个案数 | 残差 |
|---|---|---|---|
| 1 | 43 | 50.0 | -7.0 |
| 2 | 49 | 50.0 | -1.0 |
| 3 | 56 | 50.0 | 6.0 |
| 4 | 45 | 50.0 | -5.0 |
| 5 | 66 | 50.0 | 16.0 |
| 6 | 41 | 50.0 | -9.0 |
| 总计 | 300 | | |

| 检验统计 | 六面体各面点数 |
|---|---|
| 卡方 | 8.960[a] |
| 自由度 | 5 |
| 渐近显著性 | .111 |

a. 0 个单元格 (0.0%) 的期望频率低于 5。期望的最低单元格频率为 50.0。

【例2】 已知 100 名健康成年女子血清蛋白含量,如表 2-3 所示,检验它是否服从平均值为 7.36,标准差为 0.395 的正态分布。如果血清蛋白含量变量服从正态分布,就可以用现有样本的平均值及标准差作为其隶属总体的平均值及标准差的无偏估计。通过计算可得,表 2-3 各组的理论期望值的百分比分别为 6.37%、9.54%、15.67%、20.07%、19.44%、14.64%、8.62%、5.65%。

表2-3 100 名健康成年女子血清蛋白含量表

| 组限 | 6.60 | 6.80 | 7.00 | 7.20 | 7.40 | 7.60 | 7.80 | 8.00 |
|---|---|---|---|---|---|---|---|---|
| 组内频数 | 8 | 8 | 11 | 25 | 24 | 10 | 7 | 7 |

(1)采用两种数据录入方式录入的数据分别存放在数据文件 data2-02a 和数据文件 data2-02 中,对数据文件 data2-02a 中的 hb 变量仿照例 1 进行加权处理。

(2)操作方法。

① 读取数据文件 data2-02a 或数据文件 data2-02。

② 按"分析→非参数检验→旧对话框→卡方"顺序单击,打开"卡方检验"对话框。

③ 将 hb 变量送入"检验变量列表"框。

④ 在"期望值"栏中选择"值"单选按钮,并在"值"框中分别输入 6.37%、9.54%、15.67%、20.07%、19.44%、14.64%、8.62%和 5.65%。值得一提的是,如果输入的百分比总和超过 100%,系统将重新进行归一化处理,因此在"值"框中输入值时,可以省略百分比符号。换句话说,如果计算的是期望值而非期望值的百分比,可以直接按次序输入,对统计计算结果和分析没有影响。

⑤ 单击"选项"按钮,打开"卡方检验:选项"对话框,在"统计"栏内勾选"描述"复选框和"四分位数"复选框。单击"继续"按钮,返回"卡方检验"对话框。

⑥ 单击"确定"按钮,开始运算。

(3)输出结果如表 2-4 所示,其中描述统计给出了观测数、平均值、标准差、最小值、最大值、第 25 百分位数、第 50 百分位数和第 75 百分位数,剩余两张表的表头说明参见例 1 的输出结果。因 $p=0.49$,故在此检验中,即使在显著性水平为 0.10 时,也没有充分的证据可以拒绝血清蛋白含量服从平均值为 7.36,标准差为 0.395 的正态分布的零假设。

表 2-4 血清蛋白含量正态分布检验结果

描述统计

| | 个案数 | 平均值 | 标准偏差 | 最小值 | 最大值 | 百分位数 第25个 | 第50个（中位数） | 第75个 |
|---|---|---|---|---|---|---|---|---|
| 血清总蛋白 | 100 | 7.284 | .3687 | 6.6 | 8.0 | 7.000 | 7.200 | 7.400 |

检验统计

| | 血清总蛋白 |
|---|---|
| 卡方 | 6.436[a] |
| 自由度 | 7 |
| 渐近显著性 | .490 |

a. 0 个单元格 (0.0%) 的期望频率低于 5。期望的最低单元格频率为 5.7。

血清总蛋白

| | 实测个案数 | 期望个案数 | 残差 |
|---|---|---|---|
| 6.6 | 8 | 6.4 | 1.6 |
| 6.8 | 8 | 9.5 | -1.5 |
| 7.0 | 11 | 15.7 | -4.7 |
| 7.2 | 25 | 20.1 | 4.9 |
| 7.4 | 24 | 19.4 | 4.6 |
| 7.6 | 10 | 14.6 | -4.6 |
| 7.8 | 7 | 8.6 | -1.6 |
| 8.0 | 7 | 5.7 | 1.3 |
| 总计 | 100 | | |

## 2.2 二项分布检验

二项分布检验（Binomial Test）是一种用来检验在给定落入二项式中的第一项概率值的前提下，数据来自二项分布的零假设的方法。

### 2.2.1 二项分布检验的基本概念与操作

**1. 二项分布检验的基本概念**

若随机变量 $X$ 的分布如下：
$$P\{X=k\} = C_n^k p^k q^{n-k} \quad (k=0,1,2,\cdots,n) \quad (0<p<1, \ q=1-p)$$
则称 $X$ 服从二项分布，记为 $X \sim B(n,p)$。

在接受零假设 $p=p_0$ 时，双侧精确检验的概率为
$$2\left[\sum_{i=0}^{m}\binom{N}{i}p^{*i}(1-p^*)^{N-i}\right] - \binom{N}{m}p^{*m}(1-p^*)^{N-m}$$

式中，$N=n_1+n_2$，$n_1$ 为类别 1 观测值的数量，$n_2$ 为类别 2 观测值的数量；若 $m=n_1$，则 $p^*=p$，否则，$p^*=1-p$；$p$ 为检验的概率；$m=\min(n_1,n_2)$。

当 $p<\alpha$ 时，拒绝零假设。$\alpha$ 一般结合实际案例来取一个分析人员可以接受很小的值。

检验的变量应为数值型二分变量。若检验的变量是字符串型变量，则要先使用"转换"菜单中的自动重新编码过程将其转换成数值型变量。二分变量是只能取两个值的变量，一般用 0 和 1 表示。在数据集中遇到的第一个值定义第一个组，其他值定义第二个组。若变量不是二分变量，则必须指定分割点。利用分割点将小于或等于分割点的值的观测分到第一个组，并将其余观测分到第二个组。

在二项分布检验中假设数据来自随机样本。

**2. 基本操作**

（1）按"分析→非参数检验→旧对话框→二项"顺序单击，打开"二项检验"对话框，如图 2-6 所示。

（2）从原始变量列表中选择一个或多个需要进行检验的变量，送到"检验变量列表"框中。

（3）在"定义二分法"栏中定义二分值。该栏包含如下选项。

① "从数据中获取"单选按钮：适用于指定的变量只有两个有效值，为系统默认选项，无缺失值。

② "分割点"单选按钮：如果指定的变量的值超过两个，在"分割点"框中输入分界点值，比该值小的值形成第一个组，其余值构成第二个组。

（4）在"检验比例"框中输入检验概率值。

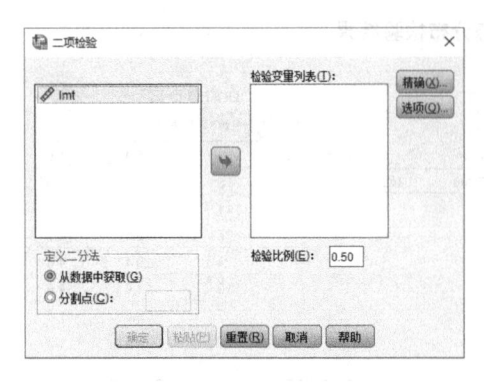

图 2-6　"二项检验"对话框

系统默认的检验概率值是 0.5，这意味着检验的二项是服从均匀分布的。如果落入每一项中的个体的期望概率不等，换言之，如果要检验的二项不是等概分布的，那么在"检验比例"框中输入与第一项对应的概率期望值。

（5）单击"精确"按钮及"选项"按钮，对应设置参见 2.1.2 节相关内容。

（6）单击"确定"按钮，执行命令；或者单击"粘贴"按钮，在语法窗口生成命令语句，单击"运行"按钮，执行命令。

### 2.2.2　二项分布检验分析实例

【例 3】　掷一枚在球类比赛中用的挑边器 31 次，出现 A 面、B 面向上的结果如表 2-5 所示。取变量名为 tbh，用数值型数据"1"代表"A 面向上"，用数值型数据"2"代表"B 面向上"，依次在数据文件中输入数据。现检验这枚挑边器是否均匀。

表 2-5　掷一枚在球类比赛中用的挑边器 31 次试验观测结果

| 次 | 1 | 2 | 3 | 4 | 5 | 6 | 7 | 8 | 9 | 10 | 11 | 12 | 13 | 14 | 15 | 16 |
|---|---|---|---|---|---|---|---|---|---|---|---|---|---|---|---|---|
| 面 | A | B | A | B | B | A | A | A | B | B | A | B | B | B | A | A |
| 次 | 17 | 18 | 19 | 20 | 21 | 22 | 23 | 24 | 25 | 26 | 27 | 28 | 29 | 30 | 31 | |
| 面 | B | A | B | A | B | A | B | A | B | A | B | A | B | A | B | |

（1）采用两种数据录入方式录入的数据分别存放在数据文件 data2-03a 和数据文件 data2-03 中，对数据文件 data2-03a 中的 tbh 变量仿照例 1 进行加权处理。

（2）操作方法。

① 读取数据文件 data2-03a 或数据文件 data2-03。

② 按"分析→非参数检验→旧对话框→二项"顺序单击，打开"二项检验"对话框。

③ 将 tbh 变量送入"检验变量列表"框。

④ 检验这枚挑边器是否均匀，是一个均匀分布检验，故直接使用系统默认值。

⑤ 单击"确定"按钮，提交系统运行。

（3）输出结果如表 2-6 所示。

本例的零假设为：挑边器服从第一项的概率值为 0.5 的二项分布。表 2-6 中第二列列出的是分类编码，第三列为观测频数，第四列为各类的观测概率，第五列为检验概率，最后一列是在零假设为真的前提下出现目前观测值及更极端值的概率。由于 $p=1.00$，即使在显著性水平为 0.10 时，也没有充分的证据可以拒绝枚挑边器是均匀的零假设。

**表 2-6　挑边器均匀性二项分布检验结果**

二项检验

| | | 类别 | 个案数 | 实测比例 | 检验比例 | 精确显著性（双尾） |
|---|---|---|---|---|---|---|
| 挑边器 | 组 1 | 1 | 15 | .48 | .50 | 1.000 |
| | 组 2 | 2 | 16 | .52 | | |
| | 总计 | | 31 | 1.00 | | |

## 2.3 游程检验

### 2.3.1 游程检验的基本概念

一个游程就是某序列中位于一种符号前或后的另一种符号持续的最大主序列，或者说一个游程是指某序列中同类元素的持续的最大主集。

例如，在掷硬币试验中正面向上的概率为 $P$，反面向上的概率为 $1-P$，用数字"0"记"正面向上"，用数字"1"记"反面向上"。多个 0 或多个 1 连续出现的概率很小，0 和 1 交替频繁地出现的概率很小。假如做掷硬币试验 30 次，得到如下试验记录：

000011100000110000011111100000

如果称连在一起的 0 或连在一起的 1 为一个游程，那么本例有 4 个 0 游程和 3 个 1 游程，共 7 个游程（$R=7$）。记 0 出现的次数为 $n$，记 1 出现的次数为 $m$，则总的试验次数 $N=n+m$。显然，出现 0 或 1 的次数的多少与概率 $P$ 有关，但在已知 $n$ 和 $m$ 时，游程数 $R$ 的条件分布与 $P$ 无关。

游程检验（Runs Test）就是根据游程数进行的二分变量的随机性检验。

游程检验的零假设为二分变量有随机性。在零假设成立的前提下，当样本容量很大，即 $m/n \to \gamma$ 时，有

$$Z = \frac{R - \frac{2m}{1+\gamma}}{\sqrt{\frac{4\gamma m}{(1+\gamma)^3}}} \to N(0,1)$$

在给定显著性水平 $\alpha$ 后，可用如下公式算得临界值

$$c_1 = \frac{2mn}{m+n}\left[1 + \frac{Z_{\frac{\alpha}{2}}}{\sqrt{m+n}}\right] \qquad c_2 = \frac{2mn}{m+n}\left[1 - \frac{Z_{\frac{\alpha}{2}}}{\sqrt{m+n}}\right]$$

当计算得到的统计量的 $p$ 值小于事先给定的显著性水平 $\alpha$ 时，拒绝零假设。$\alpha$ 一般结合实际案例来取一个分析人员可以接受的很小的值。

游程检验可以用来检验样本的随机性，这对于统计推断很重要；也可以用来检验任何序列的随机性，不管这个序列是怎样产生的；还可以用来判断两个总体的分布是否相同，从而检验它们的位置中心有无显著差异。

在具体的实际问题中，并不是所有数据对都是以 0 或 1 的二元形式来表现的。在遇到连续型的计量资料时，可先找出中位数，然后将所有原始数据与中位数比较，大于中位数的计为 1，小于中位数的计为 0，把计量资料变成一组 0、1 系列，然后用检验二分变

量随机性的方法进行检验。

如果样本来自的两个总体的分布形态存在较大差距,那么算出的游程数相对较小。游程数较大,说明两个样本数据充分混合,两个样本的分布应该不存在显著差异。

用于游程检验的变量必须是数值型变量。如果是字符串型变量,就要先使用"转换"菜单中的自动重新编码过程将其转换成数值型变量。此外,要求数据资料来自连续概率分布的样本。

### 2.3.2 游程检验过程

(1)按"分析→非参数检验→旧对话框→游程"顺序单击,打开"游程检验"对话框,如图 2-7 所示。

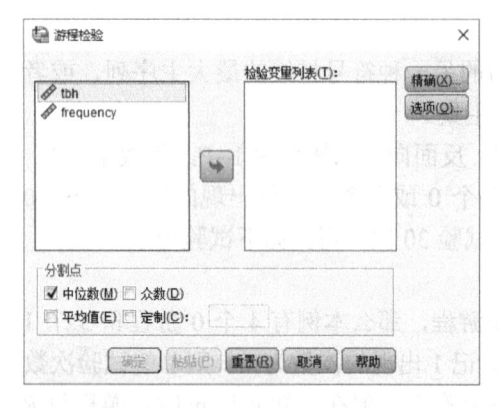

图 2-7 "游程检验"对话框

(2)从左侧原始变量列表中选择一个或多个需要进行检验的变量,移到"检验变量列表"框中。

(3)在"分割点"栏内确定划分两个类别的分割点。该栏提供了用来定义两类分割点的方法。变量值小于分割点的个体形成第一类,其他个体形成第二类。可选的分割点有中位数、众数、平均值;还可以勾选"定制"复选框,将自定义的分割点输入后面的框。

(4)单选"精确"按钮及"选项"按钮,对应的设置参见 2.1.2 节相关内容。

(5)单击"确定"按钮,执行命令;或单击"粘贴"按钮,在语法窗口生成命令语句,单击"运行"按钮,执行命令。

### 2.3.3 游程检验分析实例

【例 4】 掷硬币 20 次得到的试验数据如表 2-7 所示。其中,"1"表示"正面朝上","0"表示"反面朝上"。建立变量 records,标签为记录,将表 2-7 中的数据录入 SPSS,并保存在数据文件 data2-04 中。检验掷硬币试验是否是随机的。

1)操作步骤

(1)假设掷硬币的结果是随机的。

(2)读取数据文件 data2-04。

(3)按"分析→非参数检验→旧对话框→游程"顺序单击,打开"游程检验"对话框。

(4)将 records 变量送入"检验变量列表"框。

(5)由于"1"出现 11 次,"0"出现 9 次,中位数和众数都为"1",故不能选用众数和中位数作划分两类的分割点。本例勾选"平均值"复选框和"定制"复选框。分割点值应大于 0 且小于 1,本例在"定制"复选框后的框中输入"0.5"。

(6)单击"确定"按钮,提交系统运行。

2)输出结果

输出结果如表 2-8 所示。

3)输出结果解释

表 2-8 左边的游程检验表是将平均值作为分割点的输出结果,计算结果平均值是 0.55;右边的游程检验表是将 0.5 作为分割点的输出结果。

表 2-7 掷硬币 20 次实验观测结果

| 1 | 1 | 0 | 1 | 0 |
|---|---|---|---|---|
| 0 | 0 | 1 | 1 | 0 |
| 1 | 0 | 1 | 1 | 1 |
| 0 | 0 | 1 | 1 | 0 |

表 2-8 掷硬币试验随机性检验结果

| 游程检验 | |
|---|---|
| | records |
| 检验值<sup>a</sup> | .55 |
| 个案数 < 检验值 | 9 |
| 个案数 >= 检验值 | 11 |
| 总个案数 | 20 |
| 游程数 | 12 |
| Z | .279 |
| 渐近显著性(双尾) | .781 |
| a. 平均值 | |

| 游程检验 | |
|---|---|
| | 记录 |
| 检验值<sup>a</sup> | .5000 |
| 总个案数 | 20 |
| 游程数 | 12 |
| Z | .279 |
| 渐近显著性(双尾) | .781 |
| a. 由用户指定。 | |

表 2-8 左边的游程检验表的各行依次为检验值(0.55)、小于检验值的样品数(9)、大于或等于检验值的样品数(11)、总样品数(20)、游程数(12)、Z 值(0.279)和双尾检验概率值(0.781)。表 2-8 右边的游程检验表的各行依次为检验值(0.5)、总样品数(20)、游程数(12)、Z 值(0.279)和双尾检验概率值(0.781)。两种检验的 $p$ 值相同。因 $p = 0.781$ 即使在显著性水平为 0.10 时,也没有充分的证据可以拒绝掷硬币试验是随机的零假设。

## 2.4 一个样本的柯尔莫戈洛夫-斯米诺夫检验

### 2.4.1 一个样本的柯尔莫戈洛夫-斯米诺夫检验的基本概念

一个样本的柯尔莫戈洛夫-斯米诺夫检验简称单样本 K-S 检验,用来检验样本来自正态分布、均匀分布或泊松分布总体的零假设。该检验是一种拟合优度检验方法,主要运用某随机变量 $x$ 的顺序样本构造样本分布函数,以保证 $x$ 的分布函数 $F(x)$ 有一定概率落在某范围内。

K-S 双尾检验的零假设:对所有 $x$ 值,$F(x)=F(x_0)$ 成立;备择假设:至少有一个 $x$ 值使 $F(x) \neq F(x_0)$ 成立。

设 $S(x)$ 表示一组数据的经验分布。定义一组随机样本 $x_1, x_2, \cdots, x_n$ 的经验分布函数为阶梯函数:

$$S(x) = \frac{x_i \leqslant x \text{的个数}}{n}$$

式中,$S(x)$ 是小于 $x$ 的值的比例,是总体分布 $F(x)$ 的一个估计。

检验统计量为

$$D = \sup_x |S(x) - F_0(x)|$$

$D$ 的分布对一切连续分布 $F(x_0)$ 在零假设下是一样的,所以与分布无关。在实际运算中,由于 $S(x)$ 是阶梯函数,只取离散值,因此要考虑跳跃问题,若有 $n$ 个观测值,则可用下面的统计量代替上面的 $D$:

$$D = \max_{1 \leqslant i \leqslant n} \{\max[|S(x_i) - F_0(x_i)|, |S(x_{i-1}) - F_0(x_i)|]\}$$

当 $n \to \infty$ 时,大样本的渐近公式为

$$P(\sqrt{n}D_n < x) \rightarrow K(x)$$

其分布函数的表达式为

$$K(x) = \begin{cases} 0 & x < 0 \\ \sum_{j=-\infty}^{\infty} (-1)^j \mathrm{Exp}(-2j^2 x^2) & x > 0 \end{cases}$$

当 $p < \alpha$ 时，拒绝零假设。显著性水平 $\alpha$ 一般结合实际案例来取一个分析人员可以接受的很小的值。

需要注意的是，由于已知分布的参数要用根据样本算得的统计量来估计，所以在用渐近分布进行检验时需要符合大样本条件，即 $n \geq 100$。当样本含量较少时，应选用 Fisher 精确检验或蒙特卡洛法检验。当分布的参数已知时，可以使用新版单样本过程中的 K-S 检验过程，该过程需先对已知参数进行设定，再进行检验，具体参见本章例 10 中的相关操作。

### 2.4.2 一个样本的柯尔莫戈洛夫-斯米诺夫检验过程

（1）按"分析→非参数检验→旧对话框→单样本 K-S"顺序单击，打开"单样本柯尔莫戈诺夫-斯米诺夫检验"对话框，如图 2-8 所示。

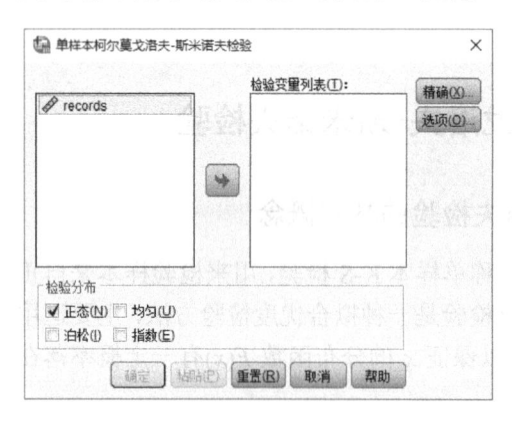

图 2-8 "单样本柯尔莫戈诺夫-斯米诺夫检验"对话框

（2）从左侧原始变量列表中选择一个或多个需进行检验的变量，送入"检验变量列表"框。

（3）确定要检验的分布。"检验分布"框提供了要检验的分布，有正态分布、均匀分布、泊松分布、指数分布，系统默认检验正态分布。

若要对指定参数的分布进行检验，则需要借助 SPSS 命令语句。在 SPSS 命令语句中读者可以为正态分布指定平均值和标准差，为泊松分布指定平均值，为均匀分布指定最大值和最小值。

（4）单击"精确"按钮及"选项"按钮后的设置参见 2.1.2 节。

（5）单击"确定"按钮，提交系统执行。

### 2.4.3 一个样本的柯尔莫戈洛夫-斯米诺夫检验分析实例

【例 5】数据文件 data2-05 中的数据是卢瑟福与盖革做的一个著名的试验的记录。他们观察由某块放射物质放射出的每 7.5s 到达某计数器的 α 粒子数，共观察了 2608 次。表 2-9 中变量 zd 记录的是每 7.5s 到达计数器的粒子数，变量 fi 是每个 zd 值出现的次数。检验试验数据是否服从泊松分布。

表 2-9 质点试验数据

| zd | 0 | 1 | 2 | 3 | 4 | 5 | 6 | 7 | 8 | 9 | 10 |
|---|---|---|---|---|---|---|---|---|---|---|---|
| fi | 57 | 203 | 383 | 525 | 532 | 408 | 273 | 139 | 45 | 27 | 16 |

（1）将表 2-9 中的数据录入数据文件 data2-05a，定义 fi 为加权变量。

（2）假设每 7.5s 到达计数器的粒子数服从泊松分布。

（3）操作步骤如下。

① 按"分析→非参数检验→旧对话框→单样本 K-S"顺序单击，打开"单样本柯尔莫戈洛夫-斯米诺夫检验"对话框。

② 将 zd 变量送入"检验变量列表"框。

③ 在"检验分布"栏中勾选"泊松"复选框，检验数据是否服从泊松分布。

④ 单击"确定"按钮，提交系统执行。

（4）输出结果如表 2-10 所示，该表给出了试验数据的泊松分布参数的计算结果。

表 2-10 中，第 1 行是观测数，第 2 行是泊松分布参数的平均值，第 3 行是最大极端差异的绝对值，第 4 行是最大极端差异的正数值，第 5 行是最大极端差异的负数值，第 6 行是一个样本的柯尔莫戈洛夫-斯米诺夫检验的 $Z$ 值，最后一行是双尾检验的显著性概率。因 $p = 0.850$，即使在显著性水平 0.10 时，也没有足够的证据可以拒绝数据服从泊松分布的零假设。

表 2-10 泊松检验结果

单样本柯尔莫戈洛夫-斯米诺夫检验

| | | 质点数 |
|---|---|---|
| 个案数 | | 2608 |
| 泊松参数[b] | 平均值 | 3.87 |
| 最极端差值 | 绝对 | .012 |
| | 正 | .010 |
| | 负 | -.012 |
| 柯尔莫戈洛夫-斯米诺夫 | | .611 |
| 渐近显著性（双尾） | | .850 |

a. 检验分布为泊松分布。
b. 根据数据计算。

## 2.5 两个独立样本检验

### 2.5.1 两个独立样本检验的用途与基本操作

在两个独立样本均服从正态分布时，比较平均值使用 $T$ 检验。在样本隶属总体的分布类型可能不明或非正态时，若想检验两个独立样本间是否具有相同的分布，两个独立样本检验是一种有效方法。执行两个独立样本检验过程要求的数据文件结构与独立样本 $T$ 检验过程要求的数据文件结构一样。

两个独立样本检验过程中用到的变量必须是可以排序的数值型变量。

（1）按"分析→非参数检验→旧对话框→2 个独立样本"顺序单击，打开"双独立样本检验"对话框，如图 2-9 所示。

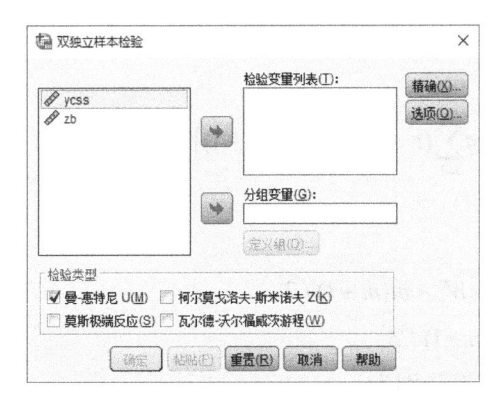

图 2-9 "双独立样本检验"对话框

（2）指定检验变量。从原始变量列表中选择要进行检验的一个或多个变量，送到"检验变量列表"框中。

（3）指定分组变量名。从原始变量列表中选择用来分组的变量，送到"分组变量"框中，单击"定义组"按钮，打开"双独立样本：定义组"对话框，如图 2-10 所示，在"组 1"框和"组 2"框中输入分组值。单击"继续"按钮，返回"双独立样本检验"对话框。

（4）确定用来进行检验的方法。"检验类型"栏提供了 4 种用来检验两个独立样本（组）是否来自同一个总体的方法。

① 曼-惠特尼 U 检验是非常流行的两个独立样本检验法，等同于两组的威尔科克森秩和检验和克鲁斯卡尔-沃利斯（Kruskal-Wallis）检验。此检验方法的零假设是两个样本的总体在位置上是相等的。来自两组（两个样本）的观测值被合并，并赋予秩，有结的观测值被赋予平均秩。结的数量相对于观测的总数量应该很少。如果总体在位置上是一样的，那么秩应该随机地混合在两个组（样本）中。换句话说，若两个样本的样本量相同，则秩和也相同；若两个样本的样本量不相同，则两个样本的平均秩相同。计算第一组得分领先第二组得分的次数和第二组得分领先第一组得分的次数。曼-惠特尼 U 检验统计这两个数量较少者，并显示较小样本秩和的威尔科克森秩和 $W$ 统计量。若两个样本有相同的观测的数量，则 $W$ 统计量是在"双独立样本：定义组"对话框中先指定的组（组1）的秩和。

图 2-10 "双独立样本：定义组"对话框

要做的零假设为 $F(x)=G(x)$，在零假设为真时，若 $\min\{m,n\}\to\infty$，且 $m/N\to\lambda\in(0,1)$，$\lambda$ 是一个常数，则样本 $y$ 的威尔科克森秩和统计量 $W_y$ 的概率分布和累积概率分布分别为

$$P(W_y=d)=\frac{t_{m,n}(d)}{\binom{N}{n}}$$

$$P(W_y\leqslant d)=\frac{\sum_{i\leqslant d}t_{m,n}(i)}{\binom{N}{n}} \quad d=n(n+1)/2,\cdots,n(n+1)/2+mn$$

式中，$t_{m,n}(d)$ 表示从 $1,2,\cdots,N$（$N=m+n$）中任取 $n$ 个数，其和恰为 $d$ 的取法的种数。

$W_y$ 的渐近正态性简记为

$$W_y \sim N[n(N+1)/2, mn(N+1)/12]$$

故

$$U=\frac{W_y-n(N+1)/2}{\sqrt{mn(N+1)/12}}\xrightarrow{L}N(0,1)$$

当观测值中有相等的值，即有结时，需要通过对相等的观测值取平均秩来修正威尔科克森秩和统计量 $W_y$，此时 $W_y$ 的渐近正态性为

$$W_y \sim N\left\{n(N+1)/2, mn(N+1)/12-nm\sum_{i=1}^{g}(t_i^3-t_i)/[12N(N-1)]\right\}$$

式中，$t_i$ 为结长度，$i=1,2,\cdots,g$。

曼-惠特尼统计量为

$$W_{xy}=W_y-n(n+1)/2, \quad W_{yx}=W_x-m(m+1)/2$$

它与威尔科克森秩和统计量 $W_y$ 只差一个常数项 $n(n+1)/2$。

同样在满足上述条件时，$W_{xy}$ 的概率和累积概率分别为

$$P(W_{xy} = d) = P[W_y = d + n(n+1)/2] = \frac{t_{m,n}[d + n(n+1)/2]}{\binom{N}{n}}$$

$$P(W_{xy} \leq d) = P(W_y \leq d + n(n+1)/2) = \frac{\sum_{i \leq d} t_{m,n}[i + n(n+1)/2]}{\binom{N}{n}} \quad d = 0,1,\cdots,mn$$

$W_{xy}$ 的渐近正态性简记为

$$W_{xy} \sim N[mn/2, mn(N+1)/12]$$

$$U = \frac{W_{xy} - mn/2}{\sqrt{mn(N+1)/12}} \xrightarrow{L} N(0,1), m \quad n \to \infty$$

同样，在有结时，需修正其方差，此时 $W_{xy}$ 的渐近正态性简记为

$$W_{xy} \sim N\left\{mn/2, mn(N+1)/12 - nm\sum_{i=1}^{g}(t_i^3 - t_i)/[12N(N-1)]\right\}$$

当 $P < \alpha$ 时，拒绝零假设。显著性水平 $\alpha$ 一般结合实际案例来取一个分析人员可以接受的很小的值。

② K-S 检验是更普通的探测两个样本位置和分布形状差异的检验。该检验建立在两个样本的累积分布函数间的最大绝对差异的基础上。当这个差异显著时，两个样本的分布被认为是有差异的。

假设从相互独立的连续型随机变量总体 $F_1(x)$ 和 $F_2(x)$ 中分别抽取样本 $x_1, x_2, \cdots, x_{n_1}$ 和样本 $y_1, y_2, \cdots, y_{n_2}$，$\hat{F}_1(x)$ 和 $\hat{F}_2(x)$ 分别是两个样本的对应累积经验分布函数。为计算经验分布函数及其差异，先将个样本分别按由小到大的顺序排列成 $X_{[1]} \sim X_{[n_i]}$，第 $i$ 组的经验累积函数用下式计算：

$$\hat{F}_i(X) = \begin{cases} 0 & -\infty < X < X_{[1]} \\ j/n_i & X_{[j]} \leq X < X_{[j+1]} \\ 1 & X_{[n_i]} \leq X < \infty \end{cases}$$

对两个样本中的所有 $X_j$ 值而言，两个样本间的差异为

$$D_j = \hat{F}_1(X_j) - \hat{F}_2(X_j)。$$

式中，$\hat{F}_1(X_j)$ 是样本量较大的样本的累积概率函数。在计算两个样本间差异值的同时计算最大正值、负值和绝对值。

要检验的零假设为 $F_1(x) = F_2(x)$。

K-S 检验的统计量为

$$D_{n_1,n_2} = \sup_{-\infty < x < \infty} \left|\hat{F}_1(x) - \hat{F}_2(x)\right|$$

当零假设为真时，$Z = \sqrt{n}D_{n_1,n_2}$ 有极限分布，其中，$n = n_1 n_2/(n_1 + n_2)$。

当 $n \to \infty$ 时，大样本的渐近公式为

$$P(\sqrt{n}D_{n_1 n_2} < x) \to K(x)$$

其分布函数的表达式为

$$K(x) = \begin{cases} 0 & x < 0 \\ \sum_{j=-\infty}^{\infty} (-1)^j \text{Exp}(-2j^2 x^2) & x > 0 \end{cases}$$

当 $P < \alpha$ 时，拒绝零假设。显著性水平 $\alpha$ 一般结合实际案例来取一个分析人员可以接受的很小的值。

③ 莫斯检验。假设试验变量影响某方向上的一些被试对象和相反方向上的其他被试对象。该检验方法检验的是同控制组比较的极端反应。该检验的关键是控制组的跨度，以及在合并控制组时试验组中有多少极端值影响跨度。"双独立样本：定义组"对话框中"组1"框中定义的是控制组，来自两个组的观测值被合并成一组进行排序并赋予秩。

控制组的跨度（SPAN）是组中最大值和最小值的秩的差加 1，取整到最接近的整数。由于跨度范围很容易受偶然因素影响，所以两端 5%的样品被自动删除。

检验的零假设为 $F_1(x) = F_2(x)$。

精确的单尾概率水平用下式计算：

$$P(\text{SPAN} \leq n_c - 2h + g) = \sum_{i=0}^{g} \left[ \binom{i + n_c - 2h - 2}{i} \binom{n_e + 2h + 1 - i}{n_e - i} \right] / \binom{n_c + n_e}{n_c}$$

式中，$h = 0$；$n_c$ 是控制组观测值的数量；$n_e$ 是试验组观测值的数量。同样的公式在下一步中使用时，$h \neq 0$。如果用户不指定，$h$ 将取 $0.05 n_c$ 的整数部分和 1 二者中的较大者；如果用户指定，除非 $h$ 小于 1，否则将取用户指定的整数值。

当 $P < \alpha$ 时，拒绝零假设。显著性水平 $\alpha$ 一般一般结合实际案例来取一个分析人员可以接受的很小的值。

④ 瓦尔德-沃尔福威茨（Wald-Wolfowitz）检验的零假设是更普通的探测在两个样本所属总体的位置和分布形状上差异的检验。

假设从相互独立的连续型随机变量总体 $F_1(x)$ 和 $F_2(x)$ 中分别抽取样本 $x_1, x_2, \cdots, x_{n_1}$ 和样本 $y_1, y_2, \cdots, y_{n_2}$，合并两个样本的所有观测值并由小到大排列为升序。计算对应于有序数据中同组数字变化的次数。游程数（R）等于同组数字变化的次数加 1。如果两组观察数据中包含结，计算可能的游程最小数量和最大数量。

如果两个样本来自同一总体，那么两个样本应始终被随机地分散分布。

因此，所做的零假设为 $F_1(x) = F_2(x)$。

如果总样本量 $n_1 + n_2 \leq 30$，单尾显著性水平可通过下式精确地计算。

当 $R$ 是偶数时：

$$P(r \leq R) = \frac{2}{\binom{n_1 + n_2}{n_1}} \sum_{r=2}^{R} \binom{n_1 - 1}{r/2 - 1} \binom{n_2 - 1}{r/2 - 1}$$

当 $R$ 是奇数时：

$$P(r \leq R) = \frac{1}{\binom{n_1 + n_2}{n_1}} \sum_{r=2}^{R} \binom{n_1 - 1}{k - 1} \binom{n_2 - 1}{k - 2} \binom{n_1 - 1}{k - 2} \binom{n_2 - 1}{k - 1}$$

式中，$r = 2k - 1$。

如果总样本量 $n_1+n_2>30$，就使用正态渐近分布，具体参见 2.3 节。

当 $P<\alpha$ 时，拒绝零假设。显著性水平 $\alpha$ 一般结合实际案例来取一个分析人员可以接受的很小的值。

在这 4 方法中，至少应选择一种。系统默认勾选"曼-惠特尼 U"复选框。

（5）单击"精确"按钮及"选项"按钮后的设置参见 2.1.2 节相关内容。

（6）单击"确定"按钮，提交系统执行。

### 2.5.2　两个独立样本检验分析实例

【例 6】　设有甲、乙两种安眠药，为比较它们的治疗效果，独立观察 20 名患者。其中 10 人服甲药，另外 10 人服乙药，睡眠延长时数记录在表 2-11 中。检验这两种药物的疗效有无显著性差异。

表 2-11　两种安眠药效果对比数据

| 服甲药者睡眠延长时数/小时 | 1.9 | 0.8 | 1.1 | 0.1 | 0.1 | 4.4 | 5.5 | 1.6 | 4.6 | 3.4 |
|---|---|---|---|---|---|---|---|---|---|---|
| 服乙药者睡眠延长时数/小时 | 0.7 | −1.6 | −0.2 | −1.2 | −0.1 | 3.4 | 3.7 | 0.8 | 0.0 | 2.0 |

延长的睡眠时数的分布情况不明，因此用非参数检验法。

在数据文件 data2-06 中变量 ycss 为服药后睡眠时间延长时数；变量 zb 为试验组别，用"1"表示"服乙药"，用"2"表示"服甲药"。录入数据后按变量 ycss 值降序排列。

（1）假设两组药物对延长睡眠时间无显著差异。检验这两个独立样本是否具有相同的分布。

（2）操作步骤如下。

① 在"数据视图"标签页中打开数据文件 data2-06，按"分析→非参数检验→旧对话框→2 个独立样本"顺序单击，打开"双独立样本检验"对话框。

② 将 ycss 变量送入"检验变量列表"框。

③ 将 zb 变量送入"分组变量"框。单击"定义组"按钮，打开"双独立样本：定义组"对话框，在"组 1"框中输入"1"，在"组 2"框中输入"2"。

④ 由于在录入数据后已对数据进行排序处理，故在"检验类型"栏中可选择任何一种方法。本例勾选所有复选框。

⑤ 单击"确定"按钮，提交系统运行。输出结果如表 2-12～表 2-15 所示。

因为 4 种方法计算的 $p$ 值除曼-惠特尼 U 检验外，在显著性水平 0.10 时，均没有足够的证据可以拒绝这两种药物的疗效无显著差异的零假设。

表 2-12　曼-惠特尼 U 检验结果

秩

| | zb | 个案数 | 秩平均值 | 秩的总和 |
|---|---|---|---|---|
| ycss | 1 | 10 | 7.75 | 77.50 |
| | 2 | 10 | 13.25 | 132.50 |
| | 总计 | 20 | | |

检验统计[a]

| | ycss |
|---|---|
| 曼-惠特尼 U | 22.500 |
| 威尔科克森 W | 77.500 |
| Z | −2.095 |
| 渐近显著性（双尾） | .036 |
| 精确显著性[2*(单尾显著性)] | .035[b] |

a. 分组变量：zb
b. 未针对绑定值进行修正。

表 2-13　莫斯检验结果

频率

| | zb | 个案数 |
|---|---|---|
| ycss | 1（控制） | 10 |
| | 2（实验） | 10 |
| | 总计 | 20 |

检验统计[a,b]

| | ycss |
|---|---|
| 实测控制组范围 | 17 |
| Sig.（单尾） | .291 |
| 剪除后控制组跨度 | 15 |
| Sig.（单尾） | .686 |
| 在两端剪除了离群值 | 1 |

a. 莫斯检验
b. 分组变量：zb

表 2-14 K-S 检验结果

| 频率 | | 检验统计[a] | |
|---|---|---|---|
| zb | 个案数 | | ycss |
| ycss 1 | 10 | 最极端差值 绝对 | .500 |
| 2 | 10 | 正 | .500 |
| 总计 | 20 | 负 | .000 |
| | | 柯尔莫戈洛夫-斯米诺夫 Z | 1.118 |
| | | 渐近显著性（双尾） | .164 |

a. 分组变量：zb

表 2-15 瓦尔德-沃尔福威茨检验结果

| 频率 | | 检验统计[a,b] | | |
|---|---|---|---|---|
| zb | 个案数 | | 游程数 | Z | 精确显著性（单尾） |
| ycss 1 | 10 | ycss 最小可能值 | 6[c] | -2.068 | .019 |
| 2 | 10 | 最大可能值 | 10[c] | -.230 | .414 |
| 总计 | 20 | | | | |

a. 瓦尔德-沃尔福威茨检验
b. 分组变量：zb
c. 存在 2 个组内绑定值，涉及 7 个个案。

## 2.6 多个独立样本检验

### 2.6.1 多个独立样本检验的用途与操作

前面提到的两个独立样本检验是多个独立样本检验的基本形式，要检验多个独立样本间是否具有相同分布，需借助多个独立样本检验方法。检验中用到的变量必须是可以排序的数值型变量，操作方法如下。

（1）按"分析→非参数检验→旧对话框→K 个独立样本"顺序单击，打开"针对多个独立样本的检验"对话框，如图 2-11 所示。

（2）指定检验变量。

从原始变量列表中选择一个或多个需要进行检验的变量，送入"检验变量列表"框。

（3）指定分组变量值范围。

从原始变量列表中选择分组变量送入"分组变量"框，单击"定义范围"按钮，在打开的"针对多个独立样本的检验：定义范围"对话框中设置最小值和最大值，定义分组变量值范围。

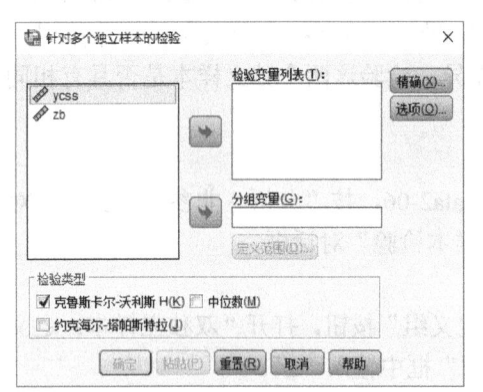

图 2-11 "针对多个独立样本的检验"对话框

（4）在"检验类型"栏中选择进行检验的方法，包括如下 3 种方法。

① 克鲁斯卡尔-沃利斯检验。该检验是曼-惠特尼检验的扩展，类似于单因素方差分析，用于检验分布位置上的差异。该检验假设从 $k$ 个无序的总体中抽取样本，是系统默认选择的方法。它检验的问题称为无方向检验问题。

检验的零假设是 $\theta_1 = \theta_2 = \cdots = \theta_k$，即 $k$ 个位置参数相等。

在有结时，不校正的统计量为

$$H = \frac{12}{N(N+1)} \sum_{i=1}^{k} R_i^2 / n_i - 3(N+1)$$

在有结时，校正的统计量为

$$H' = \frac{H}{1 - \sum_{i=1}^{m} T_i / (N^3 - N)}$$

式中，$N = \sum_{i=1}^{k} n_i$，$n_i$ 为第 $i$ 组的观测值的数量；$R_i$ 为第 $i$ 组的秩和；$T_i$ 为第 $i$ 组的结的长度，$T_i = t_i^3 - t_i$；$m$ 为结集的数量。

当零假设为真时，统计量 $H$ 和 $H'$ 渐近服从 $\chi^2(k-1)$ 分布，故显著性水平基于自由度为 $k-1$ 的卡方分布。

当 $P < \alpha$ 时，拒绝零假设。显著性水平 $\alpha$ 一般般结合实际案例来取一个分析人员可以接受的很小的值。

② 中位数检验。该检验是很普通的检验，用于检验位置和形状上的差异，但效率不高。该检验假设从 $k$ 个无序的总体中抽取样本。它也是用来检验无方向问题的方法。

如果用户未指定中位数，那么在合并所有组数据并排序后，按如下公式确定中位数：

$$M_d = \begin{cases} (X_{[N/2]} + X_{[N/2+1]})/2 & \text{如果} N \text{是偶数} \\ X_{[(N+1)/2]} & \text{如果} N \text{是奇数} \end{cases}$$

式中，$X$ 的下标代表排序的位置值。现将数据按 $X$ 值小到大排列，则第 $N$ 个位置的观测值 $X_{[N]}$ 为最大值，第 1 个位置的观测值 $X_{[1]}$ 为最小值。

设共有 $k$ 个组，记第 $i$ 个组中小于或等于中位数的观测值有 $O_{1i}$ 个，大于中位数的观测值有 $O_{2i}$ 个，$R_1 = \sum_{i=1}^{k} O_{1i}$，$R_2 = \sum_{i=1}^{k} O_{2i}$，$n_i = O_{1i} + O_{2i}$，$N = R_1 + R_2$。

检验的零假设为 $M_{d_1} = M_{d_2} = \cdots = M_{d_k}$。

卡方统计量用下式计算：

$$\chi^2 = \sum_{j=1}^{k} \sum_{i=1}^{2} (O_{ij} - E_{ij})^2 / E_{ij}$$

式中，$E_{ij} = \dfrac{R_i n_j}{N}$。

在零假设为真时，上式确定的 $\chi^2$ 近似服从 $\chi^2(k-1)$ 的卡方分布。

当 $P < \alpha$ 时，拒绝零假设。显著性水平 $\alpha$ 一般结合实际案例来取一个分析人员可以接受的很小的值。

③ 约克海尔-塔帕斯特拉（Jonckheere-Terpstra）检验。当 $k$ 个总体有序（升序或降序）时，该检验方法非常有效。例如，$k$ 个总体可以描述 $k$ 个增加的温度，对应零假设为不同温度产生同样反应的分布，备择假设为温度升高反应剧烈。由于假设两个样本是有序的，因此适合使用约克海尔-塔帕斯特拉检验。

约克海尔-塔帕斯特拉检验的基本思想如下。

设有 $k$ 个连续型随机变量总体 $X_1, X_2, \cdots, X_k$，$x_{i1}, x_{i2}, \cdots, x_{in_i}$ 是来自第 $i$ 个总体 $X_i$ 的样本，其样本量为 $n_i$，$i = 1, 2, \cdots, k$，则总样本量为 $N = \sum_{i=1}^{k} n_i$。所有样本单元相互独立。

设第 $i$ 个总体 $X_i$ 的分布函数为 $F(x - \theta_i)$，$i = 1, 2, \cdots, k$。对于有方向性的检验问题，要检验的零假设为 $\theta_1 = \theta_2 = \cdots = \theta_k$；备择假设为 $\theta_1 \leq \theta_2 \leq \cdots \leq \theta_k$，且 $\theta_1 < \theta_k$。

约克海尔-塔帕斯特拉检验用 $J$ 作为统计量，$J = \sum_{1 \leq i < j \leq k} W_{ij}$，其中，$W_{ij}$ 是曼-惠特尼统计量。$W_{ij} = ^{\#}\{(x_{ir}, x_{js}) : x_{ir} < x_{js}, r = 1, 2, \cdots, n_i; s = 1, 2, \cdots, n_j\}$，"#" 表示计数。

可以证明，在零假设为真时，若 $\min\{n_1,\cdots,n_k\} \to \infty$，且对所有 $i=1,2,\cdots,k$ 都有 $n_i/N \to \lambda_i \in (0,1)$，则

$$\text{J-T} = \frac{J-E(J)}{\sqrt{D(J)}} = \frac{J - \frac{1}{4}\left(N^2 - \sum_{i=1}^{k} n_i^2\right)}{\sqrt{\frac{1}{72}\left[N^2(2N+3) - \sum_{i=1}^{k} n_i^2(2n_i+3)\right]}} \xrightarrow{L} N(0,1)$$

当所有样本中结的个数为 $g$ 时，需对上式中的 $D(J)$ 部分进行如下修正：

$$D(J) = \frac{1}{72}\left[N^2(2N+3) - \sum_{i=1}^{k} n_i^2(2n_i+3) - \sum_{s=1}^{g} t_s(t_s-1)(2t_s+5)\right] + \frac{1}{36N(N-1)(N-2)}$$

$$\left[\sum_{i=1}^{k} n_i(n_i-1)(n_i-2)\right]\left[\sum_{s=1}^{g} t_s(t_s-1)(t_s-2)\right] + \frac{1}{8N(N-1)}\left[\sum_{i=1}^{k} n_i(n_i-1)\right]\left[\sum_{s=1}^{g} t_s(t_s-1)\right]$$

当 $P < \alpha$ 时，拒绝零假设。显著性水平 $\alpha$ 一般结合实际案例来取一个分析人员可以接受的很小的值。

（5）单击"精确"按钮及"选项"按钮后的设置参见 2.1.2 节相关内容。

（6）单击"确定"按钮，提交系统运行。

### 2.6.2 多个独立样本检验分析实例

【例 7】 某车间分别用 4 种不同操作方法进行若干批试验，试验中优等品率（单位为%）试验数据如表 2-16 所示，检验操作方法对产品的优等品率是否有显著影响。

表 2-16  4 种不同操作方法的优等品率试验数据

| 试 验 批 号 | 操作方法 1 | 操作方法 2 | 操作方法 3 | 操作方法 4 |
| --- | --- | --- | --- | --- |
| 1 | 12.1 | 18.3 | 13.7 | 7.3 |
| 2 | 14.8 | 49.6 | 25.1 | 1.9 |
| 3 | 15.3 | 10.1 | 47.0 | 5.8 |
| 4 | 11.4 | 35.6 | 16.3 | 10.1 |
| 5 | 10.8 | 26.2 | 30.4 | 9.4 |
| 6 |  | 8.9 |  |  |

（1）在数据文件 data2-07 中，变量 ydp1 为优等品率，变量 ff 为操作方法。

（2）操作步骤。

① 在"数据视图"标签页中打开数据文件 data2-07，按"分析→非参数检验→旧对话框→K 个独立样本"顺序单击，打开"针对多个独立样本的检验"对话框。

② 将 ydp1 变量送入"检验变量列表"框。

③ 将 ff 变量送入"分组变量"框。单击"定义范围"按钮，打开"针对多个独立样本的检验：定义范围"对话框，在"最小值"框中输入"1"，在"最大值"框中输入"4"。

④ 在"检验类型"栏中勾选"克鲁斯卡尔-沃利斯 H"复选框。因每组观测值数量太少，中位数检验不适用，故不勾选"中位数"复选框。

⑤ 单击"确定"按钮，提交系统运行。

（3）输出结果如表 2-17 所示。

表 2-17　克鲁斯卡尔-沃利斯检验结果

秩

| ff | | 个案数 | 秩平均值 |
|---|---|---|---|
| ydp1 | 1 | 5 | 10.40 |
| | 2 | 6 | 13.75 |
| | 3 | 5 | 15.80 |
| | 4 | 5 | 3.50 |
| | 总计 | 21 | |

检验统计[a,b]

| | ydp1 |
|---|---|
| 克鲁斯卡尔-沃利斯 H(K) | 11.530 |
| 自由度 | 3 |
| 渐近显著性 | .009 |

a. 克鲁斯卡尔-沃利斯检验
b. 分组变量：ff

由表 2-17 可知，克鲁斯卡尔-沃利斯检验得到的 $p$ 值为 0.009，在显著性水平为 0.01 时，有充分的证据可以拒绝 4 种操作方法优等品率相同的零假设，也就是说，这 4 种不同的操作方法对产品的优等品率有显著影响。

## 2.7　两个相关样本检验

### 2.7.1　两个相关样本检验的用途与操作

在实际研究工作中经常会遇到从同一个被测试对象上测试两个或多个观测值的情况，这样的数据间不是相互独立的，而是彼此相关的。在这种情况下，检验样本间是否具有相同的分布，要用两个相关样本检验。

检验中用到的变量必须是可以排序的数值型变量。

（1）按"分析→非参数检验→旧对话框→2 个相关样本"顺序单击，打开"双关联样本检验"对话框，如图 2-12 所示。

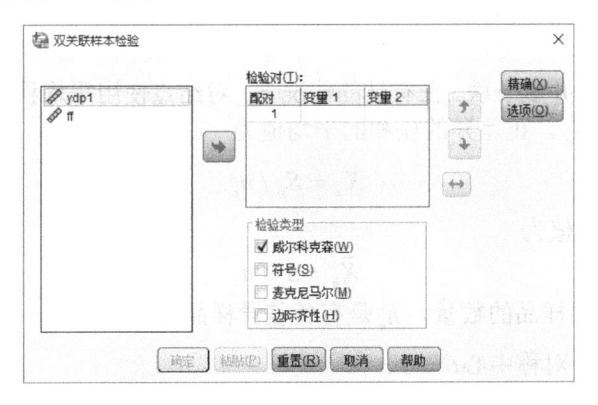

图 2-12　"双关联样本检验"对话框

（2）指定检验变量对。

从原始变量列表中同时选中两个待检验的变量送入"检验对"框，在配对的"变量 1"列和"变量 2"列依次出现选择的两个变量名。如果有多组相关的成对变量，就重复上述操作。

（3）确定检验方法。

本节检验比较两个相关变量的分布。检验方法根据数据类型确定。"检验类型"栏提供了 4 种检验方法。

① 若是连续型数据，则使用符号检验或威尔科克森秩和检验。
- 符号检验。对所有样品计算两个变量值间的差值，并将差值分为正、负、结（相等）3 类。如果两个变量有类似的分布，那么正、负的数目差异应无显著不同。

符号检验的基本做法如下。

对于每个样品，计算差异 $D_i = X_i - Y_i$，合计正差异的数量 $S_p$ 和负差异的数量 $S_n$，对于 $X_i = Y_i$ 的样品，不算在正、负列。在满足一定条件时，$D_i$ 独立同分布，因此两个样本间有无差异的检验问题等价于对称中心 $\theta$ 是否等于 0 的检验问题。

检验的零假设为对称中心 $\theta = 0$。

如果 $n_p + n_n \leqslant 25$，当 $p = 0.5$ 且 $r = \min(n_p + n_n)$ 时，在 $n_p + n_n$ 次试验中，$r$ 或少数成功事件的精确概率用如下二项分布公式递推计算：

$$P(X \leqslant r) = \sum_{i=0}^{r} \binom{n_p + n_n}{i} (0.5)^{(n_p + n_n)}$$

如果 $n_p + n_n > 25$，那么显著性水平根据正态近似值为

$$Z_c = \frac{\max(n_p, n_n) - 0.5(n_p + n_n) - 0.5}{0.5\sqrt{n_p + n_n}} \xrightarrow{L} N(0,1)$$

当 $P < \alpha$ 时，拒绝零假设。显著性水平 $\alpha$ 一般结合实际案例来取一个分析人员可以接受的很小的值。

- 威尔科克森秩和检验。要求比较的两个变量分布形状相似，该检验不仅考虑两个符号数目上的差异，还考虑成对样品数值间的差异幅度。由于威尔科克森秩和检验纳入了更多数据信息，因此它比符号检验更强大。

威尔科克森秩和检验的基本做法如下。

对于每个观测，在排序前先计算成对观测值间的差异 $D_i = X_i - Y_i$ 和 $|D_i|$。将所有非零的绝对差排列成升序并赋予秩。在有结的情况下，对结点使用平均秩。计算正差异的秩和 $S_p$ 和负差异的秩和 $S_n$。正差异的秩和的平均值为

$$\bar{X}_p = S_p / n_p$$

负差异的秩和的平均值为

$$\bar{X}_n = S_n / n_n$$

式中，$n_p$ 是有正差异样品的数量，$n_n$ 是有负差异样品的数量。

检验的零假设为对称中心 $\theta = 0$。

在零假设为真时，大样本条件下的统计量为

$$Z = \frac{\min(S_p, S_n) - [n(n+1)/4]}{\sqrt{n(n+1)(2n+1)/24 - \sum_{j=1}^{l}(t_j^3 - t_j)/48}} \xrightarrow{L} N(0,1)$$

式中，$n$ 为非零差异样品数量；$l$ 为结数量；$t_j$ 为第 $j$ 个结长度。

当 $P < \alpha$ 时，拒绝零假设。显著性水平 $\alpha$ 一般结合实际案例来取一个分析人员可以接受的很小的值。

② 若是二分数据，则使用麦克尼马尔检验。在指定事件发生前后分别重复测定每个

被试对象的响应。麦克尼马尔检验检验的是初始响应率（事件前）是否等于最终响应率（事件后）。该检验非常适用于检验前后对比设计中的由试验干预引起的响应变化。

麦克尼马尔检验的基本做法如下。

被研究的数据值限定为两个唯一响应类别。合计 $X_i < Y_i$ 的样品数 $n_1$ 或 $X_i > Y_i$ 的样品数 $n_2$。

如果 $n_1 + n_2 \leq 25$，当 $p = 0.5$ 且 $r = \min(n_1 + n_2)$ 时，在 $n_1 + n_2$ 次试验中，$r$ 或少数成功事件的精确概率用如下二项分布公式递推计算：

$$P(X \leq r) = \sum_{i=0}^{r} \binom{n_1 + n_2}{i} (0.5)^{(n_1+n_2)}$$

双尾检验的概率水平用算得的值加倍获得。如果 $n_1 + n_2 > 25$，就使用连续型修正的 $\chi^2$ 近似值：

$$\chi_c^2 = \frac{(|n_1 - n_2| - 1)^2}{n_1 + n_2} \sim \chi^2(1)$$

当 $P < \alpha$ 时，拒绝零假设。显著性水平 $\alpha$ 一般结合实际案例来取一个分析人员可以接受的很小的值。

③ 如果是分类数据，就使用边际齐性检验。该检验是麦克尼马尔检验从二分响应向多重响应的扩展，使用卡方分布检验试验干预前后设计中反应的变化，对于在前后对比设计中检测试验干预导致的响应变化很有用。边际齐性检验只有在安装了精确检验附件时，才有效。

（4）单击"精确"按钮和"选项"按钮后的设置参见 2.1.2 节相关内容。

（5）单击"确定"按钮，提交系统运行。

## 2.7.2 两个相关样本检验分析实例

【例8】 为研究长跑运动对增强普通高校学生心功能的效果，对某校 15 名男生进行测试，经过 5 个月的锻炼后看其晨脉是否减少。锻炼前、后的晨脉数据如表 2-18 所示。检验锻炼前、后晨脉间有无显著性差异。

表 2-18 锻炼前、后的晨脉变化

| 锻炼前/（次/min） | 70 | 76 | 56 | 63 | 63 | 56 | 58 | 60 | 65 | 65 | 75 | 66 | 56 | 59 | 70 |
|---|---|---|---|---|---|---|---|---|---|---|---|---|---|---|---|
| 锻炼后/（次/min） | 48 | 54 | 60 | 64 | 48 | 55 | 54 | 45 | 51 | 48 | 56 | 48 | 64 | 50 | 54 |

（1）在数据文件 data2-08 中，变量 dlq 为锻炼前的晨脉，变量 dlh 为锻炼后的晨脉。

（2）操作步骤如下。

① 在"数据视图"标签页中打开数据文件 data2-08，按"分析→非参数检验→旧对话框→2 个相关样本"顺序单击，打开"双关联样本检验"对话框。

② 将 dlq 变量和 dlh 变量送入"检验对"框。

③ 由于晨脉数据为连续型数据，因此在"检验类型"栏中勾选"威尔科克森"复选框和"符号"复选框。

④ 单击"确定"按钮，提交系统运行。

（3）输出结果如表 2-19 和表 2-20 所示。

表 2-19 威尔科克秩和检验结果

| 秩 | | 个案数 | 秩平均值 | 秩的总和 |
|---|---|---|---|---|
| pulse after - pulse befor | 负秩 | 12[a] | 9.17 | 110.00 |
| | 正秩 | 3[b] | 3.33 | 10.00 |
| | 绑定值 | 0[c] | | |
| | 总计 | 15 | | |

a. pulse after < pulse befor
b. pulse after > pulse befor
c. pulse after = pulse befor

| 检验统计[a] | |
|---|---|
| | pulse after - pulse befor |
| Z | -2.842[b] |
| 渐近显著性（双尾） | .004 |

a. 威尔科克森符号秩检验
b. 基于正秩。

在本例的检验过程中，锻炼后的晨脉数据（或其秩）减锻炼前的晨脉数据（或其秩）若大于 0，则取正号；锻炼后的晨脉数据（或其秩）减锻炼前的晨脉数据（或其秩）若小于 0，则取负号；锻炼后的晨脉数据（或其秩）减锻炼前的晨脉数据（或其秩）若等于 0，则为结。两种检验方法得到的负号数量均为 12，正号数量均为 3，结均为 0。因两种检验方法得到的 $p$ 值均小于 0.04，在显著性水平为 0.04 时，有充分的证据可以拒绝锻炼前、后晨脉间分布相同的零假设，也就是说，锻炼前、后晨脉间有显著性差异。

表 2-20 符号检验结果

| 频率 | | 个案数 |
|---|---|---|
| pulse after - pulse befor | 负差值[a] | 12 |
| | 正差值[b] | 3 |
| | 绑定值[c] | 0 |
| | 总计 | 15 |

a. pulse after < pulse befor
b. pulse after > pulse befor
c. pulse after = pulse befor

| 检验统计[a] | |
|---|---|
| | pulse after - pulse befor |
| 精确显著性（双尾） | .035[b] |

a. 符号检验
b. 使用了二项分布。

## 2.8 多个相关样本检验

### 2.8.1 多个相关样本检验的用途与操作

两个相关样本检验是多个相关样本检验的基本形式，要检验多个相关样本间是否具有相同的分布，应使用多个相关样本检验。

检验中用到的变量必须是可以排序的数值型变量。

（1）按"分析→非参数检验→旧对话框→K 个相关样本"顺序单击，打开"针对多个相关样本的检验"对话框，如图 2-13 所示。

（2）从原始变量列表中选择需要进行检验的一个或多个变量送到"检验变量"框中。

（3）在"检验类型"栏中，根据变量类型确定检验方法。该栏包含如下 3 种方法。

① 傅莱德曼检验。该检验等同于一个样本重复测定设计或每单元一个观测值的双向

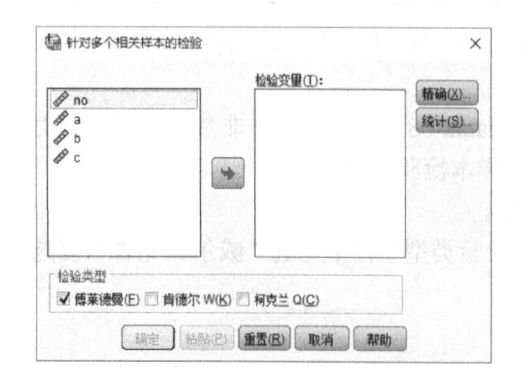

图 2-13 "针对多个相关样本的检验"对话框

方差分析的非参数检验。

其基本做法为对 $N$ 个样本中的每个观测的 $k$ 个变量值排序并赋予秩，1~$k$，在结上赋予平均秩。对 $k$ 个变量中的每个变量，计算样本的秩和。用符号 $C_l$ 表示，每个变量的平均秩为 $R_l = C_l / N$。

检验的零假设为 $k$ 个相关变量来自同一个总体。

检验统计量为

$$\chi^2 = \frac{[12/Nk(k+1)]\sum_{l=1}^{k}C_l^2 - 3N(k+1)}{1 - \sum T/[Nk(k^2-1)]}$$

式中，$\sum T = \sum_{i=1}^{N}\sum_{l=1}^{k}(t^3 - t)$，$t$ 是变量结的长度；$N$ 是样本量；$k$ 是变量数；$i=1,\cdots,N$；$l=1,\cdots,k$。

在零假设为真时，统计量服从 $\chi^2(k-1)$ 分布。

当 $P < \alpha$ 时，拒绝零假设。显著性水平 $\alpha$ 一般结合实际案例来取一个分析人员可以接受的很小的值。

② 肯德尔检验。该检验是标准化的傅莱德曼检验，是比率之间一致性的测量。每个样品是一个鉴定人或定价人，每个变量是一个条件或被鉴定的人。对每个变量计算秩和。肯德尔调和系数 $W$ 的取值范围为 0（不同意）～1（同意）。

调和系数 $W$ 用下式计算：

$$W = \frac{F}{N(k-1)} \frac{N^2 k(k^2-1)/12}{N^2 k(k^2-1)/12 - N\sum T/12}$$

式中，$F$ 是傅莱德曼检验中的卡方统计量；$\sum T = \sum_{i=1}^{N}\sum_{l=1}^{k}(t^3-t)$，$t$ 是变量结的长度；$N$、$k$ 和 $l$ 的含义与傅莱德曼检验统计量公式中的含义相同。

检验的零假设为 $\theta_1 = \theta_2 = \cdots = \theta_k$，备择假设为 $\theta_1, \theta_2, \cdots, \theta_k$ 不全相等。

在零假设为真时，$\chi^2 = N(k-1)W \sim \chi^2_{k-1}$。

当 $P < \alpha$（显著性水平 $\alpha$ 的取法同上）时，拒绝零假设，认为各 $\theta_i$ 间存在顺序关系，即 $k$ 个观测值的趋势为 $x_{1j} \leqslant x_{2j} \leqslant \cdots \leqslant x_{kj}$，$x_{1j} < x_{kj}$。这说明任意第 $j$ 个区组内的 $k$ 个观察值都有这样的趋势，所以在 $b$ 个区组中一致性趋于成立。

③ 柯克兰 Q 检验。该检验与傅莱德曼检验是相同的，适用于所有应答是二值的情况，是一种将麦克尼马尔检验扩展到 $k$ 个样本的检验方法。柯克兰 Q 检验假设几个相关的二分变量有相同的平均值。变量是在同一个个体或在配对个体上测定的。

基本做法为对 $N$ 个样品中的每一个样品，在 $k$ 个指定的二分变量上取值，二分变量上第一个取到的值被当作成功处理。样品 $i$ 成功处理数量用 $R_i$ 标记，变量 $l$ 的总的成功处理数量用 $C_l$ 标记。

柯克兰 Q 检验的零假设为几个相关的二分变量有相同的平均值。

柯克兰 Q 检验的统计量用下式计算：

$$Q = \frac{(k-1)\left[k\sum_{l=1}^{k}C_l^2 - \left(\sum_{l=1}^{k}C_l\right)^2\right]}{k\sum_{l=1}^{k}C_l - \sum_{i=1}^{N}R_i^2}$$

当零假设为真时，$Q$ 服从 $\chi^2(k-1)$ 分布。

当 $P<\alpha$ 时，拒绝零假设。显著性水平 $\alpha$ 一般结合实际案例来取一个分析人员可以接受的很小的值。

（4）单击"精确"按钮和"选项"按钮后的设置参见 2.1.2 节相关内容。

（5）单击"确定"按钮，提交系统运行。

### 2.8.2 多个相关样本检验分析实例

【例9】某商店想了解顾客对几种不同款式衬衣的喜爱程度，调查了 9 名顾客，请他们对 3 种款式的衬衣按喜爱程度排序（最喜爱的给秩 1，其次给秩 2，再次给秩 3），调查结果如表 2-21 所示。检验顾客对 3 种款式衬衣的喜爱程度是否相同。对应数据文件为 data2-09。变量 $a$、$b$、$c$ 分别表示顾客对 A、B、C 款衬衣的喜爱程度。

表 2-21　顾客对不同款式衬衣喜爱程度

| 顾客号 | 1 | 2 | 3 | 4 | 5 | 6 | 7 | 8 | 9 |
|---|---|---|---|---|---|---|---|---|---|
| 款式 A | 2 | 2 | 2 | 3 | 1 | 2 | 1 | 2 | 1 |
| 款式 B | 3 | 3 | 3 | 2 | 3 | 3 | 2 | 3 | 3 |
| 款式 C | 1 | 1 | 1 | 2 | 1 | 3 | 1 | 2 | 2 |

（1）假设顾客对 3 种款式衬衣的喜爱程度无显著差异。

（2）在"数据视图"标签页中打开数据文件 data2-09，按"分析→非参数检验→旧对话框→K 个相关样本"顺序单击，打开"针对多个相关样本的检验"对话框。将 $a$、$b$、$c$ 变量送入"检验变量"框。在"检验类型"栏中勾选"傅莱德曼"复选框和"肯德尔 W"复选框。单击"确定"按钮，提交系统执行。

（3）输出结果如表 2-22 和表 2-23 所示。

表 2-22　傅莱德曼检验结果

| 秩 | 秩平均值 |
|---|---|
| score of A | 1.67 |
| score of B | 2.78 |
| score of C | 1.56 |

| 检验统计[a] | |
|---|---|
| 个案数 | 9 |
| 卡方 | 8.222 |
| 自由度 | 2 |
| 渐近显著性 | .016 |

a. 傅莱德曼检验

表 2-23　肯德尔检验结果

| 秩 | 秩平均值 |
|---|---|
| score of A | 1.67 |
| score of B | 2.78 |
| score of C | 1.56 |

| 检验统计 | |
|---|---|
| 个案数 | 9 |
| 肯德尔 W[a] | .457 |
| 卡方 | 8.222 |
| 自由度 | 2 |
| 渐近显著性 | .016 |

a. 肯德尔协同系数

因两种检验方法算得的 $p$ 值均等于 0.016，在显著性水平为 0.02 时，有充分的证据可以拒绝顾客对 3 种款式的衬衣的喜爱程度是相同的零假设。

## 2.9　新版非参数假设检验的界面及其使用方法

新版的非参数检验按单样本检验（分布的一致性检验）、独立样本检验和相关样本检验重新整理归类了非参数方法，设计了界面。因此，在旧对话框过程中能处理的问题，在新版的某个过程的相应方法中也可以实现。

旧对话框过程中的卡方检验、二项分布检验、游程检验、一个样本的柯尔莫戈洛夫-斯米诺夫检验合并为新版的单样本检验过程，两个独立样本检验、多个独立样本检验合并为新版的独立样本检验过程，两个相关样本检验、多个相关样本检验合并为新版的相关样本检验过程。

新版除对旧对话框过程中的方法进行重新归类整理外，在功能方面也有一些更新。具体体现在：在要分析的数据文件中，如果已根据需要对变量的角色功能进行了预定义，那么新版将自动检查变量角色属性，用户可据此设定检验变量与要比较的分类变量，或者使用自动选择检验方法的功能。这是新版最大的改进之处。此外，在关于一个样本与已知总体参数的分布一致性的检验中，新版不需要像旧对话框过程那样用编写 SPSS 命令语句的方式来实现，只需在选择检验方法对话框中的选项设定分布参数。在输出内容方面，新版在输出中增加了检验模型查看器功能，因此输出结果图、表兼备，直观明了。

需要指出的是，新版中的"字段"就是在前面章节提到的"变量"的另一种称谓，是计算机语言中对变量的习惯称谓。

### 2.9.1 单样本检验

#### 2.9.1.1 单样本检验的用途

单样本检验使用一个或多个非参数检验来识别单个变量与给定分布之间的差别，不需要假设检验变量的数据呈正态分布。

#### 2.9.1.2 单样本检验的操作

按"分析→非参数检验→单样本"顺序单击，打开如图 2-14 所示的"单样本非参数检验"对话框。

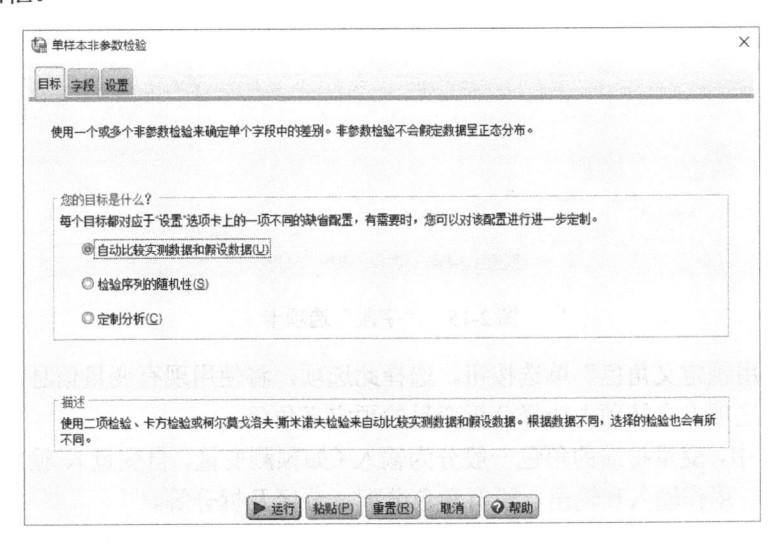

图 2-14 "单样本非参数检验"对话框

**1. 在"目标"选项卡中设定检验目标**

在"您的目标是什么？"栏中，指定常用的不同检验设置。每个目标与"设置"选项卡中的一个默认配置相对应。如有需要可以自定义配置。

（1）"自动比较实测数据和假设数据"单选按钮。这是系统默认选项，选择此选项，单样本检验过程自动对二分变量使用二项分布检验，对所有其他分类变量使用卡方检验，对连续型变量使用 K-S 检验。

值得注意的是，新版的自动识别功能是建立在对变量的测量类型进行明确定义的基础上的。如果在检验前已经对变量的测量类型进行了准确定义，那么新版能省去许多在选择检验方法方面的烦恼；否则在旧对话框过程中能实现的检验，在新版中不能实现。

（2）"检验序列的随机性"单选按钮。选择此选项，单样本检验过程使用游程检验来检验观测序列的随机性。

（3）"定制分析"单选按钮。如果希望手动修改"设置"选项卡中的检验设置，应选择此选项。如果随后在"设置"选项卡中设置了与当前选定目标不一致的选项，那么系统会自动更改此处的设置。例如，在"目标"选项卡中选择了"定制分析"单选按钮，但未对"设置"选项卡进行设置，直接单击"运行"按钮，就相当于选择了系统默认的"自动比较实测数据和假设数据"单选按钮。

### 2. 在"字段"选项卡中选择要检验的变量

单击"字段"选项卡，如图 2-15 所示，指定要进行检验的变量。至少选择一个需要进行检验的变量。

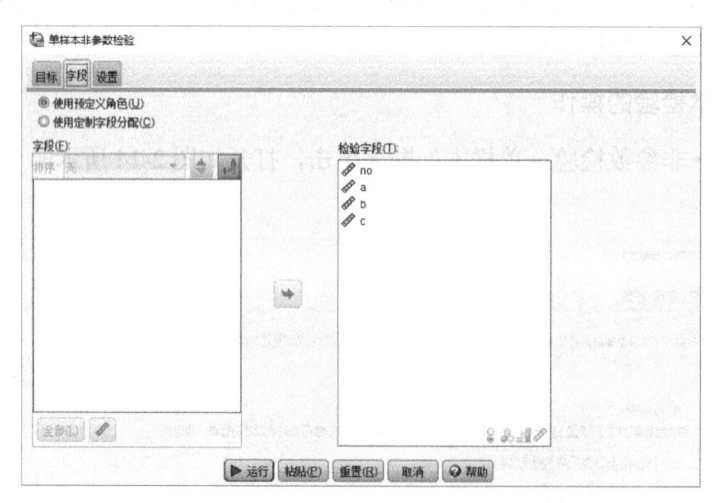

图 2-15　"字段"选项卡

（1）"使用预定义角色"单选按钮。选择此选项，将使用现有变量信息。

"字段"选项卡支持预先选择分析变量的预定义角色。

在 SPSS 中，变量扮演的角色一般分为输入（如预测变量、自变量）、输出或目标（如因变量）、同时用作输入和输出、没有角色分配、分区及拆分等。

在打开"字段"选项卡时，满足角色要求的变量将自动显示在目标列表中，即"字段"框和"检验字段"框中。在默认情况下，为所有变量分配输入角色。角色分配只影响支持角色分配的对话框，对命令语法没有影响。

所有预定义角色为输入、目标或两者（变量将同时用作为输入变量和输出变量）的字段将用作检验变量。

(2)"使用定制字段分配"单选按钮。选择此选项,可以将"字段"框中列出的要进行检验的变量移入"检验字段"框。需至少选择一个变量。它可以避免发生在选择"使用预定义角色"单选按钮时出现将不需要检验的变量选作检验变量的情况。

根据需要,用户可对出现在"字段"框中的变量按一定方式排序。在"排序"下拉列表(见图 2-16)中,共有 3 个选项。

① "无"选项。系统默认方式。在该方式下,"字段"框中的变量按在数据集中变量名出现的先后顺序进行排列。

② "字母数值"选项。选择此选项,"字段"框中的变量将按字母的 ASCII 和数值大小进行有序排列。

③ "测量"选项。选择此选项,"字段"框中的变量将按测量标准,即名义、有序、尺度顺序排列。在同一个测量标准中,"字段"框中的变量将按在数据集中变量名出现的先后顺序排列。

图 2-16  "排序"下拉列表

(3)单击"字段"框下面的"全部"按钮,将选择"字段"框中的所有变量;单击"检验字段"框下的 按钮,将选择"字段"框中的所有名义变量;单击"检验字段"框下的 按钮,将选择"字段"框中的所有有序变量;单击"检验字段"框下的 按钮,将选择"字段"框中的所有尺度变量。

### 3. 在"设置"选项卡中设置检验方法及其选项

单击"设置"选项卡,如图 2-17 所示,对在"字段"选项卡中指定的变量需要执行的检验及其选项进行设置。

在"选择项目"框中,分别对选择检验、检验选项和用户缺失值 3 方面进行设置。单击一个选项进入相应界面。

(1)"选择检验"选项。

在系统默认情况下,"设置"选项卡处于"选择检验"界面。此时,可对检验类型进行设置。该界面中有两个单选按钮,系统默认选择"根据数据自动选择检验"单选按钮。

在一般情况下,只有在"目标"选项卡中选择了"自动比较实测数据和假设数据"单选按钮,才能选择此选项。如果选择此选项,就意味着将对二分变量进行二项分布检验,对所有其他分类的变量进行卡方检验,对连续型变量进行 K-S 检验。

选择"定制检验"单选按钮,自定义检验方法。可供选择的检验有二项分布检验、卡方检验、K-S 检验、威尔科克森秩和检验及游程检验。

各种检验方法及其适用条件已在旧对话框过程的相关章节中介绍,此处不再赘述。

下面对各种检验方法涉及的界面及选项进行介绍。

① 二项分布检验。

勾选"比较实测二元概率和假设二元概率(二项检验)"复选框,单击"选项"按钮,打开如图 2-18 所示的"二项选项"对话框。

在"假设比例"框中,输入成功期望的概率值($p$)。该值需大于 0 且小于 1,默认值为 0.5。

在"置信区间"栏中选择计算二分类数据的置信区间的方法。该栏中的选项如下。

• "克洛珀-皮尔逊(精确)"复选框。选择此项将基于累积二项分布计算置信区间。

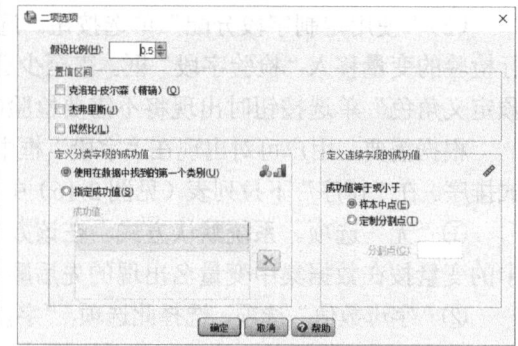

图 2-17 "设置"选项卡　　　　　图 2-18 "二项选项"对话框

- "杰弗里斯"复选框。选择此项将基于 $p$ 的后验分布并应用杰弗里斯先验概率计算置信区间。
- "似然比"复选框。选择此项将基于 $p$ 的似然函数计算置信区间。

在"定义分类字段的成功值"栏中指定如何为分类字段定义检验成功数据值的对照假设的比例。该栏中的选项如下。

- "使用在数据中找到的第一个类别"单选按钮。选择此项将使用在样本中找到的第一个定义成功的值来执行二项分布检验。此选项仅适用于只有两个值的名义或有序变量。如果选择此项,那么在"字段"选项卡中指定的所有其他分类变量都不会被检验。这是系统默认选项。
- "指定成功值"单选按钮。选择此项将使用指定值定义成功的值列表以进行二项分布检验。可以指定字符串或数值列表。列表中的值不一定要出现在样本中。

"定义连续字段的成功值"栏。定义成功值为等于或小于分割点的值。分割点通过如下两个选项进行设置。

- "样本中点"单选按钮。选择此项将用最小值和最大值的平均值作为分割点。
- "定制分割点"单选按钮。选择此项将允许用指定的一个值作为分割点。

单击"确定"按钮,返回"设置"选项卡。

单击"运行"按钮,在"查看器"窗口中得到运行结果。

② 卡方检验。

卡方检验可以应用于名义变量和有序变量。它将生成一个单样本检验,可以根据变量类别的观测频率和期望频率间的差异来计算卡方统计量。

勾选"比较实测概率和假设概率(卡方检验)"复选框,单击"选项"按钮,打开"卡方检验选项"对话框,如图 2-19 所示。

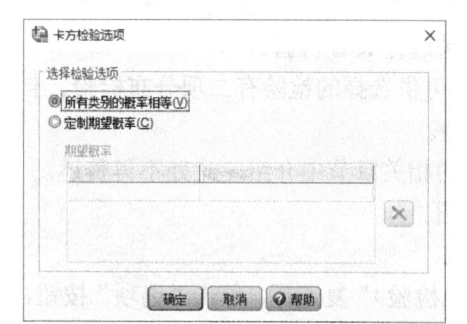

图 2-19 "卡方检验选项"对话框

"选择检验选项"栏中有如下两个选项。

- "所有类别的概率相等"单选按钮:选择此项,将在样本中的所有类别间生成均等的期望频率。这是系统默认选项。
- "定制期望概率"单选按钮:选择此项,将允许为指定的类别列表指定不相等的期望频率。可以指定字符串或数值列表。列表中的值不需要在样本中出现。在"类别"列中指定类别值。在"相对频率"列中，为每个类别指定一个大于 0 的值。自定义的期望频率被视为比率。例如，指定期望频率 1、2 和 3 等同于指定期望频率 10、20 和 30，两者均指定了期望 1/6 的观测属于第一个类别，1/3 的观测属于第二个类别，1/2 的观测属于第三个类别。在指定自定义期望概率时，自定义类别值必须包括数据中的所有变量值，否则，将不对该变量执行检验。

单击"确定"按钮，返回"设置"选项卡。

单击"运行"按钮，在"查看器"窗口中得到运行结果。

③ K-S 检验。

K-S 检验可以应用在连续型变量上。它将生成一个单样本检验，即变量的样本累积分布函数是否为相同的均匀分布、正态分布、泊松分布或指数分布。

勾选"检验实测分布和假设分布（柯尔莫戈洛夫-斯米诺夫检验）"复选框，单击"选项"按钮，打开"柯尔莫戈洛夫-斯米诺夫检验选项"对话框，如图 2-20 所示。

在"假设分布"栏中，有 4 种分布可供检验，分别是正态分布、均匀分布、指数分布和泊松分布，对应选项如下。

- "正态"复选框。在该选项下的"分布参数"栏中，若选择"使用样本数据"单选按钮，则使用样本中观察到的平均值和标准差作为正态分布的参数。若选择"定制"单选按钮，则可以自定义参数值，在"平均值"框中输入要检验的平均值，在"标准差"框中输入要检验的标准差值。
- "均匀"复选框。在该选项下的"分布参数"栏中，若选择"使用样本数据"单选按钮，则使用样本中观察到的最小值和最大值作为均匀分布的参数。若选择"定制"单选按钮，则可以自定义参数值，在"最小值"框中输入要检验的最小值，在"最大值"框中输入要检验的最大值。
- "指数"复选框。在该选项下的"均值"栏中，若选择"样本平均值"单选按钮，则使用样本中观察到的平均值作为指数分布的参数。若选择"定制"单选按钮，则可以自定义参数值，在"平均值"框中输入要检验的平均值。
- "泊松"复选框。在该选项下的"均值"栏中，若选择"样本平均值"单选按钮，则使用样本中观察到的平均值作为泊松分布的参数。若选择"定制"单选按钮，则可以自定义参数值，在"平均值"框中输入要检验的平均值。

单击"确定"按钮，返回"设置"选项卡。

单击"运行"按钮，则在"查看器"窗口中得到运行结果。

④ 威尔科克森秩和检验。

威尔科克森秩和检验适用于连续型变量。

勾选"比较中位数和假设中位数（威尔科克森符号秩检验）"复选框，将生成一个关于变量中位数是否等于一个假设的中位数的单样本检验。

在进行单样本的中位数检验时，应在该选项下面的"假设中位数"框中输入一个数作为假设的中位数。

⑤ 游程检验。

虽然游程检验只适用于标记变量（只有两个类别的分类变量），但可通过定义组别应用于所有变量。

勾选"检验序列的随机性（游程检验）"复选框，将生成一个单样本检验，即检验二分变量的值序列是否为随机序列。单击"选项"按钮，打开如图 2-21 所示的"游程检验选项"对话框。

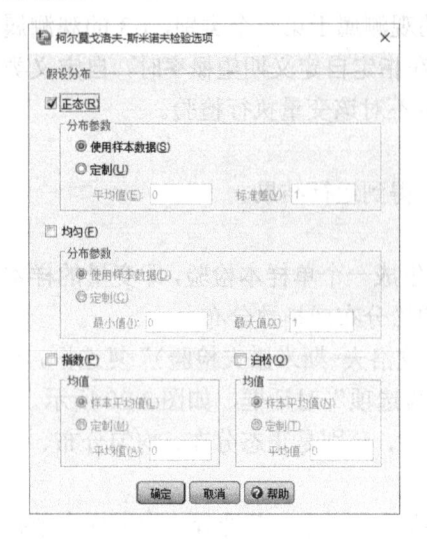

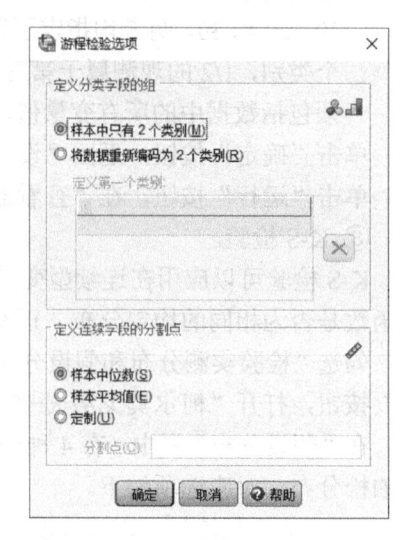

图 2-20　"柯尔莫戈洛夫-斯米诺夫检验选项"对话框　　图 2-21　"游程检验选项"对话框

如果是分类数据，就在"定义分类字段的组"栏中进行选择。"定义分类字段的组"栏中有两个选项。如果选择"样本中只有 2 个类别"单选按钮，就使用在定义组的样本中找到的值来执行游程检验。此选项仅适用于只有两个值的名义变量或有序变量。如果选择此选项，在"字段"选项卡中指定的所有其他分类变量都不会被检验。如果选择"将数据重新编码为 2 个类别"单选按钮，就使用"定义第一个类别"框中的值来执行游程检验，样本中的所有其他值定义其他组。"定义第一个类别"框中的值不需要出现在样本中，但每个组中必须至少有一个观测。

如果是连续型数据，就在"定义连续字段的分割点"栏中进行选择。在此栏中指定如何为连续型变量定义组。第一组定义为小于或等于分割点的值。该栏中包括以下 3 个选项。

- "样本中位数"单选按钮。选择此选项将在样本的中位数处设置分割点。
- "样本平均值"单选按钮。选择此选项将在样本平均值处设置分割点。
- "定制"单选按钮。选择此选项可自定义一个值作为分割点。在"分割点"框中输入一个指定的值。

单击"确定"按钮，返回"设置"选项卡。

单击"运行"按钮，在"查看器"窗口中得到运行结果。

（2）"检验选项"选项。

单击"选择项目"框中的"检验选项"选项，进入如图 2-22 所示的"检验选项"界面。在此界面可以设定显著性水平和置信度，还可以选择如何处理含有缺失值的观测。

① "显著性水平"框用来指定所有检验的显著性水平的 $\alpha$ 值。该值应介于 0～1。系统默认值为 0.05。

② "置信区间"框用来指定所有生成置信区间的置信度。该值应介于 0～100。系统默认值为 95。

③ "排除观测值数"栏用来确定参与检验的观测，共有如下两个选项。

- "按检验排除个案"单选按钮。选择此项将在指定检验中，把此检验使用的变量中含有缺失值的观测排除在检验外。如果在分析中指定了多个检验，就分别独立计算每个检验。
- "成列排除个案"单选按钮。选择此项将在所有分析中，把在"字段"选项卡中选定的变量中含有缺失值的观测排除在检验之外。

（3）"用户缺失值"选项。

单击"选择项目"框中的"用户缺失值"选项，进入如图 2-23 所示的"用户缺失值"界面。在"分类字段的用户缺失值"栏中设置缺失值的处理方式。如果要在分析中包含观测，对于分类变量来说，它必须具有有效值。

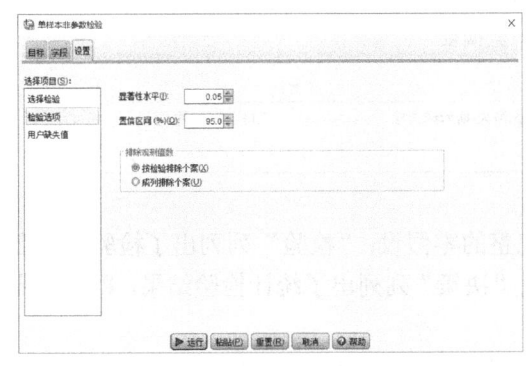

图 2-22　"检验选项"界面　　　　图 2-23　"用户缺失值"界面

①"排除"单选按钮。选择此项，分析中将不包含用户缺失值。
②"包括"单选按钮。选择此项，分析中将包含用户缺失值。

无论选择哪个选项，系统缺失值和连续型变量中的缺失值都被视为无效。

#### 2.9.1.3　单样本检验分析实例

【例 10】试检验例 2 中的 100 名健康成年女子血清蛋白含量是否服从平均值为 7.35，标准差为 0.39 的正态分布。对应数据文件为 data2-10。

在"描述统计"子菜单的探索过程中，通过在"探索：图"对话框中勾选"含检验的正态图"复选框，使用其中的 K-S 检验来对单样本数据资料进行正态性检验。初看起来，本例与上面的做法十分相似，但在使用该模块进行统计分析时，假设样本平均值等于总体的平均值，样本的标准差等于总体的标准差，所以二者不同，因为本例要检验单样本数据是否服从一个已知总体平均值和标准差的正态分布。

要用样本数据检验其隶属的总体是否服从正态分布，或者是否服从已知总体参数的正态分布，可以在"单样本非参数检验"对话框"设置"选项卡中勾选"检验实测分布和假设分布（柯尔莫戈洛夫-斯米诺夫检验）"复选框来进行检验。不同的是，在两种情况下，一种是在正态分布的"分布参数"栏中选择"使用样本数据"单选按钮，另一种是选择"定制"单选按钮并输入相应的平均值和标准差。

在 SPSS 中进行本例的分析步骤如下。

（1）按"分析→非参数检验→单样本"顺序单击，打开"单样本非参数检验"对话框。在"您的目标是什么？"栏中选择"定制分析"单选按钮。

（2）单击"字段"选项卡，选择"使用定制字段分配"单选按钮，在"字段"框中选择血清蛋白含量变量，将其移入"检验字段"框。

（3）单击"设置"选项卡，选择"定制检验"单选按钮，勾选"检验实测分布和假设分布（柯尔莫戈洛夫-斯米诺夫检验）"复选框，单击该选项下的"选项"按钮，在"柯尔莫戈洛夫-斯米诺夫检验选项"对话框中勾选"正态"复选框，在"分布参数"栏中选择"定制"单选按钮，在"平均值"框中输入"7.35"，在"标准差"框中输入"0.39"，单击"确定"按钮，返回"设置"选项卡。

（4）单击"运行"按钮，在"查看器"窗口中得到如表 2-24 所示输出结果。

表 2-24　K-S 检验结果

假设检验摘要

| | 原假设 | 检验 | 显著性 | 决策 |
|---|---|---|---|---|
| 1 | 血清蛋白含量 的分布为正态分布，平均值为 7.35，标准差为 .39000。 | 单样本柯尔莫戈洛夫-斯米诺夫检验 | .711 | 保留原假设。 |

显示了渐近显著性。显著性水平为 .050。

（5）输出表说明。"零假设"列列出了完整的零假设；"检验"列列出了检验方法名称；"显著性"列列出了 $p$ 值（$p$=0.711>0.05）；"决策"列列出了统计检验结果，即保留零假设。

（6）结论：没有充分证据可以拒绝该批数据服从给定均值、标准差的正态分布的零假设。

（7）K-S 检验中的其他信息。其他输出结果如图 2-24 所示，右图中是 100 个数据按 0.5 组距作的频数分布的直方图及其曲线图，左边的表详细列出了 K-S 检验中用到的各种统计量值及双侧检验概率 $p$ 值，对表 2-24 进行了更详细的补充说明。

单样本柯尔莫戈洛夫-斯米诺夫正态检验摘要

| 总计 N | | 100 |
|---|---|---|
| 最极端差值 | 绝对 | .070 |
| | 正 | .051 |
| | 负 | -.070 |
| 检验统计 | | .700 |
| 渐进显著性（双侧检验） | | .711 |

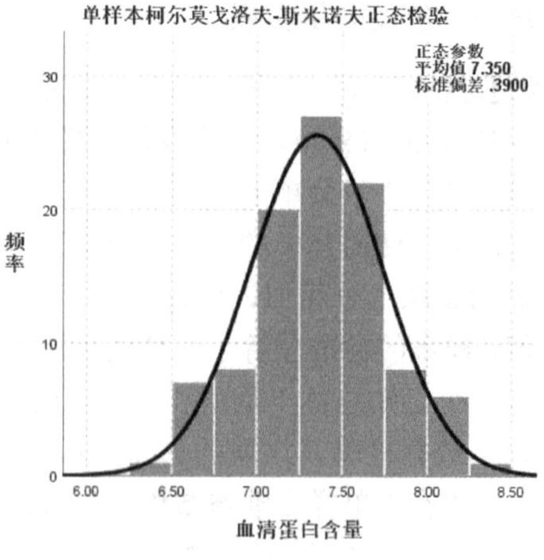

图 2-24　输出的其他信息

## 2.9.2　独立样本检验

### 2.9.2.1　独立样本检验的用途

独立样本检验使用一个或多个非参数检验来识别两个或更多独立样本间的差异，不需要假设检验的数据服从正态分布。

## 2.9.2.2 独立样本检验的操作

按"分析→非参数检验→独立样本"顺序单击,打开如图 2-25 所示的"非参数检验:两个或两个以上的独立样本"对话框。

**1. 设定检验目标**

通过"您的目标是什么?"栏快速指定常用的不同检验设置。该栏中共有 3 个选项,选择其中之一,"描述"栏中会显示对该选项的描述与说明。

(1)"在各个组之间自动比较分布"单选按钮。系统默认选项,选择此项将对两个独立样本数据自动应用曼-惠特尼检验,或对多个独立样本数据应用克鲁斯卡尔-沃利斯单因素 ANOVA 检验。

(2)"在各个组之间比较中位数"单选按钮。选择此项将使用中位数检验来比较在不同组间观察到的中位数。

(3)"定制分析"单选按钮。当希望手动修改"设置"选项卡中的检验设置时,选择此选项。注意,如果随后在"设置"选项卡中更改了与当前选定目标不一致的选项,系统将自动更改此处设置。

**2. 设置检验变量和分组变量**

单击"字段"选项卡,如图 2-26 所示,指定要检验的变量及分组变量。

(1)"使用预定义角色"单选按钮。选择此项,将使用现有变量信息。"字段"选项卡支持预先选择分析变量的预定义角色。

在 SPSS 中,变量扮演的角色一般分为输入(如预测变量、自变量)、输出或目标(如因变量)、同时用作输入和输出、没有角色分配、分区及拆分等。

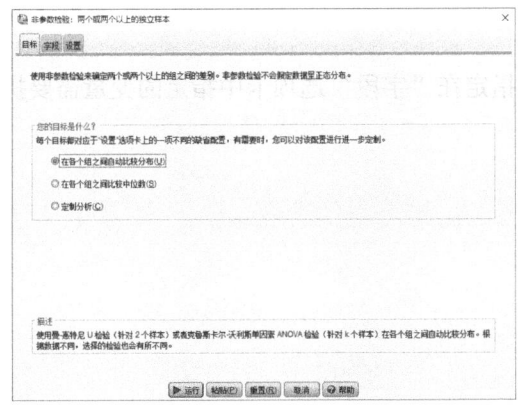

图 2-25 "非参数检验:两个或两个以上的独立样本"对话框

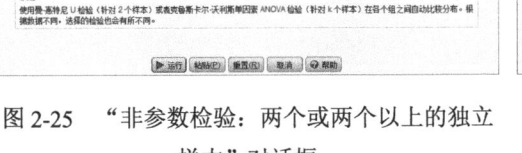

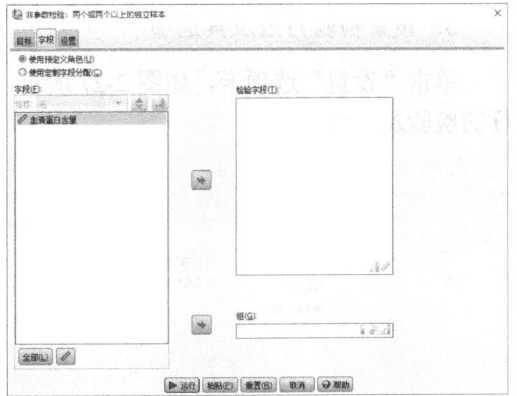

图 2-26 "字段"选项卡

当打开"字段"选项卡时,满足角色要求的变量将自动显示在目标列表中,即"字段"框和"检验字段"框中。在默认情况下,为所有变量分配输入角色。角色分配只影响支持角色分配的对话框,对命令语法没有影响。

所有预定义角色为目标或两者(变量将同时用作输入和输出)的变量将用作检验变量。如果有一个预定义角色为输入的分类变量,它将用作分组变量;否则,默认不使用分组变量,必须使用定制字段分配。至少需要一个检验变量和分组变量。

(2)"使用定制字段分配"单选按钮。选择此项设定的检验变量、分组变量将代替原变量角色。将"字段"框中列出的要进行检验的变量移至"检验字段"框中,至少需选择一个变量。它可以避免发生在选择"使用预定义角色"单选按钮时出现将不需要检验的变量选作检验变量的情况。

选择该选项后,可以对检验变量和分组变量进行进一步指定。

① "检验字段"框。在"字段"框中选择一个或多个连续型变量,将其移入"检验字段"框。

② "组"框。在"字段"框中选择一个分类变量(用来分组的名义变量),将其移入"组"框。

在"字段"框中,用户可以根据需要对出现其中的变量按一定方式进行排序。在"排序"下拉列表(见图2-16)中共有3个选项。

① "无"选项。系统默认方式。选择此选项,"字段"框中的变量将按其在数据集中出现的先后顺序排列。

② "字母数值"选项。选择此选项,"字段"框中的变量将按字母的ASCII和数值大小进行有序排列。

③ "测量"选项。选择此选项,"字段"框中的变量将按测量标准,即名义、有序、尺度顺序排列。在同一个测量标准中,"字段"框中的变量按数据集中变量名出现的先后顺序排列。

单击"字段"框下面的"全部"按钮,将选择"字段"框中的所有变量;单击"检验字段"框下的 按钮,将选择"字段"框中的所有名义变量;单击"检验字段"框下的 按钮,将选择"字段"框中的所有有序变量;单击"检验字段"框下的 按钮,将选择"字段"框中的所有尺度变量。

### 3. 设置检验方法及其选项

单击"设置"选项卡,如图2-27所示,指定在"字段"选项卡中指定的变量需要执行的检验及其选项。

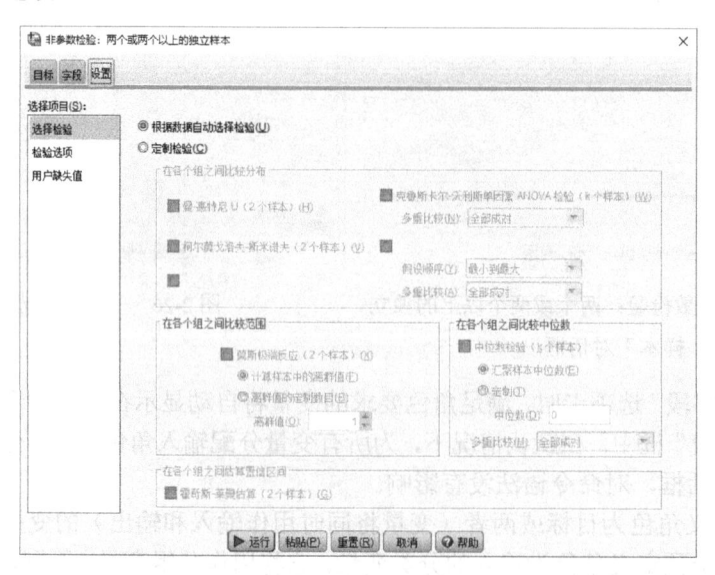

图2-27 "设置"选项卡

在"选择项目"框中，分别对选择检验、检验选项和用户缺失值3方面进行设置。

(1)"选择检验"选项。

在系统默认情况下，"设置"选项卡处于"选择检验"界面。此时，可以对检验类型进行设置。该界面中有两个单选按钮。

"根据数据自动选择检验"单选按钮。这是系统默认选项。选择此项将对分组变量中只有两个组的数据进行曼-惠特尼检验，对有 $k$ 个样本的数据进行克鲁斯卡尔-沃利斯单因素 ANOVA 检验。

"定制检验"单选按钮。选择此项，用户可根据检验目的，自行在以下给定的检验项中设定要执行的检验。

① "在各个组之间比较分布"栏。如果要检验不同组间的样本是否来自相同总体，就选择本栏中的选项。

- "曼-惠特尼 U（2 个样本）"复选框。选择本选项，将使用两组合并后得到的每个样品的秩来检验两组是否来自同一个总体。分组变量中按升序排列的第一个值定义第一个组，第二个值定义第二个组。如果分组变量有两个以上的值，就不能使用本检验。

- "柯尔莫戈洛夫-斯米诺夫（2 个样本）"复选框。选择本选项，将对两个分布间的中位数、离散度、偏度等任何差异敏感。如果分组变量有两个以上的值，就不能使用此检验。

- "检验序列的随机性（2 个样本瓦尔德-沃尔福威茨）"复选框。选择本选项将以合并两样本数据排序后的分组值组成的新样本成员为依据，再使用游程检验来检验新样本的随机性。如果分组变量有两个以上的值，就不能使用此检验。

- "克鲁斯卡尔-沃利斯单因素 ANOVA（k 个样本）"复选框。本选项对应的检验是曼-惠特尼检验的扩展，用于单因素 $k$ 水平的非参数的单因素方差分析。选择本选项，根据用户需要，可进行 $k$ 个样本的多重比较。选择本选项后，还可通过"多重比较"下拉列表选择如何进行多重比较。选择"无"选项，将不进行多重比较；选择"全部成对"选项，将进行两两样本间的比较，这是系统的默认选项；选择"逐步降低"选项，将以分组值最大的组为对照组，分别与其他各组进行两两比较。

- "检验有序选项（k 个样本约克海尔-塔帕斯特拉）"复选框。本选项对应的检验的功能比克鲁斯卡尔-沃利斯检验更强大，前提条件是 $k$ 个样本需具有自然顺序。因此，当 $k$ 个总体有序（升序或降序）时，此检验非常有效。例如，$k$ 个总体可以描述 $k$ 个增加的温度。检验的零假设是不同温度产生同样反应的分布，备择假设是温度升高反应剧烈。这里，假设两个样本是有序的，因此使用约克海尔-塔帕斯特拉检验最恰当。选择本选项后，还需要指定检验的顺序。共有两个选项。选择"最小到最大"选项，将规定其他假设：第一组的位置参数不等于第二组的位置参数，第二组的位置参数不等于第三组的位置参数，依次类推。选择"最大到最小"选项，将规定其他假设：最后一组的位置参数不等于倒数第二组的位置参数，倒数第二组的不等于倒数第三组的，依次类推。此外，还可通过"多重比较"下拉列表选择如何进行多重的比较。该列表中各选项的含义同上。

需要注意的是，在 SPSS 26 测试版中，不显示"检验序列的随机性（2 样本瓦尔德-沃尔福威茨）"复选框和"检验有序选项（k 个样本约克海尔-塔帕斯特拉）"复选框对应的选项内容，只有这两个复选框。勾选对应复选框后，在查看器中会显示这两个选项的结果。

② "在各个组之间比较范围"栏。如果要检验不同组间的样本是否具有相同的范围，就勾选本栏中的"莫斯极端反应（2个样本）"复选框。

莫斯检验用来检验控制组与比较组是否具有相同范围。分组变量中按升序排列的第一个值定义控制组，第二个值定义比较组。若分组变量的值超过两个，则不能使用此检验。

选择此检验后需要定义样本的离群值，可以通过下面两个选项之一来完成。

- "计算样本中的离群值"单选按钮。选择本选项。将把计算样本两端 5% 的样本作为样本的离群值处理。
- "离群值的定制数目"单选按钮。选择本选项后要在"离群值"框中输入一个正整数，表示作为离群值的数量。系统默认值为 1。

③ "在各个组之间比较中位数"栏。如果要检验不同组间的样本是否具有相同的中位数，就勾选本栏中的"中位数检验（k 个样本）"复选框。

选择本检验后需要定义样本的中位数可通过下面两个选项之一来完成。

- "汇聚样本中位数"单选按钮。选择本选项将用合并样本后计算得到的中位数作为它们共同的中位数。
- "定制"单选按钮。选择本选项后要在"中位数"框中输入一个值作为假设中位数。

此外，还可以根据需要，在本栏中设置对 k 样本进行多重比较分析。在系统默认情况下，将进行全部成对比较。如果在"多重比较"下拉列表中选择"无"选项，将不进行多重比较；如果在"多重比较"下拉列表中选择"逐步降低"选项，将以分组值最大的组为对照组，分别与其他各组进行两两比较。

④ "在各个组之间估算置信区间"栏。如果要给出两个独立样本估计的置信区间，就勾选本栏中的"霍奇斯-莱曼估算（2个样本）"复选框。如果分组变量的值超过两个，就不能使用此检验。

单击"运行"按钮，在"查看器"窗口中得到运行结果。

（2）"检验选项"选项。

在"设置"选项卡中，单击"选择项目"框中的"检验选项"选项，进入类似图 2-22 的"检验选项"界面。在"检验选项"界面中，可以设定显著性水平和置信度，还可以选择处理含有缺失值样本的方法。

其具体设置方法参见 2.9.1.2 节中"检验选项"界面的设置方法。

（3）"用户缺失值"选项。

在"设置"选项卡中，单击"选择项目"框中的"用户缺失值"选项，进入类似图 2-23 的"用户缺失值"界面。

其具体设置方法参见 2.9.1.2 节中"用户缺失值"界面的设置方法。

无论选取哪个选项，系统缺失值和连续型变量中的缺失值都被视为无效，在分析时将被剔除。

### 2.9.2.3 独立样本检验分析实例

【例 11】 以本章的例 7 为例，对应数据文件为 data2-07，变量 ydp1 为优等品率，是尺度测量变量；变量 ff 为操作方法，是名义变量，"1"表示"操作方法 1"，"2"表示"操作方法 2"，"3"表示"操作方法 3"，"4"表示"操作方法 4"。由于各种操作方法间相互独立，故用非参数检验中的独立样本检验过程来检验操作方法对产品的优等品率是否有显著影响。

操作步骤如下。

（1）打开数据文件 data2-07，按"分析→非参数检验→独立样本"顺序单击，打开如图 2-25 所示的对话框。

（2）在"您的目标是什么？"栏中，选择"在各个组之间自动比较分布"单选按钮。这意味着将对本例中具有多个独立样本的数据应用克鲁斯卡尔-沃利斯单因素 ANOVA 检验。

（3）单击"字段"选项卡，选择"使用定制字段分配"单选按钮，将"字段"框中的 ydp1 变量移入"检验字段"框，将"字段"框中的 ff 变量移入"组"框。其他设置保持系统默认选项。

（4）单击"运行"按钮，在"查看器"窗口中得到如表 2-25～表 2-27 和图 2-28～图 2-31 所示的结果。

（5）结果解释。

表 2-25 中的"零假设"列列出了完整的零假设；"检验"列列出了检验方法名称；"显著性"列列出了 $p$ 值（$p$=0.009）；"决策"列给出了统计检验结果，即在显著性水平为 0.01 时，有充分的证据可以拒绝零假设。

表 2-25 克鲁斯卡尔-沃利斯单因素 ANOVA 检验结果

假设检验摘要

| | 原假设 | 检验 | 显著性 | 决策 |
|---|---|---|---|---|
| 1 | 在 ff 的类别中，ydp1 的分布相同。 | 独立样本克鲁斯卡尔-沃利斯检验 | .009 | 拒绝原假设。 |

显示了渐进显著性。显著性水平为 .050。

表 2-26 详细列出了独立样本克鲁斯卡尔-沃利斯检验中的各种统计量，对表 2-25 进行了补充说明。

表 2-26 独立样本克鲁斯卡尔-沃利斯检验摘要

独立样本克鲁斯卡尔-沃利斯检验摘要

| | |
|---|---|
| 总计 N | 21 |
| 检验统计 | 11.530[a] |
| 自由度 | 3 |
| 渐进显著性（双侧检验） | .009 |

a. 检验统计将针对绑定值进行调整。

现有证据表明，有充分的理由可以拒绝零假设，也就是说，操作方法对产品的优等品率有显著影响。

图 2-28 所示为独立样本克鲁斯卡尔-沃利斯检验箱图，显示了 4 个组的观测值的分布情况，图中箱体部分是正常值的分布范围，中间的粗线为各组的中位数的位置，箱体上方或下方出现的单线为异常值的位置。

表 2-27 给出了两两变量间分布相同的多重比较结果。由表 2-27 可知，第 4 组变量的分布与第 3 组变量和第 2 组变量的分布间在显著性水平为 0.05 时有显著性差异。

图 2-28　独立样本克鲁斯卡尔-沃利斯检验箱图

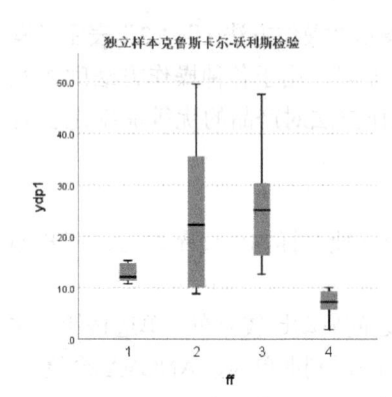

表 2-27　多重比较

**ff 的成对比较**

| Sample 1-Sample 2 | 检验统计 | 标准误差 | 标准检验统计 | 显著性 | Adj.显著性[a] |
|---|---|---|---|---|---|
| 4-1 | 6.900 | 3.923 | 1.759 | .079 | .472 |
| 4-2 | 10.250 | 3.756 | 2.729 | .006 | .038 |
| 4-3 | 12.300 | 3.923 | 3.135 | .002 | .010 |
| 1-2 | -3.350 | 3.756 | -.892 | .372 | 1.000 |
| 1-3 | -5.400 | 3.923 | -1.376 | .169 | 1.000 |
| 2-3 | -2.050 | 3.756 | -.546 | .585 | 1.000 |

每行都检验"样本 1 与样本 2 的分布相同"这一原假设。
显示了渐进显著性（双侧检验）。显著性水平为 .05。

a. 已针对多项检验通过 Bonferroni 校正法调整显著性值。

图 2-29 所示为连续型变量信息，是观测到的对连续型变量（检验变量）划分区间后落入各区间的观测数的直方图，该图还包括观测量、最大值、最小值、平均值、标准差等信息。

图 2-30 所示为各分类变量信息，是各分类的条形图，显示了各类中的观测量及占总观测量的百分比。图 2-31 所示为各组的平均秩，是对表 2-27 的图示补充。

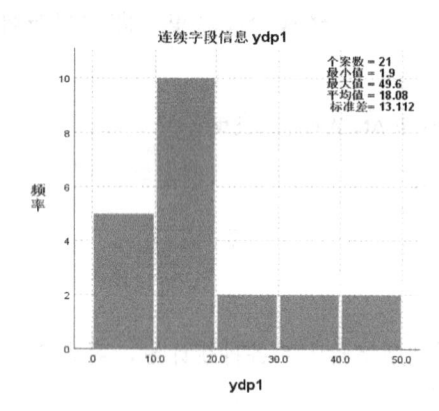

图 2-29　连续型变量信息

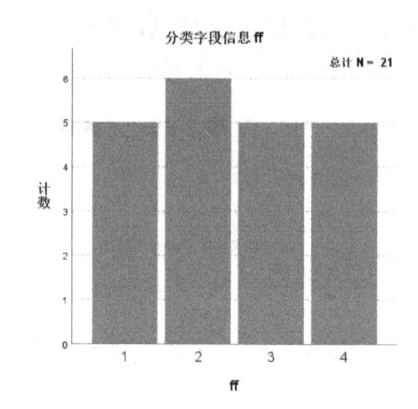

图 2-30　各分类变量信息

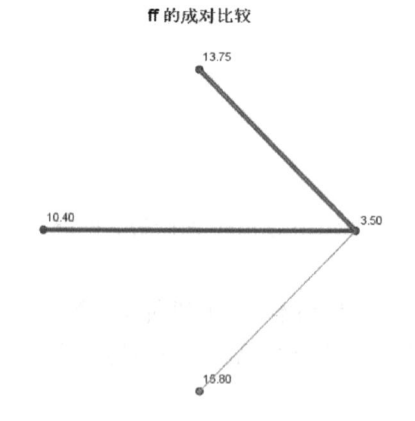

图 2-31　各组的平均秩

## 2.9.3 相关样本检验

### 2.9.3.1 相关样本检验的用途

相关样本检验通过一个或多个非参数检验来识别两个或更多相关样本间的差异，不需要假设检验的数据服从正态分布。

相关样本与独立样本有明显的区别：在独立样本中，同一个样本中的任意一个变量的值的先后顺序可以随意改变，不影响最终分析；但在相关样本中，存储在数据集中的两个及两个以上的相关的观测值需要在同一个被试对象的记录中，因此不可以单独改变其中任一个变量的变量值的位置。

例如，用定期间隔测试的方式获取每个受试者的体重并存储在节食前体重、中间体重和节食后体重等变量下，这些变量称为相关变量，可以使用相关样本检验来研究节食计划的有效性。

### 2.9.3.2 相关样本检验的操作

按"分析→非参数检验→相关样本"顺序单击，打开"非参数检验：两个或两个以上的相关样本"对话框，如图 2-32 所示。

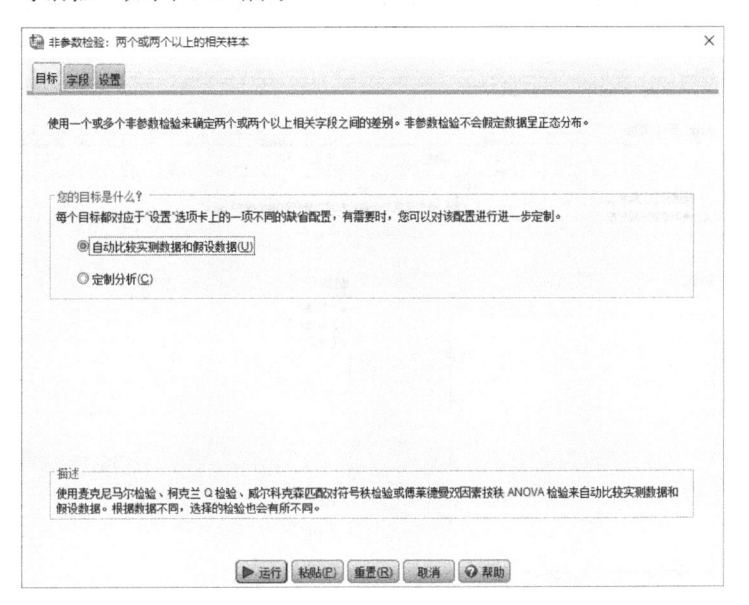

图 2-32  "非参数检验：两个或两个以上的相关样本"对话框

**1. 设定检验目标**

在"您的目标是什么？"栏中指定常用的不同检验设置。该栏中共有两个选项。

（1）"自动比较实测数据和假设数据"单选按钮。这是系统默认选项。当只指定两个变量，且为分类数据时，软件自动使用麦克尼马尔检验；当指定两个以上变量，且为分类数据时，软件自动使用柯克兰 Q 检验；当只指定两个变量，且为连续数据时，软件自动使用威尔科克森秩和检验；当指定两个以上变量，且为连续数据时，软件自动使用傅莱德曼双因素按秩 ANOVA 检验。

（2）"定制分析"单选按钮。当希望手动修改"设置"选项卡中的检验设置时，选择本选项。如果在"设置"选项卡上更改了与当前选定目标不一致的选项,系统将自动更改此处设置。

**注意**:当指定了不同测量水平的变量时,软件将先用测量水平对变量进行区分,然后对各个组将使用相应的检验。例如,用户选择"自动比较实测数据和假设数据"单选按钮,并指定 3 个连续型变量和 2 个名义变量,软件将自动会对连续型变量使用傅莱德曼双因素按秩 ANOVA 检验,并对名义变量使用麦克尼马尔检验。

**2. 设置检验字段和分组变量**

单击"字段"选项卡,如图 2-33 所示,指定要对哪些变量进行检验。

(1)"使用预定义角色"单选按钮。选择此选项将使用现有变量信息。"字段"选项卡支持预先选择分析变量的预定义角色。

在 SPSS 中,变量扮演的角色一般分为输入(如预测变量、自变量)、输出或目标(如因变量)、同时用作输入和输出、没有角色分配、分区及拆分等。

当打开"字段"选项卡时,满足角色要求的变量将自动显示在目标列表中。在默认情况下,为所有变量分配输入角色。角色分配只影响支持角色分配的对话框。

所有预定义角色为目标或两者(变量将同时用作输入和输出)的变量将用作检验变量。至少需要两个检验变量。

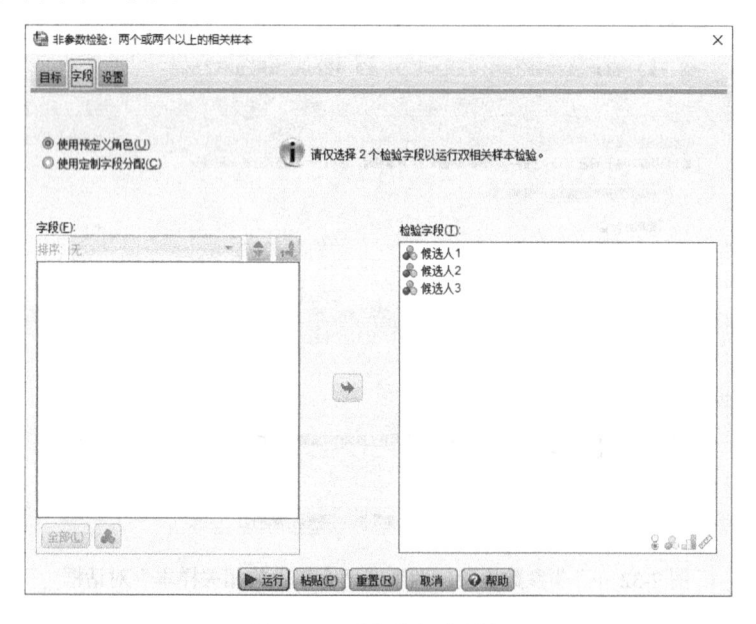

图 2-33 "字段"选项卡

(2)"使用定制字段分配"单选按钮。设定的检验变量可以代替其原变量角色。

选择此选项后,可以进一步指定检验变量。在"字段"框中选择两个或多个连续型变量,将其移入"检验字段"框。每个变量对应一个单独的相关样本。

用户可根据需要将"字段"框中的变量按一定方式排序。在"排序"下拉列表(见图 2-16)中,共有 3 个选项,具体设置方法参见 2.9.1.2 节的相关内容。

单击"字段"框下面的"全部"按钮,将选择"字段"框中的所有字段。单击"检验字段"框下的 按钮,将选择"字段"框中的所有名义字段。单击"检验字段"框下的按钮,将选择"字段"框中的所有有序字段。单击"检验字段"框下的 按钮,将选择"字段"框中的所有尺度字段。

**3. 设置检验方法及其选项**

单击"设置"选项卡,如图 2-34 所示,对在"字段"选项卡中指定的变量需要执行的检验及其选项进行指定。

在"选择项目"框中,需对选择检验、检验选项和用户缺失值 3 方面进行设置。

(1) 选择检验。

在系统默认情况下,"设置"选项卡处于"选择检验"界面。此时,可以设定对指定变量执行何种检验。该界面中有如下两个确定检验方法的选项。

"根据数据自动选择检验"单选按钮。这是系统默认选项。当只指定两个分类变量时,软件自动使用麦克尼马尔检验;当指定两个以上分类变量时,软件自动使用柯克兰 Q 检验;当只指定两个连续型变量时,软件自动使用威尔科克森秩和检验;当指定两个以上连续型变量时,软件自动使用傅莱德曼双因素按秩 ANOVA 非参数检验。

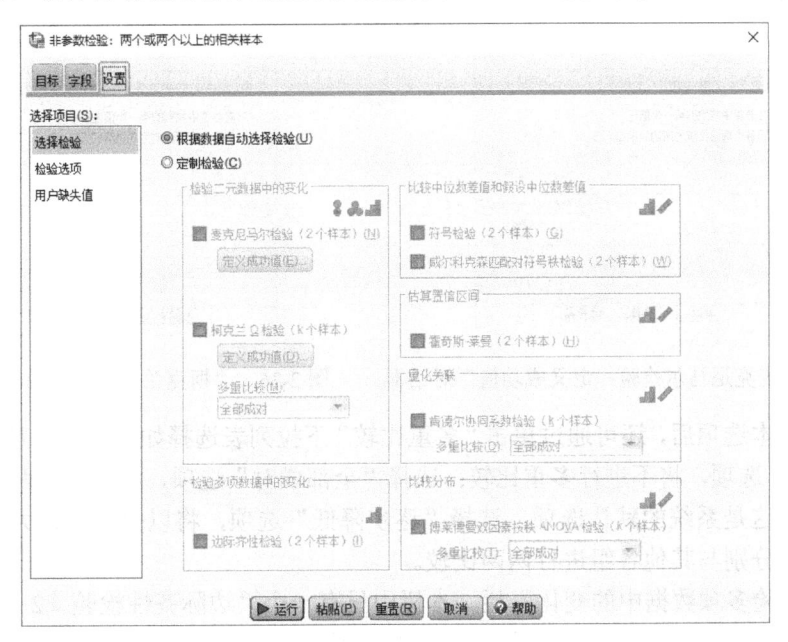

图 2-34 "设置"选项卡

"定制检验"单选按钮。用户可根据各自的检验目的,自行通过以下给定选项中设定要执行的检验。

① "检验二元数据中的变化"栏。

- "麦克尼马尔检验(2 个样本)"复选框。它可用来确定初始响应率(事件前)是否等于最终响应率(事件后)。如果是二值数据,每个被试对象的响应分别在指定事件发生前后被重复测定,就可以选择本选项。麦克尼马尔检验对于在前后对比设计中检测由实验干预引起的响应变化很有用。

单击"定义成功值"按钮,打开如图 2-35 所示"麦克尼马尔检验:定义成功值"对话框。在"定义分类字段的成功值"栏中可以指定如何为分类变量定义成功值。

■ "在数据中找到的第一个值"单选按钮。选择本选项将使用在样本中找到的第一个值定义成功值,以此来执行检验。本选项仅适用于只有两个值的名义变量或有序变量。若选择本选项,则在"字段"选项卡中指定的所有其他分类变量都不会被检验。系统默认选择本选项。

■ "将各个值组合成为成功类别"单选按钮。选择本选项将使用用户指定的"成功值"列表来执行检验。可以用字符串或数值列表来指定成功值。列表中的值不需要出现在样本中。

单击"确定"按钮,返回"设置"选项卡。

● "柯克兰 Q 检验(k 个样本)"复选框。如果所有的响应均是二值的,那么在要检验的 k 个相关样本有相同的平均值时,应选择本选项。选择本选项后,下面的"定义成功值"按钮和"多重比较"下拉列表将被激活。单击"定义成功值"按钮,打开如图 2-36 所示的"柯克兰 Q:定义成功值"对话框。在"定义分类字段的成功值"栏指定如何为分类变量定义成功值。设置完成后单击"确定"按钮,返回"设置"选项卡。

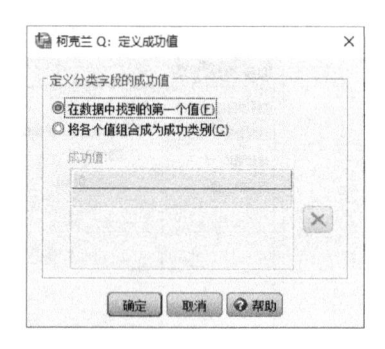

图 2-35 "麦克尼马尔检验:定义成功值"对话框　　图 2-36 "柯克兰 Q:定义成功值"对话框

选择本选项后,还可通过单击"多重比较"下拉列表选择如何进行多重比较。选择"无"选项,将不进行多重比较;选择"全部成对"选项,将进行两两样本间的比较,这是系统的默认选项;选择"逐步降低"选项,将以分组值最大的组为对照组,分别与其他各组进行两两比较。

② "检验多项数据中的变化"栏。本栏中只有一个"边际齐性检验(2 个样本)"复选框。边际齐性检验通常在重复测量的情况下使用,是麦克尼马尔检验从二值响应到多项响应的扩展,是一种用来检验配对有序变量的对应分类值间出现的可能性是否相同的非参数检验方法。如果在"字段"选项卡中指定了两个以上的变量将不执行本检验。

③ "比较中位数差值和假设中位数差值"栏。在本栏中有两个用来检验两个连续型变量间的中位数差值是否等于 0 的选项。如果在"字段"选项卡中指定了两个以上的变量,将不执行这些检验。

● "符号检验(2 个样本)"复选框。适用于两个相关样本的配对数据。

● "威尔科克森配对符合秩检验(2 个样本)"复选框。适用于两个相关样本的配对数据。

④ "估算置信区间"栏。如果需要估计两个相关样本的配对连续型变量间的中位数差值的置信区间,就勾选本栏中的"霍奇斯-莱曼(2 个样本)"复选框。如果在"字段"选

项卡中指定了两个以上的变量,将不执行此检验。

⑤ "量化关联"栏。本栏中只有一个"肯德尔协同系数检验（k 个样本）"复选框。如果在裁判员或评判员对多个被试对象同时给出评分后,需要对裁判员或评判员之间的评分进行一致性评定,就勾选本复选框。

选择本选项后,下面的"多重比较"下拉列表将被激活,用户可选择如何进行多重比较。单击"多重比较"下拉列表,选择"无"选项,将不进行多重比较；选择"全部成对"选项,将进行两两样本间的比较,这也是系统的默认选项；选择"逐步降低"选项,将以分组值最大的那个组为对照组,分别与其他各组进行两两比较。

⑥ "比较分布"栏。本栏中只有一个"傅莱德曼双因素按秩 ANOVA 检验（k 个样本）"复选框。如果要进行 k 个相关样本是否来自同一总体的检验,就选择本选项。

在选择本选项后,下面的"多重比较"下拉列表将被激活,用户可以选择如何进行多重比较。多重比较的选择方法同上。

单击"运行"按钮,在"查看器"窗口中得到运行结果。

（2）检验选项。

在"设置"选项卡中,单击"选择项目"框中的"检验选项"选项,进入类似图 2-22 的"检验选项"界面,可以设定显著性水平和置信度,还可以选择如何处理含有缺失值的样本。其具体设置方法参见 2.9.1.2 节的相关内容。

（3）用户缺失值

在"设置"选项卡中,单击"选择项目"框中的"用户缺失值"选项,进入类似图 2-23 的"用户缺失值"界面。其具体设置方法参见 2.9.1.2 节的相关内容。

无论选取哪个选项,系统缺失值和连续型变量中的缺失值都被视为无效。

#### 2.9.3.3 相关样本检验分析实例

【例 12】 某村在村主任选举前随机抽取 50 位村民,对 3 位村主任候选人的认可度进行摸底调查,用"1"表示"认可",用"0"表示"不认可"。调查结果存放在数据文件 data2-11 中。检验是否可以认为村民对 3 位候选人的认可度是一样的。

本例将使用非参数检验中的相关样本检验过程自动进行分析。在运行前对即将运行的数据文件进行必要说明。

数据文件中的 3 个变量的属性如图 2-37 所示。

| | 名称 | 类型 | 宽度 | 小数 | 标签 | 值 | 缺失 | 列 | 对齐 | 度量标准 | 角色 |
|---|---|---|---|---|---|---|---|---|---|---|---|
| 1 | 候选人1 | 数值(N) | 8 | 0 | | {1, 认可}... | 无 | 8 | 靠右 | 名义(N) | 目标 |
| 2 | 候选人2 | 数值(N) | 8 | 0 | | {1, 认可}... | 无 | 8 | 靠右 | 名义(N) | 目标 |
| 3 | 候选人3 | 数值(N) | 8 | 0 | | {1, 认可}... | 无 | 8 | 靠右 | 名义(N) | 目标 |

图 2-37 数据文件中变量的属性

**注意**：在测量水平（度量标准）中将变量的测量水平定义为名义测量,在角色中将变量定义为目标变量,是让 SPSS 进行自动识别的关键。

这些变量都是相关的二分名义变量,要进行村民对 3 位候选人的认可度的一致性分析,可以使用柯克兰 Q 检验。

需要记住的是,数据文件中的第一个值（第一个名义变量的第一个观测值）为"1",不是"0"。

在 SPSS 中使用非参数检验中的相关样本检验过程进行柯克兰 Q 检验的操作步骤非常简单，均采用系统默认选项即可。具体操作如下。

在 SPSS 数据编辑器中，打开数据文件 data2-11，按"分析→非参数检验→相关样本"顺序单击，打开"非参数检验：两个或两个以上的相关样本"对话框，单击"确定"按钮，提交系统运行，在"查看器"窗口中得到如表 2-28 和表 2-29 及图 2-38～图 2-40 所示的输出结果。

表 2-28 检验汇总

假设检验摘要

| | 原假设 | 检验 | 显著性 | 决策 |
|---|---|---|---|---|
| 1 | 候选人1,候选人2 and 候选人3 的分布相同。 | 相关样本柯克兰Q检验 | .005 | 拒绝原假设。 |

显示了渐进显著性。显著性水平为 .050。

相关样本柯克兰 Q 检验摘要

| | |
|---|---|
| 总计 N | 50 |
| 检验统计 | 10.579 |
| 自由度 | 2 |
| 渐进显著性（双侧检验） | .005 |

表 2-28 左表中的"零假设"列列出了完整的零假设——候选人 1，候选人 2 and 候选人 3 的分布相同，也就是村民对 3 位候选人有相同的认可度；"检验"列列出了检验方法名称——相关样本柯克兰 Q 检验；"显著性"列列出了 $p$ 值（$p=0.005<0.05$）；"决策"列给出了统计检验结果——拒绝零假设，即村民对 3 位候选人有不同的认可度。

表 2-28 右表列出了算得的更加详细的统计量值。

图 2-38 所示为 3 位候选人认可与不认可的直方图，显示了各位候选人被认可和不被认可的人数，可见候选人 1 的认可度最高。

图 2-39 是图 2-38 另一种图示方式，是村民认可和不认可每位候选人人数的分解图。

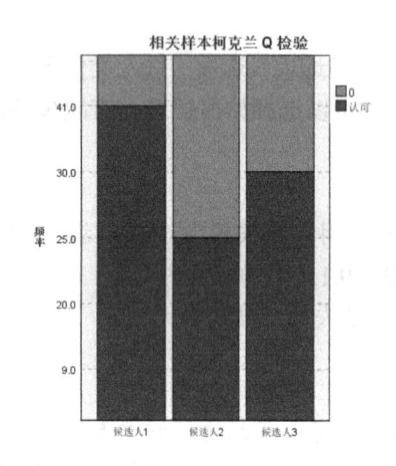

图 2-38 三位候选人认可与不认可的直方图

由表 2-29 可知，第 1 位候选人与第 2 位候选人的认可度间有显著性差异（$p=0.004$）。

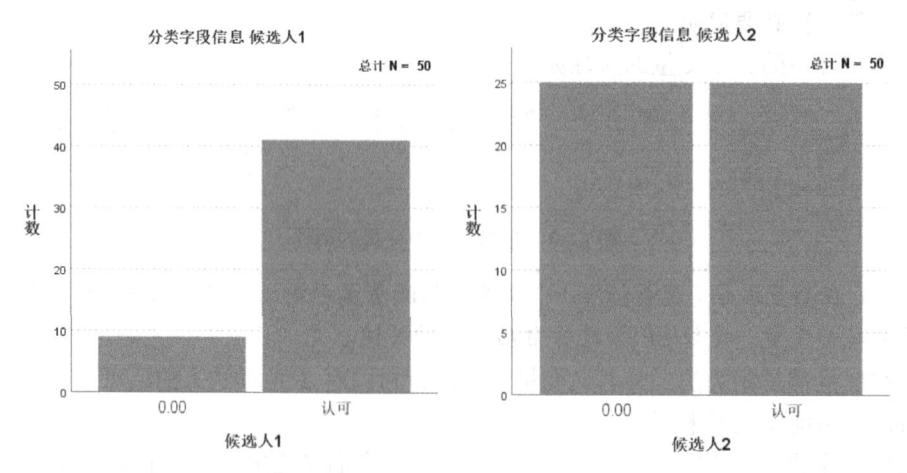

图 2-39 各位候选人得到村民的认可和不认可分布情况的直方图

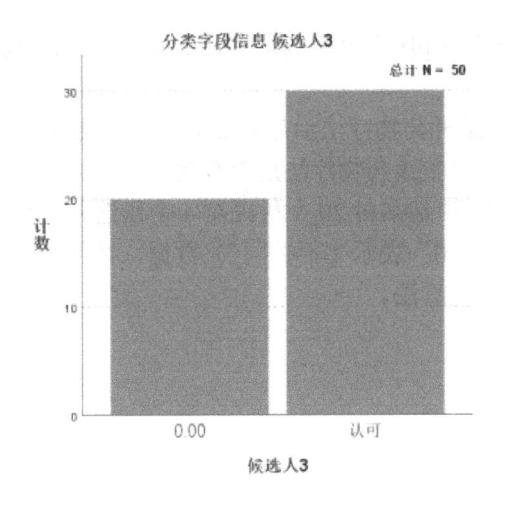

图 2-39　各位候选人得到村民的认可和不认可分布情况的直方图（续）

由图 2-40 可知，第 1 位候选人得到的认可数为 41，第 2 位候选人得到的认可数为 25，第 3 位候选人得到的认可数为 30，是图 2-38 中村民认可人数的另一个种图示描述方法。

表 2-29　多重比较

成对比较

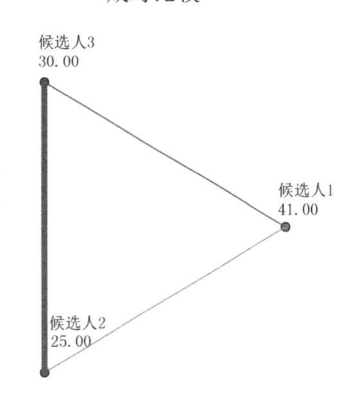

| Sample 1-Sample 2 | 检验统计 | 标准误差 | 标准检验统计 | 显著性 | Adj.显著性[a] |
|---|---|---|---|---|---|
| 候选人2-候选人3 | -.100 | .101 | -.993 | .321 | .962 |
| 候选人2-候选人1 | .320 | .101 | 3.179 | .001 | .004 |
| 候选人3-候选人1 | .220 | .101 | 2.185 | .029 | .087 |

每行都检验"样本 1 与样本 2 的分布相同"这一原假设。
显示了渐进显著性（双侧检验）。显著性水平为 .05。

a. 已针对多项检验通过 Bonferroni 校正法调整显著性值。

图 2-40　成对比较图

# 习　题　2

1．什么是非参数检验？SPSS 的哪个过程可进行非参数检验？共包括几种方法？

2．100 名健康成年女子血清蛋白含量记录在数据文件 data2-02 中，试用卡方检验过程检验健康成年女子血清蛋白含量是否服从正态分布。

3．对一台设备进行寿命试验，记录 10 次无故障工作时间，并按从小到大的顺序排列在数据文件 data2-12 中。此设备故障工作时间是否服从指数分布？

4．一个监听装置收到的信号记录在数据文件 data2-13 中，检验该信号是否是纯粹随机干扰。

5. 两个地点的地表土壤 pH 记录在数据文件 data2-14 中，检验这两个地点的平均 pH 是否一样。

6. 10 个病人在使用某种药物疗法治疗前后的血压（收缩压，单位为 mmHg）被记录在数据文件 data2-15 中，检验该药物疗法是否有效。

7. 数据文件 data2-16 中是某村 20 个村民对 4 个候选人（A、B、C、D）赞同与否的调查（"1"表示"赞同"，"0"表示"不赞同"）数据，试用柯克兰 Q 检验法检验村民是否对这 4 个候选人有不同的看法。

# 第3章 聚类分析与判别分析

## 3.1 聚类分析、判别分析及其分析过程

分类学是人类认识世界的基础科学。聚类分析和判别分析是研究事物分类的基本方法，被广泛应用于自然科学、社会科学、工农业生产等领域。

### 3.1.1 聚类分析

聚类分析（Cluster Analysis）是根据事物自身的特性研究个体分类的方法。聚类分析的原则是同一类个体有较大相似性，不同类个体有较大差异性。

根据分类对象的不同，聚类分析可分为样品聚类和变量（又称指标）聚类。

**1. 样品聚类**

样品聚类在统计学中又称为 Q 型聚类，用 SPSS 的术语来说就是对事件（或称样品或称观测）进行聚类，是根据被观测对象的各种特征进行分类的，也就是根据反映被观测对象的特征的各变量值进行分类。例如，用 K-均值聚类分析可以根据观众对电视机外观的偏好把电视机外观分为 $k$ 组，并依据此分类结果确定营销市场分类。

应根据不同的目的选用不同的变量作为分类依据。例如，选拔少年运动员选用的分类变量与课外活动小组选用的分类变量不同，对啤酒按价格进行分类和按成分进行分类选用的分类变量也不同。

**2. 变量聚类**

变量聚类在统计学中又称为 R 型聚类。反映同一事物特点的变量有很多，在一般情况下，常根据研究的问题选择部分变量对事物的某一方面进行研究。人类对客观事物的认识是有限的，往往难以找出彼此独立的有代表性的变量，这会对进一步认识和研究问题产生影响。例如，在回归分析中，自变量的共线性会导致偏回归系数不能真正反映自变量对因变量的影响，因此往往需要先进行变量聚类，将高度关联的变量聚成一类，将各类中的代表变量作为自变量进行回归分析，从而使回归自变量的独立性增加，而参与回归的自变量的代表性依然不会减弱。在生产活动中也不乏需要进行变量聚类的实例。例如，制衣业制定衣服型号就是从人体各部分尺寸中找出最有代表性的尺寸，如身长、胸围、裤长、腰围，作为上衣和裤子的代表性指标；制鞋业中鞋的型号的制定也是如此。变量聚类使批量生产成为可能。

无论哪种聚类分析都是为了达到某种目的而做的工作，有时使用的类别并不是自然界中真实存在的。

## 3.1.2 判别分析

判别分析是先根据表明事物特点的变量值和它们所属类别求出判别函数，再根据判别函数对所属类别未知的事物进行分类的一种分析方法。

在自然科学和社会科学的各个领域中，经常会遇到需要对某个个体属于哪一类进行判断的场景。例如，动物学家对动物分类的研究往往需要先获得某个动物所属的科、目、纲等，再根据判别函数进行判断。

进行判别分析必须事先知道样品的所属类别。如果类别未知，必须先进行聚类，再根据样本聚类的结果进行判别分析，得出判别函数，进而判断其他研究对象属于哪一类。例如，在选拔少年运动员时，要先根据已有的少年运动员的身体形态、身体素质、心理素质、生理功能的各种指标进行测试，得到各种指标的测试值，据此对少年运动员进行分类，再根据分类结果求出选拔的判别函数，作为选拔依据。又如，根据啤酒的酒精含量、钠含量及热量对啤酒进行分类。

判别分析与聚类分析的不同点在于，判别分析要求一系列反映事物特征的数值型变量的值已知，并且各个体的分类已知。

SPSS 中进行聚类分析和判别分析的统计分析过程是由"分析"菜单中的"分类"命令调用的，如图 3-1 所示，二级菜单列表中是进行聚类分析、判别分析的过程清单。本章内容包括如下过程。

（1）两步聚类过程，是一个探索性的分析过程，可以分析大数据文件并自动确定最好的分析结果。

（2）K-均值聚类过程，是一种快速聚类分析过程，仅对观测进行快速聚类。

（3）系统聚类过程，是分层聚类，进行样本聚类和变量聚类的过程。

图 3-1 各种聚类分析过程

（4）判别过程，进行判别分析的过程。

## 3.2 两步聚类

### 3.2.1 两步聚类的概述及有关术语

**1. 两步聚类的概念**

两步聚类过程是一个探索性的分析过程，为揭示自然的分类或分组而设计。两步聚类过程使用的算法区别于传统的聚类分析技术的特点是，分类变量和连续型变量都可以参与分析，可以自动确定分类数，可以高效率地分析大数据集，用户可以自己设置用于运算的内存容量。

两步聚类法在聚类过程中除使用传统的欧式距离测度外，为了处理分类变量和连续型变量，还使用似然距离测量，两步骤类法要求模型中的变量是独立的，分类变量服从多项分布，连续型变量服从正态分布。虽然参与分析的变量在违反这一假设的情况下也可能得出结果，但是应该使用其他 SPSS 过程检验参与分析的变量是否独立，是否符合分类变量和连续型变量在分布方面的要求。

可以使用相关样本检验过程检验两个连续型变量之间的独立性；使用交叉表过程检验两个分类变量间的独立性；使用平均值过程检验连续型变量和分类变量间的独立性；使用探索过程检验连续型变量的正态性；使用卡方检验过程检验分类变量是否服从多项分布。

两步聚类中的第一步是考察每个观测，确定聚类中心。根据相近者为同一类的原则，计算距离并把与聚类中心距离最小的观测分到相应的类中。这个过程称作构建一个分类的特征（CF）树。先把一个观测放在树的叶节点根部，该节点含有该观测的变量信息。然后将距离测量作为相似性的判据，后续每个观测根据其与已经存在的节点的相似性归到对应类中。如果相似，就将该观测放在一个已经存在的节点上，形成该节点的树叶；如果不相似，就形成一个新节点。

两步聚类中的第二步是使用凝聚算法对 CF 树的叶节点进行分组。凝聚算法可用来产生一个结果范围。为确定最好的聚类结果，将 BIC（Bayesian Information Criterion，贝叶斯信息准则）或 AIC（Akaik Information Criterion，赤池信息准则）作为聚类判据对每一个聚类结果进行比较，得出最终聚类结果。

两步聚类过程的输出包括聚类得出结果的类数判据（AIC、BIC）、聚类最终结果的类频数等各类变量的描述统计量，以及类频数条形图、类频数饼图和变量重要性图。

**2. 有关术语**

（1）聚类特征树。在聚类的第一步根据计算的距离确定类结构。每类有一个节点，属于该类的观测就是该节点的树叶。树叶不断增加构成树枝，第一步聚类过程就是 CF 树成长的过程。

（2）AIC 或 BIC 是在聚类的第二步用到的两个判据，是两种算法。

（3）调谐算法。两步聚类过程可以自动进行，也可以人为控制。在人为控制的情况下，用户自定义参数，称作调谐（Tuning）。指定参数后，CF 树的规模基本就确定了。

（4）噪声处理。两步聚类常用于处理大数据集，在构建 CF 树时，如果指定了类数和算法参数，如一个 CF 树的最大分支数、一个叶节点的最大子节点数等，那么当观测很多时，在第一步聚类过程中 CF 树可能就满了，不能再长了。没有在 CF 树上的观测称为噪声。用户可以通过调整算法参数，让 CF 树容纳更多或更少的观测，将这些观测保留在某类中或者丢掉。这种处理称作噪声处理。

（5）离群值。经噪声处理，在聚类结束时被丢掉的观测称为离群值。离群值单独构成一类，不计在聚类结果的类数中。

（6）聚类质量的评判。卡夫曼（Kaufman）和卢梭（Rousseeuw）关于聚类结构解释的研究成果表明，可以用聚类结合和分离的轮廓系数（Silhouette）值来判定结果的质量。好的结果表示数据将轮廓系数反映为聚类结构的合理迹象或强迹象，尚可的结果表示数据将轮廓系数反映为弱迹象，而较差的结果表示数据将轮廓系数反映为无明显迹象。在质量图中使用不同颜色区分三个等级：较差、尚可、好。通过质量图可以快速检查设置的聚类模型质量，如果聚类模型质量较差，就返回建模节点修改聚类模型设置，以生成较好的结果。

第 $i$ 个观测的 Silhouette 值的计算公式为

$$\text{Silhouette}_i = (B_i - A_i) / \max(A_i, B_i)$$

式中，$A_i$ 是第 $i$ 个观测到其聚类中心的距离；$B_i$ 是第 $i$ 个观测到非所属类但是最近聚类中心的距离。某类的 Silhouette 值就是该类各观测的 Silhouette$_i$ 值的平均值。该值为"1"表示所有观测位于聚类中心上；该值为"-1"表示所有观测位于某些其他类的聚类中心上；该值为"0"表示在正常情况下观测到本聚类中心与到最近其他类的聚类中心是等距的。

### 3.2.2 两步聚类过程

在使用两步聚类过程前，应该对在"变量视图"标签页中认真定义各变量的测量类型，并对各变量的独立性和分布特征进行检验。

两步聚类的操作步骤如下。

#### 1. 打开两步聚类过程主对话框

建立或读入数据文件后，按"分析→分类→二阶聚类"顺序单击，打开"二阶聚类分析"对话框，如图 3-2 所示。

#### 2. 在两步聚类过程主对话框中进行如下操作

（1）指定分析变量。左侧的原始变量列表中显示了可以参加两步聚类分析的两种类型的变量。

① 选择参与两步聚类分析的分类变量，单击上面的向右移动变量按钮，将其移入右侧的"分类变量"框。两步聚类过程要对这个变量的值继续分类。

② 选择连续型变量，单击下面的向右移动变量按钮，将其送入"连续变量"框。两步聚类过程根据这些变量的值继续聚类。

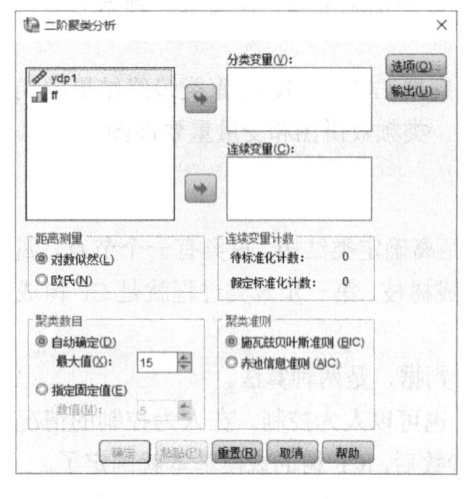

图 3-2 "二阶聚类分析"对话框

（2）在"距离测量"栏中选择计算两类间相似程度的算法。该栏包括如下选项。

①"对数似然"单选按钮。选择此项要求所有变量彼此独立，连续型变量是正态分布的，分类变量是多项分布的。

②"欧氏"单选按钮。选择此项将使用欧氏距离法测量两类间的直线距离。当所有参与聚类的变量都是连续型变量时此方法才适用。

（3）在"聚类数目"栏中指定最后分类结果所分的类数。该栏包括如下选项。

①"自动确定"单选按钮。选择此项后两步聚类过程将用在"聚类准则"栏中指定的判据，自动确定最好的类数。在"最大值"框中输入一个正整数，指定该过程应该考虑的最大类数。默认的最大类数是 15。最终聚类结果的类数介于 1 至指定的最大类数之间。

②"指定固定值"单选按钮。选择此项后在"数值"框中输入一个正整数，指定要求聚成的固定的类数。最终聚类结果必定是指定的类数。

（4）"连续变量计数"栏中显示的是连续型变量的计数，即在"二阶聚类：选项"对话框中指定的要进行标准化的连续型变量的个数和假设已经标准化的连续型变量的个数。

（5）在"聚类准则"栏中指定判据，包括 BIC 和 AIC。

**3. "选项"按钮**

单击"选项"按钮，打开"二阶聚类：选项"对话框，如图 3-3 所示。

（1）在"离群值处理"栏中选择在 CF 树满时，对还没有聚到任何一类中的离群值继续加入 CF 树的处理方法。勾选"使用噪声处理"复选框后，如果 CF 树满了，将在聚类时对待分类的观测进行特殊处理，以使 CF 树完整；如果 CF 树不能接受更多观测，将在叶节点和非叶节点处分开。

在"百分比"框中输入一个数值。如果某节点包含的观测数与该节点能包含的最大叶子数之比小于该值，就认为叶子稀少，把观测放到叶子稀少处，CF 树会长大。在 CF 树再次长大后，如果可能，待分类的观测会被放进 CF 树；否则，待分类的观测将被放弃。

如果不勾选"使用噪声处理"复选框，那么在聚类结束后，不能被指派到任何一类中的观测将单独形成一类，称作局外类。

（2）在"内存分配"栏中指定一个聚类过程使用的最大存储空间（单位为 MB）。如果在两步聚类过程中需要占用的空间超出该值，就会使用磁盘存储内存中放不下的信息，默认值是 64。可以指定一个大于或等于 64MB 的数值，或者请教系统管理员后再确定这个数值。这是在处理和分析大样本时需要进行的操作。如果该值设置得太小，最终可能无法得到正确的或希望的类数。

（3）在"连续变量标准化"栏中选择已经标准化的连续型变量。聚类算法要求连续型变量先完成标准化。任何连续型变量都作为要被标准化的变量列在"待标准化计数"框中，选中已经标准化的变量，单击向左移动变量按钮，将其送入左侧的"假定标准化计数"框。待标准化的变量留在"待标准化计数"框中。可以对连续型变量事先进行标准化，以缩短聚类过程时间，并简化操作。

（4）单击"高级"按钮展开隐藏的高级选项，如图 3-4 所示。

图 3-3 "二阶聚类：选项"对话框

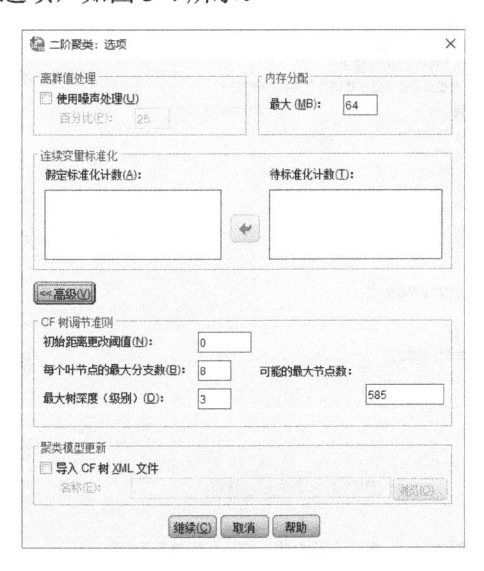

图 3-4 展开隐藏的高级选项

① 在"CF 树调节准则"栏中设置聚类算法的聚类 CF 树的特殊性，应该谨慎改变有关选项。该栏中的选项如下。

- "初始距离更改阈值"框，用于设置初始距离变化极限。该值设置的是增长 CF 树的起始极限。如果要把一个给定的观测插入 CF 树的一个叶子，那么产生的紧密性值只要比初始值小，该叶子就不会断开；一旦密度值超过初始值，该叶子就会被断开，生成分支形成节点。系统默认值为 0，即开始时两个观测一定各为一类。
- "每个叶节点的最大分支数"框，用于指定一个节点具有的最大子节点数。系统默认值为 8。
- "可能的最大节点数"框，用于指定由该分析过程产生的潜在的最大 CF 树节点数，利用公式 $(b^{d+1}-1)/(b-1)$ 算得。式中，$b$ 是最大分支数，$d$ 是最大树深度。根据系统默认值可以计算出默认的可能的最大节点数为 585。最低限度为每个节点需要 16B。一个很大的 CF 树会极大占用和消耗系统资源并反过来影响分析过程的执行。因此要谨慎设置各参数。
- "最大树深度（级别）"框，用于设置 CF 树节点的最大水平数。系统默认值为 3。

② 在"聚类模型更新"栏中勾选"导入 CF 树 XML 文件"复选框，将允许引入并用当前数据文件修改以前生成的原聚类模型。引入的文件是.xml 格式的 CF 树。在"二阶聚类分析"对话框中指定分析变量的顺序必须与以前分析时指定的分析变量的顺序相同。除非明确地把新模型信息写到相同的文件名下，否则.xml 文件保持不变。

如果想更新模型，就使用在产生原模型时指定的与 CF 树有关的选项，即使用生成原模型使用的距离测量、噪声处理、存储器设置或 CF 树调节准则等设置，而不使用当前对话框中的选项和设置的参数。

**注意**：当对一个原聚类模型进行修改时，假设在当前数据文件中没有被选择的观测用于产生原分类模型，还假设用于模型修改的观测与用于产生原模型的观测来自同一总体。也就是说，两个数据集中的同名的连续型变量的平均值和标准差假设是相等的；分类变量的水平相同。当新的数据集和旧的数据集来自不同的总体时，为了得到最好的结果，应该根据两个数据集的组合来运行两步聚类过程。

**4. "输出"按钮**

单击"输出"按钮，打开"二阶聚类：输出"对话框，如图 3-5 所示。

（1）"输出"栏包含如下选项。

①"透视表"复选框。选择本选项，结果将显示在透视表中。

②"图表和表（在模型查看器中）"复选框。选择本选项，指定为评估字段的变量可以在"模型查看器"窗口中选择性地显示为聚类描述符。

"模型查看器"窗口中的表包括模型摘要和聚类特征表。"模型查看器"窗口中输出的图形

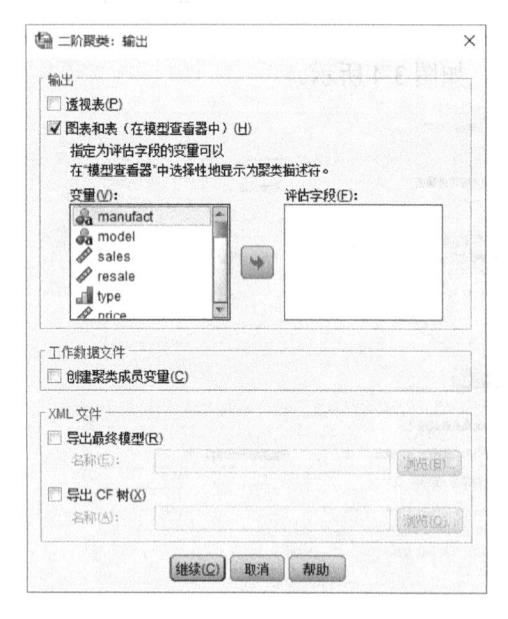

图 3-5 "二阶聚类：输出"对话框

包括聚类质量图、聚成类的大小、变量重要性、聚类比较表和单元格信息。

③ "变量"框中的是没有参与聚类分析的变量。

④ "评估字段"框中是计算未在聚类创建过程中使用的变量。

在"二阶聚类：输出"对话框中指定的评估字段变量，可以在"模型查看器"窗口中将其与输入特征一起显示。带有缺失值的变量将被忽略。

（2）勾选"工作数据文件"栏中的"创建聚类成员变量"复选框，将在当前数据文件中产生一个新变量，即类成员变量。变量值为相应的观测属于哪一类。新变量名为 TSC_$n$，$n$ 是表示顺序的正整数，由系统自动给出。

（3）在"XML 文件"栏中设置以.xml 格式输出文件。该栏包含如下选项。

① "导出最终模型"复选框，选择此项将把最终聚类模型输出到指定文件中。

② "导出 CF 树"复选框，选择此项将保存当前聚类树的状态到指定文件中。该文件可以在以后通过新数据分析的结果修改。

选择以上两个选项后，都要通过单击"名称"框后面的"浏览"按钮，来指定存储路径和文件名。

### 3.2.3 两步聚类分析实例

【例 1】 汽车制造商需要评价当前汽车市场，以确定车辆在市场上的竞争地位。可以通过对探访的数据进行分类来达到此目的，分类可以用两步聚类过程来完成。

（1）数据文件 data3-01 中包括各种车辆的发动机的构造、型号、价格和反映物理特性的数据。使用两步聚类过程根据价格和物理特性进行自动分类。变量名及其含义如表 3-1 所示。

表 3-1 变量及其含义

| 变 量 名 | 含 义 | 变 量 名 | 含 义 | 变 量 名 | 含 义 |
| --- | --- | --- | --- | --- | --- |
| manufact | 厂商 | price | 价格 | length | 长度 |
| model | 型号 | engine_s | 发动机尺寸 | curb_wgt | 底盘重量 |
| sales | 销售量 | horsepow | 马力 | fuel_cap | 燃料容量 |
| resale | 4 年后销售量 | wheelbas | 轴距 | mpg | 燃料功效 |
| type | 类型 | width | 宽度 | — | — |

（2）按"分析→分类→二阶聚类"顺序单击，打开"二阶聚类分析"对话框。

① 将 type 变量送入"分类变量"框。

② 将 price、engine_s、horsepow、wheelbas、width、length、curb_wgt、fuel_cap、mpg 9 个连续型变量送入"连续变量"框。

③ 在"二阶聚类分析"对话框中单击"输出"按钮，打开"二阶聚类：输出"对话框，在"输出"栏中，勾选"图表和表（在模型查看器中）"复选框，要求指定为评估字段的变量可以在"模型查看器"窗口中显示为聚类描述符。

（3）运行结果。

图 3-6 所示为"模型查看器"窗口。

① 左侧视图中的内容是"查看器"窗口中的输出内容。双击"查看器"窗口中的内容，打开右侧视图。利用下边的"查看"下拉列表可查看更多信息。

"模型概要"即聚类的综合信息。由此可知聚类算法是两步聚类，输入变量有 10 个，最后聚成 3 类。

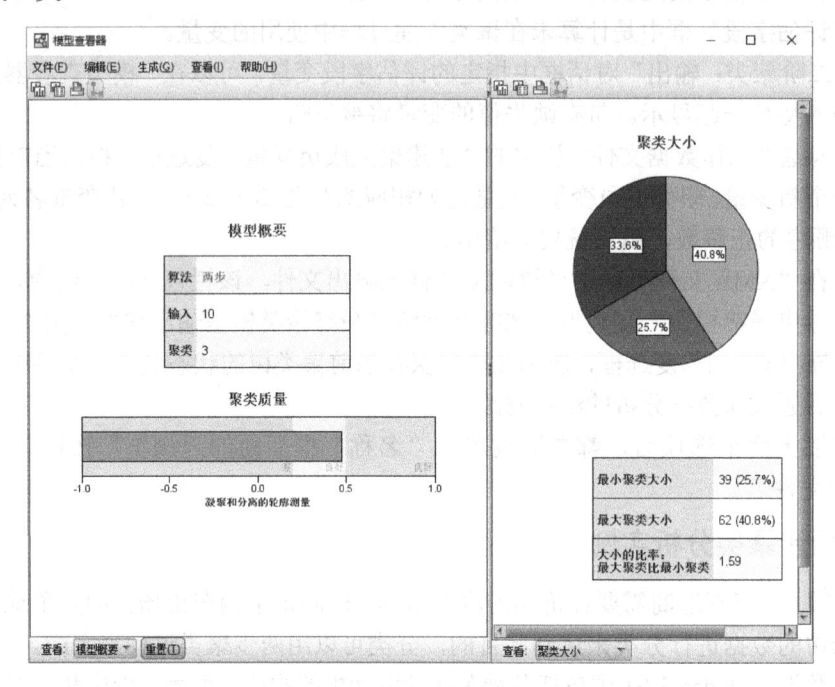

图 3-6 "模型查看器"窗口

② "模型查看器"窗口右侧视图中有"聚成类大小"饼图和一个表格。
- 饼图表明第一类观测数占 40.8%，第二类观测数占 25.7%，第三类观测数占 33.6%。
- 表格中列出了最小聚类大小和最大聚类大小中包含的观测数分别为 39 和 62，以及最大聚类与最小聚类观测数的比值为 1.59。

③ 单击左侧视图下面的"查看"下拉列表按钮，选择"聚类"选项，查看聚类表，如表 3-2 所示。表中的类是按大小自左至右排序的。第 1 行是所聚成的类号；第 2 行是可以由用户添加标签的单元格，双击单元格即可添加文字；第 3 行是可以由用户对各类添加说明的单元格；第 4 行是各类的大小，即各类中的观测数；第 5 行是作为输入变量的分类变量，以下 9 行是 9 个连续型变量，各单元格中列出了各类、各变量的平均值。表格中的小方框是当鼠标指针指向一个单元格时显示的该类该变量的信息，包括变量名、该变量在聚类过程中的重要性、平均值。各类的聚类中心由其对应的 9 个变量的平均值组成。

表 3-2 表明连续型变量很好地把各类分开了。1 类中的车辆特的征是价格便宜、小（长度、宽度都小）、燃料效率最高；2 类中的车辆的特征是价格适中、汽缸较大；3 类中的车辆的特征是价格昂贵、大、燃料效率适中。

(4) 单击"模型查看器"窗口右侧视图下面的"查看"下拉列表按钮，选择预测变量的重要性项，如图 3-7 所示。预测变量重要性图的表示形式为条形图，最下面的标尺表明条形图越短，重要性越低。重要性最高的类是车辆类型，重要性最低的类是价格。

使用两步聚类过程把车辆分为明显的 3 类。为了更好地在内部将各类分开，还需要收集与车辆有关的其他方面的信息，如碰撞试验的成绩。

表 3-2　"模型查看器"窗口中的聚类表

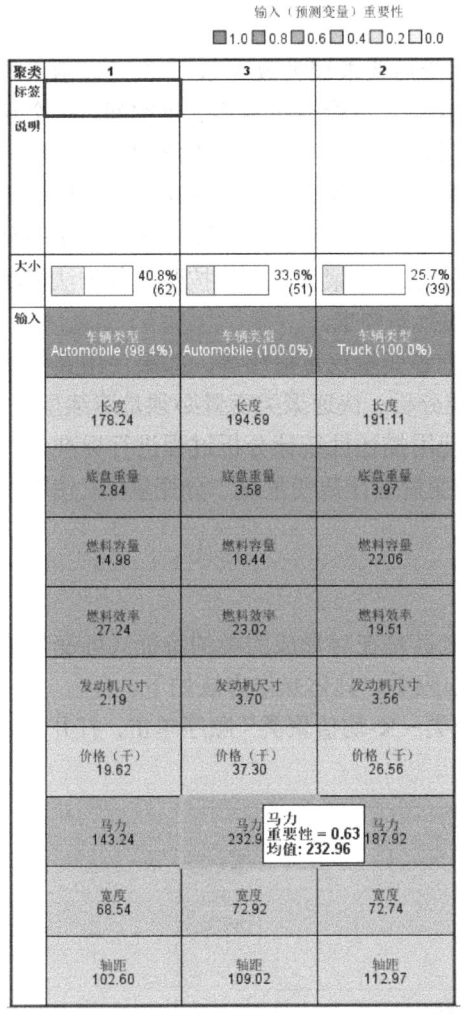

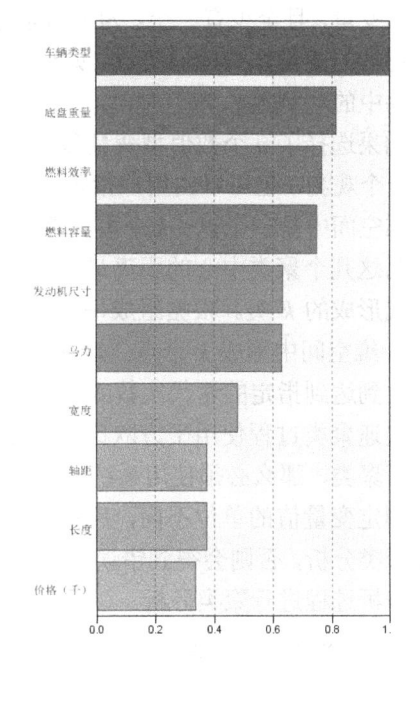

图 3-7　预测变量重要性图

## 3.3　快 速 聚 类

### 3.3.1　快速聚类概述

当要聚成的类数确定时，使用快速聚类过程可以很快地将观测分到各类中去。快速聚类过程的特点是处理速度快、占用内存少，适用于大样本聚类分析。

K-均值聚类属于快速聚类命令。使用 K-均值聚类对观测进行聚类，可以完全使用系统默认值，也可以自定义各种参数。例如，可以指定把数据文件中的观测分为几类，指定使聚类过程中止的收敛判据或迭代次数，指定聚类结束后在"查看器"窗口中显示哪些内容，是否将聚类结果或中间数据存入输出数据文件，指定其文件名，以及把哪些数据存入数据文件等。

进行快速聚类要先选择用于聚类分析的变量和聚类数。参与聚类分析的变量必须是数值型变量，且至少有一个。为了清楚地表明各观测最后聚到哪一类，应该指定一个表明观测特征的变量作为标识变量，如编号、姓名。聚类数必须大于或等于2，但不能大于数据文件中的观测数。

如果选择了 $n$ 个数值型变量参与聚类分析，最后要求聚类数为 $k$，那么可以由系统先选择 $k$ 个观测（也可以由用户指定）作为聚类的种子，$n$ 个变量组成 $n$ 维空间。每个观测在 $n$ 维空间中是一个点。$k$ 个事先选定的观测就是 $k$ 个聚类中心点，称为初始聚类中心。按照离这几个聚类中心的距离最小原则，把观测分派到各聚类中心所在类中，构成第一次迭代形成的 $k$ 类。根据组成每一类的观测，计算各变量平均值。每一类中的 $n$ 个平均值在 $n$ 维空间中形成 $k$ 个点。这 $k$ 个点是第二次迭代的聚类中心。按照这种方法依次迭代，直到达到指定的迭代次数或达到中止迭代的判据要求。

快速聚类过程使用平方欧氏距离测量距离，各变量权重值相等。如果使用其他统计量进行聚类，那么必须使用系统聚类法进行聚类分析。快速聚类变量必须是连续型变量。如果测定变量值的单位不同，应先对聚类变量使用描述性统计分析过程进行标准化，再进行聚类分析，否则会得到错误结论。如果聚类变量是计数变量或二分变量，就使用系统聚类分析过程进行聚类分析。

### 3.3.2 快速聚类过程

快速聚类过程适用于大样本的聚类分析，尤其是在对形成的类的特征（各变量值范围）有了一定认识时，此方法使用起来更加得心应手。具体操作方法如下。

（1）建立或读入数据文件后，按"分析→分类→K-均值聚类"顺序单击，打开"K 均值聚类分析"对话框，如图3-8所示。

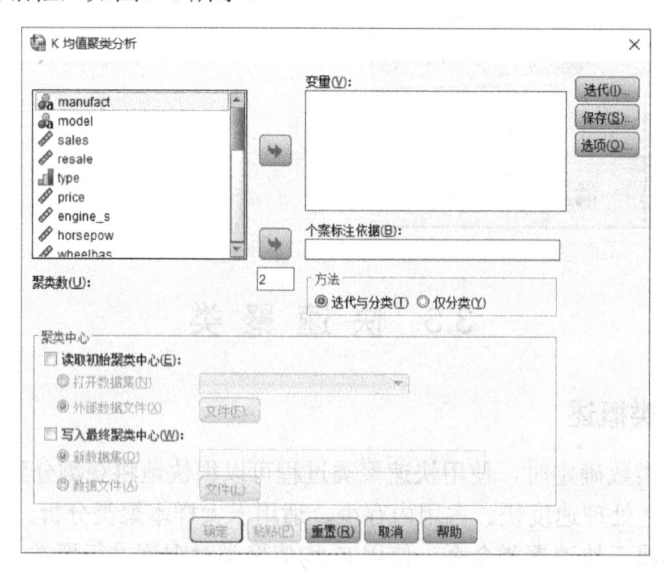

图 3-8 "K 均值聚类分析"对话框

（2）指定分析变量和标识变量。在原始变量列表中选择参与聚类分析的数值型变量，将其送入右侧的"变量"框；选择能唯一标识各观测的变量，将其送入"个案标注依据"框。

（3）确定分类数。按分析要求在"聚类数"框中输入分类数。系统默认值为2。

(4) 选择聚类方法。在"方法"栏中选择一种聚类方法。该栏包括如下选项。

① "迭代与分类"单选按钮：选择此选项后，聚类的迭代过程将使用 K-均值聚类算法不断计算聚类中心，并根据结果更换聚类中心，把观测分到与之最近的聚类中心标志的类中。系统默认选择此选项。

② "仅分类"单选按钮：选择此选项后，将根据初始聚类中心进行聚类。在聚类过程中不改变聚类中心。

(5) 在"聚类中心"栏中选择初始聚类中心。该栏包括如下选项。

① "读取初始聚类中心"复选框：选择此选项将使用指定数据文件中的观测作为初始聚类中心。选择此选项后，还需要进行如下选择。

- "打开数据集"单选按钮：当包含种子观测的数据文件已经打开时，选择此选项，并在下拉列表中选择一个观测作为初始聚类中心的数据集。
- "外部数据文件"单选按钮：当没有打开包含种子观测的数据文件时，选择此选项，并单击"文件"按钮，指定文件所在位置（路径）和文件名，将该文件的观测作为初始聚类中心的数据，单击"打开"按钮，返回"K 均值聚类分析"对话框，"文件"按钮后面显示包括路径的文件全名。

勾选"读取初始聚类中心"复选框，需要先建立一个数据集，该数据集的观测数与要聚成的类数相等，每个观测都由参与聚类的变量值组成。

② "写入最终聚类中心"复选框：选择此选项将把聚类结果中的各聚类中心数据保存到指定文件中，该文件可以作为以后聚类的初始聚类中心文件。选择此选项后，还需要进行如下选择。

- "新数据集"单选按钮：选择此选项，在后面的框中输入数据文件名，运行结果会把最终结果的聚类中心保存在指定文件中。注意，由于这个文件无须指定保存位置，因此在结束 SPSS 前要保存这个文件，否则会丢失。
- "数据文件"单选按钮：选择此选项后，单击"文件"按钮，指定文件保存位置（路径）和文件名，单击"保存"按钮返回"K 均值聚类分析"对话框，在"文件"按钮后面显示包括路径的文件全名。

(6) 输出数据选项。单击"保存"按钮，打开"K-均值聚类：保存新变量"对话框，如图 3-9 所示。

① "聚类成员"复选框：选择此选项，要求在当前数据文件中（"数据编辑器"窗口中）建立一个新变量，默认变量名为 qcl_1，变量值表示聚类结果，为类顺序标号，可取 1，2，3，…，表明各观测被分配到哪一类。

② "与聚类中心的距离"复选框：选择此选项，要求在当前"数据编辑器"窗口中建立一个新变量，默认变量名为 qcl_2。变量值为各观测距所属类的聚类中心的欧氏距离。

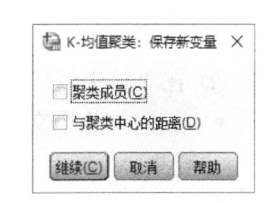

图 3-9 "K-均值聚类：保存新变量"对话框

单击"继续"按钮，返回"K 均值聚类分析"对话框。

(7) 控制聚类分析过程的选项。

单击"迭代"按钮，打开"K-均值聚类分析：迭代"对话框，如图 3-10 所示，进一步选择迭代次数和聚类判据。只有在"K 均值聚类分析"对话框"方法"栏中选择了"迭代与分类"单选按钮，"迭代"按钮才会被激活。

①"最大迭代次数"框：在此框中输入数值，指定K-均值聚类算法中的迭代次数。当达到指定迭代次数时，即使没有满足收敛判据，迭代也会停止。系统默认值为10，数值范围为1～999。

②"收敛准则"框：在此框中输入数值，指定K-均值聚类算法中的收敛标准，该值必须大于或等于0，且小于1，默认值为0。如果将"收敛准则"设置为"0.02"，那么当一次完整的迭代无法使任何一个聚类中心的移动（两次迭代聚类中心变化量）超过原始聚类中心间最小距离的2%时，迭代停止。

若同时设置了以上两个参数，则在迭代过程中，只要满足其中一个参数，迭代就停止。

③"使用运行平均值"复选框：选择此选项将限定在每个观测被分配到一类后即刻计算新的聚类中心。如果不选择此选项，将在完成所有观测的一次分配后再计算各类聚类中心。

单击"继续"按钮，返回"K 均值聚类分析"对话框。

（8）单击"选项"按钮，打开"K-均值聚类分析：选项"对话框，如图 3-11 所示，指定要计算的统计量和带有缺失值的观测的处理方式。

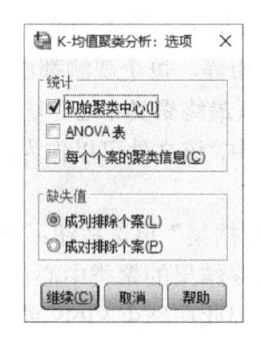

图 3-10　"K-均值聚类分析：迭代"对话框　　　图 3-11　"K-均值聚类分析：选项"对话框

① 在"统计"栏中选择要计算和输出的统计量，该栏包括如下选项。
- "初始聚类中心"复选框。
- "ANOVA 表"复选框。
- "每个个案的聚类信息"复选框。例如，最终所属类和该观测距所属聚类中心的距离。

② 在"缺失值"栏中选择一种带有缺失值观测的处理方法。该栏包括如下选项。
- "成列排除个案"单选按钮：选择此选项将删除分析中任何聚类变量中有缺失值的观测。
- "成对排除个案"单选按钮：选择此选项将根据所有不含缺失值的变量计算距离，并将观测分配至最近一类。

### 3.3.3　快速聚类分析实例

【例2】　本例对游泳运动员进行聚类。为简化问题，仅以 10 名运动员的 3 项测试数据为例。变量分别为 x1（肩宽/髋宽×100）、x2（胸厚/胸围×100）、x3（腿长/身长×100），预计按泳姿分为蝶泳、仰泳、蛙泳、自由泳 4 类，对应数据文件为 data3-02。

(1) 操作步骤。

① 打开数据文件 data3-02，按"分析→分类→K-均值聚类"顺序单击，打开"K 均值聚类分析"对话框。

② 本例要求根据 x1、x2、x3 进行聚类，选中这 3 个变量，送入"变量"框。选中变量 no 作为标识变量送入"个案标注依据"框。

③ 按泳姿分 4 类，在"聚类数"框中输入"4"。

其余使用系统默认值。单击"确定"按钮，提交系统执行。

(2) 输出结果如表 3-3~表 3-6 所示。

表 3-3 所示为初始聚类中心，给出了作为 4 类初始聚类中心的观测各变量值。由于没有指定聚类的初始聚类中心，所以表 3-3 中的作为聚类中心的观测是由系统确定的。

表 3-4 所示为两次迭代后聚类中心的变化量。由于没有指定迭代次数或收敛判据，因此使用系统默认值："最大迭代次数"为"10"，"收敛准则"为"0"。由表 3-4 可知，快速聚类过程执行 2 次迭代后，聚类中心的变化为 0，迭代停止。表 3-4 给出了每次迭代聚类中心的变化量。

表 3-3 初始聚类中心

初始聚类中心

| | 聚类 | | | |
|---|---|---|---|---|
| | 1 | 2 | 3 | 4 |
| 肩宽/髋宽×100 | 125 | 122 | 120 | 120 |
| 胸厚/胸围×100 | 20 | 18 | 17 | 19 |
| 腿长/身长×100 | 44 | 43 | 42 | 44 |

表 3-4 两次迭代后聚类中心的变化量

迭代历史记录<sup>a</sup>

| | 聚类中心中的变动 | | | |
|---|---|---|---|---|
| 迭代 | 1 | 2 | 3 | 4 |
| 1 | .707 | .354 | .707 | .707 |
| 2 | .000 | .000 | .000 | .000 |

a. 由于聚类中心中不存在变动或者仅有小幅变动，因此实现了收敛。任何中心的最大绝对坐标变动为 .000。当前迭代为 2。初始中心之间的最小距离为 2.449。

表 3-5 所示为最终聚类中心，给出了聚类结果形成的 4 类的聚类中心的观测的各变量值。

表 3-6 所示为聚类总结，显示的是聚类结果。由表 3-6 可知，除第 2 类有 4 名运动员外，其余各类均有 2 名运动员。

表 3-5 最终聚类中心

最终聚类中心

| | 聚类 | | | |
|---|---|---|---|---|
| | 1 | 2 | 3 | 4 |
| 肩宽/髋宽×100 | 125 | 122 | 121 | 121 |
| 胸厚/胸围×100 | 20 | 18 | 17 | 19 |
| 腿长/身长×100 | 45 | 43 | 42 | 45 |

表 3-6 聚类总结

每个聚类中的个案数目

| | | |
|---|---|---|
| 聚类 | 1 | 2.000 |
| | 2 | 4.000 |
| | 3 | 2.000 |
| | 4 | 2.000 |
| 有效 | | 10.000 |
| 缺失 | | .000 |

由上述结果输出可以看出，采用系统默认值的输出结果并不令人满意。根据输出结果无法知道某个观测属于哪一类。因此需要自行设置。

【例 3】 指定初始聚类中心的聚类方法例题。

仍使用数据文件 data3-02。已知 no 为 9、8、4、6 的 4 名运动员分别是蝶泳、仰泳、蛙泳、自由泳 4 种泳姿成绩的突出者,将这 4 个观测作为初始聚类中心进行聚类。操作步骤如下。

(1) 建立包含初始聚类中心 4 个观测的数据文件,即聚类中心数据文件(又称种子数据文件)data3-02a,存入磁盘。要求聚类中心数据文件满足如下条件。

① 文件格式必须与数据文件 data03-02 的格式相同。

② 文件中的变量在当前数据文件中必须存在,并且变量名应相同,在即将进行的快速聚类过程中也应选择相同的变量作为聚类变量。

③ 文件中的观测数必须与在"K 均值聚类分析"对话框中指定的类数相同。

④ 有一个表明类号的变量,变量名为 CLUSTER_。

聚类中心数据文件可以是前一次快速聚类产生的输出文件,也可以是以根据经验找出的最具代表性的观测作为初始聚类中心的文件。

(2) 在当前"数据编辑器"窗口中打开已经存在的原始数据文件 data3-02,打开作为种子数据文件的 data3-02a。

(3) 按例 2 中的①~②步的操作选择聚类变量、标识变量,指定分类数。

(4) 在"聚类中心"栏内勾选"读取初始聚类中心"复选框,选择"打开数据集"单选按钮,选择该下拉列表中的 data3-02a.sav,指定该文件为初始聚类中心文件。

(5) 勾选"写入最终聚类中心"复选框,选择"数据文件"单选按钮,保存聚类结果的聚类中心数据为数据文件。单击"文件"按钮,指定保存为种子数据文件的存取路径和文件名(data3-02b)。

(6) 选择聚类方法。在"K 均值聚类分析"对话框"方法"栏中选择"迭代与分类"单选按钮。

(7) 聚类过程控制参数仍选用系统默认值。"K-均值聚类分析:迭代"对话框中的值保持不变。

(8) 单击"保存"按钮,在"K-均值聚类:保存新变量"对话框中勾选"聚类成员"复选框和"与聚类中心的距离"复选框。单击"继续"按钮,返回"K 均值聚类分析"对话框。

(9) 单击"选项"按钮,打开"K-均值聚类分析:选项"对话框,勾选"统计"栏中的所有复选框。由于数据文件中没有缺失值,故"缺失值"栏保持系统默认的处理方式。单击"继续"按钮,返回"K 均值聚类分析"对话框。

(10) 单击"确定"按钮,提交系统执行。

(11) 种子数据文件中的数据如图 3-12 所示。输出结果如表 3-7~表 3-13 和图 3-13、图 3-14 所示。

(12) 结果解释。

表 3-7 中的初始聚类中心是指定的聚类中心数据文件 data3-02a 中的数据。

由表 3-8 可知,聚类经过两次迭代后完成。

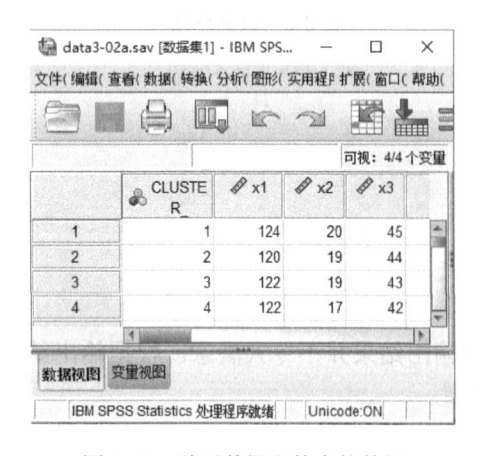

图 3-12 种子数据文件中的数据

第一次迭代 1~4 类的聚类中心与初始聚类中心之间的距离分别为 0.707、0.707、0.745、1.054。结束聚类过程的判据有两个，一个是最大迭代次数为 10，另一个是聚类中心变化距离为 0。从表 3-8 中可以看出，当进行第二次迭代后，聚类中心几乎没有变化，根据判据聚类中心变化距离为 0，结束聚类过程。

表 3-7 初始聚类中心

初始聚类中心

| | 聚类 | | | |
|---|---|---|---|---|
| | 1 | 2 | 3 | 4 |
| 肩宽/髋宽×100 | 124 | 120 | 122 | 122 |
| 胸厚/胸围×100 | 20 | 19 | 19 | 17 |
| 腿长/身长×100 | 45 | 44 | 43 | 42 |

从 FILE 子命令输入

表 3-8 迭代过程中聚类中心的变化量

迭代历史记录[a]

| | 聚类中心中的变动 | | | |
|---|---|---|---|---|
| 迭代 | 1 | 2 | 3 | 4 |
| 1 | .707 | .707 | .745 | 1.054 |
| 2 | .000 | .000 | .000 | .000 |

a. 由于聚类中心中不存在变动或者仅有小幅变动，因此实现了收敛。任何中心的最大绝对坐标变动为 .000。当前迭代为 2。初始中心之间的最小距离为 2.236。

表 3-9 所示为各观测所属类成员表，由此可知，每个观测用 no 标识，表头中的"编号"为变量 no 的标签；"聚类"列的值为类号，表明各观测最终被分配到哪一类；"距离"列的值为该观测在三维坐标中的点与聚类中心点的距离。如果选择的聚类中心是各类最具代表性的观测，那么距离值越大，表明与该类代表性观测的差异越大。

表 3-10 所示为最终聚类中心，给出了 4 个聚类中心的 3 个变量值，即聚类中心在三维坐标空间中的位置。

表 3-11 所示为最终聚类中心之间的距离，是聚类结束时两两聚类中心间的距离。表 3-11 第 1 行和左侧第 1 列均为类号，两类间的距离显示在行列交叉单元格中。

表 3-9 各观测所属类成员表

聚类成员

| 个案号 | 编号 | 聚类 | 距离 |
|---|---|---|---|
| 1 | 1 | 1 | .707 |
| 2 | 2 | 3 | .745 |
| 3 | 3 | 4 | 1.054 |
| 4 | 4 | 1 | .707 |
| 5 | 5 | 2 | .471 |
| 6 | 6 | 1 | .707 |
| 7 | 7 | 4 | .667 |
| 8 | 8 | 3 | .745 |
| 9 | 9 | 4 | 1.054 |
| 10 | 10 | 2 | .707 |

表 3-10 最终聚类中心

最终聚类中心

| | 聚类 | | | |
|---|---|---|---|---|
| | 1 | 2 | 3 | 4 |
| 肩宽/髋宽×100 | 125 | 121 | 122 | 121 |
| 胸厚/胸围×100 | 20 | 19 | 18 | 17 |
| 腿长/身长×100 | 45 | 45 | 43 | 42 |

表 3-11 最终聚类中心之间的距离

最终聚类中心之间的距离

| 聚类 | 1 | 2 | 3 | 4 |
|---|---|---|---|---|
| 1 | | 4.123 | 3.613 | 5.411 |
| 2 | 4.123 | | 2.014 | 3.504 |
| 3 | 3.613 | 2.014 | | 2.000 |
| 4 | 5.411 | 3.504 | 2.000 | |

表 3-12 所示为方差分析表。3 个变量中任意一个变量的类间均方值都远大于类内的误差均方值。从显著性来看，3 个变量使类间无差异的假设检验的概率均小于 0.01。方差分析结果表明，参与聚类分析的 3 个变量能很好地区分各类，类间的差异足够大。聚类的方差分析检验的零假设是类平均值相等（各类间无差异）。该分析结果可用于描述分类的目的。

表 3-13 所示为聚类总结，给出了各类观测数、参与分析的合法观测中的有效观测数

和缺失值观测数。由表 3-13 可以看出,指定了初始聚类中心的结果与没有指定初始聚类中心的结果略有不同(与表 3-6 比较)。

表 3-12 方差分析表

ANOVA

| | 聚类 | | 误差 | | F | 显著性 |
|---|---|---|---|---|---|---|
| | 均方 | 自由度 | 均方 | 自由度 | | |
| 肩宽/髋宽×100 | 6.644 | 3 | .611 | 6 | 10.873 | .008 |
| 胸厚/胸围×100 | 3.911 | 3 | .111 | 6 | 35.200 | .000 |
| 腿长/身长×100 | 4.644 | 3 | .278 | 6 | 16.720 | .003 |

由于已选择聚类以使不同聚类中个案之间的差异最大化,因此 F 检验只应该用于描述目的。实测显著性水平并未因此进行校正,所以无法解释为针对"聚类平均值相等"这一假设的检验。

表 3-13 聚类总结

每个聚类中的个案数目

| 聚类 | 1 | 2.000 |
|---|---|---|
| | 2 | 2.000 |
| | 3 | 3.000 |
| | 4 | 3.000 |
| 有效 | | 10.000 |
| 缺失 | | .000 |

图 3-13 所示为当前数据文件中的新变量。根据指定的选项共建立了 2 个新变量。QCL_1 是类号,QCL_2 是观测距所属类的聚类中心的距离。

输出数据文件中只有最终聚类中心数据,如图 3-14 所示。此输出数据文件可以作为对另一个样本进行快速聚类的初始聚类中心。

图 3-13 当前数据文件中的新变量

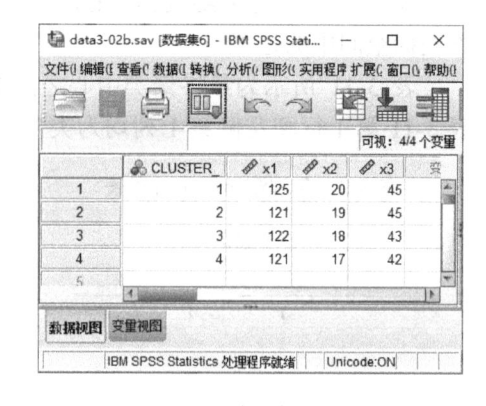

图 3-14 输出数据文件

## 3.4 系统聚类

### 3.4.1 系统聚类概述

**1. 系统聚类的概念**

聚类方法有多种,除前面介绍的两步聚类和快速聚类外,最常用的是系统聚类。根据聚类过程不同,系统聚类又分为分解法和凝聚法。

(1)分解法。在聚类开始时把所有个体(观测或变量)视为一类,然后根据距离和相似性逐层分解,直到参与聚类的每个个体自成一类。

(2)凝聚法。在聚类开始时把参与聚类的每个个体(观测或变量)视为一类,根据两类间的距离或相似性,逐步合并,直到合并为一类。

两种聚类方法的聚类原则都是近似的聚为一类,即距离最近或最相似的聚为一类。实际上,以上两种方法是方向相反的两种聚类过程。

**2. 系统聚类过程的功能**

系统聚类方法包括样品聚类(Q 型)和变量聚类(R 型)。通常在使用系统聚类过程进行聚类前,先根据反映各类特性的变量对原始数据进行标准化处理,即利用标准化方法对原始数据进行转换,并计算相似性或距离;然后使用系统聚类过程对转换后的数据进行聚类分析。SPSS 各系统聚类法都包含对数据进行处理的邻近度过程,对数据进行聚类的系统聚类过程。给出的统计量可以帮助用户确定最好的分类结果。

系统聚类过程通过"系统聚类分析:图"对话框中的选项,可以输出两种图——谱系图和冰柱图。

系统聚类过程的输出项可以选择;还可以建立新变量,每个个体的类编号作为新变量的值保存到当前数据文件中。

**3. 在系统聚类过程中使用的术语**

(1) 聚类方法。实现系统聚类的具体方法有多种,各种方法的区别在于如何定义和计算两项(两个个体、两类或个体与类)间的距离或相似性。这一点体现在聚类方法的一系列选项上。如果不熟悉聚类方法的定义,可以使用系统默认的方法。需要确定的选项如下。

- 聚类法的选择:定义计算两项间距离和相似性的方法,默认使用组间平均连接法。
- 测量方法的选择:距离和相似性的测量方法有多种,这一点体现在测量方法的选择上。如果对测量方法不熟悉,可以采用系统默认的平方欧氏距离。

定义距离和相似性的方法不同,测量距离和相似性的算法就不同,这导致聚类结果稍有区别,但大体上是一致的。

(2) 标准化。如果参与聚类的变量的量纲不同,就会出现错误的聚类结果。因此在聚类过程进行前必须对变量值进行标准化,即消除量纲的影响。用不同方法进行标准化,聚类结果会有所不同,因此在选择标准化方法时要注意变量的分布。如果变量是正态分布的,就应该采用 Z 分数法。如果参与聚类的变量的量纲相同,就可以选择不对数据进行标准化处理。

(3) 谱系图。该图表明了每一步中被合并的类及系数值,把各类间的距离转换成介于 1~25 的数值。

(4) 冰柱图。该图把聚类信息综合到了一张图上。如果作纵向冰柱图,那么参与聚类的个体各占一列,标以个体号或在图纸允许的情况下标以个体的标签,聚类过程中的每一步占一行,标以步的顺序号。如果作横向冰柱图,那么参与聚类的个体各占一行,聚类的每一步占一列。如果不指定加以限制的选项,就显示聚类的全过程。

树形图和冰柱图是确定分类结果的重要手段。无论凝聚法还是分解法均不给出确定的分类结果,最后的分类结果需要用户根据研究的对象和研究目的自行确定。

## 3.4.2 系统聚类过程

无论样品聚类还是变量聚类均按如下步骤进行。在叙述操作步骤的过程中会分别对涉及的选项及其含义进行说明。

(1) 在"数据编辑器"窗口中建立数据文件。

(2) 按"分析→分类→系统聚类"顺序单击，打开如图 3-15 所示的"系统聚类分析"对话框。

(3) 在"聚类"栏中选择聚类类型。

① "个案"单选按钮：选择此项将进行样品聚类。

② "变量"单选按钮：选择此项将进行变量聚类。

(4) 选择参与分析的变量，即能反映分类特征的变量，送入"变量"框。如果进行样品聚类，还要选择能唯一标识观测的变量，送入右侧的"个案标注依据"框。

(5) 如果参与分析的变量量纲一致，就不必对数据进行标准化，其余选项全部选择系统默认值，单击"确定"按钮，提交系统执行。

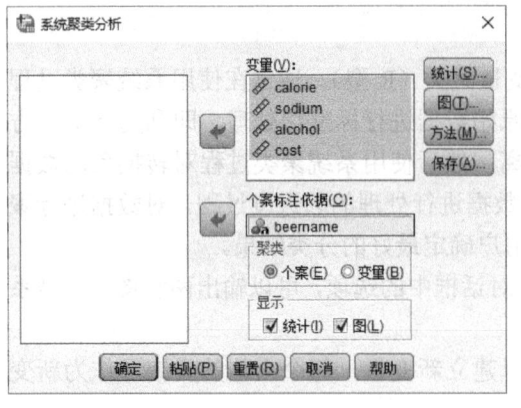

图 3-15 "系统聚类分析"对话框

(6) 确定聚类方法。

在"系统聚类分析"对话框中，单击"方法"按钮，打开如图 3-16 所示的"系统聚类分析：方法"对话框。根据需要指定聚类方法、距离测量方法、对数值进行转换（标准化）的方法。距离测量方法的算法和对数据进行转换方法的算法参见附录 A。

① "聚类方法"下拉列表。单击"聚类方法"下拉列表按钮，如图 3-17 所示。

图 3-16 "系统聚类分析：方法"对话框　　图 3-17 "聚类方法"下拉列表

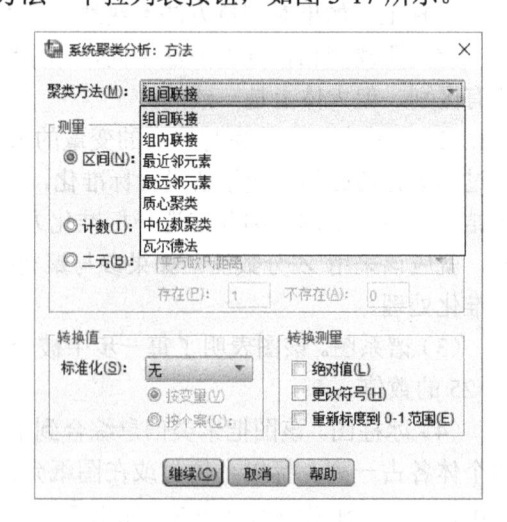

- "组间联接"选项。选择此项，将合并两类的结果使所有两两项间的平均距离最小。项对的两个成员分别属于不同类。该方法使用的是两两项间的距离，既不是最大距离，也不是最小距离。
- "组内联接"选项。选择此项，合并为一类后，类中的所有项间的平均距离最小。该距离就是合并后的类中所有可能的观测对间的距离平方。
- "最近邻元素"选项。选择此项，将合并最近的或最相似的两项，用两类间最近点间的距离代表两类间的距离。
- "最远邻元素"选项。选择此项，将用两类间最远点间的距离代表两类间的距离，也称完全连接法。
- "质心聚类"选项。选择此项，将像计算各项间平均值距离一样的两类间的距离，该距离随聚类的进行不断减小。
- "中位数聚类"选项。选择此项，将以各类中的变量值中位数为聚类中心。
- "瓦尔德法"选项。选择此项，将使用瓦尔德最小方差法，以方差最小为聚类原则。

② 距离和相似性测量方法的选择。在"测量"栏中指定将哪两个点间的距离作为确定是否合并的距离。距离的具体计算方法应根据参与距离计算的变量类型，从以下 3 个下拉列表中选择其一。这 3 个下拉列表分别对应于度量变量（一般为连续型变量）、计数变量（一般为离散型变量）和二分变量。

- 对于度量变量，在"系统聚类分析：方法"对话框"测量"栏的"区间"下拉列表中选择计算距离的方法，如图 3-18 所示。该下拉列表中包含"欧氏距离"选项、"平方欧氏距离"选项、"余弦"选项、"皮尔逊相关性"选项、"切比雪夫"选项、"块"选项、"明可夫斯基"选项、"定制"选项。选择"明可夫斯基"选项后，还须在"幂"框中输入乘方次数 $p$，在"根"框中输入开方次数 $r$。各选项的计算方法参见附录 A。
- 对于计数变量，在"计数"下拉列表中选择计算距离的方法。该下拉列表中包括两种测量方法，即卡方测量和 $\Phi^2$ 测量。各选项的计算方法参见附录 A。
- 对于二分变量，可在"二元"下拉列表（见图 3-19）中选择计算距离的方法。各方法的计算公式参见附录 A。

对于二分变量，系统默认用"1"表示某特性出现（或发生、存在等），用"0"表示某特性不出现（或不发生、不存在）。

在使用程序语句进行计算时，如果指定两个参数，那么系统将认为第一个参数表示事件发生，第二个参数表示事件不发生；如果只指定一个参数，那么系统将认为该参数表示事件发生，其他参数表示事件不发生。"二元"下拉列表中共有 27 个选项，相关约定、计算方法及解释参见附录 A。

图 3-18 "区间"下拉列表

图 3-19 "二元"下拉列表

这 27 个选项分别为"欧氏距离"选项、"平方欧氏距离"选项、"大小差"选项、"模式差"选项、"方差"选项、"离散"选项、"形状"选项、"简单匹配"选项、"Phi 4 点相关"选项、"Lambda"选项、"安德伯格 D"选项、"掷骰"选项、"哈曼"选项、"杰卡德"选项、"切卡诺夫斯基 1"选项、"切卡诺夫斯基 2"选项、"兰斯-威廉姆斯"选项、"落合"选项、"罗杰斯-塔尼莫"选项、"拉塞尔-拉奥"选项、"索卡尔-施尼斯 1"选项、"索卡尔-施尼斯 2"选项、"索卡尔-施尼斯 3"选项、"索卡尔-施尼斯 4"选项、"索卡尔-施尼斯 5"选项、"尤尔 Y"选项、"尤尔 Q"选项。

通过在"存在"框和"不存在"框中输入用户定义的值（该值应该与数据文件中相关二分变量的值一致），可以改变表示某事件存在的状态（发生与不发生或说某特性出现与不出现的值）。定义后系统将忽略其他值。如果不进行自定义，那么"1"代表某事件存在，"0"代表某事件不存在。

③"转换值"栏。如果在"测量"栏中选择的是"区间"下拉列表或"计数"下拉列表中的选项，那么"转换值"栏将被激活。在"转换值"栏的"标准化"下拉列表中选择标准化的方法，如图 3-20 所示。只有选择了"区间"单选按钮或选择了"计数"单选按钮才可以进行标准化。"标准化"下拉列表中的选项如下。

图 3-20 "标准化"下拉列表

- "无"选项。选择此项，将不进行标准化，是系统默认选项。
- "Z 得分"选项。选择此项，将把数值标准化到 Z 分数。
- "范围–1 到 1"选项。选择此项，将把数值标准化到–1～1。
- "范围 0 到 1"选项。选择此项，将把数值标准化到 0～1。
- "最大量级为 1"选项。选择此项，将把数值标准化到最大值为 1。
- "平均值为 1"选项。选择此项，将把数值标准化到平均值为 1。
- "标准差为 1"选项。选择此项，将把数值标准化到单位标准差。

有关标准化方法的具体算法参见附录 A。

④ 在"转换测量"栏中选择测量的转换方法，其中包含如下选项。

- "绝对值"复选框。选择此项，将对距离值取绝对值。当数值符号表示相关方向且只对负相关关系感兴趣时可选择此项。
- "更改符号"复选框。选择此项，将把相似性值变为不相似性值或把不相似性值变为相似性值，用求逆的方法使距离顺序颠倒。
- "重新标度到 0-1 范围"复选框。选择此项，将使用先减去最小值然后除以极差的方法使距离标准化。

对已经按某种计算方法计算了相似性或不相似性的，一般不再使用"转换测量"栏中的选项进行转换。若使用的是已经存在的矩阵，则可以选择"转换测量"栏中的选项对输入矩阵进行必要转换。

设置完步骤（6）中的 4 组选项后，单击"继续"按钮，返回"系统聚类分析"对话框。

（7）选择要求输出的统计量。在"系统聚类分析"对话框中单击"统计"按钮，打开"系统聚类分析：统计"对话框，如图 3-21 所示，指定输出的统计量。

① 勾选"集中计划"复选框将输出凝聚状态表。凝聚状态表显示聚类过程中每一步合并的两项（观测与观测、观测与类、类与类），以及合并的两项间的距离及观测或变量加入一类的类水平，因此可以根据此表跟踪聚类的合并过程。由于最接近的两类先聚为一类，因此可以通过仔细查看聚类过程得知哪些观测更接近。

② 勾选"近似值矩阵"复选框将以矩阵形式输出各项间的距离或相似性测量值。产生什么类型的矩阵（相似性矩阵或不相似性矩阵）取决于"系统聚类分析：方法"对话框的"测量"栏中的选择。

**注意**：如果项数很大（观测数或变量数很大），那么该选项产生的输出量也会很大。

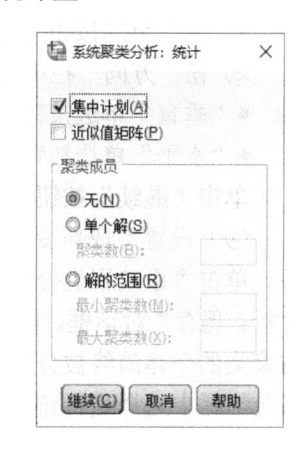

图 3-21　"系统聚类分析：统计"对话框

③ 在"聚类成员"栏设置显示每个观测被分到的类（分类结果，各观测属于哪一类）或显示若干步凝聚过程。该栏包含如下选项。

- "无"单选按钮。选择此项，将不显示类成员表。这是系统默认选项。
- "单个解"单选按钮。选择此项，在要求聚为指定类数时，将列出各观测所属类。选择此项后，在"聚类数"框中输入限定显示的类数，该数值必须是大于 1 且小于或等于参与聚类的观测或变量总数的整数。若在"聚类数"框中输入数字"3"，在"查看器"窗口中将显示聚为 3 类时每个观测属于 3 类中的哪一类的信息。
- "解的范围"单选按钮。选择此项，将要求列出某个范围中每一步聚类过程和各观测所属类。选择此项后，在"最小聚类数"框中输入最小类数值，在"最大聚类数"框中输入最大类数值。这两个数值必须是不等于 1 的正整数，最大类数值不能大于参与聚类的观测数或变量总数。例如，选择此选项并在"最小聚类数"框和"最大聚类数"框中分别输入"3"和"5"，在"查看器"窗口中将显示 3 个结果：观测（或变量）被聚为 3 类、4 类、5 类时各观测（或变量）被分派到哪一类。

以上内容涉及的变量或观测取决于在"系统聚类分析"对话框的"聚类"栏中选择的选项。单击"继续"按钮，返回"系统聚类分析"对话框。

（8）选择统计图表。在"系统聚类分析"对话框中，单击"图"按钮，打开如图 3-22 所示的"系统聚类分析：图"对话框。

① "谱系图"复选框。

② 在"冰柱图"栏中进一步设置生成什么样的冰柱图，该栏包括如下选项。

- "全部聚类"单选按钮。选择此项，聚类的每一步都将表现在图中。可用此种图查看聚类的全过程。如果参与聚类的个体很多，那么图会很大。
- "指定范围内的聚类"单选按钮。选择此项，指定显示的聚类范围。选择此项，在"开始聚类"框中输入要求显示聚类过程的起始步数，在"停止聚类"框中输入聚类终止于哪一步，在"依据"框中输入两步间的增量。输入的数字必须是正整数。例如，将"开始聚类"设置为"3"，将"停止聚类"设置为"10"，将"依据"设置为"2",生成的冰柱图将从第 3 步开始,显示第 3 步、第 5 步、第 7 步、第 9 步聚类情况。
- "无"单选按钮。选择此项,不生成冰柱图。

③ 在"方向"栏中确定显示的冰柱图方向。该栏包括如下选项。
- "垂直"单选按钮。选择此项,将显示纵向的冰柱图。
- "水平"单选按钮。选择此项,将显示水平的冰柱图。

单击"继续"按钮,返回"系统聚类分析"对话框。

(9) 设置生成新变量的选项。聚类分析的结果可以作为新变量保存在当前数据文件中。单击"系统聚类分析"对话框中的"保存"按钮,打开如图 3-23 所示的"系统聚类分析:保存"对话框。由"系统聚类分析:保存"对话框可以看出,只能生成一个表明参与聚类的个体最终被分配到哪一类的新变量。在"系统聚类分析:保存"对话框的"聚类成员"栏中选择是否建立新变量和所建新变量的含义。

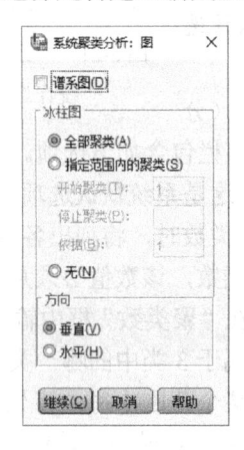

图 3-22 "系统聚类分析:图"对话框    图 3-23 "系统聚类分析:保存"对话框

"聚类成员"栏包含如下选项。

① "无"单选按钮。选择此项,将不建立新变量。

② "单个解"单选按钮。选择此项,将生成一个新变量。该变量用于表明每个个体聚类最后所属类。选择此项后需要在"聚类数"框中指定类数,如果输入"5",新变量值的范围将被设为 1~5。

③ "解的范围"单选按钮。选择此项将生成若干个新变量,用于表明在聚为若干个类时,每个个体聚类后所属的类。选择此项后需要把表示从第几类显示到第几类的数字分别输入"最小聚类数"框和"最大聚类数"框。例如,将"最小聚类数"设置为"4",将"最大聚类数"设置为"6",在聚类结束后在"数据编辑器"窗口中原变量后面将增加 3 个新变量,分别表示分为 4 类时、分为 5 类时和分为 6 类时的聚类结果,即各观测分别属于哪一类。

单击"继续"按钮,返回"系统聚类分析"对话框。

单击"确定"按钮,在"查看器"窗口中得到运行结果。

### 3.4.3 样品聚类分析实例

【例 4】数据文件 data3-03 中是一组 12 盎司啤酒成分和价格的数据,变量包括 beername

（啤酒品牌）、calorie（热量卡路里）、sodium（钠含量）、alcohol（酒精含量）、cost（价格）。要求根据 12 盎司啤酒的各成分含量及 12 盎司啤酒价格对 20 种啤酒进行分类。

(1) 读取数据文件后，操作步骤如下。

① 按"分析→分类→系统聚类"顺序单击，打开"系统聚类分析"对话框。

② 选择 calorie、sodium、alcohol、cost 四个变量作为分析变量，移到"变量"框中。选择 beername 变量作为标识变量，移到"个案标注依据"框中。

③ 选择样品聚类。在"聚类"栏中选择"个案"单选按钮。

④ 在"显示"栏中勾选"统计"复选框和"图"复选框，激活"统计"按钮和"图"按钮。

⑤ 选择要求输出的统计量。单击"统计"按钮，打开"系统聚类分析：统计"对话框，勾选"集中计划"复选框、"近似值矩阵"复选框。在"聚类成员"栏中选择"单个解"单选按钮，并在"聚类数"框中输入"4"。单击"继续"按钮，返回"系统聚类分析"对话框。

⑥ 选择聚类方法。单击"方法"按钮，打开"系统聚类分析：方法"对话框。

在"聚类方法"下拉列表中选择"最远邻元素"选项。因为聚类变量均为度量变量，所以选择"区间"单选按钮，在"区间"下拉列表中选择"平方欧氏距离"选项。在"转换值"栏中的"标准化"下拉列表中选择"范围 0 到 1"选项，并选择"按变量"单选按钮，即将每个度量变量的值都转换为 0~1 范围内的值。

**注意**：必须指定标准化方法，因为 4 个分析变量单位不同。

单击"继续"按钮，返回"系统聚类分析"对话框。

⑦ 选择要显示的统计图。单击"图"按钮，打开"系统聚类分析：图"对话框，勾选"谱系图"复选框。在"冰柱图"栏中选择"指定范围内的聚类"单选按钮，在"开始聚类"框中输入"1"，在"停止聚类"框中输入"4"，在"依据"框中输入"1"。在"方向"栏中选择"垂直"单选按钮。

单击"继续"按钮，返回"系统聚类分析"对话框。

⑧ 选择要存入数据文件的新变量。单击"保存"按钮，打开"系统聚类分析：保存"对话框，在"聚类成员"栏中选择"单个解"单选按钮，在"聚类数"框中输入"4"，要求在当前数据文件中建立新变量，当把所有观测分为 4 类时，该变量值表明每个观测被分派的类号。

单击"继续"按钮，返回"系统聚类分析"对话框，单击"确定"按钮，提交系统运行。

(2) "查看器"窗口中的输出结果如表 3-14～表 3-16 及图 3-24 和图 3-25 所示。

(3) 输出结果解释。

表 3-14 所示为欧氏不相似性系数平方矩阵，是一个 20×20 的方阵。第一行和第一列均是啤酒名，行列交叉单元格中是对应两种啤酒 4 个变量的欧氏距离的平方和，体现的是二者的不相似性，数值越大，两种啤酒越不相似。如果读者使用该数据集数据进行同样的分析，表中内容会稍有不同，因为作者对该表格进行了编辑（列宽的调整有时会影响显示的有效位数）。

**表 3-14 欧氏不相似性系数平方矩阵**

表 3-15 所示为聚类的凝聚过程表。由于在"系统聚类分析：统计"对话框中勾选了"集中计划"复选框，所以"查看器"窗口中输出的内容中有一个表明聚类过程的表。表 3-15 各内容的含义如下。

"阶段"是聚类步顺序号。"组合聚类"下的"聚类 1"和"聚类 2"是该步被合并的两类中的观测号。"系数"列中的是距离测量值，表明不相似性的系数。由于选择将平方欧氏距离作为距离测量，因此从表 3-15 中可以看出，数值较小的两项（两个观测、两类或观测与类）比数值较大的两项先合并。第一步是第 1 个观测与第 17 个观测合并，第二步是第 1 个和第 11 个观测合并，两步合并了 3 个观测到一类。"首次出现聚类的阶段"指合并的两项第一次出现的聚类步序号。聚类 1 和聚类 2 值均为 0 的是两个观测合并，其中有一个值为 0 的是观测与类合并；两个值均为非 0 值的是两个类合并。例如，第 6 步为第 4 个观测与第 5 个观测合并为一类。因此，第 6 步对应的"首次出现聚类的阶段"下的"聚类 1"的值"5"表示第 5 个观测与第 5 步形成的类合并为一类。"下一个阶段"列对应的是此步合并结果继续在下一步合并时的步序号。

选择不同的标准化算法，得到的距离矩阵有所不同。选择不同的算法和距离测量方法，聚类过程有所不同，因此聚类结果有所区别。

表 3-16 所示为聚类结果，表明各观测分别分到 4 类中的哪一类。

**表 3-15 聚类的凝聚过程表**

集中计划

| 阶段 | 组合聚类 | | 系数 | 首次出现聚类的阶段 | | 下一个阶段 |
|---|---|---|---|---|---|---|
| | 聚类 1 | 聚类 2 | | 聚类 1 | 聚类 2 | |
| 1 | 1 | 17 | .014 | 0 | 0 | 2 |
| 2 | 1 | 11 | .026 | 1 | 0 | 11 |
| 3 | 8 | 18 | .027 | 0 | 0 | 10 |
| 4 | 9 | 20 | .027 | 0 | 0 | 7 |
| 5 | 4 | 15 | .054 | 0 | 0 | 6 |
| 6 | 4 | 5 | .071 | 5 | 0 | 12 |
| 7 | 9 | 10 | .087 | 4 | 0 | 12 |
| 8 | 2 | 3 | .090 | 0 | 0 | 11 |
| 9 | 12 | 13 | .128 | 0 | 0 | 12 |
| 10 | 6 | 8 | .130 | 0 | 3 | 13 |
| 11 | 1 | 2 | .183 | 2 | 8 | 15 |
| 12 | 9 | 12 | .210 | 7 | 9 | 17 |
| 13 | 6 | 7 | .222 | 10 | 0 | 14 |
| 14 | 16 | 19 | .256 | 0 | 0 | 17 |
| 15 | 1 | 6 | .348 | 11 | 13 | 18 |
| 16 | 4 | 14 | .395 | 6 | 0 | 18 |
| 17 | 9 | 16 | .810 | 12 | 14 | 19 |
| 18 | 1 | 4 | 1.672 | 15 | 16 | 19 |
| 19 | 1 | 9 | 2.269 | 18 | 17 | 0 |

**表 3-16 聚类结果**

聚类成员

| 个案 | 4 个聚类 |
|---|---|
| 1: Budweiser | 1 |
| 2: Schlitz | 1 |
| 3: Ionenbrau | 1 |
| 4: Kronensourc | 2 |
| 5: Heineken | 2 |
| 6: Old-milnaukee | 1 |
| 7: Aucsberger | 1 |
| 8: Strchs-bohemi | 1 |
| 9: Miller-lite | 3 |
| 10: Sudeiser-lich | 3 |
| 11: Coors | 1 |
| 12: Coorslicht | 3 |
| 13: Michelos-lich | 3 |
| 14: 8ecrs | 2 |
| 15: Kkirin | 2 |
| 16: Pabst-extra-l | 4 |
| 17: Hamms | 1 |
| 18: Heilemans-old | 1 |
| 19: Olympia-gold | 4 |
| 20: Schlite-light | 3 |

图 3-24 所示为聚为 4 类的冰柱图。由图 3-24 可以看出，从空缺处分界所有观测被划分为 4 类。如果绘出全观测图，可以清楚地看到所有观测最后聚为一类的全过程。由于将冰柱图的"开始聚类"设为"1"，"停止聚类"设为"4"，因此图 3-24 中显示了从聚为 1 类到聚为 4 类的过程。由图 3-24 可以清楚地看到哪几种啤酒被归为一类，从而得出最后的分类结论。

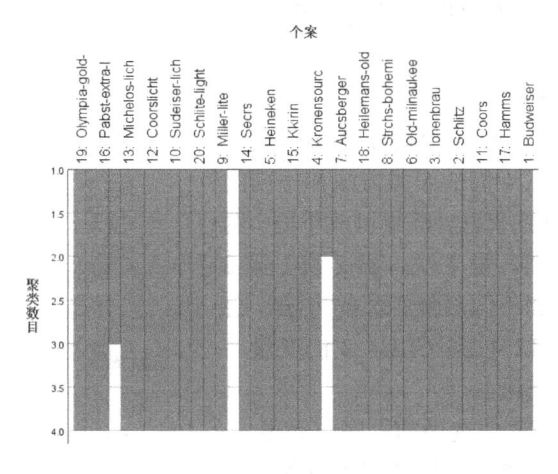

图 3-24　聚为 4 类的冰柱图

图 3-25 所示为反映聚类全过程的谱系图。可以将一把尺子放在图上左右移动，与尺子相交的每根横线是一类，每根横线左端与之联系的各观测就是分到该类的成员。通过观察，确定如何分类。图上方的数字是按距离比例重新标定的结果，对分类结果的观察与结论没有影响。由图 3-25 可以看出，在分为 2 类、3 类或 4 类时，类间距离比较大，说明各类的特点比较突出，对各类啤酒容易定义；分为 5 类及以上时，部分类间的区别变得不太明显。

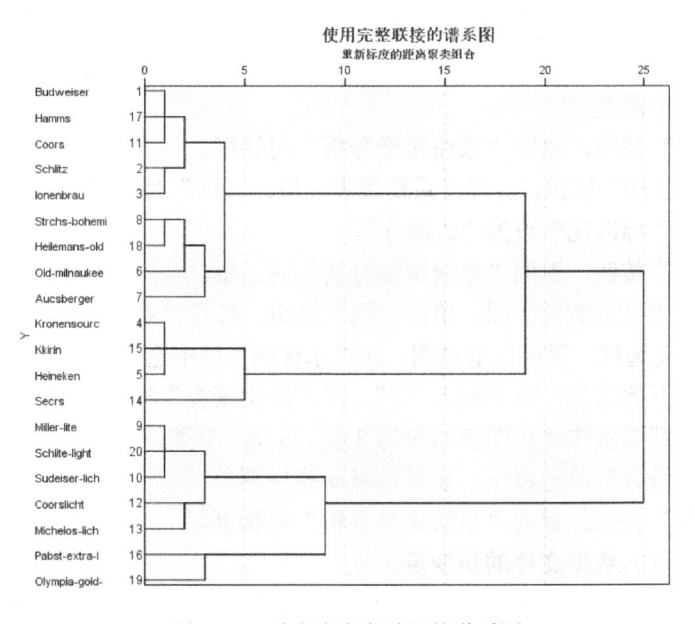

图 3-25　反应聚类全过程的谱系图

图 3-26 所示为部分加入新变量的当前数据文件,最右列是新变量 CLU4_1,其值是聚为 4 类时各观测所属类的类号。

比较表 3-16 与图 3-26 可以看出,在当前数据文件中建立的新变量也表明了各观测所属的类,因此根据需要选择其中一个即可,即若在"系统聚类分析:保存"对话框中指定了建立新变量,则不必在"系统聚类分析:统计"对话框中指定"聚类成员"栏中的选项。

比较时应该注意,变量 $CLUn\_1$ 的值只是序号。采用相同的 $n$ 值,不同的聚类方法和不同的测量不相似性(距离)的算法,结果可能不同。例如,对于都是聚为 4 类,第 1 次、第 2 次、第 3 次采用不同聚类方法和不同测量距离的方法,会建立名为 CLU4_1、CLU4_2、CLU4_3 的变量,可以比较结果,得出结论。

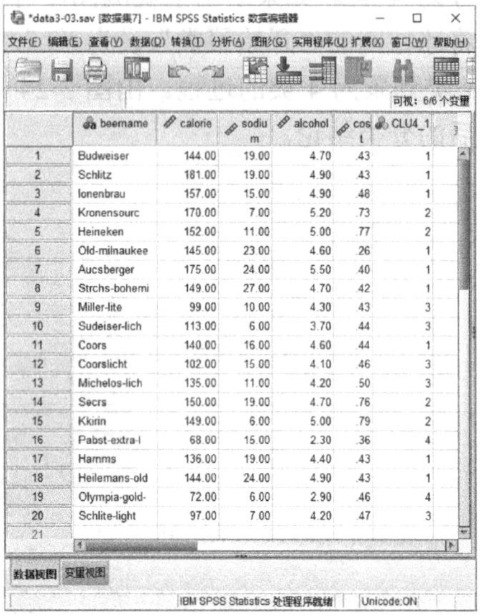

【例 5】 例 4 使用其他选项的程序与输出。

图 3-26 部分加入新变量的当前数据文件

应该说明的是,分类是根据特定的目的进行的。对于相同的观测,不同的分类目的,使用反映不同特征的变量分类的结果不相同。对于同一分类目的,根据不同的实际需要,也可以分成不同的类数。因此,可以在系统聚类过程中指定不同的参数,对不同的结果进行比较,以便得出符合实际需要的结论。

1)操作步骤

打开数据文件后,(1)~(4)步操作与例 4 中的①~④步操作相同。

(5)选择显示的统计量。在"系统聚类分析:统计"对话框中勾选"集中计划"复选框和"近似值矩阵"复选框。

在"聚类成员"栏中选择"解的范围"单选按钮,并在"最小聚类数"框中输入"3",在"最大聚类数"框中输入 5,要求聚类在进行到把所有观测分为 3 类、4 类、5 类时,显示每个观测的所属类。

单击"继续"按钮,返回"系统聚类分析"对话框。

(6)单击"方法"按钮,打开"系统聚类分析:方法"对话框,将"聚类方法"设为"质心聚类";将"标准化"设为"Z 得分"。

单击"继续"按钮,返回"系统聚类分析"对话框。

(7)选择要求显示的统计图。单击"图"按钮,打开"系统聚类分析:图"对话框,勾选"谱系图"复选框,要求作谱系图。在"冰柱图"栏中选择"指定范围内的聚类"单选按钮,并在"开始聚类"框中输入"3",在"停止聚类"框中输入"10",在"依据"框中输入"2",即要求作冰柱图表明聚为 3 类、5 类、7 类、9 类时的分类情况。在"方向"栏中选择"垂直"单选按钮,要求作纵向冰柱图。

单击"继续"按钮,返回"系统聚类分析"对话框。

(8)选择要存入数据文件的新变量。

单击"保存"按钮,打开"系统聚类分析:保存"对话框。在"聚类成员"栏中选择"解的范围"单选按钮,在"最小聚类数"框中输入"2",在"最大聚类数"框中输入"6",

即要求在当前数据文件中建立 5 个新变量。当把所有观测分为 2 类、3 类、4 类、5 类和 6 类时对应变量值表明每个观测被分到的类号。

单击"继续"按钮,返回"系统聚类分析"对话框,单击"确定"按钮,提交系统运行。

2)结果输出

结果输出如表 3-17 及图 3-27 和图 3-28 所示。

3)结果解释

(1)虽然本例选择的计算不相似性系数(距离)的方法与例 4 相同,但选用的标准化方法不同,因此不相似性系数平方矩阵输出结果与表 3-14 不同。虽然选择的聚类方法与例 4 相同,但由于选用的标准化方法不同,聚类的凝聚过程表也与表 3-15 不同。此处不再详叙,请读者自行观察。

不同标准化方法聚为 3 类、4 类、5 类的结果如表 3-17 所示,左表与右表分别是使用不同标准化方法产生的不同结果,两个表中都包含聚为 3 类、4 类、5 类的结果,但聚类结果是有差别的:左表是用 Z 分数法进行标准化的聚类结果,右表是用标准化到 0~1 的方法进行标准化的聚类结果。读者可以自行比较。

(2)图 3-27 所示为第 3 步、第 5 步、第 7 步、第 9 步聚类的纵向冰柱图,使用的标准化方法为 Z 分数法,反映了聚类过程。

从图 3-27 中可以很清晰地看出,在分 3 类时,用观测序号表示如下。

- 第 1 类包括的是编号为 1、2、3、6、7、8、11、17、18 的啤酒。
- 第 2 类包括的是编号为 4、5、9、10、12、13、14、15、20 的啤酒。
- 第 3 类包括的是编号为 19、16 的啤酒。

表 3-17 不同标准化方法聚为 3 类、4 类、5 类的结果

| 个案 | 聚类成员 | | | 个案 | 聚类成员 | | |
|---|---|---|---|---|---|---|---|
| | 5 个聚类 | 4 个聚类 | 3 个聚类 | | 5 个聚类 | 4 个聚类 | 3 个聚类 |
| 1: Budweiser | 1 | 1 | 1 | 1: Budweiser | 1 | 1 | 1 |
| 2: Schlitz | 1 | 1 | 1 | 2: Schlitz | 1 | 1 | 1 |
| 3: Ionenbrau | 1 | 1 | 1 | 3: Ionenbrau | 1 | 1 | 1 |
| 4: Kronensourc | 2 | 2 | 2 | 4: Kronensourc | 2 | 2 | 2 |
| 5: Heineken | 2 | 2 | 2 | 5: Heineken | 2 | 2 | 2 |
| 6: Old-milnaukee | 1 | 1 | 1 | 6: Old-milnaukee | 1 | 1 | 1 |
| 7: Aucsberger | 1 | 1 | 1 | 7: Aucsberger | 1 | 1 | 1 |
| 8: Strchs-bohemi | 1 | 1 | 1 | 8: Strchs-bohemi | 1 | 1 | 1 |
| 9: Miller-lite | 3 | 3 | 1 | 9: Miller-lite | 3 | 3 | 3 |
| 10: Sudeiser-lich | 3 | 3 | 1 | 10: Sudeiser-lich | 3 | 3 | 3 |
| 11: Coors | 1 | 1 | 1 | 11: Coors | 1 | 1 | 1 |
| 12: Coorslicht | 3 | 3 | 1 | 12: Coorslicht | 3 | 3 | 3 |
| 13: Michelos-lich | 3 | 3 | 1 | 13: Michelos-lich | 3 | 3 | 3 |
| 14: Secrs | 4 | 2 | 2 | 14: Secrs | 4 | 2 | 2 |
| 15: Kkirin | 2 | 2 | 2 | 15: Kkirin | 2 | 2 | 2 |
| 16: Pabst-extra-l | 5 | 4 | 3 | 16: Pabst-extra-l | 5 | 4 | 3 |
| 17: Hamms | 1 | 1 | 1 | 17: Hamms | 1 | 1 | 1 |
| 18: Heilemans-old | 1 | 1 | 1 | 18: Heilemans-old | 1 | 1 | 1 |
| 19: Olympia-gold- | 5 | 4 | 3 | 19: Olympia-gold- | 5 | 4 | 3 |
| 20: Schlite-light | 3 | 3 | 1 | 20: Schlite-light | 3 | 3 | 3 |

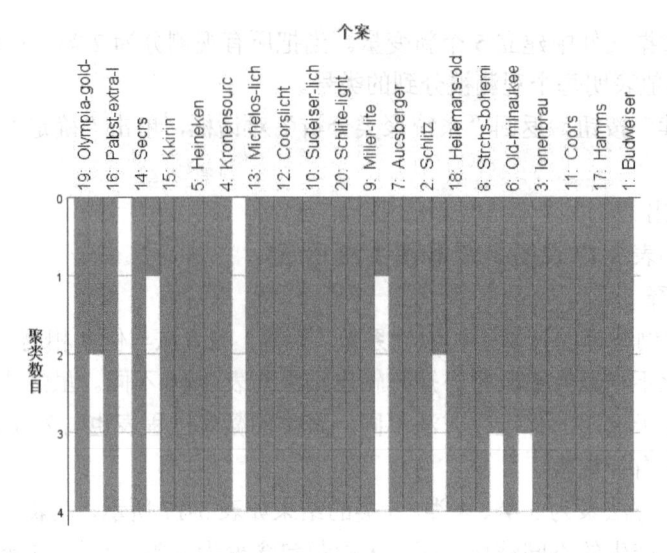

图3-27 第3步、第5步、第7步、第9步聚类的纵向冰柱图

如果分为5类，第2类分为2类，编号为4、5、15、14的啤酒和编号为9、20、10、12、13的啤酒各聚成单独的一类。第1类分为2类，编号为1、17、11、2、3的啤酒和编号为6、8、18、7的啤酒各聚成单独的一类。

依次类推，读者可自行观察分为7类或分为9类的各啤酒的分类结果。对照不相似性系数矩阵，以对聚类原理有更深理解。

(3) 图3-28所示为在当前数据文件中建立的新变量，共5个。

由图3-28所示可以看出，系统自动命名的新变量的变量名CLU6_2、CLU5_2、CLU4_2、CLU3_2、CLU2_2，分别表示当前的SPSS期间第二次运行系统聚类过程，如果分为6类或5类、4类、3类、2类时各观测所属类别变量。

图3-28 在当前数据表中建立的新变量

图3-29所示为"数据视图"标签页。每个变量的值为相应的观测分到类的代码。这里的第几类没有任何含义，只是标记。至于哪类是什么特征，还需认真分析当前"数据编辑器"窗口中的原始数据、新生成的分类变量，根据专业知识来确定，也可以对每一类进行命名。

图 3-29 "数据视图"标签页

**注意**：SPSS 提供了许多聚类方法和标准化方法。在分析数据时都是人为选定某种方法。不同聚类算法和不同标准化方法都对聚类结果有影响。而分类本身就是针对某一研究目的进行的操作。因此在得出结论时，一定要结合专业知识、研究目的，并认真观察原始数据特征，并对分成的各类命名。如果不同方法得出的结果差别很大，说明选择的聚类变量不能真正反映观测的分类特征。

图 3-30 所示为使用质心聚类法聚类的谱系图。读者可以对照图 3-29 中的数据，自行分析聚成几类更合适。

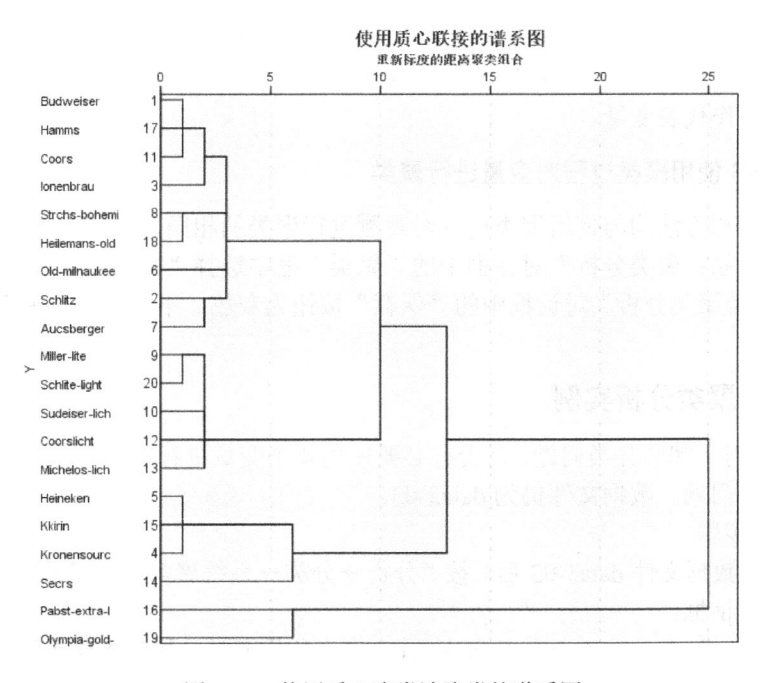

图 3-30 使用质心聚类法聚类的谱系图

### 3.4.4 变量聚类概述

#### 1. 变量聚类的概念

变量聚类是一种通过聚类进行降维的方法，用于在变量很多时寻找有代表性的变量，以便在用少量、有代表性的变量代替大变量集时，损失较少的信息。这种方法在人类学、动物学、医学和工业生产及市场分析中得到广泛应用。在进行人种分类、动植物分类时，往往要测量许多表明形态特性的变量值，某些变量间有很强的相关性，找出一个变量代替一系列与其相关的变量，可大大减少工作量，缩短测量时间，但不会影响分类的结果。因此，在进行分类时选择变量是一步很重要的工作。变量聚类是很实用的选择变量的方法。在进行回归分析时也需要先对变量进行聚类，通过挑选各类中的代表变量，实现降维，保证所选出的变量间的独立性。

#### 2. 选择代表变量的方法

聚类结束后，在各类变量中选择哪个变量作为代表变量呢？代表变量的选择要根据专业知识及下列原则综合确定。

（1）最有代表性的变量。

（2）最容易测得的变量，如测试仪器容易得到、测试仪器便宜、测试对象容易接受、指标数据容易测得等。例如，在医学研究中，尿量虽然容易测得，但24h尿量不易收全。对于此，应该考虑，在与之聚为一类的变量中的其他变量中是否有更好的代替者。

（3）若从专业角度不好确定，则可以通过进一步计算来确定。

例如，$x_1$、$x_2$、$x_3$、$x_4$ 四个指标已经根据变量聚类结果聚为一类。

① 计算每个指标的相关指数，公式为

$$\overline{R}_j^2 = \frac{\sum r^2}{m_j - 1}$$

式中，$r$ 为指标 $x_j$ 与同类中其他指标的相关系数；$m_j$ 为指标 $x_j$ 所在类的指标个数。

② 对 $x_1$、$x_2$、$x_3$、$x_4$ 四个指标计算 $\overline{R}_1^2$、$\overline{R}_2^2$、$\overline{R}_3^2$、$\overline{R}_4^2$，比较这四个值，最大值对应的变量可以选作代表变量。

#### 3. SPSS 使用聚类过程对变量进行聚类

操作步骤与方法均与使用聚类过程对观测进行聚类的相同，不同点如下。

（1）在"系统聚类分析"对话框中的"聚类"框中选择"变量"单选按钮。

（2）"系统聚类分析"对话框中的"保存"按钮为灰色，不能单击。因为变量聚类不建立新变量。

### 3.4.5 变量聚类分析实例

【例 6】对于啤酒分类问题，是否有必要使用 4 个变量进行分析呢？可以通过变量聚类表解决这个问题。数据文件仍为 data3-03。

1）操作步骤

（1）打开数据文件 data3-03 后，按"分析→分类→系统聚类"顺序单击，打开"系统聚类分析"对话框。

（2）选择 calorie、sodium、alcohol、cost 作为分析变量，移到"变量"框中。在"聚类"栏中选择"变量"单选按钮。

（3）单击"方法"按钮，打开"系统聚类分析：方法"对话框。

① 在"聚类方法"下拉列表中选择"最远邻元素"选项。

② 在"测量"栏中选择"区间"单选按钮，在"区间"下拉列表中选择"皮尔逊相关性"选项。在"转换值"栏中的"标准化"下拉列表中选择"无"选项，要求不进行标准化。

单击"继续"按钮，返回"系统聚类分析"对话框。

（4）单击"图"按钮，打开"系统聚类分析：图"对话框，勾选"谱系图"复选框。在"冰柱图"栏中选择"全部聚类"单选按钮，要求在冰柱图中反映聚类全过程。

单击"继续"按钮，返回"系统聚类分析"对话框。

（5）单击"统计"按钮，打开"系统聚类分析：统计"对话框。勾选"集中计划"复选框、"近似值矩阵"复选框，要求显示聚类过程和相关系数矩阵。

单击"继续"按钮，返回"系统聚类分析"对话框，单击"确定"按钮，提交系统执行。

2）运行结果

运行结果如表 3-18、表 3-19 和图 3-31、图 3-32 所示。省略综合信息表和聚类过程表。

3）输出结果解释

无论从相关系数矩阵中，还是从冰柱图、谱系图中，都可以看出 calorie 和 alcohol 的相关系数最大，先聚为一类。从整体来看，聚为 3 类是比较好的结果。至于 calorie 和 alcohol 选择哪一个作为代表变量代替原来的两个变量，可以根据专业知识或测定的难易程度选择。

表 3-18 变量的相关系数矩阵

近似值矩阵

矩阵文件输入

| 个案 | calorie | sodium | alcohol | cost |
|---|---|---|---|---|
| calorie | 1.000 | .429 | .903 | .291 |
| sodium | .429 | 1.000 | .337 | -.444 |
| alcohol | .903 | .337 | 1.000 | .345 |
| cost | .291 | -.444 | .345 | 1.000 |

表 3-19 聚类过程表

集中计划

| 阶段 | 组合聚类 | | 系数 | 首次出现聚类的阶段 | | 下一个阶段 |
|---|---|---|---|---|---|---|
| | 聚类 1 | 聚类 2 | | 聚类 1 | 聚类 2 | |
| 1 | 1 | 3 | .903 | 0 | 0 | 2 |
| 2 | 1 | 2 | .429 | 1 | 0 | 3 |
| 3 | 1 | 4 | .345 | 2 | 0 | 0 |

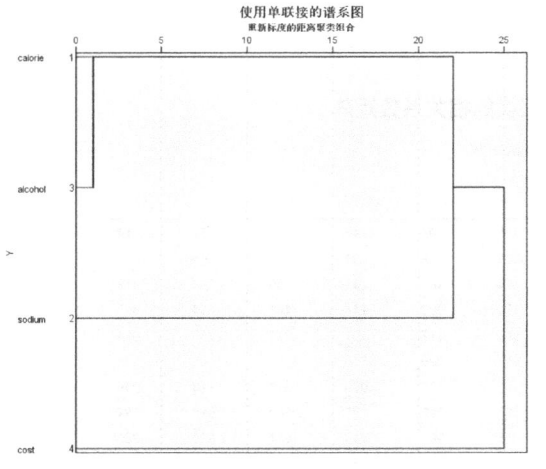

图 3-31 变量聚类的谱系图

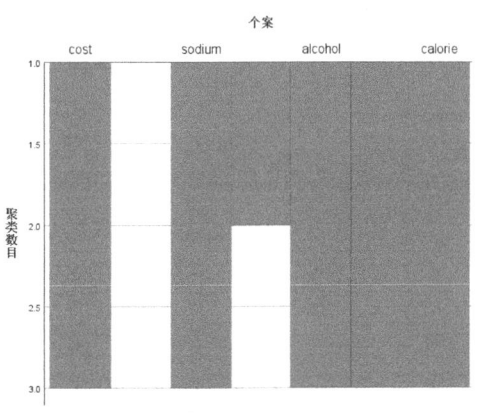

图 3-32 变量聚类的冰柱图

**【例 7】** 为更好地说明选择代表变量的计算方法,再举一例。

有 10 个测验项目,分别用变量 x1~x10 表示,50 名学生参加测试,相关数据文件为 data3-04。

要求:对 10 个变量进行变量聚类;计算并打印各变量间的相关系数矩阵,用相关系数测量各变量间的距离。打印出聚为 2 类的结果,即各变量属于 2 类中的哪一类;打印出聚类全过程的冰柱图,以便进一步探讨变量分类。

根据要求,具体操作步骤如下。

(1) 读取数据文件 data3-04,按"分析→分类→系统聚类"顺序单击,打开"系统聚类分析"对话框。

(2) 在"系统聚类分析"对话框中指定分析变量,在原始变量列表中选择变量 x1~x10,移到"变量"框中。

(3) 在"聚类"栏中选择"变量"单选按钮,要求进行变量聚类。

(4) 在"系统聚类分析"对话框中单击"方法"按钮,打开"系统聚类分析:方法"对话框,选择聚类方法。在"聚类方法"下拉列表中选择"最远邻元素"选项;在"测量"栏中选择"区间"单选按钮,在"区间"下拉列表中选择"皮尔逊相关性"选项,要求用皮尔逊相关系数作为测量变量间相关性的方法。

单击"继续"按钮,返回"系统聚类分析"对话框。

(5) 单击"统计"按钮,打开"系统聚类分析:统计"对话框,选择输出项。勾选"近似值矩阵"复选框,要求打印相关系数矩阵。在"聚类成员"栏中,选择"单个解"单选按钮,在"聚类数"框中输入"2"。

单击"继续"按钮,返回"系统聚类分析"对话框。

(6) 选择输出的统计图。单击"图"按钮,打开"系统聚类分析:图"对话框,在"冰柱图"栏中选择"全部聚类"单选按钮,要求显示聚类全过程冰柱图。

单击"继续"按钮,返回"系统聚类分析"对话框。

(7) 单击"确定"按钮,提交系统运行。

(8) 在"查看器"窗口中显示输出结果,如表 3-20~表 3-22 和图 3-33、图 3-34 所示,略去了数据的综合信息。

(9) 输出结果说明。

表 3-20 所示为变量聚类的相关系数矩阵。

**表 3-20 变量聚类的相关系数矩阵**

近似值矩阵

矩阵文件输入

| 个案 | x1 | x2 | x3 | x4 | x5 | x6 | x7 | x8 | x9 | x10 |
|---|---|---|---|---|---|---|---|---|---|---|
| x1 | 1.000 | .133 | .290 | .099 | .331 | .198 | .449 | .323 | .320 | .112 |
| x2 | .133 | 1.000 | .026 | .411 | .201 | .328 | .134 | .199 | .268 | .271 |
| x3 | .290 | .026 | 1.000 | .151 | .274 | .406 | .443 | .509 | .598 | .318 |
| x4 | .099 | .411 | .151 | 1.000 | .072 | .282 | .145 | .401 | .324 | .407 |
| x5 | .331 | .201 | .274 | .072 | 1.000 | .317 | .191 | .063 | .356 | .084 |
| x6 | .198 | .328 | .406 | .282 | .317 | 1.000 | .370 | .312 | .306 | .296 |
| x7 | .449 | .134 | .443 | .145 | .191 | .370 | 1.000 | .337 | .313 | .246 |
| x8 | .323 | .199 | .509 | .401 | .063 | .312 | .337 | 1.000 | .611 | .584 |
| x9 | .320 | .268 | .598 | .324 | .356 | .306 | .313 | .611 | 1.000 | .325 |
| x10 | .112 | .271 | .318 | .407 | .084 | .296 | .246 | .584 | .325 | 1.000 |

表 3-21 所示为聚类过程。由表 3-21 可以看出，自上至下相关系数是减小的。说明相关系数大的先聚成一类。综合观察表 3-20 和表 3-21，理解变量聚类过程。

表 3-22 所示为 2 类的聚类成员表，一类由变量 x1、变量 x2、变量 x4、变量 x5、变量 x6、变量 x7 组成，另一类由变量 x3、变量 x8、变量 x9、变量 x10 组成。

表 3-21 聚类过程

集中计划

| 阶段 | 组合聚类 | | 系数 | 首次出现聚类的阶段 | | 下一个阶段 |
|---|---|---|---|---|---|---|
| | 聚类 1 | 聚类 2 | | 聚类 1 | 聚类 2 | |
| 1 | 8 | 9 | .611 | 0 | 0 | 2 |
| 2 | 3 | 8 | .509 | 0 | 1 | 5 |
| 3 | 1 | 7 | .449 | 0 | 0 | 7 |
| 4 | 2 | 4 | .411 | 0 | 0 | 8 |
| 5 | 3 | 10 | .318 | 2 | 0 | 9 |
| 6 | 5 | 6 | .317 | 0 | 0 | 7 |
| 7 | 1 | 5 | .191 | 3 | 6 | 8 |
| 8 | 1 | 2 | .072 | 7 | 4 | 9 |
| 9 | 1 | 3 | .026 | 8 | 5 | 0 |

表 3-22 2 类的聚类成员表

聚类成员

| 个案 | 2 个聚类 |
|---|---|
| x1 | 1 |
| x2 | 1 |
| x3 | 2 |
| x4 | 1 |
| x5 | 1 |
| x6 | 1 |
| x7 | 1 |
| x8 | 2 |
| x9 | 2 |
| x10 | 2 |

图 3-33 所示为聚类全过程冰柱图，可以看出分成两类的结果与表 3-22 是一致的。通过图 3-33 还可以得知，若聚为 3 类，各类组成为变量 x10、变量 x9、变量 x8、变量 x3，变量 x4、变量 x2，变量 x6、变量 x5、变量 x7、变量 x1；若聚为 4 类，各类组成为变量 x10、变量 x9、变量 x8、变量 x3，变量 x2、变量 x4，变量 x5、变量 x6，变量 x7、变量 x1。

图 3-34 所示为变量聚类的谱系图，图形的横坐标被重新标定到 25，重新标定不影响对聚类结果的判断。如果以横坐标值为 20 来划分，可以分为 3 类；如果以横坐标值为 15 划分，可以分为 4 类；如果以横坐标值为 10 来划分，可以分为 6 类。在实际工作中是人为根据冰柱图和专业知识来确定聚为几类最为合理，从而得出最后结论的。

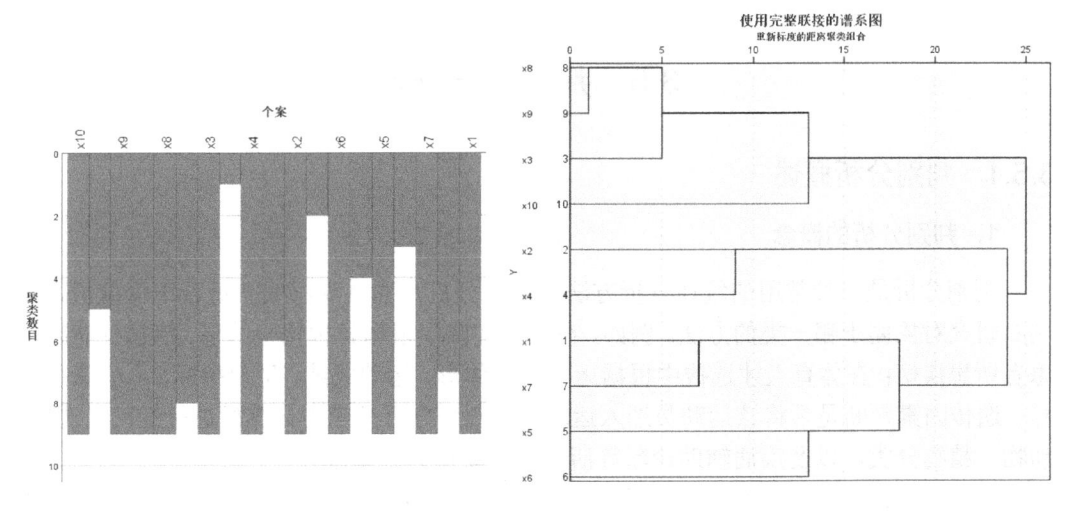

图 3-33 变量聚类全过程冰柱图

图 3-34 变量聚类的谱系图

（10）代表变量的选择。

由聚类结果可知，只要有两个有代表性的变量就可以了，但是聚类结果每一类中都有两个以上变量，选择哪个变量代表这一组变量呢？先根据如下公式计算相关指数，然后选择具有代表性的变量。

$$\bar{R}_j^2 = \frac{\sum r^2}{m_j - 1}$$

以第 2 类为例,来介绍具体方法,计算 $\bar{R}_{10}^2$、$\bar{R}_9^2$、$\bar{R}_8^2$、$\bar{R}_3^2$。

① 按"分析→相关→双变量"顺序单击,打开"双变量相关性"对话框。

② 选择分析变量 x3、变量 x8、变量 x9、变量 x10 送入"变量"框。

③ 选择分析方法,在"相关系数"栏中勾选"皮尔逊"复选框。

④ 单击"确定"按钮,提交系统运行,得到如表 3-23 所示的第 2 类变量相关系数矩阵表。

表 3-23 第 2 类变量相关系数矩阵

相关性

| | | x3 | x8 | x9 | x10 |
|---|---|---|---|---|---|
| x3 | 皮尔逊相关性 | 1 | .509** | .598** | .318* |
| | Sig.(双尾) | | .000 | .000 | .025 |
| | 个案数 | 50 | 50 | 50 | 50 |
| x8 | 皮尔逊相关性 | .509** | 1 | .611** | .584** |
| | Sig.(双尾) | .000 | | .000 | .000 |
| | 个案数 | 50 | 50 | 50 | 50 |
| x9 | 皮尔逊相关性 | .598** | .611** | 1 | .325* |
| | Sig.(双尾) | .000 | .000 | | .021 |
| | 个案数 | 50 | 50 | 50 | 50 |
| x10 | 皮尔逊相关性 | .318* | .584** | .325* | 1 |
| | Sig.(双尾) | .025 | .000 | .021 | |
| | 个案数 | 50 | 50 | 50 | 50 |

从表 3-23 中读取相关系数,计算各相关指数:

$$\bar{R}_3^2 = (0.509^2 + 0.598^2 + 0.318^2)/3 = 0.23927$$
$$\bar{R}_8^2 = (0.509^2 + 0.611^2 + 0.584^2)/3 = 0.32449$$
$$\bar{R}_9^2 = (0.598^2 + 0.611^2 + 0.325^2)/3 = 0.27885$$
$$\bar{R}_{10}^2 = (0.318^2 + 0.584^2 + 0.325^2)/3 = 0.18260$$

比较 4 个相关指数,变量 x8 的相关指数最大,因此该组变量选择变量 x8 作为代表变量。其余各组的代表变量读者可以自行按上述方法计算。

在科学研究中,除了根据计算出的相关指数选择代表变量,还要考虑哪个变量的值容易获取,哪个变量的精度容易保证,等等因素。

## 3.5 判别分析

### 3.5.1 判别分析概述

#### 1. 判别分析的概念

判别分析是一种常用的统计分析方法。判别分析是通过观察或测量若干变量值,来判断研究对象属于哪一类的方法。例如,在医学实践中根据各种化验结果、疾病症状判断患者所患疾病;在体育人才选拔中根据运动员的体形、运动成绩、生理指标、心理素质指标、遗传因素判断是否将该运动员选入运动队。判别分析是应用计算机进行运动员选拔,动物、植物分类,以及疾病辅助诊断等活动的主要统计学基础。

判别分析是从已知的观测对象的分类和若干表明观测对象特征的变量值中筛选出能提供较多信息的变量并建立判别函数,使得在利用推导出的判别函数判别观测所属类别时错判率最小。

线性判别函数的一般形式为

$$y = a_1 x_1 + a_2 x_2 + a_3 x_3 + \cdots + a_n x_n$$

式中,$y$ 为判别分数(判别值);$x_1, x_2, x_3, \cdots, x_n$ 为反映研究对象特征的变量;$a_1, a_2, a_3, \cdots, a_n$ 为各变量的系数,也称判别系数。

SPSS 对于分为 $m$ 类的研究对象，建立 $m$ 个线性判别函数。在对每个个体进行判别时，可以把测试的各变量值代入判别函数，得出判别分数，或者计算属于各类的概率，从而确定该个体属于哪一类。SPSS 对于分为 $m$ 类的研究对象，还可以建立标准化和未标准化的典则判别函数。

**2．判别分析过程的功能**

SPSS 提供的判别分析过程是根据已知的观测分类和表明观测特征的变量值推导出判别函数，把各观测的自变量值回代到判别函数中，根据判别函数对观测所属类别进行判别，并对比原始数据的分类和按判别函数所判的分类，给出错判率。

判别分析可以根据类间协方差矩阵进行，也可以根据类内协方差矩阵进行。若原始数据中的观测分为 $m$ 类，则每一已知类的先验概率可以取相等值，即等于 $1/m$；也可以与各类样本量成正比。

判别分析可以根据要求，给出各类观测的单变量的描述统计量、线性判别函数（又称费希尔判别函数）的系数或标准化及未标准化的典则判别函数的系数、类内相关系数矩阵、类内和类间协方差矩阵和总协方差矩阵，给出按判别函数判别（回代）的各观测所属类别，带有错判率的判别分析小结，还可以根据要求生成表明各类分布的区域图和散点图。如果希望把部分聚类结果存入文件，可以在当前数据文件中建立新变量，用于表明观测按判别函数分派的类别、按判别函数计算的判别分数和分到各类的概率。

判别分析过程的大部分功能都可以通过对话框来指定，还有一些功能可以在"语法编辑器"窗口中进行补充或修改。例如，指定各类的先验概率，显示旋转方式和结构矩阵，限制提取的判别函数的数目，读取一个相关系数矩阵，分析后把相关系数矩阵写入数据文件，指定对参与分析的观测进行回代分类，对没有参与分析的观测进行预测分类，等等。

**3．有关判别分析的术语**

（1）建立判别函数的方法有 4 种：全模型法、向前选择法、向后选择法、逐步选择法。

① 全模型法。全模型法是把用户指定的变量全部放入判别函数，无论变量对判别函数是否起作用和作用大小。在对反映研究对象特征的变量认识比较全面时，可以选择此种方法。此种方法是 SPSS 系统默认的方法。

由于人们对客观事物的认识可能并不客观，因此对变量的选择有可能出现偏差。如果没有选择对研究对象的特征能够提供丰富信息的变量，没有测试相关数据，就只能等待人们进一步认识研究事物，别无他法。如果选择的变量中有对研究对象的特征不能提供较丰富的信息，对判别贡献很小的变量，那么该变量应该从判别模型中剔除。全模型方法不能解决这个问题。

② 向前选择法。此方法是从判别模型中没有变量开始，每一步把一个对判别模型的判断能力贡献最大的变量引入模型，直到没有被引入模型的变量中没有一个符合进入模型的条件。当希望较多变量留在判别函数中时，使用向前选择法。

③ 向后选择法。此方法与向前选择法完全相反，它是对用户指定的所有变量建立一个全模型，每一步把一个对判别模型的判断能力贡献最小的变量从模型中剔除，直到模

型中的所有变量都符合留在模型中的条件。在希望较少变量留在判别函数中时，使用向后选择法。

④ 逐步选择法。此判别法从模型中没有变量开始，每一步都要对模型进行检验。每一步都在把模型外的对模型的判别能力贡献最大的变量加入模型的同时，考虑把已经在模型中但又不符合留在模型中的条件的变量从模型中剔除。因为新变量的引入有可能使原来已经在模型中的变量对模型的贡献变得不显著。直到模型中的所有变量都符合进入模型的条件，模型外的所有变量都不符合进入模型的条件。逐步选择法能更好地选择变量，SPSS 用此种方法建立非全（变量）判别函数。此种方法作为可选择的方法。

（2）典则判别分析。典则判别分析建立典则变量代替原始数据文件中指定的自变量。典则变量是原始自变量的线性组合。用少量的典则变量代替多个原始变量可以比较方便地描述各类间的关系，如可以用平面区域图或散点图直观地表示各类间的相对关系。利用 SPSS 可以计算标准化和未标准化的典则判别函数系数。

（3）判别函数的性能。判别分析得出的判别函数性能如何，可以通过回代的方法进行验证。即先将各观测的变量值代到费希尔判别函数中，根据费希尔判别函数值（判别分数）确定每个观测分属哪一类，然后与原始数据中的分类变量值进行比较，得到错判率。错判率越小说明判别函数的判别性能越好。

（4）判别分析对数据的要求。进行判别分析要求数据遵循多元正态分布。在实践工作中收集的数据往往不服从正态分布，因此不适合使用本节介绍的参数分析方法。从非正态总体导出的费希尔判别函数（或经过预处理的数据）导出的二次判别函数的误差率估计可能存在较大偏差。

（5）利用判别函数对观测进行分类。用判别分析过程导出的费希尔判别函数的数目与类别数目相同。确定一个观测属于哪一类，可以把该观测的各变量值代入每个判别函数，哪个判别函数值大，该观测就属于哪一类。

### 3.5.2 判别分析过程

**1．建立或读入数据文件**

在"数据编辑器"窗口中输入待分析的数据或利用文件菜单中的"打开"命令打开已经存在的数据文件。数据中必须包括一个表明已知的观测所属类别的变量和若干个表明分类特征的变量。

**2．打开判别分析过程主对话框**

按"分析→分类→判别式"顺序单击，打开"判别分析"对话框，如图 3-35 所示。

**3．选择分类变量及其范围**

在"判别分析"对话框的原始变量列表中选择表明已知的观测所属类别的变量（一定是离散型变量）送入"分组变量"框。此时"分组变量"框下面的"定

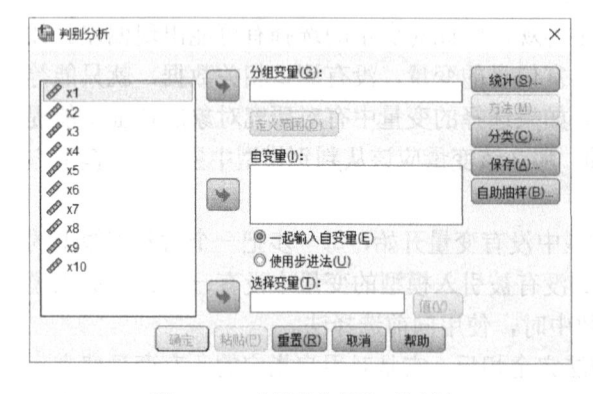

图 3-35 "判别分析"对话框

义范围"按钮加亮，单击该按钮，打开"判别分析：定义范围"对话框，如图3-36所示，在相应框中输入该分类变量的最小值、最大值。

**4．指定判别分析的自变量**

在"判别分析"对话框的原始变量列表中选择表明观测特征的变量，送入"自变量"框，作为参与判别分析的变量。

**5．进行判别分析**

完成前面 4 步操作，就可以使用系统默认值对当前数据集的数据进行判别分析了。单击"确定"按钮，提交系统执行，在"查看器"窗口中显示出分析结果。

有时完全使用系统默认值进行判别分析获得的结果不能令人满意，因此有必要根据以下步骤指定选项。

**6．选择观测**

如果希望使用一部分观测推导判别函数，并且有一个变量的某个值可以作为这些观测的标识，那么可以在"判别分析"对话框中从原始变量列表中选择相应变量送入"选择变量"框，单击"值"按钮，打开"判别分析：设置值"对话框，如图3-37所示，在"选择变量值"框中输入标识参与分析的观测具有的该变量值。在使用数据中的所有合法观测时，此步骤可以省略。

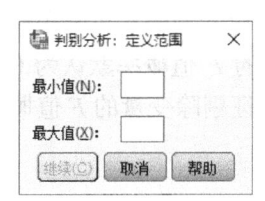

图 3-36　"判别分析：定义范围"对话框 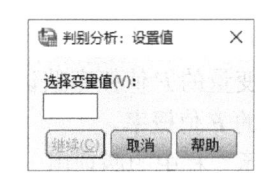　　　　图 3-37　"判别分析：设置值"对话框

**7．选择分析方法**

在"判别分析"对话框中的"自变量"框下有两个选项，用于设置判别分析方法。

（1）"一起输入自变量"单选按钮。当认为所有自变量都能对观测的特性提供丰富的信息且彼此独立时，选择此选项。选择此选项后，判别分析过程将不加选择地使用所有自变量进行判别分析，建立全模型，不需要进行进一步选择。

（2）"使用步进法"单选按钮。当不认为所有自变量都能对观测的特性提供丰富的信息时，选择此选项。选择此选项后"方法"按钮加亮。

单击"方法"按钮，打开"判别分析：步进法"对话框，如图3-38所示。

① 在"方法"栏中可供选择的判别分析方法对应的选项如下。

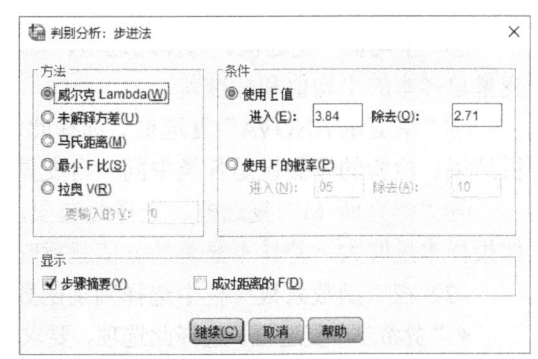

图 3-38　"判别分析：步进法"对话框

- "威尔克 Lambda"单选按钮。选择此选项后，每步都使威尔克 Lambda 统计量最小的变量进入判别函数。
- "未解释方差"单选按钮。选择此选项后，每步都使各类不可解释的方差和最小的变量进入判别函数。
- "马氏距离"单选按钮。选择此选项后，每步都使离得最近的两类间的马氏距离最大的变量进入判别函数。
- "最小 F 比"单选按钮。选择此选项后，每步都使任何两类间最小 $F$ 值最大的变量进入判别函数。
- "拉奥 V"单选按钮。选择此选项后，每步都使拉奥统计量 $V$ 产生最大增量的变量进入判别函数。可以对一个要加入模型的变量的 $V$ 值指定一个最小增量。选择此选项后，应该在下面的"要输入的 V"框中输入这个增量的指定值。当某变量导致的 $V$ 值增量大于该指定值时，该变量进入判别函数。

② 在"条件"栏中选择逐步判别停止的判据，可供选择的选项如下。

- "使用 F 值"单选按钮。系统默认选择此项。当加入一个变量（或剔除一个变量）后，对在判别函数中的变量进行方差分析。当计算的 $F$ 值大于指定的进入值时，该变量保留在函数中。"进入"框的系统默认值为 3.84。当计算的 $F$ 值小于指定的除去值时，该变量从函数中剔除。"除去"框的系统默认值为 2.71。在设置这两个值时应该注意使进入值大于除去值，否则生成的函数中将没有变量。
- "使用 F 的概率"单选按钮。选择此选项，将使用检验的概率决定变量是否加入判别函数或是否从判别函数中剔除。进入模型变量的 $F$ 值概率默认为 0.05（5%），剔除变量的 $F$ 值概率默认为 0.10（10%）。应该保证剔除变量的 $F$ 值概率大于进入变量的 $F$ 值概率。

③ "显示"栏中的两项用于选择要显示的统计量。

- "步骤摘要"复选框。选择此选项，将要求显示逐步选择变量子集的小结。
- "成对距离的 F"复选框。选择此选项，将要求显示每两类间的成对的 $F$ 值矩阵。

### 8．指定输出的统计量

在"判别分析"对话框中单击"统计"按钮，打开"判别分析：统计"对话框，如图 3-39 所示。

（1）在"描述"栏中选择要输出的原始数据的描述统计量。

① "平均值"复选框。选择此选项，要求输出各类中各自变量平均值、标准差和各自变量总样本的平均值和标准差。

② "单变量 ANOVA"复选框。选择此选项，要求进行假设检验，输出单变量方差分析结果。检验的零假设是各类中同一自变量平均值都相等。

③ "博克斯 M"复选框。选择此选项，对各类的协方差矩阵相等的假设进行检验。如果样本足够大，差异不显著的 $p$ 值就意味着矩阵差异不明显。

（2）在"函数系数"栏中选择判别函数中的判别系数的输出形式。

- "费希尔"复选框。选择此选项，要求输出可以直接用于对新样本进行判别分类的费希尔判别函数的系数。对每一类给出一组系数，并给出该组中判别分数最大的观测。
- "未标准化"复选框。选择此选项，要求输出未经标准化的判别系数。

（3）在"矩阵"栏中选择要求给出的自变量系数矩阵。
- "组内相关性"复选框。选择此选项，要求输出合并类内相关系数矩阵，是根据计算相关系数矩阵前，将各组（类）协方差矩阵平均后计算的。
- "组内协方差"复选框。选择此选项，要求计算并显示合并类内协方差矩阵，是将各组（类）协方差矩阵平均后算得的，区别于总协方差矩阵。
- "分组协方差"复选框。选择此选项，要求对每类输出一个协方差矩阵。
- "总协方差"复选框。选择此选项，要求计算并显示总样本的协方差矩阵。

### 9. 指定分类参数和判别结果

在"判别分析"对话框中单击"分类"按钮，打开"判别分析：分类"对话框，如图 3-40 所示。

（1）在"先验概率"栏中选择先验概率。
- "所有组相等"单选按钮。选择此选项，要求各类先验概率相等。若分为 $m$ 类，则各类先验概率均为 $1/m$。
- "根据组大小计算"单选按钮。选择此选项，要求各类的先验概率与各类的样本量成正比。

（2）在"使用协方差矩阵"栏中选择分析时使用的协方差矩阵。
- "组内"单选按钮。选择此选项，要求使用合并组内协方差矩阵进行分析。
- "分组"单选按钮。选择此选项，要求使用各组协方差矩阵进行分析。

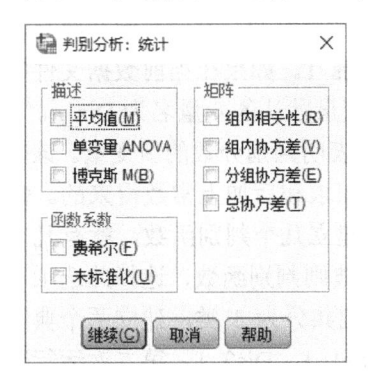

图 3-39 "判别分析：统计"对话框 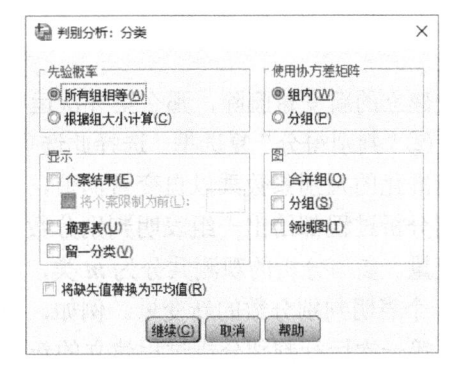      图 3-40 "判别分析：分类"对话框

（3）在"显示"栏中选择生成到"查看器"窗口中的分类结果。
- "个案结果"复选框。选择此选项，要求输出每个观测的判别分数、实际类、预测类（根据判别函数求得的分类结果）和后验概率等。选择此选项，还可以设置其附属选项"将个案限制为前"框。在该框中输入观测数 $n$，含义为仅输出前 $n$ 个观测的分类结果。观测数量大时可以选择此选项。
- "摘要表"复选框。选择此选项，要求输出分类小结，包括正确分类观测数，即原始类和根据判别函数计算的预测类相同的观测数、错判观测（原始类与按判别函数计算出的类不同的观测）数和错判率。
- "留一分类"复选框。选择此选项，要求输出每个观测的分类结果，依据的判别函数是由除该观测外的其他观测导出的，因此又称交互校验结果。

（4）在"图"栏中选择要求输出的统计图。
- "合并组"复选框。选择此选项，要求生成一张包括各类的散点图。该散点图是根据前两个判别函数值制作的。如果只有一个判别函数，就输出直方图。
- "分组"复选框。选择此选项，要求生成根据前两个判别函数值对每一类生成一张散点图，共分为几类就生成几张散点图。如果只有一个判别函数，就输出直方图。
- "邻域图"复选框。选择此选项，要求生成根据函数值生成把观测分到各组中的区域图。此种统计图把一张图的平面划分为与类数相同的区域，每一类占据一个区域，各类的平均值在各区域中用"*"标出。如果仅有一个判别函数，不做此图。

（5）勾选"将缺失值替换为平均值"复选框，要求观测某变量值缺失时，用该变量的平均值代替缺失值。

### 10. 指定生成并保存在数据文件中的新变量

判别分析过程可以在数据文件中建立新变量。在"判别分析"对话框中单击"保存"按钮，打开"判别分析：保存"对话框，如图3-41所示。

① "预测组成员"复选框。选择此选项，要求建立一个新变量，其值是根据判别分数按最大后验概率预测的分类。每运行一次判别分析过程，就建立一个表明使用判别函数预测的各观测属于哪一类的新变量。第一次运行建立新变量的变量名为 Dis_1。如果在当前数据文件中不把前一次建立的新变量删除，那么第 n 次运行建立的新变量默认的变量名为 Dis_n。

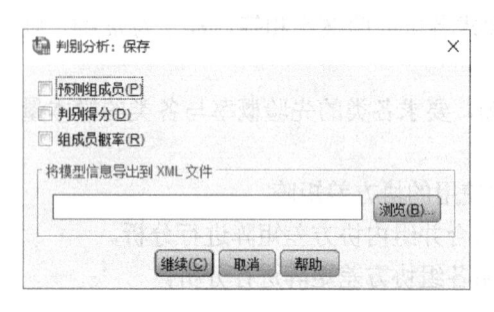

图3-41 "判别分析：保存"对话框

② "判别得分"复选框。选择此选项，要求建立表明判别分数的新变量。该分数是由未标准化的判别系数乘以自变量的值，并对这些乘积求和后加上常数得来的。每次运行判别分析过程都给出一组表明判别分数的新变量。建立几个判别函数，就有几个判别分数变量。参与分析的观测共分为 $m$ 类，建立 $m-1$ 个典则判别函数，选择此选项可以生成 $m-1$ 个表明判别分数的新变量。例如，原始数据观测共分为 3 类，建立两个典则判别函数。第一次运行判别分析过程建立的新变量名为 Dis1_1、Dis2_1，第二次运行判别分析过程建立的新变量名为 Dis1_2、Dis2_2，依次类推，分别表示代入第一个判别函数和第二个判别函数得到的判别分数。

③ "组成员概率"复选框。选择此选项要求建立新变量表明观测属于某一类的概率。若有 $m$ 类，对一个观测就会给出 $m$ 个概率值，建立 $m$ 个新变量。例如，原始分类数为 3，预测分类数也为 3，选择此选项，在第一次运行判别分析过程后，建立的表明分类概率的新变量名为 Dis1_2、Dis2_2、Dis3_2。

④ "将模型信息导出到 XML 文件"框。若将模型写入外部.xml 文件，则可以利用评分向导将该模型文件的模型信息应用到其他数据文件的评分中。

### 11. 提交系统执行

在"判别分析"对话框中单击"确定"按钮，提交系统执行。

## 3.5.3 判别分析实例

**【例8】** 本例是统计学常用的实例。关于3种鸢尾花的花瓣和花萼的长、宽数据。实验共收集了3种鸢尾花,每种有50个观测,共150个观测数据,数据文件为data3-05鸢尾花数据。

在"数据编辑器"窗口中定义5个变量:slen(花萼长)、swid(花萼宽)、plen(花瓣长)、pwid(花瓣宽)、spno(分类号)。其中,pwid是表明观测(鸢尾花)特征的变量。分类的值标签是1——刚毛鸢尾花(Setosa),2——变色鸢尾花(Versicolor),3——弗吉尼亚鸢尾花(Virginica)。观测标识变量no是为便于核对而设置的变量,非分析需要。

使用系统默认值进行分析,操作步骤如下。

(1)读取数据文件data3-05鸢尾花数据,按"分析→分类→判别式"顺序单击,打开"判别分析"对话框。

(2)在"判别分析"对话框中进行如下操作。

① 在原始变量列表中选择slen变量、swid变量、plen变量、pwid变量,移到"自变量"框中,作为自变量。

② 在原始变量列表中选择变量spno,移到"分组变量"框中,作为分类变量。单击"定义范围"按钮,打开"判别分析:定义范围"对话框,输入变量spno的数值范围。在"最小值"框中输入"1",在"最大值"框中输入"3",单击"继续"按钮,返回"判别分析"对话框。

(3)单击"确定"按钮,提交系统执行。

(4)输出结果如表3-24~表3-29所示。输出结果解释如下。

表3-24所示为基本数据信息:按变量spno确定分组"分类"列的单元格中是表明分类的spno变量的3个值标签。由表3-24可以看出,总共处理了150个未加权观测。每类中各变量都有50个未加权的观测,以下的分析中将使用150个未加权的观测。分组的观测数据表中的数据表明刚毛鸢尾花、变色鸢尾花、弗吉尼亚鸢尾花各有50个观测。3种鸢尾花的每个观测的权重均为1,总权重均为50。共有150个观测,总权重为150。

表3-25所示为典则判别函数特征值表。表3-25中的统计量自左至右有:函数,下面的单元格中的数字是函数代号;特征值,用于分析的前两个典则判别函数的特征值,是组间平方和与组内平方和之比,最大特征值与组平均值最大的向量对应,第二大特征值与组平均值次大的向量对应;方差百分比是方差的百分比;累积百分比是累计百分比,方差累计百分比最后累计值是100%;典型相关性,是典则相关系数,是组间平方和与总平方和之比的平方根,被平方的是由组间差异解释的总变异的比值。

表3-26所示为威尔克Lambda统计量。该统计量进行检验的零假设是各组各变量平均值相等。由于$p<0.001$,因此该判别函数能将两类很好地区分开。表3-26中自左至右各列的含义分别为比较的函数编号;威尔克Lambda值,范围为0~1,越大表示各组平均值差异越小,等于1表示各组平均值相等;卡方,是对威尔克Lambda的卡方

**表3-24 基本数据信息**

组统计

| 分类 | | 有效个案数(成列) | |
|---|---|---|---|
| | | 未加权 | 加权 |
| 刚毛鸢尾花 | 花萼长 | 50 | 50.000 |
| | 花萼宽 | 50 | 50.000 |
| | 花瓣长 | 50 | 50.000 |
| | 花瓣宽 | 50 | 50.000 |
| 变色鸢尾花 | 花萼长 | 50 | 50.000 |
| | 花萼宽 | 50 | 50.000 |
| | 花瓣长 | 50 | 50.000 |
| | 花瓣宽 | 50 | 50.000 |
| 弗吉尼亚鸢尾花 | 花萼长 | 50 | 50.000 |
| | 花萼宽 | 50 | 50.000 |
| | 花瓣长 | 50 | 50.000 |
| | 花瓣宽 | 50 | 50.000 |
| 总计 | 花萼长 | 150 | 150.000 |
| | 花萼宽 | 150 | 150.000 |
| | 花瓣长 | 150 | 150.000 |
| | 花瓣宽 | 150 | 150.000 |

转换，用于确定其显著性；自由度，用于计算显著性水平的自由度；显著性，对应值都很小说明建立的判别函数在统计上具有显著性意义。

表 3-25 典则判别函数特征值表

| 函数 | 特征值 | 方差百分比 | 累积百分比 | 典型相关性 |
|---|---|---|---|---|
| 1 | 30.419a | 99.0 | 99.0 | .984 |
| 2 | .293a | 1.0 | 100.0 | .476 |

a. 在分析中使用了前 2 个典则判别函数。

表 3-26 威尔克 Lambda 统计量

| 函数检验 | 威尔克 Lambda | 卡方 | 自由度 | 显著性 |
|---|---|---|---|---|
| 1 直至 2 | .025 | 538.950 | 8 | .000 |
| 2 | .774 | 37.351 | 3 | .000 |

表 3-27 所示为标准化典则判别函数系数。由表 3-27 可以看出，使用变量标签的两个判别函数分别如下（为便于分析，判别函数中使用的不是原变量名，而是变量标签）：

$$y_1 = -0.346 \times 花萼长 - 0.525 \times 花萼宽 + 0.846 \times 花瓣长 + 0.613 \times 花瓣宽$$

$$y_2 = 0.039 \times 花萼长 + 0.742 \times 花萼宽 - 0.386 \times 花瓣长 + 0.555 \times 花瓣宽$$

**注意**：上述是标准化典则判别函数，若要计算标准化典则判别函数值（标准化典则判别分数），代入上述函数的自变量值必须是标准化后的值。

表 3-27 标准化典则判别函数系数

标准化典则判别函数系数

| | 函数 1 | 函数 2 |
|---|---|---|
| 花萼长 | -.346 | .039 |
| 花萼宽 | -.525 | .742 |
| 花瓣长 | .846 | -.386 |
| 花瓣宽 | .613 | .555 |

表 3-28 所示为结构矩阵，即合并类内相关矩阵，是判别变量与标准化典则判别函数间的相关系数。变量按函数内相关系数的绝对值大小排列，每个变量和任何一个判别函数间相关系数绝对值最大的标有"*"。

表 3-29 所示为类平均值处的典则判别函数值。刚毛鸢尾花聚类中心的函数值为 $y_1 = -7.392$，$y_2 = 0.219$；变色鸢尾花聚类中心的函数值为 $y_1 = 1.763$，$y_2 = -0.737$；弗吉尼亚鸢尾花聚类中心的函数值为 $y_1 = 5.629$，$y_2 = 0.518$。

表 3-28 结构矩阵

结构矩阵

| | 函数 1 | 函数 2 |
|---|---|---|
| 花瓣长 | .726* | .165 |
| 花萼宽 | -.121 | .879* |
| 花瓣宽 | .651 | .718* |
| 花萼长 | .221 | .340* |

判别变量与标准化典则判别函数之间的汇聚组内相关性
变量按函数内相关性的绝对大小排序。
*. 每个变量与任何判别函数之间的最大绝对相关性

表 3-29 类平均值处的典则判别函数值

组质心处的函数

| 分类 | 函数 1 | 函数 2 |
|---|---|---|
| 刚毛鸢尾花 | -7.392 | .219 |
| 变色鸢尾花 | 1.763 | -.737 |
| 弗吉尼亚鸢尾花 | 5.629 | .518 |

按组平均值进行求值的未标准化典则判别函数

【例 9】 基于例 8，说明选项的作用。

操作步骤如下。

（1）再次打开"判别分析"对话框，选择分析变量和分类变量的操作与例 8 中的相关操作相同。

(2) 在"判别分析"对话框中,单击"分类"按钮,打开"判别分析:分类"对话框,选择分类参数。

① 在"先验概率"栏中选择"所有组相等"单选按钮。

② 在"使用协方差矩阵"栏中选择"组内"单选按钮。

③ 在"图"栏中勾选"合并组"复选框,要求作综合散点图;勾选"分组"复选框,要对每类绘制一个散点图;勾选"邻域图"复选框,要求作按类分观测的区域图。

④ 在"显示"栏中勾选"摘要表"复选框,要求输出有关分类的数据。

(3) 在"判别分析"对话框中,单击"统计"按钮,打开"判别分析:统计"对话框,选择要求输出的统计量。

① 在"描述"栏中勾选"平均值"复选框和"单变量 ANOVA"复选框,要求输出每个变量的方差分析结果。检验的假设是各类中同一自变量平均值相等。

② 在"函数系数"栏中勾选"费希尔"复选框,要求输出费希尔系数;勾选"未标准化"复选框,要求输出未标准化的判别函数的系数。

③ 在"矩阵"栏中勾选"组内相关性"复选框,要求显示合并类内相关系数矩阵;勾选"组内协方差"复选框,要求显示合并类内协方差矩阵;勾选"分组协方差"复选框,要求显示各类的协方差矩阵;勾选"总协方差"复选框,要求显示总样本的协方差矩阵。

(4) 在"判别分析"对话框中单击"保存"按钮,打开"判别分析:保存"对话框,选择要求保存在当前数据文件中的新变量。勾选"预测组成员"复选框,要求建立表明预测的类成员号的新变量;勾选"判别得分"复选框,要求建立表明判别分数的新变量;勾选"组成员概率"复选框,要求建立表明观测作为各组成员的概率的新变量。

(5) 两点说明。

① 由于在"判别分析"对话框中仍然是选择了"一起输入自变量"单选按钮,因此不能对判别分析方法进行进一步选择。分析变量为所有反映鸢尾花特点的关于花瓣长、宽及花萼长、宽的变量。

② 使用所有观测进行判别分析,同时因为当前数据文件中没有一个表示选择观测的变量,因此无须对观测进行进一步选择。

(6) 输出结果。

输出结果如表 3-30～表 3-37 和图 3-42、图 3-43 所示。结果与例 8 相同的表格不再重复列出。输出结果解释如下。

表 3-30 所示为原始数据的描述统计量,除包括基本数据信息外,还有各类中各变量的平均值、标准差,以及整个样本的总平均值、总标准差。

表 3-31 所示为各组平均值相等的检验结果。检验的零假设是各类中同变量平均值相等。

如果零假设成立,就说明根据各判别变量进行的原始分类是没有实际意义的。要么是分类错误,要么是选作判别变量的自变量不能充分显示分类特征。无论什么原因,进一步的输出结果分析均是无意义的。

表 3-30 原始数据的描述统计量

组统计

| 分类 | | 平均值 | 标准 偏差 | 有效个案数(成列) | |
|---|---|---|---|---|---|
| | | | | 未加权 | 加权 |
| 刚毛鸢尾花 | 花萼长 | 50.06 | 3.525 | 50 | 50.000 |
| | 花萼宽 | 34.28 | 3.791 | 50 | 50.000 |
| | 花瓣长 | 14.62 | 1.737 | 50 | 50.000 |
| | 花瓣宽 | 2.46 | 1.054 | 50 | 50.000 |
| 变色鸢尾花 | 花萼长 | 59.36 | 5.162 | 50 | 50.000 |
| | 花萼宽 | 27.66 | 3.147 | 50 | 50.000 |
| | 花瓣长 | 42.60 | 4.699 | 50 | 50.000 |
| | 花瓣宽 | 13.26 | 1.978 | 50 | 50.000 |
| 弗吉尼亚鸢尾花 | 花萼长 | 66.38 | 7.128 | 50 | 50.000 |
| | 花萼宽 | 29.82 | 3.218 | 50 | 50.000 |
| | 花瓣长 | 55.60 | 5.540 | 50 | 50.000 |
| | 花瓣宽 | 20.26 | 2.747 | 50 | 50.000 |
| 总计 | 花萼长 | 58.60 | 8.633 | 150 | 150.000 |
| | 花萼宽 | 30.59 | 4.363 | 150 | 150.000 |
| | 花瓣长 | 37.61 | 17.682 | 150 | 150.000 |
| | 花瓣宽 | 11.99 | 7.622 | 150 | 150.000 |

如果有的变量方差分析结果表明变量对判别分析有意义，有的变量对判别分析无意义，就要改变判别分析方法，以剔除对判别分析无意义的变量。

如果拒绝零假设，就说明原始分类有意义。同时，可以认为判别自变量能够表明分类特征。本例的方差分析结果显著性值均小于 0.001，说明 4 个判别变量都能很好地体现分类特征。但这并不说明所有变量相互独立，都应该出现在判别函数中。

表 3-32 所示为合并类内相关系数矩阵和合并类内协方差矩阵。合并类内协方差矩阵各元素的值是各类协方差矩阵相应元素值的平均值。合并类内相关系数矩阵各元素的值是各类相关系数矩阵相应元素值的平均值。由表 3-32 可以看出，花瓣长和花萼长间的协方差值 16.129 和相关系数值 0.683 比较大，因此可以提出一个问题：花瓣长变量和花萼长变量间是否不独立，在求出的判别函数中可否剔除一个变量呢？

表 3-33 所示为各类协方差矩阵和总协方差矩阵。除刚毛鸢尾花外，其余两种鸢尾花的协方差矩阵中协方差系数（除自协方差外）最大的是花瓣长和花萼长间的协方差值，分别为 18.290 和 28.461，合计栏中的结果为 130.036，因此有必要进行进一步分析。

表 3-31  各组平均值相等的检验结果

组平均值的同等检验

|  | 威尔克 Lambda | F | 自由度 1 | 自由度 2 | 显著性 |
|---|---|---|---|---|---|
| 花萼长 | .397 | 111.847 | 2 | 147 | .000 |
| 花萼宽 | .598 | 49.371 | 2 | 147 | .000 |
| 花瓣长 | .059 | 1179.052 | 2 | 147 | .000 |
| 花瓣宽 | .071 | 960.007 | 2 | 147 | .000 |

表 3-32  合并类内相关阵和合并类内协方差矩阵

汇聚组内矩阵[a]

| | | 花萼长 | 花萼宽 | 花瓣长 | 花瓣宽 |
|---|---|---|---|---|---|
| 协方差 | 花萼长 | 29.960 | 8.767 | 16.129 | 4.340 |
| | 花萼宽 | 8.767 | 11.542 | 5.033 | 3.145 |
| | 花瓣长 | 16.129 | 5.033 | 18.597 | 4.287 |
| | 花瓣宽 | 4.340 | 3.145 | 4.287 | 4.188 |
| 相关性 | 花萼长 | 1.000 | .471 | .683 | .387 |
| | 花萼宽 | .471 | 1.000 | .344 | .452 |
| | 花瓣长 | .683 | .344 | 1.000 | .486 |
| | 花瓣宽 | .387 | .452 | .486 | 1.000 |

a. 协方差矩阵的自由度为147。

表 3-34 所示为未标准化的典则判别函数的系数。由于是未标准化的典则判别函数，因此有常数项。由表 3-41 可以得出两个判别函数分别为

$$y_1 = -0.063 \times 花萼长 - 0.155 \times 花萼宽 + 0.196 \times 花瓣长 + 0.299 \times 花瓣宽 - 2.526$$
$$y_2 = 0.007 \times 花萼长 + 0.218 \times 花萼宽 - 0.089 \times 花瓣长 + 0.271 \times 花瓣宽 - 6.987$$

表 3-33  各类协方差矩阵和总协方差矩阵

协方差矩阵[a]

| 分类 | | 花萼长 | 花萼宽 | 花瓣长 | 花瓣宽 |
|---|---|---|---|---|---|
| 刚毛鸢尾花 | 花萼长 | 12.425 | 9.922 | 1.636 | 1.033 |
| | 花萼宽 | 9.922 | 14.369 | 1.170 | .930 |
| | 花瓣长 | 1.636 | 1.170 | 3.016 | .607 |
| | 花瓣宽 | 1.033 | .930 | .607 | 1.111 |
| 变色鸢尾花 | 花萼长 | 26.643 | 8.288 | 18.290 | 5.578 |
| | 花萼宽 | 8.288 | 9.902 | 8.127 | 4.049 |
| | 花瓣长 | 18.290 | 8.127 | 22.082 | 7.310 |
| | 花瓣宽 | 5.578 | 4.049 | 7.310 | 3.911 |
| 弗吉尼亚鸢尾花 | 花萼长 | 50.812 | 8.090 | 28.461 | 6.409 |
| | 花萼宽 | 8.090 | 10.355 | 5.804 | 4.456 |
| | 花瓣长 | 28.461 | 5.804 | 30.694 | 4.943 |
| | 花瓣宽 | 6.409 | 4.456 | 4.943 | 7.543 |
| 总计 | 花萼长 | 74.537 | -4.683 | 130.036 | 53.507 |
| | 花萼宽 | -4.683 | 19.036 | -33.056 | -12.083 |
| | 花瓣长 | 130.036 | -33.056 | 312.670 | 129.803 |
| | 花瓣宽 | 53.507 | -12.083 | 129.803 | 58.101 |

a. 总协方差矩阵的自由度为149。

表 3-34  未标准化的典则判别函数的系数

典则判别函数系数

| | 函数 | |
|---|---|---|
| | 1 | 2 |
| 花萼长 | -.063 | .007 |
| 花萼宽 | -.155 | .218 |
| 花瓣长 | .196 | -.089 |
| 花瓣宽 | .299 | .271 |
| (常量) | -2.526 | -6.987 |

未标准化系数

根据这两个典则判别函数可以计算出判别分数,根据各观测的两个判别分数可以画出区域图或散点图。

有关判别函数的信息共输出 5 个表:典则判别函数特征值表、有效性检验表、聚类中心处的函数值表、表明自变量与函数间相关的结构矩阵表,以及标准化、非标准化的典则判别函数系数表。前 4 个表分别与表 3-25、表 3-31、表 3-29、表 3-28 相同,在此不再列出与说明。

表 3-35 所示为分析中使用的各类的先验概率。由于在"判别分析:分类"对话框中选择的是"所有组相等"单选按钮,因此各类的先验概率为 0.333,分析中使用的观测数加权、未加权都是 50。

表 3-36 所示为用判别函数对观测分类的结果,显示了费希尔判别函数的系数。根据表 3-36 可以总结出各类判别函数如下。

刚毛鸢尾花:$F_1$=1.687×花萼长+2.695×花萼宽−0.880×花瓣长−2.284×花瓣宽−80.268

变色鸢尾花:$F_2$=1.101×花萼长+1.070×花萼宽+1.001×花瓣长+0.197×花瓣宽−71.196

弗吉尼亚鸢尾花:$F_3$=0.865×花萼长+0.747×花萼宽+1.647×花瓣长+1.695×花瓣宽−103.890

表 3-35 分析中使用的各类的先验概率

组的先验概率

| 分类 | 先验 | 在分析中使用的个案 | |
|---|---|---|---|
| | | 未加权 | 加权 |
| 刚毛鸢尾花 | .333 | 50 | 50.000 |
| 变色鸢尾花 | .333 | 50 | 50.000 |
| 弗吉尼亚鸢尾花 | .333 | 50 | 50.000 |
| 总计 | 1.000 | 150 | 150.000 |

表 3-36 用判别函数对观测分类的结果

分类函数系数

| | 分类 | | |
|---|---|---|---|
| | 刚毛鸢尾花 | 变色鸢尾花 | 弗吉尼亚鸢尾花 |
| 花萼长 | 1.687 | 1.101 | .865 |
| 花萼宽 | 2.695 | 1.070 | .747 |
| 花瓣长 | −.880 | 1.001 | 1.647 |
| 花瓣宽 | −2.284 | .197 | 1.695 |
| (常量) | −80.268 | −71.196 | −103.890 |

费希尔线性判别函数

使用费希尔判别函数的方法是先测得一种鸢尾花的 4 个自变量:花萼长、花萼宽、花瓣长、花瓣宽的值,再将 4 个自变量值代入上述 3 个函数式,得到 3 个函数值,比较这 3 个函数值哪个值大,就可以判断被测量的花属于哪类鸢尾花。例如,某观测花萼长 slen = 50,花萼宽 swid = 33,花瓣长 plen = 14,花瓣宽 pwid = 2。代入刚毛鸢尾花判别函数,得到 $F_1$ = 75.751;代入变色鸢尾花判别函数,得到 $F_2$ = 33.572;代入弗吉尼亚鸢尾花判别函数,得到 $F_3$ = −9.547;比较这 3 个值,可以看出 $F_1$ = 75.751 最大,因此得出该观测属于刚毛鸢尾花。

表 3-37 所示为预测分类结果小结,是一个判别回代小结。所谓回代就是对一个被测试的观测使用下述方法判别所属类。

表 3-37 预测分类结果小结

分类结果[a]

| | | 分类 | 预测组成员信息 | | | 总计 |
|---|---|---|---|---|---|---|
| | | | 刚毛鸢尾花 | 变色鸢尾花 | 弗吉尼亚鸢尾花 | |
| 原始 | 计数 | 刚毛鸢尾花 | 50 | 0 | 0 | 50 |
| | | 变色鸢尾花 | 0 | 48 | 2 | 50 |
| | | 弗吉尼亚鸢尾花 | 0 | 1 | 49 | 50 |
| | % | 刚毛鸢尾花 | 100.0 | .0 | .0 | 100.0 |
| | | 变色鸢尾花 | .0 | 96.0 | 4.0 | 100.0 |
| | | 弗吉尼亚鸢尾花 | .0 | 2.0 | 98.0 | 100.0 |

a. 正确地对 98.0% 个原始已分组个案进行了分类。

- 使用除该观测外的观测求出费希尔判别函数。
- 使用求出的费希尔判别函数对这个观测进行判别,得出该观测属于哪一类。
- 对每个观测均使用该方法进行判别,统计错判率,与原始数据中的 spno 变量值进行比较得出错判概率。

从表 3-37 中可以看出,利用费希尔判别函数回代的结果显示,刚毛鸢尾花的错判率为 0%;变色鸢尾花的错判率为 4%,被错判为弗吉尼亚鸢尾花;弗吉尼亚鸢尾花的错判率为 2%,被错判为变色鸢尾花。

图 3-42 所示为各类区域图及其标记说明。横坐标用第一个典则变量,纵坐标用第二个典则变量。3 种鸢尾花的典则变量值把一个典则变量组成的坐标平面划分成 3 个区域。由图 3-42 可以看出,变色鸢尾花的数据居于另外两种鸢尾花数据之间。

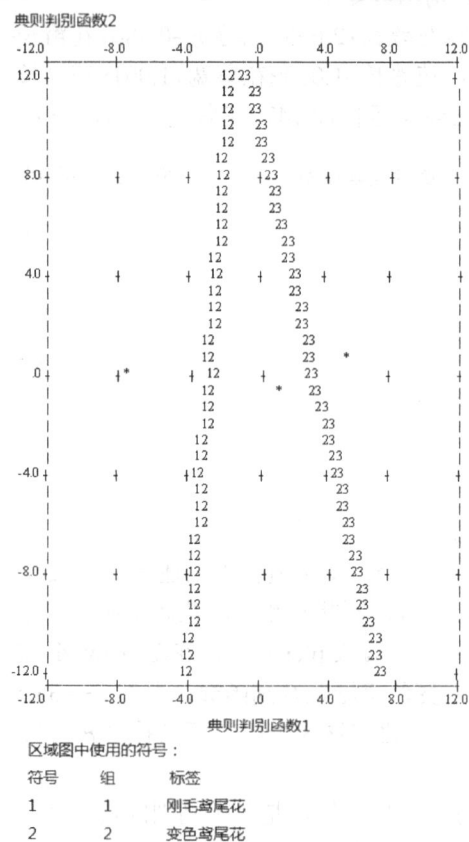

```
典则判别函数2
        -12.0    -8.0     -4.0     .0      4.0      8.0     12.0
  12.0 +         +        +      12 23    +        +        +
                                 12  23
                                 12  23
                                 12  23
                                 12  23
   8.0 +         +        +     12  +23   +        +        +
                                 12  23
                                 12  23
                                 12  23
                                 12  23
   4.0 +         +        +    12   +23   +        +        +
                                12   23
                                12    23
                                12    23
                                12    23  *
    .0 +         +*       +   12     +23           *        +
                              12      23   *
                              12      23
                              12      23
                              12      23
  -4.0 +         +       +12  +       +23  +       +        +
                              12      23
                              12      23
                              12      23
                              12      23
  -8.0 +         +       +12  +       +23  +       +        +
                              12      23
                              12      23
                              12      23
                              12      23
 -12.0 +         +        +   12      23   +       +        +
        -12.0    -8.0     -4.0     .0      4.0      8.0     12.0
                          典则判别函数1
```

区域图中使用的符号:

| 符号 | 组 | 标签 |
|---|---|---|
| 1 | 1 | 刚毛鸢尾花 |
| 2 | 2 | 变色鸢尾花 |
| 3 | 3 | 弗吉尼亚鸢尾花 |
| * | | 组中心符号 |

图 3-42 各类区域图及其标记说明

图 3-42 下面的列表是区域图中使用的符号,1、2、3 分别表示刚毛鸢尾花、变色鸢尾花、弗吉尼亚鸢尾花的区域,"*"表示各类鸢尾花的数据中心。

中心坐标(典则判别函数 1 值,典则判别函数 2 值)表示 3 种鸢尾花的中心:刚毛鸢尾花中心为(−7.392, 0.219)、变色鸢尾花中心为(1.763, −0.737)、弗吉尼亚鸢尾花中心为(5.629, 0.518)。中心数据如表 3-29 所示。

图 3-43 所示为以典则判别函数为坐标的散点图,分别是 3 种鸢尾花的散点图和一个

总的分类散点图。各分图横坐标是典则判别函数 1，纵坐标是典则判别函数 2；是根据自变量值计算两个典则判别函数值后绘制的；从如图 3-43（b）所示的总的分类散点图中可以看出各类间的关系。

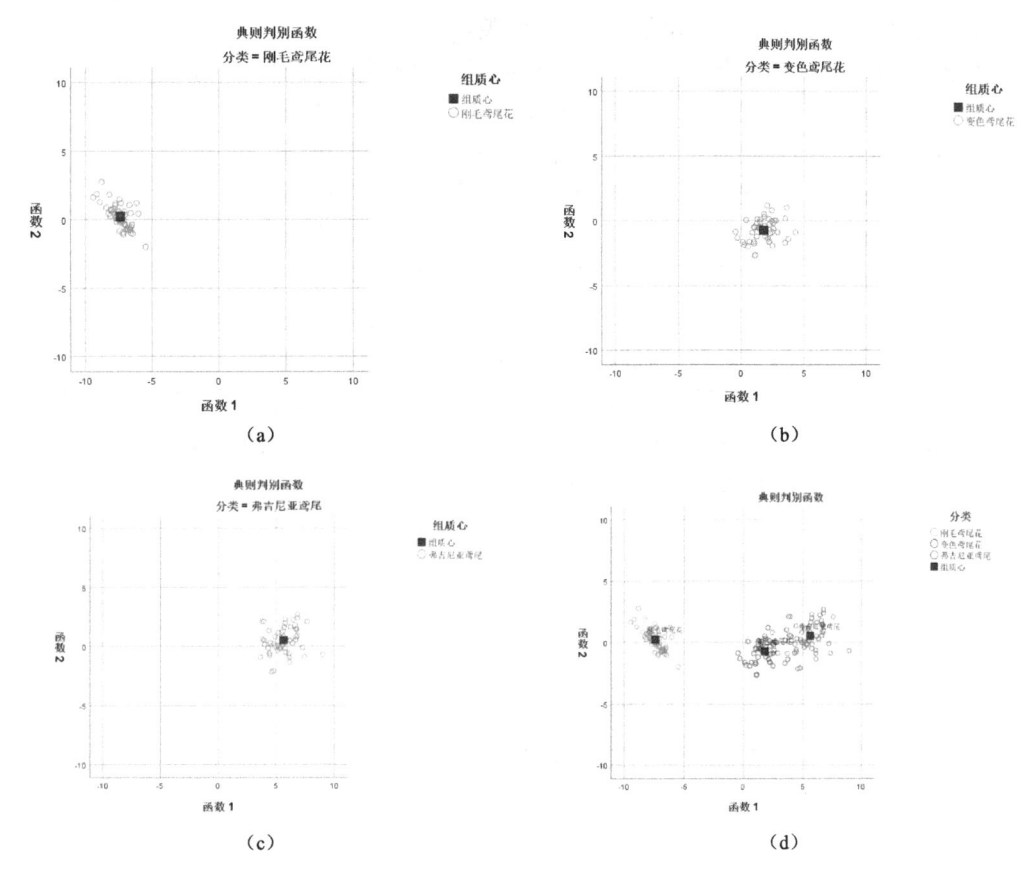

图 3-43 以典则判别函数为坐标的散点图

用 SAVE 子命令建立的新变量的信息表显示在输出文本中。"变量视图"标签页中的新变量信息表如图 3-44 所示。

图 3-44 "变量视图"标签页中的新变量信息表

新变量名采用系统默认方法。第一次运行命令程序建立的新变量的变量名及其数值含义说明如下（SPSS 20 自动生成的新变量的标签不能明确表示该变量的含义，因此再次加以说明）。

- 变量 Dis_1：分析 1 预测的各观测所属类。
- 变量 Dis1_1：各观测在分析 1 中算得的未加权的典则变量 1 的值。
- 变量 Dis2_1：各观测在分析 1 中算得的未加权的典则变量 2 的值。
- 变量 Dis1_2：各观测在分析 1 中算得的属于第一类的概率。
- 变量 Dis2_2：各观测在分析 1 中算得的属于第二类的概率。
- 变量 Dis3_2：各观测在分析 1 中算得的属于第三类的概率。

如果分析方法不变，而且第一次运行产生的新变量没有从当前数据文件中删除，那么可以再运行一次判别分析过程，得到第二次分析生成的新变量。读者通过对比两次在当前数据文件中列出的变量名，可以总结出系统默认变量名的规律。

图 3-45 所示为"数据视图"标签页中的新变量数据文件，可以看出观测标号为 67、68 的记录，原始数据中这两个观测属于变色鸢尾花，但是根据判别函数预测的结果属于弗吉尼亚鸢尾花，这就是被错判的两个观测。

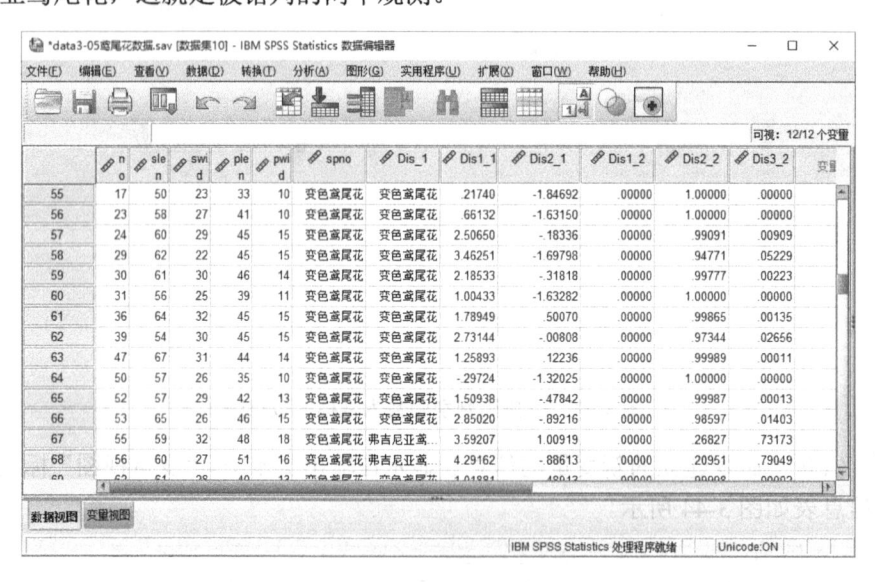

图 3-45 "数据视图"标签页中的新变量数据文件

### 3.5.4 逐步判别分析

**1. 关于逐步判别分析**

在研究某一事物分类时，人们常常对哪些变量能够反映研究范围内事物的特性这一问题认识不够深刻，因此选择的进行判别分析的变量不一定都能很好地反映类间的差异。逐步判别分析假设已知的各类均属于多元正态分布，用逐步选择法选择最能反映类间差异的变量子集建立较好的判别函数。一个变量是否能被选为变量子集成员进入模型，主要取决于协方差分析的 $F$ 检验的显著性水平。

逐步判别分析从模型中没有变量开始，每一步都对模型进行检测，把模型外对模型的判别力贡献最大的变量加入模型，同时将已经在模型中但又不符合留在模型中的条件的变量从模型中剔除,直到模型中所有变量都符合留在模型中的条件、模型外的变量都不符合进入模型的条件。

在实际工作中把使用逐步判别分析选择变量的结果与在实践中对变量的认识相结合,会得到很好的判别分析模型。

**2. 逐步判别分析方法与条件的选择**

逐步判别分析的操作步骤参见 3.5.2 节相关内容。在"判别分析"对话框中选择"使用步进法"单选按钮。单击"方法"按钮,打开"判别分析:步进法"对话框,在"方法"栏选择分析方法,在"条件"栏设置条件。

系统默认选择"威尔克 Lambda"单选按钮。该方法对应的变量进入模型的条件为 $F \geqslant 3.84$;变量从模型中剔除的条件为 $F \leqslant 2.71$。不熟悉统计分析的用户可以不做进一步选择,直接使用系统默认的分析方法和条件。逐步判别方法和判据的选择及要显示的输出内容均参见 3.5.2 节相关内容。

**【例 10】** 为了容易比较,用鸢尾花的数据(数据文件 data3-05 鸢尾花数据)作为逐步判别分析的数据。

例 8、例 9 都是使用全部变量建立判别函数的。减少变量是否仍能得到较好的判别函数呢?采用威尔克法进行逐步判别分析。使用 $F$ 统计量作为条件。当 $F \geqslant 30$ 时,变量进入模型;当 $F \leqslant 5$ 时,变量从模型中剔除。

(1)操作步骤如下。

① 打开数据文件 data3-05 鸢尾花数据,按"分析→分类→判别式"顺序单击,打开"判别分析"对话框。

② 把 slen、swind、ple、pwid 4 个自变量全部送入"自变量"框,将 spno 作为分类变量送入"分组变量"框。单击"定义范围"按钮,在"判别分析:定义范围"对话框中,设置 spno 的数值范围,将"最小值"设为"1",将"最大值"设为"3"。

单击"继续"按钮,返回"判别分析"对话框。

③ 在"判别分析"对话框中,选择"使用步进法"单选按钮,单击"方法"按钮,打开"判别分析:步进法"对话框。在"方法"栏中选择"威尔克 Lambda"单选按钮。在"条件"栏中选择"使用 F 值"单选按钮,并在"进入"框中输入"30",在"除去"框中输入"5"。在"显示"栏中勾选"步骤摘要"复选框,要求显示逐步选择变量子集的小结;勾选"成对距离的 F"复选框,要求显示每两类间的成对的 F 矩阵。

单击"继续"按钮,返回"判别分析"对话框。

④ 在"判别分析"对话框中单击"统计"按钮,打开"判别分析:统计"对话框。在"描述"栏中勾选"平均值"复选框、"单变量 ANOVA"复选框;在"函数系数"栏中勾选"费希尔"复选框和"未标准化"复选框,在"矩阵"栏内勾选"组内相关性"复选框。

单击"继续"按钮,返回"判别分析"对话框。

⑤ 在"判别分析"对话框中单击"分类"按钮,打开"判别分析:分类"对话框。在"先验概率"栏内选择"所有组相等"单选按钮,要求各组先验概率相等;在"使用协方差矩阵"栏内选择"组内"单选按钮,要求使用合并组内协方差矩阵进行分析;在"显示"栏中勾选"摘要表"复选框,要求输出分类小结。

单击"继续"按钮,返回"判别分析"对话框。

⑥ 在"判别分析"对话框中单击"保存"按钮,打开"判别分析:保存"对话框。勾选"预测组成员"复选框,要求生成预测观测所属类别的新变量;勾选"判别得分"复选框,要求生成判别函数的分数新变量;勾选"组成员概率"复选框,要求生成各观测属于各类的概率的新变量。

单击"继续"按钮,返回"判别分析"对话框。

⑦ 在"判别分析"对话框中单击"确定"按钮,提交系统运行。

(2)输出结果如表 3-38~表 3-50 所示。与例 8 重复的结果不再列出。

(3)输出结果解释。

① 没有列出的原始数据的描述统计量表与表 3-30 相同,是各类中各自变量的平均值与标准差与整个样本的总平均值和总标准差。

从各类中各自变量的平均值与标准差的比较中可以看出,各类鸢尾花中,变量花萼宽 swid 标准差值比其他变量值集中,总标准差最小。因此可得到一种可能性:如果能从判别函数中减掉一个变量,这个变量可能是花萼宽。但花萼宽与花瓣宽、花萼长的标准差在一个数量级上,因此需要经过逐步判别分析。

表 3-38 逐步判别分析前的自变量相关系数矩阵

汇聚组内矩阵

| | | 花萼长 | 花萼宽 | 花瓣长 | 花瓣宽 |
|---|---|---|---|---|---|
| 相关性 | 花萼长 | 1.000 | .471 | .683 | .387 |
| | 花萼宽 | .471 | 1.000 | .344 | .452 |
| | 花瓣长 | .683 | .344 | 1.000 | .486 |
| | 花瓣宽 | .387 | .452 | .486 | 1.000 |

② 表 3-38 所示为逐步判别分析前的自变量相关系数矩阵。虽然从表 3-32 中可以看出对于区分鸢尾花的种类,4 个自变量都是有效变量,但根据表 3-38 可以看出,花瓣长和花萼长相关系数比较大,为 0.683。能否在判别函数中省掉一个自变量呢?这个问题需要通过逐步判别分析来回答。

③ 表 3-39 所示为逐步判别分析的小结。"精确 F"栏内的统计量是 $F$ 值,是该变量的均方与误差均方的比值,该值越大,显著性值越小,因此该值最大的先进入判别函数。当显著性值足够小时,就有充分的证据可以拒绝零假设。显著性检验结果为 0.000,足够小,表明这 3 个变量对判别式有显著贡献。这说明该变量在不同类中平均值不同是由类间差异引起的,而不是由随机误差引起的,即该变量在各组中平均值差异显著。可以看出 3 个变量的 $F$ 值都大于 30(设置的变量进入判别函数的条件)。

表 3-39 逐步判别的小结

输入/除去的变量[a,b,c,d]

| | | 威尔克 Lambda | | | | 精确 F | | | |
|---|---|---|---|---|---|---|---|---|---|
| 步骤 | 输入 | 统计 | 自由度 1 | 自由度 2 | 自由度 3 | 统计 | 自由度 1 | 自由度 2 | 显著性 |
| 1 | 花瓣长 | .059 | 1 | 2 | 147.000 | 1179.052 | 2 | 147.000 | .000 |
| 2 | 花萼宽 | .038 | 2 | 2 | 147.000 | 301.876 | 4 | 292.000 | .000 |
| 3 | 花瓣宽 | .026 | 3 | 2 | 147.000 | 251.164 | 6 | 290.000 | .000 |

在每个步骤中,将输入可以使总体威尔克 Lambda 最小化的变量。
a. 最多步骤数为 8。
b. 要输入的最小偏 F 为 30。
c. 要除去的最大偏 F 为 5。
d. F 级别、容差或 VIN 不足,无法进行进一步计算。

④ 表 3-40 和表 3-41 是根据威尔克 Lambda 值逐步选择变量并进行 $F$ 检验过程的数

据。每一步都计算该变量进入模型使威尔克 Lambda 变化了多少,并选择使威尔克 Lambda 变化最小的变量进入判别函数。从这两个表可以了解逐步判别过程的每一步。判别分析在一个自变量进入模型后,对模型内的各变量进行方差分析,对模型外的自变量进行方差分析和 $F$ 检验。模型内的 $F$ 值小于 5 的自变量要从模型中移出;模型外的 $F$ 值大于 30 的自变量可以进入模型。

- 表 3-41 中的步骤 0 表明花瓣长 $F$ 值最大,$F=1179.052$,威尔克 Lambda 为 0.059,最小,第一个进入模型的是花瓣长。
- 由表 3-40 中的步骤 1 可以看出花瓣长第一个进入模型。
- 表 3-41 中的步骤 1 是花瓣长进入模型后模型外的 3 个自变量的方差分析结果。花萼宽的 $F$ 值最大,为 39.965,大于 30;威尔克 Lambda 为 0.038,最小,因此第二个进入模型的变量是花萼宽。
- 表 3-40 中的步骤 2 是花萼宽进入模型后,模型内的自变量进行方差分析的结果:花瓣长 $F=1078.565$,花萼宽 $F=39.965$,都大于 5,因此两个变量都保留在模型中。
- 表 3-41 中的步骤 2 是模型外的自变量进行方差分析的结果,$F$ 值最大的是花瓣宽,$F=33.060$,大于 30;威尔克 Lambda 为 0.026,最小,因此第三个进入模型的变量是花瓣宽。
- 表 3-40 中的步骤 3 是花瓣宽进入模型后,模型内的自变量进行方差分析的结果,$F$ 值均大于 5,3 个自变量保留在模型中。
- 表 3-41 中的步骤 3 是模型外的自变量进行方差分析的结果,花萼长 $F=4.159$,小于 30,该自变量不再进入模型。

模型外内变量无进无出,逐步判别分析的自变量选择结束。

表 3-40  逐步进入模型的变量方差分析结果

包括在分析中的变量

| 步骤 | | 容差 | 要除去的 F | 威尔克 Lambda |
|---|---|---|---|---|
| 1 | 花瓣长 | 1.000 | 1179.052 | |
| 2 | 花瓣长 | .882 | 1078.565 | .598 |
| | 花萼宽 | .882 | 39.965 | .059 |
| 3 | 花瓣长 | .745 | 36.018 | .039 |
| | 花萼宽 | .775 | 49.885 | .044 |
| | 花瓣宽 | .672 | 33.060 | .038 |

表 3-41  各步模型外的变量方差分析结果

未包括在分析中的变量

| 步骤 | | 容差 | 最小值容差 | 要输入的 F | 威尔克 Lambda |
|---|---|---|---|---|---|
| 0 | 花萼长 | 1.000 | 1.000 | 111.847 | .397 |
| | 花萼宽 | 1.000 | 1.000 | 49.371 | .598 |
| | 花瓣长 | 1.000 | 1.000 | 1179.052 | .059 |
| | 花瓣宽 | 1.000 | 1.000 | 960.050 | .071 |
| 1 | 花萼长 | .533 | .533 | 21.768 | .045 |
| | 花萼宽 | .882 | .882 | 39.965 | .038 |
| | 花瓣宽 | .764 | .764 | 24.435 | .044 |
| 2 | 花萼长 | .470 | .470 | 6.733 | .035 |
| | 花瓣宽 | .672 | .672 | 33.060 | .026 |
| 3 | 花萼长 | .469 | .469 | 4.159 | .025 |

⑤ 表 3-42 所示为每步的类间比较结果,是在逐步判别分析过程的每一步中,任意两类间进行的方差分析,用于检验本步选入模型中的自变量对任意两类间的区分是否有效。$F$ 值越大,显著性值越小,区分效果越好。行类与列类间的方差分析结果显示在行列交叉单元格中。从表 3-42 中可以看出,各步选择的变量对任意两类的区分都是有效的。

"查看器"窗口中的典型判别式函数摘要标题下的表格说明了使用选择的自变量导出的典则判别函数的结果。

⑥ 表 3-43 所示为典则判别函数的特征值表,可以看出与全模型的特征值相差不多,第一个函数占了总方差的 99%。

⑦ 表 3-44 所示为 λ 值的卡方转换及卡方检验。

表 3-42 每步的类间比较结果

成对组比较[a,b,c]

| 步骤 | 分类 | | 刚毛鸢尾花 | 变色鸢尾花 | 弗吉尼亚鸢尾花 |
|---|---|---|---|---|---|
| 1 | 刚毛鸢尾花 | F | | 1052.420 | 2257.552 |
| | | 显著性 | | .000 | .000 |
| | 变色鸢尾花 | F | 1052.420 | | 227.185 |
| | | 显著性 | .000 | | .000 |
| | 弗吉尼亚鸢尾花 | F | 2257.552 | 227.185 | |
| | | 显著性 | .000 | .000 | |
| 2 | 刚毛鸢尾花 | F | | 768.305 | 1416.055 |
| | | 显著性 | | .000 | .000 |
| | 变色鸢尾花 | F | 768.305 | | 115.071 |
| | | 显著性 | .000 | | .000 |
| | 弗吉尼亚鸢尾花 | F | 1416.055 | 115.071 | |
| | | 显著性 | .000 | .000 | |
| 3 | 刚毛鸢尾花 | F | | 656.739 | 1316.404 |
| | | 显著性 | | .000 | .000 |
| | 变色鸢尾花 | F | 656.739 | | 129.425 |
| | | 显著性 | .000 | | .000 |
| | 弗吉尼亚鸢尾花 | F | 1316.404 | 129.425 | |
| | | 显著性 | .000 | .000 | |

a. 步骤 1 的 1 和 147 自由度。
b. 步骤 2 的 2 和 146 自由度。
c. 步骤 3 的 3 和 145 自由度。

表 3-43 典则判别函数的特征值表

特征值

| 函数 | 特征值 | 方差百分比 | 累积百分比 | 典型相关性 |
|---|---|---|---|---|
| 1 | 28.708[a] | 99.0 | 99.0 | .983 |
| 2 | .292[a] | 1.0 | 100.0 | .476 |

a. 在分析中使用了前 2 个典则判别函数。

表 3-44 λ 值的卡方转换及卡方检验

威尔克 Lambda

| 函数检验 | 威尔克 Lambda | 卡方 | 自由度 | 显著性 |
|---|---|---|---|---|
| 1 直至 2 | .026 | 532.603 | 6 | .000 |
| 2 | .774 | 37.454 | 2 | .000 |

⑧ 表 3-45 所示为标准化典则判别函数系数表。由表 3-45 可以总结出标准化典则判别函数为

$$y_1 = -0.640 \times 花萼宽 + 0.656 \times 花瓣长 + 0.642 \times 花瓣宽$$
$$y_2 = 0.758 \times 花萼宽 - 0.367 \times 花瓣长 + 0.549 \times 花瓣宽$$

**注意**：若用标准化典则判别函数计算标准化的判别分数，必须代入标准化的自变量值。

⑨ 表 3-46 所示为结构矩阵，是判别自变量与标准化典则判别函数之间的相关系数矩阵，表中标有字母"b"的自变量不在判别函数中。

表 3-45 标准化典则判别函数系数表

标准化典则判别函数系数

| | 函数 | |
|---|---|---|
| | 1 | 2 |
| 花萼宽 | -.640 | .758 |
| 花瓣长 | .656 | -.367 |
| 花瓣宽 | .642 | .549 |

表 3-46 结构矩阵

结构矩阵

| | 函数 | |
|---|---|---|
| | 1 | 2 |
| 花瓣长 | .747* | .160 |
| 花萼长[b] | .395* | .319 |
| 花萼宽 | -.125 | .880* |
| 花瓣宽 | .671 | .714* |

判别变量与标准化典则判别函数之间的汇聚组内相关性
变量按函数内相关性的绝对大小排序。

*. 每个变量与任何判别函数之间的最大绝对相关性
b. 在分析中未使用此变量。

⑩ 表 3-47 所示为未标准化典则判别函数系数表。由表 3-47 总结出未标准化典则判别函数为

$y_1$=–0.188×花萼宽+0.152×花瓣长+0.314×花瓣宽–3.715

$y_2$=0.223×花萼宽–0.085×花瓣长+0.268×花瓣宽–6.842

在使用未标准化典则判别函数计算判别分数时，要使用原始自变量值进行计算。

⑪ 表 3-48 所示为各聚类中心处的未标准化典则判别函数值。与区域图中的"*"的坐标值对应。区域图中用两个典则判别函数值为两个坐标轴，平面上的点表示为($f_1$, $f_2$)，由表 3-48 可推测，各种鸢尾花的聚类中心坐标：刚毛鸢尾花为(–7.180, 0.219)，变色鸢尾花为(1.708, –0.737)，弗吉尼亚鸢尾花为(5.472, 0.518)。

表 3-47 未标准化典则判别函数系数表

典则判别函数系数

| | 函数 | |
|---|---|---|
| | 1 | 2 |
| 花萼宽 | –.188 | .223 |
| 花瓣长 | .152 | –.085 |
| 花瓣宽 | .314 | .268 |
| (常量) | –3.715 | –6.842 |

未标准化系数

表 3-48 各聚类中心的未标准化典则判别函数值

组质心处的函数

| | 函数 | |
|---|---|---|
| 分类 | 1 | 2 |
| 刚毛鸢尾花 | –7.180 | .219 |
| 变色鸢尾花 | 1.708 | –.737 |
| 弗吉尼亚鸢尾花 | 5.472 | .518 |

按组平均值进行求值的未标准化典则判别函数

在"查看器"窗口中，分类统计量标题下的表格是使用判别函数对原始数据进行分类的结果数据。

⑫ 表 3-49 所示为逐步判别选择的变量进行线性判别分析的结果。逐步判别选择变量的目的是使用选择出的较少的自变量推导出判别函数，对观测进行进一步判别，分析该判别函数的优劣。表 3-49 中的值是费希尔判别函数系数，由此可知 3 个费希尔判别函数如下：

$F_1$=3.452×花萼宽+0.411×花瓣长–2.425×花瓣宽–60.280

$F_2$=1.564×花萼宽+1.843×花瓣长+0.105×花瓣宽–62.685

$F_3$=1.135×花萼宽+2.309×花瓣长+1.622×花瓣宽–98.632

使用费希尔判别函数，应代入各判别变量的原始观测值，算得的判别函数值就是判别分数。

⑬ 表 3-50 所示为逐步判别回代小结。从表 3-50 中的数据可以看出，该表是用只包含 3 个变量的判别函数进行分类的小结。可以看出，刚毛鸢尾花的分类错判率为 0%；变色鸢尾花的分类有 2 个观测错判为弗吉尼亚鸢尾花，错判率为 4%；弗吉尼亚鸢尾花的分类有 1 个错判，错判率为 2%。总的判断正确率为 98%（错判率为 2%）。与全模型相比，判别函数虽然少了一个自变量，但错判率没有改变，这说明逐步判别的结果可行。

表 3-49 逐步判别选择的变量进行线性判别分析的结果

分类函数系数

| | 分类 | | |
|---|---|---|---|
| | 刚毛鸢尾花 | 变色鸢尾花 | 弗吉尼亚鸢尾花 |
| 花萼宽 | 3.452 | 1.564 | 1.135 |
| 花瓣长 | .411 | 1.843 | 2.309 |
| 花瓣宽 | –2.425 | .105 | 1.622 |
| (常量) | –60.280 | –62.685 | –98.632 |

费希尔线性判别函数

读者可以在"判别分析：分类"对话框中的"图"栏中勾选"合并组"复选框、"分组"复选框和"领域图"复选框，要求绘制分类散点图、各类散点总图和区域图，进一步认识各结果。由于篇幅限制，此处不再一一列出。

表 3-50 逐步判别回代小结

分类结果<sup>a</sup>

| | | 分类 | 预测组成员信息 | | | 总计 |
|---|---|---|---|---|---|---|
| | | | 刚毛鸢尾花 | 变色鸢尾花 | 弗吉尼亚鸢尾花 | |
| 原始 | 计数 | 刚毛鸢尾花 | 50 | 0 | 0 | 50 |
| | | 变色鸢尾花 | 0 | 48 | 2 | 50 |
| | | 弗吉尼亚鸢尾花 | 0 | 1 | 49 | 50 |
| | % | 刚毛鸢尾花 | 100.0 | .0 | .0 | 100.0 |
| | | 变色鸢尾花 | .0 | 96.0 | 4.0 | 100.0 |
| | | 弗吉尼亚鸢尾花 | .0 | 2.0 | 98.0 | 100.0 |

a. 正确地对 98.0% 个原始已分组个案进行了分类。

## 3.6 ROC 曲线

### 3.6.1 ROC 曲线的基本原理

ROC 的中文全称是受试者工作特征。20 世纪 50 年代起源于统计决策理论，早期应用于对雷达信号接收能力评价，后广泛应用于医学诊断性方面评价。现已应用于银行（鉴别拖欠、不拖欠贷款客户）及股市等多个领域。

在用一个变量的两种类别对被试对象进行分类时，常用 ROC 曲线来对分类准确与否进行评估。

下面，通过实际的正、负与预测的正、负值表（见表 3-51）来说明 ROC 曲线中的一些基本概念。

表 3-51 实测与预测分类结果表

| 实际 | 预测 | |
|---|---|---|
| | 正 | 负 |
| 正 | TP | FN |
| 负 | FP | TN |

在表 3-51 中，TP 表示实际为正，预测也为正的个案数；FP 表示实际为负，预测为正的个案数；FN 表示实际为负，预测为正的个案数；FN 表示实际为负，预测为负的个案数。

令被试对象的样本量为 $N$，则 $N=TP+FP+FN+TN$。

整体预测的正确率 ACC：

$$ACC = \frac{TP + TN}{N}$$

所有正例中被预测为正的正确率，即灵敏度（医学上称为真阳性率）PRE：

$$PRE = \frac{TP}{TP + FP}$$

所有正例中被预测为负的错误率，即召回率（又称为漏诊率）REC：

$$REC = \frac{FN}{TP + FN}$$

所有负例中被预测为正的错误率（假阳性率）FPR：

$$FPR = \frac{FP}{FP + TN}$$

所有负例中被预测为负的正确率（医学上称为特异性）TPR：

$$TPR = \frac{TN}{FP + TN}$$

对连续型变量设置多个不同的临界点，在每个临界点计算相应的灵敏度和特异性，再以灵敏度为纵坐标，以 1-特异性为横坐标制成曲线，该曲线被称为 ROC 曲线。

## 3.6.2 ROC 曲线的基本过程

（1）在"数据编辑器"窗口中输入待分析的数据，或者利用文件菜单中的"打开"命令打开已经存在的数据文件。

（2）按"分析→分类→ROC 曲线"顺序单击，打开"ROC 曲线"对话框，如图 3-46 所示。

在原始变量列表中，选择一个或多个定量变量，将其送入"检验变量"框。检验变量通常由判别分析或 Logistic 回归分析得到的概率组成，或者由评估人员用任意尺度的表明对某个被试对象归入某一类或另一类的置信强度的分数组成。

在原始变量列表中选择一个变量，将其送入"状态变量"框。状态变量可以是任何类型，它需表明被试对象真正所属类。在"状态变量值"框中指明将哪一个类视为正值。

在"显示"栏中，选择输出内容，该栏包含如下选项。

- "ROC 曲线"复选框：选择本选项，要求输出 ROC 曲线，系统默认选择本选项。选择本选项后可以进一步勾选"带对角参考线"复选框，要求在输出带对角线的 ROC 曲线。
- "标准误差和置信区间"复选框：选择本选项，要求输出检验变量的区域、标准误差、显著性值、置信区间等统计量表。
- "ROC 曲线的坐标点"复选框：选择本选项，要求输出 ROC 曲线的坐标点表。

（3）在"ROC 曲线"对话框中单击"选项"按钮，打开如图 3-47 所示的"ROC 曲线：选项"对话框，为 ROC 曲线指定以下选项。

图 3-46  "ROC 曲线"对话框

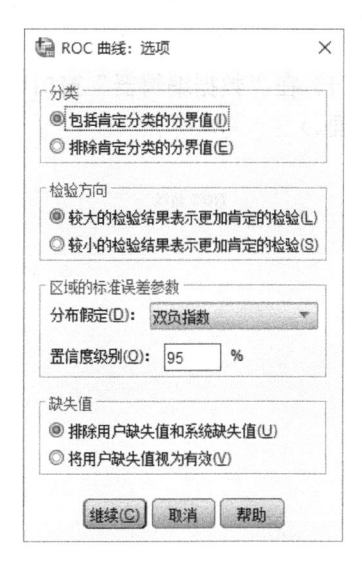

图 3-47  "ROC 曲线：选项"对话框

① "分类"栏中的设置对输出没有影响。该栏包含如下选项。

- "包括肯定分类的分界值"单选按钮：选择本选项，要求在指定正类别（阳性）时，包括临界值。

- "排除肯定分类的分界值"单选按钮：选择本选项，要求在指定正（阳性）类别时，不包括临界值。

② 在"检验方向"栏中指定相对于正类别的刻度方向。该栏包含如下选项。

- "较大的检验结果表示更加肯定的检验"单选按钮：选择本选项，要求检验变量中数值大于或等于临界值的观测归类为正类别（阳性）。系统默认选择本选项。
- "较小的检验结果表示更加肯定的检验"单选按钮：选择本选项，要求检验变量中数值小于或等于临界值的观测归类为正类别（阳性）。

③ 在"区域的标准误差参数"栏中指定估计 ROC 曲线以下区域的标准误差的方法。该栏包含如下选项。

- "分布假定"下拉列表。该下拉列表包括两个选项："双负指数"选项、"非参数"选项。系统默认选择"双负指数"选项。
- "置信度级别"框。在该框中输入置信水平，系统默认值为95。设置范围为50.1～99.9。

④ 在"缺失值"栏中选择数据计算过程中的缺失值处理方式。该栏包含如下选项。

- "排除用户缺失值和系统缺失值"单选按钮。
- "将用户缺失值视为有效"单选按钮。

### 3.6.3 ROC 曲线实例

【例 11】为开发一种能在 10～15min 内提供结果并且与传统测试一样准确的快速检测艾滋病病毒的方法，研究人员将 2000 个血液样本随机分成两组，每组样本量均为 1000，其中一组为对照组，另一组为实验组。先让实验组感染艾滋病病毒，然后用新开发的检测方法分别测试两组检验结果，检测结果为 8 种加深的红色，红色越深表明感染艾滋病病毒的可能性越大。数据结果汇总在数据文件 data3-08 中。使用 ROC 曲线评估试剂性能。

在 SPSS 中操作步骤如下。

（1）在"数据编辑器"窗口中打开数据文件 data3-08。（注：数据文件已进行个案加权处理。）

（2）按"分析→分类→ROC 曲线"顺序单击，打开"ROC 曲线"对话框。

在原始变量列表中，选择试剂颜色变量，将其送入"检验变量"框。

在原始变量列表中，选择组别变量，将其送入"状态变量"框。

在"状态变量值"框中，输入"2"，要求将组别"2"视为正值。

在"显示"栏中，勾选所有复选框。

（3）单击"确定"按钮，提交系统运行，在"查看器"窗口中得到如图 3-48 和表 3-52、表 3-53 所示的输出结果。

（4）结果解释。

ROC 曲线是检测准确度的直观指标，曲线越高于对角线，测试越准确。在图 3-48 中很难

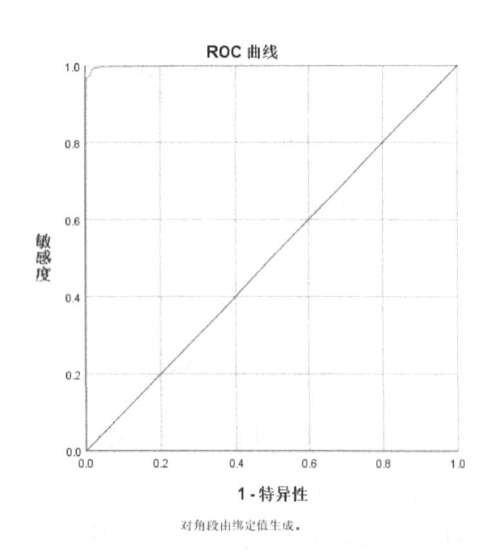

图 3-48 ROC 曲线图

看到 ROC 曲线，因为它靠近纵轴。可通过以下步骤，让 ROC 曲线变得更清晰。

为使 ROC 曲线显示更多细节，在"查看器"窗口中，双击 ROC 曲线图形，打开"图表编辑器"窗口，如图 3-49 所示。单击工具栏中的 Y 图标，打开"属性"对话框，如图 3-50 所示。取消勾选"最小值"对应的"自动"复选框，并在"最小值"对应的"定制"框中输入"0.9"；在"主增量"对应的"定制"框中输入"0.02"；在"原点"对应的"定制"框中输入"0.9"。单击"应用"按钮，单击"关闭"按钮，返回"图表编辑器"窗口。单击工具栏中的 X 图标，打开如图 3-50 所示的"属性"对话框，取消勾选"最大值"对应的"自动"复选框，并在"最大值"对应的"定制"框中输入"0.1"；在"主增量"对应的"定制"框中输入"0.02"。单击"应用"按钮，单击"关闭"按钮，返回"图表编辑器"窗口，得到如图 3-51 所示的改变坐标轴显示比例后的 ROC 曲线图。

表 3-52 所示为 ROC 曲线下的面积，表中"区域"列实际是曲线下的面积，表示随机选择的阳性病例的检测结果超过随机选择的阴性病例的检测结果的概率。渐近显著性小于 0.05，说明使用该方法比假设面积为 0.5 的方法（猜测方法）更好。表 3-52 中的"标准错误"应译为"标准误差"。

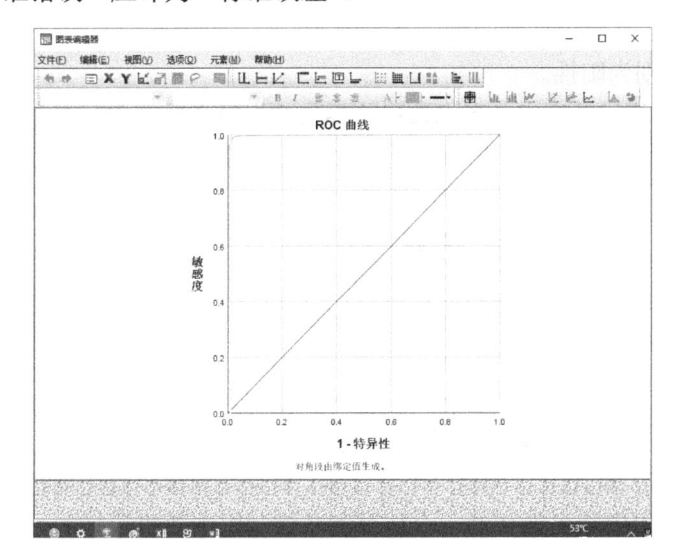

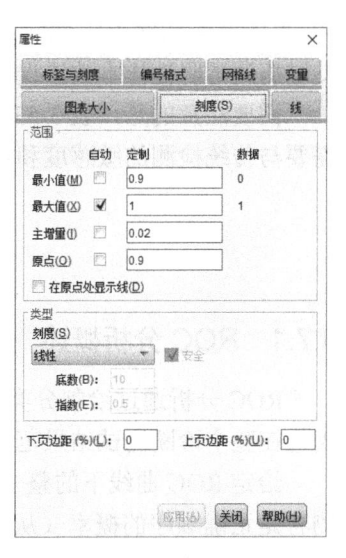

图 3-49 "图表编辑器"窗口

图 3-50 "属性"对话框

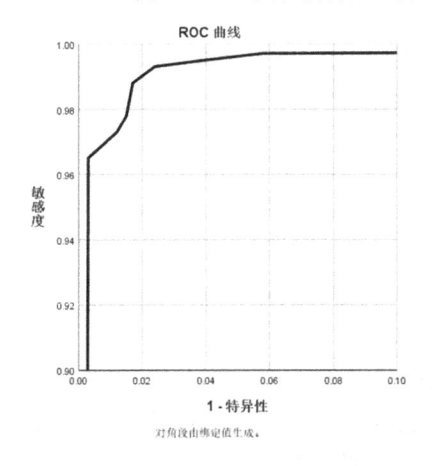

图 3-51 改变坐标轴显示比例后的 ROC 曲线图

表 3-52 ROC 曲线下的面积

曲线下方的区域

检验结果变量：试剂颜色

| 区域 | 标准 误差[a] | 渐近 显著性[b] | 渐近 95% 置信区间 | |
|---|---|---|---|---|
| | | | 下限 | 上限 |
| .996 | .001 | .000 | .994 | .999 |

检验结果变量 试剂颜色 至少有一个在正实际状态组与负实际状态组之间的绑定值。统计可能会有偏差。

a. 按非参数假定

b. 原假设：真区域 = 0.5

虽然 ROC 曲线下的面积是一个有用的检测准确性的统计量，但还需要选择一个特定的标准，根据该标准对血液样本进行分类，并估计该标准下的检测的敏感度和特异性。可以通过查看 ROC 曲线的坐标，来比较不同的分割点。

表 3-53 所示为曲线的坐标点，显示了阳性分类的每个可能的分割点的敏感度和 1-特异性的概率。灵敏度是检测结果大于临界值的艾滋病病毒阳性样本的比例。1-特异性是检测结果大于临界值的艾滋病病毒阴性样本的比例。临界值 0 相当于假设每个被试对象都是艾滋病病毒阳性，临界值 1 相当于假设每个被试对象都是艾滋病病毒阴性。这两个极端都不能令人满意，难点在于选择一个适当平衡敏感度和 1-特异性需求的临界值。例如，考虑 5.5。采用本标准，试剂颜色值为 6、7、8 的检测结果为阳性，灵敏度为 0.978，1-特异性为 0.015。因此有 97.8%的艾滋病病毒阳性样本被正确地识别为阳性，而有 1.5%的艾滋病病毒阴性样本被错误地识别为阳性。如果将 2.5 作为临界值，则 99.5%的艾滋病病毒阳性样本被正确地识别为阳性，有 4.0%的艾滋病病毒阴性样本被错误地识别为阳性。

表 3-53　曲线的坐标点

曲线的坐标

检验结果变量：试剂颜色

| 大于或等于此值时为正[a] | 敏感度 | 1-特异性 |
|---|---|---|
| .0000 | 1.000 | 1.000 |
| 1.5000 | .997 | .058 |
| 2.5000 | .995 | .040 |
| 3.5000 | .993 | .024 |
| 4.5000 | .988 | .017 |
| 5.5000 | .978 | .015 |
| 6.5000 | .973 | .012 |
| 7.5000 | .965 | .003 |
| 9.0000 | .000 | .000 |

检验结果变量：试剂颜色 至少有一个在正实际状态组与负实际状态组之间的绑定值。

a. 最小分界值为最小实测检验值减 1，最大分界值为最大实测检验值加 1。所有其他分界值均为两个连续的有序实测检验值的平均值。

需要注意的是，表 3-53 中的值只是研究者考虑选择临界值的指导方针。实际上，还需要与传统检测的敏感度和特异性密切匹配，并得到授权才能选择临界值。

## 3.7　ROC 分析

### 3.7.1　ROC 分析概述

ROC 分析通过绘制分类检验的敏感度（1-特异性）来评估模型预测的准确性（由于阈值在整个诊断测试结果范围内变化），是 ROC 曲线分析方法的拓展和延伸。

给定 ROC 曲线下的整个区域，即 AUC，构建一个统计量，表示在观察校验变量时预测将是正确顺序的概率（从样品组中随机选择的一个被试和从控制组中随机选择的另一个被试）。ROC 分析支持单个 AUC、精确率召回率曲线（PR 曲线）的推断，并提供用于比较由独立组或配对被试对象生成的两个 ROC 曲线的选项。

当观察到的数据样本高度偏斜时，精确率召回率曲线倾向于有更大的信息量，并且对类分布具有较大偏差的数据提供了替代 ROC 曲线的方案。

### 3.7.2　ROC 分析过程

（1）在"数据编辑器"窗口中输入待分析的数据，或者利用文件菜单中的"打开"命令打开已经存在的数据文件。

（2）按"分析→分类→ROC 分析"顺序单击，打开"ROC 分析"对话框，如图 3-52 所示。

在原始变量列表中，选择一个或多个定量变量，将其送入"检验变量"框。检验变量通常由判别分析或 Logistic 回归分析得到的概率组成，或者由评估人员用任意尺度的表明对某个被试对象归入某一类别或另一类别的置信强度的分数组成。

在原始变量列表中，选择一个变量将其送入"状态变量"框。状态变量可以是任何类型，它需要表明被试对象真正所属类。在"状态变量值"框中指明将哪一个类视为正值。

完成以上设定后，单击"显示"按钮，打开"ROC 分析：显示"对话框，进行适当选项选择后，单击"继续"按钮，返回"ROC 分析"对话框，单击"确定"按钮，提交系统运行，得到与调用 ROC 曲线过程一样的输出结果。但需要用原始测试记录的数据文件。

"成对样本设计"复选框与"分组变量"框，只能设置其一。

如果勾选"成对样本设计"复选框，就应向"检验变量"框中移入一对配对变量。

若移入"检验变量"框中的变量是由两个或两个以上组别的独立样本组成的，则选择设置"分组变量"框，将数值型分组变量送入"分组变量"框，并单击"定义组"按钮，打开如图 3-53 所示的"定义组"对话框。

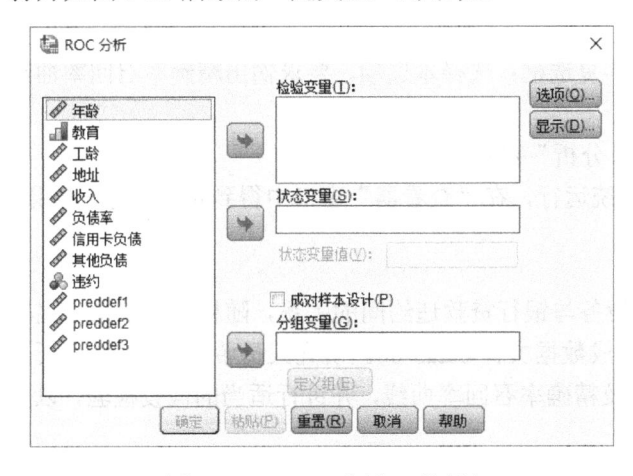

图 3-52　"ROC 分析"对话框　　　　图 3-53　"定义组"对话框

若移入"分组变量"框中的变量是分类变量，则选择"使用指定的值"单选按钮，并在"组 1"框与"组 2"框中，分别输入分析中用来比较的两组的类别值。非指定类别值的组不参与分析。

若分组变量是连续型变量，则选择"使用中点值"单选按钮，要求根据中位数值来分组；或者选择"使用分割点"单选按钮，要求自定义分组方式，此时需在"分割点"框中输入自定义的作为分割点的数值。

单击"继续"按钮，返回"ROC 分析"对话框。

（3）单击"选项"按钮，打开"ROC 分析：选项"对话框。图可参见如图 3-47 所示的"ROC 曲线：选项"对话框。"ROC 分析：选项"对话框的设置方法与"ROC 曲线：选项"对话框的设置方法相同。

单击"继续"按钮，返回"ROC 分析"对话框。

（4）单击"显示"按钮，打开如图 3-54 所示的"ROC 分析：显示"对话框，设置输出内容。

①"图"栏提供了用于绘制 ROC 曲线和精确率召回率曲线的选项。

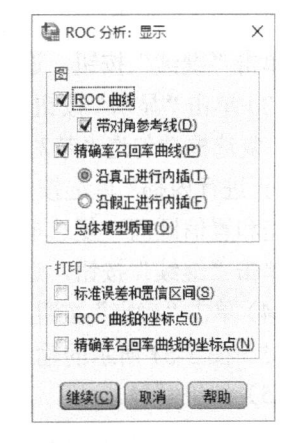

图 3-54　"ROC 分析：显示"对话框

- "ROC 曲线"复选框：选择本选项，要求输出 ROC 曲线。若要求该曲线有对角线作为参考线，则勾选"带对角参考线"复选框。
- "精确率召回率曲线"复选框：选择本选项，要求在输出精确率召回率曲线图。"沿真正进行内插"单选按钮是系统默认选项，选择本选项，要求沿真阳性逐步插值；选择"沿假正进行内插"单选按钮，选择本选项，要求沿假阳性逐步插值。
- "总体模型质量"复选框：选择本选项，要求输出反映模型质量的条形图。

② "打印"栏提供了用于定义相应统计信息输出的选项。

- "标准误差和置信区间"复选框：选择本选项，要求输出曲线下区域表中显示的统计量，包括 AUC 的标准误差、渐近显著性（双尾）和零假设下的渐近置信区间临界值界。不选择本选项，将只显示估计的 AUC。
- "ROC 曲线的坐标点"复选框：选择本选项，要求输出 ROC 曲线的坐标点及分界值。
- "精确率召回率曲线的坐标点"复选框：选择本选项，要求输出精确率召回率曲线的坐标点及分界值。

单击"继续"按钮，返回"ROC 分析"对话框。

（5）单击"确定"按钮，提交系统运行，在"查看器"窗口中得到相应的输出结果。

### 3.7.3 ROC 分析实例

【例 12】 银行管理部门为研究债务与银行贷款违约间的关系，随机抽取了 750 名在银行有贷款记录的人员的资料，整理成数据文件 data3-08。研究人员希望用 ROC 分析过程分别绘制女性和男性的 ROC 曲线及精确率召回率曲线，并进行适当的假设检验，以推断两条曲线间的差异。

SPSS 中的操作步骤如下。

（1）在"数据编辑器"窗口中打开 data3-08。

（2）按"分析→分类→ROC 分析"顺序单击，打开"ROC 分析"对话框。

在原始变量列表中，选择负债率变量，将其送入"检验变量"框；选择违约变量将其送入"状态变量"框，在"状态变量值"框中输入"1"；选择性别变量，将其送入"分组变量"框。单击"定义组"按钮，打开"定义组"对话框，选择"使用指定的值"单选按钮，在"组 1"框中输入"1"，在"组 2"框中输入"2"。

单击"继续"按钮，返回"ROC 分析"对话框。

（3）单击"显示"按钮，打开"ROC 分析：显示"对话框。在"图"栏中，勾选"ROC 曲线"复选框并勾选"带对角参考线"复选框；勾选"精确率召回率曲线"复选框并选择"沿真正进行内插"单选按钮；勾选"总体模型质量"复选框。在"打印"栏中，勾选"标准误差和置信区间"复选框。

单击"继续"按钮，返回"ROC 分析"对话框。

（4）单击"确定"按钮，提交系统运行，在"查看器"窗口中得到如表 3-54～表 3-56 和图 3-55～图 3-57 所示的输出结果。

（5）结果解释。

表 3-54 所示为数据摘要，汇总了 700 名被调查者，其中男性（"性别"取值为"1"）违约（"是否曾经违约"取值为"正"）人数为 46、女性（"性别"取值为"2"）违约（"是

否曾经违约"取值为"正")人数为 107。这似乎表明男性和女性在违约率上可能存在一定差异。

表 3-55 所示为男、女 ROC 曲线下面积，$p$ 值的点估计分别为 0.642 和 0.762。这表明两组之间有差异。

表 3-54 数据摘要

个案处理摘要

| 性别 | 是否曾经违约 | 有效个案数（成列） |
|---|---|---|
| = 1.00 | 正[a] | 46 |
| | 负 | 209 |
| = 2.00 | 正[a] | 107 |
| | 负 | 338 |
| 有效 | | 700 |
| 缺失 | | 0 |
| 总计 | | 700 |

检验结果变量的值越大，表明正实际状态的迹象越明显。

a. 正实际状态为 是。

表 3-55 男、女 ROC 曲线下面积

ROC 曲线下的区域

| 检验结果变量 | 性别 | 区域 |
|---|---|---|
| 负债与收入比率（x100） | = 1.00 | .642 |
| | = 2.00 | .762 |

检验结果变量 负债与收入比率（x100）至少有一个在正实际状态组与负实际状态组之间的绑定值。统计可能有偏差。

表 3-56 所示为两组间在 ROC 曲线下的面积差异的显著性检验结果，由于双尾的显著性值 $p$=0.027，因此在 0.03 水平上有理由拒绝男性和女性间的实际的面积差为 0 的零假设。

表 3-56 两组间在 ROC 曲线下的面积差异的显著性检验结果

ROC 曲线下的自变量组区域差异

| 检验结果变量 | Z | 渐近显著性（双尾）[a] | AUC 差异 | 标准误差差值[b] | 渐近 95% 置信区间 下限 | 上限 |
|---|---|---|---|---|---|---|
| 负债与收入比率（x100） | -2.211 | .027 | -.120 | .054 | -.226 | -.014 |

a. 原假设：真区域差异 = 0
b. 按非参数假定

图 3-55 所示为男、女负债率 ROC 曲线图，图 3-56 所示为男、女负债率精确率召回率曲线图。图 3-55 中的两条 ROC 曲线虽然非常接近，但不重叠，同样由图 3-56 可知男性和女性在准确率召回率估计上存在差异。

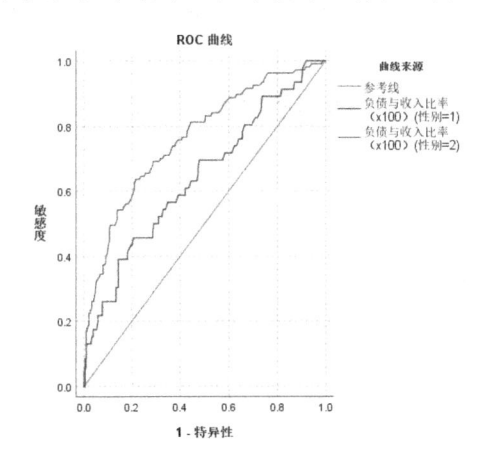

图 3-55 男、女负债率 ROC 曲线图

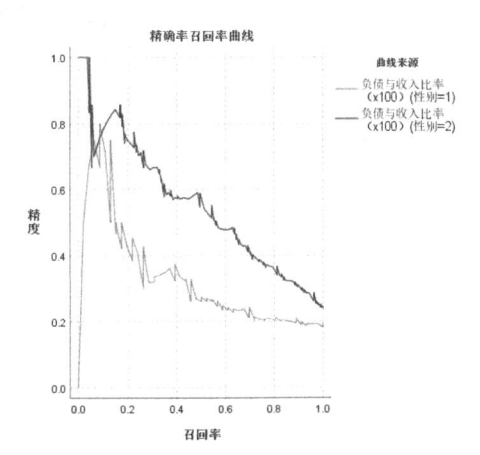

图 3-56 男、女负债率精确率召回率曲线图

图 3-57 反映了负债率方面的总体模型质量，男、女预测模型质量的值都大于 0.50，女性预测模型要优于男性预测模型，但男性预测模型效果略优于随机猜测。

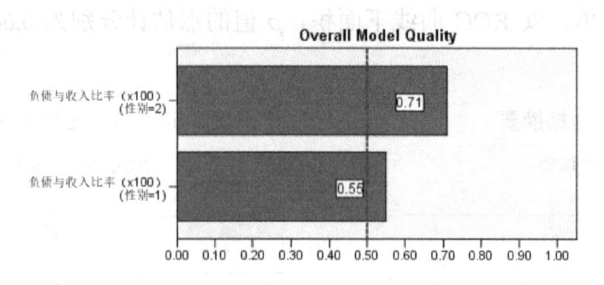

图 3-57　总体模型质量

# 习　题　3

1．SPSS 提供了几种聚类分析过程？各适合什么情况的聚类？
2．聚类分析与判别分析对数据的要求有什么不同？
3．在进行聚类分析前一定要对变量进行标准化吗？为什么？
4．变量聚类后如何根据聚类结果确定各类的代表变量？
5．数据文件 data3-06.xls 中是 1976 年 74 个国家的人口出生率和死亡率数据。将数据转换成 SPSS 数据文件，以相同的名称保存成.sav 文件，根据出生率、死亡率聚类，绘制散点图。
6．数据文件 data3-07.xls 的"sheet1"标签页中是 28 名一级运动员和 25 名健将级标枪运动员测验的 6 项影响标枪成绩的项目成绩，据此求出判别运动员等级的判别函数；回代，求错判率。数据文件 data3-07.xls 的"sheet2"标签页中是 14 名未知级别的运动员，运用判别函数对他们进行分类。转换成的 SPSS 数据文件请参考数据文件 data3-07 和数据文件 data3-07b。
7．习题 6 中的 6 个与标枪成绩有关的项目彼此是否相关？能否进行变量聚类？找出各类中有代表性的项目（变量）。
8．对习题 6 中的数据，用逐步判别法求判别函数，并比较用全部变量求出的判别函数的错判率。

# 第4章 因子分析与对应分析

在各个领域的科学研究中，常需要对反映事物的多个变量进行大量观测，收集大量数据进行分析，以便寻找规律。多变量大样本无疑会为科学研究提供丰富的信息，但也在一定程度上增加了数据采集的工作量，更重要的是，在大多数情况下，由于许多变量间可能相关，增加了问题分析的复杂性，为分析带来不便。如果分别分析每个指标，分析又可能是孤立的，而不是综合的。盲目减少指标会损失很多信息，容易得到错误的结论。因此需要找到一个合理的方法，在减少分析指标的同时，尽量减少原指标包含信息的损失，以便对收集的资料进行全面分析。由于各变量间存在一定相关关系，因此有可能用较少的综合指标，分别综合存在于各变量中的各类信息。这就是降维方法。SPSS 的降维方法在"分析"菜单下的"降维"菜单列表中，包括因子分析、对应分析和最优尺度分析，如图 4-1 所示。

图 4-1 "降维"菜单列表

## 4.1 主成分分析与因子分析

### 4.1.1 主成分分析与因子分析概述

**1. 主成分分析的概念**

（1）什么是主成分分析。

在各领域的科学研究中，为了全面客观地分析问题，往往要从多方面观察研究对象，收集多个观察指标的数据。如果一个一个地分析这些指标，无疑会造成对研究对象的片面认识，不容易得出综合的、一致性很好的结论。主成分分析是考虑各指标间的相互关系，利用降维思想把多个指标转换成较少的互不相关的综合指标，从而使进一步研究变得简单的一种统计方法。

现举例说明主成分分析。儿童身高和体重两个变量间的关系（见表 4-1）可以用散点图表示，如图 4-2 所示。由图 4-2 可知，数据 $(h_i, w_i)$ $(i=1,2,3,\cdots,n)$ 各点散布在一条直线周围，因此身高和体重两个变量间存在线性关系。

现在以该直线为坐标轴 $p_1$，以该轴的垂线为另一个坐标轴 $p_2$。由于所有观测点均在坐标轴 $p_1$ 周围，而 $p_1$ 与 $p_2$ 是两个相互垂直的坐标轴，因此彼此不相关。

原观测点可以表示为 $(p_{1i}, p_{2i})$，$i=1,2,3,\cdots,n$。可以认为，$n$ 个观测的差异主要表现在 $p_1$ 方向上，在 $p_2$ 方向上差异很小。

表 4-1 身高、体重数据

| 观测 I | 变量 | |
|---|---|---|
| | 身高（h） | 体重（w） |
| 1 | $h_1$ | $w_1$ |
| 2 | $h_2$ | $w_2$ |
| 3 | $h_3$ | $w_3$ |
| 4 | $h_4$ | $w_4$ |
| …… | | |
| n | $h_n$ | $w_n$ |

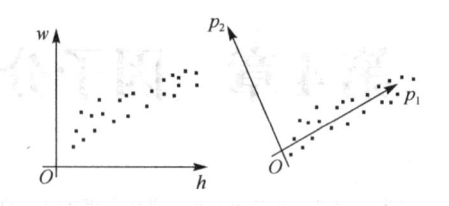

图 4-2 主成分概念示意图

由此得出结论，可以通过一个指标 $p_1$ 来代替原始变量身高 $h$ 和体重 $w$，来研究 $n$ 个观测对象的差异。$p_1$、$p_2$ 可以用原始变量身高 $h$、体重 $w$ 的线性组合来表示，即

$$\begin{cases} p_1 = l_{11}h + l_{12}w \\ p_2 = l_{21}h + l_{22}w \end{cases}$$

式中，$l_{11}$、$l_{12}$、$l_{21}$、$l_{22}$ 是可以计算出来的系数。

若 $p_1$ 代表观测值变化最大的方向（沿该方向观测值方差最大），而且 $p_2$ 和 $p_1$ 正交，则称 $p_1$ 为身高 $h$ 和体重 $w$ 的第一主成分，称 $p_2$ 为身高 $h$ 和体重 $w$ 的第二主成分。这种分析方法称为主成分分析法。可以看出：

① 新变量 $p_1$、$p_2$ 是原始变量身高 $h$、体重 $w$ 的线性函数。
② $p_1$ 与 $p_2$ 相互垂直，即两个新变量不相关。

由此推广到一般情况，实测变量 $x_1 \sim x_m$，共测得 $n$ 个观测，数据如表 4-2 所示。

表 4-2 参与因子分析的观测与变量数据

| 观测 | 变量 | | | | | | |
|---|---|---|---|---|---|---|---|
| | $x_1$ | $x_2$ | $x_3$ | $x_4$ | $x_5$ | … | $x_m$ |
| 1 | $x_{11}$ | $x_{12}$ | $x_{13}$ | $x_{14}$ | $x_{15}$ | … | $x_{1m}$ |
| 2 | $x_{21}$ | $x_{22}$ | $x_{23}$ | $x_{24}$ | $x_{25}$ | … | $x_{2m}$ |
| 3 | $x_{31}$ | $x_{32}$ | $x_{33}$ | $x_{34}$ | $x_{35}$ | … | $x_{3m}$ |
| 4 | $x_{41}$ | $x_{42}$ | $x_{43}$ | $x_{44}$ | $x_{45}$ | … | $x_{4m}$ |
| 5 | $x_{51}$ | $x_{52}$ | $x_{53}$ | $x_{54}$ | $x_{55}$ | … | $x_{5m}$ |
| … | … | … | … | … | … | … | … |
| n | $x_{n1}$ | $x_{n2}$ | $x_{n3}$ | $x_{n4}$ | $x_{n5}$ | … | $x_{nm}$ |

在原始变量的 $m$ 维空间中，找到 $m$ 个新的坐标轴，新变量与原始变量的关系可以表示为

$$\begin{cases} p_1 = l_{11}x_1 + l_{12}x_2 + l_{13}x_3 + \cdots + l_{1m}x_m \\ p_2 = l_{21}x_1 + l_{22}x_2 + l_{23}x_3 + \cdots + l_{2m}x_m \\ p_3 = l_{31}x_1 + l_{32}x_2 + l_{33}x_3 + \cdots + l_{3m}x_m \\ \cdots\cdots \\ p_m = l_{m1}x_1 + l_{m2}x_2 + l_{m3}x_3 + \cdots + l_{mm}x_m \end{cases}$$

从 $m$ 个新变量中可以找到 $l$ 个（$l<m$）能解释原始数据大部分方差包含的信息的新变量；其余 $m-l$ 个新变量对方差影响很小。称这 $m$ 个新变量为原始变量的主成分，每个新

变量均为原始变量的线性组合。

（2）主成分分析中的统计量。

求方差最大的 $l$ 个互相正交的方向及沿这些方向的方差是一个求特征方程的特征值和特征向量的问题。这些特征值和特征向量为特征方程 $Ax=\lambda x$ 的解，式中，$A$ 为样本协方差矩阵或样本相关系数矩阵。如果用样本相关系数矩阵，那么可以避免各变量量纲不同产生的问题；如果用样本协方差矩阵，就需要对原始变量进行标准化，SPSS 会自动完成这一步。主成分分析中的主要统计量如表 4-3 所示。

表 4-3 主成分分析中的主要统计量

| 成分号 $i$ | 特征值 $\lambda_i$ | 贡献率 $\lambda_i/m$ | 累计贡献率 | 特征向量 $L_i$: $l_{i1}\ l_{i2}\cdots l_{im}$ |
|---|---|---|---|---|
| 1 | $\lambda_1$ | $\lambda_1/m$ | $\lambda_1/m$ | $L_1$: $l_{11}\ l_{12}\cdots l_{1m}$ |
| 2 | $\lambda_2$ | $\lambda_2/m$ | $(\lambda_1+\lambda_2)/m$ | $L_2$: $l_{21}\ l_{22}\cdots l_{2m}$ |
| 3 | $\lambda_3$ | $\lambda_3/m$ | $(\lambda_1+\lambda_2+\lambda_3)/m$ | $L_1$: $l_{31}\ l_{32}\cdots l_{3m}$ |
| … | … | … | … | … |
| $m$ | $\lambda_m$ | $\lambda_m/m$ | $m$ | $L_m$: $l_{m1}\ l_{m2}\cdots l_{mm}$ |

① 特征方程的根，即特征值，通常用 $\lambda$ 表示。有 $m$ 个变量，就有 $m$ 个特征值。它是确定主成分数目的依据。SPSS 输出的特征值是经过重新排序重新命名的。值最大的为 $\lambda_1$，值最小的为 $\lambda_m$。

$$\lambda_1 > \lambda_2 > \lambda_3 > \cdots > \lambda_m$$

特征方程的根反映的是原始变量的总方差在各成分上重新分配的结果。

根据方差的定义，第 $i$ 个主成分的方差是总方差在各成分上重新分配后，在第 $i$ 个主成分上分配的结果，在数值上等于第 $i$ 个特征值，即

$$S_{P_i} = \frac{\sum_{i=1}^{m}(P_i - \bar{P}_i)^2}{n-1} = \lambda_i$$

$\sum_{i=1}^{m}\lambda_i = m$，特征值的数目 $m$ 与参与主成分分析的变量个数 $m$ 相等，$m$ 个变量的原始数据进行标准化处理后的方差总和等于 $m$ 个特征值之和。

② 贡献率：各成分包含的信息占总信息的百分比。用方差衡量变量包含的信息量，则每个成分提供的方差占总方差（$m$）的百分比就是该成分的贡献率。$P_i$ 的贡献率为

$$\frac{\lambda_i}{\sum_{i=1}^{m}\lambda_i} = \frac{S_{P_i}}{\sum_{i=1}^{m}S_{P_i}} = \frac{\lambda_i}{m}$$

③ 前 $k$ 个成分的累计贡献率为

$$\sum_{i=1}^{k}\frac{\lambda_i}{\sum_{i=1}^{m}\lambda_i} = \sum_{i=1}^{k}\frac{\lambda_i}{m}$$

通常取累计贡献率大于或等于 80% 的前 $k$ 个成分作为研究问题的主成分。

确定取几个成分作为主成分的判定方法有如下两种。

- 取所有特征值大于 1 的成分作为主成分。

- 根据累计贡献率达到的百分比值确定。取累计贡献率达到 80%，其含义是此前 $l$ 个成分（新变量）包含的信息占原始变量包含的总信息的 80%，其余 $m-l$ 个新变量对方差影响很小，如果认为可以接受，就取前 $l$ 个成分作为主成分。

④ 特征向量是各成分表达式的标准化原始变量的系数向量，就是各成分的特征向量。得出特征向量后，就可以写出每个成分的表达式。需要注意的是，前面公式中得到的使 $S_{P_i} = \lambda_i$ 的各个成分 $P_i$ 的系数 $(l_{i1}, l_{i2}, \cdots, l_{im})$ 是单位特征向量，并不是 SPSS 输出中的成分矩阵中的系数。成分矩阵中的各个分量的系数为此单位特征向量乘以相应的特征值的平方根的结果。如果令

$$a_{ij} = \sqrt{\lambda_i} l_{ij} \quad i, j = 1, \cdots, m$$

那么，$a_{ij}$ 为第 $i$ 个成分和第 $j$ 个变量的相关系数，也称为载荷。SPSS 中的成分图就是载荷图，是由成分矩阵中各个分量系数点绘制的。

⑤ 主成分分数。根据主成分表达式和各观测中各变量值计算出的成分值与上面关于 $P_i$ 的公式（用 $a_{ij}$ 代替 $l_{ij}$，并且把变量 $x_j$ 标准化之后）得到的 $P_i$ 成比例，称为该观测该成分的分数。该成分是第几个主成分，就称该值为第几个主成分分数。如果选择输出该项，那么在原始数据中会增加计算的每个观测值的主成分的分数。

**2. 因子分析的概念**

(1) 什么是因子分析。

探讨存在相关关系的变量间是否存在不能直接观察到但对可观测变量的变化起支配作用的潜在因子的分析方法称为因子分析。因子分析就是寻找潜在的起支配作用的因子模型的方法。

设有原始变量 $x_1, x_2, x_3, \cdots, x_m$，其与潜在因子间的关系可以表示为

$$\begin{cases} x_1 = b_{11}z_1 + b_{12}z_2 + b_{13}z_3 + \cdots + b_{1m}z_m + e_1 \\ x_2 = b_{21}z_1 + b_{22}z_2 + b_{23}z_3 + \cdots + b_{2m}z_m + e_2 \\ x_3 = b_{31}z_1 + b_{32}z_2 + b_{33}z_3 + \cdots + b_{3m}z_m + e_3 \\ \cdots\cdots \\ x_m = b_{m1}z_1 + b_{m2}z_2 + b_{m3}z_3 + \cdots + b_{mm}z_m + e_m \end{cases}$$

式中，$z_1 \sim z_m$ 为 $m$ 个潜在因子，是各原始变量都包含的因子，称为共性因子（又称公共因子或公因子）；$e_1 \sim e_m$ 为 $m$ 个只包含在某个原始变量中的，只对一个原始变量起作用的个性因子，是各变量特有的特殊因子。

共性因子与特殊因子相互独立。找出共性因子是因子分析的主要目的。计算出结果后要对共性因子的实际含义进行探讨，并对共性因子命名。

进行因子分析的方法有很多，常用的是主成分分析法。如果特殊因子可以忽略，就可以使用主成分分析法进行因子分析。

(2) 因子分析中的统计量。

① 因子与因子载荷。根据累计贡献率尽量大的原则决定共性因子数。共性因子数为 $k$，初始因子模型为

$$\begin{cases} x_1' = \alpha_{11}f_1 + \alpha_{12}f_2 + \cdots + \alpha_{1k}f_k + e_1 \\ x_2' = \alpha_{21}f_1 + \alpha_{22}f_2 + \cdots + \alpha_{2k}f_k + e_2 \\ x_3' = \alpha_{31}f_1 + \alpha_{32}f_2 + \cdots + \alpha_{3k}f_k + e_3 \\ \cdots\cdots \\ x_m' = \alpha_{m1}f_1 + \alpha_{m2}f_2 + \cdots + \alpha_{mk}f_k + e_m \end{cases}$$

式中，$x_1' \sim x_m'$ 是对原始变量进行平均值为 0，标准差为 1 的标准化后的变量；$f_i$ 为第 $i$ 个因子；$\alpha_{ij}$ 为 $x_i'$ 在共性因子 $f_i$ 上的载荷，统计意义是第 $i$ 个变量与第 $j$ 个共性因子的相关系数，表示 $x_i$ 依赖 $f_j$ 的份量。SPSS 输出的载荷在成分矩阵中，旋转后的载荷在旋转成分矩阵中。

② 共同度。

由于 $x_1' \le x_m'$ 是原始变量 $x_1 \le x_m$ 标准化后的变量，因此每个变量的方差均为 1，即 Variance($x_i'$) = 1，记作 Var($x_i'$) = 1，有

$$\text{Var}(x_i') = \alpha_{i1}^2 + \alpha_{i2}^2 + \alpha_{i3}^2 + \cdots + \alpha_{im}^2 + V(e_i) = 1$$

共同度由如下两部分组成。

- 一部分是几个共性因子共同引起的共同度，也称公因子方差，即

$$h_i^2 = \alpha_{i1}^2 + \alpha_{i2}^2 + \alpha_{i3}^2 + \cdots + \alpha_{im}^2$$

- 另一部分是由特殊因子引起的特性方差 $V(e)$。

共同度占总方差的百分比越大，说明共性因子的作用越大。由于每个变量的方差均为 1，因此共同度值就是所占总方差的百分比值，又称公因子方差比。

根据因子载荷和共同度的大小解释共性因子 $f_i$ 的意义，须计算共同度

$$\text{Var}(x_i') = \sum_{j=1}^{m} \alpha_{ij}^2$$

若取前 $k$ 个因子，则共同度方差为

$$\text{Var}(x_i') = \sum_{j=1}^{k} \alpha_{ij}^2$$

③ 因子得分。

因子得分就是每个观测的共性因子的值。要计算因子得分必须写出共性因子表达式。虽然共性因子是潜在的，不能直接观测到，但是可以通过可观测的变量获得。也就是可以把共性因子表达成可观测变量的线性组合形式，通常用回归方法解决。这样就可以通过每个观测的各变量的值，计算该观测的因子得分。

④ 关于旋转。

要结合专业知识解释共性因子的实际意义并不是一件容易的事。经数学证明可知，满足模型要求的共性因子并不唯一。只要对初始共性因子进行旋转，就可以获得一组新的共性因子。所谓旋转就是坐标变换。在旋转后的新坐标系中，因子载荷将得到重新分配，使共性因子负荷系数向更大（向 1）或更小（向 0）的方向变化，因此有可能对潜在因子进行专业性解释，以使对共性因子的命名和解释变得更容易。对初始因子进行旋转的方法有很多，通常分为如下两类。

- 一类旋转能保证旋转后各共性因子仍然正交，称为正交旋转。例如，方差最大正交旋转就是使共性因子上的相对载荷平方的方差之和达到最大，并保证原共性因子间的正交性和共同度总和不变。

- 另一类旋转不能保证旋转后各共性因子间的正交关系，如斜交旋转。

因子分析的一个重要目的在于对原始变量进行分门别类的综合评价。如果因子分析结果保证了因子间的正交性（不相关），但不易对因子命名，那么可以通过对因子模型进行正交旋转，保证变换后各因子仍正交，这是比较理想的情况。如果经过正交变换后仍然不易对共性因子进行解释，那么进行斜交旋转或许可以得到比较容易解释的结果。

### 3．因子分析过程的功能

SPSS 使用因子分析过程进行因子分析。主成分分析是作为因子分析的一种（没有旋转的）方法出现的。通过对话框可以指定提取因子的方法、控制因子提取进程的参数、旋转方法、输出的参与因子分析的变量的描述统计量、输出负荷矩阵的格式；还可以指定产生新变量（新变量的值是因子得分）并将其保存在数据文件中。使用因子分析过程的命令语句和一系列子命令还允许：

——一个命令完成多种方法的分析，对一种因子提取结果进行多种旋转。
——指定在提取因子与旋转时进行迭代的收敛判据，控制因子提取及旋转进程。
——指定产生单个旋转因子散点图。
——具体指定保存多少个因子。
——把相关系数矩阵或因子负荷矩阵写到磁盘上，以便进一步分析。
——指定主轴因子法的对角线上的值。
——从存储设备中读取相关系数矩阵或因子负荷矩阵，并进一步分析。

### 4．因子分析对变量的要求与假设

（1）因子分析中研究的是包含原始变量绝大部分信息的综合变量，对于原始变量，不区分因变量和自变量。因子分析要求参与分析的变量必须是等间隔测量的或者是比率的数值型变量。分类变量不适合进行因子分析。明显可以进行皮尔逊相关系数计算的数据才适合进行因子分析。观测应该彼此独立。一般观测数应超过变量数的 5 倍。

（2）因子分析的前提。因子分析模型指定变量由共性因子（由模型估计的因子）和特殊因子（与原始观测变量不交叠）确定。参数计算的前提是，假设所有特殊因子彼此不相关，且与共性因子不相关。

## 4.1.2 因子分析过程

对于初学统计分析的读者，可以完全使用系统默认值进行最简单的因子分析。虽然可能无法得到非常满意的结果，但通过初步分析可以对研究的问题有一个初步认识，有助于进一步分析。对于比较简单的问题，有时只使用系统默认值进行因子分析就可以得到比较满意的结果。

【例 1】 数据文件 data4-01 中的数据是与美国洛杉矶标准大城市统计区中的 12 个人口调查区的 5 个经济学指标（变量）相关的数据。下面以对 12 个人口调查区的 5 个经济指标的调查数据进行因子分析为例，说明因子分析过程。

1）定义变量及标签

no（编号）、pop（总人口）、school（中等校平均校龄）、employ（总雇员数）、services（专业服务项目数）、house（中等房价）。

2）使用默认值进行因子分析

（1）读取数据文件 data4-01。按"分析→降维→因子"顺序单击，打开"因子分析"对话框，如图 4-3 所示。

（2）指定参与分析的变量。在原始变量列表中选择 pop、school、employ、services、house 五个变量，送入"变量"框。

（3）单击"确定"按钮，提交系统运行。

（4）输出结果如表 4-4～表 4-6 所示。

表 4-4 所示为共性因子提取前与共性因子提取后的共同度比表。

表 4-4 中的"初始"列的值是共性因子（或成分，系统默认方法是主成分分析法）提取前各变量的共同度比。对主成分分析来说，该值是要被分析的矩阵（相关系数矩阵或协方差矩阵）的对角线元素；对因子分析来说，该值是将其他变量作为预测变量时每个变量的载荷的平方和。由于分析的是相关系数矩阵，原始变量的共同度均为 1（如果分析的是协方差矩阵，那么此处为各变量的方差），5 个变量的共同度比的总和为 5。

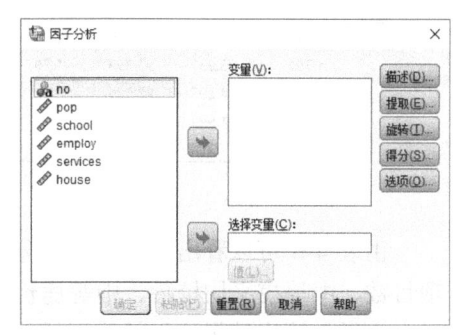

图 4-3 "因子分析"对话框

表 4-4 中的"提取"列的值是共性因子提取后的共同度比，表中的共同度比都很高，表明提取的成分能很好地描述这些变量。

表 4-5 所示为总方差解释表。"成分"列中的值是各成分的序号。"初始特征值"栏是相关系数矩阵或协方差矩阵的特征值，这些值用于确定应该保留哪些因子（或成分），共包含 3 列。

表 4-4 共性因子提取前与共性因子提取后的共同度比表

公因子方差

| | 初始 | 提取 |
|---|---|---|
| 总人口 | 1.000 | .988 |
| 中等校平均校龄 | 1.000 | .885 |
| 总雇员数 | 1.000 | .979 |
| 专业服务项目数 | 1.000 | .880 |
| 中等房价 | 1.000 | .938 |

提取方法：主成分分析法。

- "总计"列中的值是各成分的特征值。第一成分特征值为 2.873，第二成分特征值为 1.797。本例只有前两个因子的特征值大于 1。
- "方差百分比"列中的值是各因子特征值占特征值总和的百分比。
- "累积%"列自上至下列出的是各因子方差占总方差百分比的累积百分比。前两个因子的特征值之和占总方差的 93.4%，即前两个因子解释了 5 个原始变量 93.4%的变异。
- "提取载荷平方和"栏中的值是未经旋转的因子载荷的平方和，给出了每个因子（或成分）的特征值解释的方差占总方差的百分比和累积百分比。由初始分析的统计量可以看出，按照系统默认值给出的分析原则，应该取前两个因子（对于本次分析可称为主成分）。前两个因子已经对大部分数据进行了充分概括。由表 4-5 可以看出前两个成分解释的方差约占总方差的 93.4%。因此，最后确定提取两个主成分。使用这些成分在相当大程度上降低了原始数据的复杂性，仅丢失了约 6.6%的信息。

表 4-6 所示为主成分分析的因子载荷矩阵，显示了原始变量与各主成分之间的相关程度（仅对不进行旋转的主成分分析而言）。根据相关程度的大小，总结各因子的含义。

表 4-5　总方差解释表

总方差解释

| 成分 | 初始特征值 | | | 提取载荷平方和 | | |
|---|---|---|---|---|---|---|
| | 总计 | 方差百分比 | 累积 % | 总计 | 方差百分比 | 累积 % |
| 1 | 2.873 | 57.466 | 57.466 | 2.873 | 57.466 | 57.466 |
| 2 | 1.797 | 35.933 | 93.399 | 1.797 | 35.933 | 93.399 |
| 3 | .215 | 4.297 | 97.696 | | | |
| 4 | .100 | 1.999 | 99.695 | | | |
| 5 | .015 | .305 | 100.000 | | | |

提取方法：主成分分析法。

表 4-6　主成分分析的因子载荷矩阵

成分矩阵[a]

| | 成分 | |
|---|---|---|
| | 1 | 2 |
| 总人口 | .581 | .806 |
| 中等校平均校龄 | .767 | -.545 |
| 总雇员数 | .672 | .726 |
| 专业服务项目数 | .932 | -.104 |
| 中等房价 | .791 | -.558 |

提取方法：主成分分析法。
a. 提取了 2 个成分。

由表 4-6 可以看出，第一主成分与 3 个变量的相关性较高，这 3 个变量是专业服务项目数、中等校平均校龄、中等房价；第二主成分与总人口和总雇员数的相关性更高。

由以上输出结果可以认为对因子的提取结果是比较理想的。但是要想对两个因子命名比较困难，每个因子与原始变量相关系数没有很明显差别。因此为了给因子命名，可以进行旋转，使系数向 0 和 1 两极分化。

因子分析过程的各选项如下。

（1）在"因子分析"对话框中，单击"描述"按钮，打开"因子分析：描述"对话框，如图 4-4 所示，选择描述统计量。

① "统计"栏包含如下选项。

- "单变量描述"复选框。选择此选项，要求输出参与分析的原始变量的平均值、标准差等单变量的描述统计量。
- "初始解"复选框。系统默认选择此选项。选择此选项，要求输出提取因子前分析变量的共同度。对主成分分析来说，这些值是分析变量的相关系数矩阵或协方差矩阵的对角线元素；对因子分析来说，这些值是每个变量用其他变量作预测因子的载荷平方和。

图 4-4　"因子分析：描述"对话框

② "相关性矩阵"栏包含如下选项。

- "系数"复选框。选择此选项，要求输出原始分析变量间的相关系数矩阵。
- "显著性水平"复选框。选择此选项，要求输出每个相关系数等于 0 的单尾假设检验的显著性水平。
- "决定因子"复选框。选择此选项，要求输出相关系数矩阵的行列式的值。
- "逆"（应译为"逆矩阵"）复选框。选择此选项，要求输出相关系数矩阵的逆矩阵。
- "再生"复选框。选择此选项，要求输出因子分析后的相关系数矩阵及残差（原始相关与再生相关间的差值）。
- "反映像"复选框。选择此选项，要求输出反映像相关系数矩阵，包括偏相关系数的负数；反映像协方差矩阵，包括偏协方差的负数。在一个好的因子模型中除对角线上的系数较大外，远离对角线上的元素的系数应该比较小。
- "KMO 和巴特利特球形度检验"复选框。选择此项，要求进行 KMO 检验和巴特利特球形度检验，输出对采样充足度的 Kaisex-Meyer-Olkin 测量，用于检验变量间的偏相关系数是否很小。巴特利特球形度检验将检验相关系数矩阵是否是单位矩阵，以判断因子模型是否合适，即数据是否适合进行因子分析。

（2）在"因子分析"对话框中，单击"提取"按钮，打开"因子分析：提取"对话框，如图 4-5 所示。

① 在"方法"下拉列表中选择因子提取方法。

"方法"下拉列表中有一组提取方法选项，具体如下。

- "主成分"选项。选择此项，要求用主成分分析法提取因子，该方法假设变量是因子的纯线性组合。第一成分可解释的方差最大，后续成分可解释的方差逐个递减。该方法是常用的获取初始因子分析结果的方法，假设特殊因子作用可以忽略不计。
- "未加权最小平方"选项。选择此项，要求用未加权最小平方法提取因子，该方法使观测的和再生相关系数矩阵之差的平方和最小，不计对角线元素。

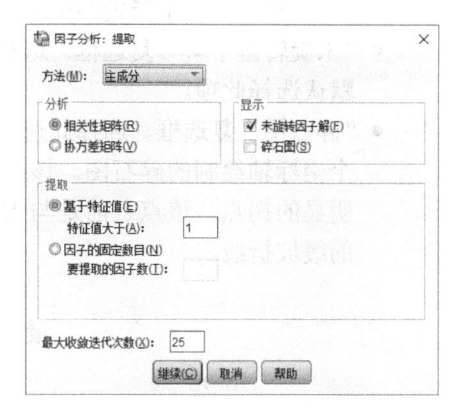

图 4-5 "因子分析：提取"对话框

- "广义最小平方"选项。选择此项，要求用广义最小平方法提取因子。该方法用变量值的倒数加权，使观测的和再生相关系数矩阵之差的平方和最小。较高值的权重比较低值的权重小。
- "最大似然"选项。选择此项，要求用最大似然法提取因子，该方法不要求多元正态分布。该方法给出参数估计。如果样本来自多元正态总体，那么它们与原始变量的相关系数矩阵极为相似。用变量单值倒数对原始分析变量加权。
- "主轴因子分解"选项。选择此项，要求使用多元相关系数的平方作为对共同度的初始估计。在估计初始共同度时，将多元相关系数的平方置于对角线上。这些因子载荷替换对角线上前一次的共同度估计，用于估计新共同度。每次迭代结束都计算从上次到本次迭代结果共同度的变化量。这样的迭代持续到共同度的变化量满足提取因子的收敛条件为止。
- "Alpha 因子分解"选项。选择此项，要求使用 Alpha 因子提取法提取因子。
- "映像因式分解"选项。选择此项，要求使用映像因子提取法[由库德（Guttman）提出]提取因子。该方法根据映像学原理提取因子，并把一个变量看作其他各变量的多元回归，而不是假设因子的函数。

② 在"分析"栏中指定分析矩阵。

- "相关性矩阵"（应译为"相关系数矩阵"）单选按钮。选择此选项，要求使用变量的相关系数矩阵进行提取因子的分析。当参与分析的变量的测量单位不同时，应该选择此项。
- "协方差矩阵"单选按钮。选择此选项，要求使用变量的协方差矩阵进行提取因子的分析。当参与分析的变量的测量单位相同时，可以选择此项。

③ 在"提取"栏中选择提取结果。在理论上，因子数目与原始变量数目相等，但因子分析的目的是用少量因子代替多个原始变量。选择提取多少个因子通过本栏来设置。

- "基于特征值"单选按钮，用于指定提取的因子应该具有的特征值范围。选择此选项，在"特征值大于"框中进行指定，系统默认值为"1"，即要求提取特征值大于

1 的因子。系统默认选择此项。
- "因子的固定数目"单选按钮,用于指定提取共性因子的数目。选择此选项后,将指定的数目输入"要提取的因子数"框,数值应该介于 0 至分析变量数目的正整数。

④ 在"显示"栏中指定与因子提取有关的输出项。
- "未旋转因子解"复选框。选择此选项,要求显示未经旋转的因子提取结果。系统默认选择此项。
- "碎石图"复选框。选择此选项,要求按特征值大小排列因子,显示以特征值为两个坐标轴绘制的碎石图。该图有助于确定保留多少个因子。典型的碎石图有一个明显的拐点,该点之前是与大因子有关的陡峭的折线,该点之后是与小因子有关的缓坡折线。

⑤ "最大收敛迭代次数"框用于指定因子分析停止的最大迭代次数,系统默认值为 25。

(3) 在"因子分析"对话框中,单击"旋转"按钮,打开"因子分析:旋转"对话框,如图 4-6 所示。

① 在"方法"栏中选择旋转方法。
- "无"选项。选择此选项,要求不进行旋转。系统默认选择此选项。
- "最大方差法"选项。选择此选项,要求进行方差最大旋转,是一种正交旋转。该旋转方法使每个因子上的具有最高载荷的变量数最小,可以简化对因子的解释。

图 4-6 "因子分析:旋转"对话框

- "直接斜交法"选项。选择此选项,要求进行直接斜交旋转。选择此选项后可以在"Delta"框中输入一个值,以设置斜交程度,0 值产生最高相关因子。该值越接近 0,斜交程度越深。随着该值负值的增加,因子的倾斜度变小,旋转结果与正交接近。若不想该值为 0,可以输入一个小于或等于 0.8 的值。
- "四次幂极大法"选项。选择此选项,要求进行四次最大正交旋转。该旋转方法使每个变量中需要解释的因子数最少,可以简化对变量的解释。
- "等量最大法"选项。选择此选项,要求进行平均正交旋转。该方法是简化对因子解释的方差最大旋转方法与简化对变量解释的四次最大正交旋转方法的结合,可以使在一个因子上有高载荷的变量数和变量中需要解释的因子数最少。
- "最优斜交法"选项。选择此选项,要求进行斜交旋转。该方法允许因子彼此相关,比直接斜交旋转更快,因此适用于对大数据集进行因子分析。选择此选项,可以在"Kappa"框中输入一个值,系统默认值为 4。

② 在"显示"栏中选择输出的选项。
- 勾选"旋转后的解"复选框,要求对正交旋转显示旋转后的因子矩阵、因子转换矩阵,对斜交旋转显示旋转后的因子矩阵、因子结构矩阵和因子间的相关系数矩阵。指定旋转方法后才能指定此项。
- 勾选"载荷图"复选框,要求输出以两两因子为坐标轴的各变量的载荷散点图。如果有两个因子,将输出各原始变量基于旋转成分矩阵表输出数据的散点图;如果超过两个因子,将输出前三个因子的三维因子载荷散点图;如果只提取了一个因子,将不会输出载荷散点图。

**注意**：选择此项输出的是经旋转后的因子载荷图。

③ 在"最大收敛迭代次数"框中指定旋转收敛的最大迭代次数，系统默认值为25。

（4）在"因子分析"对话框中，单击"得分"按钮，打开"因子分析：因子得分"对话框，如图4-7所示。

① 勾选"保存为变量"复选框，要求将因子得分作为新变量保存在数据文件中。每次分析产生一组新变量。每次分析产生多少个因子，则生成多少个新变量。新变量名的最后一个数字表示分析的顺序号。因子序号占倒数第三个字符的位置，倒数第二个字符为"_"。在"查看器"窗口中给出对因子得分的命名和变量标签，表明用来计算因子得分的方法。选择本项后，激活"方法"栏中的各选项。

② 在"方法"栏中指定计算因子得分的方法。

- 回归法的因子得分的平均值为 0，方差等于估计因子得分与实际因子得分之间多元相关的平方。
- 巴特利特法的因子得分平均值为0。使用此方法，超出变量范围的特殊因子平方和将被最小化。
- 安德森-鲁宾法是为了保证因子的正交性，对巴特利特法进行调整的方法。其因子得分的平均值为0，标准差为1，且彼此不相关。

③ 因子得分系数矩阵是标准化的得分系数。勾选"显示因子得分系数矩阵"复选框，要求对原始变量值进行标准化后，根据该矩阵给出的系数计算各观测的因子得分，并显示协方差矩阵。

（5）在"因子分析"对话框中，单击"选项"按钮，打开"因子分析：选项"对话框，如图4-8所示。

图4-7 "因子分析：因子得分"对话框　　图4-8 "因子分析：选项"对话框

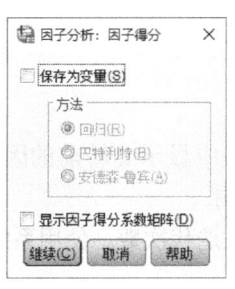

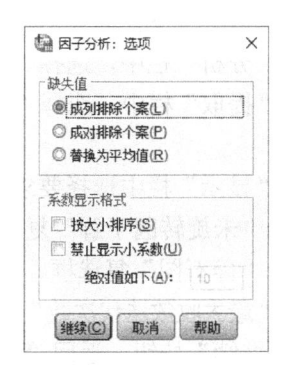

① 在"缺失值"栏中选择处理缺失值的方法。该栏包含如下选项。

- "成列排除个案"单选按钮。选择此选项，计算过程中，凡是分析变量中含有缺失值的所有观测将被剔除。
- "成对排除个案"单选按钮。选择此选项，要求成对剔除带有缺失值的观测，即在计算两个变量的相关系数时，只把这两个变量中带有缺失值的观测剔除。选择此选项可以最大限度利用原始数据。
- "替换为平均值"单选按钮。选择此选项，要求用变量的平均值代替该变量所有缺失值。

② 在"系数显示格式"栏中选择载荷系数的显示方式。该栏包含如下选项。

- "按大小排序"复选框。选择此选项,要求载荷系数按其数值大小排列并构成矩阵,在同一因子上具有较高载荷的变量排在一起,便于得出结论。
- "禁止显示小系数"复选框。选择此选项,在"绝对值如下"框中输入介于 0~1 的数作为临界值,系统默认值为 0.10。选择此选项可以突出载荷较大的变量,便于得出结论。

### 4.1.3 因子分析实例

【例2】 仍使用例1中的数据进行因子分析。

1)操作步骤

(1) 读取数据文件 data4-01。按"分析→降维→因子"顺序单击,打开"因子分析"对话框。

(2) 将 pop、school、employ、services、house 五个变量送入"变量"框。

(3) 在"因子分析"对话框中,单击"描述"按钮,打开"因子分析:描述"对话框。

① 在"统计"栏中选择要求输出的统计量

- 勾选"单变量描述"复选框,要求显示单变量的描述统计量。
- 勾选"初始解"复选框,要求显示初始因子分析结果。

② 在"相关性矩阵"栏中选择要求输出的相关系数矩阵。

- 勾选"系数"复选框,要求输出原始变量间的相关系数矩阵。
- 勾选"显著性水平"复选框,要求显示针对相关系数为 0 的假设检验显著性概率。

单击"继续"按钮,返回"因子分析"对话框。

(4) 在"因子分析"对话框中,单击"提取"按钮,打开"因子分析:提取"对话框。

① 在"方法"下拉列表中,选择"主成分"选项。

② 在"分析"栏中,选择"相关性矩阵"单选按钮。

③ 在"提取"栏中,选择"因子的固定数目"单选按钮,在"要提取的因子数"框中输入"2"。

④ 在"显示"栏中选择要求输出的项。

- 勾选"未旋转因子解"复选框,在"查看器"窗口中显示旋转前的因子提取结果。
- 勾选"碎石图"复选框,在图表窗口中显示碎石图。

⑤ 在"最大收敛迭代次数"框中输入停止迭代的最大迭代次数。使用系统默认值25。

单击"继续"按钮,返回"因子分析"对话框。

(5) 在"因子分析"对话框中单击"旋转"按钮,打开"因子分析:旋转"对话框。

① 在"方法"栏中,选择"最大方差法"单选按钮。

② 在"显示"栏中,勾选"旋转后的解"复选框和"载荷图"复选框,前者要求显示旋转后的结果,后者要求显示因子载荷图。

单击"继续"按钮,返回"因子分析"对话框。

(6) 在"因子分析"对话框中,单击"得分"按钮,打开"因子分析:因子得分"对话框。

① 勾选"保存为变量"复选框,要求以变量形式将因子得分保存在数据文件中,在"方法"栏中选择"回归"单选按钮。

② 勾选"显示因子得分系数矩阵"复选框。

单击"继续"按钮,返回"因子分析"对话框。
(7) 在"因子分析"对话框中,单击"选项"按钮,打开"因子分析:选项"对话框。
① 在"缺失值"栏中选择"成列排除个案"单选按钮。
② 在"系数显示格式"栏中勾选"按大小排序"复选框。
单击"继续"按钮,返回"因子分析"对话框。
(8) 在"因子分析"对话框中,单击"确定"按钮,提交系统执行。

2) 输出结果

输出结果如表 4-7~表 4-13 和图 4-9~图 4-11 所示。此处略去了共同度比表和总方差解释表,它们分别与表 4-4 和表 4-5 相同。

3) 结果解释、分析与结论

表 4-7 所示为单变量描述统计量,自左至右显示了变量标签、各变量的平均值、各变量的标准差、参与计算这些统计量的观测数。

表 4-8 所示为原始变量的相关系数矩阵。

### 表 4-7 单变量描述统计量

描述统计

| | 平均值 | 标准偏差 | 分析个案数 |
|---|---|---|---|
| 总人口 | 6241.67 | 3439.994 | 12 |
| 中等校平均校龄 | 11.442 | 1.7865 | 12 |
| 总雇员数 | 2333.33 | 1241.212 | 12 |
| 专业服务项目数 | 120.83 | 114.928 | 12 |
| 中等房价 | 17000.00 | 6367.531 | 12 |

### 表 4-8 原始变量的相关系数矩阵

相关性矩阵

| | | 总人口 | 中等校平均校龄 | 总雇员数 | 专业服务项目数 | 中等房价 |
|---|---|---|---|---|---|---|
| 相关性 | 总人口 | 1.000 | .010 | .972 | .439 | .022 |
| | 中等校平均校龄 | .010 | 1.000 | .154 | .691 | .863 |
| | 总雇员数 | .972 | .154 | 1.000 | .515 | .122 |
| | 专业服务项目数 | .439 | .691 | .515 | 1.000 | .778 |
| | 中等房价 | .022 | .863 | .122 | .778 | 1.000 |
| 显著性(单尾) | 总人口 | | .488 | .000 | .077 | .472 |
| | 中等校平均校龄 | .488 | | .316 | .006 | .000 |
| | 总雇员数 | .000 | .316 | | .043 | .353 |
| | 专业服务项目数 | .077 | .006 | .043 | | .001 |
| | 中等房价 | .472 | .000 | .353 | .001 | |

图 4-9 所示为表现各成分特征值的碎石图。分析碎石图可知,因子 1 与因子 2,以及因子 2 与因子 3 间的特征值差值比较大;而因子 3、因子 4、因子 5 间的特征值差值比较小。可以初步得出结论:保留两个因子能概括绝大部分信息。很明显,图 4-9 中的拐点为"3",因此提取两个因子比较合适。这证实了根据表 4-5 得出的结论。

表 4-9 所示为旋转前因子载荷矩阵,由此可知,各相关系数比较接近,不易命名。

### 表 4-9 旋转前因子载荷矩阵

成分矩阵[a]

| | 成分 | |
|---|---|---|
| | 1 | 2 |
| 总人口 | .581 | .806 |
| 中等校平均校龄 | .767 | -.545 |
| 总雇员数 | .672 | .726 |
| 专业服务项目数 | .932 | -.104 |
| 中等房价 | .791 | -.558 |

提取方法:主成分分析法。
a. 提取了 2 个成分。

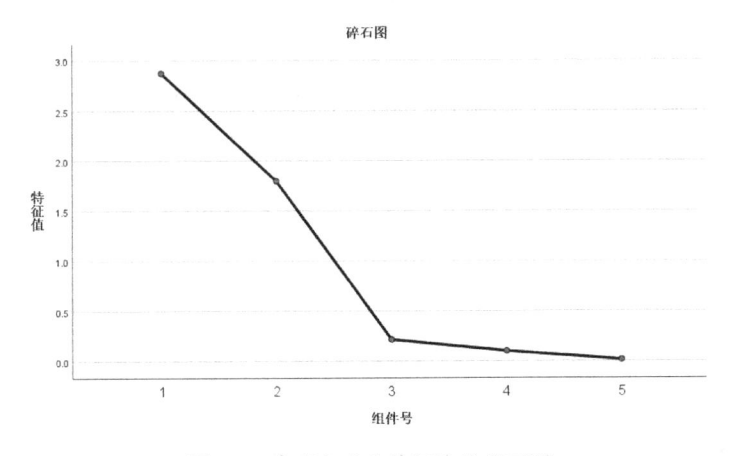

图 4-9 表现各成分特征值的碎石图

表 4-10 所示为因子旋转的转换矩阵。

表 4-11 所示为旋转后因子载荷矩阵,表下方是有关因子提取与旋转方法的说明:使用主成分分析法提取因子,提取了 2 个成分。

表 4-11 中的变量是按相关系数由大到小排列的。由表 4-11 可以看出,经过旋转,相关系数发生了明显变化。第一个主成分对中等房价、中等校平均校龄、专业服务项目数有绝对值较大的相关系数,第二个主成分相关系数绝对值较大的是 5 个原始变量中的另外 2 个,即总人口和总雇员数。根据这些变量的原始含义可以对两个因子进行命名。第一个因子主要概括了一般的社会福利情况,因此可将中等房价、中等校平均校龄和社会服务项目数命名为福利条件因子;第二个因子主要概括了人的情况,因此可将总人口和总雇员数命名为人口因子。

表 4-10 因子旋转的转换矩阵

成分转换矩阵

| 成分 | 1 | 2 |
|---|---|---|
| 1 | .821 | .571 |
| 2 | -.571 | .821 |

提取方法:主成分分析法。
旋转方法:凯撒正态化最大方差法。

表 4-11 旋转后因子载荷矩阵

成分矩阵[a]

| | 成分 | |
|---|---|---|
| | 1 | 2 |
| 专业服务项目数 | .932 | -.104 |
| 中等房价 | .791 | -.558 |
| 中等校平均校龄 | .767 | -.545 |
| 总人口 | .581 | .806 |
| 总雇员数 | .672 | .726 |

提取方法:主成分分析法。
a. 提取了 2 个成分。

表 4-12 所示为因子得分系数矩阵。根据因子得分系数和原始变量的标准化值,可以计算每个观测的各因子的得分系数,并可以据此对观测进行进一步分析。旋转后的因子(主成分)表达式可以写成:

FAC1_1= −0.091×pop'+0.392×school'− 0.039×employ'+0.299×services'+0.403×house'

FAC2_1=0.484×pop'−0.096×school'+0.465×employ'+0.138×services'−0.098×house'

**注意**:因子表达式中的各变量均是经过平均值为 0,标准差为 1 标准化后的变量,用原变量名加 "'" 表示。

表 4-13 所示为估计回归因子分数的协方差矩阵,即因子(两个主成分)间的相关系数矩阵。由表 4-13 可以看出,旋转后第一主成分与第二主成分是完全不相关的。使用最大方差正交旋转后因子间仍然正交。

表 4-12 因子得分系数矩阵

成分得分协方差矩阵

| 成分 | 1 | 2 |
|---|---|---|
| 1 | 1.000 | .000 |
| 2 | .000 | 1.000 |

提取方法:主成分分析法。
组件得分。

表 4-13 估计回归因子分数的协方差矩阵

成分得分系数矩阵

| | 成分 | |
|---|---|---|
| | 1 | 2 |
| 总人口 | -.091 | .484 |
| 中等校平均校龄 | .392 | -.096 |
| 总雇员数 | -.039 | .465 |
| 专业服务项目数 | .299 | .138 |
| 中等房价 | .403 | -.098 |

提取方法:主成分分析法。
旋转方法:凯撒正态化最大方差法。
组件得分。

图 4-10 所示为旋转后的因子载荷图,以第一主成分和第二主成分分别为横、纵轴坐标,对表 4-12 中的数据作图得到主成分图(图中的指示线是作者加的),从图中可以看出

旋转后各成分的变量更集中了。

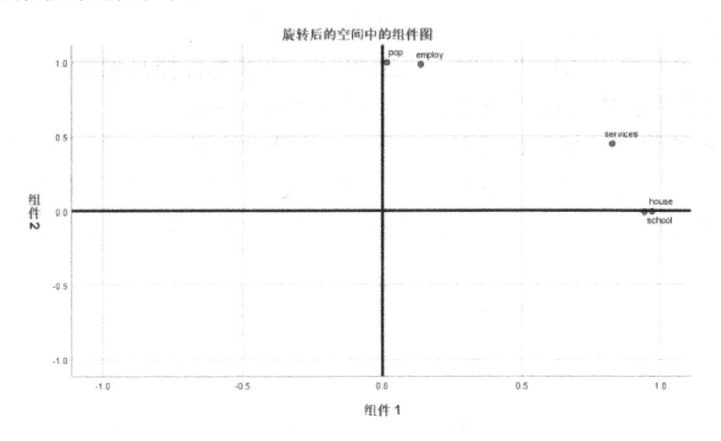

图 4-10 旋转后的因子载荷图

图 4-11 所示为在"数据编辑器"窗口中以新变量形式保存的因子得分信息。数据文件中因子分数变量：FAC1_1 是第一次分析的第一个回归因子分数，FAC2_1 是第一次分析的第二个回归因子分数变量。将此带有新变量的"数据编辑器"窗口中的数据保存为另一个数据文件 data4-01a。

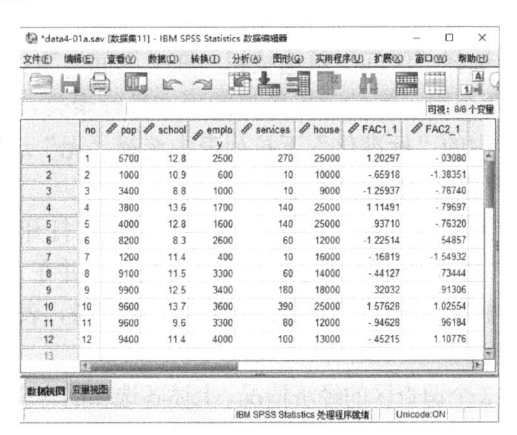

图 4-11 在"数据编辑器"窗口中以新变量形式保存的因子得分信息

根据观测的因子得分变量的值，可以进一步对观测估计因子得分变量进行聚类分析，进一步对每个调查区进行人口与福利方面的分类或分析。

## 4.1.4 利用因子得分进行聚类

【例 3】 本例是利用新变量对 12 个调查区进行聚类分析的过程及结果。要求聚为 2 类、3 类、4 类后利用图形功能作散点图，比较分为 2 类和 3 类的结果。

1）操作步骤

（1）完成因子分析后，数据文件中会保存各观测的因子得分（见图 4-11）；或者直接读取数据文件 data4-01a，该文件保存有各观测因子得分。

（2）按"分析→分类→系统聚类"顺序单击，打开"系统聚类分析"对话框。

（3）在"系统聚类分析"对话框中进行如下操作。

① 指定 FAC1_1 变量和 FAC2_1 变量为分析变量,送入"变量"框。
② 指定编号变量为标识变量,送入"个案标注依据"框。
③ 在"聚类"栏中选择"个案"单选按钮,要求进行样品聚类。
④ 在"显示"栏中勾选"统计"复选框和"图"复选框。

(4) 在"系统聚类分析"对话框中,单击"统计"按钮,打开"系统聚类分析:统计"对话框。勾选"近似值矩阵"复选框。在"聚类成员"栏中选择"解的范围"单选按钮,并在"最小聚类数"框中输入"2",在"最大聚类数"框中输入"4",要求输出聚为 2 类到 4 类的结果。

(5) 在"系统聚类分析"对话框中,单击"图"按钮,打开"系统聚类分析:图"对话框。
① 勾选"谱系图"复选框。
② 在"冰柱图"栏中指定在冰柱图中出现的类的范围。选择"指定范围内的聚类"单选按钮,在"开始聚类"框中输入"2",在"停止聚类"框中输入"4",在"依据"(应译为"步长")框中输入"1"。
③ 在"方向"栏中选择"垂直"单选按钮,要求显示纵向冰柱图。

(6) 在"系统聚类分析"对话框中,单击"方法"按钮,打开"系统聚类分析:方法"对话框。
① 在"聚类方法"下拉列表中选择"组间联接"选项。
② 在"测量"栏中选择"区间"单选按钮,在"区间"下拉列表中选择"平方欧氏距离"选项,要求根据两个因子间的欧氏距离的平方进行聚类。
③ 在"转换值"栏中的"标准化"下拉列表中选择"无"选项,因为两个因子得分本身就是根据标准化变量得出的无量纲变量。

(7) 在"系统聚类分析"对话框中单击"保存"按钮,打开"系统聚类分析:保存"对话框。在"聚类成员"栏中选择"解的范围"单选按钮,并在"最小聚类数"框中输入"2";在"最大聚类数"框中输入"4",要求保存 3 个新变量,表示聚为 2 类、3 类、4 类时每个观测各归为哪一类。

通过作散点图观察 12 个调查区的经济情况。上述各选项的含义请参考第 3 章有关内容。

(8) 在"系统聚类分析"对话框中,单击"确定"按钮,提交系统执行。

2)输出结果

输出结果如表 4-14、表 4-15 和图 4-12、图 4-13 所示。

表 4-14 相似性矩阵

近似值矩阵

平方欧氏距离

| 个案 | 1 | 2 | 3 | 4 | 5 | 6 | 7 | 8 | 9 | 10 | 11 | 12 |
|---|---|---|---|---|---|---|---|---|---|---|---|---|
| 1 | .000 | 5.297 | 6.606 | .595 | .607 | 6.231 | 4.186 | 3.289 | 1.670 | 1.255 | 5.605 | 4.036 |
| 2 | 5.297 | .000 | .740 | 3.491 | 2.933 | 4.053 | .269 | 4.533 | 6.234 | 10.801 | 5.583 | 6.249 |
| 3 | 6.606 | .740 | .000 | 5.638 | 4.825 | 1.733 | 1.802 | 2.925 | 5.319 | 11.256 | 3.088 | 4.168 |
| 4 | .595 | 3.491 | 5.638 | .000 | .033 | 7.286 | 2.212 | 4.767 | 3.556 | 3.534 | 7.342 | 6.084 |
| 5 | .607 | 2.933 | 4.825 | .033 | .000 | 6.396 | 1.840 | 4.143 | 3.190 | 3.608 | 6.523 | 5.431 |
| 6 | 6.231 | 4.053 | 1.733 | 7.286 | 6.396 | .000 | 5.518 | .649 | 2.521 | 8.075 | .249 | .910 |
| 7 | 4.186 | .269 | 1.802 | 2.212 | 1.840 | 5.518 | .000 | 5.290 | 6.302 | 9.673 | 6.911 | 7.141 |
| 8 | 3.289 | 4.533 | 2.925 | 4.767 | 4.143 | .649 | 5.290 | .000 | .612 | 4.155 | .307 | .139 |
| 9 | 1.670 | 6.234 | 5.319 | 3.556 | 3.190 | 2.521 | 6.302 | .612 | .000 | 1.590 | 1.607 | .635 |
| 10 | 1.255 | 10.801 | 11.256 | 3.534 | 3.608 | 8.075 | 9.673 | 4.155 | 1.590 | .000 | 6.367 | 4.121 |
| 11 | 5.605 | 5.583 | 3.088 | 7.342 | 6.523 | .249 | 6.911 | .307 | 1.607 | 6.367 | .000 | .265 |
| 12 | 4.036 | 6.249 | 4.168 | 6.084 | 5.431 | .910 | 7.141 | .139 | .635 | 4.121 | .265 | .000 |

这是非相似性矩阵

表 4-15 聚为 2 类、3 类、4 类的结果

聚类成员

| 个案 | 4 个聚类 | 3 个聚类 | 2 个聚类 |
|---|---|---|---|
| 1 | 1 | 1 | 1 |
| 2 | 2 | 2 | 2 |
| 3 | 2 | 2 | 2 |
| 4 | 1 | 1 | 1 |
| 5 | 1 | 1 | 1 |
| 6 | 3 | 3 | 1 |
| 7 | 2 | 2 | 2 |
| 8 | 3 | 3 | 1 |
| 9 | 3 | 3 | 1 |
| 10 | 4 | 1 | 1 |
| 11 | 3 | 3 | 1 |
| 12 | 3 | 3 | 1 |

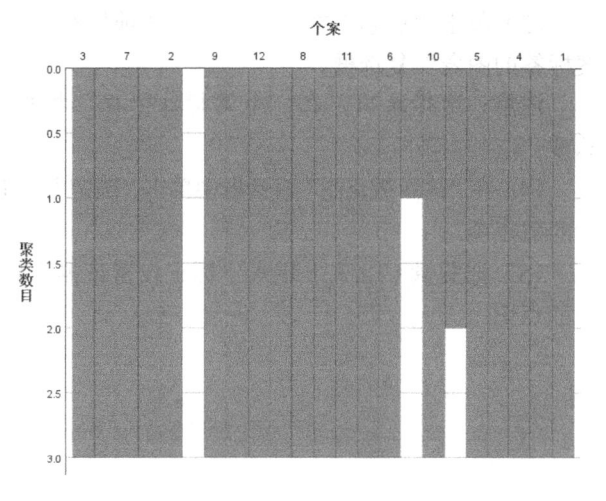

图 4-12 使用平均联接（组间）的冰柱图

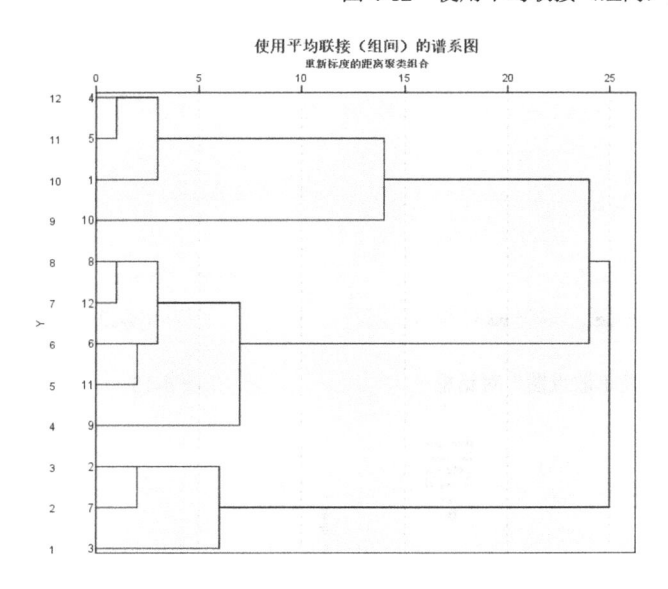

图 4-13 反映聚类全过程的谱系图

从输出信息很难看出各调查区在经济特性方面的区别。5 个变量转变为 2 个综合指标，即 2 个因子的好处在于不仅减少了指标数目，而且综合指标包含的信息没有损失多少。使用 2 个综合指标可以更清楚地对调查区的经济状况进行分析，还可以使用其他 SPSS 过程进行进一步分析。

3）利用因子得分变量作散点图

（1）按"图形→旧对话框→散点/点状"顺序单击，打开"散点图/点图"对话框，选择"简单散点图"项，单击"定义"按钮，打开"简单散点图"对话框，如图 4-14 所示。

（2）选择因子 2 的得分 FAC2_1 作为 $Y$ 轴变量送入"Y 轴"框；选择因子 1 的得分 FAC1_1 作为 $X$ 轴变量送入"X 轴"框；每个观测用它们的编号标识，故将变量 no 送入"个案标注依据"框；每个观测按所属类别使用不同颜色或符号区分，先作聚为两类的散点图，将变量 CLU2_1 送入"标记设置依据"框。按 CLU2_1（标签为 Average Linkage Between Groups）的类数确定符号的类数。

(3) 单击"选项"按钮,打开"选项"对话框,如图 4-15 所示。勾选"显示带有个案标签的图表"复选框。

**注意**:选择此项,在"个案标注依据"框中指定的变量值会标在散点图中的观测点旁。

(4) 在"简单散点图"对话框中单击"确定"按钮,在"查看器"窗口中生成如图 4-16 所示的散点图。

(5) 把变量 CLU3_1 送入"标记设置依据"框,代替 CLU2_1,得到如图 4-17 所示的散点图。

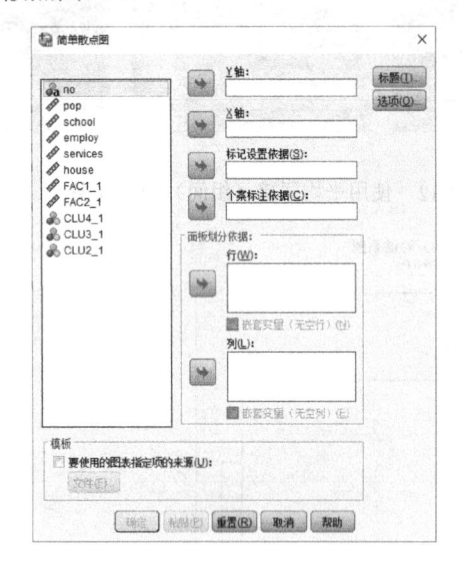

图 4-14 "简单散点图"对话框　　　图 4-15 "选项"对话框

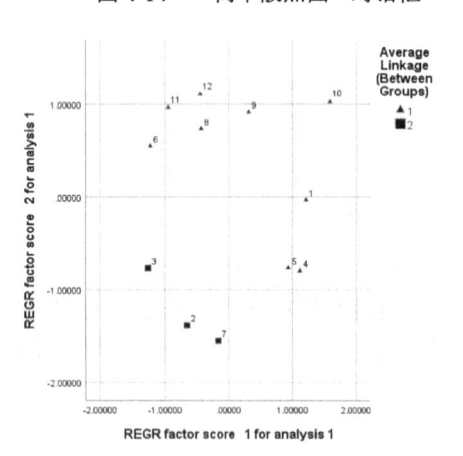

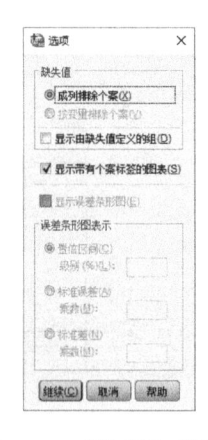

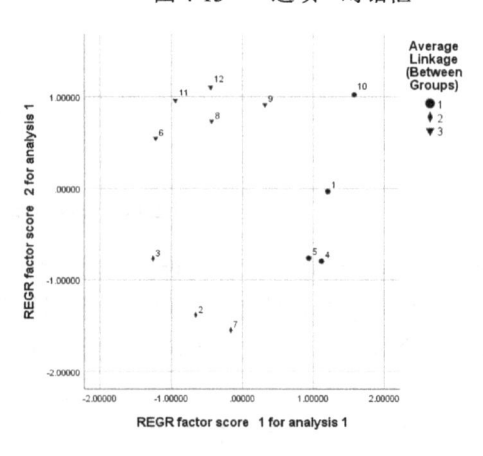

图 4-16 聚为 2 类的因子得分散点图　　　图 4-17 聚为 3 类的因子得分散点图

**注意**:图 4-16 和图 4-17 都是经过编辑的图形,为了弥补黑白印刷带来的不同颜色不易观察的缺点,改变了图中的分类标识符。读者在显示器上可以分辨不同颜色的统一符号标识的分类,不用再编辑。

从图 4-16 中可以看出,如果将调查区分为两类,第 2 区、第 3 区、第 7 区类号为 2,福利因素水平和人口因素水平均比较低;其余调查区这两个因素水平比较高,可以认为其经济状况相对来说比较好。

根据图 4-17，可以更细致地划分和分析各调查区的经济水平。

① 类号为 2 的调查区有编号为 2、3、7 的三个地区，在图的左下角是两个因子得分均比较低的调查区，可以认为此类调查区是从 5 个经济指标来看均较差的地区。

② 类号为 3 的调查区 FAC1_1 比较低，即福利因子得分较低；而 FAC2_1 比较高，即人口因子得分较高，说明总人口多，就业人数多，但反映福利的中等校平均校龄、专业服务项目数、中等房价均比较低。此类调查区的编号为 6、8、9、11、12。

③ 类号为 1 的调查区位于散点图右上方，可以看作人口和就业人数均较少、福利条件比较好的地区，地区编号为 1、4、5、10。

④ 如果分为 4 类，则右上角地区编号 10 将单独分为一类，是两个因子得分均较高的地区。读者可以根据因子得分聚 4 类作散点图。

通过以上分析可以看出，使用因子得分绘制散点图是比较容易进行的，反过来对照原始数据，也可以得出同样的分析结论。但是直接使用 5 个原始变量来分类，不够直观。

4）排序后观察因子和原始数据

（1）按"数据→个案排序"单击，打开"个案排序"对话框。将 CLU3_1 作为排序关键字，按升序排序。排序后的数据保存在数据文件 data4_01b 中，如图 4-18 所示。

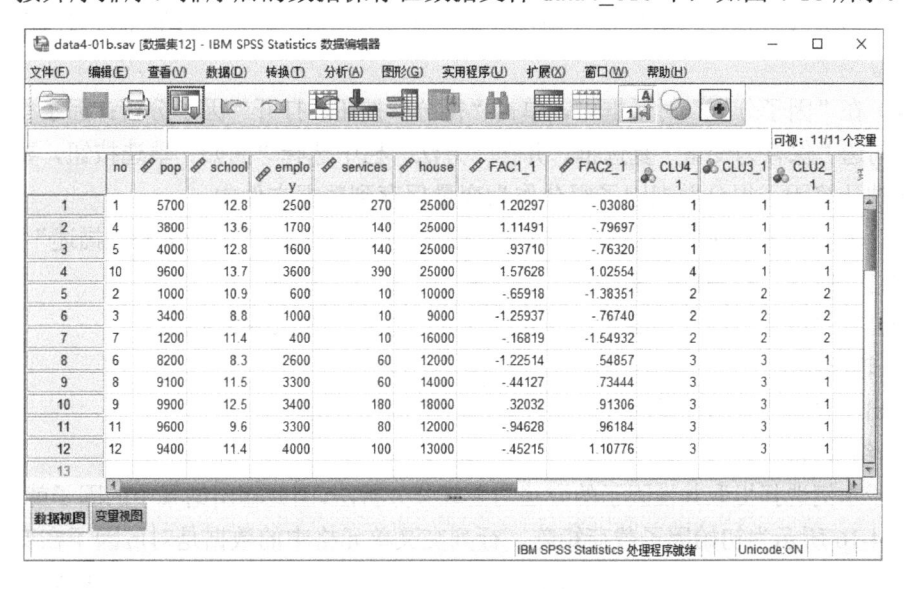

图 4-18 排序后的数据

（2）观察各类原始变量的特点可以很容易得出结论。

应该说明的是，在实际应用中进行因子分析要求观测数至少应该是变量数的 5 倍。而本例 5 个变量仅有 12 个观测，所以仅作为一个介绍方法的例题。

## 4.1.5 市场研究中的顾客偏好分析

市场研究中常常要求分析顾客的偏好和当前市场的产品与顾客偏好间的差别，以找出新产品开发的方向。在进行顾客偏好分析时常用到的分析方法为主成分分析法。

【例 4】 数据文件 data4-02 来自 SAS 公司。1980 年一个汽车制造商从竞争产品中选择了 17 种车型，访问了 25 个顾客，要求他们根据自己的偏好对 17 种车型打分，打分范围为 0～9.9，9.9 表示最高程度的偏好。

1）数据文件格式

数据文件 data4-02 将 25 个顾客的评分分为 25 个变量，即 v1～v25，每种车型的 25 个分数是一个观测，17 种车型有 17 个观测。

2）操作步骤

（1）按"分析→降维→因子"顺序单击，打开"因子分析"对话框。

（2）选择 v1～v25 为分析变量，送入"变量"框。

（3）在"因子分析"对话框中，单击"提取"按钮，打开"因子分析：提取"对话框，进行如下设置。

① 在"方法"下拉列表中选择"主成分"选项。

② 在"分析"栏中选择"相关性矩阵"单选按钮，要求分析相关系数矩阵。

③ 在"提取"栏中选择"因子的固定数目"单选按钮，在"要提取的因子数"框中输入"3"。

④ 在"显示"栏中勾选"未旋转因子解"复选框，要求显示未旋转的因子结果；勾选"碎石图"复选框，要求作特征值的碎石图。

⑤ "最大收敛迭代次数"框使用系统默认值 25，即结束迭代的条件为到达最大迭代次数 25。

（4）在"因子分析"对话框中，单击"得分"按钮，打开"因子分析：因子得分"对话框，勾选"保存为变量"复选框，并在"方法"栏中选择"回归"单选按钮，要求通过回归方法计算因子得分并把因子得分作为变量保存到数据文件中。

（5）在"因子分析"对话框中，单击"描述"按钮，打开"因子分析：描述"对话框，取消勾选"统计"栏中的"初始解"复选框。

（6）在"因子分析"对话框中单击"确定"按钮，提交系统执行。

3）输出结果

输出结果如表 4-16、表 4-17 和图 4-19、图 4-20 所示。

4）结果说明

由于本例选择提取共性因子的方法为主成分分析法，因此输出结果中的因子就是成分。

表 4-16 所示为初始因子载荷矩阵。行列交叉单元格中的数据是对应因子在变量（顾客）上的载荷，体现了交叉点对应的因子（列）与对应的变量（行）的相关程度。

本例在选择提取共性因子的数量时，没有选择特征值大于 1 决定共性因子数的方法，而是选择了提取前 3 个共性因子。因此表 4-17 中是前 3 个因子解释的原始变量的总方差及其占总方差的百分比和累计百分比。由表 4-17 可以看出，前 3 个因子（或成分）可以解释近 75% 的总方差，因此可以认为 3 个因子可以解释绝大部分总方差。

图 4-19 所示为特征值碎石图，可以看出，前 3 个特征值间的差异很大，其余特征值间虽然也有特征值大于 1 的，但变化量很小，这说明取前 3 个因子是正确的。

图 4-20 所示为数据文件中的 3 个新变量，即因子得分。图 4-20 中的变量 FAC1_1、FAC2_1 和 FAC3_1 是各观测（17 种车型）的因子得分变量。该数据保存在数据文件 data4-02a 中。

表 4-16  初始因子载荷矩阵

成分矩阵

| | 成分 | | |
|---|---|---|---|
| | 1 | 2 | 3 |
| 被访者1 | .274 | .625 | .330 |
| 被访者2 | .956 | .068 | -.210 |
| 被访者3 | .778 | -.300 | -.151 |
| 被访者4 | .491 | .735 | .343 |
| 被访者5 | .451 | .698 | -.318 |
| 被访者6 | .238 | .677 | -.059 |
| 被访者7 | .783 | -.212 | .170 |
| 被访者8 | .510 | -.051 | .713 |
| 被访者9 | -.513 | .718 | -.189 |
| 被访者10 | .936 | -.191 | .050 |
| 被访者11 | .852 | .143 | -.260 |
| 被访者12 | .836 | -.085 | -.356 |
| 被访者13 | .943 | .000 | -.149 |
| 被访者14 | .830 | .198 | -.081 |
| 被访者15 | .858 | -.174 | -.067 |
| 被访者16 | -.015 | .803 | .077 |
| 被访者17 | .105 | .658 | .235 |
| 被访者18 | .717 | .609 | .096 |
| 被访者19 | .779 | .126 | -.033 |
| 被访者20 | .773 | -.570 | .124 |
| 被访者21 | .071 | .657 | -.095 |
| 被访者22 | .238 | -.459 | .753 |
| 被访者23 | -.766 | .333 | .281 |
| 被访者24 | -.162 | -.753 | -.209 |
| 被访者25 | -.765 | .158 | -.270 |

提取方法：主成分分析法。
a. 提取了 3 个成分。

表 4-17  因子（或成分）的方差解释

总方差解释

| 成分 | 初始特征值 | | | 提取载荷平方和 | | |
|---|---|---|---|---|---|---|
| | 总计 | 方差百分比 | 累积 % | 总计 | 方差百分比 | 累积 % |
| 1 | 10.837 | 43.348 | 43.348 | 10.837 | 43.348 | 43.348 |
| 2 | 5.802 | 23.207 | 66.555 | 5.802 | 23.207 | 66.555 |
| 3 | 2.060 | 8.240 | 74.795 | 2.060 | 8.240 | 74.795 |

提取方法：主成分分析法。

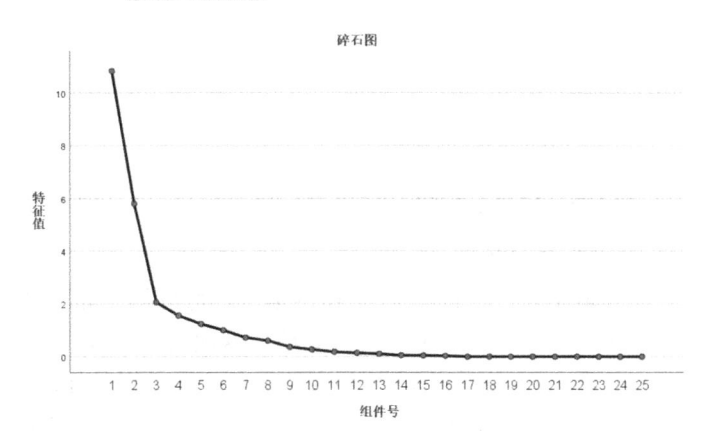

图 4-19  特征值碎石图

图 4-20  数据文件中的 3 个新变量：因子得分

5）作偏好图

根据数据文件中的前两个因子得分变量作 17 种车型的散点图。先读取数据文件 data4-02a，然后进行如下操作。

（1）按"图形→旧对话框→散点图/点图"顺序单击，打开"散点图/点图"对话框，选择"简单散点图"项，单击"定义"按钮，打开"简单散点图"对话框。

（2）将 FAC1_1 送入"X 轴"框作为 $X$ 轴变量，将 FAC2_1 送入"Y 轴"框作为 $Y$ 轴变量，将 name 送入"标记设置依据"框。单击"确定"按钮，得到如图 4-21 所示的散点图，图例中的文字字母均为变量 name 的值。

（3）根据表 4-16 中的因子载荷数据（具体数据见数据文件 data4-02b），用同样的方法作另一个散点图（见图4-22）。

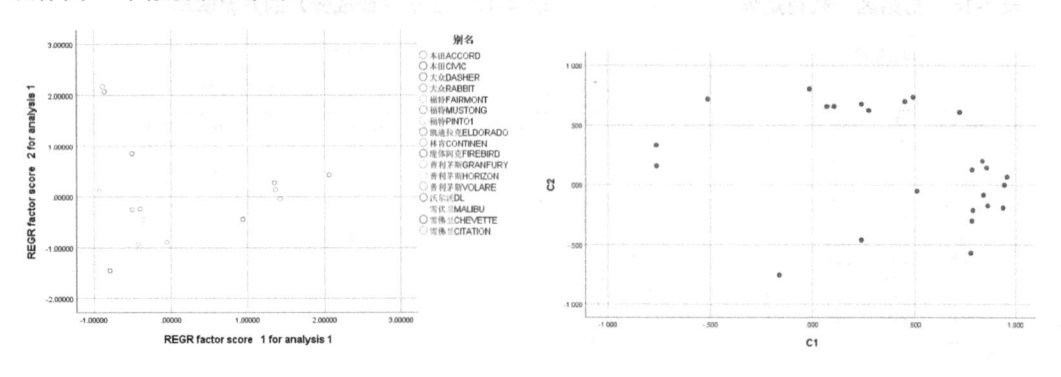

图 4-21  17 种车型的因子得分散点图　　图 4-22  25 个顾客的偏好散点图

6）分析与结论

结合输出表，比较图 4-21 和图 4-22，可以得出如下结论。如果有条件，可以将两张图的坐标原点对齐，并进行透明处理，以便进行比较。

（1）图 4-21 是根据 17 种车型的前两个因子得分作的散点图。

第一因子反映了车的产地。分数最高的是（DL）沃尔沃，分数最低的是（P）福特。横坐标轴右端多为欧洲车（D、R）（两种大众车）或日本车（A、CI）（两种本田车），左端多为美国车福特（P）、雪佛兰（CH）等。各自的第一因子得分说明顾客对欧洲车和日本车的评价较高。

第二因子反映了车的特性：质量、动力、座位数等。分数高的是林肯（Co）、凯迪拉克（E），位于纵坐标轴上端，分数低的为福特（P）、雪佛兰（CH），说明顾客对高档车的质量评价较高。

（2）结合图 4-21 可知，图 4-22 中在第二象限的（左上方）的顾客偏好大型豪华美国车；在第四象限的顾客偏好日本车和欧洲车；第三象限中的点很少，说明顾客中偏好美国小型车的很少。在图 4-22 中，第一象限中的点很多，但在图 4-21 中第一象限中的车很少，这可能预示着新车型产品市场或该汽车生产商的主要竞争对手没有相应的产品，这正是新产品开发的方向：高质量、豪华大型欧洲车和日本车。

## 4.2　对　应　分　析

### 4.2.1　对应分析概述

**1. 对应分析的思路**

对应分析也称为相应分析，是在 R 型因子分析和 Q 型因子分析的基础上发展而来的一种多元统计方法，由法国统计学家 J. P. Beozecri 于 1970 年提出。

因子分析根据研究对象的不同分为研究指标（变量）的 R 型因子分析和研究样品的 Q 型因子分析，在使用因子分析法时这两个过程只能分开进行。这样做，一方面会漏掉一些变量和样品间的信息；另一方面由于因子分析要求样品数必须是变量数的 5 倍，因此进行 Q 型因子分析要比进行 R 型因子分析计算量大。从研究设计的要求来说，这并不是最佳的，所以有必要改良算法，以达到总计算量最小同时考虑变量和样品的关系的目的。

对应分析借助交叉表独立性检验中的卡方统计量的计算方法，对原始数据矩阵进行转换，公式为

$$p_{ij} = x_{ij} \bigg/ \sum_i \sum_j x_{ij}$$

转换后得到一个规格化的概率矩阵，使数据资料具有对称性。当数据资料具有对称性时，量纲的差异将被消除，R 型因子分析和 Q 型因子分析将建立联系，从而实现进行 R 型因子分析的同时完成 Q 型因子分析的工作，解决样品容量大带来的 Q 型因子分析计算量大的问题。

另外，根据 R 型因子分析和 Q 型因子分析的内在联系，可在同一个坐标轴图形中将变量和样品同时反映出来，图形中邻近的变量点表示变量关系密切，可归为一类，同样，邻近的样品点表示样品关系密切，可归为一类，属于同一类型的样品点可用邻近的变量点来表征。

对应分析的目的之一是在同时描述各个变量类别间的关系时，在一个低维度空间中对对应表中的两个名义变量间的关系进行描述。对每个变量而言，图中类别点间的距离反映了邻近有相似分类图的各类别间的关系，一个变量在从原点到另一个变量分类点的向量上的投影点描述了变量间的关系。

很多学者认为对应分析方法是探索性数据分析的内容，因此大部分使用者只要能够理解对应分析行记分图和列记分图中包含的信息即可。

**2．对应分析中需要考虑的事项**

（1）数据。用于分析的分类变量为名义测量变量。对合计数据或对除频数外的对应测量，应使用正相似性值的加权变量。

（2）有关程序。如果包含的变量超过两个，就使用多重（多元）对应分析；如果包含的变量是有序测量变量，就使用分类主成分分析。

**3．对应分析中的几个常见术语**

（1）行（列）中心化：对行（列）变量中的原始数据进行转换的一种方法，用行（列）变量中的每个观测值减去行（列）观测值的平均值来实现。

（2）行（列）边际（缘）：某一个行（列）变量中的观测值的总和。

（3）归一化处理：用行（列）变量中的每个观测值除以行（列）变量中的观测值总和进行数据转换，因转换后的行（列）变量中的观测值之和为 1 而得名。因此，使行（列）边际相等，实际上就是先对行（列）变量中的数据进行归一化处理。

（4）质量：转换后数据的行与列的边缘概率。

（5）惯量：每一维到其重心的加权距离的平方，用来度量行列关系的强度。

（6）奇异值：是惯量的平方根，反映了行与列各水平在二维图中分量的相关程度，是行与列进行因子分析产生的新的综合变量的典型相关系数。

（7）惯量比例：各维度分别解释总惯量的比例及累计百分比。

（8）对应表：行变量、列变量各类别组合在一起形成的各组合类别观测的分布表。

## 4.2.2 对应分析过程

**1. 对应分析数据预处理**

在对应分析中，必须将原始数据整理成交叉表的单元格计数形式。由于在对应分析前先选择"个案加权"命令进行处理，因此在对应分析的数据文件中，需要定义 3 个变量。其中两个变量是要放在对应分析过程中的"行"框和"列"框中的变量，是分类变量；另一个变量是对应行、列的实际测试值，一般为尺度变量。

在进行对应分析前，应先选择"数据"菜单中的"个案加权"命令定义加权变量。如果加权变量中有 0 值，将会收到警告，但不影响对应分析的正常工作。

**2. 操作步骤**

（1）按"分析→降维→对应分析"顺序单击，打开如图 4-23 所示的"对应分析"对话框。

（2）从原始变量列表中选择行变量和列变量，分别送入"行"框和"列"框。

（3）单击"行"框下的"定义范围"按钮，打开"对应分析：定义行范围"对话框，如图 4-24 所示，定义行变量参与分析的分类范围。单击"列"框下的"定义范围"按钮，打开"对应分析：定义列范围"对话框，定义列变量参与分析的分类范围。由于"对应分析：定义列范围"对话框与图 4-24 除对话框名称不同外，其余内容一样，故不再赘述。

① "行变量的类别范围：V1"栏用于定义分类的范围。

在"最小值"框中输入分类的最小值；在"最大值"框中输入分类的最大值。这两个值必须是整数，否则在分析过程中会删除小数部分。单击"更新"按钮，将定义的分类数据传送到"类别约束"框中，分析过程将忽略指定范围外的类别值。

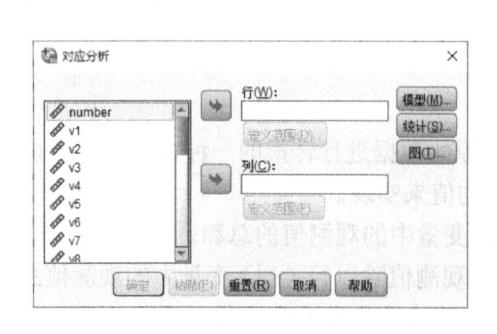

图 4-23 "对应分析"对话框    图 4-24 "对应分析：定义行范围"对话框

② "类别约束"栏用于定义类别的等同约束。所有类别最初没有约束。可以约束某个行类别等于其他行类别，或者定义一个行类别作为辅助行类别。如果分类值代表的类别不符合分析需要或者界限是模糊的，那么可以使用等同约束将这样的类视为等同，即有相等记分的类。该栏中共有如下 3 个选项。

- "无"单选按钮。选择此选项，要求分类数据保持原状，不进行任何约束。系统默认选择此选项。
- "类别必须相等"单选按钮。选择此选项，要求类别必须有相等的得分。若类别的次序不是想要的或者是违反直觉的,则可以选择此选项。可从"类别约束"框中选择类别,指定等同约束,必须至少有两个类别是相等的。能用等同约束的行分类的最大数量等于有效行类别总数减1。

- "类别为补充性"单选按钮。选择此选项,要求从"类别约束"框中选择类别,指定辅助类别。辅助类别不影响分析,只在由有效分类定义的空间中描述。辅助类别在定义的维数中不扮演角色。最大辅助的行类别的数量等于行类别总数减2。

(4) 指定对应分析模型。在"对应分析"对话框中单击"模型"按钮,打开"对应分析:模型"对话框,如图 4-25 所示,指定维数、距离测量方法、标准化方法和常规化方法。

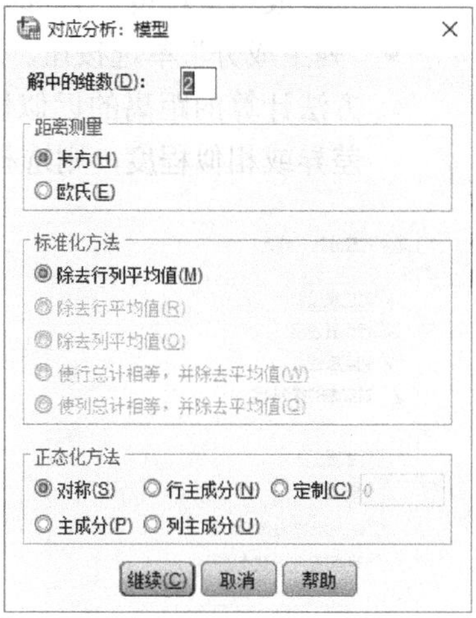

① "解中的维数"框用于指定对应分析解的最大维数,默认值为"2"。通常选择使用较少的维数来解释大多数变异。最大维数取决于用于分析的有效的分类数和等同约束数。最大维数是下列数值中较小的一个。

- 有效的行分类数减去被等同约束的行分类数加约束的行分类集数。

图 4-25 "对应分析:模型"对话框

- 有效的列分类数减去被等同约束的列分类数加约束的列分类集数。

② "距离测量"栏用于选择对应表的行间距离和列间距离测量方法。该栏中的选项如下。

- "卡方"单选按钮。选择本选项,要求使用卡方距离测量。卡方距离测量用加权距离,这里的权重就是行或列的质量(边缘概率)。系统默认选择本选项。
- "欧氏"单选按钮。选择本选项,要求用两行间或两列间的差的平方和的平方根作为距离测量。

③ "标准化方法"栏用于选择标准化方法。该栏中的选项如下。

- "除去行列平均值"单选按钮。选择本选项,要求行和列两者进行中心化变换。若要进行标准对应分析,则选择本选项。当在"距离测量"栏选择"卡方"单选按钮时,系统默认选择本选项。
- "除去行平均值"单选按钮。选择本选项,要求只有行进行中心化变换。
- "除去列平均值"单选按钮。选择本选项,要求只有列进行中心化变换。
- "使行总计相等,并除去平均值"单选按钮。选择本选项,要求先使行边际相等,再对行进行中心化。
- "使列总计相等,并除去平均值"单选按钮。选择本选项,要求先使列边际相等,再对列进行中心化。

④ "正态化方法"(应译为"常规方法")栏中的选项如下。

- "对称"单选按钮。选择本选项,要求各个维度的行记分是列记分除以匹配奇异值的加权平均,列记分是行记分除以匹配奇异值的加权平均。选择本选项可以检查两个变量分类间的差异性或相似性。
- "主成分"单选按钮。选择本选项,要求行点和列点间的距离是与选定的距离测量一致的对应表中距离的近似值。若要检查一个或两个变量的类别间的差异,而不是两个变量间的差异，则选择本选项。
- "行主成分"单选按钮。选择本选项，要求行分数间的距离是在对应表中根据选定方法计算的距离的近似值，行记分是列记分的加权平均。若要检查行变量的类间差异或相似程度，则选择本选项。
- "列主成分"单选按钮。选择本选项，要求列分数间的距离是在对应表中根据选定方法计算的距离的近似值，列记分是行记分的加权平均。若要检查列变量的类间差异或相似程度，则选择本选项。
- "定制"单选按钮。选择本选项，要求指定一个介于 $-1 \sim 1$ 的值。"$-1$"对应主要列，"1"对应主要行，"0"对应对称法。所有其他值描述行分数和列分数变化程度的惯量。本方法通常用来制作特制的二维图形。

（5）指定输出结果。在"对应分析"对话框中单击"统计"按钮，进入"对应分析：统计"对话框，如图 4-26 所示，指定输出哪些结果表。

① "对应表"复选框。选择本选项，要求输出含有变量行和列边际总和的交叉分组列表。

图 4-26 "对应分析：统计"对话框

② "行点概述"（应译为"行分数综述"）复选框。选择本选项，要求输出行综合表，表中包括行变量各分类的得分、质量、惯量、分数对维度惯量的贡献、维度对分数惯量的贡献。

③ "列点概述"（应译为"列分数综述"）选项。要求在"查看器"窗口中为各个列分类显示包括得分、质量、惯量、分数对维度惯量的贡献、维度对分数惯量的贡献的综合表。

④ "对应表的排列"复选框。选择本选项，要求输出按第一维度上得分的递增顺序排列的行、列对应表。在任意选项中，可为将要产生的序列改变的表指定最大排列维数，为各维度产生一个从 1 到指定数目的序列改变表。

⑤ "行概要"复选框。选择本选项，要求输出行归一化处理后的分布表。

⑥ "列概要"复选框。选择本选项，要求输出列归一化处理后的分布表。

⑦ "以下对象的置信度统计"栏中有如下两个选项。
- "行点"（应译为"行分数"）复选框。选择本选项，要求输出包括标准差和所有非辅助行分数相关内容的表格。
- "列点"（应译为"列分数"）复选框。选择本选项，要求输出包括标准差和所有非辅助列分数相关内容的表格。

（6）统计图选项。在"对应分析"对话框中单击"图"按钮，打开"对应分析：图"对话框，如图 4-27 所示。

① "散点图"栏用于设置产生的矩阵的所有维度的成

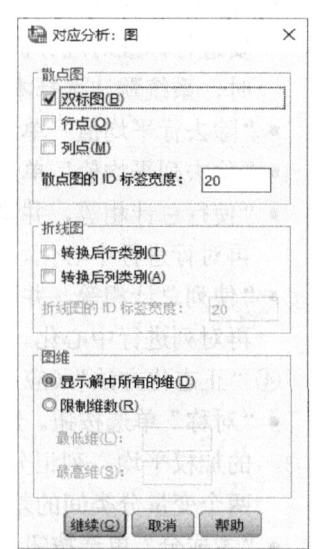

图 4-27 "对应分析：图"对话框

对的散点图。
- "双标图"复选框。选择本选项将使用双维图法，要求输出矩阵的行分数和列分数联合图。如果常规化方法选择了"主成分"选项，则本选项无效。
- "行点"复选框。选择本选项，要求输出矩阵的行分数的图。
- "列点"复选框。选择本选项，要求输出矩阵的列分数的图。
- "散点图的 ID 标签宽度"框用于设置散点图中的 ID 标签宽度，默认值为 20，指定值必须是小于或等于 20 的正整数。

② "折线图"栏用于设置产生的所选变量每个维度的折线图。该栏包括以下选项。
- "转换后行类别"复选框。选择本选项，要求输出行分类转换图。行分类值取决于相应的行记分。
- "转换后列类别"复选框。选择本选项，要求输出列分类转换图。列分类值取决于相应的列记分。
- "折线图的 ID 标签宽度"框用于指定折线图 ID 标签宽度，默认值为 20，指定值必须是小于或等于 20 的正整数。

③ "图维"栏用于控制输出的图的维度，包括如下选项。
- "显示解中所有的维"单选按钮。选择本选项，要求在矩阵散点图中显示解中的所有维度。
- "限制维数"单选按钮。选择本选项，显示的维数将受到成对图数量的限制。若选择本选项，则必须设置作图的最低维度和最高维度。最低维度可从 1 到解的维数减 1 的范围中取值，并且所绘制的图以较高维度为背景；最高维度可从 2 到解的维数的范围中取值，并指出被用于成对维度图中的最高维度。本说明适用于所有要求的多维图。

### 4.2.3 对应分析实例

**【例 5】** 通过对应分析研究我国部分省份的农村居民人均消费支出结构。数据资料来源于《中国统计年鉴（1997）》。

数据文件 data4-03 中共有 3 个变量，分别为 province（省份：1 山西、2 内蒙古、3 辽宁、4 吉林、5 黑龙江、6 海南、7 四川、8 贵州、9 甘肃、10 青海）（名义变量），consumption（消费支出分类：1 食品、2 衣着、3 居住、4 家庭设备及服务、5 医疗保健、6 交通通信、7 文教娱乐）（名义变量），proportion（各种消费支出比例）（尺度变量）。

选择"个案加权"命令，将变量 proportion 设置为频数变量。

（1）按"分析→降维→对应分析"顺序单击，打开"对应分析"对话框。

（2）选择 province，将其送入"行"框，单击下面的"定义范围"按钮，打开"对应分析：定义行范围"对话框，在"最小值"框中输入"1"，在"最大值"框中输入"10"，单击"更新"按钮，送到"类别约束"框中。由于没有辅助项、等同约束项及强制性等同约束项，因此在"类别约束"栏中使用系统默认选择的"无"单选按钮。单击"继续"按钮，返回"对应分析"对话框。

（3）选择 consumption，将其送入"列"框，单击"定义范围"按钮，打开"对应分析：定义列范围"对话框，在"最小值"框中输入"1"，在"最大值"框中输入"7"，单击"更新"按钮,送到"类别约束"框中。单击"继续"按钮,返回"对应分析"对话框。

(4) 单击"模型"按钮,进入"对应分析:模型"对话框。

① 由于本例中样品数和指标(变量)数都较少,故在"解中的维数"框中使用系统默认值2,即将样品和变量对应地分为两类。

② 在"距离测量"栏中选择系统默认选择的"卡方"单选按钮。

③ 由于在"距离测量"栏中选择了"卡方"单选按钮,故在"标准化方法"栏中只能选择系统默认的"除去行列平均值"单选按钮。

④ 在"正态化方法"栏中,选择"对称"单选按钮。单击"继续"按钮,返回"对应分析"对话框。

(5) 单击"统计"按钮,进入"对应分析:统计"对话框,勾选"对应表"复选框,要求输出对应表;勾选"行概要"复选框、"列概要"复选框,要求输出行变量和列变量归一化处理后的分布表。单击"继续"按钮,返回"对应分析"对话框。

(6) 单击"图"按钮,进入"对应分析:图"对话框,只勾选"双标图"复选框。单击"继续"按钮,返回"对应分析"对话框。

(7) 单击"确定"按钮,提交系统执行运算。

(8) 输出结果如表 4-18~表 4-21 和图 4-28 所示。

图 4-28 是在 province 分类变量中使用各省中文名称的值标签的情况下得到的,而表 4-18~表 4-21 是在用各省拼音的首字母缩写作 province 变量值标签的情况下得到的。

输出结果包括反映原始数据组成的对应表、行和列的归一化处理后的分布表及汇总表。

表 4-18 所示为对应表,给出了 10 个省份的 7 种消费支出的观测值、总和,行、列有效边际值,右下角的值"9.825"是所有观测值的和。

表 4-19 所示为行归一化处理后的分布表,是对应表中每行观测值除以每行总和的归一化结果,每行的活动边际都为 1。

表 4-18 对应表

| 省份 | 食品 | 衣着 | 居住 | 家庭设备及服务消费 | 医疗保健 | 交通通信 | 文教娱乐 | 活动边际 |
|---|---|---|---|---|---|---|---|---|
| 山西 | .584 | .111 | .092 | .050 | .038 | .019 | .080 | .975 |
| 内蒙古 | .581 | .081 | .112 | .042 | .043 | .040 | .083 | .984 |
| 辽宁 | .565 | .100 | .124 | .041 | .043 | .031 | .079 | .984 |
| 吉林 | .531 | .105 | .117 | .045 | .044 | .039 | .095 | .976 |
| 黑龙江 | .555 | .097 | .143 | .038 | .052 | .026 | .073 | .984 |
| 海南 | .655 | .048 | .095 | .048 | .022 | .019 | .097 | .983 |
| 四川 | .640 | .062 | .117 | .048 | .034 | .017 | .072 | .990 |
| 贵州 | .725 | .056 | .073 | .044 | .016 | .016 | .057 | .989 |
| 甘肃 | .679 | .050 | .088 | .038 | .050 | .015 | .068 | .978 |
| 青海 | .666 | .089 | .097 | .038 | .039 | .019 | .034 | .982 |
| 活动边际 | 6.181 | .800 | 1.060 | .433 | .372 | .241 | .738 | 9.825 |

表 4-19 行归一化处理后的分布表

行概要

| 省份 | 食品 | 衣着 | 居住 | 家庭设备及服务消费 | 医疗保健 | 交通通信 | 文教娱乐 | 活动边际 |
|---|---|---|---|---|---|---|---|---|
| 山西 | .599 | .114 | .095 | .051 | .039 | .019 | .082 | 1.000 |
| 内蒙古 | .591 | .083 | .114 | .043 | .044 | .041 | .085 | 1.000 |
| 辽宁 | .574 | .102 | .126 | .042 | .044 | .032 | .080 | 1.000 |
| 吉林 | .544 | .108 | .120 | .046 | .045 | .039 | .098 | 1.000 |
| 黑龙江 | .564 | .098 | .146 | .038 | .053 | .027 | .074 | 1.000 |
| 海南 | .666 | .049 | .097 | .049 | .023 | .019 | .098 | 1.000 |
| 四川 | .647 | .062 | .118 | .049 | .034 | .018 | .073 | 1.000 |
| 贵州 | .734 | .057 | .074 | .045 | .017 | .016 | .058 | 1.000 |
| 甘肃 | .694 | .052 | .090 | .039 | .041 | .016 | .069 | 1.000 |
| 青海 | .678 | .090 | .099 | .039 | .040 | .020 | .034 | 1.000 |
| 数量 | .629 | .081 | .108 | .044 | .038 | .025 | .075 | |

表 4-20 所示为列归一化处理后的分布表,是对应表中每列观测值除以每列总和的归一化结果,每列的活动边际都为 1。

表 4-21 所示为汇总表,给出了行与列记分间的关系,从左到右依次为维度、奇异值、惯量、卡方值(交叉表独立性检验的卡方值)、显著性水平(行、列独立的零假设下的概率值,值很大说明交叉表的行与列间独立,否则有较强的相关性)、惯量比例、置信度奇异值。由表 4-21 可知,由于第一维(0.657)、第二维(0.180)的惯量比例和为 83.7%,因此其他维度的重要性可以忽略。

表 4-20 列归一化处理后的分布表

列概要

| 省份 | 消费支出 | | | | | | | |
|---|---|---|---|---|---|---|---|---|
| | 食品 | 衣着 | 居住 | 家庭设备及服务消费 | 医疗保健 | 交通通信 | 文教娱乐 | 数量 |
| 山西 | .094 | .139 | .087 | .116 | .103 | .078 | .108 | .099 |
| 内蒙古 | .094 | .102 | .106 | .098 | .116 | .166 | .113 | .100 |
| 辽宁 | .091 | .125 | .117 | .095 | .117 | .130 | .107 | .100 |
| 吉林 | .086 | .132 | .110 | .104 | .118 | .160 | .129 | .099 |
| 黑龙江 | .090 | .121 | .135 | .087 | .140 | .109 | .099 | .100 |
| 江西 | .106 | .060 | .090 | .111 | .060 | .077 | .131 | .100 |
| 四川 | .104 | .077 | .110 | .112 | .090 | .072 | .098 | .101 |
| 贵州 | .117 | .070 | .069 | .102 | .044 | .065 | .078 | .101 |
| 甘肃 | .110 | .063 | .083 | .088 | .107 | .063 | .092 | .100 |
| 青海 | .108 | .111 | .091 | .088 | .106 | .080 | .046 | .100 |
| 活动边际 | 1.000 | 1.000 | 1.000 | 1.000 | 1.000 | 1.000 | 1.000 | |

表 4-21 汇总表

摘要

| 维 | 奇异值 | 惯量 | 卡方 | 显著性 | 惯量比例 | | 置信度奇异值 | |
|---|---|---|---|---|---|---|---|---|
| | | | | | 占 | 累积 | 标准差 | 相关性 2 |
| 1 | .133 | .018 | | | .657 | .657 | .309 | -.050 |
| 2 | .070 | .005 | | | .180 | .837 | .294 | |
| 3 | .050 | .002 | | | .091 | .928 | | |
| 4 | .036 | .001 | | | .047 | .976 | | |
| 5 | .024 | .001 | | | .021 | .996 | | |
| 6 | .010 | .000 | | | .004 | 1.000 | | |
| 总计 | | .027 | .265 | 1.000ª | 1.000 | 1.000 | | |

a. 54 自由度

在图 4-28 中,以横轴为 0 的竖线为中心轴(横轴 0 处的竖线是后加的),可将变量点和样品点分为两类。

第一类:变量为衣着、居住、医疗保健、交通通信、文教娱乐,省份有山西、内蒙古、辽宁、吉林、黑龙江,它们位于我国的东部和北部,说明这 5 个省份的消费支出结构相似。

第二类:变量为食品、家庭设备及服务,省份有四川、贵州、甘肃,它们位于我国的西部和南部,说明这 3 个省份的消费支出结构相似。

青海、海南距各种消费类型都较远,较特殊,但这两个省份距离较远,类型不同。

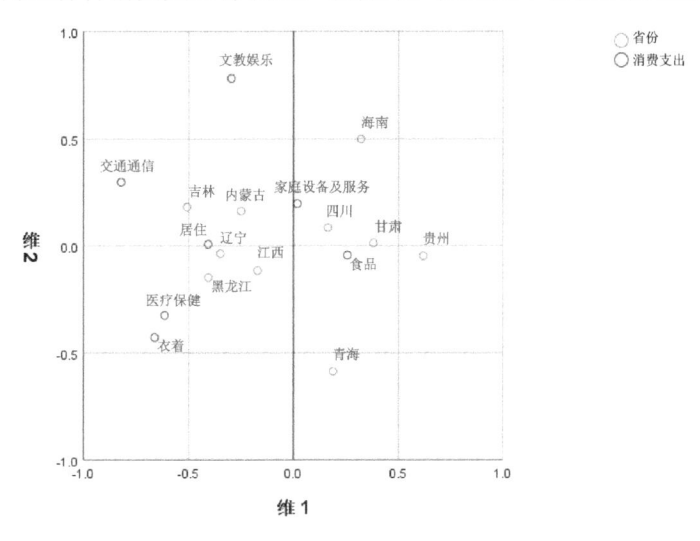

图 4-28 行和列记分图

# 习 题 4

1. 简述主成分分析的基本思想。
2. 用什么统计量衡量主成分分析中各成分提供的信息量?
3. 一般根据什么确定提取的主成分数量?
4. 简述因子分析的基本思想。
5. 为什么要对初始因子分析结果进行旋转?

6. 简述对应分析的基本思想。对应分析与因子分析有什么不同？

7. 数据文件 data4-04 中是某医院 3 年中各月的数据，包括门诊人次、出院人数、病床利用率和周转次数、平均住院天数、治愈或好转率、病死率、诊断符合率、抢救成功率。采用因子分析法探讨综合评价指标。

8. 数据文件 data4-05 中是 1997 年部分省、市、自治区按各种经济类型资产占总资产比重（%）的数据，试对其进行对应分析。

# 第 5 章 信度分析与多维尺度分析

单击"分析"主菜单中的"刻度"菜单项,打开如图 5-1 所示的菜单列表,该列表中的选项的主要功能是进行信度分析和多维尺度分析,包括的统计功能有如下 4 项。

(1)可靠性分析功能。

(2)多维展开(PREFSCAL)功能。该功能试图找到一种定量测量方法,以直观地研究两个事物间的关系。

(3)多维尺度(PROXSCAL)功能。该功能可以进行相似性数据分析和不相似性数据分析,比多维尺度功能更强。

(4)多维尺度(ALSCAL)功能。该功能只能进行不相似性数据分析。习惯称之为"多维尺度",文中使用这个概念。

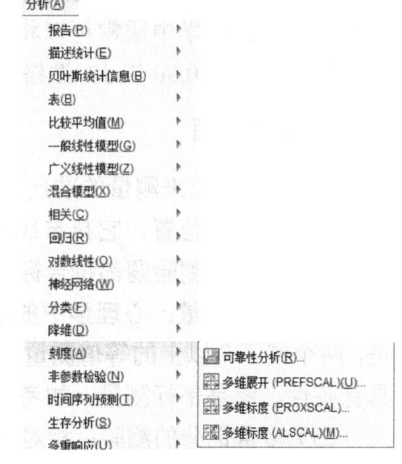

图 5-1 "刻度"菜单列表

本章只介绍可靠性分析和多维尺度分析。

## 5.1 信 度 分 析

### 5.1.1 信度分析的概念

#### 1. 什么是信度

信度又称可靠性,是指测验的可信程度,主要反映测验结果的一贯性、一致性、再现性和稳定性。一个好的测量工具对同一事物反复多次测量的结果应该始终保持不变。例如,用一把尺子测量一批物品,如果今天测量的结果与明天测量的结果不同,人们就会对这把尺子的可信性产生怀疑。一般信度分析在心理学中应用较多,在学生考试试卷、社会问卷调查的有效性分析中也会涉及。信度只受随机误差影响,随机误差越大,测验的信度越低。因此,信度也可视为测量结果受随机误差影响的程度。系统误差产生的恒定效应,对信度没有影响。

在测量学中,信度被定义为一组测量分数的真变异数与总变异数(实得变异数)的比率,即

$$r = \frac{S_r^2}{S_x^2}$$

式中,$r$ 为信度系数;$S_r$ 为真变异数;$S_x$ 为总变异数。

在实际测量中，因为真值是未知的，所以信度系数不能由上式直接求出，只能根据一组实得分数（测得值）进行估计。

信度系数是衡量测验好坏的一个重要技术指标。测验的信度系数达到多高才可以接受呢？最理想的情况是 $r=1$，实际上这是无法达到的。大多数学者认为，任何测验或量表的信度系数如果在 0.9 以上，就认为该测验或量表的信度甚佳；如果信度系数在 0.8 以上，就认为该测验或量表是可以接受的；如果信度系数在 0.7 以上，就认为该测验或量表应进行较大修订，但仍不失其价值；如果信度系数低于 0.7，就认为该测验或量表需要重新设计。在心理学中通常可以将已有的同类测验作为比较的标准。一般能力与成就测验的信度系数常在 0.90 以上，性格、兴趣、态度等人格测验的信度系数通常介于 0.80~0.85。

### 2. 相关术语

（1）量表：用来测量的准尺，是一个具有单位和参照点的连续体。将被测量事物置于该连续体的适当位置，它离参照点的单位数就是一个测得值。量表一般由一套测验题构成，其中每一个测验题都符合标准化要求，具有一定的分值。

（2）平行测量：心理学中的能以相同的程度测量同一心理特质的测验。简单地说就是，两个或两个以上的等值测量。同一特质的两个测量，如果其测量误差的方差通过检验具有齐性，就是平行测量，如考试中的 A 卷、B 卷。

（3）多重记分的测验：相对于二值记分测验而言的一种测验。二值记分即答对记分，答错不记分。例如，语文考试中的作文、英语考试中的写作等由主观性题构成的测验，记分可能是 0 到满分间的任何一个分数，这种记分方式的测验就称为多重记分的测验。

（4）项目：或称题项，即量表或试卷中的题目。

（5）内在信度：量表中的一组问题（或整个量表）测量的是否是同一概念，即这些问题之间的内在一致性如何。如果内在信度指标在 0.8 以上，就可以认为量表有较高的内在一致性。最常用的内在信度指标为克隆巴赫系数（$\alpha$ 信度系数）和分半信度。

（6）外在信度：在不同时间进行测量时量表结果的一致性程度。最常用的外在信度指标是重测信度，即用同一问卷在不同时间对同一对象进行重复测量，计算一致程度。

### 3. 信度估计的方法

误差来源不同的测验分数，估计信度的方法也有所不同。关于信度估计的具体方法请参见相关书籍，这里只针对 SPSS 中出现的信度估计方法进行介绍。应注意的是，要根据不同数据类型选择不同估计信度的方法。

（1）克隆巴赫系数。

表 5-1 累加李克特量表的数据输入结构

| 编号 | 问卷题目 | | | | |
|---|---|---|---|---|---|
| | 1 | 2 | 3 | … | k |
| 1 | $x_{11}$ | $x_{21}$ | $x_{31}$ | … | $x_{k1}$ |
| 2 | $x_{12}$ | $x_{22}$ | $x_{32}$ | … | $x_{k2}$ |
| 3 | $x_{13}$ | $x_{23}$ | $x_{33}$ | … | $x_{k3}$ |
| ⋮ | ⋮ | ⋮ | ⋮ | | ⋮ |
| n | $x_{1n}$ | $x_{2n}$ | $x_{3n}$ | … | $x_{kn}$ |

克隆巴赫系数是目前最常用的信度系数，表明了量表中每一项目得分间的一致性。该方法适用于多重记分的测验数据或问卷数据，可以用来测量累加李克特量表的信度。

累加李克特量表的数据输入结构如表 5-1 所示。表 5-1 中的 $x_{ij}$（$i=1,2,\cdots,k$；$j=1,2,\cdots,n$）表示各受试对象第 $i$ 个题目的得分。设累加李克特量表共有 $k$ 个题目，$n$ 名受试对象，则克隆巴赫系数公式为

$$\alpha = \frac{k}{k-1}\left(1 - \frac{\sum_{i=1}^{k} S_i^2}{S_x^2}\right)$$

式中，$k$ 为测验的题目数；$S_i$ 为第 $i$ 题得分数的方差；$S_x$ 为测验总分的方差。

克隆巴赫系数可以解释在用量表测试某一特质所得分数的变异中，有多大比例的变异是由真分数决定的，这反映了量表受随机误差影响的程度，即反映了测试的可靠程度。例如，当 $\alpha=0.90$ 时，可以说测试所得分数的 90%的变异是来自真分数的变异，仅有 10%的变异来自随机误差。可以把克隆巴赫系数视为相关系数，取值范围为 0～1，出现负值是违反可靠性模型的。

当用克隆巴赫系数来估计量表的信度时，应注意克隆巴赫系数与量表题目数量有关。例如，一个包含 10 个题目的量表的克隆巴赫系数应超过 0.80。如果题目增加，克隆巴赫系数会随之升高，当题目多于 20 个时，克隆巴赫系数很容易升至 0.90；如果量表的题目减少，克隆巴赫系数会随之降低，一个包含 4 个题目的量表，克隆巴赫系数可能低于 0.60 或 0.50。因此，在判断量表信度时，应该先了解该量表包含的题目数量，再以此为基础判断克隆巴赫系数是否达到了可以接受的水平。

（2）分半信度。

任何测验的取样只是所有可能题目中的一份，抽取不同题目就可以编制多种平行的等值测验，称之为复本（内容、形式相等的测验），如 A 卷、B 卷。当一种测验拥有两个以上复本时，根据一群被试者接受两个复本测验的得分计算相关系数，可以得到复本信度，进而进行可靠性分析。由于建立复本是相当困难的，因此在测验没有复本且只能实施一次的情况下，通常采用分半法估计信度，即将测验题目分成对等的两部分，计算每个人两部分测验的分数的相关系数，将算得的相关系数作为信度指标，其计算公式为

$$r_{xx} = \frac{2r_{hh}}{1 + r_{hh}}$$

式中，$r_{hh}$ 为两部分测验分数的相关系数；$r_{xx}$ 为整个测验的信度估计值。应该注意的是，如果测验的题目数量较少，如少于 10 个题目，就不适合用这种方法来估计信度系数。

另外，分半法的使用基于人为分成两部分的测验是等值的，即两部分测验的分数具有相同的平均值和标准差。当此条件不能满足时，就需要采用下面两个公式来估计信度系数。

① 弗朗那根公式：

$$r = 2\left(1 - \frac{S_a^2 + S_b^2}{S_x^2}\right)$$

式中，$S_a^2$ 和 $S_b^2$ 分别为两部分测验分数的方差；$S_x^2$ 为测验总分的方差；$r$ 为信度系数。

② 卢伦公式：

$$r = 1 - \frac{S_d^2}{S_x^2}$$

式中，$S_d^2$ 为两半测验分数之差的方差；$S_x^2$ 为测验总分数的方差；$r$ 为信度系数。

（3）库德-理查逊（Cuttman）公式。

若一个测验全由二值记分（用 1 和 0 记分）的项目组成，克隆巴赫系数公式中每个项目上的分数方差就会等于该项目通过率 $p$ 与未通过率 $q$ 两者的乘积。库德-理查逊公式为

$$r = \frac{k}{k-1}\left(1 - \frac{\sum p_i q_i}{S_x^2}\right)$$

式中，$k$ 为构成测验的题目数；$p_i$ 为通过第 $i$ 题的人数比例；$q_i$ 为未通过第 $i$ 题的人数比例；$S_x^2$ 为测验总分的方差。

（4）平行测验的信度估计。

信度也可以定义为两平行测验上观测值间的相关系数，即根据一个平行测验上某被试的观察分数，来正确推论另一平行测验上该被试观察分数的能力，用这种能力值的大小来定义测验的信度。平行测验信度估计的条件是方差具有齐性，有时还要求两平行测验的平均值相等。

**4．数据要求与假设**

（1）数据要求。用于进行信度分析的数据可以是数值型的二分数据，也可以是数值型的有序变量和尺度变量。

（2）假设。观测值应相互独立，在各项目间的误差应互不相关。量表是可加的，即各个项目得分相加就是总分数，因此各个项目与总分数是线性相关的。

## 5.1.2 信度分析过程

（1）按"分析→刻度→可靠性分析"顺序单击，打开如图 5-2 所示的"可靠性分析"对话框。

（2）在左侧的原始变量列表中必须至少选择 2 个项变量送入右侧的"项"框，作为分析变量。

"评级"框中可以没有变量，如果要移入变量，应至少移入两个。设置此项在"查看器"窗口中将输出"Fleiss 多评定者 Kappa"统计分析表。

（3）原始变量列表下面的"模型"下拉列表中有 5 种信度估计方法。系统默认选择"Alpha"选项。

①"Alpha"选项。选择此选项将使用克隆巴赫系数估计信度。这是内部一致性估计的方法，适用于项目多重记分的测验（主观题）。

②"折半"选项。选择此选项将使用分半法估计信度。将测验题分成对等的两部分，计算这两部分分数的相关系数。

③"格特曼"选项。此选项适用于测验全由二值方式记分的项目。

④"平行"选项。选择此选项将用平行测验法估计信度，条件是各个项目方差具有齐性。

⑤"严格平行"选项。选择此选项，除了要求各项目方差具有齐性，还要求各个项目平均值相等。

（4）在"标度标签"框内可以对计算的信度系数进行标注说明，如在此框中输入"自觉性维度的信度系数"。

（5）单击"统计"按钮，打开"可靠性分析：统计"对话框，如图 5-3 所示，选择要输出的统计量。

①"描述"栏中包含如下选项。

● "项目"复选框。选择此选项，要求计算各项目的均数、标准差和样本量。

- "标度"复选框。选择此选项,要求计算量表的平均值、标准差和项目数,即将各项目分数汇总得到总分数,将总分数作为变量,求其平均值、标准差。
- "删除项后的标度"复选框。选择此选项,要求计算总分数减去当前项目得分后的平均值、方差等统计量。

图 5-2 "可靠性分析"对话框

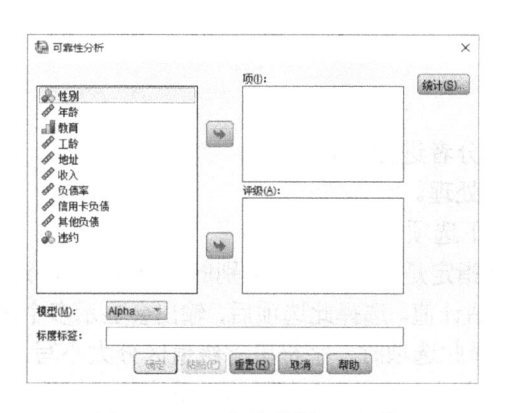

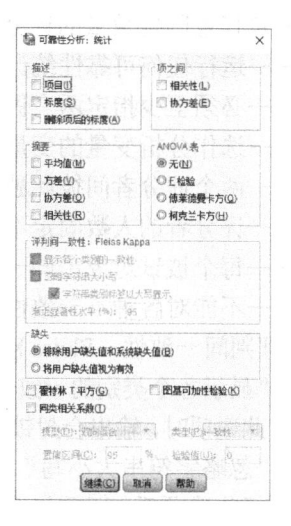

图 5-3 "可靠性分析:统计"对话框

② "项之间"栏包含如下选项。
- "相关性"复选框。选择此项,要求计算各项目间的相关系数。
- "协方差"复选框。选择此项,要求计算各项目间的协方差。

③ "摘要"栏用于选择计算量表的描述统计量,包括平均值、方差、相关系数和协方差,包含如下选项。
- "平均值"复选框。选择此项,要求对项目均数计算统计量,包括项目均数的平均值、最小值、最大值、极差、最大值与最小值之比和项目均数的方差。
- "方差"复选框。选择此项,要求对项目方差计算统计量,包括项目方差的平均值、最小值、最大值、极差、最大值与最小值之比和项目方差的方差。
- "协方差"复选框。选择此项,要求对项目协方差计算统计量,包括项目协方差的平均值、最小值、最大值、极差、最大值与最小值之比和项目协方差的方差。
- "相关性"复选框。选择此项,要求对项目相关系数计算统计量,包括项目相关系数的平均值、最小值、最大值、极差、最大值与最小值之比和项目相关系数的方差。

④ "ANOVA 表"栏用于选择方差分析的方法,检验的是平均值是否相等,即检验各个项目的得分是否具有一致性。该栏包括如下选项。
- "无"单选按钮。选择此选项,要求不生成方差分析表,即不进行检验。系统默认选择此选项。
- "F 检验"单选按钮。选择此选项,要求输出重复测量方差分析表。
- "傅莱德曼卡方"单选按钮。选择此选项,要求计算傅莱德曼卡方值和肯德尔谐和系数,检验的是多个配对样本的平均秩之间有无差异。选择此选项傅莱德曼卡方检验将取代通用的 $F$ 检验。
- "柯克兰卡方"单选按钮。选择此选项,要求显示柯克兰 Q 检验的统计量。如果项目都是二分变量，就选择此选项。这时在方差分析表中使用 $Q$ 统计量取代常用的 $F$ 统计量。柯克兰 Q 检验也是对多个配对样本的检验。

⑤ "评判间一致性：Fleiss Kappa" 栏。不同评估者间评分的一致性决定了评分的可靠性。该一致性越高，评分反映真实情况的置信度越高。将未加权的 Kappa 统计量推广，可以测量任意固定数量的评分者间的一致性。同时要求：

——运行任何可靠性统计分析必须至少指定两个项变量。
——必须至少指定两个评分变量。
——选作分析变量的变量也可选作评级变量。
——两个评分者间彼此独立。
——评分者的人数固定不变。
——每个被试对象由同一组只包含一个评分者进行评分。
——不能对各种不一致性的评分进行加权处理。

"评判间一致性：Fleiss Kappa" 栏包含如下选项。

- "显示各个类别的一致性"复选框，用来指定是否输出各个类别的一致性。在不选择此选项时，输出会封锁任意单个类别的估计值。选择此选项后，输出会显示多个表。
- "忽略字符串大小写"复选框。在不选择此选项时，字符串评级值区分大小写。选择此选项后，还需勾选"字符串类别标签以大写显示"复选框，系统默认勾选本复选框，即以大写形式显示字符串类别标签。不选择此选项，输出表中的类别标签显示小写形式。
- "渐近显著性水平（%）"框用于指定渐近置信区间的显著性水平，默认值为 95。

⑥ "缺失"栏用于设置分析中处理缺失值的方法，包括如下选项。

- "排除用户缺失值和系统缺失值"单选按钮。系统默认选择此选项。选择此选项，要求在计算过程中排除用户缺失值和系统缺失值。
- "将用户缺失值视为有效"单选按钮。选择此选项，要求在计算中将用户缺失值和系统缺失值视为有效数据。

⑦ "霍特林 T 平方"复选框。选择此选项，要求生成霍特林 $t^2$ 统计量，是对零假设（所有项目均数相等）进行的多变量检验。

⑧ "图基可加性检验"复选框。选择此选项，要求给出量表提高可加性的功效估计值。检验假设项目间没有交互作用。

⑨ "同类相关系数"复选框。选择此选项，要求输出组内相关系数，同时给出相关系数的置信区间、$F$ 统计量和显著性检验值。选择此选项，将激活下面的选项。

- "模型"下拉列表，用于指定计算组内相关系数的模型，包括 3 个选项。
  - "双向混合"选项。选择此选项，要求使用二维混合模型。
  - "双向随机"选项。选择此选项，要求使用二维随机模型。
  - "单向随机"选项。选择此选项，要求使用一维随机模型。
- "类型"下拉列表，用于指定组内相关系数是如何被定义的，包括 2 个选项。
  - "一致性"选项。选择此选项，要求研究不关注评分者给出相同分数。
  - "绝对一致"选项。选择此选项，要求研究关注评分者给出相同分数。
- "置信区间"框，用于指定置信度，计算置信区间。系统默认值为 95。
- "检验值"框，用于输入一个进行假设检验时使用的组内相关系数的假设值。系统默认值是 0，零假设是相关系数为 0。

单击"继续"按钮,返回"可靠性分析"对话框。
(6)在"可靠性分析"对话框中,单击"确定"按钮,提交系统运行。

### 5.1.3 信度分析实例

【例1】 本例是心理学中研究运动员意志品质的调查问卷数据,对应数据文件为data5-01。问卷中有50个题目,即50个项目。共对312人进行了问卷调查。根据数据资料进行项目分析(对问卷进行因子分析,有关因子分析的内容参见第4章)后,删除第7题、第8题、第14题、第28题、第29题、第35题、第36题、第37题、第38题、第40题、第43题、第48题,并将剩余38题根据项目分析结果分为5个维度,包括项目如下。

自觉性维度:x1、x2、x4、x10、x13、x39、x41、x45,共8个题目。
果断性维度:x25、x31、x32、x34、x42、x44、x47、x49、x50,共9个题目。
自制力维度:x3、x6、x15、x17、x18、x21,共6个题目。
坚韧性维度:x5、x9、x11、x12、x16、x20、x23、x24、x26、x30、x46,共11个题目。
主动性维度:x19、x22、x27、x33,共4个题目。

表5-2所示为运动员意志品质评价量表(预测版)。

**表5-2 运动员意志品质评价量表(预测版)**

| 测试内容 | 评定等级 | | | | |
|---|---|---|---|---|---|
| | 完全不符合 | 不太符合 | 说不清楚 | 比较符合 | 完全符合 |
| 1. 只要是一件有意义的事,我就会去做 | 1 | 2 | 3 | 4 | 5 |
| 2. 在一天的训练中,即使重复同一个动作,我也会一丝不苟地完成 | 1 | 2 | 3 | 4 | 5 |
| 3. 完成一件事以后,我经常后悔自己为何不早下决心 | 1 | 2 | 3 | 4 | 5 |
| …… | …… | | | | |
| 15. 对困难的任务我会想尽办法完成 | 1 | 2 | 3 | 4 | 5 |
| 16. 在以往的比赛中,我因为犹豫错过了许多机会 | 1 | 2 | 3 | 4 | 5 |
| …… | …… | | | | |
| 24. 我在决定做一件事时,常常是说干就干,决不拖拉或让它落空 | 1 | 2 | 3 | 4 | 5 |
| 25. 我常常为做决定犯难 | 1 | 2 | 3 | 4 | 5 |
| …… | …… | | | | |
| 27. 遇到棘手的事情我常常举棋不定 | 1 | 2 | 3 | 4 | 5 |
| …… | …… | | | | |
| 32. 我主动找过教练商量下一步的练习计划 | 1 | 2 | 3 | 4 | 5 |
| 33. 如果见到有人落水,我会马上去救他 | 1 | 2 | 3 | 4 | 5 |

现在要检验问卷的内部一致性,即进行信度分析。只要用SPSS中的信度分析功能求得克隆马赫系数,就能说明该问卷中的38个变量的内部一致性结构。具体操作步骤如下。

(1)建立数据集,参见数据文件data5-01。x1~x50是问卷的题目,即项目。
(2)按"分析→刻度→可靠性分析"顺序单击,打开"可靠性分析"对话框。
(3)在"可靠性分析"对话框的原始变量列表中,选择自觉性维度项目变量x1、x2、x4、x10、x13、x39、x41、x45送入"项"框。
(4)在原始变量列表下面的"模型"下拉列表中选择信度估计方法。本题选择系统默认选择的"Alpha"选项。

（5）在"标度标签"框内输入"自觉性维度的信度系数"。

（6）单击"确定"按钮，提交系统运行，计算自觉性维度的信度系数。

重复第（2）步的操作，在"可靠性分析"对话框中单击"重置"按钮，根据第（3）步、第（4）步、第（5）步、第（6）步的操作分别计算果断性维度、自制力维度、坚韧性维度、主动性维度的信度系数。

（7）求出主动性维度的信度系数后，在"可靠性分析"对话框中将38个项目全部送入"项"框，信度估计法仍使用系统默认的克隆巴赫系数。单击"确定"按钮，提交系统运行，输出结果如表5-3所示。

表5-3 量表及各维度的信度系数表

| 维度 | 信度分析 | | |
|---|---|---|---|
| | 样本量(N) | 项数 | 信度系数 |
| 自觉性维度 | 312 | 8 | 0.144 |
| 果断性维度 | 312 | 9 | 0.441 |
| 自制力维度 | 312 | 6 | 0.271 |
| 坚韧性维度 | 312 | 11 | 0.519 |
| 主动性维度 | 312 | 4 | 0.042 |
| 量表 | 312 | 38 | 0.636 |

需要注意的是，若问卷中有反向题（如果正向题给予1分、2分、3分、4分、5分，那么反向题给予的是5分、4分、3分、2分、1分），则需要进行数据转换。

可以在输入数据时直接对反向题进行转换。如果输入数据时未进行转换，那么可以通过按"转换→重新编码为相同变量"顺序单击来完成。本例涉及的数据已经对反向题进行了转换。

（8）输出结果解释。

由表5-3可知，5个维度的信度系数分别为0.144、0.441、0.271、0.519、0.042，总量表的信度系数是0.636。

5个维度的信度系数都偏低，需要对问卷进行修改。此外，总量表的信度系数是0.636，代表该量表的信度一般。如果要提高信度系数，可以对5个维度中的项目中的词汇进行修饰、修改。如果时间允许，可增删项目，再让这312名受试者测试一次。如果时间不允许，应在研究论文中加以说明，以作为今后研究的方向。

## 5.2 多维尺度分析

### 5.2.1 多维尺度分析的功能与数据要求

多维尺度分析（Multidimensional Scaling）是市场调查、分析数据的统计方法之一。例如，有十个百货商场，让消费者对这些百货商场两两间相似的感知程度进行排列，根据这些数据，用多维尺度分析可以判断消费者认为哪些商场是相似的，从而判断竞争对手是谁。

（1）数据要求。如果数据为不相似性数据，那么必须为数值型数据或者使用相同计量单位计量的数据。如果数据为多元变量数据，那么数据可以是等间隔数据、二分数据或者计数数据。注意应该保持数据量度单位的一致性，否则将影响分析结果。如果不能避免这种情况的出现，必须对数据进行标准化（在此分析过程中，可以自动解决）。

（2）假设。多维尺度分析没有严格的假设要求，但在选择测量水平时应该谨慎。

### 5.2.2 多维尺度分析过程

（1）按"分析→刻度→多维标度（ALSCAL）"顺序单击，打开"多维标度"对话框，如图5-4所示。

（2）在左侧原始变量列表中选择变量，单击向右移动变量按钮，将其送入"变量"框。

在"个别矩阵"框中输入一个变量作为分组变量。程序会分别计算每一组的距离矩阵，同时无论是否在"多维标度：模型"对话框中选择了"个体差异欧氏距离"单选按钮，都会计算一个复本或加权距离模型。

（3）"距离"栏中包含如下选项。

①"数据为距离"单选按钮。当"数据视图"标签页中的数据是一个或多个不相似性矩阵时，选择此项，要求矩阵中的元素显示行和列两两配对的不相似程度。单击"形状"按钮，打开"多维标度：数据形状"对话框，如图5-5所示。

图 5-4　"多维标度"对话框

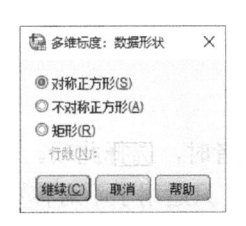

图 5-5　"多维标度：数据形状"对话框

- "对称正方形"单选按钮。选择此项，要求输出方形对称结构。行、列代表相同的项目，且在上三角和下三角中相应的值相等。例如，对于A、B两个项目的相似性，A项目与B项目和B项目与A项目的相似性是一样的，矩阵中上三角和下三角对应位置上的值是相等的。
- "不对称正方形"单选按钮。选择此项，要求输出方形但不对称结构。行、列代表相同的项目，但上三角和下三角中相应的值是不相等的，即项目A与项目B的相似性和项目B与项目A的相似性不同。
- "矩形"单选按钮。选择此项，要求输出矩形结构。选择此项后，应在"行数"框中输入行数。在矩阵中，行、列数据代表不同项目集。SPSS把有序排列的数据文件当作矩形矩阵。如果数据中包含两个以上矩形矩阵，一定要设定每个矩阵的行数。此数值必须大于或等于4，并且能够将矩阵中的行数整除（各矩阵的行数应该相同）。

单击"继续"按钮，返回"多维标度"对话框，选择的选项显示在"形状"按钮后。

②"根据数据创建距离"单选按钮。选择此项，要求根据数据生成距离矩阵。单击"测量"按钮，打开"多维标度：根据数据创建测量"对话框，如图5-6所示。

- 在"测量"栏中选择用于分析的不相似性度量方法，方法说明参见附录A。
- 在"转换值"栏中选择进行标准化转换的方法，方法说明或算法参见附录A。
- "创建距离矩阵"栏包含如下选项。
    - "变量间"单选按钮。选择此项，要求计算一对对变量间的不相似性距离矩阵。
    - "个案间"单选按钮。选择此项，要求计算两两观测量间的不相似性距离矩阵。

单击"继续"按钮，返回"多维标度"对话框，选择的选项显示在"测量"按钮后。

（4）在"多维标度"对话框中单击"模型"按钮，进入"多维标度：模型"对话框，如图5-7所示，确定数据和模型的类型。多维尺度分析的正确估计依赖数据和模型。

①"测量级别"栏用于指定测量水平，包含如下3个选项。

- "有序"单选按钮。数据是有序测量的数据。若是有序分类数据，使用Kruskal最小平方单调转换。选择此项后，若勾选"解除绑定已绑定的观察值"复选框，将对有相同分数的观测值赋予不同的秩。

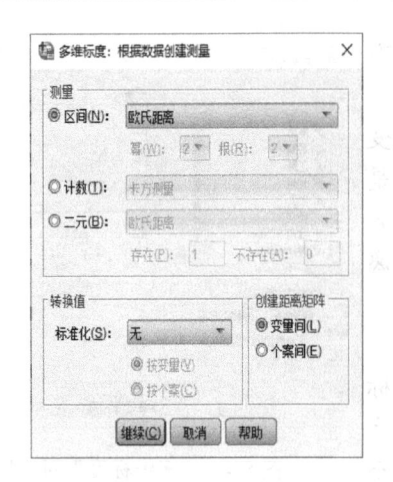

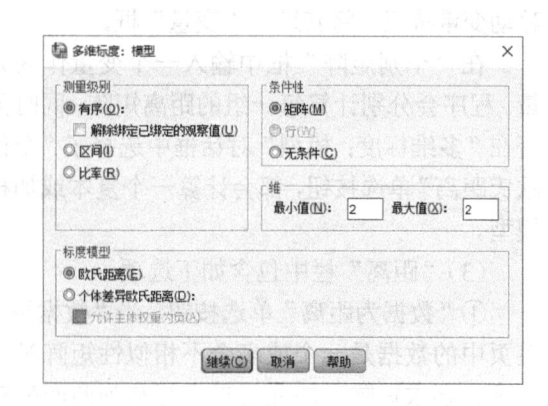

图 5-6 "多维标度：根据数据创建测量"对话框　　图 5-7 "多维标度：模型"对话框

- "区间"单选按钮。数据是等间隔测量的或是定量的。
- "比率"单选按钮。数据是比例测量的或是定量的。

② "条件性"栏用于指定模型类型，包括如下 3 个选项。

- "矩阵"单选按钮。当只有一个矩阵或每个矩阵代表不同受试者时，选择此项。
- "行"单选按钮。当只有行数据进行比较有意义时，选择此项，只适用于不对称矩阵或矩形矩阵。
- "无条件"单选按钮。当矩阵内所有数值的比较都有意义时，选择此项。

③ "维"栏用来指定多维尺度分析的维度。默认产生二维解。在"最小值"框中输入最少维数，在"最大值"框中输入最多维数。一般可选计算 1～6 维的解。为获得唯一解，可在"最小值"框和"最大值"框中输入相同的数。对于加权模型，"最小值"框中输入的数值应大于或等于 2。

④ "标度模型"栏用于指定尺度模型，包括如下两个选项。

- "欧氏距离"单选按钮。选择此项，要求使用欧几里得距离模型。欧几里得距离模型可以应用于任何类型的矩阵分析。如果数据中只包含一个矩阵，那么将进行典型多维尺度（CMDS）分析；如果数据中包含两个及以上矩阵，那么将进行重复多维尺度（RMDS）分析。
- "个体差异欧氏距离"单选按钮。选择此项，要求使用加权个体差异欧几里得距离模型（WMDS）。该模型需要两个或以上的矩阵。如果选择此项，将激活"允许主体权重为负"复选框，如果分析数据适用此项，则可选择此项，这意味着允许被试对象权重出现负值。

单击"继续"按钮，返回"多维标度"对话框。

（5）单击"选项"按钮，进入"多维标度：选项"对话框，如图 5-8 所示。

① 在"显示"栏中选择输出项。

- "组图"复选框。选择此项，要求输出多维尺度分析图。该图在多维尺度分析中非常重要。可以利用该图对每一维寻找散点间相关性的合理的解释。

图 5-8 "多维标度：选项"对话框

- "个别主体图"复选框。选择此项,要求对有序分类数据或模型中指定矩阵的数据输出每一个被试对象的图形,对模型中指定行的数据无效。
- "数据矩阵"复选框。选择此项,要求输出每一个被试对象的数据矩阵。
- "模型和选项摘要"复选框。选择此项,要求输出所有选项的基本信息,包括数据选项、模型选项、输出选项和迭代判据选项等信息。

②"条件"栏用于设置迭代停止的判据,包括如下3个选项。

- "S应力收敛"框。单调收敛准则,系统默认在拟合距离模型过程中计算拟合劣度指标S-stress。当从一个迭代到下一个迭代的S-stress变化量(拟合的改善量)等于或小于指定值时,迭代停止。为了提高解的精度,可以输入一个比之前指定值小的正值。如果输入0,将只进行30步迭代。
- "最小S应力值"框。系统默认收敛值为0.005时迭代停止。如果要继续进行迭代,输入一个比默认值更小的值。如果输入的数值比默认值大,迭代次数会减少。该值要大于0且小于或等于1。
- "最大迭代次数"框。用最大迭代次数作为迭代停止的条件。当最大迭代次数等于指定值时迭代停止。系统默认值为30。如果输入值比默认值大,可增加分析的精度,但计算时间也会增加。

③"将小于□的距离视为缺失"框。系统默认将距离小于0的值视为缺失值。如果用户可以指定该值,系统将把小于指定值的值视为缺失值处理。

单击"继续"按钮,返回"多维标度"对话框。

(6) 单击"确定"按钮,提交执行,输出多维尺度分析结果。

### 5.2.3 多维尺度分析实例

【例2】 本例使用《SAS系统与市场调查数据分析》一书中的例题数据。该数据是假设7名受试者按照1~7的尺度(1表示非常相似,7表示非常不相似)对一些饮料间两两相似的感知程度进行排列。这些饮料作为变量包括 milk(牛奶)、coffee(咖啡)、tea(茶)、soda(苏打水)、juice(果汁)、botwater(矿泉水)、beer(啤酒)、wine(葡萄酒)。要求受试者给出这些饮料两两相似的感知程度,共有28种可能。用此数据分析消费者认为哪些饮料是相似的。该分析可以使用多维尺度分析方法完成。具体步骤如下。

(1) 打开数据文件data5-02,数据结构如图5-9所示。因为本例的数据矩阵是对称的,如牛奶与咖啡间的距离和咖啡与牛奶间的距离一样,所以可以作成三角矩阵。sub变量为受试者编号。每个受试者对7种饮料两两比较,根据它们之间的相似度打分,7分制,分值越大表明相似程度越高,定义为相似数据;分值越小表明不相似程度越高,定义为不相似数据。图5-9中的数据就是不相似数据,第一个受试者认为牛奶与牛奶非常相似,两者的相似度打分为1;咖啡与牛奶不相似,认为两者的相似度为6,以此类推。每个受试者的打分数据是一个矩阵。

(2) 按"分析→刻度→多维标度(ALSCAL)"顺序单击,打开"多维标度"对话框。

(3) 选择分析变量 milk、coffee、tea、soda、juice、botwater、beer、wine,送入右侧"变量"框。注意分析变量的输入顺序一定要与数据文件中的顺序一致。

(4) 在"距离"栏中选择"数据为距离"单选按钮,单击"形状"按钮,打开"多维标度:数据形状"对话框,因为本例数据的行与列项目相同,上三角与下三角的值是相同的，所以选择"对称正方形"单选按钮。单击"继续"按钮，返回"多维标度"对话框。

| sub | sort | milk | coffee | tea | soda | juice | botwater | beer | wine |
|---|---|---|---|---|---|---|---|---|---|
| sub1 | milk | 1 | 6 | 6 | 7 | 7 | 7 | 7 | 7 |
| sub1 | coffee | 6 | 1 | 1 | 7 | 7 | 7 | 7 | 6 |
| sub1 | tea | 6 | 1 | 1 | 7 | 5 | 4 | 7 | 5 |
| sub1 | soda | 7 | 7 | 7 | 1 | 5 | 3 | 5 | 4 |
| sub1 | juice | 7 | 7 | 5 | 5 | 1 | 5 | 3 | 2 |
| sub1 | botwater | 7 | 7 | 4 | 3 | 5 | 1 | 6 | 6 |
| sub1 | beer | 7 | 7 | 5 | 3 | 6 | 1 | 1 | 1 |
| sub1 | wine | 7 | 6 | 5 | 4 | 2 | 6 | 1 | 1 |
| sub2 | milk | 1 | 5 | 7 | 7 | 7 | 7 | 3 | 7 |
| sub2 | coffee | 5 | 1 | 5 | 7 | 7 | 6 | 7 | 7 |
| sub2 | tea | 5 | 6 | 1 | 6 | 4 | 4 | 3 | 7 |
| sub2 | soda | 7 | 7 | 6 | 1 | 7 | 7 | 7 | 7 |
| sub2 | juice | 7 | 7 | 4 | 7 | 1 | 4 | 6 | 4 |
| sub2 | botwater | 7 | 7 | 6 | 4 | 7 | 1 | 7 | 7 |
| sub2 | beer | 7 | 7 | 3 | 7 | 7 | 7 | 1 | 5 |
| sub2 | wine | 7 | 7 | 7 | 7 | 4 | 7 | 5 | 1 |

图 5-9　数据文件 data5-03 的数据结构

（5）在"多维标度"对话框中单击"模型"按钮，打开"多维标度：模型"对话框。

① 因为用 1～7 为饮料的相似度评分，所以在"测量级别"栏中选择"有序"单选按钮。

② 在"标度模型"栏中，选择"欧氏距离"单选按钮，要求拟合欧几里得距离模型。

③ 因为每个矩阵代表一个受试者的答案，所以在"条件性"栏中选择"矩阵"单选按钮。计算二维解，所以在"维"栏的"最小值"框和"最大值"框内均输入"2"。

单击"继续"按钮，返回"多维标度"对话框。

（6）单击"选项"按钮，打开"多维标度：选项"对话框。

① 在"显示"栏中，勾选"组图"复选框，要求作多维尺度分析图。

② 在"条件"栏中，保持系统默认值。

单击"继续"按钮，返回"多维标度"对话框。

（7）单击"确定"按钮，执行操作。输出结果如图 5-10～图 5-13 和表 5-4 所示。最值得关注的是多维尺度分析图（有的参考书称之为共用感知图）。

（8）结果解释。

图 5-10 所示为二维解决方案迭代过程。"多维标度：选项"对话框的"条件"栏指定的"最大迭代次数"为"30"，但当拟合劣度 S-Stress 的改善值小于 0.001 时迭代终止。本例迭代到第 4 步时 S-Stress 的改善值是 0.00062，小于 0.001，迭代过程结束。

图 5-11 所示为 Stress 和 RSQ 值。RSQ 就是 $R^2$，是拟合优度指标，数值越接近 1，表明模型拟合越好；Stress 是拟合劣度指标，百分比值越大，表明模型拟合越差。

表 5-4 所示为拟合度值评价。

```
Iteration history for the 2 dimensional solution (in squared distances)

         Young's S-stress formula 1 is used.

    Iteration    S-stress    Improvement
        1         .45654
        2         .41326      .04327
        3         .40999      .00328
        4         .40936      .00062

           Iterations stopped because
      S-stress improvement is less than    .001000
```

图 5-10　二维解决方案迭代过程

```
Stress and squared correlation (RSQ) in distances

RSQ values are the proportion of variance of the scaled data (disparities)
    in the partition (row, matrix, or entire data) which
    is accounted for by their corresponding distances.
          Stress values are Kruskal's stress formula 1.

Matrix    Stress    RSQ    Matrix    Stress    RSQ
   1       .285     .450      2       .375     .045
   3       .318     .322      4       .247     .582
   5       .147     .851      6       .343     .195
   7       .354     .164

       Averaged (rms) over  matrices
       Stress =  .30437    RSQ = .37281
```

图 5-11　Stress 和 RSQ 值

由图 5-11 可知，本例的 Stress 值为 0.30437（约为 30.4%），RSQ 值为 0.37281，表明模型拟合得不好。一个解决方法是用近似多维尺度分析 PROXSCAL 方法，另一个解决方法是增加受试者。

表 5-4　拟合量度值评价

| Stress/% | 拟　合　度 |
| --- | --- |
| 20 | 差 |
| 10 | 一般 |
| 5 | 好 |
| 2.5 | 较好 |

图 5-12 所示为二维导出构形表，表中的数值是用在多维尺度分析图中的坐标值。

图 5-13 所示为多维尺度分析图，是进行多维尺度分析最值得关注的结果。多维尺度分析图可以解释的内容包括对图形的每一维寻找散点间相关性的合理解释。图 5-13 中包括三组聚焦点，这就是消费者认为彼此相似的产品，即咖啡和茶是相似的，果汁和牛奶是相似的，啤酒和葡萄酒是相似的，说明这些相似饮料在市场占有率上彼此有竞争。另外，从维 2 来看，可将 7 种饮料分为两类，牛奶、果汁、苏打水和矿泉水属于营养型饮料，啤酒、葡萄酒、咖啡和茶属于提神型饮料。

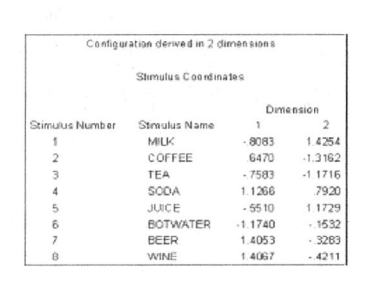

图 5-12　二维导出构形表

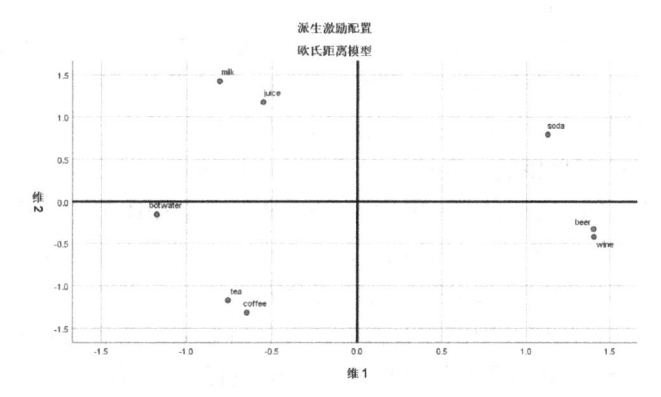

图 5-13　多维尺度分析图

# 习　题　5

1. 信度分析中用哪些指标可以反映问卷可靠性？如果要了解问卷中的某一个维度的可靠性程度，应怎么做？

2. 反映量表内部一致性的克隆巴赫系数与量表包含的题目数量有关吗？

3. 什么是相似数据？什么是不相似数据？多维尺度分析的目的是什么？

4. 数据文件 data5-03 中是一个受试者对牙膏认识的数据。试进行不相似数据的多维尺度分析。

# 第6章 结合分析

## 6.1 结合分析概述

**1. 结合分析的概念**

结合分析是一种测量消费者对产品属性各侧面或售后服务等的偏好的技术。

市场调查的目的大多是了解顾客对产品的偏好,以作为产品销售策略制定的依据或作为新产品研制决策的依据。

每个作为商品的产品都是由一系列属性和服务构成的。例如,一台计算机的属性有CPU、显示器、内存、硬盘、品牌、价格及售后服务等,每个属性描述了一台计算机的一个侧面。在计算机技术发展的一个特定时期内,每个属性都有相应的技术指标。例如,CPU 有单核的、双核的、三核的、四核的,显示器有 14in(1in=2.54cm)的、15in 的、17in 的、21in 等,硬盘有 100GB 的、500GB 的、800GB 的及 1TB 的等,内存有 256MB 的、512MB 的、1GB 的、2GB 的等。每个属性就是顾客做出购买决策时考虑的因素,每个属性的每个技术指标就是这个因素的一个水平。

市场研究中的顾客偏好调查分析要求被访者对各种属性水平的组合给出自己的偏好得分;或者将各种组合排序,给出各种组合的秩。这些得分或者排序后的秩就是顾客偏好的测量数据。分析这些数据可以得出顾客的偏好。

**2. 结合分析的步骤**

下文阐述的结合分析的步骤与 SPSS 的结合分析程序有关。

(1)分析产品的属性(在统计分析中也称属性为因素)。确定每个属性的水平数和水平的具体内容。

在选择产品的属性时,应选择课题研究的主要因素。选择有代表性的重要的属性是偏好分析的重要环节。属性应尽量精简。每个属性的水平数也应在达到课题要求的前提下尽量少。

(2)试验设计。

将选择的属性(因素)水平组合成试验组,每个组的因素水平组合称为产品的一个侧面。它是要呈现在被访者面前,供被访者评价的。为减小误差,节省人力、物力、时间,使调查更加有效,通常采用正交试验设计。可以使用 SPSS 的正交试验设计程序产生要求数目的侧面,也可以由用户输入形成设计文件。

SPSS 的正交试验设计程序产生的设计文件可供调查使用,同时是结合分析的必要数据。

(3)根据设计打印调查卡片。

(4)运用各种调查方法取得数据。调查取得的数据有如下两种。

① 要求被访者对设计的侧面排秩,如最喜欢的秩为 1,次之的秩为 2,依次类推。

② 要求被访者对设计的侧面打分,如最喜欢的分数为 100,最不喜欢的分数最低。

（5）程序设计与运行。SPSS中没有窗口式的结合分析程序，必须使用SPSS语句进行程序设计，运行程序，分析调查得到的数据，在"查看器"窗口得到输出结果。

（6）根据输出结果选择顾客最偏爱的产品属性组合，作为开发新产品的决策依据或制定销售策略的依据。

**3．本章用到的术语**

（1）侧面：是指研究的产品属性（因素）水平的组合，是由正交试验设计产生的。

（2）全概念侧面：是指能代表各种属性的全部组合。正交试验设计结果中的侧面可以称为全概念侧面，用其进行偏好调查，分析结果将是可信的决策依据。

（3）试验侧面：要打印成卡片的或出现在调查问卷中的，由被访者评价的侧面，是由正交试验设计形成的。

（4）保留侧面：是除正交试验设计侧面外的，为对估计效应有效性的检验而建立的侧面。保留侧面是由另一个随机设计产生的，不是由正交试验设计产生的。

（5）模拟侧面：由用户输入的侧面。

（6）设计文件：由正交试验设计过程生成的，或者由用户输入的符合正交性的数据文件。文件中的变量就是课题确定的感兴趣的因素，是研究的产品的一个属性；观测量是由各变量水平值组成的产品的侧面。观测量是一个各因素水平的组合。

设计文件还可以包括保留侧面和模拟侧面。侧面由一个特殊变量STATUS_标识，保留侧面和模拟侧面的STATUS_值分别为1、2；试验侧面的STATUS_值为0。

## 6.2 正交试验设计

### 6.2.1 试验设计中的问题

在调查中，产品的属性数和各属性的水平数不能太多，否则其组合数就会很大，以致调查和获取数据成为不可能完成的任务。例如，有两个属性，当每个属性取3个水平时，有9种组合；当每个属性有5个水平时，有25种组合；如有5个属性，每个属性有3个水平，组合数是243（3×3×3×3×3），要求被访者对243种产品打分、排序肯定得不到很好的结果。因此要选择有代表性的属性和水平，并有效地减少调查中呈现在调查对象面前的组合。

因此在进行试验设计时要考虑如下因素。

（1）当调查的产品属性不止一个，而且每个属性的水平也不止一个时，要合理安排各个属性水平的组合，以便降低由于被访者对组合理解的差异引起的误差。

（2）以最少的属性水平组合数进行调查，得到可靠的结论。

（3）节省人力、物力、财力和时间。

（4）便于使用软件进行结合分析，提高调查对顾客偏好估计的准确性。

### 6.2.2 正交试验设计的思路

为简化问题，下面以3因素2水平的试验设计为例进行介绍。

为调查酸奶饮品的顾客偏好，选择酸奶的品牌、直接原料、附加成分为产品调查的侧面，每个侧面选择2个水平，调查哪种水平组合是顾客最偏爱的。

3个因素用大写字母表示为 A（品牌）、B（直接原料）、C（附加成分），可以看作一个三维坐标系，如图 6-1 所示。

各因素的水平序列号用跟在因素字母后的阿拉伯数字表示。

（1）A 因素：品牌的 2 个水平为 $A_1$（三元）、$A_2$（伊利）。

（2）B 因素：直接原料的 2 个水平为 $B_1$（鲜牛奶）、$B_2$（纯牛奶）。

（3）C 因素：附加成分的 2 个水平为 $C_1$（VAD）、$C_2$（高钙）。

全面试验，即各因素的各水平全部组合一次，有 $2^3=8$ 次试验，如表 6-1 所示。这些组合可以用正方体的 8 个顶点表示，分别是 $A_1B_1C_1$，$A_2B_1C_1$，$A_1B_1C_2$，$A_2B_1C_2$，$A_1B_2C_1$，$A_2B_2C_1$，$A_1B_2C_2$，$A_2B_2C_2$，如图 6-2 所示。

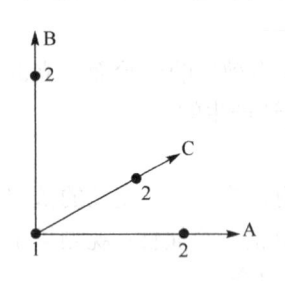

表 6-1　全面试验组合表

|  |  | $A_1$ | $A_2$ |
|---|---|---|---|
| $B_1$ | $C_1$ | $A_1B_1C_1$ | $A_2B_1C_1$ |
|  | $C_2$ | $A_1B_1C_2$ | $A_2B_1C_2$ |
| $B_2$ | $C_1$ | $A_1B_2C_1$ | $A_2B_2C_1$ |
|  | $C_2$ | $A_1B_2C_2$ | $A_2B_2C_2$ |

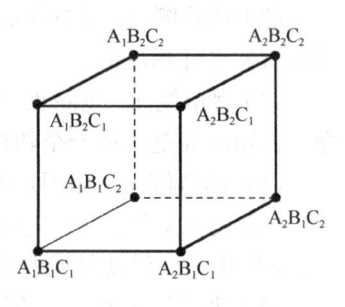

图 6-1　3 个因素各有 2 个水平

图 6-2　全面试验组合示意图

正交试验设计示意图如图 6-3 所示，只取 4 个水平组合就可以代替上述 8 个全面试验组合，简化成 4 次试验：$A_1B_1C_1$、$A_2B_1C_2$、$A_1B_2C_2$、$A_2B_2C_1$，如表 6-2 所示。

为什么 4 次试验可以代替 8 次试验呢？

（1）观察正方体，3 个因素的每个水平都均匀地包含在这 4 个组合中。选中的 4 个组合均匀地分布在正方体中，每个面都有 2 个点，每条线都有一个点。

（2）观察正交试验设计结果，如表 6-3 所示，具有如下性质。

① 每个因素（列）的每个水平都出现了，且出现的次数相同：1 水平出现两次，2 水平出现两次。

② 任意 2 个因素（任意两列）的水平数据对是相同的。在表 6-3 中，A 列和 B 列的水平数据对是(1,1)、(2,1)、(1,2)、(2,2)；A 列和 C 列两列的水平数据对是(1,1)、(2,2)、(1,2)、(2,1)，与 A 列和 B 列是相同的，只是顺序不同。因此，因素水平的搭配是均匀的。

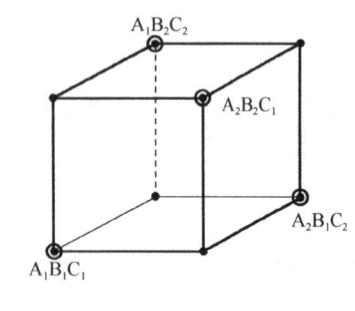

表 6-2　4 个顶点的组合

|  | $A_1$ | $A_2$ |
|---|---|---|
| $B_1$ | $C_1$ | $C_2$ |
| $B_2$ | $C_2$ | $C_1$ |

表 6-3　正交实验设计结果表

| 试验号 | 列号 | | |
|---|---|---|---|
|  | A | B | C |
| 1 | 1 | 1 | 1 |
| 2 | 1 | 2 | 2 |
| 3 | 2 | 1 | 2 |
| 4 | 2 | 2 | 1 |

图 6-3　正交实验设计示意图

具有上述特点的试验设计表称为正交表。

以上两个性质称为正交表的正交性。这个性质使得正交表在使用部分组合进行试验时具有如下特点。

（1）正交表中列出的试验组合能很好地代表全面的试验组合。

第一个性质，各因素各水平在每列中都出现相同的次数，保证了这些试验组合对全面试验具有代表性。

第二个性质，任意两个因素间的组合为全面试验组合，保证了部分试验找到的最优组合与全面试验的结果的趋势一致。

（2）试验组合均衡地分布在全面试验组合中（见图6-3）。

（3）正交性使得任一因素各水平的试验条件相同，保证了在每列因素各水平的效果中，最大限度地排除了其他因素的干扰，从而可以综合比较该因素不同水平对试验指标的影响情况。

根据上述正交试验设计结果，在调查问卷中呈现在被访者面前的是牛奶属性组合如下：

① 三元 VAD 鲜牛奶。
② 伊利 高钙 鲜牛奶。
③ 三元 高钙 纯牛奶。
④ 伊利 VAD 纯牛奶。

### 6.2.3 正交试验设计过程

打开一个空"数据编辑器"窗口，设计结构可以占据这个窗口，也可以保存到存储设备中。

按"数据→正交设计→生成"顺序单击（见图6-4），打开"生成正交设计"对话框，如图6-5所示。

图6-4 按"数据→正交设计→生成"顺序单击　　图6-5 "生成正交设计"对话框

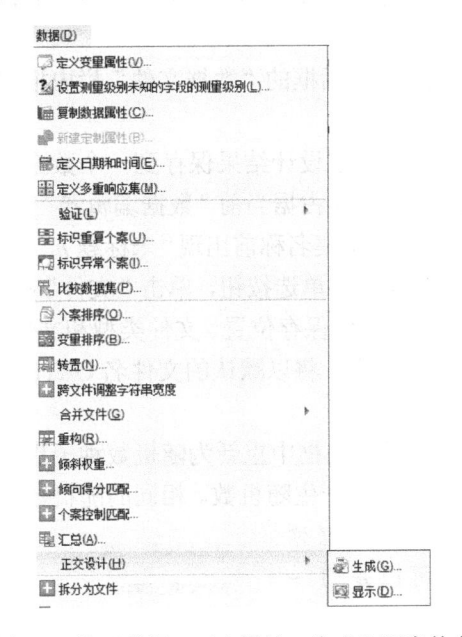

（1）定义因素和因素水平。

① 在"因子名称"框中输入因素变量名。必须是合法的 SPSS 变量名，且不能用 STATUS_和 CARD_作为因素变量名。

② 在"因子标签"框中输入因素变量的标签。

③ 单击"添加"按钮将因素变量名及其标签添加到大矩形框中，显示格式为

因素变量名'标签'(?)

重复上述操作，可以定义若干个因素变量。

如果要修改因素变量名和标签的定义，先选中大矩形框中的因素变量，因素变量名和标签重新移入"因子名称"框和"因子标签"框。在这两个框中修改后，单击被激活的"更改"按钮，修改后的因素变量名和变量标签显示在大矩形框中。如果要删除已经定义的因素变量及其标签，只要选中大矩形框中的因素变量后，单击"除去"按钮即可。

④ 从大矩形框中选择一个因素变量，激活"定义值"按钮。单击"定义值"按钮，打开"生成设计：定义值"对话框，如图 6-6 所示。

⑤ 在"生成设计：定义值"对话框中定义因素变量的值和值标签。

- 如果水平较多，且水平值是从 1 开始的，那么可以利用"自动填充"栏，自动填入因素水平值。方法是，将水平数输入"从 1 到□"框，单击"填充"按钮。如图 6-6 所示，在"从 1 到□"框中输入"3"，单击"填充"按钮后，"值"栏中自动填入 1、2、3 三个水平值。

- 将各水平值的含义作为标签输入对应的"标签"框。

图 6-6 "生成设计：定义值"对话框

- 单击"继续"按钮，返回"生成正交设计"对话框。重复步骤（4）、步骤（5），定义所有因素变量的值标签。

（2）定义设计结果保存方式。在"生成正交设计"对话框的"数据文件"栏内根据保存要求，选择保存方式。

① "创建新数据集"单选按钮。选择此选项，要求把设计结果保存到一个数据文件中。在"数据集名称"框中输入文件名即可。生成的数据集占据当前"数据编辑器"窗口。由于文件没有被保存到存储设备中，窗口标题栏中的数据集名称前出现"未标题 $n$"字样。

② 如果想保存该设计文件，选择"创建新数据文件"单选按钮，单击"文件"按钮，打开"生成正交设计：输出文件指定项"对话框，指定文件保存位置、文件类型和文件名，单击"保存"按钮，返回"生成正交设计"对话框；否则，将以默认的文件名 ORTHO 保存到默认位置。

（3）勾选"将随机数种子重置为"复选框后，在后面的框中重新为随机数种子指定一个值。在生成正交试验设计过程中，要根据随机数种子，产生随机数。相同的随机数种子产生相同的设计结果，不同的设计要设置不同的种子值。必须在生成第一个设计前设置该种子值，种子值可以是 1～2000000000 间的任意整数。在一个 SPSS 执行周期中，若想生成多个相同的随机数集，则在后续的设计生成时将种子值设置成相同的值。

（4）单击"选项"按钮，打开"生成正交设计：选项"对话框，如图 6-7 所示。

① 在"要生成的最小个案数"框中，指定一个设计要生成

图 6-7 "生成正交设计：选项"对话框

的最少观测数,即指定一个试验设计的最少试验次数。该值应为正整数,要小于或等于根据所有因素水平可能的组合构成的观测总数,也就是要小于或等于全模型的试验次数。

如果不明确指定要生成的最小观测数,将自动生成正交设计必要的数量的观测。如果正交试验设计过程不能产生至少是大致要求的最少观测数,将产生符合指定的因素和水平数的最大数。注意:该设计没有必要包括确切的指定的观测数,但使用这个值作为最小值,可在正交试验设计中生成更合适的,可能是最小的观测数。例如,A因素有3个水平、B因素有2个水平、C因素有2个水平,总组合数是12。设置要生成的最小观测量数必须小于或等于12。

② 在"坚持个案"栏中设置有关产生除正规设计的观测外的保留观测数。

勾选"坚持个案数"复选框,设置除正规设计外的观测数。但结合分析过程在估计效应时不使用这些额外观测。在被激活的框中输入一个正整数,该数值必须小于或等于由因素水平组合决定的总观测数。

勾选"与其他个案随机混合"复选框。输出结果随机地将保留观测与试验观测混合。如果不勾选此复选框,在数据文件中保留观测将出现在试验观测的后面。

如果勾选了"坚持个案数"复选框,可以在其后的矩形框中设置保留观测数,也可以勾选"与其他个案随机混合"复选框。

单击"继续"按钮,返回"生成正交设计"对话框。

(5)在"生成正交设计"对话框中单击"确定"按钮,提交系统执行,输出的设计结果将保存到指定位置,并在"查看器"窗口中给出可能条件组合的设计结果。

### 6.2.4 正交试验设计实例

【例1】 要求生成4因素3水平9次试验的正交试验设计表。

(1)操作步骤。

① 打开SPSS,打开一个空"数据编辑器"窗口。

② 按"数据→正交设计→生成"顺序单击,打开"生成正交设计"对话框。

③ 在"生成正交设计"对话框中定义4个因素变量,变量名为a、b、c、d,变量标签分别为变量名相应的大写字母A、B、C、D。

④ 逐个选择因素变量,单击"定义值"按钮,在相应的对话框中定义因素水平值及其值标签。a[A]:A1、A2、A3。b[B]:B1、B2、B3。c[C]:C1、C2、C3。d[D]:D1、D2、D3。

完成定义后,单击"继续"按钮,返回"生成正交设计"对话框。

⑤ 在"生成正交设计"对话框中,选择"创建新数据集"单选按钮。在"数据集名称"框中输入数据集文件名"ABCD"(默认的扩展名为.sav),设计结果显示在当前数据文件ABCD中,即当前"数据编辑器"窗口中。

⑥ 设置随机数种子,勾选"将随机数种子重置为"复选框,在其后框中随便输入一个正整数,本例输入"2345"。

单击"选项"按钮,打开"生成正交设计:选项"对话框。在"要生成的最小个案数"框中输入"9"。单击"继续"按钮,返回"生成正交设计"对话框。

单击"粘贴"按钮,在"语法编辑器"窗口中生成如下程序(syntax6-01.sps):

```
*生成正交试验设计.
SET SEED 2345.
ORTHOPLAN
    /FACTORS=a 'A' (1 'A1' 2 'A2' 3 'A3') b 'B' (1 'B1' 2 'B2' 3 'B3')
 c 'C' (1 'C1' 2 'C2' 3 'C3') d 'D' (1 'D1' 2 'D2' 3 'D3')
    /REPLACE
    /MINIMUM 9.
    _DATASET NAME ABCD.
```

（2）当省略上一步单击"粘贴"按钮操作时，单击"生成正交设计"对话框中的"确定"按钮，在当前窗口中生成正交试验设计结果，如图 6-8（a）所示［注：在单击"粘贴"按钮，在"语法编辑器"窗口中生成上述程序后，按"运行→全部"顺序单击，将在新打开的工作窗口中生成如图 6-8（a）所示的正交试验设计结果，以下用程序生成类似正交试验设计结果的操作过程都省略了按"运行→全部"顺序单击操作。］。将随机数种子改变为 5678。在程序中将 SET SEED 2345 变为 SET SEED 5678，其他语句均相同（syntax6-02.sps）。运行结果如图 6-8（b）所示。两个设计结果是不同的。

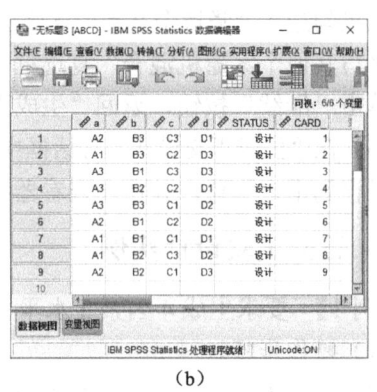

图 6-8　不同随机数种子的 4 因素 3 水平 9 次试验的正交试验设计结果

如果在"数据文件"栏中选择了"创建新数据文件"单选按钮，并指定了保存位置，则生成的设计保存在指定位置的数据文件中。对应程序（syntax6-03.sps）如下：

```
*生成正交试验设计.
SET SEED 2000.
ORTHOPLAN
    /FACTORS=A 'AA' (1 'a1' 2 'a2' 3 'a3') B 'BB' (1 'b1' 2 'b2' 3 'b3') C 'CC'
    (1 'c1' 2 'c2' 3 'c3') D 'DD' (1 'd1' 2 'd2' 3 'd3')
    /OUTFILE='E:\SPSS26.0\数据\第 6 章数据\ABCD 保存文件.sav'.
```

如果想要多做两次试验，在"生成正交设计：选项"对话框的"坚持个案"栏中勾选"坚持个案数"复选框，并在后面的框中输入"2"，但是不勾选"与其他个案随机混合"复选框。在"生成正交设计"对话框中单击"粘贴"按钮，在"语法编辑器"窗口中得到如下程序：

```
SET SEED 2000.
ORTHOPLAN
```

```
        /FACTORS=a'A' (1 'A1' 2 'A2' 3 'A3') b 'B' (1 'B1' 2 'B2' 3
'B3') c 'C'(1 'C1' 2 'C2' 3 'C3') d 'D' (1 'D1' 2 'D2' 3 'D3')
        /OUTFILE='E:\SPSS26.0\数据\第6章数据\ABCD保存文件1.sav'
        /HOLDOUT 2
        /MIXHOLD NO.
```

运行结果如图 6-9（a）所示。图 6-9（a）比图 6-8（a）多出两个观测，即第 10 行和第 11 行，其 STATUS_值标签为坚持。

如果勾选了"坚持个案数"复选框，并在后面的框中输入"2"，同时勾选了"与其他个案随机混合"复选框，输出结果随机地将保留观测与试验观测混合，如图 6-9（b）所示。STATUS_值标签为坚持的观测随机地混在原正交试验设计的观测中。

（a）　　　　　　　　　　　　　　（b）

图 6-9　带有延续个案 4 因素 3 水平 9 次试验的正交试验设计结果

### 6.2.5　正交试验设计过程语句

本章的正交试验设计主要为结合分析服务，而窗口式 SPSS 的菜单中不包括结合分析，要想进行结合分析必须编写程序。为便于编写程序，本章不仅介绍结合分析的程序语句，还介绍正交试验设计的程序语句，以便读者一并完成试验设计与分析。

#### 1. 正交试验设计过程调用语句

```
ORTHOPLAN [FACTORS=varlist ['labels'] (values ['labels'])...]
    [{/REPLACE }]    {/OUTFILE='savfile'|'dataset'}    [/MINIMUM=value]
    [/HOLDOUT=value] [/MIXHOLD={YES}]{NO }
```

其中，ORTHOPLAN 是命令关键字。ORTHOPLAN 命令为结合分析产生正交的主效应设计。设计结果可以添加在当前数据集中，如果没有当前数据集，可以建立一个当前数据集。产生的全组合设计可以列出或被 PLANCARDS 命令调用。由 ORTHOPLAN 命令产生的文件可以用作 CONJOINT 命令要求的设计文件。

#### 2. 基本要求

ORTHOPLAN 命令关键字后面跟着 FACTORS 及等号后面的变量列表。如果有变量标签，就将变量标签放在每个变量名后面的引号中。

在每个变量名、变量标签后面列出该变量的水平值。如果有值标签，就将其放在值后面的引号中。每个变量的值和值标签列表放在变量名和变量标签后面的括号中。

ORTHOPLAN 命令用于在当前数据集中产生观测值。用每个观测值描述结合试验设计的一个侧面,由因素值组成。默认生成最小可能的正交试验设计。

如果当前数据集中已经有正交试验设计的所有变量,那么 FACTORS 是可选的子命令。

### 3. 子命令功能与限制

子命令在 ORTHOPLAN 命令后面,出现的顺序任意。

(1)相关运行结果。

① 如果原来没有当前数据集,ORTHOPLAN 命令通过 FACTORS 子命令使用变量和变量值信息建立当前数据集。

② 执行 ORTHOPLAN 命令产生的数据附加在一个当前数据集上。如果没有使用 FACTORS 子命令,那么因素水平值必须在前面一个 ORTHOPLAN 命令中或 VALUE LABELS 命令中定义。

③ 新变量 STATUS_和 CARD_如果原来不存在,就产生并附加在执行 ORTHOPLAN 命令产生的当前数据集中。试验观测的 STATUS_变量值为 0,保留观测的 STATUS_变量值为 1,模拟观测的 STATUS_变量值为 2。保留观测由被访者进行评价,但是在执行结合分析的 CONJOINT 命令的效应估计时不使用,而是用这些观测进行效应估计的合法性检验。模拟观测由用户输入,是不由被访者评价的因素水平组合,但是以试验观测的评价为基础,通过 CONJOINT 命令进行估计。CARD_包括在产生的设计中,是观测的标识号。

④ 如果试验观测和模拟观测重复,将给出提示报告。

⑤ 如果用户输入的试验观测(STATUS_=0)与执行 ORTHOPLAN 命令产生的观测相同,那么只保留一个。

⑥ 执行 ORTHOPLAN 命令偶尔会产生两倍的试验观测。处理这些两倍观测的方法是编辑或删除它们。在这些观测中设计不再是正交的;另一种方法是再运行一次 ORTHOPLAN 命令,在设置不同随机数种子后,再运行一次 ORTHOPLAN 命令,可以产生没有重复观测的设计。

⑦ 执行 ORTHOPLAN 命令,将忽略 SPLIT FILE 命令和 WEIGHT 命令的作用。

(2)限制。

① 不允许有缺失数据。

② 最多可以指定 10 个因素,每个因素可以指定 9 个水平。

③ 执行 ORTHOPLAN 命令最多可以产生 81 个观测。

### 4. FACTORS 子命令

FACTORS 子命令用于指定要在设计中用作因素的变量及其水平值。

(1)当数据文件已经存在时,如果设计产生的观测附加在数据文件上,那么是否使用 FACTOR 子命令是可选的;如果设计产生的观测要保存在建立的新数据集中,或者代替当前已经存在的数据文件,那么必须使用 FACTORS 子命令。

(2)关键字 FACTORS 后面必须跟变量表,每个变量的标签是可选的,每个变量的值列表、值标签是可选的。

（3）值列表和值标签要用括号括起来，值可以是数值或括在括号中的字符串。

（4）可选的变量和值标签要加上省略号。

（5）如果不用 FACTORS 子命令，在当前数据集中，除变量 STATUS_和变量 CARD_外的每个变量都将被看作因素变量，由值标签获得的水平信息在当前数据集中定义。执行 ORTHOPLAN 命令，FACTORS 子命令或 VALUE LABELS 命令中必须包含变量值信息。

### 5. REPLACE 子命令

REPLACE 子命令要求用正交试验设计结果生成或代替当前数据集。ORTHOPLAN 命令可以在"数据编辑器"窗口中没有数据时运行，运行结果生成数据占据"数据编辑器"窗口。如果"数据编辑器"窗口有当前数据集，运行此命令将用生成的数据集代替当前数据集。

（1）如果使用了 REPLACE 子命令，那么就要求有 FACTORS 子命令。

（2）默认执行 ORTHOPLAN 命令的结果不会代替当前数据集。在 FACTORS 子命令中指定的新变量加上变量 STATUS_和变量 CARD_附加在当前数据集中。

（3）若当前数据集中的数据对要建立的设计文件没有作用，则需要使用 REPLACE 命令。当前数据集将被有 STATUS_变量、CARD_变量的和任何其他在 FACTORS 子命令中指定的变量代替。

### 6. OUTFILE 子命令

OUTFILE 子命令把正交试验设计结果保存到 SPSS 数据文件中。

对输出文件只需指定文件名，可以是文件名，也可以是以前宣告过的数据集的名字。

（1）默认不创建新数据文件。任何用 FACTORS 子命令中指定的新变量加上 STATUS_变量和 CARD_变量附加在当前数据文件中。

（2）输出数据文件包括 STATUS_变量、CARD_变量和所有 FACTORS 子命令中指定的变量。

（3）由 OUTFILE 子命令产生的文件可以用于其他命令语句，如 PLANCARDS 命令和 CONJOINT 命令。

（4）如果使用了 OUTFILE 子命令，那么可以不用 REPLACE 子命令。

### 7. MINIMUM 子命令

MINIMUM 子命令用于指定最小观测数。

（1）不用此命令，默认产生正交试验设计必需的最小观测数。

（2）MINIMUM 后面跟着正整数，这个正整数要小于或等于所有可能的水平组合能形成的总观测数。

（3）如果执行 ORTHOPLAN 子命令不能产生 MINIMUM 子命令要求的至少的观测数，就产生适合指定的因素数和水平数的最大数。

### 8. HOLDOUT 子命令

HOLDOUT 子命令按关键字后面的数字产生附加在正规设计上的保留观测。保留观测由被访者评价，但是在用 CONJOINT 估计效应时，不使用保留观测值。

(1) 如果不指定 HOLDOUT 就不产生保留观测。

(2) HOLDOUT 后跟正整数，这个正整数要小于或等于由所有可能的因素水平组合形成的总观测数。

(3) 保留观测由另一个随机设计产生，不是主效应试验设计。保留观测不会复制试验观测，也不会彼此复制。

(4) 试验观测和保留观测在生成的设计中是随机混合在一起，还是保留观测附加在试验观测后，取决于 MIXHOLD 子命令。保留观测的 STATUS_变量值是 1。任何模拟观测都安排在试验观测和保留观测后。

### 9. MIXHOLD 子命令

MIXHOLD 子命令用于指定保留观测是随机地与试验观测混合，还是单独出现在试验观测后面。如果没有指定 MIXHOLD，默认是 NO，即在文件中保留观测将出现在试验观测的后面。

(1) MIXHOLD 后面跟着关键字 YES，要求把保留观测与试验观测随机混合。

(2) 若没有指定 HOLDOUT，则指定 MIXHOLD 无效。

### 10. 程序举例

【例 2】 酸奶的市场调查试验设计程序如下（见 YUGPLAN1.sps）：

```
ORTHOPLAN
 /FACTORS=weight '重量' (600 '600g' 800 '800g' 1000 '1kg') Warranty
  '保质期' (3 '3天' 5 '5天' 7 '7天') Casing '包装' (1 '纸盒' 2 '瓶子')
 /REPLACE.
_DATASET NAME YUGPLAN1.
```

(1) 程序解释。

① ORTHOPLAN 命令后面的 FACTOR 子命令定义了 3 个变量及其水平值和值标签，weight 变量，标签为重量，有 3 个水平值 600、800、1000，值标签分别为 600g、800g、1000g；Warranty 变量，标签为保质期，有 3 个水平值 3、5、7，值标签分别为 3 天、5 天、7 天；Casing 变量，标签为包装，有 2 个水平值 1、2，值标签分别表示纸盒包装和塑料包装。这些变量及其水平将被用于生成试验设计文件。

② REPLACE 子命令要求将设计结果放在一个数据集中，该数据集是打开的数据文件，在"数据编辑器"窗口中可以看到结果。SPSS 的某些版本会用设计结果代替原打开的数据集，所以新建一个空数据集比较稳妥。SPSS 20 在执行该命令时，会另建一个新数据集，标题栏中除用 DATANAME 语句定义的文件名外，在文件名前面还有"未标题"字样，待文件被真正保存后才标有其文件名。

③ DATASET NAME 语句设置该生成设计结果的数据集名称为 YUGPLAN1。

该文件是在新"数据编辑器"窗口中生成的，需要保存成外部文件；否则，结束 SPSS 运行后，设计结果将丢失。

(2) 在"语法编辑器"窗口中，选择程序语句，单击"运行"图标▶，提交系统执行。

例 2 程序运行结果如图 6-10 所示。

【例 3】 在"语法编辑器"窗口输入以下程序（YUGPLAN2.sps）：

```
   ORTHOPLAN FACTORS=weight '重量' (600 '600g' 800 '800 g' 1000 '1kg')
     WARRANTY '保质期' (3 '3天' 5 '5天' 7 '7天') casing '包装' ( 1 '纸盒'
2 '瓶子' )
    /MINIMUM=9 /HOLDOUT=6.
      /REPLACE.
    _DATASET NAME YUGPLAN2.
```

（1）程序解释。

① ORTHOPLAN 命令后面的 FACTOR 子命令定义了 3 个变量及其水平值和值标签，与例2一样，这些变量及其水平将被用于生成试验设计文件。不同的是，本例程序有 /MINIMUM=9 /HOLDOUT=6 语句。

② MINIMUM 子命令要求正交试验设计至少要生成 9 个试验观测；HOLDOUT 子命令要求生成 6 个保留观测。

③ DATASET NAME 语句设置该生成设计结果的数据集名称为 YUGPLAN2。

（2）在"语法编辑器"窗口中，选择程序语句，单击"运行"图标 ▶，提交系统执行。

例 3 程序运行结果如图 6-11 所示。

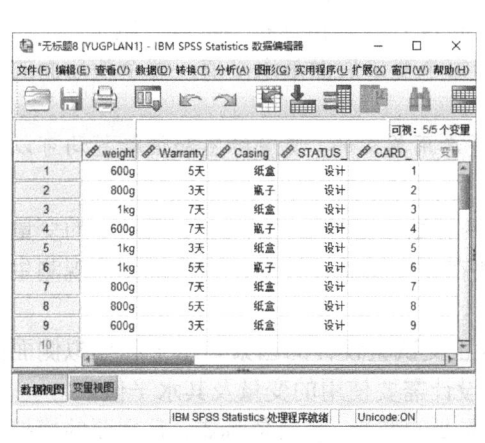

图 6-10 例 2 程序运行结果　　　　　图 6-11 例 3 程序运行结果

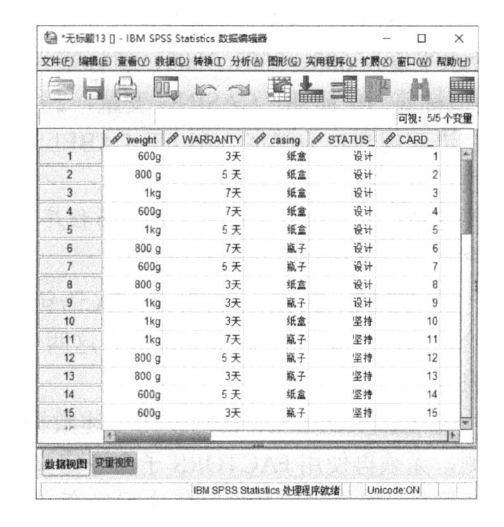

**注意**：这个程序可以使用中文变量标签和值标签。

当"数据编辑器"窗口是空窗口时，将产生试验设计数据，包括 5 个变量：weight、WARRANTY、casing、STATUS_和 CARD_。

数据包含 15 个观测，其中试验观测有 9 个，其 STATUS_变量值为 0；保留观测有 6 个，其 STATUS_值为 1，排列在 9 个试验观测后面（数据文件为 data6-01）。

应该说明的是，该程序生成的观测置于"数据编辑器"窗口中，形成当前数据集。

如果该程序增加一个子命令 OUTFILE='YUGPLAN.sav'.，生成的正交试验设计将被保存在名为 YUGPLAN.sav 的数据文件中。

输出还有警告信息"系统已经生成成功含有 9 卡的计划"。

如果用户加入的保留观测比较多，破坏正交性，系统也会在警告信息中指出。

【例 4】　带有模拟侧面观测生成的程序（见 YUGPLAN2.sps），内容如下：

```
DATA LIST FREE /WEIGHT  WARRANTY CASING.
VARIABLE LABELS WEIGHT '重量'  WARRANTY "保质期" CASING "包装".
VALUE LABELS weight 600 '600g ' 800 '800 g' 1000 '1kg'
/warranty 3 '3 天' 5 '5 天' 7 '7 天'
/casing 1 '纸盒' 2 '瓶子'.
BEGIN DATA
1000 5 1
1000 3 2
END DATA.
ORTHOPLAN.
```

（1）程序解释。

① DATA LIST 命令语句定义了 3 个自由格式的变量 WEIGHT、WARRATY、CASING。

② VARIABLE LABELS 命令语句定义了 3 个变量的变量标签。

语句规则是关键字 VARIABLE LABELS 后面的每个变量名后面的引号（单引号、双引号均可）中的是它的变量标签，最后用圆点结束该语句。

③ VALUE LABELS 命令语句定义了 3 个变量的水平值和值标签：WEIGHT 变量，3 个水平值为 600、800、1000，值标签为重量；WARRANTY 变量，3 个水平值为 3、5、7，值标签为保质期；CASING 变量，2 个水平值为 1、2，值标签为纸盒、瓶子。

语句规则是关键字 VALUE LABELS 后的每个变量后面是水平值，每个值后面的引号中是值标签，用圆点结束该语句。

**注意**：这里的解释是中文的，而程序中变量名用英文的。变量标签和值标签均可以使用中文，如上述程序中的值标签。

④ BEGIN DATA…END DATA 语句中的两行数字是按 DATA LIST 语句中的变量顺序给出的两个观测的 3 个变量值。这两个观测在正交试验设计中作为模拟侧面观测生成的来源。

⑤ ORTHOPLAN 语句使用上述数据作为正交试验设计的因素、水平和模拟侧面的观测，无须再使用 FACTORS 子命令定义试验设计需要使用的变量及其水平值。

同样，如果当前数据文件中已经存在设计需要的变量、值及值标签，且需要的模拟观测也已经输入，那么 ORTHOPLAN 语句无须任何子命令就会把“数据编辑器”窗口中的所有变量当作设计需要的因素变量。

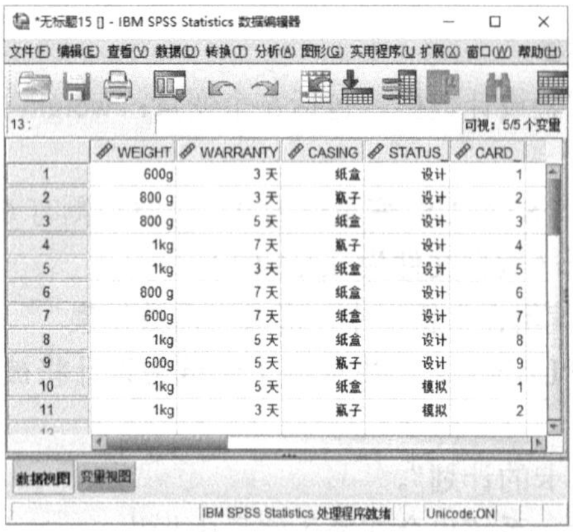


| | WEIGHT | WARRANTY | CASING | STATUS_ | CARD_ |
|---|---|---|---|---|---|
| 1 | 600g | 3 天 | 纸盒 | 设计 | 1 |
| 2 | 800 g | 3 天 | 瓶子 | 设计 | 2 |
| 3 | 800 g | 5 天 | 纸盒 | 设计 | 3 |
| 4 | 1kg | 7 天 | 瓶子 | 设计 | 4 |
| 5 | 1kg | 3 天 | 纸盒 | 设计 | 5 |
| 6 | 800 g | 7 天 | 纸盒 | 设计 | 6 |
| 7 | 600g | 7 天 | 纸盒 | 设计 | 7 |
| 8 | 1kg | 5 天 | 纸盒 | 设计 | 8 |
| 9 | 600g | 5 天 | 瓶子 | 设计 | 9 |
| 10 | 1kg | 5 天 | 纸盒 | 模拟 | 1 |
| 11 | 1kg | 3 天 | 瓶子 | 模拟 | 2 |

图 6-12　例 4 程序运行结果

（2）程序运行结果如图 6-12 所示（见数据文件 data6-02）。除程序中定义的变量外，还有两个变量，变量 CARD_为观测号，每类观测自行编号；变量 STATUS_为观测的性质。有 9 个观测的 STATUS_值为 0，它们是试验观测；2 个观测的 STATUS_值为 2，它们是模拟观测；共 11 个观测。

变量有 3 个，它们的水平数分别是 3、3、2，水平的全组合数是 18，输出默认的 9 种试验组合，即酸奶属性的 9 个侧面。

**注意**：如果原“数据编辑器”窗口中的数据量很大，且变量名与要生成的设计中的变量名相同，那么最好将"数据编辑器"窗口中的数据清除后再运行新程序；或者按"文件→新建→数据"顺序单击，建立一个空的数据文件，再执行正交试验设计的各步骤。

## 6.3 试验设计结果的打印

在结合分析的研究中，试验设计结果要在进行调查时显示给被访者，请被访者评分或排秩。

SPSS 的正交试验设计的显示功能有两种显示或打印正交试验设计结果的格式。

① 以粗略的列表格式打印设计结果，便于撰写报告或存档。
② 可以显示给被访者观看的将产品的每个属性组合一个个列出的格式。

结果打印程序允许用户自己添加标题，每个标题占一行；可以打印空行；允许用户加脚注，每个脚注占一行，也可以打印空行。

如果选择列表格式打印，在列表前打印标题，在列表最后打印脚注。

如果选择将产品的每个属性组合一个个列出的打印格式，还可以在每个属性组合前打印标题，在每个属性组合后打印脚注。

### 6.3.1 设计结果打印过程

按"数据→正交设计→显示"顺序单击，打开"显示设计"对话框，如图 6-13 所示。

（1）在左侧的原始变量列表中选择正交试验设计的全部因素，将其移入右侧"因子"框。
（2）在"格式"栏中选择打印格式。

① 勾选"试验者列表"复选框，要求对试验侧面使用列表格式显示或打印；分别打印试验侧面、保留侧面，并在它们后面列出模拟侧面。

② 勾选"主体概要"复选框，要求打印需要呈现在被访者面前的设计侧面，不区分保留侧面、模拟侧面。运行结果是打印全部卡片。

（3）设置标题和脚注。单击"标题"按钮，打开如图 6-14 所示的"显示设计：标题"对话框。

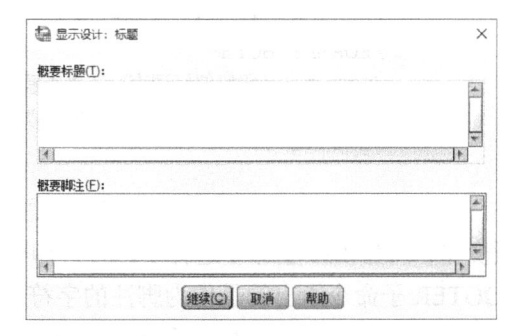

图 6-13 "显示设计"对话框        图 6-14 "显示设计：标题"对话框

① 在"概要标题"框内输入标题，也可以输入对被访者的提示，如排序须知或者打分方法等说明文字。
② 在"概要脚注"框内输入脚注。

单击"继续"按钮,返回"显示设计"对话框。

在"显示设计"对话框中单击"确定"按钮,提交系统运行。

## 6.3.2 打印调查用卡片实例

【例 5】 以酸奶的偏好调查为例。6.2.5 节例 3 中做好的正交试验设计保存在数据文件 data6-01-酸奶调查设计 1 中,包括 9 个试验侧面、6 个保留侧面。

(1) 打开 data6-01-酸奶调查设计 1 文件后的操作如下。

① 按"数据→正交设计→显示"顺序单击,打开"显示设计"对话框,如图 6-13 所示。

② 在左侧的原始变量列表中选择 WEIGHT、WARRANTY、CASING 三个因素变量,将其移到右侧的"因子"框中。

③ 在"格式"栏中选择打印格式,要求以试验者列表格式和卡片格式输出。试验者列表格式的打印结果为自己保留的设计结果。主体概要格式实际就是卡片格式,即各侧面一一列出,该格式的打印结果在需要呈现在被访者面前时使用。

④ 单击"标题"按钮,打开"显示设计:标题"对话框,输入标题和脚注。

在"概要标题"框中进行如下操作。

第 1 行空出,按回车键后,从第 2 行开始输入打印的标题。因为第 1 行会有系统默认的标题出现。输入的标题是"《酸奶偏好调查》"。

在第 3 行输入对被访者的提示"请先查看所有酸奶卡片,按你喜好的顺序排列"。

在第 4 行输入"最喜欢的在卡片上标 1,次之标 2,依次类推"。

第 5 行为空行。

在"概要脚注"栏中输入感谢语"谢谢您的参与!"。

⑤ 单击"继续"按钮,返回"显示设计"对话框。在"显示设计"对话框中单击"确定"按钮,提交系统运行。

(2) 执行的程序如下:

```
PLANCARDS
  /FACTORS=WEIGHT WARRANTY CASING
  /FORMAT BOTH
  /TITLE '《酸奶偏好调查》请先查看所有酸奶卡片,按你喜好的顺序排列。最喜欢的在卡片上
          标 1,次之标 2,依次类推。'.
  /FOOTER '                                              谢谢您的参与!'.
```

这个程序不难读懂。PLANCARDS 是命令关键字;FACTORS 子命令定义了 3 个因素变量;FORMAT 子命令选择了两种打印格式;TITLE 子命令在引号中给出标题字符串;FOOTER 子命令给出的是作为脚注的字符串。

(3) 输出结果如图 6-15 和图 6-16 所示。

图 6-15 所示为试验者列表格式的输出,试验侧面和保留侧面显示在一个表中。

图 6-16 所示为卡片格式的输出,没有列出全部卡片,只列出了呈现给一个被访者的第一个试验侧面(见图 6-16 上半部);下半部是保留侧面,即第 15 个卡片。

图 6-15　试验者列表格式的输出　　　　图 6-16　卡片格式的输出

### 6.3.3　正交试验设计打印过程语句

```
PLANCARDS [FACTORS=varlist]
[/FORMAT={LIST}]  {CARD}  {BOTH}
[/TITLE='string']  [/FOOTER='string']  [/OUTFILE=file]
```

PLANCARDS 命令为结合分析产生供保留的侧面清单或卡片。设计文件由 ORTHOPLAN 命令生成或由用户输入。打印的侧面可以用于被访者评价偏好项目的试验依据。

此命令读取当前数据集中的数据，以 FACTORS 子命令定义的因素变量为打印变量，按后续语句要求打印正交试验设计结果。

PAGINATE 子命令已经作废，不能在这里使用。

（1）几点说明。除了 FACTORS 子命令，都是可选的子命令。基本命令是 PLANCARDS。若不指定 FACTORS，该命令将使用当前数据集中除 STATUS_和 CARD_外的所有变量作为打印变量。

① PLANCARDS 命令假设当前数据集是结合研究的正交试验设计结果。在这样的文件中，每个观测就是一个结合试验设计的侧面。

② PLANCARDS 命令使用在当前数据文件中由 ORTHOPLAN 命令产生或由 VARIABLE 命令和 VALUE LABLES 命令产生的因素和因素水平标签。

③ SPLIT FILE 命令对单个卡片输出方式无效。在实验者列表格式的输出中，每个侧面描述一个不同的设计，并且 SPLIT FILE 命令对每个产生的子文件使用一个新的列表。

④ WEIGHT 命令对 PLANCARD 命令无效。

⑤ 不把缺失值当作缺失值，而当作一个有效值。

（2）FACTORS 子命令识别要用作因素的变量和它们的标签出现在输出中的顺序。该子命令允许定义字符串型变量。

① 关键字 FACTORS 后面跟变量表。

② 如果没指定 FACTORS，默认当前数据集中除 STATUS_和 CARD_外的所有变量，以它们在文件中出现的顺序为因素。

（3）FORMAT 子命令用于指定显示侧面的格式。选项是列表格式（关键字为 LIST）和单个侧面格式（关键字为 CARD）。

① 关键字 FORMAT 后面跟着 LIST、CARD 或 BOTH（也可用 ALL 代替 BOTH）。

② 默认的格式是 LIST。

③ 用 LIST 格式，输出以试验侧面、保留侧面、模拟侧面的顺序列出。用 CARD 格式，保留侧面作为一个卡片输出，不产生模拟侧面输出。

如果 FORMAT=LIST 与 OUTFILE 一起被指定，那么 OUTFILE 子命令无效。OUTFILE 子命令只对 CARD 格式有效。OUTFILE 在与 FORMAT=BOTH 一起被指定时，与 OUTFILE、FORMAT=CARD 一起使用的效果是相等的。

（4）OUTFILE 子命令用于对一个外部文件命名，以单个侧面格式写入。列表方式不写到这个外部文件中。

① 默认没有到外部文件的输出。

② OUTFILE 关键字后面跟着一个外部文件，该文件以系统通常的形式指定。

③ 如果 OUTFILE 子命令与 FORMAT = LIST 一起指定，那么 OUTFILE 子命令无效。OUTFILE 子命令仅施加于 FORMAT = CARD。

（5）TITLE 子命令用于指定输出的标题，无论列表格式还是单一侧面格式的顶部的标题字符串。

① 提供默认的标题，除非用 OUTFILE 子命令直接输出到一个外部文件中。

② 关键字 TITLE 后面跟着用单引号引起来的字符串。

③ 如果标题中有单引号，那么可以用双引号代替单引号把字符串引起来。

④ 每个 TITLE 子命令可以指定多个字符串；每个字符串将出现在不同行。

⑤ 使用空字符串会出现一个空行。

⑥ 可以使用多个 TITLE 子命令，每个子命令出现在单独行。

（6）FOOTER 子命令指定的字符串将出现在列表格式输出的底部，或者单独侧面格式输出的底部。

① 如果 FOOTER 在程序中没有指定，那么列表和卡片底部是空的。

② FOOTER 后面跟着一个放在单引号中的字符串。

③ 每个 FOOTER 子命令可以指定多个字符串。每个字符串出现在单独行。

④ 使用空字符串产生空行。

⑤ 可以指定多个 FOOTER 子命令，每个子命令会出现在单独行。

## 6.4 结合分析语句与实例

在打印供调查使用的卡片后，经过培训的调查员就可以按抽样设计进行调查了。获得的数据经过整理，需要进行结合分析，结合分析结果为决策者提供决策依据。

在 SPSS 窗口式运行方式的分析菜单中没有结合分析，要进行结合分析必须进行编程。下面介绍结合分析语句及实例。

## 6.4.1 结合分析语句

### 1. 结合分析过程调用语句

```
CONJOINT [PLAN={* }]{'savfile'|'dataset'}
[/DATA={* }]{'savfile'|'dataset'}/{SEQUENCE}=varlist {RANK }{SCORE }
[/SUBJECT=variable]
[/FACTORS=varlist['labels'] [{DISCRETE[{MORE}]}]{ {LESS} }{LINEAR[{MORE}] }
         { {LESS} }{IDEAL }{ANTIIDEAL }[values['labels']])]varlist...
[/PRINT={ALL** } [SUMMARYONLY]]{ANALYSIS }{SIMULATION }{NONE }
[/UTILITY=file]
[/PLOT={[{SUMMARY] [SUBJECT] [ALL]}]{[NONE**] }
```

CONJOINT 命令用于分析偏好分数或秩数据。由 ORTHOPLAN 命令产生的或由用户输入的设计文件描述了在偏好项目的研究中被打分或排秩的全概念数据集。在估计每个被访者或一组被访者效应时常用的因子有离散（DISCRETE）模式因子、线性（LINEAR）模式因子两种类型。离散模式因子与数据之间不存在线性关系；线性模式因子与数据之间存在线性关系。

可以指定怎样把被期望的因素与分数或秩联系起来。

输出可以包括试验数据或模拟数据的分析，也可以包括两者。

对每个被访者的效应估计和有关统计量可以输出到外部 SPSS 数据文件中，以供进一步分析或作图。

### 2. 基本规范

以下基本规范会涉及一些语句，在讲述有关语句的要求和使用方法时不再重复。

（1）要求用 CONJOINT 子命令、PLAN 子命令、DATA 子命令、SEQUENCE 子命令、RANK 子命令、SCORE 子命令描述数据类型。

（2）CONJOINT 子命令要求必须有两个文件：设计文件和数据文件。PLAN 子命令用于指定设计文件，DATA 子命令用于指定调查数据文件。不一定同时使用两个子命令，可以用 PLAN 子命令或 DATA 子命令指定一个文件，用当前数据集作为另一个文件。

（3）默认使用 DISCRETE 模型对设计文件中的所有变量（除了名为 STATUS_和 CARD_的变量）计算估计效应。输出包括肯德尔 tau 相关系数和皮尔逊相关系数，预测分数和实际分数间的相关系数，显示单尾检验的显著性。

（4）子命令可以是任意顺序的。

（5）可以执行多个 FACTORS 子命令，对于其他子命令，如果一个程序中出现了多个，只有最后一个可以被执行。

（6）设计文件和数据文件都可以是外部 SPSS 数据文件。

在设计文件中，试验侧面的变量 STATUS_值必须为 0，保留侧面的变量 STATUS_值必须为 1，模拟侧面的变量 STATUS_值必须为 2。保留侧面由被访者评价，用 CONJOINT 估计效应时，不使用保留侧面的变量 STATUS_值；但在检验效应合法性时，使用保留侧面的变量 STATUS_值。模拟侧面是没有被访者评价的，但因素水平组合由 CONJOINT 根据试验侧面的评价估计其效应。如果没有 STATUS_变量，设计文件中的所有侧面都将被假设为试验侧面。

（7）设计文件中的所有变量除了 STATUS_和 CARD_，都被 CONJOINT 子命令作为因素变量。

（8）除了对每个被访者进行估计，还对每个在数据文件中定义的分开的文件组计算平均效应。

（9）CONJOINT 子命令可检验因素的正交性。如果所有因素都不正交，将显示 Cramér 的 $V$ 矩阵统计量，描述非正交性。

（10）在使用 SEQUENCE 或 RANK 数据时，CONJOINT 子命令对秩尺度进行中心转换，以使计算的系数为正。

（11）在收集数据后，不能对设计文件进行排序或以任何方法修改，因为设计文件中的侧面顺序必须与数据文件中的数值顺序一一对应（CONJOINT 子命令使用的侧面顺序要与它们在设计文件中出现的顺序一致），不是由 CARD_的值决定的。如果数据记录方法是 RANK 或 SCORE，则数据文件中第一个被访者的第一个回答就是设计文件中第一个侧面的秩或分数；如果数据记录方法是 SEQUENCE，数据文件中第一个被访者的第一个回答是偏好分数最高的侧面的侧面号（由设计文件中的侧面顺序决定）。

### 3．限制

（1）因素必须是数值型变量。

（2）设计文件不能包括缺失值或观测的权重。在当前数据集中，SUBJECT 变量带有缺失值的侧面被聚在一起并在最后计算平均值。如果有被访者的任何一个偏好数据（秩、分数或侧面号）是缺失的，那个被访者的数据就被跳过，不参与分析。

（3）因素必须至少有 2 个水平，每个因素水平最大值为 99。

### 4．PLAN 子命令用于识别包括全概念侧面的文件

（1）PLAN 子命令关键字后面跟着引用的 SPSS 数据文件名或当前打开的包括设计的数据集的文件说明。星号代表当前数据集是设计文件。

（2）程序中如果没有 PLAN 子命令，那么当前数据文件被认为是默认的设计文件。当前数据文件不能再用 DATA 子命令或 PLAN 子命令指定为设计文件或数据文件。

（3）设计文件可以由 ORTHOPLAN 命令产生，也可由用户直接输入。设计文件可以包括 CARD_变量和 STATUS_变量，并且必须包括结合分析研究的因素。

### 5．DATA 子命令用于指定包括被访者的偏好分数或秩的（调查数据）文件

（1）DATA 子命令关键字后面跟着被指定的 SPSS 数据文件或用星号指定的当前在"数据编辑器"窗口打开的包括调查数据的数据集文件。

（2）如果程序中没有 DATA 子命令，那么当前数据集就是默认的调查数据文件。当前数据文件不能再用 DATA 子命令或 PLAN 子命令指定为设计文件或数据文件。

（3）在数据文件中，一个变量可以是被访者的标识变量，所有其他变量是被访者的回答数据，在数量上等于设计文件中的试验侧面和保留侧面的总数。

（4）被访者的回答可以以秩的形式赋予安排好的侧面顺序，或以分数形式赋予安排好的侧面顺序，或侧面号按从最喜欢到最不喜欢的顺序安排。

（5）允许秩或分数存在结（秩或分数相同的观测）。如果出现了秩结，CONJOINT 发

布警告信息后继续分析。数据以 SEQUENCE 顺序格式记录时不能有结,因为每个侧面号必须是唯一的。

**6. SEQUENCE、RANK、SCORE 子命令用于指定偏好数据记录的方法**

(1) 必须从三个子命令中选择指定一个,而且只有一个。

(2) 在每个子命令后面列出包含偏好数据的变量名(侧面号变量、秩或分数变量)。在设计文件中有多少试验侧面和保留侧面,就必须列出多少变量名。

(3) 子命令关键字含义与规定如下。

① SEQUENCE 数据文件中的每个数据点是一个侧面号,以最偏爱的侧面开始,以最不偏爱的侧面结束,如要求被访者从最喜欢到最不喜欢排列侧面卡片。研究人员记录哪个侧面号是第一个,哪个侧面号是第二个,等等。

② RANK 每个数据点是秩,以侧面 1 的秩开始,其后是侧面 2 的秩,依次类推。这就是被访者被要求对每个侧面安排一个秩(顺序),秩从 1 到 $n$,这里的 $n$ 是侧面数。较低的秩代表较高的偏爱。

③ SCORE 每个数据点是赋予该侧面的偏好分数,以侧面 1 的偏好分数开始,其后是侧面 2 的偏好分数,依次类推。例如,要求被访者给出 1~100 的值以表明他们对该侧面的喜爱程度,高偏好分数对应高偏爱,就是这样的数据类型。

**7. SUBJECT 子命令用于指定一个标识变量**

如果通过 SUBJECT 子命令指定一个标识变量,那么所有这个变量具有相同值的观测将被组合以便估计效应。

(1) 如果没有使用 SUBJECT 子命令,那么所有数据都将被假设来自一个被访者,输出并仅显示一组摘要。

(2) SUBJECT 后面跟着变量名,该变量的值用于标识被访者,或者一组被访对象。

**8. FACTORS 子命令用于指定要分析的每个因素与秩或分数相关的类型**

(1) 如果没有使用 FACTOR 子命令,那么对所有因素被假设为离散模型。

(2) 设计文件中的所有变量,除了 CARD_和 STATUS_都被作为因素变量,即使它们没有在 FACTOR 子命令中出现。

(3) FACTOR 后面跟着变量列表、模型和括号中的模型说明,该说明描述的是秩或分数与变量列表的因素水平间的期望关系。

(4) 模型说明由模型名和指定模型的选项组成,DISCRETE 模型、LINEAR 模型的选项 MORE 或 LESS 关键字表明期望关系的趋势,还可以指定值和值标签。

(5) MORE 和 LESS 关键字对估计效应不起作用。它们被简单地用作识别那些估计与期望的趋势不一致的观测(被访者)。4 个可用的模型如下。

① DISCRETE(离散)模型:因素水平是分类的,不进行因素和分数或秩之间关系的假设。这个设置是默认的。在 DISCRETE 后面指定关键字 MORE,表明因素的较高水平被期望更偏爱;指定关键字 LESS,表明因素的较低水平被期望更偏爱。

② LINEAR(线性)模型:线性关系描述的偏好。假设期望分数或秩与因素水平的关系是线性的。在 LINEAR 后面指定关键字 MORE,表明因素的较高水平被期望更偏爱;指定关键字 LESS,表明因素的较低水平期望更偏爱。

③ IDEAL（理想）模型：用二次关系描述渐减的偏好。假设期望分数或秩与因素水平间是二次关系。它假设存在一个理想的因素水平，其他因素水平与这个理想点的距离，在任意一个方向上都与渐减的偏好相联系。用这个模型描述的因素应至少有 3 个水平。

④ ANTIIDEAL（反理想）模型：用二次关系描述渐增的偏好。假设期望分数或秩与因素水平间是二次关系。它假设存在一个最差的因素水平，其他因素水平与这个最差点的距离，在任意一个方向上都与渐增的偏好相联系。用这个模型描述的因素应该至少有 3 个水平。

（6）对那些没有列在 FACTOR 子命令中的变量，都假设为 DISCRETE 模型，即无模型假设。

（7）当 MORE 或 LESS 关键字与 DISCRETE 或 LINEAR 一起使用时，当期望的趋势不出现（发生）时，会给出注释。

（8）IDEAL 和 ANTIIDEAL 两者都生成因素的二次方程，唯一的差别是从与特定点出发，偏好是增加还是减少。对这两个模型的效应估计都相同。当期望的模型不存在时，会给出提示。

（9）选择的值和值标签列表允许记录数据和（或）修改值标签。新值以它们出现在值列表中的顺序以最小的现有值开始替换已经存在的值。若新值没有指定给一个已经存在的值，则该值保持不变。

（10）新值标签在引号中指定。没有新标签的新值保持现有标签；新值标签按照出现顺序赋予新值，如果没有新值赋予它，则新值标签以最小的存在的值开始。

（11）对每个记录的因素显示一个标签，显示原始的记录值和值标签。

（12）如果因素水平是离散的分类代码（如 1、2、3），那么这些值就是 CONJOINT 在计算中使用的值，即使值标签包含实际值（如 600、800、1000），但值标签不会用于计算。用户可以用上述值重新编码，改变代码为实际值。重新编码不会影响 DISCRETE 因素但是改变了 LINEAR、IDEAL 和 ANTIIDEAL 因素的系数。

（13）对变量的描述输出顺序是所有的 DISCRETE 变量、LINEAR 变量、IDEAL 变量和 ANTIIDEAL 变量出现在 FACTOR 子命令中的顺序。

### 9．PRINT 子命令用于控制输出的内容

PRINT 子命令用于控制输出是否包括对试验数据、模拟数据的分析结果，或两种都包括，或没有输出。可以使用的关键字如下。

（1）ANALYSIS：输出仅包括试验数据的分析结果。

（2）SIMULATION：仅输出模拟数据的分析结果。3 个模拟模型是最大效应模型、Bradley-Terry-Luce（BLT）模型和对数模型。

（3）SUMMARYONLY：输出仅包括综合性概述。如果被访者很多，就可以输出综合概述，没必要对每个被访者都有输出。

（4）ALL：输出包括试验数据和模拟数据的分析。ALL 是系统默认值。

（5）NONE：没有输出内容。当仅想把分析结果写到效应文件时，使用该关键字。

### 10．UTILITY 子命令用于把效应分析结果写到指定的 SPSS 数据文件中

（1）如果程序中没有 UTILITY 子命令，就没有效应文件输出。

（2）UTILITY 后面跟着要输出的效应文件名。

（3）该文件使用操作系统惯用的指定方法指定。

（4）效应文件对每个被访者有一个观测。如果没有使用 SUBJECT 子命令，效应文件包括一个单独的观测的统计量，把这组观测作为一个整体。

（5）写到效应文件中的变量按下列顺序安排。

① 当前数据集中的任意一个 SPLIT FILE 变量。

② 任意一个 SUBJECT 变量。

③ 回归方程的常数项。对应的变量名为 CONSTANT。

④ 对 DISCRETE 变量，给出被访者估计所有效应。对所有 DISCRETE 变量估计的变量名为因素名加数字构成。第一个效应对应的变量名后面是 1，第二个效应对应的变量名后面为 2，依次类推。

⑤ 对于 LINEAR 变量，给出单个系数。LINEAR 变量的效应名是变量名后面加_L（预测分数的计算是因素值乘系数）。

⑥ 由于 IDEAL 或 ANTIIDEAL 是二次模型，所以给出两个系数。系数变量名的命名是在因素名后面分别加_L（一次项系数）和_Q（二次项系数）构成的（要使用这些系数计算预测分数，需用因素值乘以第一个系数加上第二个系数与因素值的平方的乘积）。

⑦ 对设计文件中的所有侧面估计秩或分数。估计的秩或分数的名字对试验和保留侧面用 SCOREn，对模拟侧面用 SIMULn。其中，n 是在设计文件中的位置顺序。即使数据是秩，试验侧面和保留侧面的名字也是 SCORE。

如果生成的变量名太长，在添加新后缀之前，从原始变量名末尾截掉字母。

### 11．PLOT 子命令

执行 PLOT 子命令，除 CONJOINT 产生的输出外，还生成图形。下面是可以用作子命令参数的关键字。

（1）SUMMARY：对所有变量产生重要性价值条形图和每个变量的效应条形图。如果在使用 PLOT 子命令时没有给出关键字，那么该关键字是默认的。

（2）SUBJECT：对每个因素的重要性价值绘制一簇条形图，由被访者构成簇，每个因素下的一簇条形图，表明每个因素水平、每个被访者的效应。如果没有 SUBJECT 子命令指定变量名，就不产生图形，并显示警告信息。

（3）ALL：绘制 SUMMARY 和 SUBJECT 两种图。

（4）NONE：不产生任何图形。如果该子命令被省略，那么该设置为默认设置。

## 6.4.2　结合分析语句实例

【例6】 一个结合分析程序的基本结构。

```
CONJOINT PLAN='/DATA/CARPLAN.SAV'                                ①
/FACTORS=WEIGHT (LINEAR MORE) WARRANTY (DISCRETE MORE)
 PRICE (LINEAR LESS)                                             ②
/SUBJECT=SUBJ                                                    ③
/RANK=RANK1 TO RANK15                                            ④
/UTILITY='UTIL.SAV'.                                             ⑤
```

① PLAN 子命令指定外部 SPSS 数据文件 CARPLAN.SAV 作为设计文件，它包括全概念侧面。因为没有 DATA 子命令，所以假设当前数据文件包括这些侧面被访者评价的数据。

② FACTORS 子命令指定因素被期望与秩联系的方法。例如，重量被期望与秩线性相关，则有较大重量的酸奶将得到较低的秩（更被偏爱）。WARRANTY 变量表明保质期，程序假设它为离散型，MORE 表明保质期越长，数值越大，偏爱程度越高；而价格变量 PRICE 与秩间是线性关系，LESS 表明值越高，偏爱程度越低。

③ SUBJECT 子命令指定数据集中的 SUBJ 变量作为标识变量。该变量值相同的观测被认为是同一个观测，程序将它们组合在一起进行效应估计。

④ RANK 子命令指定每个数据点是特定侧面的秩，共有 15 个变量对应这些秩值，而且在包括这些秩的当前数据集中识别这些变量。

⑤ UTILITY 子命令把输出结果写入一个外部 SPSS 数据文件，文件名为 UTIL.SAV。该文件包括每个被访者的效应估计和有关的统计量。

以上程序表明，一个基本的结合分析程序的结构应该明确设计文件、调查数据文件的位置或名称。在调查数据文件中一定要有观测的标识变量，否则就会把所有观测当作一个被访者的数据来处理。

使用 FACTORS 子命令指定因素变量虽然可以省略，省略的结果是程序会把设计文件中除 STATUS_变量、CARD_变量外的变量作为因素变量，但是在探讨秩或分数与因素间的关系时不可以没有 FACTORS 子命令。

【例7】 本例仍然使用酸奶偏好研究的思路。主要注意与 CONJOINT 命令有关的数据来源与文件指定。

```
DATA LIST FREE /CARD_ WARRANTY WEIGHT CASING STATUS_.    ①
BEGIN DATA                                                ②
1 5 1 600 2
2 5 2 600 2
3 3 2 800 2
4 3 1 1000 2
END DATA.                                                 ③
ADD FILES FILE='/DATA/YUGPLAN.SAV'/FILE=*.                ④
CONJOINT PLAN=*                                           ⑤
/DATA='/DATA/YUGDATA.SAV'                                 ⑥
/FACTORS= WEIGHT (LINEAR) WARRANTY (MORE)                 ⑦
/SUBJECT=SUBJ /RANK=RANK1 TO RANK15                       ⑧
/PRINT=SIMULATION.                                        ⑨
```

① DATA LIST 定义了 5 个变量：CARD_标识变量、3 个因素变量和 STATUS_变量。

② BEGIN DATA 和③ END DATA 间的数据是 4 个模拟侧面。每个侧面包括一个 CARD_标识号和感兴趣的因素水平的特殊组合。这 4 个侧面被生成在"数据编辑器"窗口中，成为当前数据文件。

所有侧面（观测）的 STATUS_变量值都为 2。CONJOINT 认为变量 STATUS_=2 的侧面是模拟侧面。

④ ADD FILES 命令是合并数据文件的过程命令语句，命令后面必须跟 FILE=，以指

定一个数据文件，本例为 YUGPLAN.SAV。用 FILE=*子命令指定当前数据文件。注意，当前数据文件在 ADD FILES 命令的最后指定，所以模拟侧面数据附加在 YUGPLAN.SAV 的末尾，构成新的当前数据集。

⑤ CONJOINT 后的 PLAN 子命令定义这个新的当前数据集作为设计文件。

⑥ DATA 子命令指定了一个 CONJOINT 要分析的数据文件 YUGDATA.SAV。

⑦ FACTORS 子命令用括号中的参数说明括号前面的变量。指定因素 WEIGHT 与秩数据的预期关系是线性关系（LINEAR）；而保质期 WORRANTY 是离散数据（DISCRETE），与秩数据的预期关系是保质期越长数值越大，偏爱程度越高（MORE）。

⑧ SUBJECT 子命令和 RANK 子命令的语句形式和功能与例 1 相同。

⑨ PRINT 子命令指定只输出模拟观测的分析结果。

【例 8】 这是一个有关汽车的偏好分析研究的例子。因素有 WARRANTY 保质期（1 年、3 年、5 年 3 个水平）、SEATS 座位数（2 座、4 座 2 个水平）、PRICE 价格（7000 美元、10000 美元、14000 美元 3 个水平）、SPPED 最高速度（70mile/h、100mile/h、130mile/h）。被访者对设计文件中的 15 个侧面排秩，秩值为 1～15。秩数据由如下程序输入、运行并保存在数据文件中，设计的 15 个侧面数据也由程序输入、运行并保存在工作数据文件中。

```
DATA LIST FREE /SUBJ RANK1 TO RANK15.                    ①
BEGIN DATA                                                ②
01 3 7 6 1 2 4 9 12 15 13 14 5 8 10 11
02 7 3 4 9 6 15 10 13 5 11 1 8 4 2 12
03 12 13 5 1 14 8 11 2 7 6 3 4 15 9 10
04 3 6 7 4 2 1 9 12 15 11 14 5 8 10 13
05 9 3 4 7 6 10 15 13 5 12 1 8 4 2 11
50 12 13 8 1 14 5 11 6 7 2 3 4 15 10 9
END DATA.                                                 ③
SAVE OUTFILE='/DATA/RANKINGS.SAV'.                        ④
DATA LIST FREE /CARD_ WARRANTY SEATS PRICE SPPED .        ⑤
BEGIN DATA                                                ⑥
1  1 4 14000 130
2  1 4 14000 100
3  3 4 14000 130
4  3 4 14000 100
5  5 2 10000 130
6  1 4 10000 070
7  3 4 10000 070
8  5 2 10000 100
9  1 4 07000 130
10 1 4 07000 100
11 5 2 07000 070
12 5 4 07000 070
13 1 4 07000 070
14 5 2 10000 070
15 5 2 14000 130
END DATA.                                                 ⑦
```

```
            CONJOINT PLAN=* /DATA=' RANKINGS.SAV'                    ⑧
            /FACTORS=PRICE (ANTIIDEAL)SPEED (LINEAR)
            WARRANTY (DISCRETE MORE)                                 ⑨
            /SUBJECT=SUBJ /RANK=RANK1 TO RANK15.                     ⑩
```

① 第一个 DATA LIST 定义了 16 个变量，第 1 个变量是观测号变量 SUBJ，其后的 15 个变量是被访者评价的秩，命名为 RANK1～RANK15。

② BEGIN DATA 和③ END DATA 指定产生包含秩的数据文件。

④ 由 BEGIN DATA–END DATA 指定产生的数据文件保存在外部文件 RANKINGS.SAV 中。

⑤ 第二个 DATA LIST 定义的是正交试验设计中的 4 个因素变量和 1 个 CARD_变量。

⑥和⑦ 第二个 BEGIN–END DATA 共指定了 15 个有侧面数据，没有保存语句跟在后面，所有运行后的结果显示在"数据编辑器"窗口中，即作为当前数据文件。

⑧ CONJOINT 命令后的 PLAN=* 指定用工作数据文件作为设计文件；DATA 子命令指定用外部数据文件 RANKINGS.SAV 作为待分析的数据文件。

⑨ FACTORS 子命令假设价格因素 PRICE 水平与秩值是倒二次关系，存在一个被访者认为最差的价格水平，其他价格水平的偏好都高于此水平；假设速度因素 SPEED 水平值与秩值之间是线性关系；假设保质期因素是离散的，保质期越长，秩值越高，即更加偏爱。

⑩ SUBJECT 子命令，定义在数据文件中，被访者识别号变量为 SUBJ；RANK 子命令定义秩值变量是 RANK1～RANK15。

上述程序的最后三行⑧～⑩可以写成如下形式：

```
            CONJOINT PLAN=* /DATA=' RANKINGS.SAV'
            /FACTORS=PRICE (ANTIIDEAL) WEIGHT (LINEAR) WARRANTY (DISCRETE MORE)
            /SUBJECT=SUBJ  /RANK=RANK1 TO RANK15.
```

需要说明的是：

① RANK 子命令指定的数据是按排号顺序安排的侧面的秩。SUBJ 后面的第一个数据点是变量 RANK1，它是第一个被访者给第一个侧面的秩。

② 在设计文件中有 15 个侧面，所以必须有 15 个秩变量。

③ 本例使用 TO 关键字来指示有 15 个秩变量。

【例 9】 仍然是汽车的偏好研究，主要注意 FACTORS 子命令的赋值功能。

```
            CONJOINT DATA='DATA.SAV'                                 ①
            /FACTORS=PRICE (LINEAR LESS) WEIGHT (IDEAL 70 100 130)
            WARRANTY (DISCRETE MORE)                                 ②
            /SUBJECT=NO                                              ③
            /RANK=RANK1 TO RANK15.                                   ④
```

① CONJOINT 命令使用 DATA 指定数据文件。该文件至少包括 16 个变量，除了 RANK1～RANK15 外的变量应该是③中 SUBJECT 子命令指定的变量 NO，是观测号。

② FACTOR 子命令指定期望相关。期望价格和秩间是线性相关的，所以较高的价格偏好较低（高秩）。期望在速度水平与秩间是二次相关的，期望较长的保证期与较大的偏好（低秩）对应。

③ WEIGHT 因素有一个新值列表。如果原来的值为代码 1、2、3，那么以 70 代替

1,以 100 代替 2,以 130 代替 3。

任何设计文件中没有列在 FACTOR 子命令中的变量,除 CARD_和 STATUS_外,都使用 DISCRETE 模型。

## 6.5 结合分析实例

### 6.5.1 课题分析与正交试验设计

【例 10】 本例研究地毯吸尘器的顾客偏好。

1)课题内容与因素、因素水平的选择

这是一个流行的结合分析的例题。一个公司对地毯吸尘器的销售感兴趣,希望调查 5 个影响消费者偏好的因素,包装设计、商标名称、价格、好管家封条、货币式售后保证。经过认真考虑,包装设计有 3 个水平,每个水平表明刷子的不同位置;商标名字有 3 个水平(K2R、Glory、Bissell);价格有 3 个水平;好管家封条 2 个水平(是、否);货币式售后保证有 2 个水平(是、否)。表 6-4 所示为地毯吸尘器研究中的变量名与变量标签。表 6-5 所示为各变量的值和值标签。

表 6-4 地毯吸尘器研究中的变量名与变量标签

| 变量名 | 变量标签 |
|---|---|
| package | 包装设计 |
| brand | 商标名称 |
| price | 价格 |
| seal | 好管家封条 |
| money | 货币式售后保证 |

表 6-5 各变量的值和值标签

| 因素 | 值 | 值标签 |
|---|---|---|
| package | 1, 2, 3 | A*, B*, C* |
| brand | 1, 2, 3 | K2R, Glory, Bissell |
| price | 1.19, 1.39, 1.59 | $1.19, $1.39, $1.59 |
| seal | 1, 2 | yes,no |
| money | 1, 2 | yes,no |

或许还有其他因素和因素水平描述地毯清洁器,但是管理者只对这些因素和因素水平感兴趣。对结合分析来说这一点很重要。要选择的参与研究的因素必须是认为最影响偏好的因素变量。使用结合分析,将开发出基于这 5 个因素的顾客偏好模型。

结合分析的第一步是产生一个展现在被访者面前的产品侧面的因素水平组合。即使很少的因素数和每个因素很少的水平数,也会导致一个处理不了的产品侧面的数量。

因此需要产生典型的子集,即正交试验设计的安排。

生成正交试验设计程序产生正交安排还涉及正交试验设计及保存信息到 SPSS 文件中。运行生成正交试验设计程序前有一个当前数据集不是必需的。如果没有当前数据集,那么可以选择生成一个,产生变量名、变量标签,并在对话框选项中选择值标签。如果已有当前数据集,那么可以代替它,或者保存正交试验设计作为一个 SPSS 数据文件。

下面的操作产生正交试验设计数据。在操作前"数据编辑器"窗口是空的(SPSS 20 不要求)。

2)正交试验设计操作过程

(1)按"数据→正交设计→生成"顺序单击,打开"生成正交设计"对话框。

(2)定义因素变量名及其标签。

将表 6-4 中的第 1 个变量名 Package 输入"因子名称"框,将其变量标签包装设计输入"因子标签"框,单击"添加"按钮,送入大矩形框。在矩形框内显示"Package'包装设计'(?)"。

再将表 6-4 中第 2 个变量名 Brand 和标签商标名称分别输入"因子名称"框和"因子标签"框,单击"添加"按钮,送入大矩形框,在矩形框内显示"Brand'商标名称'(?)"。以此类推,定义所有变量为因素变量,并定义它们的标签。具体操作参见 6.2.3 节相关内容。

(3)定义各因素变量的值和值标签。

以定义第一个变量的值和值标签为例来说明操作。

在矩形框中选择第一项"Package'包装设计'(?)",单击大矩形框下面的"定义值"按钮,打开"生成设计:定义值"对话框。在"值"列的第 1 行、第 2 行、第 3 行对应位置分别输入 1、2、3,在"标签"列的第 1 行、第 2 行、第 3 行对应位置分别输入值标签 A*、B*、C*。单击"继续"按钮,返回"生成正交设计"对话框。

在"生成正交设计"对话框中,在第 1 个变量定义的位置显示"Package'包装设计'(1'A*' 2'B*' 3'C*')"。按上述操作定义所有变量的值标签。

(4)在"生成正交设计"对话框中选择"数据文件"栏中的"创建新数据集"单选按钮,并在"数据集名称"框中输入"data6-03 地毯清洁器调查设计"。系统会把设计结果显示在一个新的"数据编辑器"窗口中。

(5)指定随机数种子。勾选"将随机数种子重置为"复选框,并在后面的框中输入2000000。

(6)指定生成设计的观测数。单击"生成正交设计"对话框中的"选项"按钮,打开"生成正交设计:选项"对话框。

① 在"要生成的最小个案数"框中输入 18。因为最小观测数是 16,根据需要,要求多 2 个侧面,所以输入 18。要求产生 18 种水平组合的侧面数据。

② 在"坚持个案"栏中勾选"坚持个案数"复选框,并在后面的框中输入保留侧面数 4。

单击"继续"按钮,返回"生成正交设计"对话框。在"生成正交设计"对话框中单击"确定"按钮,提交系统执行。

(7)在"数据编辑器"窗口中生成设计结果,如图 6-17(a)所示,其中第 1~18 个观测是设计侧面,第 19~22 是保留侧面;图 6-17(b)比图 6-17(a)多 2 个观测,其STATUS_值为 2,即是模拟侧面。模拟侧面是手工输入的数据。

在图 6-17 中变量 STATUS_值为 0 的是试验侧面,变量 STATUS_值为 1 的是保留侧面,标签为支持。在原设计结果中再输入 2 个模拟观测,其 STATUS_变量的值是 2。将该数据集保存为名为 A.sav 的数据文件。

待打印调查卡片和存档列表后,保存为外部文件,文件名为 data6-03 地毯清洁器调查设计.sav。

(8)生成设计文件后,还应对生成的侧面进行查重。如果保留侧面、模拟侧面与试验侧面有重复,就重复上述操作,直到所有侧面没有重复为止。虽然这种保留侧面与试验侧面重复的现象是偶尔出现的,但是每次试验设计结束后都要进行查重,以保证设计无误。查重使用"数据"菜单的标识重复个案功能。SPSS 26 由系统自动查重,并给出警告信息。

本例运行后没有出现有重复侧面的警告信息。人为加入的模拟侧面数据已经经过查重，没有重复的观测。

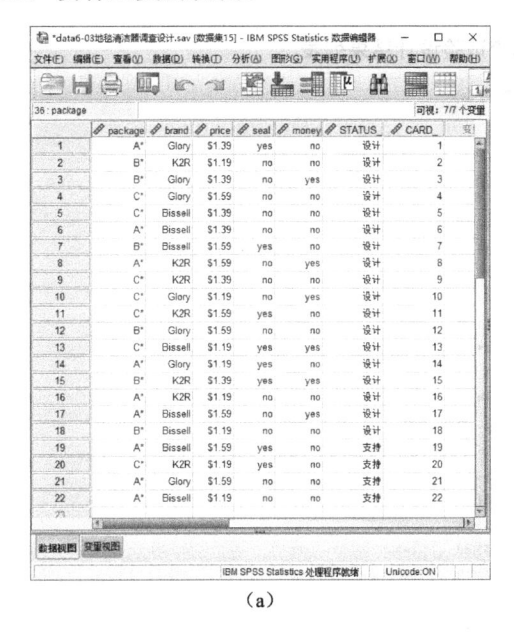

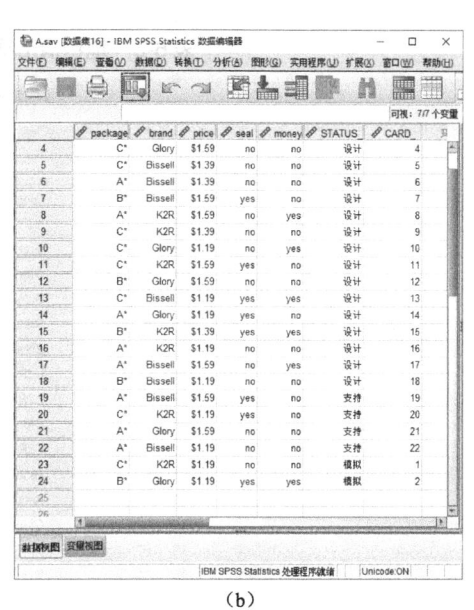

(a)　　　　　　　　　　　　　　(b)

图 6-17　地毯清洁器调查设计结果

## 6.5.2　调查准备与调查

（1）将设计文件打印成调查用的卡片和需要存档的文件。

① 按"数据→正交设计→显示"顺序单击，打开"显示设计"对话框。

② 在左侧的原始变量列表中选择 package、brand、price、seal、money 五个因素变量，将其移到右侧的"因子"栏中。

③ 在"格式"栏选择两种打印格式：以试验者列表格式和卡片格式输出。

④ 在"显示设计"对话框中单击"标题"按钮，打开"显示设计：标题"对话框。在"概要标题"框内进行如下操作。

第 1 行空出，因为第 1 行会有系统默认的标题出现。按回车键后，从第 2 行开始输入打印的标题。本例输入的标题是"《地毯清洁器调查》"。

在"概要脚注"框中输入提示"请检查填写的序号是否有重复！"和感谢语"谢谢参与！"

单击"继续"按钮，返回"显示设计"对话框。在"显示设计"对话框中单击"确定"按钮，提交系统运行。输出结果如表 6-6 和表 6-7 所示。

表 6-6　试验侧面与保留侧面卡片例 1　　　表 6-7　试验侧面与保留侧面卡片例 22

| 卡 ID | package design | brand name | price | Good Housekeeping seal | money-back guarantee |
|---|---|---|---|---|---|
| 1 | A* | Glory | $1.39 | yes | no |

请检查所填写的序号是否有重复：
谢谢参与！

| 卡 ID | package design | brand name | price | Good Housekeeping seal | money-back guarantee |
|---|---|---|---|---|---|
| 22 | A* | Bissell | $1.19 | no | no |

请检查所填写的序号是否有重复：
谢谢参与！

（2）调查。表 6-8 所示为地毯清洁器调查试验设计结果列表，将该表存档，这是该项目的研究设计结果，前 18 个观测是正交试验设计结果，还有 4 个保留侧面和 2 个模拟侧面。

表6-8　地毯清洁器调查试验设计结果列表

《地毯清洁器调查》

| 卡ID | | package design | brand name | price | Good Housekeeping seal | money-back guarantee |
|---|---|---|---|---|---|---|
| 1 | 1 | A* | Glory | $1.39 | yes | no |
| 2 | 2 | B* | K2R | $1.19 | no | no |
| 3 | 3 | B* | Glory | $1.39 | no | yes |
| 4 | 4 | C* | Glory | $1.59 | no | no |
| 5 | 5 | C* | Bissell | $1.39 | no | no |
| 6 | 6 | A* | Bissell | $1.39 | no | no |
| 7 | 7 | B* | Bissell | $1.59 | yes | no |
| 8 | 8 | A* | K2R | $1.59 | no | yes |
| 9 | 9 | C* | K2R | $1.39 | no | no |
| 10 | 10 | C* | Glory | $1.19 | no | yes |
| 11 | 11 | C* | K2R | $1.59 | yes | no |
| 12 | 12 | B* | Glory | $1.59 | no | no |
| 13 | 13 | C* | Bissell | $1.19 | yes | yes |
| 14 | 14 | A* | Glory | $1.19 | no | no |
| 15 | 15 | B* | K2R | $1.39 | yes | yes |
| 16 | 16 | A* | K2R | $1.19 | no | no |
| 17 | 17 | A* | Bissell | $1.59 | no | yes |
| 18 | 18 | B* | Bissell | $1.19 | no | no |
| 19[a] | 19 | A* | Bissell | $1.59 | yes | no |
| 20[a] | 20 | C* | K2R | $1.19 | yes | no |
| 21[a] | 21 | A* | Glory | $1.59 | no | no |
| 22[a] | 22 | A* | Bissell | $1.19 | no | no |
| 23[b] | 1 | C* | K2R | $1.19 | no | no |
| 24[b] | 2 | B* | Glory | $1.19 | yes | yes |

请检查所填写的序号是否有重复！
谢谢参与！
a. 保持
b. 模拟

将表6-6和表6-7所示的卡片打印多份（每份22张卡片），用于市场调查。让每个被访者认真浏览22张卡片后，按从最喜欢到最不喜欢的顺序排序，最喜欢的标1，次之的标2，依次类推，最不喜欢的标22。得到数据后，输入"数据编辑器"窗口中，形成数据文件，如图6-18所示。

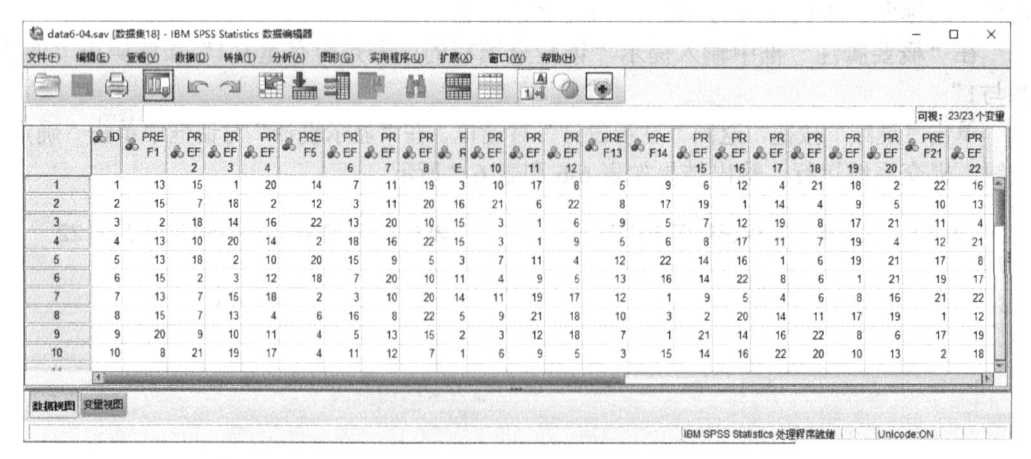

图6-18　调查数据文件

对每个被访者建立 1 个观测，每个观测有 1 个标识号，即顺序号；另外 22 个变量分别是被访者对 22 个侧面的排序结果，由于无重复，因此可以认为每张卡片上标的都是被访者给出的卡片所示侧面的秩。输入数据后的"数据编辑器"窗口如图 6-18 所示，数据保存在数据文件 data6-04 中。

### 6.5.3 结合分析编程与结果分析

#### 1. 安排数据文件和设计文件

在"数据编辑器"窗口中打开数据文件 data6-04，作为结合分析的数据文件。

设计文件保存在 E:\SPSS26.0\数据\第 6 章数据\data6-03 地毯清洁器调查设计.sav 中。

#### 2. 程序清单

```
 CONJOINT PLAN=' E:\SPSS26.0\数据\第 6 章数据\data6-03 地毯清洁器调查设计.sav '
     /DATA=*   /SEQUENCE=PREF1 TO PREF22   /SUBJECT=ID
     /FACTORS=PACKAGE BRAND (DISCRETE) PRICE (LINEAR LESS)
      SEAL (LINEAR MORE) MONEY (LINEAR MORE)
     /PRINT=SUMMARYONLY.
```

#### 3. 程序解释

（1）PLAN 子命令指定设计文件的位置和文件名。

**注意**：用户在运行程序时只有在 PLAN 子命令中给出文件存储路径，程序才能正常执行。

（2）DATA 子命令指定调查数据文件显示在"数据编辑器"窗口中。

（3）SEQUENCE 子命令指定变量 PREF1～PREF22 对应表示最喜欢的侧面号至最不喜欢的侧面号，如第一个观测的 PREF1 的值就是第一个被访者最喜欢的侧面号。

（4）SUBJECT 子命令指定观测的标识变量为 ID。

（5）FACTORS 子命令指定 5 个因素变量是设计文件中除变量 CARD_、变量 STATUS_外的所有变量。指定这些变量与秩的预期关系：价格变量 PRICE、好管家封条变量 SEAL、货币式售后保证 MONEY 与秩预期均为线性关系。PRICE 与秩的线性预期参数是 LESS，表明预期的价格越低秩越低偏爱程度越高。好管家封条变量的值标签，1 代表 no，2 代表 yes，SEAL 与秩的线性预期参数是 MORE，表明预期被访者更偏爱有好管家封条的产品。同理，预期被访者更偏爱有货币售后保证的产品。

（6）PRINT 子命令指定只打印综合分析表。

#### 4. 运行结果

运行结果如表 6-9～表 6-17 所示。

#### 5. 结果解释

表 6-9 所示为模型描述，列出了每个变量的水平数和与秩或得分的相关性，该表下面还给出了对试验设计正交性的检验结果。本例的设计经检验为正交试验设计。

表 6-10 所示为整体效应估计。与预期一样，在价格与效应之间存在负相关关系。较

高的价格与较低的效应相关（大的负值意味着较低的效应）；好管家封条或货币售后保证与较高的效应相关，有的比没有的效应更高。

表 6-9　模型描述

模型描述

| | 级别数 | 与秩或得分的关系 |
|---|---|---|
| package | 3 | 离散 |
| brand | 3 | 离散 |
| price | 3 | 线性（更少） |
| seal | 2 | 线性（更多） |
| money | 2 | 线性（更多） |

所有因子都是正交因子。

表 6-10　整体效应估计

实用程序

| | | 实用程序估算 | 标准误差 |
|---|---|---|---|
| package | A* | -2.233 | .192 |
| | B* | 1.867 | .192 |
| | C* | .367 | .192 |
| brand | K2R | .367 | .192 |
| | Glory | -.350 | .192 |
| | Bissell | -.017 | .192 |
| price | $1.19 | -6.595 | .988 |
| | $1.39 | -7.703 | 1.154 |
| | $1.59 | -8.811 | 1.320 |
| seal | no | 2.000 | .287 |
| | yes | 4.000 | .575 |
| money | no | 1.250 | .287 |
| | yes | 2.500 | .575 |
| (常量) | | 12.870 | 1.282 |

表 6-10 中列出了所有因素的各水平的效应，因此可以从各因素中选择 1 个水平，组合成感兴趣的侧面，这个侧面不一定是在设计中出现的侧面。在表中查出它们的效应，加在一起即可得出该组合的总效应。

例如，包装设计为 B*、商标为 Bissell、价格为 1.59、没有好管家封条和货币式售后保证的清洁器的总效应是

$$\text{utility(package B*)} + \text{utility(Bissell)} + \text{utility(\$1.59)} +$$
$$\text{utility(no seal)} + \text{utility(no money)} + \text{constant}$$
$$= 1.867 + (-0.017) + (-8.811) + 2.000 + 1.250 + 12.870$$
$$= 9.159$$

包装设计为 C*、商标为 K2R、价格 1.39、有认可的好管家封条和货币式售后保证的清洁器的总效应是 $0.367 + 0.367 + (-7.703) + 4.000 + 2.500 + 12.870 = 12.401$。

对于上述两种地毯清洁器，顾客更偏爱后者。

进一步还可以计算顾客最不喜欢的组合和最喜欢的组合，显然最喜欢的组合是包装为 B*、商标为 K2R、价格为 1.19、有好管家封条和货币式售后保证。对商家来说，还应与综合考虑利润。可能选择的商品是在保证利润的前提下，总效应比较高的。

表 6-11 所示为重要性值，提供了每个因素相对重要性的测量，即重要性分数或重要性值。该值的计算方法是先对每个被访者计算每个因素的效应范围，除以所有因素的效应范围的总和，用百分比表示；再对所有受试者的该因素效应取平均值。重要性值高的因素对于顾客来说更重要。

如果没有 SUBJECT 子命令，就不对每个被访者进行计算，而是将整个数据文件看作一个被访者计算总效应。重要性计算与对一个被访者进行的计算一样。

当使用了 SUBJECT 子命令时，对每个单独的被访者是被平均的，这些平均的重要性将不会与那些使用总效应的计算一致。

表 6-11 结果表明包装设计对整体偏好的影响最大，这意味在产品侧面间存在大的偏好差异，包括最小的包装要求；还表明货币式售后保证在整个决定偏好中重要性最小，价

格是个有重要意义的角色，但是不如包装设计重要，这或许是因为价格水平之间的差距不是很大。

表 6-12 所示为回归系数，表明 LINEAR 指定的因素的线性回归系数（程序中没有指定二次模型 IDEAL 和 ANTIIDEAL；如果指定了，或许存在二次项）。特定因素水平的效应由水平与系数相乘来确定。例如，对价格 price 为$1.19 的预期效应为表 6-10 中的-6.595，是简单地把价格的水平值 1.19，乘以价格系数-5.542 的结果。

表 6-13 所示为重要性值，提供了两个统计量：皮尔逊相关系数和肯德尔 tau 相关系数，是观测的和估计参数之间的相关测量。表 6-13 中还对保留侧面显示了肯德尔 tau 相关系数。本例有 4 个保留侧面，是由课题决定的，没有被结合分析过程用来估计效应，结合分析过程对这些侧面计算观测的和预测的秩间的相关系数用于对效应有效性进行检验。

表 6-11 重要性值

| 重要性值 | |
|---|---|
| package | 35.635 |
| brand | 14.911 |
| price | 29.410 |
| seal | 11.172 |
| money | 8.872 |

平均重要性得分

表 6-12 回归系数

系数

| | B 系数估算 |
|---|---|
| price | -5.542 |
| seal | 2.000 |
| money | 1.250 |

表 6-13 相关性检验

相关性[a]

| | 值 | 显著性 |
|---|---|---|
| 皮尔逊 R | .982 | .000 |
| 肯德尔 tau | .892 | .000 |
| 用于坚持的肯德尔 tau | .667 | .087 |

a. 实测偏好与估算偏好之间的关联

在许多结合分析中，参数的数量与设计的侧面数关系密切。这会使观测的和预测的分数间的相关人为地膨胀（增高）。在这种情况下，保留侧面的相关可能会给出比较好的对模型拟合的指示。需要注意的是，保留侧面将会产生比较低的相关。

表 6-14 所示为模拟侧面偏好分数，表 6-15 所示为模拟侧面的偏好概率。模拟侧面是人为输入的两个感兴趣的侧面，不是设计自动生成的，所以在计算估计效应时没有使用这两个侧面。

表 6-14 模拟侧面偏好分数

模拟偏好得分

| 卡号 | ID | 得分 |
|---|---|---|
| 1 | 1 | 10.258 |
| 2 | 2 | 14.292 |

表 6-15 模拟侧面偏好概率

模拟偏好概率[b]

| 卡号 | ID | 最大实用程序数[a] | Bradley-Terry-Luce | 分对数 |
|---|---|---|---|---|
| 1 | 1 | 30.0% | 43.1% | 30.9% |
| 2 | 2 | 70.0% | 56.9% | 69.1% |

a. 包括绑定模拟

b. 在布兰得科-特里-卢斯方法和分对数方法中使用了 10 个主体中的 10 个主体，这是因为这些主体的得分都是非负数。

本例中的两个模拟侧面如下。

① 包装 package 水平为 C*，商标 brand 水平为 K2R，价格 price 水平为$1.19，好管家封条和货币式售后保证均为 no。

② 包装 package 水平为 B*，商标 brand 水平为 Glory，价格 price 水平为$1.19，好管家封条和货币式售后保证均为 yes。

查表 6-10 中的各因素水平的效应估计值，相加得到

模拟观测量①的效应值为 0.367+0.367-6.595+2+1.25+12.870=10.259；

模拟观测量②的效应值为 1.867–0.35–6.595+ 4+2.5+12.870=14.292。

表 6-15 给出了 3 种模型预测每个模拟侧面可能成为顾客最喜爱的一种属性组合的可能性。可以看出，任何一种模型预测的结果都是第 2 个模拟侧面的概率大于第 1 个模拟侧面。因此选择第 2 个模拟侧面表达的属性组合作为最偏好的属性组合的可能性最大。

表 6-16 所示为逆转摘要。在 FACTORS 子命令中给出了对 3 个因素的预测模型类型：对价格因素的预测是线性模型，LESS 关键字给出了预测方向，即预测被访者对高价格有较低的偏爱；对好管家封条 seal 和货币式售后保证 money 两个因素的预测是线性模型，方向是关键字 MORE，预测对 yes（②）比 no（①）有更高的偏爱。有些被访者给出的秩表明偏爱与预期相反，程序会对这种情况进行记录和统计。表 6-16 显示，被访者选择与预期相反的情况发生一次的有 3 个被访者，发生 2 次的有 2 个被访者。

表 6-17 所示为逆相关统计，表明 3 个被访者对价格 price 因素不是认为越低越好；2 个被访者对货币式售后 money 因素不是认为有比没有更好；2 个被访者对好管家封条 seal 因素不是认为有比没有更好。由于包装 package、商标 brand 在 FACTORS 子命令中被指定为离散因素，所以不存在逆相关问题，统计数自然为 0。

表 6-16　逆转摘要

反转摘要

| 反转数 | 主体数 |
|---|---|
| 1 | 3 |
| 2 | 2 |

此表显示进行了给定次数反转的主体的数目。

表 6-17　逆相关统计

反转数

| 因子 | price | 3 |
|---|---|---|
| | money | 2 |
| | seal | 2 |
| | brand | 0 |
| | package | 0 |
| 主体 | 主体 1 | 1 |
| | 主体 2 | 2 |
| | 主体 3 | 0 |
| | 主体 4 | 0 |
| | 主体 5 | 0 |
| | 主体 6 | 1 |
| | 主体 7 | 0 |
| | 主体 8 | 0 |
| | 主体 9 | 1 |
| | 主体 10 | 2 |

表 6-17 中的主体（受访者）部分显示了逆相关发生在哪几个被访者身上，发生了几次。对这几个被访者的回答还可以进行详细研究。

6. 如果程序最后一个语句改变为/PRINT=ALL

如果程序最后一个语句改变为/PRINT=ALL 数据文件安排与其他语句全部与 2.程序清单中叙述的一样，那么输出还会包括对每个被访者数据的一一分析。对第 5 个被访者数据的分析输出如表 6-18 所示。

根据计算出的各因素各水平的效应与标准误差，表 6-18（a）所示为根据第 5 个被访者数据计算出的各因素效应估计值；表 6-18（b）所示为根据第 5 个被访者数据计算出的各因素重要性值；表 6-18（c）所示为根据第 5 个被访者数据计算出的 3 个线性模型因素的回归系数；表 6-18（d）所示为根据第 5 个被访者数据计算出的观测量的和估计参数间的相关测量，两个统计量为皮尔逊相关系数和肯德尔 tau 相关系数；表 6-18（e）所示为根据第 5 个被访者数据计算出的 2 个模拟侧面的偏好分数。

表 6-18 对第 5 个被访者数据的分析输出（以 ID=5 为例）

实用程序

| | | 实用程序估算 | 标准误差 |
|---|---|---|---|
| package | A* | -6.000 | .313 |
| | B* | 3.000 | .313 |
| | C* | 3.000 | .313 |
| brand | K2R | .167 | .313 |
| | Glory | -1.000 | .313 |
| | Bissell | .833 | .313 |
| price | $1.19 | -19.833 | 1.614 |
| | $1.39 | -23.167 | 1.886 |
| | $1.59 | -26.500 | 2.157 |
| seal | no | 1.000 | .470 |
| | yes | 2.000 | .940 |
| money | no | 1.000 | .470 |
| | yes | 2.000 | .940 |
| (常量) | | 30.000 | 2.095 |

(a)

重要性值

| package | 46.154 |
|---|---|
| brand | 9.402 |
| price | 34.188 |
| seal | 5.128 |
| money | 5.128 |

(b)

系数

| | | B 系数 | |
|---|---|---|---|
| | | 估算 | 标准误差 |
| price | | -16.667 | 1.357 |
| seal | | 1.000 | .470 |
| money | | 1.000 | .470 |

(c)

相关性 a

| | 值 | 显著性 |
|---|---|---|
| 皮尔逊 R | .991 | .000 |
| 肯德尔 tau | .957 | .000 |
| 用于坚持的肯德尔 tau | 1.000 | .021 |

a. 实测偏好与估算偏好之间的关联

(d)

模拟偏好得分

| 卡号 | ID | 得分 |
|---|---|---|
| 1 | 1 | 15.333 |
| 2 | 2 | 16.167 |

(e)

# 习 题 6

1．对于市场调查中顾客偏好的分析必须要用结合分析吗？

2．结合分析适用于什么样的数据？主要解决什么问题？

3．要调查分析某产品不同侧面组合的顾客偏好，整体工作可分为哪几个主要步骤？每个步骤可以用 SPSS 中的哪些程序解决？每个步骤的作用是什么？

4．使用 CONJOINT 命令语句编程，必须包括什么语句？

5．如果"数据编辑器"窗口中有试验设计数据，那么程序中可以减少哪个语句？

6．先调查了解市民曾购买的酸奶有几种，主要因素有重量、品牌、价格、保质期。每个因素取 2~3 个水平，设计使用结合分析了解市民偏爱的课题解决方案。如果可能，将调查数据使用程序分析并得出结论。

7．设计一个台式个人计算机的顾客偏好课题及其解决方案。

# 第7章 时间序列分析

时间序列是指依时间顺序取得的观察资料的集合。在一个时间序列中，离散样本序列可以按相等时间间隔或不相等时间间隔获取，更多的是采用前者获取。时间序列的特点是不能随意改变数据资料的先后顺序，各观测值间通常是不独立的，在分析时必须考虑观测资料的时间顺序，这与前文介绍的观测资料有很大不同。

时间序列的变化受多种因素影响，一般可将这些因素分为以下4种。

(1) 长期趋势（$T$）。

长期趋势反映了某种现象在一段较长时间内的发展方向。某种现象在一段相当长的时间内可以表现出一种近似直线的持续向上、持续向下或平稳的趋势，也可表现出某种类似指数曲线或其他曲线的趋势。粗略地可将"趋势"定义为"平均值的长期变化"。Granger将"平均值趋势"定义为包含波长超过观测时间序列长度的所有频率分量。长期趋势一旦形成，就会延续很长时间，因此对其进行预测研究具有特别重要的现实意义。

(2) 季节变动（$S$）。

季节变动是某种现象由于季节改变形成的一种长度和幅度固定的周期波动。许多时间序列（如销售量及温度等）都显示出年周期的变化。

(3) 周期变动（$C$）。

周期变动也称循环变动，是由于某些物理原因或经济原因而显示出的有固定周期的变化。例如，股票价格等具有明显周期变动特征。

周期变动有时具有季节变动的特征。例如，周期变动像季节变动一样可以预计缓慢地上下波动。这里的"周期"一词是用来描述比季节变动更难预测、更缓慢的变动。周期长度和峰值都是不确定的，大多周期的平均长度为3~4年，有的周期长度超过15年。一些学者长期以来致力于研究周期的本质和可测性。

短期预测通常会将周期和趋势放在一起考虑，因为不可能从短期序列中获取任何与周期有关的有用信息。

(4) 不规则变动（$I$）。

不规则变动又称随机变动，是受各种偶然因素影响形成的不规则波动，如石油价格受突发事件影响上涨等。

当将时间序列分解成长期趋势、季节变动、周期变动和不规则变动4种因素后，可以将时间序列 $Y$ 看作4种因素的函数，即 $Y_t = f(T_t, S_t, C_t, I_t)$。

常用的时间序列分解模型有加法模型和乘法模型。加法模型为 $Y_t = T_t + S_t + C_t + I_t$，乘法模型为 $Y_t = T_t \times S_t \times C_t \times I_t$。

相对而言，乘法模型比加法模型用得多。在乘法模型中，时间序列值和长期趋势用绝对值表示，季节变动、周期变动和不规则变动用相对值（百分数）表示。

本章主要介绍时间序列分析研究中的序列图、建立模型（指数平滑、综合移动平均）、应用模型、自相关、季节性分解法、频谱分析、互相关等时间序列分析方法及程序的使用。

在 SPSS 中进行时间序列分析由主菜单"分析"下拉菜单中的"时间序列预测"菜单项导出，如图 7-1 所示。

- 创建时间因果模型。
- 创建传统模型。
- 应用时间因果模型。
- 应用传统模型。
- 季节性分解。
- 谱分析。
- 序列图。
- 自相关。
- 交叉相关性。

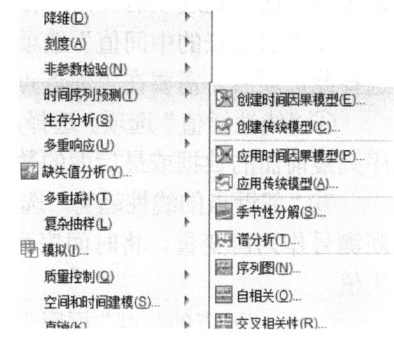

图 7-1　各种时间序列分析过程

## 7.1　时间序列的建立和平稳化

由于大多数时间序列模型需要完整的数据序列，因此时间序列中不能含有缺失值。只有按 SPSS 的要求为时间序列建立时间变量，对应的序列在分析时才能被 SPSS 识别为时间序列；只有平稳的时间序列，才能进一步进行有效分析。

因此在选择时间序列分析过程对数据用时间序列模型进行拟合处理前，应先对数据进行必要的预处理。预处理分为 3 个步骤，首先对有缺失值数据进行修补，其次将数据资料定义为相应的时间序列，最后将时间序列平稳化。

如果数据文件中存在一个变量，其值是按某一时间间隔采集的，要进行时间序列分析，还需要有一个表明采集时间的日期变量。按"数据→定义日期和时间"顺序单击，打开"定义日期"对话框，生成日期变量。

### 7.1.1　缺失值数据的替换

当要进行时间序列分析的数据存在缺失值时，不能用删除法解决，因为这样做会破坏原有时间序列的周期性，从而导致无法得到正确的分析结果。

替换缺失值可用"转换"菜单下的替换缺失值过程完成。按"转换→替换缺失值"顺序单击，打开"替换缺失值"对话框，如图 7-2 所示。

（1）从原始变量列表中选择需要替换缺失值的变量，将其送入"新变量"框。

（2）在"名称和方法"栏中设置替换缺失值后时间序列的变量名。

（3）在"方法"下拉列表中选择替换缺失值的方法。"方法"下拉列表中共有如下 5 个选项。

①"序列平均值"选项。选择此选项，要求用整个序列的平均值替换缺失值，系统默认选择此选项。

图 7-2　"替换缺失值"对话框

②"邻近点的平均值"选项。选择此选项，要求用若干相邻点的有效值的平均值替换缺失值。选择此选项后，需要在"邻近点的跨度"框中输入计算平均值使用的相邻点数。

③"邻近点的中间值"选项。选择此选项，要求用若干相邻点的中位数替换缺失值。选择此选项后，需要在"邻近点的跨度"框中输入计算中位数使用的相邻点数。

④"线性插值"选项。选择此选项，要求用相邻两点的平均值替换缺失值。如果时间序列最前面的数据或最后面的数据有缺失值，那么缺失值不被替换。

⑤"邻近点的线性趋势"选项。选择此选项，要求用该点的线性趋势替换缺失值。将观测号作为自变量，将时间序列值作为因变量进行回归，用求得的该点的预测值替换缺失值。

（4）"邻近点的跨度"框用于设置上述相应替换方法中需要使用的相邻点数。在此框中输入大于或等于2的整数。如果用时间序列中的所有有效值，就选择"全部"单选按钮。

（5）"变化量"按钮。若替换方法有变化，单击"变化量"按钮可将修改应用于相应变量。

设置完成后，单击"确定"按钮，提交系统运行。

## 7.1.2 建立时间序列新变量

时间序列分析是建立在序列平稳的条件上的。判断序列是否平稳，可以看该序列的平均值和方差是否不再随时间的变化而变化，以及自相关系数值是否只与时间间隔有关，与所处的时间无关。由于大多数时间序列是不平稳的，因此要先识别时间序列，并将不平稳的时间序列变成平稳的时间序列。

为获取平稳的时间序列，经常要使用一阶差分、二阶差分。有时为选择一个合适的时间序列模型，要对原时间序列数据进行对数转换或平方根转换等。这需要在已经建立了时间序列的数据文件中，再建一个新的时间序列变量。在SPSS中创建时间序列可以根据现有的数值型时间序列变量函数建立一个新变量，建立的新变量的值可以在许多时间序列分析程序中用到。

可以借助各种图形，如序列图、自相关图、频谱图等，判断时间序列的平稳性和趋势特征。

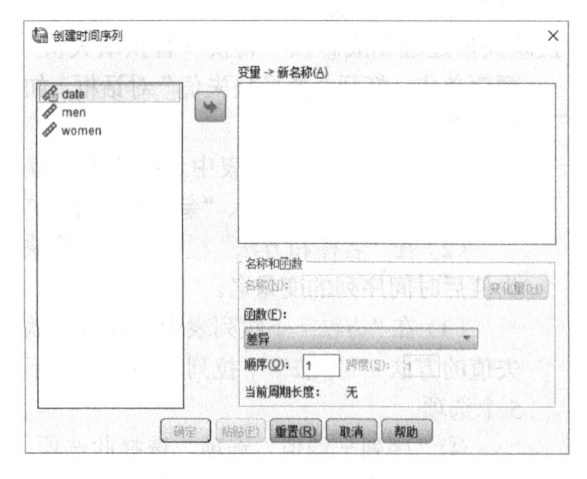

图 7-3 "创建时间序列"对话框

### 1. 建立时间序列新变量的方法

（1）在 SPSS 的主菜单中，按"转换→创建时间序列"顺序单击，打开"创建时间序列"对话框，如图 7-3 所示。

（2）在原始变量列表中选择一个用来建立新变量的数值型变量，单击向右移动变量按钮，"变量->新名称"框中出现等式，等号左边是默认的新变量名，等号右边是一个在"函数"下拉列表中选择的转换函数。函数中的参数就是选择的需要转换的变量名。

（3）在"名称和函数"栏的"名称"框中显示默认的新变量名，该变量名由建立它的变量名的前 6 个字符加下画线和 1 个有序数字组成。例如，变量 sales 对应的新变量名是 sales_1。如果要自定义变量名，可在"名称"框中输入自定义的变量名，然后单击"变化量"按钮确认。"变化量"按钮有两个作用：一是在自定义新变量名后单击该按钮，改变新变量名为自定义名；二是在选择函数后单击该按钮，"变量->新名称"框中的新变量名前的转换函数将不再是系统默认的函数，而是选择的函数。新变量保持原变量的值标签。

（4）"函数"下拉列表提供的有效函数如下。

① 差异函数：计算时间序列中相邻值间的非季节性差分。"顺序"（应译为"阶数"）框中的数是用于计算差分的样品前的样品数。计算一次差分就会丢失一个观测。如果"顺序"框中的数为 $n$，那么新时间序列变量开始的 $n$ 个值将成为系统缺失值。例如，在"顺序"框中输入"2"，新变量前两个样品将成为系统缺失值。

② 季节性差异函数：计算恒定跨度的序列值间的差值。跨度取决于当前定义的周期。要计算季节差，包括周期成分的日期变量（如该年的月份）必须已经定义。"顺序"框中的数是用于计算差值的季节周期。时间序列开始的系统缺失值的观测数等于周期乘以"顺序"框中的值。例如，当前周期是 12，"顺序"框中的数值是"2"，那么新变量前 24 个值将是系统缺失值。

③ 中心移动平均值函数：以当前值为中心，在指定跨度范围内计算包括当前值的序列值的平均值。在"跨度"框中需要输入跨度参数。跨度是指在计算中心移动平均值时使用的序列值个数。跨度通常取奇数，若跨度为 1，则中心移动平均值就是当前值；若跨度为 3；则中心移动平均值就是当前值与其前后各 1 个值的平均值；若跨度为 5，则使用当前值及前后相邻的 2 个值共 5 个值计算中心移动平均值。若跨度是偶数，则中心移动平均值就是每对非中心值的平均值再与当前值一起求得的平均值。例如，跨度为 4，当前值对应的中心移动平均值是先求当前值前后两对值（非中心点的 4 个值）的平均值，再求这个平均值与当前值的平均值，此时得到的平均值才是当前值对应的跨度为 4 的中心移动平均值。

中心移动平均值序列会在序列的两端产生相同个数的缺失值。若跨度为偶数，则缺失值个数等于跨度；若跨度为奇数，则缺失值个数等于跨度减 1。例如，跨度为 3，是奇数，计算中心移动平均值的中心点为第 3 个观测处，因此在开始和结尾处有系统缺失值的观测数是 2。

④ 前移动平均值函数：计算当前值之前的指定跨度中的观测值的平均值。在"跨度"框中设定的跨度值是用来计算平均值的前面时间序列值的个数。该序列开始处缺失值的数量等于跨度值。

⑤ 运行中位数函数：计算以当前值为中心，在指定跨度范围内（包括当前值）的序列值的中位数。计算中位数的时间序列值的数量称为跨度。若跨度是偶数，则中位数是每对非中心观测值的中位数的平均值。若跨度值是奇数，则当前值就是中位数。对于偶数跨度的值和奇数跨度的值，跨度时间序列（序列数是 $n$）起始位置和结束位置含有系统缺失值的样品的数目等于 $n/2$ 的整数部分。例如，当跨度是 5 时，系统缺失值在时间序列的开始和结束处各有 2 个。

⑥ 累积求和函数：新时间序列值为原时间序列截止到当前值的累计和。

⑦ 延迟函数：产生滞后序列，即将前 $k$ 时点的值作为当前值。"顺序"框中的值 $k$ 为指定的滞后的阶数，是当前样品之前的样品数。在新时间序列的开始处含有系统缺失值的样品数等于"顺序"框中设定的值。

⑧ 提前函数：产生提前序列，即将后 $k$ 时点的值作为当前值。"顺序"框中的值 $k$ 为指定的领先的阶数，是当前样品之后的样品数。在新时间序列的末端含有系统缺失值的样品数等于"顺序"框中设定的值。

⑨ 平滑函数：计算原序列的 T4235 平滑序列。该法又称为 T4253H 法，最早由 Tukey 提出。对经 T4235H 法处理后得到的序列用 Hanning 权重求移动平均值，得到新序列，新序列是建立在复合数据平滑法基础上的。它的功能是通过多步处理，剔除序列中的异常值，使序列平滑。Velleman 于 1980 年给出如下算法。

设原始序列为 $X_t$，$t=1,2,\cdots,n$，先计算跨度为 4 的中位数。

令 $Z$ 为平滑序列，$Z$ 的下标表示中位数所在时点的位置，上标表示不同计算阶段，则
$$Z_{(j+1)/2} = \text{median}(X_{j-1}, X_j, X_{j+1}, X_{j+2}) \quad j=1,2,\cdots,n-2$$

并且
$$Z_{0.5} = X_1$$
$$Z_{1.5} = \text{median}(X_1, X_2) = (X_1 + X_2)/2$$
$$\cdots\cdots$$
$$Z_{(n-1)/2} = \text{median}(X_{n-1}, X_n) = (X_{n-1} + X_n)/2$$
$$Z_n = X_n$$

然后，对平滑序列 $Z$ 计算跨度为 2 的中位数：
$$Z_1^{(1)} = Z_{0.5}$$
$$\cdots\cdots$$
$$Z_n^{(1)} = Z_{(n+1)/2}$$

并且
$$Z_j^{(1)} = \frac{1}{2}[Z_{(j-1)/2} + Z_{(j+1)/2}] \quad j=2,3,\cdots,n-1$$

然后，对前一步中的 $Z_1^{(1)}, \cdots, Z_n^{(1)}$ 计算跨度为 5 的中位数，得到 $Z^{(2)}$：
$$Z_1^{(2)} = Z_1^{(1)}$$
$$\cdots\cdots$$
$$Z_n^{(2)} = Z_n^{(1)}$$
$$Z_2^{(2)} = \text{median}(Z_1^{(1)}, Z_2^{(1)}, Z_3^{(1)})$$
$$\cdots\cdots$$
$$Z_{n-1}^{(2)} = \text{median}(Z_{n-2}^{(1)}, Z_{n-1}^{(1)}, Z_n^{(1)})$$

并且
$$Z_j^{(2)} = \text{median}(Z_{j-2}^{(1)}, Z_{j-1}^{(1)}, Z_j^{(1)}, Z_{j+1}^{(1)}, Z_{j+2}^{(1)}) \quad j=3,4,\cdots,n-2$$

对前一步中的 $Z_1^{(2)}, \cdots, Z_n^{(2)}$ 计算跨度为 3 的中位数，得到 $Z^{(3)}$：
$$Z_j^{(3)} = \text{median}(Z_{j-1}^{(2)}, Z_j^{(2)}, Z_{j+1}^{(2)}) \quad j=2,3,\cdots,n-1$$
$$Z_1^{(3)} = \text{median}(3Z_2^{(3)} - 2Z_3^{(3)}, Z_1^{(3)}, Z_2^{(3)})$$
$$\cdots\cdots$$
$$Z_n^{(3)} = \text{median}(3Z_{n-1}^{(3)} - 2Z_{n-2}^{(3)}, Z_n^{(3)}, Z_{n-1}^{(3)})$$

最后，对序列 $Z_1^{(3)}, \cdots, Z_n^{(3)}$ 用 Hanning 权重求移动平均值：

$$Z_j^{(4)} = \frac{1}{4}Z_{j-1}^{(3)} + \frac{1}{2}Z_j^{(3)} + \frac{1}{4}Z_{j+1}^{(3)} \quad j = 2,3,\cdots,n-1$$

$$Z_1^{(4)} = Z_1^{(3)}$$

$$\cdots\cdots$$

$$Z_n^{(4)} = Z_n^{(3)}$$

残差为

$$D_i = X_i - Z_i^{(4)} \quad i = 1,2,\cdots,n$$

对残差 $D_1,\cdots,D_5$ 重复前面的步骤，得到最终结果 $D_1^{(4)},\cdots,D_n^{(4)}$。

因此，最终平滑结果为

$$Y_i = Z_i^{(4)} + D_i^{(4)} \quad i = 1,2,\cdots,n$$

（5）单击"确定"按钮，提交系统运行，可在"查看器"窗口和"数据编辑器"窗口中看到运行结果。"数据编辑器"窗口中产生新变量序列，"查看器"窗口中有转换小结。

### 2．建立时间序列新变量实例

**【例1】** 数据文件 data7-01 为某公司 1973—1999 年的销售额（单位为万元）。用延迟函数建立新变量。

（1）在"数据视图"标签页中打开数据文件 data7-01，按"转换→创建时间序列"顺序单击，打开"创建时间序列"对话框。

（2）在"函数"下拉列表中选择"延迟"选项。将 sales 送入"变量->新名称"框。

（3）"名称和函数"栏的"名称"框中是默认的新变量名 sales_1。单击"确定"按钮，提交系统运行。

输出结果如表 7-1 所示。在当前数据文件中生成名为 sales_1 的滞后序列。

表 7-1 输出结果

创建的序列

| | 序列名称 | 非缺失值的个案编号 | | 有效个案数 | 创建函数 |
| --- | --- | --- | --- | --- | --- |
| | | 第一个 | 最后一个 | | |
| 1 | sales_1 | 2 | 27 | 26 | LAGS(sales,1) |

## 7.2 序　列　图

序列图是时间序列的基本观察工具。在构建一个模型前，可以通过对时间序列绘制连续的样品图来了解数据的性质，如数据是否有季节性波动。序列图是线图的一种特殊形式，它以时间变量为横轴，以分析变量为纵轴，并对线图进行了一些加工，比一般线图有更多适合时间序列特点的功能。

### 7.2.1 序列图过程

按"分析→时间序列预测→序列图"顺序单击，打开如图 7-4 所示的"序列图"对话框。

#### 1．定义变量

在原始变量列表中选中一个或多个满足时间序列要求的或按有意义顺序排序的变量，送到"变量"框中。

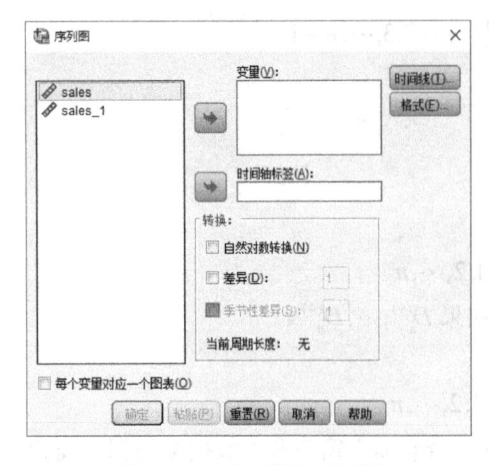

### 2. 定义时间轴标签变量

在原始变量列表中选择一个分类变量，送入"时间轴标签"框。这个变量可以是数值型变量、字符串型变量或长字符串型变量。该变量的值用来标示横轴。

### 3. 数据转换

在"转换"栏中选择对时间序列或类似数据进行转换的方法。"转换"栏包括如下选项。

（1）"自然对数转换"复选框。选择此选项，要求用数据值的自然对数代替数据本身。这种转换要求所有值大于 0。

图 7-4  "序列图"对话框

（2）"差异"复选框。选择此选项，要求计算两个相邻变量间的差值。选择此选项后，在后面的框中输入一个正整数作为差分的阶，一阶差分是用当前值减前一个值；二阶差分是对一阶差分序列进行同样的处理，而不是采用每个值减其前面两个样品的对应值。

（3）"季节性差异"复选框。选择此选项，要求通过计算两个时间跨度相同的序列值间的差值来转换时间序列数据。选择此选项后，在后面的框中输入一个正整数作为计算差值的时间周期数。这种转换只有在已经定义了序列的周期时才有效（选择"数据"菜单中的"定义日期和时间"命令进行定义）。

### 4. 选择图形的输出方式

勾选"每个变量对应一个图表"复选框，要求为"变量"框中的每个变量产生一张图。若不勾选此复选框，则所有变量将绘制在同一张图上。

### 5. 定义时间轴基准线

单击"时间线"按钮，打开如图 7-5 所示的"序列图：时间轴参考线"对话框[图 7-5（a）定义了日期，图 7-5（b）没有定义日期]，为绘制的直方图、线图或散点图选择一条刻度线或分类轴线，并进行定义。

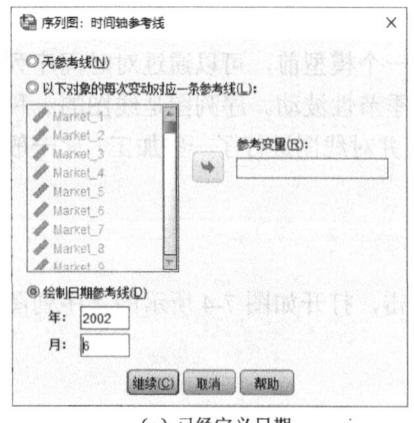

（a）已经定义日期  （b）没有定义日期

图 7-5  "序列图：时间轴参考线"对话框

（1）"无参考线"单选按钮。选择此选项，要求输出的图形中没有基准线。

（2）"以下对象的每次变动对应一条参考线"单选按钮。选择此选项，要求基准线随参考变量的改变而变化。左侧的变量列表显示了数据文件中未在"序列图"对话框中指定的变量，从其中选择一个变量并送入"参考变量"框作为参考变量。

（3）"绘制日期参考线"单选按钮。选择此选项，要求在一个特定的点显示用日期或观测号定义的单条参考线。

① 如果已经定义了日期，将显示通过选择"定义日期和时间"命令定义的所有日期的标识部分。在"年"框和"月"框中输入想要显示参考线的位置对应的日期。

② 如果没有定义日期，就在"观测值"框中输入想要显示参考线的位置对应的参考变量的值。

完成设置后，单击"继续"按钮，返回"序列图"对话框。

### 6. 定义时间轴的格式

在"序列图"对话框中单击"格式"按钮，打开如图 7-6 所示的"序列图：格式"对话框，设置作图类型及相关参数。

（1）"时间处于水平轴"复选框。选择此选项，要求横轴是时间轴，纵轴是序列值。

（2）在"单变量图"栏中设置图形类型。当只选一个变量，或者勾选"每个变量对应一个图表"复选框时，对指定的绘图变量可选择"折线图"单选按钮或"面积图"单选按钮。若勾选"绘制序列平均值参考线"复选框，则在序列平均值处画参考线。

（3）勾选"多变量图"栏中的"在变量之间连接个案"复选框，要求一张图中显示多个变量的序列图，以观察变量间和各观测值间的联系。

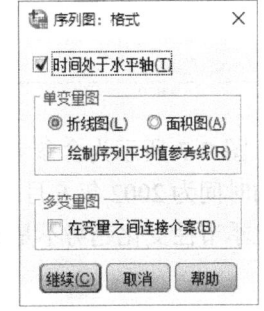

图 7-6  "序列图：格式"对话框

单击"继续"按钮，返回"序列图"对话框。单击"确定"按钮，绘制序列图。

## 7.2.2 序列图应用实例

【例 2】 数据文件 data7-02 是 SPSS 26 自带的假设数据文件，文件中是 1999 年 1 月至 2003 年 12 月 4 年间 85 个地区宽带供货商每月国家宽带服务用户数量。试用总用户数量序列作序列图。

该数据文件中，Market_1～Market_85 的变量标签分别为供货商 1 的用户数至供货商 85 的用户数；Total 的变量标签为总用户数量；这些变量均为数值型的尺度测量变量。

具体操作步骤如下。

（1）在"数据视图"标签页中打开数据文件 data7-02，按"分析→时间序列预测→序列图"顺序单击，打开"序列图"对话框。

（2）在原始变量列表中选择 Total 变量作为绘图变量，移到"变量"框中。

（3）在原始变量列表中选择 Date 变量作为时间轴变量，移到"时间轴标签"框中。

（4）单击"时间线"按钮，打开"序列图：时间轴参考线"对话框。选择"绘制日期参考线"单选按钮，在"年"框中输入"2002"，在"月"框中输入"6"。单击"继续"按钮，返回"序列图"对话框。

(5) 其他选项使用系统默认设置，单击"确定"按钮，提交系统运行，在"查看器"窗口中得到如表 7-2、表 7-3 和图 7-7 所示的结果。

(6) 结果解释。表 7-2 所示为模型描述表，从上至下依次显示的是模型名称（MOD_1）、系列或序列 1（名称为"总用户数量"）、转换（无）、非季节性差分（0）、季节性差分（0）、季节性周期长度（12）、时间轴标签（表 7-2 中汉化为"水平轴标"）（Date_）、干预开始（2002 年 6 月）、参考线（无）、曲线下方的区域（未填充）。

表 7-3 所示为样品处理摘要，从上至下依次显示的是系列或序列长度（63），图中的缺失值数目［用户缺失值（0）、系统缺失值（3）］。

表 7-2 模型描述表

| 模型描述 | | |
|---|---|---|
| 模型名称 | | MOD_1 |
| 系列或序列 | 1 | 总用户数量 |
| 转换 | | 无 |
| 非季节性差分 | | 0 |
| 季节性差分 | | 0 |
| 季节性周期长度 | | 12 |
| 水平轴标 | | Date_ |
| 干预开始 | | YEAR, not periodic=2002, MONTH, period 12=6 |
| 参考线 | | 无 |
| 曲线下方的区域 | | 未填充 |

正在应用来自 MOD_1 的模型指定项

表 7-3 样品处理摘要

| 个案处理摘要 | | |
|---|---|---|
| | | 总用户数量 |
| 系列或序列长度 | | 63 |
| 图中的缺失值数目 | 用户缺失值 | 0 |
| | 系统缺失值 | 3 |

图 7-7 所示为含参考线的供货商 1 的总用户数量的序列图，图中竖线为参考线，对应的时间为 2002 年 6 月。由图 7-7 可知，序列具有平滑的向上趋势，没有季节性波动，因此季节性变化趋势不是数据的显著特征。

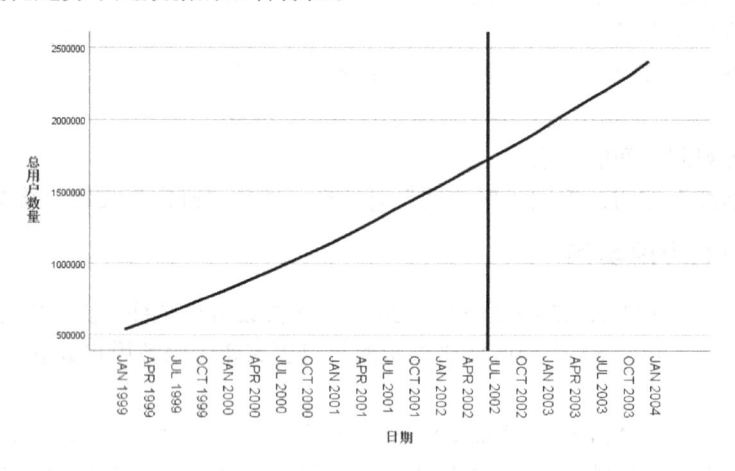

图 7-7 含参考线的供货商 1 的总用户数量的序列图

如果要对除总用户数量外的其他序列进行时间序列分析，在排除季节性模型的可能性前，应分别检查各个序列。

## 7.3 建立时间序列模型

调用时间序列建模程序（TSMODEL）可为单变量时间序列构建指数平滑模型、自回归综合移动平均（ARIMA）模型和传递函数（TF）模型并进行预测。时间序列建模程序包括为每个因变量时间序列自动识别和估计适合模型的专家建模器，因此不需要通过反复试验识别一个适当的模型。除此之外，可以通过自定义方式指定一个模型。时间序列建模程序的设计得到芝加哥大学 Ruey Tsay 教授的帮助。

按"分析→时间序列预测→创建传统模型"顺序单击，打开如图 7-8 所示的"时间序列建模器"提示框。

**注意**：在使用"定义日期"对话框之前，应定义时间序列的起始时间和时间间隔，以确保输出标识正确。如果需要，可以获得季节模型。

在下次运行时，若不需要显示该提示框，可勾选"不再显示此消息"复选框。

单击"定义日期和时间"按钮，打开

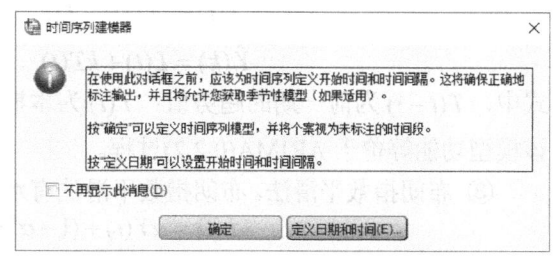

图 7-8 "时间序列建模器"提示框

"定义日期"对话框，设置起始时间和时间间隔。具体操作方法参见第 2 章相关内容。

若当前数据文件已经定义为时间序列，则不出现"时间序列建模器"提示框。

### 7.3.1 指数平滑与 ARIMA 模型概述

#### 1. 指数平滑

指数平滑法最先由霍尔特在 1958 年提出，最初只用于分析无趋势、非季节时间序列。后经布朗、温特斯等统计学家的深入研究和发展，指数平滑法涉及的数据内部构成更丰富，相应的数据处理方法也更多。指数平滑法的估计是非线性的，其目标是使预测值和实测值间的均方差最小。

在指数平滑法中，$\alpha$ 表示水平平滑权重，$\gamma$ 表示趋势平滑权重，$\varphi$ 表示阻尼趋势平滑权重，$\delta$ 表示季节平滑权重。设在调查研究中得到的单变量时间序列为 $Y_t$（$t=1,2,\cdots,n$），总观测数量为 $n$，序列 $Y$ 在 $t$ 时由模型估计的领先 $k$ 步的预测值为 $\hat{Y}_t(K)$，季节长度为 $s$。

指数平滑法的基本计算公式如下：

$$\hat{Y}_{t+1} = \frac{\sum_{j=0}^{\infty} \theta^j Y_{t-j}}{\sum_{j=0}^{\infty} \theta^j} = (1-\theta^j)\sum_{j=0}^{\infty} \theta^j Y_{t-j} \quad 0 \leqslant \theta \leqslant 1, \quad j=0,1,2,\cdots, \quad t=1,2,\cdots, \quad t > j$$

式中，$Y_t$ 表示观测序列；$\hat{Y}_t$ 表示预测序列，$\hat{Y}_{t+1}$ 表示时间 $t+1$ 时的预测值，分母为正则化常数；$\theta$ 为平滑参数，其作用是保证权重之和为 1。

SPSS 提供了 7 种用来处理时间序列中的随机波动、长期趋势及周期性波动的指数平滑模型的方法。其中，无季节性的指数平滑模型有 4 种，季节性的指数平滑模型有 3 种。

（1）无季节性的指数平滑模型。

① 简单指数平滑法（simple）。简单指数平滑法只有单个水平参数，可以用如下等式描述：

$$L(t) = \alpha Y(t) + (1-\alpha)L(t-1)$$

$$\hat{Y}_t(K) = L(t)$$

式中，$L(t)$ 为本期预测值；$L(t-1)$ 为前一期预测值。该模型用第一期的实际值或最初 $k$ 期的观测值的平均值作为初始值，功能等价于 ARIMA(0,1,1) 过程。

② 霍尔特指数平滑法。霍尔特指数平滑法有水平参数和趋势参数，可以用如下等式描述：

$$L(t) = \alpha Y(t) + (1-\alpha)[L(t-1) + T(t-1)]$$

$$T(t) = \gamma[L(t) - L(t-1)] + (1-\gamma)T(t-1)$$

$$\hat{Y}_t(k) = L(t) + kT(t)$$

式中，$T(t-1)$ 为前一期的趋势值；$T(t)$ 为本期趋势值；$k$ 为超前期数；其余项含义同上。该模型功能等价于 ARIMA(0,2,2) 过程。

③ 布朗指数平滑法。布朗指数平滑法有水平参数和趋势参数，可以用如下等式描述：

$$L(t) = \alpha Y(t) + (1-\alpha)L(t-1)$$

$$T(t) = \alpha[L(t) - L(t-1)] + (1-\alpha)T(t-1)$$

$$\hat{Y}_t(k) = L(t) + [(k-1) + \alpha^{-1}]T(t)$$

该模型功能等价于 ARIMA(0,2,2) 过程，并受到 MA 中参数的约束。

④ 阻尼趋势指数平滑法。阻尼趋势指数平滑法有水平参数和阻尼趋势参数，可以用如下等式描述：

$$L(t) = \alpha Y(t) + (1-\alpha)L(t-1) + \varphi T(t-1)$$

$$T(t) = \gamma[L(t) - L(t-1)] + (1-\gamma)\varphi T(t-1)$$

$$\hat{Y}_t(k) = L(t) + \sum_{i=1}^{k} \varphi^i T(t)$$

该模型功能等价于 ARIMA(1,1,2) 过程。

(2) 季节性的指数平滑模型。

① 简单季节性指数平滑法。简单季节性指数平滑法有水平参数和季节性参数，可以用如下等式描述：

$$L(t) = \alpha[Y(t) - S(t-s)] + (1-\alpha)L(t-1)$$

$$S(t) = \delta[Y(t) - L(t)] + (1-\delta)S(t-s)$$

$$\hat{Y}_t(k) = L(t) + S(t+k-s)$$

式中，$S(t)$ 为季节修正系数。该模型功能等价于 ARIMA[0,1,(1,$s$,$s$+1)](0,1,0) 过程，受 MA 中参数的约束。

② 温特斯加性指数平滑法。温特斯加性指数平滑法有水平参数、趋势参数和季节性参数，可以用如下等式描述：

$$L(t) = \alpha[Y(t) - S(t-s)] + (1-\alpha)[L(t-1) + T(t-1)]$$

$$T(t) = \gamma[Y(t) - L(t-1)] + (1-\gamma)T(t-1)$$

$$S(t) = \delta[Y(t) - L(t)] + (1-\delta)S(t-s)$$

$$\hat{Y}_t(k) = L(t) + kT(s) + S(t+k-s)$$

该模型功能等价于 ARIMA(0,1,$s$+1)(0,1,0) 过程，受 MA 中参数的约束。

③ 温特斯乘性指数平滑法。温特斯乘性指数平滑法有水平参数、趋势参数和季节性参数，可以用如下等式描述：

$$L(t) = \alpha[Y(t)/S(t-s)] + (1-\alpha)[L(t-1) + T(t-1)]$$
$$T(t) = \gamma[L(t) - L(t-1)] + (1-\gamma)T(t-1)$$
$$S(t) = \delta[Y(t)/L(t)] + (1-\delta)S(t-s)$$
$$\hat{Y}_t(k) = [L(t) + kT(s)]S(t+k-s)$$

该模型没有等价的 ARIMA 模型。

### 2. ARIMA 模型和 TF 模型

ARIMA 模型和 TF 模型被广泛应用于时间序列分析。ARIMA 模型就是著名的 Box-Jenkins 模型，可以对包含季节趋势的时间序列进行分析。根据对时间序列特征的预先研究，可以指定 3 个参数来分析时间序列，即自回归阶数（$p$）、差分次数（$d$）和移动平均阶数（$q$）。模型通常被写作 ARIMA($p,d,q$)。

Box-Jenkins 方法的第一步是对时间序列数据求一阶差分 $\Delta X_t = X_t - X_{t-1}$、二阶差分 $\Delta^2 X_t = \Delta X_t - \Delta X_{t-1}$……直到该时间序列是平稳序列为止。式中，$\Delta$ 为一阶差分算子，$\Delta^2$ 为二阶差分算子。可以通过检查各种差分序列的相关图（包括偏自相关图），找出一个"急速"下降至零，并且从此任何季节效应都大大减弱的序列，来完成对时间序列的随机性、平稳性及季节性的分析。对于非季节数据，通常求一阶差分就足够了。对周期为 12 的季节数据，如果季节效应是加性的，那么可以采用算子 $\Delta_{12}$；如果周期效应是乘性的，那么可以采用算子 $\Delta_{12}^2$。有时采用算子 $\Delta_{12}$ 就足够了，不必外加差分。对于季节性数据，可以采用算子 $\Delta_4$ 等。

第二步是选定一个特定的模型拟合分析的时间序列数据。模型识别是 Box-Jenkins 方法中很重要的一环。比较模型是否合适的一般方法是，对一般 ARIMA 模型体系中的一些特征，分析其理论特征，把这种特定模型的理论特征作为鉴别实际模型的标准，观测实际资料与理论特征的接近程度，根据分类比较分析的结果判定实际模型的类型。

第三步是用时间序列的数据估计模型的参数，并进行检验，以判定该模型是否恰当。若不恰当，则返回第二步，重新选定模型。

（1）模型。

设 $a_t$（$t=1,2,\cdots,n$）为服从平均值为 0，方差为 $\sigma^2$ 的正态分布的白噪声（可以当作随机误差）序列；$Y_t$ 为等间隔时间 $t$ 上的过程值；$\tilde{Y}_t = Y_t - \mu$，为关于平均值 $\mu$ 的偏差，则有

$$\tilde{Y}_t = \varphi_1 \tilde{Y}_{t-1} + \varphi_2 \tilde{Y}_{t-2} + \cdots + \varphi_p \tilde{Y}_{t-p} + a_t$$

称为 $p$ 阶自回归（AR）过程，即自回归模型。

定义 $p$ 阶自回归算子为

$$\varphi_p(B) = 1 - \varphi_1 B - \varphi_2 B^2 - \cdots - \varphi_p B^p$$

式中，$B$ 为具有 $BY_t = Y_{t-1}$ 及 $Ba_t = a_{t-1}$ 的后移算子；$p$ 为非季节性自回归模型部分的阶数，则自回归模型可简记为

$$\varphi_p(B)\tilde{Y}_t = a_t$$

自回归过程可能是平稳的，也可能是非平稳的。

平稳的必要条件是，当 $\varphi_p(B)$ 被视为 $B$ 的 $p$ 阶自回归多项式时，$\varphi_p(B) = 0$ 的所有根的绝对值都必须大于 1，也就是所有根都在单位圆外。

自回归模型把过程的偏差 $\tilde{Y}_t$ 表示为 $p$ 个过去偏差 $\tilde{Y}_{t-1}, \tilde{Y}_{t-2}, \cdots, \tilde{Y}_{t-p}$ 的有限加权和，另加一个随机冲击 $a_t$，等价于可把 $\tilde{Y}_t$ 表示为 $a$ 的无限加权和。若使 $\tilde{Y}_t$ 线性依赖有限的 $q$ 个 $a$ 的过去值，则得到

$$\tilde{Y}_t = a_t - \theta_1 a_{t-1} - \theta_2 a_{t-2} - \cdots - \theta_q a_{t-q}$$

式中，$q$ 为非季节性移动平均模型部分的阶数，称上式为 $q$ 阶移动平均（MA）过程。

如果定义 $q$ 阶移动平均算子：

$$\theta_q(B) = 1 - \theta_1 B - \theta_1 B^2 - \cdots - \theta_q B^q$$

也就是 $\theta_q(B)$ 为 $B$ 的 $q$ 阶移动平均多项式，则移动平均模型可简记为

$$\tilde{Y}_t = \theta_q(B) a_t$$

当将自回归和移动平均项一同纳入模型时，可得到

$$\tilde{Y}_t = \varphi_1 \tilde{Y}_{t-1} + \varphi_2 \tilde{Y}_{t-2} + \cdots + \varphi_p \tilde{Y}_{t-p} + a_t - \theta_1 a_{t-1} - \theta_2 a_{t-2} - \cdots - \theta_q a_{t-q}$$

或

$$\varphi_p(B) \tilde{Y}_t = \theta_q(B) a_t$$

称为自回归移动平均模型（ARMA）。

在非平稳时，若存在 $\varphi(B) = 0$ 的 $d$ 个根在单位圆上，即有 $d$ 个单位根时，可以得到

$$\varphi_p(B)(1-B)^d Y_t = \theta_q(B) a_t$$

即

$$\varphi_p(B) \omega_t^d = \theta_q(B) a_t$$

其中

$$\omega_t^d = \Delta^d Y_t$$

式中，$\Delta$ 为差分算子，$\Delta^d = (1-B)^d$；$d$ 为非季节性差分的阶数。

上述过程提供了描述平稳或非平稳时间序列的有效模型，称为 $(p, d, q)$ 阶 ARIMA 过程，记作 ARIMA$(p, d, q)$。

时间序列若在经过 $s$ 个基本时间间隔后，呈现出相似性，则称该时间序列有以 $s$ 为周期的周期特性，也称为有季节性趋势，需用季节模型来拟合；$s$ 称为模型的季节或周期。

假设季节性自回归模型部分的阶数为 $P$，季节性移动平均模型部分的阶数为 $Q$，季节性差分的阶数为 $D$，$\Phi_P(B^s)$ 为 $B$ 的 $p$ 阶季节性自回归多项式，即

$$\Phi_P(B^s) = 1 - \Phi_1 B^s - \Phi_2 B^{s2} - \cdots - \Phi_P B^{sp}$$

$\Theta_Q(B^s)$ 为 $B$ 的 $Q$ 阶季节性移动平均多项式，即

$$\Theta_Q(B^s) = 1 - \Theta_1 B^s - \Theta_2 B^{s2} - \cdots - \Theta_Q B^{sp}$$

用普通的 ARIMA 模型来模拟含有季节性趋势的时间序列，会导致参数过多，模型过于复杂，故可采用季节性乘积模型以获取相对简约的模型。一般的季节性乘积模型可表示为

$$\varphi_p(B) \Phi_P(B^s) \Delta^s \Delta_d^D Y_t = \theta_q(B) \Theta_Q(B^s) a_t$$

该模型称为 ARIMA$(p, d, q)(P, D, Q)$ 模型。

用来描述时间序列 $Y_t$ 的 ARIMA 模型为

$$\varphi_p(B)Y_t = \theta_q(B)a_t$$

也可用线性滤波运算：

$$Y_t = \varphi_p^{-1}(B)\theta_q(B)a_t$$

来表示 $Y_t$ 和 $a_t$ 之间的关系。这样，时间序列表示为一个动态系统的输出，输入为白噪声，而其 TF 模型可以用 $B$ 的两个多项式之比来表示。

TF 模型可以构成较多的模型，包括特殊情形下的单变量的 ARIMA 模型。假设 $Y_t$ 为因变量时间序列，$X_{1t}, X_{2t}, \cdots, X_{kt}$ 是用于这个模型的预测变量时间序列，$Z\sigma_t^2$ 为 $Z_t$ 的预测方差，$N\sigma_t^2$ 为噪声预测值的预测方差，则一个描述了因变量和预测序列间关系的 TF 模型可用下式表示：

$$Z_t = f(Y_t)$$

$$\Delta Z_t = \mu + \sum_{i=1}^{k} \frac{\text{Num}_i}{\text{Den}_i} \Delta_i B^{b_i} f_i(X_{it}) = \frac{\text{MA}}{\text{AR}} a_t$$

式中，Num 为分子；Den 为分母；$\Delta$ 为差分算子，$\Delta = (1-B)^d(1-B^s)^D$。

单变量的 ARIMA 模型仅仅撤出了 TF 模型中的预测因子，因此有下面的形式：

$$\Delta Z_t = \mu + \frac{\text{MA}}{\text{AR}} a_t$$

该模型的主要特征如下。

① 因变量和预测序列的初始转换，$f$ 及 $f_i$。这种转换是任选的，仅当因变量序列值为正数时可用。允许的转换是对数和平方根转换。这些转换有时被称为方差稳定性转换。

② 有常数项 $\mu$。

③ 没有观察到独立且同分布、平均值为 0、具有方差 $\sigma^2$ 的高斯误差过程 $a_t$。

④ 移动平均滞后多项式 $\text{MA} = \theta_q(B)\Theta_Q(B^s)$，自回归滞后多项式 $\text{AR} = \varphi_p(B)\Phi_P(B^s)$。

⑤ 差分/滞后算子 $\Delta$ 和 $\Delta_i$。

⑥ 延迟项 $B^{b_i}$，其中 $b_i$ 是延迟的阶数。

⑦ 假设给出了预测因子，其分子和分母滞后多项式为

$$\text{Num}_i = (\omega_{i0} - \omega_{i1}B - \cdots - \omega_{iu}B^u)(\Omega_{i0} - \Omega_{i1}B^s - \cdots - \Omega_{iv}B^{vs})B^b$$

$$\text{Den}_i = (1 - \delta_{i1}B - \cdots - \delta_{ir}B^r)(1 - \Delta_{i1}B^s - \cdots)$$

⑧ "噪声"序列：

$$N_t = \Delta Z_t - \mu - \sum_{i=1}^{k} \frac{\text{Num}_i}{\text{Den}_i} \Delta_i B^{b_i} X_{it}$$

被假设为平均值为 0 的平稳的 ARIMA 过程。

(2) ARIMA 模型和 TF 模型的初始化。

只需要对用于最优化目标函数的非线性优化算法稍做修改。修改考虑可容许参数方面的约束。可容许约束要求自回归的平方根和移动平均多项式超出单位圆，并且每个预测因子的分母多项式参数的总和非 0。最小化算法需要设置一个开始迭代搜索的初始值。所有分子和分母多项式参数用 0 初始化。但分子多项式中 0 次幂的系数除外，它用相应回归系数来初始化。

① ARIMA 参数的初始化。

假设时间序列 $Y_t$ 服从平均值为 0 的 ARIMA($p,q$)，即

$$Y_t - \varphi_1 Y_{t-1} - \cdots - \varphi_p Y_{t-p} = a_t - \theta_1 a_{t-1} - \cdots - \theta_q a_{t-q}$$

下文中的 $c_I$ 和 $\rho_I$ 分别表示 $Y_t$ 第 $I$ 步滞后自协方差和自相关，$\hat{c}_I$ 和 $\hat{\rho}_I$ 分别表示它们的估计。

滞后 $I$ 自协方差定义为

$$c_I = E[(Y_t - \mu)(Y_{t+I} - \mu)]$$

滞后 $I$ 自相关函数（ACF）定义为

$$\rho_I = \frac{E[(Y_t - \mu)(Y_{t+I} - \mu)]}{\sqrt{E[(Y_t - \mu)^2]E[(Y_{t+I} - \mu)^2]}} = \frac{E[(Y_t - \mu)(Y_{t+I} - \mu)]}{\sigma_Y^2}$$

对自相关函数的估计，统计学家提出了许多方法，并讨论了这些估计的性质，认为 $I$ 步滞后自相关 $\rho_I$ 最令人满意的估计为

$$\hat{\rho}_I = \frac{c_I}{c_0}$$

$$\hat{c}_I = \frac{1}{N} \sum_{t=1}^{N-I} (Y_t - \bar{Y})(Y_{t+I} - \bar{Y})$$

是自协方差 $c_I$ 的估计。

- 非季节性的自回归模型参数。对于自回归参数的初始值，使用 Box、Jenkins 和 Reinsel 提出的估计方法，其估计为

$$\hat{\varphi}'_1, \cdots, \hat{\varphi}'_{p+q}$$

- 非季节性的移动平均模型参数。

令

$$w_t = Y_t - \varphi_1 Y_{t-1} - \cdots - \varphi_p Y_{t-p} = a_t - \theta_1 a_{t-1} - \cdots - \theta_q a_{t-q}$$

互协方差为

$$\lambda_I = E(w_{t+I} a_t) = E((a_{t+I} - \theta_1 a_{t+I-1} - \cdots - \theta_q a_{t+I-q})a_t) = \begin{cases} \sigma_a^2 & I = 0 \\ -\theta_1 \sigma_a^2 & I = 1 \\ \vdots & \vdots \\ -\theta_q \sigma_a^2 & I = q \\ 0 & I > q \end{cases}$$

假设自回归模型采用下式可近似估计 $Y_t$：

$$Y_t - \varphi'_1 Y_{t-1} - \cdots - \varphi'_p Y_{t-p} - \varphi'_{p+1} Y_{t-p-1} - \cdots - \varphi'_{p+q} Y_{t-p-q} = a_t$$

本模型的自回归参数按照上述方法来估计，并被表示为

$$\hat{\varphi}'_1, \cdots, \hat{\varphi}'_{p+q}$$

从而，$\lambda_I$ 可用：

$$\lambda_I \approx E[(Y_{t+I} - \varphi_1 Y_{t+I-1} - \cdots - \varphi_p Y_{t+I-p})(Y_t - \varphi'_1 Y_{t-1} - \cdots - \varphi'_p Y_{t-p-q})]$$

$$= \left( \rho_I - \sum_{j=1}^{p+q} \varphi_j \rho_{I+j} - \sum_{i=1}^{p} \varphi_i \rho_{I-i} + \sum_{i=1}^{p} \sum_{j=1}^{p+q} \varphi_i \varphi_j \rho_{I+j-i} \right) c_0$$

来估计，并且误差方差 $\hat{\sigma}_a^2$ 可用下式近似估计：

$$\hat{\sigma}_a^2 = \mathrm{VAR}\left( -\sum_{j=0}^{p+q} \varphi'_j Y_{t-j} \right) = \sum_{i=0}^{p+q} \sum_{j=0}^{p+q} \varphi'_i \varphi'_j c_{i-j} = c_0 \sum_{i=0}^{p+q} \sum_{j=0}^{p+q} \varphi'_i \varphi'_j \rho_{i-j}$$

并且有 $\hat{\varphi}_0' = -1$。

于是，移动平均模型参数用 $\theta_I = -\lambda_I / \sigma_a^2$ 逼近，并用：

$$\hat{\theta}_I = -\hat{\lambda}_I / \hat{\sigma}_a^2 = \frac{\rho_I - \sum_{j=1}^{p+q} \hat{\varphi}_j \rho_{I+j} - \sum_{i=1}^{p} \hat{\varphi}_j \rho_{I-i} + \sum_{i=1}^{p}\sum_{j=1}^{p+q} \hat{\varphi}_i \hat{\varphi}_j \rho_{I+j-i}}{\sum_{i=0}^{p}\sum_{j=0}^{p} \hat{\varphi}_i \hat{\varphi}_j \rho_{i-j}}$$

来估计。

因此，$\hat{\theta}_I$ 可以用 $\hat{\varphi}_j$、$\hat{\varphi}_i$ 及 $\{\hat{\rho}_I\}_{I=1}^{p+2q}$ 来计算。在此过程中，只使用 $\{\hat{\rho}_I\}_{I=1}^{p+2q}$ 且所有其他参数被设为 0。

- 季节性的自回归模型、移动平均模型参数。对于季节性的自回归模型和移动平均模型，在以上等式中使用季节性滞后处的自相关。

（3）ARIMA 模型和 TF 模型的估计和预测。

有两种预测算法可用：条件最小二乘法（CLS）和极大似然法（ML）。这两种算法的区别是预测噪声的过程不同。在预测计算中的一般步骤如下。

① 在整个历史时期计算噪声过程 $N_t$。

② 预测噪声过程 $N_t$ 直到预测基准线。在历史时期期间，这是领先一步预测，在此之后是领先多步预测。本步骤显现出条件最小二乘法和 ELS（精确最小二乘法）的差别，并会计算噪声预测法的预测方差。

③ 通过先加回噪声预测的常数项的贡献和 TF 模型的输入，然后整合并返回转换结果，来获取最终预测结果。

令 $\hat{N}_t(k)$ 和 $\sigma_t^2(k)$ 分别为 $k$ 步预测值和预测方差。

- 条件最小二乘法。

假设 $t < 0$ 时，$N_t = 0$，有

$$\hat{N}_t(k) = E(N_{t+k} \mid N_t, N_{t-1}, \cdots)$$

$$\sigma_t^2(k) = \sigma^2 \sum_{j=0}^{k-1} \psi_j^2$$

式中，$\psi_j$ 为 MA/($\Delta$AR) 的幂级数展开系数。

使 $S = \sum [N_t - \hat{N}_t(I)]^2$ 最小化。缺失值用 $N_t$ 的预测值插补。

- 极大似然法。

$$\hat{N}_t(k) = E(N_{t+k} \mid N_t, N_{t-1}, \cdots, N_1)$$

$\{N_t - \hat{N}_t(I)\}_{t=1}^{t}$ 的极大似然比，即

$$L = -\ln(S / n) - (1/n) \sum_{j=1}^{n} \ln(\eta_j)$$

式中，$S = \sum [N_t - \hat{N}_t(I)]^2 / \eta_t$。$\sigma_t^2 = \sigma^2 \eta_t$，是提前一步预测方差。

当出现缺失值时，使用卡尔曼滤波器计算 $\hat{N}_t(k)$。

### 3. 诊断统计量

ARIMA/TF 诊断统计量基于噪声过程的残差，$R(t) = N(t) - \hat{N}(t)$。

杨-博克斯统计量为

$$Q(K) = n(n+2)\sum_{k=1}^{K} r_k^2 / (n-k)$$

式中，$r_k$ 是第 $k$ 步滞后自相关函数的残差。

$Q(K)$ 的渐近分布为 $\chi^2[(K-m)]$，$m$ 是除常数项和预测变量有关参数外的参数的数量。

### 4. 误差方差

在 ARIMA 模型和 TF 模型中误差方差为

$$\hat{\sigma}^2 = S/(n-k)$$

式中，$n$ 为非 0 残差的数量；$k$ 为参数的数量（不包括误差方差）。

### 5. 拟合优度统计量

拟合优度统计量是根据原始时间序列 $Y(t)$ 计算得到的。设 $k=$ 模型中参数的数量，$n=$ 非缺失值残差的数量。

均方差为

$$\text{MSE} = \frac{\sum[Y(t) - \hat{Y}(t)]^2}{n-k}$$

平均绝对误差百分比为

$$\text{MAPE} = \frac{100}{n}\sum |Y(t) - \hat{Y}(t)/Y(t)|$$

最大绝对误差百分比为

$$\text{MAXAPE} = 100\max(|Y(t) - \hat{Y}(t)/Y(t)|)$$

平均绝对误差为

$$\text{MAE} = \frac{1}{n}\sum |Y(t) - \hat{Y}(t)|$$

最大绝对误差为

$$\text{MAXAE} = \left(\sum |Y(t) - \hat{Y}(t)|\right)$$

标准 BIC 为

$$\text{标准 BIC} = \ln(\text{MSE}) + K\frac{\ln(n)}{n}$$

$R^2$ 为

$$R^2 = 1 - \frac{\sum[Y(t) - \hat{Y}(t)]^2}{\sum(Y(t) - \bar{Y})^2}$$

平稳 $R^2$ 为

$$R_s^2 = 1 - \frac{\sum(Z(t) - \hat{Z}(t))^2}{\sum(\Delta Z(t) - \overline{\Delta Z})^2}$$

式中，$Z(t) - \hat{Z}(t)$ 和 $\Delta Z(t) - \overline{\Delta Z}$ 中的所有项的和是不可缺少的。

$\overline{\Delta Z}$ 是差分转换序列的简单平均模型，等价于单变量基准模型 ARIMA(0,d,0)(0,D,0)。

对于当前正在考虑的指数平滑模型，使用差分的阶数（如果有，等价于 ARIMA 模型），即

$$d = \begin{cases} 2 & 布朗，霍尔特 \\ 1 & 其他 \end{cases}, \quad D = \begin{cases} 0 & s = 0 \\ 1 & s > 1 \end{cases}$$

**注意**：平稳 $R^2$ 和 $R^2$ 在 $(-\infty, 1]$ 范围内取负值。$R^2$ 小于 0，意味着考虑的模型比基准模型差；$R^2$ 为 0，意味着考虑的模型与基准模型差不多；$R^2$ 大于 0，意味着考虑的模型要比基准模型好。

### 6. 专家建模器

专家建模器可用来对单变量和多变量时间序列进行自动建模分析。

（1）变量时间序列。

对于单变量时间序列，用户可以利用专家建模器从以下模型中选择一个模型建模。

① 在默认状态下，选择所有模型。

② 只选指数平滑模型。

③ 只选 ARIMA 模型。

（2）多变量序列。

在多变量情况下，用户可以利用专家建模器从以下模型中选择一种模型建模。

① 在默认状态下，选择所有模型。注意，如果多变量 ARIMA 专家模型放弃所有预测变量并用单变量 ARIMA 专家模型结束，那么这个单变量 ARIMA 专家模型将与先前的指数平滑卖家模型进行比较，而且专家建模器将决定所有模型中哪个模型更好。

② 只选 ARIMA 模型。

（3）使用专家建模器自动选择模型。

① 选择所有模型。在这种情况下，计算指数平滑专家模型和 ARIMA 专家模型，并且选择具有更小的标准 BIC 的模型。对于 $n < \max(20, 3s)$ 的短时间序列，使用指数平滑专家模型。

② 选择指数平滑专家模型。选择本模型，对于 $1 < n \leq 10$ 的短时间序列，专家建模器将自动拟合简单指数平滑模型；对于其他时间序列，专家建模器将自动按如图 7-9 所示的流程选择模型。

```
根据时间序列季节长度
          ↓
无季节：拟合所有4种无季节指数平滑模型
季节及正数：拟合6种指数平滑模型（没有布朗法）
季节及非所有正数：拟合5种指数平滑模型（没有布朗法，没有多变量温特斯法）
          ↓
指数平滑专家模型=最小BIC的模型
```

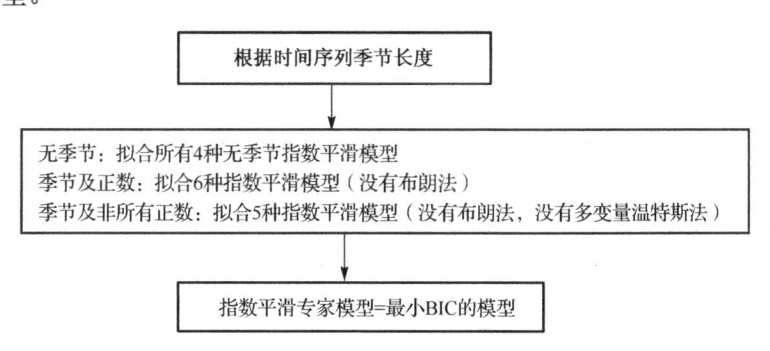

图 7-9 指数平滑专家模型自动建模流程

③ ARIMA 专家模型。对于 $n < 10$ 的短时间序列，拟合有常数项的 AR(1)，若 $10 < n < 3s$，则设 $s = 1$，构建非季节模型；对于其他情况，专家建模器自动按如图 7-10 所示的流程选择模型。

④ 选择 TF 模型。选择本模型，对于 $n < \max(20, 3s)$ 的短时间序列，专家建模器将自

动拟合单变量专家模型；对于其他时间序列，专家建模器自动按如图 7-11 所示的流程选择模型。

### 7. 在时间序列分析中对异常值的检测

异常值也称离群值。观测序列会受到异常值的污染。这些异常值可以改变未被污染的序列的平均水平。检测异常值的目的是寻找是否有异常值，以及异常值的位置、类型和大小。

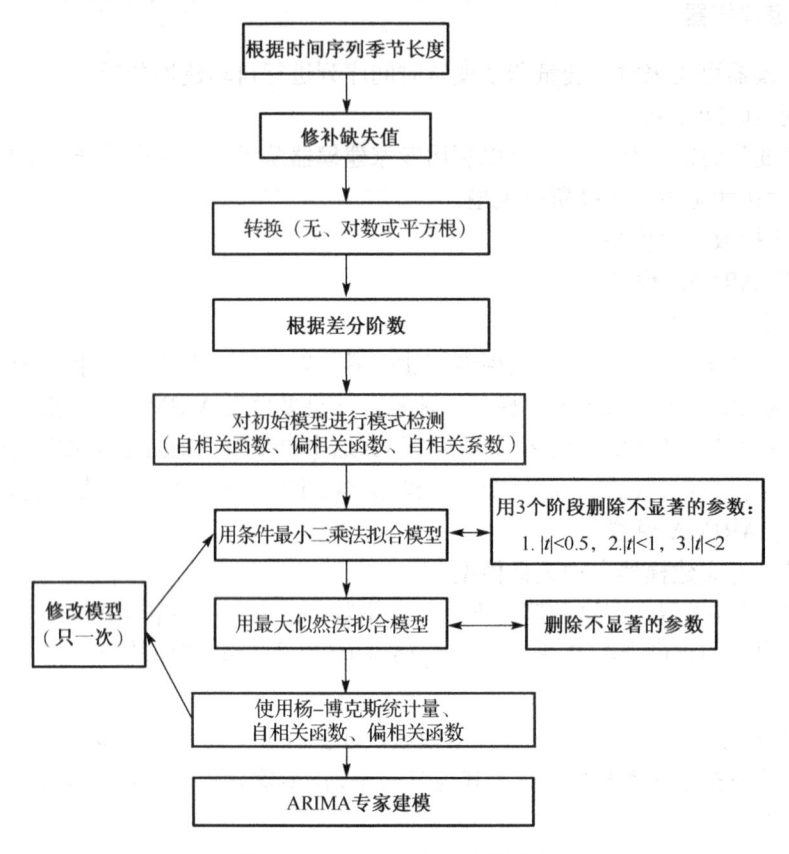

图 7-10 ARIMA 专家建模流程

（1）异常值的定义。

自动建模过程（TSMODEL）中包括 7 种类型的异常值：加性异常值（AO）、创新性异常值（IO）、水平移位（LS）异常值、临时（或短暂）变更（TC）异常值、季节性加性（SA）异常值、局部趋势（LT）异常值及加性异常值补丁（AOP）。

假设 $U(t)$ 或 $U_t$ 为未被污染的序列，无异常值约束，$U(t)$ 或 $U_t$ 为单变量 ARIMA 模型或 TF 模型。

① 加性异常值。假设一个加性异常值发生在 $t = T$ 时刻，观测序列可表示为

$$Y(t) = U(t) + wI_T(t)$$

式中，$I_T(t) = \begin{cases} 0 & t \neq T \\ 1 & t = T \end{cases}$，是一个脉冲函数；$w$ 是由异常值引起的真正的 $U(t)$ 的偏差。这种异常值造成的干扰只影响干扰发生时刻 $T$ 上的序列值，不影响该时刻以后的序列值。

② 创新性异常值。假设一个创新性异常值发生在 $t=T$ 时刻，观测序列可表示为
$$Y(t) = \mu(t) + \frac{\theta(B)}{\Delta\varphi(B)}[a(t) + wI_T(t)]$$

③ 水平移位异常值。假设一个水平移位异常值发生在 $t=T$ 时刻，观测序列可表示为
$$Y(t) = U(t) + wS_T(t)$$

式中，$S_T(t) = \dfrac{1}{1-B}I_T(t) = \begin{cases} 0 & t < T \\ 1 & t > T \end{cases}$，是一个阶梯函数。

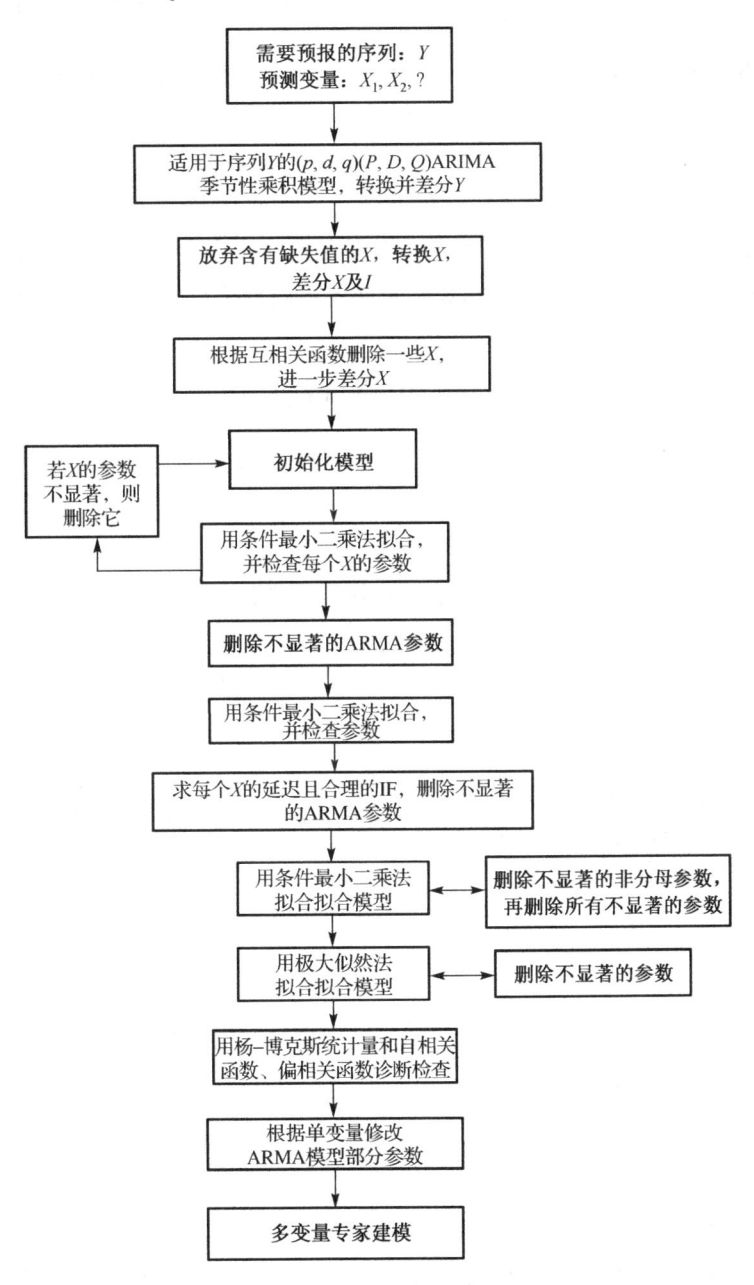

```
┌─────────────────────────┐
│ 需要预报的序列：Y        │
│ 预测变量：X₁, X₂, ?      │
└───────────┬─────────────┘
            ▼
┌─────────────────────────┐
│ 适用于序列Y的(p,d,q)(P,D,Q)ARIMA │
│ 季节性乘积模型，转换并差分Y      │
└───────────┬─────────────┘
            ▼
┌─────────────────────────┐
│ 放弃含有缺失值的X，转换X，│
│ 差分X及I                │
└───────────┬─────────────┘
            ▼
┌─────────────────────────┐
│ 根据互相关函数删除一些X， │
│ 进一步差分X              │
└───────────┬─────────────┘
            ▼
┌──────────────┐  ┌───────────────┐
│ 若X的参数    │  │ 初始化模型     │
│ 不显著，则   │◄─┤                │
│ 删除它       │  └───────┬───────┘
└──────────────┘          ▼
            ┌─────────────────────┐
            │ 用条件最小二乘法拟合，│
            │ 并检查每个X的参数     │
            └───────────┬─────────┘
                        ▼
            ┌─────────────────────┐
            │ 删除不显著的ARMA参数 │
            └───────────┬─────────┘
                        ▼
            ┌─────────────────────┐
            │ 用条件最小二乘法拟合，│
            │ 并检查参数           │
            └───────────┬─────────┘
                        ▼
            ┌─────────────────────┐
            │ 求每个X的延迟且合理的IF，│
            │ 删除不显著的ARMA参数    │
            └───────────┬─────────┘
                        ▼
            ┌──────────────┐  ┌──────────────────┐
            │ 用条件最小二乘法│◄►│ 删除不显著的非分母参数，│
            │ 拟合拟合模型  │  │ 再删除所有不显著的参数 │
            └───────┬──────┘  └──────────────────┘
                    ▼
            ┌──────────────┐  ┌──────────────┐
            │ 用极大似然法 │◄►│ 删除不显著的参数│
            │ 拟合拟合模型 │  └──────────────┘
            └───────┬──────┘
                    ▼
            ┌─────────────────────┐
            │ 用杨-博克斯统计量和自相关│
            │ 函数、偏相关函数诊断检查│
            └───────────┬─────────┘
                        ▼
            ┌─────────────────────┐
            │ 根据单变量修改        │
            │ ARMA模型部分参数     │
            └───────────┬─────────┘
                        ▼
            ┌─────────────────────┐
            │ 多变量专家建模        │
            └─────────────────────┘
```

图 7-11 TF 专家建模流程

④ 临时变更异常值。假设一个临时变更异常值发生在 $t=T$ 时刻，观测序列可表示为

$$Y(t) = U(t) + wD_T(t)$$

式中，$D_T(t) = \dfrac{1}{1-\delta B} I_T(t)$，$0 < \delta < 1$，是一个阻尼函数。

⑤ 季节性加性异常值。假设一个季节性加性异常值发生在 $t = T$ 时刻，观测序列可表示为

$$Y(t) = U(t) + w\text{SS}_T(t)$$

式中，$\text{SS}_T(t) = \dfrac{1}{1-B^s} I_T(t) = \begin{cases} 1 & t = t + ks,\ k \geq 0 \\ 0 & \text{o.w.} \end{cases}$，是一个阶梯季节性脉冲函数。

⑥ 局部趋势异常值。假设一个局部趋势异常值发生在 $t = T$ 时刻，观测序列可表示为

$$Y(t) = U(t) + wT_T(t)$$

式中，$T_T(t) = \dfrac{1}{(1-B)^2} I_T(t) = \begin{cases} t+1-T & t \geq T \\ 0 & t < T \end{cases}$，是一个本地化趋势函数。

⑦ 加性异常值补丁。一个加性异常值补丁是两个或多个连续的加性异常值群。一个加性异常值补丁可用其开始的时间和长度来描述。假设在 $t = T$ 时刻有一个长度为 $k$ 的加性异常值补丁，观测序列可表示为

$$Y(t) = U(t) + \sum_{i=1}^{k} w_i I_{T-1+i}(t)$$

掩蔽效应导致在逐个搜查异常值时，检测加性异常值补丁非常困难。这就是把加性异常值补丁从单个加性异常值中分离出来，单独作为一类的原因。对于加性异常值补丁，程序对所有补丁一起搜寻。

对于 $t = T$ 时刻的 7 种类型的异常值（除加性异常值补丁外），可汇总如下：

$$Y(t) = \mu(t) + wL_O(B)I_T(t) + \dfrac{\theta(B)}{\Delta\varphi(B)} a(t)$$

式中，$L_O(B) = \begin{cases} 1 & O = \text{AO} \\ 1/\Delta\pi(B) & A = \text{IO} \\ 1/(1-B) & O = \text{LS} \\ 1/(1-\delta B) & O = \text{TC} \\ 1/(1-B^s) & O = \text{SA} \\ 1/(1-B)^2 & O = \text{LT} \end{cases}$，$\pi B = \varphi(B)/\theta(B)$。合并异常值的一般模型可以写成下式：

$$Y(t) = \mu(t) + \sum_{k=1}^{M} w_k L_{Ok}(B) I_{Tk}(t) + \dfrac{\theta(B)}{\Delta\varphi(B)} a(t)$$

式中，$M$ 是异常值的数量。

在实践中，这些异常值类型的组合可出现在研究的序列中。

（2）SPSS 中对异常值的检测过程。

在模型和模型参数已知时，时间序列建模程序会根据使用者在"时间序列建模器：专家建模器条件"对话框的"离群值"选项卡中选定的一种或多种要检测的离群值（异常值）类型，对时间序列中的数据进行检查，记录异常值的总数，并对发现的异常值的残差进行调整，剔除不重要的参数，直到所有时间序列值都为有意义的值（不是异常值）

为止。

SPSS 专家建模器会自动开展异常值的检测工作,其检测的流程图如图 7-12 所示。设 $M$ 为异常值的总数,Nadj 为时间序列被调整的异常值的数量。开始时 $M = 0$ 及 Nadj $= 0$。

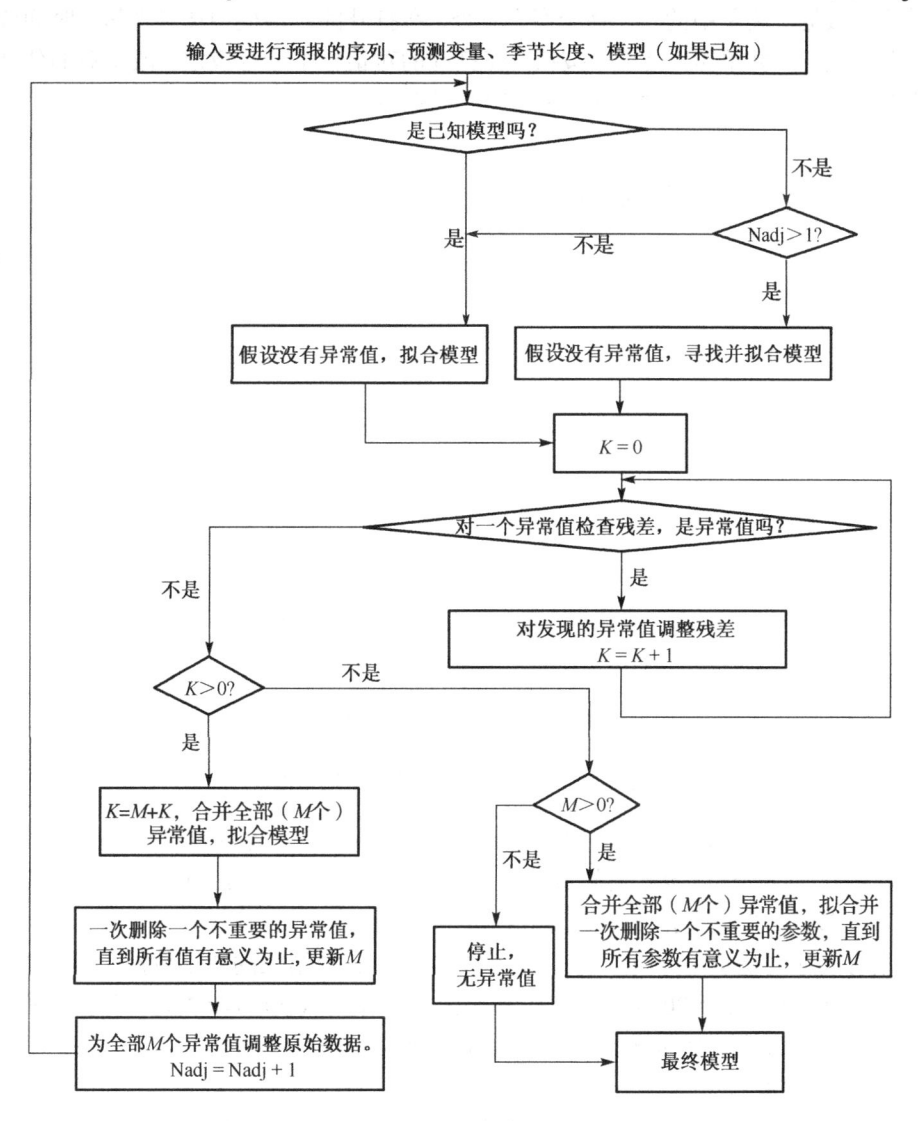

图 7-12 异常值检测流程

## 7.3.2 选择分析变量

按"分析→时间序列预测→创建传统模型"顺序单击,在"时间序列建模器"提示框中,单击"确定"按钮,关闭提示框,打开如图 7-13 所示的"时间序列建模器"对话框。

(1) 定义因变量和自变量。

在"变量"框中选择一个或多个变量送入"因变量"框,作为因变量。

根据建模需要,也可以在"变量"框中选择一个或多个变量送入"自变量"框,作为自变量。

因变量和自变量都应是数值型变量,都会被认为是时间序列,也就是说,每个观测代

表一个时间点,连续观测间有一个恒定的时间间隔。

(2)"估算期"栏显示了估计期的起始和结束位置。估计期就是用来估计模型的样品集,系统默认从第一个观测到最后一个观测。如果要改变估计期,就在"数据编辑器"窗口中选择"数据"菜单中的"选择个案"命令,在打开的对话框中选择"基于时间或个案范围"单选按钮,并单击"范围"按钮,在打开的对话框中进行设定。改变后的估计期将显示在如图 7-13 所示的对话框的"估算期"栏中。

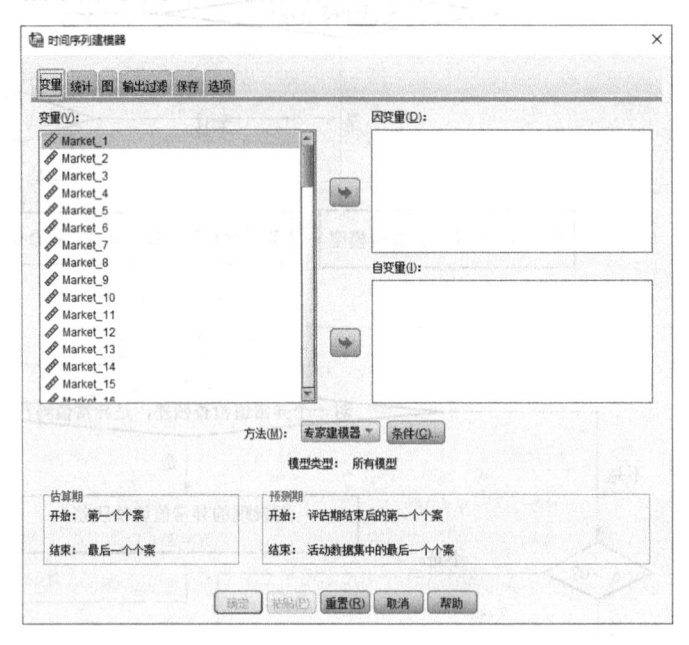

图 7-13 "时间序列建模器"对话框

(3)"预测期"栏显示了预测期的起始位置和结束位置,系统默认从估计期结束后的第一个观测开始,到实际数据集的最后一个观测为止。可以在"时间序列建模器"对话框的"选项"选项卡中改变预测期,改变后该栏显示新设定的预测期。

如果时间序列是从 1999 年 1 月开始到 2003 年 12 月结束的 4 年数据,那么默认的估计期就是 1999 年 1 月至 2003 年 12 月。如果定义估计期从 2000 年 1 月开始到 2002 年 12 月为止,那么默认的预测期就从 2003 年 1 月起到 2003 年 12 月止。

(4)确定建模方法。

"方法"下拉列表中共有 3 个选项,即"专家建模器"选项、"指数平滑法"选项和"ARIMA"选项。其中,"专家建模器"选项是系统默认选择的选项。

(5)设定模型条件。

单击"条件"按钮,在打开出的对话框中设定各种建模方法下的模型类型及因变量的转换方式等。

#### 7.3.2.1 专家建模器

专家建模器会自动地为每个因变量序列找到最佳拟合模型。

在"方法"下拉列表中选择"专家建模器"选项,单击"条件"按钮选项,打开如图 7-14 所示的"时间序列建模器:专家建模器条件"对话框。

## 1. "模型"选项卡

(1) 在"模型类型"栏中选择模型的类型,有 3 个有效选项(在这里选中的模型将显示在"时间序列建模器"对话框的"模型类型"后)。

① "所有模型"单选按钮。选择此选项,要求同时考虑指数平滑法和 ARIMA 法,系统会自动识别将哪种模型作为拟合时间序列的最佳模型。系统默认选择此选项。

② "仅限指数平滑模型"单选按钮。选择此选项,要求对时间序列只采用指数平滑法进行估计。

③ "仅限 ARIMA 模型"单选按钮。选择此选项,要求对时间序列只采用 ARIMA 法进行估计。

(2) "专家建模器考虑季节性模型"复选框。只在当前数据文件已定义周期时才有效。勾选此复选框,专家建模器将同时考虑季节性模型和非季节性模型;如果未勾选此复选框,专家建模器将只考虑非季节性模型。

在"当前周期长度"后面显示已定义的周期。如果没有定义周期,将显示"无"。

(3) "事件"栏。选择的任何自变量都被当作事件变量。事件变量值为 1 的观测,表示该时期的因变量序列被期望受事件影响;事件变量值不为 1 的观测,表示该时期的因变量序列被期望不受事件影响。

## 2. "离群值"选项卡

单击"离群值"选项卡,如图 7-15 所示。在"离群值"选项卡中可以选择自动检测异常值的类型。

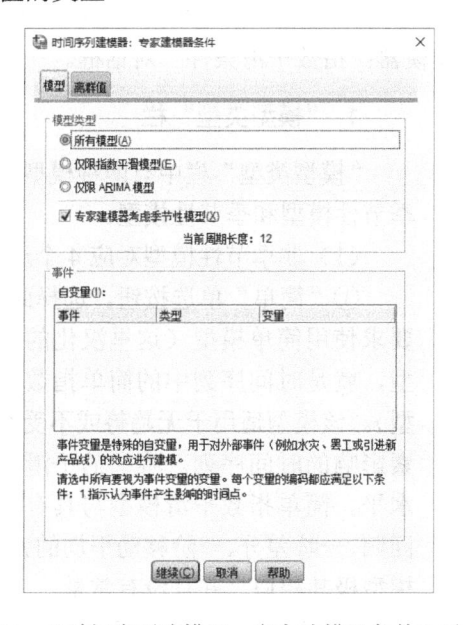

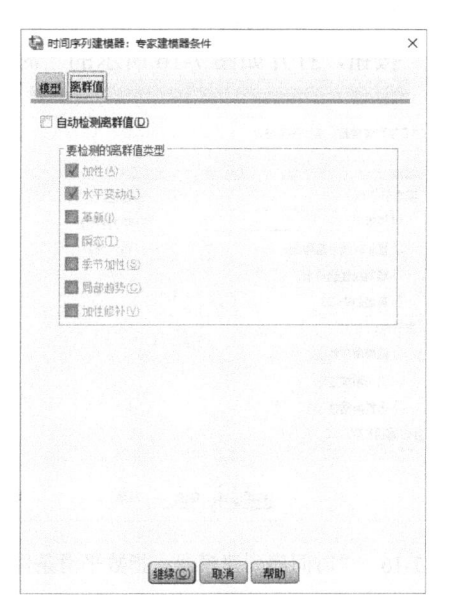

图 7-14 "时间序列建模器:专家建模器条件"对话框     图 7-15 "离群值"选项卡

(1) "自动检测离群值"复选框。默认状态下不勾选此复选框。

(2) "要检测的离群值类型"栏。在此栏中可选择一项或多项异常值类型。

① "加性"复选框。选择此选项,就选择了加性异常值。该异常值影响单个观测值。例如,一个数据编码错误可能被认为是一个加性异常值。

②"水平变动"复选框。选择此选项，就选择了水平移位异常值。从一个特定的序列点（异常值出现的时间点）开始，所有观测值由其自身值加上一个常量转换而成，该常量等于特定的序列点处的异常值与其真值的差。

③"革新"复选框。选择此选项，就选择了创新性异常值。从一个特定的序列点开始，异常值中增加了噪声项的作用。受噪声项影响的异常值被称为创新性异常值。对于平稳序列，创新性异常值只影响少数观测值；对于非平稳序列，创新性异常值可能会影响从某个特定的序列点开始的每个观测值。

④"瞬态"复选框。选择此选项，就选择了临时变更异常值。

⑤"季节加性"复选框。选择此选项，就选择了季节性加性异常值。该异常值影响一个特定观测值和其后由一个或多个周期隔开的所有观测值，所有观测值受到的影响相同。如果从某年开始各个1月份销售额都较高，那么可能出现季节性加性异常值。

⑥"局部趋势"复选框。选择此选项，就选择了局部趋势异常值。该异常值会导致从一个特定的序列点开始局部线性趋势的异常。

⑦"加性修补"复选框。选择此选项，就选择了加性异常值补丁。该异常值是两个或两个以上连续的加性异常值组。选择该异常值类型会要求检测这些序列点以外的单个加性异常值。

单击"继续"按钮，返回"时间序列建模器"对话框。

#### 7.3.2.2 指数平滑法

仅在只指定了因变量时，"方法"下拉列表中的"指数平滑"选项才能被激活。

在"时间序列建模器"对话框的"方法"下拉列表中选择"指数平滑"选项，单击"条件"按钮，打开如图7-16所示的"时间序列建模器：指数平滑条件"对话框。

**1."模型类型"栏**

"模型类型"栏中有两种模型，即非季节性模型和季节性模型。

（1）非季节性模型对应4个选项。

①"简单"单选按钮。选择此选项，要求使用简单模型（这里汉化的简单模型，就是时间序列中的简单指数平滑模型）。该模型适用于无趋势或不受季节因素影响的时间序列。唯一的平滑参数是水平。简单指数平滑模型与具有零阶自回归、一阶差分、一阶移动平均的ARIMA模型极其相似，并且没有常量。

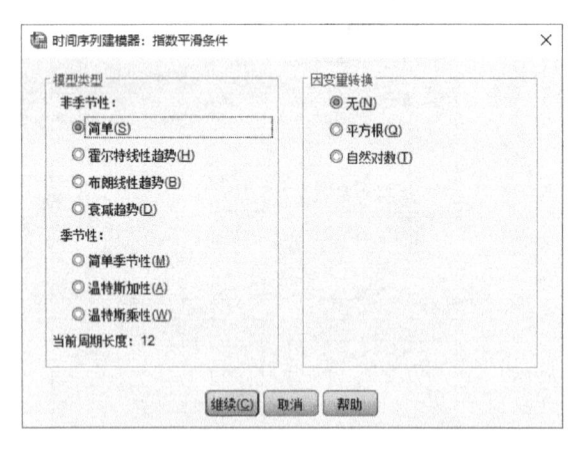

图7-16 "时间序列建模器：指数平滑条件"对话框

②"霍尔特线性趋势"单选按钮。选择此选项，要求使用霍尔特线性趋势模型。该模型适用于有线性趋势和不受季节因素影响的时间序列。其平滑参数为水平和趋势，不受彼此值的约束。霍尔特线性趋势模型比布朗线性趋势模型更普通，在计算一个较长的时间序列时要花费的时间更长。霍尔特线性趋势模型与具有零阶自回归、二阶差分、二阶移动平均的ARIMA模型很相似。

③ "布朗线性趋势"单选按钮。选择此选项，要求使用布朗线性趋势模型。该模型适用于有线性趋势和不受季节因素影响的时间序列。其平滑参数为水平和趋势，且假设它们相等。布朗线性趋势模型是霍尔特线性趋势模型的特例。布朗线性趋势模型与具有零阶自回归、二阶差分、二阶移动平均的 ARIMA 模型很相似，同时第二阶移动平均系数等于第一阶移动平均系数一半的平方。

④ "衰减趋势"单选按钮。选择此选项，要求使用衰减趋势模型（在时间序列分析书籍中称为阻尼指数平滑模型）。该模型适用于线性趋势正在消失且不受季节因素影响的时间序列。其平滑参数为水平、趋势和阻尼趋势（Damping Trend）。衰减趋势模型与具有一阶自回归、一阶差分、二阶移动平均的 ARIMA 模型很相似。

（2）季节性模型对应 3 个选项。

① "简单季节性"单选按钮。选择此选项，要求使用简单季节性模型（就是简单季节性指数平滑模型）。该模型适用于无趋势和受季节因素影响的在时间上是常量的时间序列。其平滑参数是水平和季节。简单季节性指数平滑模型最类似于具有零阶自回归、一阶差分、一阶季节差分、一阶、$p$ 阶及 $p+1$ 阶移动平均的 ARIMA 模型。其中，$p$ 是在一个季节间隔中的周期数（如每月数据，$p=12$）。

② "温特斯加性"单选按钮。选择此选项，要求使用温特斯加性模型，就是温特斯加性指数平滑模型。该模型适用于有线性趋势且不依赖序列水平的受季节性影响的时间序列。其平滑参数是水平、趋势和周期。温特斯加性模型与具有零阶自回归、一阶差分、一阶季节差分及 $p+1$ 阶移动平均的 ARIMA 模型极其相似。其中，$p$ 是在一个季节间隔中的周期数（如每月数据，$p=12$）。

③ "温特斯乘性"单选按钮。选择此选项，要求使用温特斯乘性模型，就是常说的温特斯乘性指数平滑模型。该模型适用于有线性趋势且依赖序列水平的周期性影响的时间序列。其平滑参数是水平、趋势和周期。温特斯乘性模型同任何 ARIMA 模型都不相似。

"当前周期长度"后面的整数是当前数据文件定义的周期。例如，年周期为 12，每个观测表示 1 个月。如果没有设定周期，就显示"无"。若需要设置季节模型的周期，则可以选择"数据"菜单中的"定义日期和时间"命令，在打开的"定义日期"对话框中进行设置。

**2． "因变量转换"栏**

"因变量转换"栏定义对时间序列的转换方法，有 3 个选项供选择。在建模之前，可以对每个因变量实施转换。

① "无"单选按钮。选择此选项，要求对时间序列不实施转换。

② "平方根"单选按钮。选择此选项，要求对时间序列用平方根转换。

③ "自然对数"单选按钮。选择此选项，要求对时间序列用自然对数转换。

单击"继续"按钮，返回"时间序列建模器"对话框。

### 7.3.2.3 ARIMA 模型

在"时间序列建模器"对话框中的"方法"下拉列表中选择"ARIMA"选项，单击"条件"按钮进入如图 7-17 所示的"时间序列建模器：ARIMA 条件"对话框。

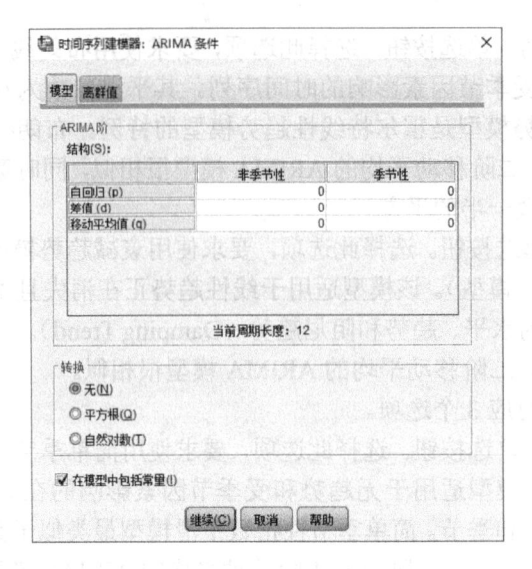

图 7-17 "时间序列建模器：ARIMA 条件"对话框

### 1. "模型"选项卡

在"模型"选项卡中自定义模型结构。

(1) "ARIMA 阶"栏。

"结构"表的单元格中需要输入非负整数，以定义 ARIMA 模型的构成。在"结构"表的"自回归"行、"差值"行、"移动平均值"行与"非季节性"列、"季节性"列对应的单元格中输入模型对应的参数值，这些值代表对应模型参数的最大阶数。所有比最大阶数值小的阶数值（对应阶数的估计值）都将包含在输出的模型参数估计表中或者用户在"统计"选项卡中选择的项对应的统计表中。若指定"2"，则输出模型参数估计中包括 2 阶参数和 1 阶参数。"季节性"列只在当前数据文件已定义周期时有效。

① 非季节性参数的阶数。

- "自回归"列：指定用序列的先前值来预测现值的自回归的阶数。例如，自回归的阶数为 2，指定用序列过去 2 个时间周期的值来预测现值。
- "差值"（应译为"差分"）列：指定用于时间序列的差分转换的阶数。当存在趋势时（含有趋势的时间序列典型的是非平稳的，假设 ARIMA 模型是平稳的），差分是必要的，可用来消除趋势的影响。差分的阶数与时间序列趋势的程度相对应，一阶差分说明线性趋势，二阶差分说明二次趋势，等等。
- "移动平均值"列：指定模型中移动平均阶数。移动平均阶数定义用先前值与序列平均值的偏差来预测当前值。例如，一阶和二阶移动平均，说明在预测时间序列的当前值时要考虑最后两个时间周期中的每个值与时间序列的平均值的偏差。

② 季节性参数的阶数。

季节性序列的自回归、移动平均及差分的构成与它们在非季节序列对应项含义相同。对于季节性阶数，时间序列当前值受由一个或几个季节周期隔开的先前序列值影响。例如，对于每月数据（季节性周期为 12），季节阶数 1 意味着当前序列值受先于当前值 12 个周期的序列值影响，相当于指定了非季节阶数 12。

"当前周期长度"后显示当前数据文件定义的周期，是一个整数。例如，12 代表每年的周期，每个观测表示 1 个月。如果没有设置周期，就显示"无"。季节模型需要设置周期。用户可以通过选择"数据"菜单的"定义日期和时间"命令，在打开的"定义日期"对话框中设置周期。

（2）在"转换"栏中指定各因变量进入模型前的转换。

① "无"单选按钮。选择此选项，要求不对时间序列进行任何转换。

② "平方根"单选按钮。选择此选项，要求对时间序列进行平方根转换。

③ "自然对数"单选按钮。选择此选项，要求对时间序列进行自然对数转换。

（3）"在模型中包括常量"复选框。除非确定全部序列值的平均值为 0，否则在模型中应该包含常数项，即应该选择此选项。当使用差分时，建议模型中不含常数项。

### 2. "离群值"选项卡

单击"离群值"选项卡，如图 7-18 所示，选择对异常值的处理方法。

（1）"不检测离群值，也不为其建模"单选按钮。系统默认选择此选项，即默认异常值不被检测也不进入模型。

（2）"自动检测离群值"单选按钮。选择此选项，要求自动对异常值进行检测。

在"要检测的离群值类型"栏中，可以选择要检测的一个或多个异常值的类型。该栏中的选项有"加性"复选框、"水平变动"复选框、"革新"复选框、"瞬态"复选框、"季节加性"复选框、"局部趋势"复选框、"加性修补"复选框。这些选项的相关说明，请参见 7.3.2.1 节中的相关内容。

（3）"将特定时间点作为离群值进行建模"单选按钮。选择此选项，要求指定特定的时间点作为异常值。每个异常值在"离群值定义"表中单独占一行。在这行的各单元格中输入时间点的数值。

① 在"类型"列的下拉列表中选择异常值的类型。下拉列表中的选项有"加性"（系统默认项）、"水平变动"、"革新"、"瞬态"、"季节加性"和"局部趋势"。

② "类型"前的两列表头根据定义的周期显示不同的内容，如年、月等。在各行相应位置输入表达异常值时间点的数值。注意，如果没有定义日期变量，那么"离群值定义"表将显示单列观测。为指定一个异常值，输入异常值观测（显示在"数据编辑器"窗口中）。

### 3. "转换函数"选项卡

在"转换函数"选项卡中定义自变量的转换函数。

只有在"时间序列建模器"对话框"变量"选项卡中指定了自变量，并在"方法"下拉列表中选择了"ARMIA"选项时，单击"条件"按钮打开的对话框中才会有"转换函数"选项卡，如图 7-19 所示。

在该选项卡中，指定在"变量"选项卡中指定的一个或多个自变量的转换函数。转换函数允许指定使用自变量（预测变量）的过去值来预测因变量的将来值的方法。

（1）"转换函数的阶"栏。

在"结构"表的单元格中输入转换函数不同成分的值。所有值必须是非负整数。在"分子"行和"分母"行输入的值代表最大的阶数。所有比指定值小且大于 0 的阶数都会包括在模型中。此外，0 阶始终包含在分子成分中。如果在"分子"后面的单元格中输入"2"，那么模型将包括 2 阶参数、1 阶参数和 0 阶参数。如果在"分母"后面的单元格中输入"3",那么模型将包括3阶参数、2阶参数和1阶参数。若在当前数据文件中没有定义周期,"季节性"列将不被激活。

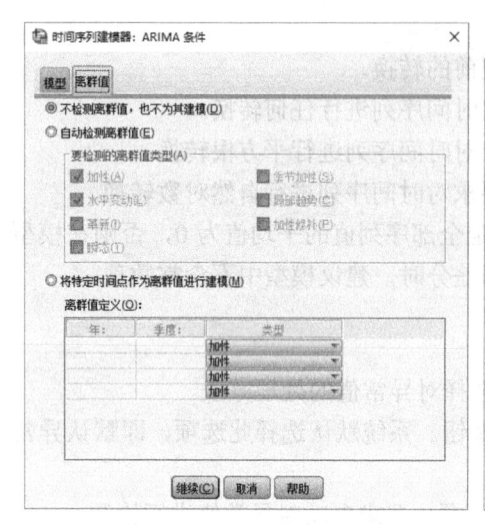

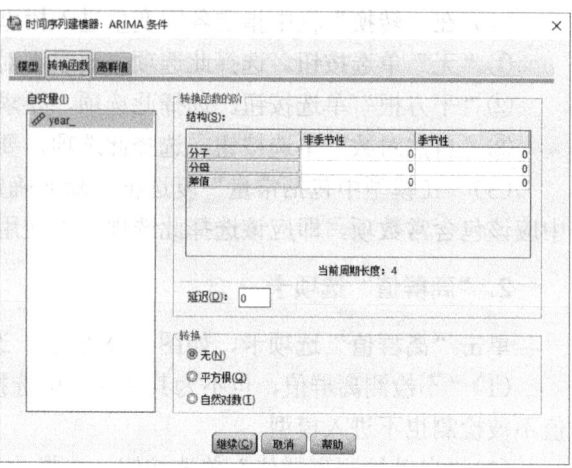

图 7-18 "离群值"选项卡

图 7-19 "转换函数"选项卡

① "分子"行:指定转换函数分子的阶数,用选择的自变量(预测变量)序列中指定阶数的先前值预测因变量的当前值。例如,一阶的分子指定用过去一个时间周期的自变量序列的值及自变量序列的当前值,预测各个因变量序列的当前值。

② "分母"行:指定转换函数分母的阶数,用选择的自变量(预测变量)序列的指定阶数的先前值与时间序列平均值的偏差来预测因变量的当前值。例如,一阶的分母指定在预测各因变量序列的现值时,要考虑自变量序列过去一个时间周期的平均值的偏差。

③ "差值"(应译为"差分")行:指定在估计模型前用于选择的自变量(预测变量)序列差分的阶数。当存在趋势及要消除它的影响时,需要用差分。

④ "季节性"列:季节性的分子、分母和差分成分与非季节性的分子、分母和差分成分发挥的作用相同。对于季节性阶数,当前序列值受到由一个或多个季节周期分开的先前序列值的影响。例如,对每月的数据(季节周期12)而言,季节阶数1意味着当前序列值受到先于当前值12个周期的序列值的影响。

(2) "当前周期长度"后显示的是当前数据集中定义过的当前周期(如果有)。

(3) "延迟"框用于指定一个间隔数,促使自变量的影响相应延后。例如,设置"延迟"为"5",则在时间 $t$ 的自变量的值不影响预测,而 $t+5$ 后的自变量的值影响预测。

(4) "转换"栏用于选择自变量转换的方法。

- "无"单选按钮。选择此选项,要求不进行转换。它是默认选项。
- "平方根"单选按钮。选择此选项,要求用平方根进行转换。
- "自然对数"单选按钮。选择此选项,要求用自然对数进行转换。

### 7.3.3 选择统计量

在"时间序列建模器"对话框中单击"统计"选项卡,如图 7-20 所示,选择输出的建模结果中的选项。

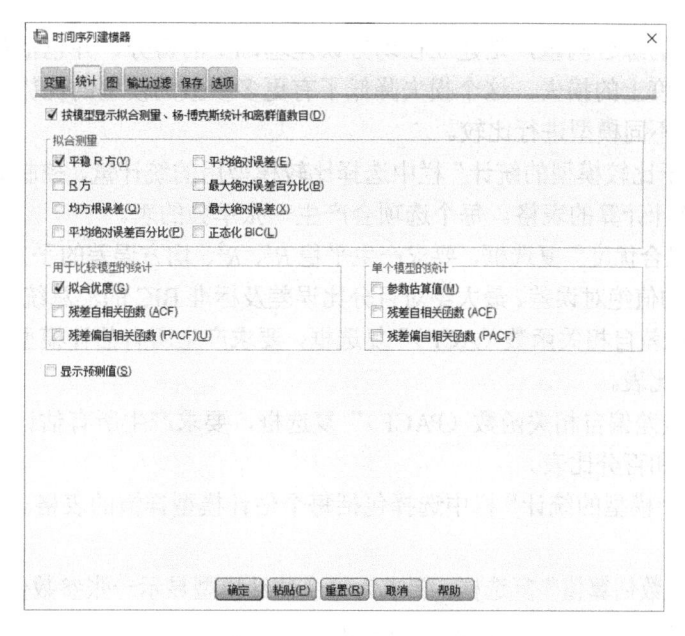

图 7-20 "统计"选项卡

（1）勾选"按模型显示拟合测量、杨-博克斯统计和离群值数目"复选框，要求显示的表格中包括选择的拟合优度的测量、杨-博克斯统计量及各模型的异常值数。

（2）在"拟合测量"栏中选择拟合测量。

① 勾选"平稳 R 方"复选框，要求将模型的平稳部分和简单平均模型进行比较。当有趋势或季节模式时，本测量比普通 $R^2$ 更好。平稳 $R^2$ 值范围是负无穷大到 1。负值意味着考虑的模型比基准模型差，正值意味着考虑的模型比基准模型好。

② 勾选"R 方"复选框，要求计算由模型解释的时间序列中的总变异比例的估计。当时间序列是平稳序列时，本测量很有用。$R^2$ 值的范围是负无穷大到 1。负值表示考虑的模型不如基准模型，正值表示考虑的模型优于基准模型。

③ 勾选"均方根误差"复选框，要求进行因变量序列同其模型预测值间差异程度的测量，用与因变量序列相同的单位来表示。

④ 勾选"平均绝对误差百分比"复选框，要求进行因变量序列同它的模型预测值间差异程度的测量。由于平均绝对误差百分比不依赖使用的单位，因此平均绝对误差百分比能用来比较不同单位的序列。

⑤ 勾选"平均绝对误差"复选框，要求进行因变量序列同它的预测模型水平间差异程度的测量。平均绝对误差采用原先序列的单位。

⑥ 勾选"最大绝对误差百分比"复选框，要求用绝对误差百分比表示最大预测误差。在对预测设想一个最坏的结果时，本测量很有用。

⑦ 勾选"最大绝对误差"复选框，要求用绝对误差表示最大预测误差，用因变量序列的相同单位来表示。像最大绝对误差百分比一样，在对预测设想一个最坏的结果时，本测量很有用。最大绝对误差和最大绝对误差百分比可以发生在不同的序列点。例如，当一个大的序列值的绝对误差比一个小序列值的绝对误差稍大时，最大绝对误差将发生在较大的序列值处，最大绝对百分比误差将发生在较小的序列值处。

⑧ 勾选"正态化 BIC"复选框，要求进行标准 BIC 测度。它是试图说明模型复杂性

对模型整体拟合的综合测量,是建立在均方误差基础上的得分,并包括在模型中参数的数量和序列在长度上的损失。这个损失降低了有更多参数的模型的优势,使统计量更容易对同一序列的不同模型进行比较。

(3)在"用于比较模型的统计"栏中选择比较模型用的统计量,控制如何显示包括所有估计模型的统计计算的表格。每个选项会产生一张单独的表。

① 勾选"拟合优度"复选框,要求产生平稳 $R^2$、$R^2$、均方误差的平方根、平均值绝对百分比误差、平均值绝对误差、最大绝对百分比误差及标准 BIC 的汇总统计表和百分比表。

② 勾选"残差自相关函数(ACF)"复选框,要求产生所有估计模型残差自相关的汇总统计表和百分比表。

③ 勾选"残差偏自相关函数(PACF)"复选框,要求产生所有估计模型残差偏自相关的汇总统计表和百分比表。

(4)在"单个模型的统计"栏中选择包括每个估计模型详情的表格。每个选项会产生一张单独的表。

① 勾选"参数估算值"复选框,要求为每个估计模型显示一张参数估计表。为指数平滑模型和 ARIMA 模型显示单独的表。如果存在异常值,那么会显示在一张单独的表中。

② 勾选"残差自相关函数(ACF)"复选框,要求为每个估计模型显示一张滞后的残差自相关表,包括自相关的置信区间。

③ 勾选"残差偏自相关函数(PACF)"复选框,要求为每个估计模型显示一张滞后的残差偏自相关表,包括偏自相关的置信区间。

(5)勾选"显示预测值"复选框,要求为每个估计模型显示一张模型预测和置信区间表。可在"选项"选项卡中设置预测期。

### 7.3.4 图表

在"时间序列建模器"对话框中单击"图"选项卡,如图 7-21 所示,选择建模结果图。

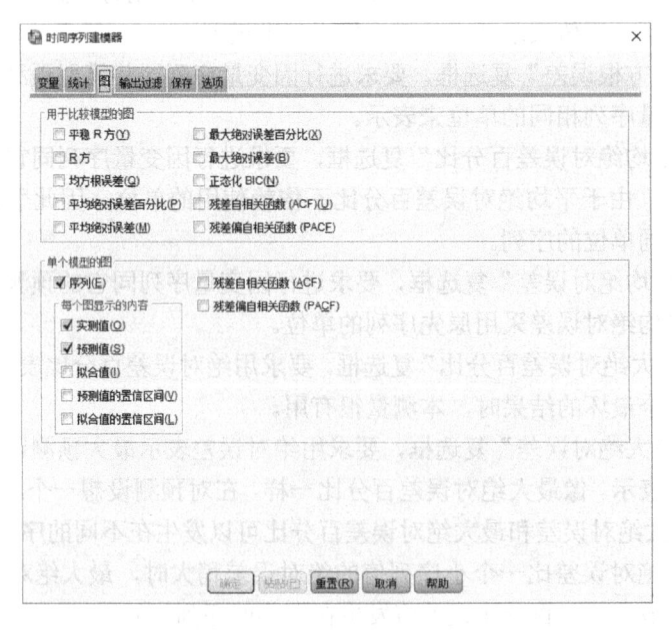

图 7-21 "图"选项卡

（1）在"用于比较模型的图"栏中选择表现模型拟合程度的图形，该栏中的"平稳R方"复选框、"R方"复选框、"均方根误差"复选框、"平均绝对误差百分比"复选框、"平均绝对误差"复选框、"最大绝对误差百分比"复选框、"最大绝对误差"复选框、"正态化BIC"复选框对应"统计"选项卡中"拟合测量"栏中的8个统计量。每个选项单独产生一个图形，可以同时选择多个选项。除此之外还有两个选项。

① "残差自相关函数（ACF）"复选框。选择此选项，要求图形包含残差自相关函数。

② "残差偏自相关函数（PACF）"复选框。选择此选项，要求图形包含残差偏自相关函数。

（2）"单个模型的图"栏中的选项是针对单个模型的，具体如下。

① "序列"复选框。选择此选项，要求对每个估计模型产生预测值图。

② "每个图显示的内容"栏。此栏包括如下选项。

- "实测值"复选框。选择此选项，要求图形包含因变量序列的观测值。
- "预测值"复选框。选择此选项，要求图形显示预测期中的模型预测值。
- "拟合值"复选框。选择此选项，要求图形包含估计期的模型预测值。
- "预测值的置信区间"复选框。选择此选项，要求图形包含预测值的置信区间。
- "拟合值的置信区间"复选框。选择此选项，要求图形包含估计值的置信区间。

③ "残差自相关函数（ACF）"复选框。选择此选项，要求为各估计模型显示残差自相关图。

④ "残差偏自相关函数（PACF）"复选框。选择此选项，要求显示各估计模型残差偏自相关图。

### 7.3.5 输出项目的过滤

单击"输出过滤"选项卡，如图7-22所示，对估计模型子集的表和图的输出进行限制。

（1）选择"在输出中包括所有模型"单选按钮，要求输出包含所有估计模型。该选项是系统默认选项。

（2）选择"根据拟合优度过滤模型"单选按钮，要求根据拟合优度限制模型的输出。选择此选项后将激活"显示"栏。"显示"栏包括如下选项。

① "最佳拟合模型"复选框。选择此选项，要求输出最佳拟合模型。选择此选项还要输入限制参数。

- "模型的固定数目"单选按钮。选择此选项，指定显示 $n$ 个最佳拟合模型，在"数值"框中输入正整数值 $n$。若 $n$ 大于估计模型的数量，则显示所有的模型。

图7-22 "输出过滤"选项卡

- "占模型总数的百分比"单选按钮。选择此选项，在"百分比"框中输入数值 $n$，要求显示模型中拟合优度最高的前 $n$%个模型。

② "最差拟合模型"复选框。选择此选项，要求输出最差拟合模型。选择此选项还要输入限制参数。

- "模型的固定数目"单选按钮。选择此选项，指定显示 $n$ 个最差拟合模型的结果，在"数值"框中输入正整数值 $n$，若指定的数量超过估计模型的数量，则显示所有模型。
- "占模型总数的百分比"单选按钮。选择此选项，在"百分比"框中输入数值 $n$，要求显示模型中拟合优度最低的最后 $n$%个模型。

③ "拟合优度测量"下拉列表。选择以上两种过滤方式，还需要指定用于过滤模型的拟合优度测量。该下拉列表中共有 8 个选项，分别是"平稳 R 方"、"R 方"、"均方根误差"、"平均绝对误差百分比"、"平均绝对误差"、"最大绝对误差百分比"、"最大绝对误差"和"正态化 BIC"。系统默认选项为"平稳 R 方"。有关这些选项的说明，详见 7.3.3 节中的相关内容。

### 7.3.6 保存新变量

单击"保存"选项卡，如图 7-23 所示，指定要保存在当前数据文件中的新变量和保存到外部文件的选项。

图 7-23 "保存"选项卡

仅当在"输出过滤"选项卡中勾选了"最佳拟合模型"复选框或"最差拟合模型"复选框，并设定完毕后，"保存"选项卡才被激活。

#### 1. 保存新变量

在"保存变量"栏中设置在当前数据文件中存储的模型预测值、置信区间及残差的新变量。每个因变量序列建立与自身有关的新变量，每个新变量包含估计和预测期的值。若预测期超过因变量序列的长度,则增加新观测。通过勾选各个统计量对应的"保存"复选框,指定存储新变量。在系统默认情况下,不保存新变量。

"变量"表中,可供多选的选项如下。

① 预测值:存储模型预测值。

② 置信区间下限:存储预测值置信区间的下限。

③ 置信区间上限:存储预测值置信区间的上限。

④ 噪声残值:存储模型残差。如果对因变量进行了转换,如用自然对数进行转换,那么存储的是转换序列的残差。

⑤ 变量名前缀:指定新变量名的前缀,或保留默认的前缀。变量名由前缀、与因变量有关的名字及模型标识符组成。若必须避开变量名的冲突,则变量名用扩展名。前缀必须符合有效变量名的命名规则。

**2. 对输出模型文件进行命名**

所有估计模型的模型说明被输出到.xml 格式的指定文件中。利用存储的模型,通过调用应用传统模型过程,可以获取更多数据的新预测。

### 7.3.7 建模的其他选项

单击"选项"选项卡,如图 7-24 所示,设置预测期,指定缺失值的处理方法,设置置信区间,指定模型的标识的前缀,以及为自相关函数设置滞后显示的数量。

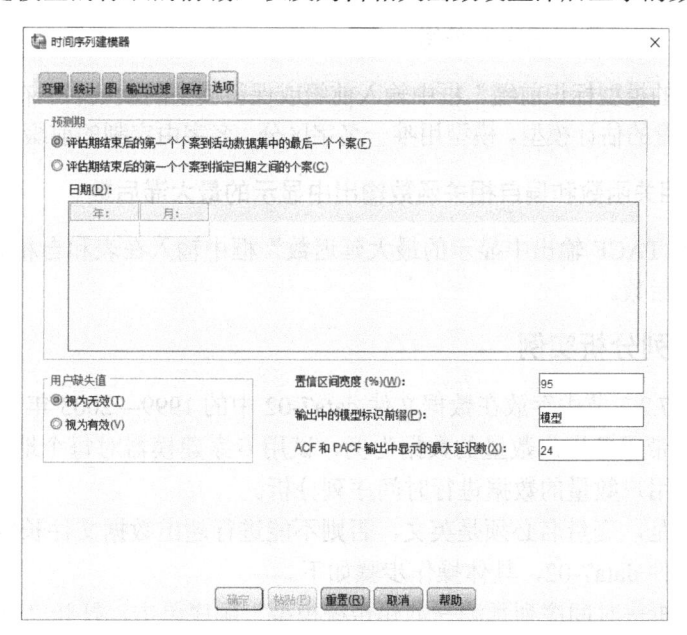

图 7-24 "选项"选项卡

**1. 定义预测期**

在"预测期"栏中选择预测期的位置。通常预测期从估计期(用来确定模型的样品集)结束后的第一个观测开始一直到当前数据文件中的最后一个观测或使用者指定的日期结束。在默认状态下,估计期结束在当前数据文件中的最后一个观测。可以通过在"选择个案"对话框中选择"基于时间或个案范围"单选按钮,来改变估计期结束默认值。

(1)"评估期结束后的第一个个案到活动数据集中的最后一个个案"单选按钮。选择此选项,要求将估计期结束后的第一个观测到当前数据集的最后一个观测作为预测期。当估计期先于当前数据文件的最后一个观测前结束,又要预测到最后一个观测时,选择此选项,主要用来为延续期产生预测,允许同期的模型预测值同实际值的子集进行比较。

(2)"评估期结束后的第一个个案到指定日期之间的个案"单选按钮。选择此选项,要求指出预测期的结束点,主要用来产生超出实际序列最后范围的预测。在"日期"表中的单元格中输入日期值。如果当前数据文件中没有定义日期,那么"日期"表中只显示一行观测。输入预测期结束点相应观测的行数(与在"数据编辑器"窗口中显示的一样)。

若"日期"后显示"循环",则与当前数据文件中的循环变量的值有关。

### 2. 选择对用户缺失值的处理方法

在"用户缺失值"栏中选择对用户缺失值的处理方法。
(1)选择"视为无效"单选按钮,要求将用户缺失值当作系统缺失值处理。
(2)选择"视为有效"单选按钮,要求将用户缺失值当作有效值处理。

### 3. 定义置信区间

在"置信区间宽度(%)"框中输入任意小于 100 的正数,为模型预测计算置信区间和残差自相关。在默认状态下,使用 95%的置信区间。

### 4. 为输出中的模型标识定义前缀

在"输出中的模型标识前缀"框中输入前缀或保留模型的默认名。在"变量"选项卡中指定每个因变量的估计模型。模型用唯一名字区分,名字由定制的前缀和整数后缀组成。

### 5. 定义自相关函数和偏自相关函数输出中显示的最大滞后数

在"ACF 和 PACF 输出中显示的最大延迟数"框中输入在表和自相关与偏自相关图中显示的最大滞后数。

## 7.3.8 时间序列分析实例

【例3】 以 7.2.2 节中存放在数据文件 data7-02 中的 1999—2003 年 85 个地区宽带供货商每月国家宽带服务用户数量的数据为例,试用专家建模器对每个地区宽带供货商每月国家宽带服务用户数量的数据进行时间序列分析。

需要注意的是,变量名必须是英文,否则不能进行超出数据文件长度的预测。

打开数据文件 data7-02,具体操作步骤如下。

(1)按"分析→时间序列预测→创建传统模型"顺序单击,打开"时间序列建模器"对话框,如图 7-13 所示。

(2)在"变量"框中选择 Market_1~Market_85,即供货商 1 的用户数到供货商 85 的用户数 85 个变量,并将其移至"因变量"框中,要求拟合 85 个模型。

(3)在"方法"下拉列表中选择"专家建模器"选项。

(4)单击"条件"按钮,打开"时间序列建模器:专家建模器条件"对话框,如图 7-14 所示。虽然当前周期是 12,但作序列图后,可以知道 85 个供货商的用户数时间序列不受季节因素的影响，所以可以不考虑季节模型，故在"模型类型"栏中，取消勾选"专家建模器考虑季节性模型"复选框，以减少在使用专家建模器进行研究时占用的计算机存储空间，并缩短计算时间。

（5）单击"继续"按钮，返回"时间序列建模器"对话框。

（6）单击"选项"选项卡，如图 7-24 所示。

在"预测期"栏中选择"评估期结束后的第一个个案到指定日期之间的个案"单选按钮。在"日期"表的"年"列中输入"2004"，在"月"列中输入"3"。设置的预测期将从 2004 年 1 月到 2004 年 3 月。其他选项采用系统默认设置。

（7）单击"统计"选项卡，如图 7-20 所示。

勾选"显示预测值"复选框，要求为每个因变量序列产生一张预测值表。

在"用于比较模型的统计"栏中，勾选"拟合优度"复选框，要求产生拟合统计量汇总表。

（8）单击"图"选项卡，如图 7-21 所示。

由于对存储预测值为一个新变量比产生预测图更感兴趣，因此在"单个模型的图"栏中取消勾选"序列"复选框，禁止为每个模型产生序列图。

在"用于比较模型的图"栏中勾选"平均绝对误差百分比"复选框和"最大绝对误差百分比"复选框。

绝对误差百分比测量的是因变量序列同它的模型预测序列间有多少差异。通过检查所有模型的平均值和最大值，可以得到在预测中是否存在不确定性的迹象。因为因变量序列代表大小不同的市场的用户数，所以查看百分比误差的概要图，而不是绝对误差图是明智的。

（9）单击"保存"选项卡，如图 7-23 所示。在"保存变量"栏的"变量"表中选择保存预测值，并使用"预测"作为变量名前缀；否则，软件不认可。

单击"导出模型文件"栏中的"浏览"按钮，设置存储位置，输入.xml 格式文件名 model7-02。

（10）单击"确定"按钮，提交系统运行。得到如表 7-4～表 7-7 和图 7-25～图 7-27 所示输出结果。

（11）结果解释。

表 7-4 所示为模型描述，显示了最佳拟合各供货商用户数的时间序列模型（只选取其中部分供货商）。

第一列显示时间序列变量供货商用户数的模型编号，第二列显示其对应的最佳拟合模型类型。

图 7-25 所示为平均绝对误差百分比频数图，显示了所有模型的平均绝对误差百分比频数。大部分模型的平均绝对误差百分比介于 0.8～1.0，表明所有模型显示了大概 1%的平均不确定性。

图 7-26 所示为最大绝对误差百分比频数图，

表 7-4 模型描述

模型描述

| 模型 ID | | 模型类型 |
|---|---|---|
| 供货商1的用户数 | 模型_1 | 布朗 |
| 供货商2的用户数 | 模型_2 | ARIMA(1,1,0) |
| 供货商3的用户数 | 模型_3 | 布朗 |
| 供货商4的用户数 | 模型_4 | ARIMA(0,1,3) |
| 供货商5的用户数 | 模型_5 | 霍尔特 |
| 供货商6的用户数 | 模型_6 | ARIMA(1,1,0) |
| 供货商7的用户数 | 模型_7 | 布朗 |
| 供货商8的用户数 | 模型_8 | ARIMA(0,1,1) |
| 供货商9的用户数 | 模型_9 | 布朗 |
| 供货商10的用户数 | 模型_10 | ARIMA(1,1,0) |
| 供货商11的用户数 | 模型_11 | 布朗 |
| 供货商12的用户数 | 模型_12 | 布朗 |

显示了所有模型的最大绝对误差百分比频数。该图对设想预测的最坏情况方案很有用。每个模型的最大绝对误差百分比落在1%~5%范围内。

这些值能否代表可接受的不确定性的量呢？这取决于个人的商业直觉，因为可接受的风险因问题不同有所不同。

表7-5所示为模型拟合，包含各种统计量，第一列列出了8种拟合优度测量统计量名称，其余各列是这些拟合优度测量统计量的计算结果。

通常重点关注两个统计量：平均绝对误差百分比 MAPE 和最大绝对误差百分比 MaxAPE。例如，模型95%的MaxAPE的值为3.456%。所有模型的MAPE在最小值0.647%到最大值1.007%间变化，所有模型的MaxAPE在最小值1.708%到最大值4.765%间变化。因此，在各个模型的预测中平均不确定性约为1%，最大不确定性约为2.5%（MaxAPE的平均值），以及一个大约4.8%的最坏情况推测。这些值是否能代表一个可接受的不确定性的量，取决于个人愿意接受的风险程度。

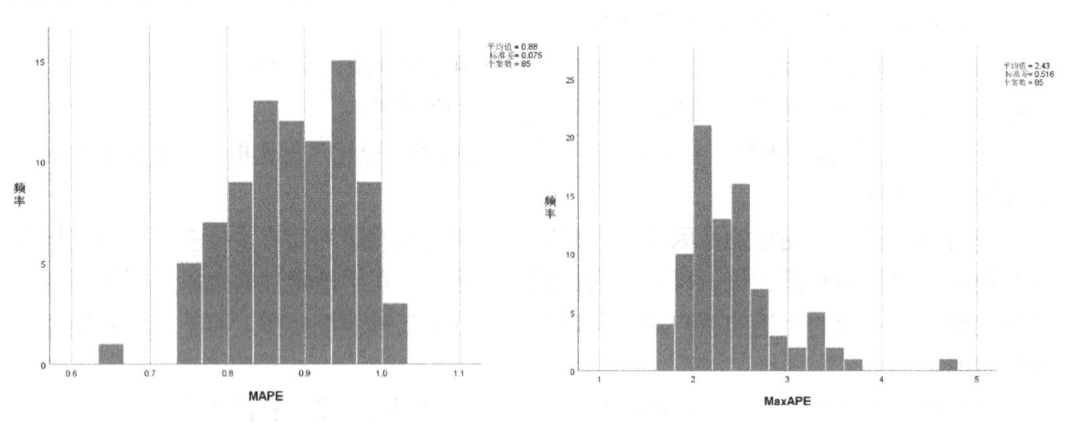

图 7-25　平均绝对误差百分比频数图　　　　图 7-26　最大绝对误差百分比频数图

表 7-5　模型拟合

模型拟合度

| 拟合统计 | 平均值 | 标准误差 | 最小值 | 最大值 | 百分位数 | | | | | | |
|---|---|---|---|---|---|---|---|---|---|---|---|
| | | | | | 5 | 10 | 25 | 50 | 75 | 90 | 95 |
| 平稳 R 方 | .183 | .144 | -2.665E-15 | .629 | -5.995E-16 | .000 | .068 | .188 | .247 | .376 | .478 |
| R 方 | .999 | .000 | .998 | 1.000 | .998 | .999 | .999 | .999 | .999 | 1.000 | 1.000 |
| RMSE | 177.951 | 138.821 | 42.088 | 737.540 | 51.471 | 58.625 | 90.316 | 135.016 | 195.507 | 402.111 | 480.796 |
| MAPE | .883 | .075 | .647 | 1.007 | .748 | .775 | .831 | .885 | .946 | .980 | .991 |
| MaxAPE | 2.426 | .516 | 1.708 | 4.765 | 1.798 | 1.937 | 2.097 | 2.307 | 2.604 | 3.260 | 3.456 |
| MAE | 139.634 | 106.313 | 34.033 | 589.708 | 40.608 | 46.836 | 71.445 | 107.377 | 150.785 | 316.144 | 343.171 |
| MaxAE | 456.170 | 378.664 | 108.378 | 1813.295 | 117.841 | 137.366 | 206.780 | 340.308 | 517.760 | 1070.229 | 1356.113 |
| 正态化 BIC | 10.003 | 1.316 | 7.618 | 13.345 | 7.994 | 8.256 | 9.111 | 9.902 | 10.619 | 12.062 | 12.445 |

表7-6所示为部分模型统计数据。第一列依次列出了85个供货商用户数的模型名，其余各列为对应的计算结果。由于该表很大，限于篇幅，只展示了部分模型的计算结果。

表7-7所示为部分预测结果，是前两个模型在指定的预测期2004年1月至2004年3月的预测值。UCL和LCL分别为预测值置信区间（系统默认95%）上限和下限。

表 7-6  部分模型统计数据

模型统计

| 模型 | 预测变量数 | 模型拟合度统计 平稳R方 | 杨-博克斯 Q(18) 统计 | DF | 显著性 | 离群值数 |
|---|---|---|---|---|---|---|
| 供货商1的用户数-模型_1 | 0 | .245 | 10.663 | 17 | .874 | 0 |
| 供货商2的用户数-模型_2 | 0 | .245 | 35.583 | 17 | .005 | 0 |
| 供货商3的用户数-模型_3 | 0 | .244 | 15.787 | 17 | .539 | 0 |
| 供货商4的用户数-模型_4 | 0 | .469 | 19.126 | 15 | .208 | 0 |
| 供货商5的用户数-模型_5 | 0 | .572 | 11.574 | 16 | .773 | 0 |
| 供货商6的用户数-模型_6 | 0 | .254 | 10.982 | 17 | .858 | 0 |
| 供货商7的用户数-模型_7 | 0 | .005 | 33.268 | 17 | .010 | 0 |
| 供货商8的用户数-模型_8 | 0 | 1.110E-15 | 10.836 | 17 | .901 | 0 |
| 供货商9的用户数-模型_9 | 0 | 5.463E-5 | 35.018 | 17 | .006 | 0 |

表 7-7  部分预测结果

预测

| 模型 | | 一月 2004 | 二月 2004 | 三月 2004 |
|---|---|---|---|---|
| 供货商1的用户数-模型_1 | 预测 | 11503 | 11447 | 11390 |
| | UCL | 11686 | 11767 | 11870 |
| | LCL | 11321 | 11126 | 10910 |
| 供货商2的用户数-模型_2 | 预测 | 54893 | 55856 | 56704 |
| | UCL | 55632 | 57195 | 58575 |
| | LCL | 54154 | 54518 | 54832 |

在如图 7-27 所示的"数据编辑器"窗口中根据预测模型产生预测值新变量,并保存在数据文件 data7-02 宽带供应商 99 年 1 月～03 年 12 月订户数据.sav 中。每个新变量包括估计期的模型预测值(从 1999 年 1 月到 2003 年 12 月),还包括指定的预测期 2004 年 1 月至 2004 年 3 月的预测值,因此增加了 3 个新观测。可以根据估计期的预测值观察模型拟合的优劣。每个供应商的模型都有 1 个新变量,共 85 个,图 7-27 中只显示了 11 个。

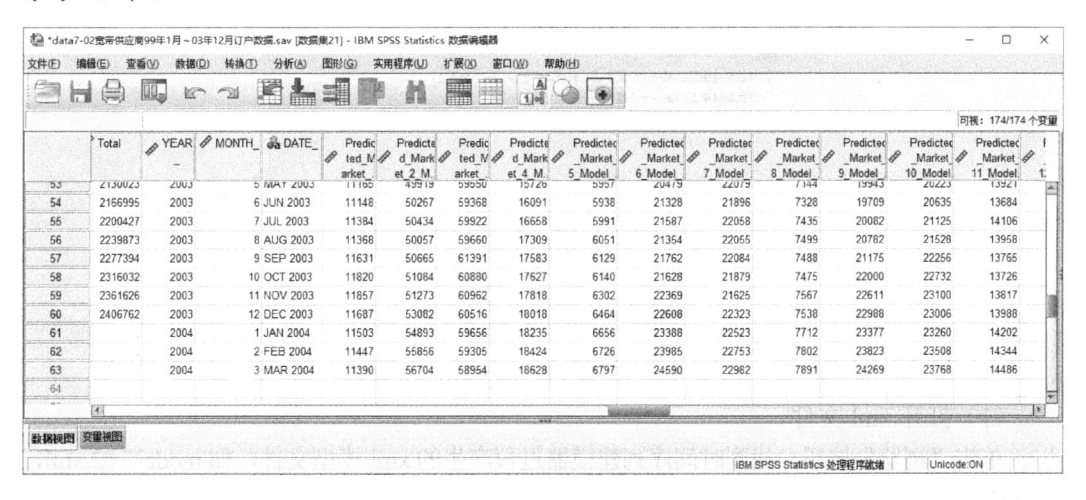

图 7-27  "数据编辑器"窗口

## 7.4 应用传统模型

应用传统模型过程是与创建传统模型过程相关联的一个过程，是创建传统模型过程的延续，它将创建传统模型过程中建立的模型，应用于原建模的时间序列，得到延长或修正后的预测。

类似于某公司各月的销售量的时间序列数据，时间序列的长度会随着销售时间的变化而变化，存放这种时间序列的数据文件也会随着时间变化不断增加时间序列数据。对于这样的数据文件中的时间序列，如果已经在某个时期使用专家建模器创建了模型，并将建模结果保存到了后缀为.xml 的外部文件中，那么在原建模的数据文件中新增的时间序列数据，或者对其中时间序列的某些数据进行修正后，想要得到更新后的时间序列的预测值，无须再用上述的创建传统模型过程重新建模，直接使用应用传统模型过程，调用在创建传统模型过程中已保存的建模文件，即可得到时间序列更新后的预测值。

需要注意的是，应用传统模型过程中使用的数据文件中的变量名、变量标签名等应与创建传统模型过程中使用的数据文件中的变量名、变量标签名等完全一致，否则可能无法得到超出数据文件中最后一个个案的指定的延长期的预测结果。

### 7.4.1 应用时间序列模型过程

按"分析→时间序列预测→应用传统模型"顺序单击，打开如图 7-28 所示的"应用时间序列模型"对话框。

图 7-28 "应用时间序列模型"对话框

（1）打开.xml 文件。

单击"浏览"按钮，找到时间序列建模器过程产生的.xml 模型文件，如 model7-02.xml，选择该文件后，单击"打开"按钮。

（2）选择模型参数和最佳拟合度测量。

"模型参数和拟合优度测量"栏中提供了两个模型参数和最佳拟合度测量选项。

①"从模型文件中装入"单选按钮。选择此选项，无须重新估计参数，将使用模型文件中的模型参数产生预测值。在输出中显示及用来筛选模型（最佳或最糟拟合）的信息都来自该模型文件，该模型文件还反映了当每个模型被开发（或最近更新）时使用的数据。选择此选项，对当前数据集中的因变量或自变量而言，预测都不考虑历史数据。如果想使用历史数据影响预测，应选择"根据数据重新评估"单选按钮。另外，预测不考虑预测期中因变量序列的值，但考虑预测期中自变量的值。如果有更多因变量序列的现值，并想要在预测中包括它们，那么必须选择"根据数据重新评估"单选按钮，调整估计期，以包含这些值。

②"根据数据重新评估"单选按钮。选择此选项将根据当前数据集中的数据重新估计模型参数。模型参数的重新估计不改变模型结构。例如，ARIMA(1,0,1)模型依旧，但要重新估计自回归参数和移动平均参数。在重新估计时不进行异常值的重新检测。如果有异常值，那么这些异常值是来自模型文件的。

"估算期"栏显示的是默认的估计期。它定义了用于重新估计模型参数的数据集。默认估计期包括当前数据集中的所有观测。可以通过在"选择个案"对话框中选择"基于时间或个案范围"单选按钮重新定义估计期。估计期取决于有效数据，过程使用的估计期可以因模型而异，因此会与显示值不同。对于一个给定的模型，真实的估计期是从模型的因变量中消除在指定估计期的开始和结束中发生的所有连续缺失值后剩下的时间段。

（3）在"预测期"栏中定义预测期，具体内容参见 7.3.7 节中的相关内容。

（4）"统计"选项卡、"图"选项卡、"输出过滤"选项卡、"保存"选项卡、"选项"选项卡中的内容参见 7.3.3 节～7.3.7 节中的相关内容。

### 7.4.2　应用时间序列模型分析实例

【例4】以 7.3 节中建立的 model7-02.xml 为模型基础，使用在数据文件 data7-02 基础上补充 2004 年 1 月至 2004 年 3 月各供货商的实际用户数据后形成的新数据文件 data7-03 预测 2004 年 4 月至 2004 年 6 月的各月用户数量，以此来说明应用传统模型过程。

在 SPSS 中，使用应用传统模型过程具体如下。

（1）在 SPSS "数据编辑器"窗口中，打开数据文件 data7-03。

（2）按"分析→时间序列预测→应用传统模型"顺序单击，打开"应用时间序列模型"对话框，如图 7-28 所示。

单击"浏览"按钮，打开数据盘中的 model7-02.xml 文件。

为使时间序列的新值加入预测，应用传统模型过程必须重新估计模型参数，故选择"根据数据重新评估"单选按钮。由于模型的结构不变，因此计算重新估计的时间远远少于原先建模的时间。

用来重新估计的观测需要包括新数据，因此选择"评估期结束后的第一个个案到活动数据集的最后一个个案"单选按钮是保险的。如果有时需要对除系统默认外的事情设置估计期，那么可以通过在"选择个案"对话框中选择"基于时间或个案范围"单选按钮来完成。

在"预测期"栏中选择"评估期结束后的第一个个案到指定日期之间的个案"单选按钮。在"日期"表的"年"列输入"2004"，在"月"列输入"6"。

数据集包含 1999 年 1 月至 2004 年 3 月的数据。用当前的设置，预测期将是 2004 年 4 月至 2004 年 6 月。

（3）单击"保存"选项卡，在"变量"表的"保存"列中勾选"预测值"对应复选框，在"变量名前缀"列中输入"Predicted"。

模型预测值将被作为新变量存储在当前数据集中，新变量的前缀为 Predicted。

（4）单击"图"选项卡，由于对存储预测值作为新变量比产生预测图更感兴趣，因此取消勾选"单个模型的图"栏中的"序列"复选框，禁止为每个模型产生序列图。

（5）单击"确定"按钮，提交系统运行，在"查看器"窗口中得到与表 7-4～表 7-6 类似的输出结果，以及在当前数据文件中得到与图 7-27 类似的输出结果。相关解释参见 7.3.8 节中的相关图和表的解释。

## 7.5 自　相　关

自相关系数值度量了不同时间点上的观测值间的相关程度，常用来解释产生数据的概率模型。解释自相关系数值集合的一个有效工具是自相关图。自相关图有自相关函数图和偏自相关函数图两种。

使用自相关过程可以绘制自相关函数图及一个或一个以上序列的偏自相关函数图。需要注意的是，自相关过程只适用于时间序列数据。

### 7.5.1　自相关系数与偏自相关系数的计算

设第 $i$ 个输入序列的观测值为 $x_i$（$i=1,\cdots,n$），第 $k$ 个滞后样本的自相关系数为 $r_k$，第 $k$ 个滞后样本的偏自相关系数为 $\hat{\varphi}_{kk}$。

如果没有缺失值，就使用没有缺失值的情形中提供的公式计算；如果出现缺失值，就使用含有缺失值的情形中提供的修正公式计算。

#### 1．没有缺失值的情形

（1）样本自相关系数的计算公式为

$$r_k = \sum_{i=1}^{n-k}(x_i - \bar{x})(x_{i+k} - \bar{x}) \bigg/ \sum_{i=1}^{n}(x_i - \bar{x})$$

式中，$\bar{x}$ 是 $n$ 个观测值的平均值。

（2）样本自相关系数标准误差的计算公式。

根据对自相关的不同假设，有两个计算 $r_k$ 的标准误差的公式。

在移动平均过程的阶数是 $k-1$ 为真的假设下，$r_k$ 的近似方差为

$$\mathrm{Var}(r_k) \cong \ln\left(1 + 2\sum_{l=1}^{k-1} r_{2l}\right)$$

在移动平均过程为白噪声的假设下，$r_k$ 的近似方差为

$$\mathrm{Var}(r_k) \cong \ln\left(\frac{1}{n}\left(\frac{n-k}{n+2}\right)\right)$$

$r_k$ 的标准误差是以上方差的平方根。

(3) 杨-博克斯统计量

在滞后 $k$ 处,杨-博克斯统计量被定义为

$$Q_k = n(n+2)\sum_{I=1}^{k}\frac{r_I^2}{n-I}$$

当 $n$ 很大时,$Q_k$ 服从自由度为 $k-p-q$ 的卡方分布,$p$ 和 $q$ 分别为自回归和移动平均的阶数。用自由度为 $k-p-q$ 的卡方分布来计算 $Q_k$ 的显著性水平。

(4) 样本偏自相关系数为

$$\hat{\varphi}_{11} = r_1$$

$$\hat{\varphi}_{22} = (r_2 - r_1^2)/(1 - r_1^2)$$

$$\hat{\varphi}_{kj} = \hat{\varphi}_{k-1,j} - \hat{\varphi}_{kk}\hat{\varphi}_{k-1,k-j} \quad (k=2,\cdots; j=1,2,\cdots,k-1)$$

$$\hat{\varphi}_{kk} = \left(r_k - \sum_{j=1}^{k-1}\varphi_{k-1,j}r_{k-j}\right) \bigg/ \left(1 - \sum_{j=1}^{k-1}\varphi_{k-1,j}r_{k-j}\right) \quad (k=3,\cdots)$$

(5) 样本偏自相关系数的标准误差。

在自相关模型是相关及 $p \leq k-1$ 的假设下,样本偏自相关系数为

$$\hat{\varphi}_{kk} \cong N(0,1/n)$$

因此,偏自相关系数的方差为 $\text{Var}(\hat{\varphi}_{kk}) \cong \dfrac{1}{n}$。样本偏自相关系数的标准误差是该方差的平方根。

**2. 含有缺失值的情形**

如果时间序列变量 $x$ 中有缺失值,那么以下计算的统计量是不同的。首先,定义 $\bar{x} =$ 非缺失值 $x_1,\cdots,x_n$ 的平均值。

$$a_i = \begin{cases} x_i - \bar{x} & \text{如果 } x_i \text{ 不是缺失值} \\ \text{系统缺失值} & \text{如果 } x_i \text{ 是缺失值} \end{cases}$$

对于 $k = 0,1,2,\cdots$ 及 $j = 1,\cdots,n$ 有

$$b_j^{(k)} = \begin{cases} a_j a_{j+k} & \text{如果都不是缺失值} \\ \text{系统缺失值} & \text{其他} \end{cases}$$

令 $m_k$ 为在 $b_1^{(k)},\cdots,b_{n-k}^{(k)}$ 中非缺失值的数量;$m_0$ 为在 $x$ 中非缺失值的数量。

(1) 样本自相关系数的修正计算公式为

$$r_k = \frac{\text{非缺失值} b_1^{(k)},\cdots,b_{n-k}^{(k)} \text{之和}}{\text{非缺失值} b_1^{(0)},\cdots,b_{n-k}^{(0)} \text{之和}}$$

(2) 样本自相关系数的标准误差为

$$\text{SE}(r_k) = \sqrt{\frac{1}{m_0}\left(1 + \sum_{I=1}^{k-1} r_I^2\right)} \quad \text{(移动平均假设)}$$

$$\text{SE}(r_k) = \sqrt{\frac{m_k}{(m_0+2)m_0}} \quad \text{(白噪声)}$$

(3) 杨-博克斯统计量修正计算公式为

$$Q = m_0(m_0+2)\sum_{I=1}^{k}\frac{r_I^2}{m_I}$$

（4）样本偏自相关系数的标准误差为

$$se(\hat{\varphi}_{kk}) = \sqrt{\frac{1}{m_0}}$$

## 7.5.2 自相关图

要解释自相关图的含义是很困难的，这里只给出一般的基本概念。

### 1. 随机序列

如果时间序列是完全随机的，那么当时间序列的长度 $N$ 很大时，得到的自相关系数值近似服从平均值为0，方差为 $1/N$ 的标准正态分布。根据置信区间的理论可知，在自相关图上，95%的自相关系数值应介于 $-1.96N^{-1/2}$～$1.96N^{-1/2}$，也就是说，每20个自相关系数值至少应有19个自相关系数值位于这个区间内，只有1个可能例外。但当随机序列中存在异常值时，在该区间外很可能看到不止一个自相关系数值。当时间序列中存在趋势或季节效应时，也能看到这种情况。这就要求在进行自相关分析前，要用以上所讲的内容先处理时间序列中的异常值，并从专业角度预判时间序列中是否存在趋势和季节效应，否则将给后续分析带来巨大麻烦。

### 2. 短期相关

平稳序列常显示出短期相关，其明显特征是，第一个自相关系数很大，其后的自相关系数大于0，但逐渐减小，较长滞后的自相关系数近似趋于0。这种类型的时间序列可用自回归模型进行拟合。

### 3. 非平稳序列

如果时间序列含有趋势，除非滞后值很大，否则自相关系数不会下降为0。若有更多的自相关系数值落在 $-1.96N^{-1/2}$～$1.96N^{-1/2}$ 外，则该时间序列就不具有平稳性。此类型时间序列的相关图因为趋势支配所有其他特征，所以很难得出结论。因此在计算自相关系数值前，要用前面提到的差分等手段消除时间序列中的趋势。

### 4. 季节波动

含有季节波动的时间序列在自相关图上表现为出现相同频率的振荡。对于逐月观测的时间序列来说，第6个自相关系数值的绝对值大而本身为负，第12个自相关系数值的绝对值大且本身为正。当自相关系数值形成正弦模型时，也会呈现同样的规律。含有季节波动的数据在数据的时序图上有十分清晰的表现，但对于这种类型的季节数据，相关图没有提供更多额外信息。如果将季节变化从数据中去除，如用各点的时间序列数据减去各个季节对应点上的平均值后得到的消除季节影响后序列的自相关图，就可以进行分析了。

### 5. 交错序列

如果时间序列中存在交错趋势，那么相关图也会出现交错趋势。例如，第一个自相关系数值为负，第二个自相关系数值为正。这是由相邻的观测值总在总平均值两侧造成的，因此凡滞后2的观测值总在总平均值的同一侧，故第二个自相关系数值总大于0。

解释自相关图需要大量的实际工作经验，多学、多看、多做是掌握自相关图解释的唯一途径。各种时间序列的具体的特征图不是本书重点，在一般的时间序列分析书籍中有介绍，在此不一一列出。

### 7.5.3 自相关分析过程

按"分析→时间序列预测→自相关"顺序单击，打开如图 7-29 所示的"自相关性"对话框。

**1．定义变量**

在原始变量列表中选择一个或多个数值型变量，送入"变量"框。

**2．在"显示"栏中定义显示函数**

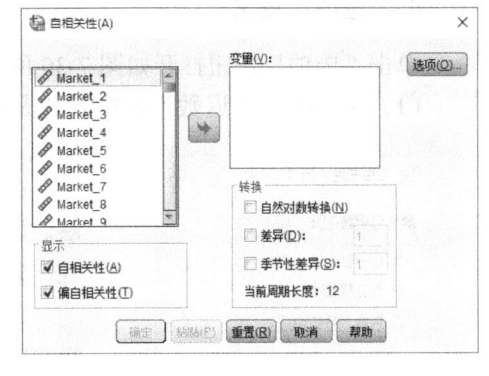

图 7-29　"自相关性"对话框

①"自相关性"复选框。自相关性是序列中的当前值同滞后 1 个观测值或多个观测值的相关值。勾选本复选框，输出结果中会显示计算的滞后 1~16（系统默认设定的最大延迟数）个序列中观测的自相关系数值。

②"偏自相关性"复选框。勾选本复选框，计算在滞后相关的影响被消除后，序列中的当前值同滞后 1 个或多个观测值的相关系数。

显示偏自相关系数需要解方程组，方程组的规模随滞后数的增大而增大。需要注意的是，对高阶滞后（大于 24）计算偏自相关系数，即使在高速计算机上，也会比求自相关系数花费的时间更长。如果需要看受季节因素影响的序列的高阶滞后，那么在确信序列是平稳序列前建议先查看自相关，再要求计算偏自相关系数。

**3．在"转换"栏中选择数据转换方法**

时间序列数据转换的目的是使偏态分布的序列变成对称分布的序列，消除序列中的异方差性，使变量间的非线性变成线性，使非平稳的序列变成平稳序列，等等，以便满足所选模型的要求，有利于进一步分析。

除系统默认的不进行转换外，还有以下 3 个可选项。

①"自然对数转换"复选框。方差非平稳的序列，如对时间序列的散点图有指数曲线趋势的时间序列，可以选择本选项进行转换。

②"差异"复选框。差分转换通过时间序列的逐项相减，来消除前期和后期数据的相关性，可以剔除序列中的趋势性。对含有一般趋势的时间序列，可选本选项进行转换。选择本选项后需要在右边的框中输入正整数值，作为指定的差分阶数。一般而言，具有线性趋势的时间序列，只需进行 1 阶差分即可，而具有 $d$ 阶多项式趋势的时间序列，需进行 $d$ 阶差分。

③"季节性差异"复选框。在含有周期性趋势的时间序列中，把每个观测值与下一个周期相应时刻的观测值相减，所得差值称为季节性差分。含有周期性趋势的时间序列可以选择本选项进行转换。选择本选项后需要在右边的框中输入正整数值，作为指定的季节性差分阶数。

在"当前周期长度"后显示当前周期，为正整数值，由当前数据集中定义的日期变量的周期决定。

**4．"选项"按钮**

单击"选项"按钮打开如图 7-30 所示的"自相关性：选项"对话框。

（1）在"最大延迟数"框中输入最大滞后数，默认值为 16。可以重新输入最大滞后数。

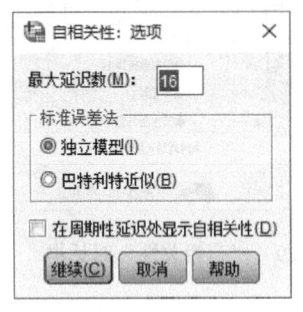

（2）在"标准误差法"栏中选择计算标准误差的方法。如果在"自相关性"对话框中，取消勾选"自相关性"复选框，那么该栏无效。

① 选择"独立模型"单选按钮，假设潜在过程是白噪声时的标准误差。

② 选择"巴特利特近似"单选按钮，用巴特利特法的近似值计算标准误差，适用于描述 $k-1$ 阶移动平均过程的序列。用这种方法，标准误差随滞后的增加而变大。

图 7-30　"自相关性：选项"对话框

（3）勾选"在周期性延迟处显示自相关性"复选框，要求显示周期性滞后处的自相关。如果已经定义了季节性，那么可以选择本选项。

单击"继续"按钮，返回"自相关性"对话框，单击"确定"按钮，提交系统运行。

### 7.5.4　自相关分析实例

**【例 5】** 数据文件 data7-04 中的变量 sales 为某公司 1986—1997 年各季度某商品的销售量数据，用自相关法对其进行统计学分析。

打开数据文件 data7-04，分析步骤如下。

（1）按"分析→时间序列预测→自相关"顺序单击，打开"自相关性"对话框。

（2）在原始变量列表中选择销售量 sales 作为分析变量，送入"变量"框。

（3）其他选项保持系统默认设置，单击"确定"按钮，提交系统运行，"查看器"窗口中出现如表 7-8～表 7-11、图 7-31～图 7-32 所示的输出结果。

（4）输出结果解释。

表 7-8 所示为模型描述，从上至下依次为模型名称（MOD_1）、序列名称 1（sales）、转换（无）、非季节性差分（0）、季节性差分（0）、季节性周期长度（4）、最大滞后数（16，系统默认值）、为计算自相关系数标准误差而假设的过程[独立性（白噪音）]、显示和绘制（所有延迟）。

表 7-9 所示为样品处理摘要。

表 7-10 所示为自相关计算结果。在零假设（假设基本过程是独立的，即假设时间序列反映的随机过程是白噪声）成立的前提下，出现大于或等于目前统计量值的概率值都小于 0.05，所以全部自相关均有显著性意义。

表 7-11 所示为偏自相关性表，从左至右依次列出的是滞后数、偏自相关系数、标准误差的计算结果。

## 表 7-8 模型描述

**模型描述**

| 模型名称 | | MOD_1 |
|---|---|---|
| 序列名称 | 1 | sales |
| 转换 | | 无 |
| 非季节性差分 | | 0 |
| 季节性差分 | | 0 |
| 季节性周期长度 | | 4 |
| 最大延迟数 | | 16 |
| 为计算自相关性标准误差而假定的过程 | | 独立性（白噪声）[a] |
| 显示和绘制 | | 所有延迟 |

正在应用来自 MOD_1 的模型指定项

a. 不适用于计算偏自相关性的标准误差。

## 表 7-9 样品处理摘要

**个案处理摘要**

| | | sales |
|---|---|---|
| 序列长度 | | 48 |
| 缺失值的数目 | 用户缺失值 | 0 |
| | 系统缺失值 | 0 |
| 有效值的数目 | | 48 |
| 可计算的首次延迟数 | | 47 |

## 表 7-10 自相关计算结果

**自相关性**

序列：sales

| 延迟 | 自相关性 | 标准误差[a] | 博克斯-杨统计 值 | 自由度 | 显著性[b] |
|---|---|---|---|---|---|
| 1 | .432 | .140 | 9.539 | 1 | .002 |
| 2 | .188 | .138 | 11.377 | 2 | .003 |
| 3 | .317 | .137 | 16.729 | 3 | .001 |
| 4 | .799 | .135 | 51.565 | 4 | .000 |
| 5 | .288 | .134 | 56.207 | 5 | .000 |
| 6 | .068 | .132 | 56.471 | 6 | .000 |
| 7 | .164 | .131 | 58.038 | 7 | .000 |
| 8 | .598 | .129 | 79.517 | 8 | .000 |
| 9 | .143 | .127 | 80.778 | 9 | .000 |
| 10 | -.049 | .126 | 80.927 | 10 | .000 |
| 11 | .047 | .124 | 81.070 | 11 | .000 |
| 12 | .451 | .122 | 94.650 | 12 | .000 |
| 13 | .061 | .121 | 94.902 | 13 | .000 |
| 14 | -.111 | .119 | 95.773 | 14 | .000 |
| 15 | -.041 | .117 | 95.896 | 15 | .000 |
| 16 | .318 | .115 | 103.459 | 16 | .000 |

a. 假定的基本过程为独立性（白噪声）。
b. 基于渐近卡方近似值。

## 表 7-11 偏自相关性表

**偏自相关性**

序列：sales

| 延迟 | 偏自相关性 | 标准误差 |
|---|---|---|
| 1 | .432 | .144 |
| 2 | .001 | .144 |
| 3 | .289 | .144 |
| 4 | .752 | .144 |
| 5 | -.592 | .144 |
| 6 | .127 | .144 |
| 7 | -.051 | .144 |
| 8 | -.034 | .144 |
| 9 | -.064 | .144 |
| 10 | -.010 | .144 |
| 11 | .069 | .144 |
| 12 | -.039 | .144 |
| 13 | .057 | .144 |
| 14 | -.054 | .144 |
| 15 | -.076 | .144 |
| 16 | -.035 | .144 |

图 7-31 是与表 7-10 对应的自相关图。图 7-32 是与表 7-11 对应的偏自相关图。

图 7-31 中滞后编号 4 处对应的值最大，表明在数据中存在周期为 4（4 个季度）的季节成分。观察图 7-32 可以得到相同的结论。

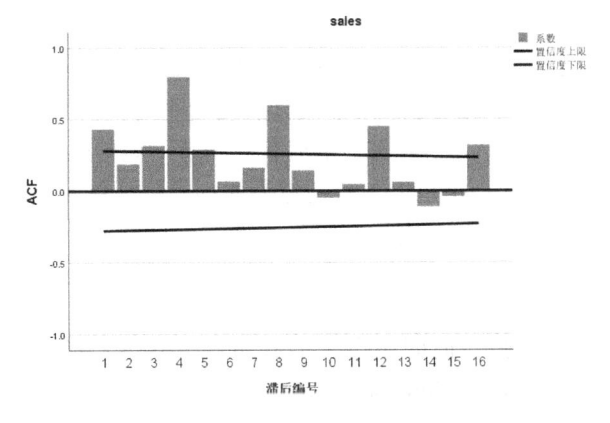

图 7-31 自相关图

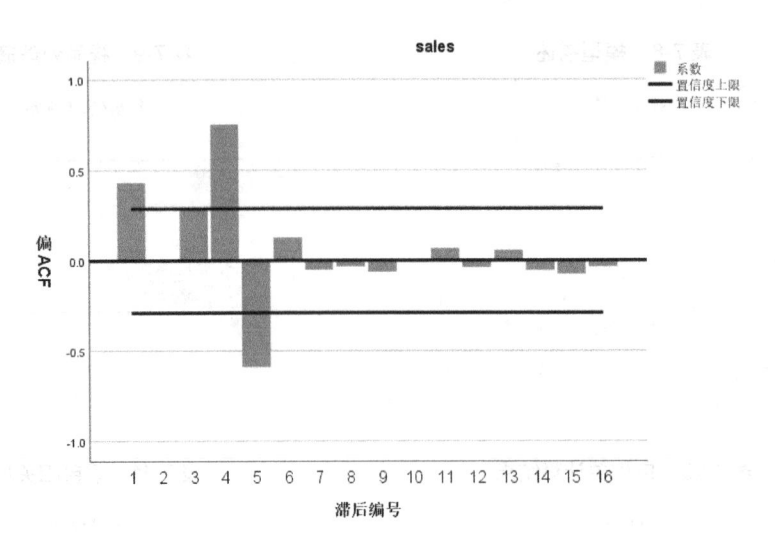

图 7-32　偏自相关图

## 7.6　季节性分解法

在实际工作中，经常会遇到按日、周、月、季或年记录的数据资料，如每天新生儿出生情况、某产品每月销售量、GDP 年增长率等。这些资料通过自相关分析可能符合季节性分布，对于有随机变异、长期趋势、季节效应或周期变动的时间序列数据，可以使用季节性分解法进行分析，从而得到有意义的结果。

### 7.6.1　季节性分解法模型

**1. 模型种类**

模型分为两类：乘法模型和加法模型。
（1）乘法模型：$X_t = TC_t S_t I_t$（$t = 1, \cdots, n$）。
（2）加法模型：$X_t = TC_t + S_t + I_t$（$t = 1, \cdots, n$）。

在上述公式中，$TC_t$ 是趋势循环成分；$S_t$ 是季节成分；$I_t$ 是无规律或随机成分；$X_t$ 为时间序列；$t$ 为时间点；$n$ 为时间序列的长度。

估计季节成分的步骤如下。
（1）使用移动平均法平滑时间序列：移动平均序列反映趋势循环成分。
（2）如果模型是乘性的，就通过平滑值划分的初始序列获取季节不规则成分；如果模型是加性的，就通过从原始序列中减去平滑值获取季节不规则成分。
（3）如果模型是乘性的（加性的），就通过为周期的每个单元计算指定与季节有关的调和均数，从季节不规则成分中分离季节成分。

**2. 移动平均时间序列**

基于指定的方法和周期 $p$，时间序列 $X_t$ 的移动平均序列 $Z_t$ 有如下定义。
① $p$ 为偶数，所有点权重相等，即

$$Z_t = \begin{cases} \sum\limits_{j=t-\frac{p}{2}}^{t+\frac{p}{2}-1} \dfrac{X_j}{p} & t = \dfrac{p}{2}+1,\cdots,n-\dfrac{p}{2}+1 \\ \text{系统缺失值} & \text{其他} \end{cases}$$

② $p$ 为偶数，所有点权重不等，即

$$Z_t = \begin{cases} \dfrac{\left(X_{t-\frac{p}{2}} + X_{t+\frac{p}{2}}\right)}{2p} + \sum\limits_{j=t-\frac{p}{2}+1}^{t+\frac{p}{2}-1} \dfrac{X_j}{p} & t = \dfrac{p}{2}+1,\cdots,n-\dfrac{p}{2}+1 \\ \text{系统缺失值} & \text{其他} \end{cases}$$

③ $p$ 为奇数，即

$$Z_t = \begin{cases} \sum\limits_{j=t-\left[\frac{p}{2}\right]}^{t+\left[\frac{p}{2}\right]} \dfrac{X_j}{p} & t = \left[\dfrac{p}{2}\right]+1,\cdots,n-\left[\dfrac{p}{2}\right] \\ \text{系统缺失值} & \text{其他} \end{cases}$$

**3．比率或差分（季节不规则成分）**

（1）乘法模型：$SI_t = \begin{cases} \text{系统缺失值} & \text{如果}Z_t\text{等于系统缺失值} \\ (X_t / Z_t) \times 100 & \text{其他} \end{cases}$

（2）加法模型：$SI_t = \begin{cases} \text{系统缺失值} & \text{如果}Z_t\text{等于系统缺失值} \\ X_t + Z_t & \text{其他} \end{cases}$

**4．季节因素（季节成分）**

（1）乘法模型为

$$F_t = \begin{cases} \text{调和均数}(SI_{t+p}, SI_{t+2p},\cdots, SI_{t+qp}) & 1 \leqslant t \leqslant L - \left[\dfrac{L}{P}\right]P \\ \text{调和均数}(SI_{t+p}, SI_{t+2p},\cdots, SI_{t+(q-1)p}) & L - \left[\dfrac{L}{P}\right]P < t \leqslant \left[\dfrac{p}{2}\right] \\ \text{调和均数}(SI_t, SI_{t+p},\cdots, SI_{t+(q-1)p}) & \left[\dfrac{p}{2}\right] < t \leqslant p \end{cases}$$

式中，如果 $p$ 为偶数，则所有点权重相等；否则，$L = n - \left[\dfrac{p}{2}\right]$，$q = [(n-p/2)/p]$。

在排除最小值和最大值之后，序列的调和平均值等于序列的平均值。季节因素定义如下：

$$\text{SAF}_t = F_t \dfrac{100p}{\sum\limits_{t=1}^{p} F_t} \quad (t=1,\cdots,p)$$

（2）加法模型。将 $F_t$ 定义为上面显示的序列的算术平均值，则有

$$\text{SAF}_t = F_t - \bar{F}$$

式中，$\bar{F} = \sum_{t=1}^{p} F_t / p$。

### 5. 季节性调整序列（SAS）

$$SAS_t = \begin{cases} (X_t / SAF_m)100 & \text{如果模型是乘性的} \\ X_t - SAF_m & \text{如果模型是加性的} \end{cases}$$

式中，$m = t - [t/p]p$。

### 6. 平滑趋势循环序列

对季节性调整序列使用 3×3 移动均数获取平滑趋势循环序列（STC），可得

$$STC_t = \frac{1}{9}[(SAS)_{t-2} + 2(SAS)_{t-1} + 3(SAS)_t + 2(SAS)_{t+1} + (SAS)_{t+2}]\quad (t = 2, \cdots, n-2),$$

并且在序列的起、止处的两个末端点有

$$(STC)_2 = \frac{1}{3}[(STC)_1 + (STC)_2 + (STC)_3]$$

$$(STC)_{n-1} = \frac{1}{3}[(STC)_{n-2} + (STC)_{n-1} + (STC)_n]$$

$$(STC)_1 = (STC)_2 + \frac{1}{2}[(STC)_2 - (STC)_3]$$

$$(STC)_n = (STC)_{n-1} + \frac{1}{2}[(STC)_{n-1} - (STC)_{n-2}]$$

### 7. 不规则成分

对于 $t = 1, \cdots, n$ 有

$$I_t = \begin{cases} (SAS)_t / (STC)_t & \text{如果模型是乘性的} \\ (SAS)_t - (STC)_t & \text{如果模型是加性的} \end{cases}$$

## 7.6.2 季节性分解法分析过程

（1）进行季节性分解的数据要求至少包括 4 个完整季节数据的变量。选择"数据"菜单中的"定义日期和时间"命令，打开"定义日期"对话框，定义时间序列的周期后才能进行季节性分解。

（2）按"分析→时间序列预测→季节性分解"顺序单击，打开"季节性分解"对话框，如图 7-33 所示，估计时间序列的乘性季节因素或加性季节因素。

（3）指定需要进行季节性分解处理的变量。从原始变量列表中选择要分析的变量，送入"变量"框。该变量必须包括 4 个完整的季节数据。

（4）在"模型类型"栏中，根据时间序列的构成特点，选择"乘性"单选按钮或"加性"单选按钮。

（5）在"移动平均值权重"栏中，指定在计算移动平均值时如何对待时间序列。

① 选择"所有点相等"单选按钮，要求计算周期跨度相等和所有点权重相等时的移动平均值。周期是奇数时选择本选项。

② 选择"端点按 0.5 加权"单选按钮，要求用相同跨度（周期+1）和端点权重乘 0.5

计算移动平均值。该选项仅当时间序列的周期是偶数时有效。

（6）勾选"显示个案列表"复选框，要求在"查看器"窗口中输出用各种方法分解观测时的明细表，并可以在运算过程中对每个变量生成 4 个新序列值，这 4 个新序列值作为新变量存放在当前数据集中。

在"当前周期长度"后显示当前的周期。

（7）单击"保存"按钮，打开"季节：保存"对话框，如图 7-34 所示。

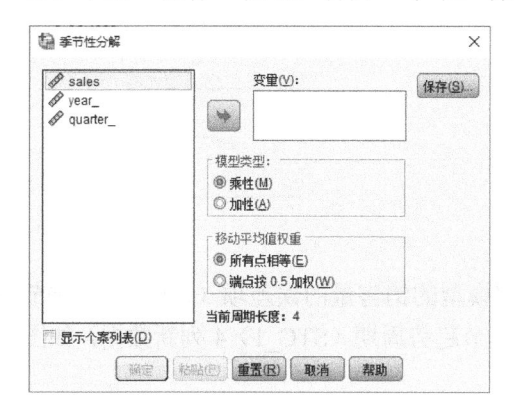

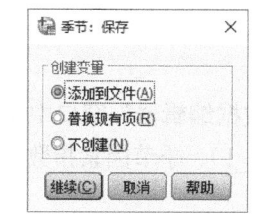

图 7-33　"季节性分解"对话框　　　　图 7-34　"季节：保存"对话框

在"创建变量"栏中，对是否生成新变量进行如下选择。

① 选择"添加到文件"单选按钮，季节性分解法分析过程产生的新序列被作为新变量保存在"数据编辑器"窗口中。变量名由 3 部分组成：3 个字母的前缀、下画线、数字。这是系统默认的命名方法。

② 选择"替换现有项"单选按钮，季节性分解法分析过程产生的新序列作为临时变量保存在"数据编辑器"窗口中，已经存在的临时变量被剔除。变量名由 3 部分构成：3 个字母组成的前缀、#和一位数字。

③ 选择"不创建"单选按钮，季节性分解法分析过程产生的新序列不添加到数据文件中。

（8）单击"继续"按钮，返回"季节性分解"对话框，单击"确定"按钮，系统立即执行命令。

### 7.6.3　季节性分解法分析实例

【例 6】　数据文件 data7-04 中的变量 sales 是某公司某商品 1986—1997 年各季度的销售额，用季节性分解法对其进行统计学分析。

1）操作方法

（1）在 SPSS "数据视图"标签页中打开数据文件 data7-04，按"分析→时间序列预测→季节性分解"顺序单击，打开"季节性分解"对话框，如图 7-33 所示。

（2）将销售量 sales 变量送入"变量"框。

（3）在"模型类型"栏中选择"乘性"单选按钮。

（4）在"移动平均值权重"栏中选择"所有点相等"单选按钮。

（5）"季节：保存"对话框中的选项保持系统默认设置。

（6）单击"确定"按钮，提交系统执行。

2）输出结果

输出结果如表 7-12 和表 7-13 所示。

表 7-12 所示为模型描述。

表 7-13 所示为季节因素，列出了季节及其对应的季节因素指数。

表 7-12 模型描述

| 模型描述 | | |
|---|---|---|
| 模型名称 | | MOD_1 |
| 序列名称 | 1 | numbwe |
| 转换 | | 无 |
| 非季节性差分 | | 0 |
| 季节性差分 | | 0 |
| 季节性周期长度 | | 无周期长度 |
| 最大延迟数 | | 16 |
| 为计算自相关性标准误差而假定的过程 | | 独立性（白噪声）a |
| 显示和检验 | | 所有延迟 |

正在应用来自 MOD_1 的模型指定项。
a. 不适用于计算偏自相关性的标准误差。

表 7-13 季节因素

| 季节因子 | |
|---|---|
| 序列名称： | sales |
| 周期 | 季节因子 (%) |
| 1 | 111.8 |
| 2 | 109.2 |
| 3 | 75.8 |
| 4 | 103.2 |

在"数据编辑器"窗口中生成来自给定模型的销售量的误差项（ERR_1）、季节校准序列（SAS_1）、季节因素指数（SAF_1）、季节趋势周期（STC_1）4 列新数据，如图 7-35 所示。

| | year | season | sales | year_ | quarter_ | date_ | ERR_1 | SAS_1 | SAF_1 | STC_1 |
|---|---|---|---|---|---|---|---|---|---|---|
| 1 | 1986 | 1 | 3017.60 | 1986 | 1 | Q1 1986 | .98512 | 2698.66383 | 1.11818 | 2739.42113 |
| 2 | 1986 | 2 | 3043.54 | 1986 | 2 | Q2 1986 | 1.01355 | 2787.17429 | 1.09198 | 2749.92652 |
| 3 | 1986 | 3 | 2094.35 | 1986 | 3 | Q3 1986 | .99748 | 2763.94146 | .75774 | 2770.93731 |
| 4 | 1986 | 4 | 2809.84 | 1986 | 4 | Q4 1986 | .97090 | 2722.45957 | 1.03210 | 2804.06932 |
| 5 | 1987 | 1 | 3274.80 | 1987 | 1 | Q1 1987 | 1.03047 | 2928.67985 | 1.11818 | 2842.09329 |
| 6 | 1987 | 2 | 3163.28 | 1987 | 2 | Q2 1987 | 1.01125 | 2896.82826 | 1.09198 | 2864.59798 |
| 7 | 1987 | 3 | 2114.31 | 1987 | 3 | Q3 1987 | .96847 | 2790.28293 | .75774 | 2881.11122 |

图 7-35 数据文件中增加的四个新变量

## 7.7 频 谱 分 析

### 7.7.1 频谱分析概述

**1. 频谱分析的作用**

当把时间序列看作由不同频率的正弦、余弦波组成时，就可以用 Schuster 在 1898 年引入的周期图来进行时间序列分析。周期图最初是用来检测和估计混在噪声中的频率已知的正弦分量的振幅的，也可以用来检验序列的随机性。在周期图的基础上，利用功率谱可以建立样本谱。同样，样本谱也可以用来检验和估计隐含在噪声中的未知频率的正弦分量的振幅。当事先已知频率 $f$ 与序列长度并不具有谐振关系时，样本谱是实现上述目的的有力工具。可以证明，样本谱是自协方差函数估计值的傅里叶余弦变换。这为谱分析理论奠定了基础。

当平稳时间序列的频率、振幅和相位都是随机变化的时，样本谱失去了其应有的作用，此时用频率强度的平均值建立起来的谱分析是最重要的分析工具。

频谱分析过程可以用来识别时间序列中的周期行为。频谱分析过程常把分析序列的变化转化成不同频率的周期成分，不分析一个时间点向下一个时间点的变化。平稳序列在低频时有更强的周期成分，随机变化的白噪声遍及所有频率。

SPSS 中的频谱分析过程可以为一个或多个时间序列绘制周期图及谱密度图。

分析变量应该是数值型、平稳的不包含缺失值的时间序列；应从时间序列中减去任何非零的平均值。应在预测分析前处理缺失值，相关方法参见替换缺失值方面的内容。将不稳定序列变成平稳序列的常用方法是差分转换，参见建立时间序列方面的内容。

**2. 分析中使用的计算公式**

（1）单变量序列。

对于所有 $t$，序列 $X_t$ 的谱密度函数可以表示为

$$X_t = a_0^x + \sum_{K=1}^{q} [a_K^x \cos 2\pi f_K(t-1) + b_K^x \sin 2\pi f_K(t-1)]$$

式中，$t = 1, 2, \cdots, N$；$a_0^x = \bar{x}$，$\bar{x} = \sum_{t=1}^{N} \frac{x_t}{N}$；$a_K^x = \frac{2}{N}\left[\sum_{t=1}^{N}(X_t \cos 2\pi f_K(t-1))\right]$；$b_K^x = \frac{2}{N}\sum_{t=1}^{N}[X_t \sin 2\pi f_K(t-1)]$；$f_K = \frac{K}{N}$；$q = \begin{cases} N/2 & N\text{是偶数} \\ (N-1)/2 & N\text{是奇数} \end{cases}$。

计算下述统计量。

① 频率：$f_K = K/N$，$K = 1, \cdots, q$。

② 周期：$1/f_K = N/K$，$K = 1, \cdots, q$。

③ 傅里叶余弦系数：$a_K^x$，$K = 1, \cdots, q$。

④ 傅里叶正弦系数：$b_K^x = (a_K^x - ib_K^x)(a_K^x + ib_K^x)$，$K = 1, \cdots, q$。

⑤ 周期图谱：$I_K^x = [(a_K^x)^2 + (b_K^x)^2]N/2$，$K = 1, \cdots, p$。

谱密度估计为

$$s_K^x = \sum_{j=-p}^{p} w_j I_{K+j}^x$$

式中，$p = \frac{m-1}{2}$（$m$ 为跨度的数量）；$I_{-K}^x = I_K^x$，$K = 1, \cdots, q$，$I_0^x = I_1^x$，$I_K^x = I_{N+1-K}$（$K > q$）。$w_{-p}, w_{-p+1}, w_0, w_1, \cdots, w_p$ 为由不同"数据编辑器"窗口定义的周期图谱权重。

（2）双变量序列。

双变量序列 $X_t$ 和 $Y_t$ 的谱密度函数可以表示为

$$X_t = a_0^x + \sum_{K=1}^{q}(a_k^x \cos 2\pi f_K t + b_k^x \sin 2\pi f_K t) \quad (t = 1, 2, \cdots, N)$$

$$Y_t = a_0^y + \sum_{K=1}^{q}(a_k^y \cos 2\pi f_K t + b_k^y \sin 2\pi f_K t) \quad (t = 1, 2, \cdots, N)$$

① $X_t$ 和 $Y_t$ 的互周期图为

$$I_K^{xy} = \frac{N}{2}(a_K^x - ib_K^x)(a_K^y + ib_K^y) = \frac{N}{2}[(a_K^x a_K^y + b_K^x b_K^y) + i(a_K^x b_K^y - b_K^x a_K^y)]$$

② 实部与虚部。

实部：$(\text{RC})_K = \frac{N}{2}(a_K^x a_K^y + b_K^x b_K^y)$。

虚部：$(\text{IC})_K = \frac{N}{2}(a_K^x a_K^y - b_K^x b_K^y)$。

③ 谱密度估计为

$$C_K = \sum_{j=-p}^{p} w_j (\text{RC})_{K+j}$$

④ 正交谱估计为

$$Q_K = \sum_{j=-p}^{p} w_j (\text{IC})_{K+j}$$

⑤ 交叉振幅值为

$$A_K = (Q_K^2 + C_K^2)^{1/2}$$

⑥ 平方一致性值为

$$K_K = \frac{A_K^2}{s_K^x s_K^y}$$

⑦ 增益值为

$$G_K = \begin{cases} A_K / s_K^x & \text{在} f_K \text{处} X_t \text{上的} Y_t \text{的增益} \\ A_K / s_K^y & \text{在} f_K \text{处} Y_t \text{上的} X_t \text{的增益} \end{cases}$$

⑧ 相位谱估计为

$$\Psi_K = \begin{cases} \arctan(Q_K / C_K) & Q_K > 0, C_K > 0, \ Q_K < 0, C_K > 0 \\ \arctan(Q_K / C_K) + \pi & Q_K > 0, C_K < 0 \\ \arctan(Q_K / C_K) - \pi & Q_K < 0, C_K < 0 \end{cases}$$

(3) 频谱窗口。

可以指定的频谱窗口如下。每个公式定义了窗口的上半部分。窗口的下半部分与上半部分对称。在如下公式中，$p$ 是跨度数除以 2 的整数部分。为简明扼要，费热尔核公式被表达为

$$F_q(\theta) = \begin{cases} q & \theta = 0, \pm 2\pi, \pm 4\pi, \cdots \\ \dfrac{1}{q} \left[ \dfrac{\sin(q\theta/2)}{\sin(\theta/2)} \right]^2 & \text{其他} \end{cases}$$

狄利克雷核公式被表达为

$$D_q(\theta) = \begin{cases} 2q+1 & \theta = 0, \pm 2\pi, \pm 4\pi, \cdots \\ \dfrac{1}{q} \left[ \dfrac{\sin(2q+1)\theta/2}{\sin(\theta/2)} \right]^2 & \text{其他} \end{cases}$$

式中，$q$ 为任意的正实数。

① 图基-哈明法：计算权重公式为

$$W_k = 0.54 D_p(2\pi f_k) + 0.23 D_p\left(2\pi f_k + \frac{\pi}{p}\right) + 0.23 D_p\left(2\pi f_k - \frac{\pi}{p}\right) \quad k = 0, \cdots, p$$

② 图基-汉宁法：计算权重公式为

$$W_k = 0.5 D_p(2\pi f_k) + 0.25 D_p\left(2\pi f_k + \frac{\pi}{p}\right) + 0.25 D_p\left(2\pi f_k - \frac{\pi}{p}\right) \quad k = 0, \cdots, p$$

③ 帕曾法：计算权重公式为

$$W_k = \frac{1}{p}[2 + \cos(2\pi f_k)][F_{p_2}(2\pi f_k)]^2 \quad k = 0, \cdots, p$$

④ 巴特利特法：计算上半部分谱窗口的权重为
$$W_k = F_p(2\pi f_k) \quad k = 0,\cdots,p$$

⑤ 丹尼尔（单位）法。丹尼尔窗口或矩形窗口。其计算谱窗口形状的权重为
$$W_k = 1 \quad k = 0,\cdots,p$$

⑥ 无。不用平滑化处理。若指定无，则谱密度估计与周期图相同；在跨度数为1时，也如此，即
$$W_{-p},\cdots,W_0,\cdots,W_p$$

对于用户指定的权重，如果权重数为奇数，那么中间的权重应用于已平滑的周期图值，两边的权重应用于其前后值；如果权重数为偶数（假设没有提供 $W_p$），那么在中间的权重之后的权重应用于已平滑的周期图值。权重 $W_0$ 必须是正数。

### 7.7.2 频谱分析过程

（1）按"分析→时间序列预测→谱分析"顺序单击，打开"谱图"对话框，如图7-36所示。

（2）在原始变量列表中选择一个或多个数值型变量，送入"变量"框。

（3）在"谱窗口"栏的下拉列表中选择平滑序列的滤波算法，为获取谱密度估计做准备。该下拉列表中的选项如下。

① "图基-哈明"选项。选择此选项将使用图基-哈明法。

② "图基-汉宁"选项。选择此选项将使用图基-汉宁法。

③ "帕曾"选项。选择此选项将使用帕曾法。

④ "巴特利特"选项。选择此选项将使用巴特利特法。

⑤ "丹尼尔（单位）"选项。选择此选项将使用丹尼尔（单位）法。

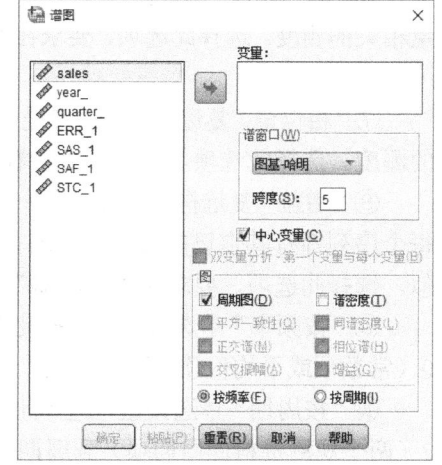

图7-36 "谱图"对话框

⑥ "无"选项。选择此选项将不用作滤波处理。谱密度估计同周期图相同。

（4）在"跨度"框中输入滤波的跨度值，即横跨进行平滑处理的连续值的范围。该值通常为奇整数。平滑谱密度图通常使用大跨度值，较少使用小跨度值。系统默认值为5。

（5）中心化变量的选择。

① 勾选"中心变量"复选框，要求在计算频谱前校准序列，使其有平均值0（中心化），并剔除与序列平均值有关联的大量的项（剔除异常值）。由于在进行谱分析时，相应序列平均值频率应为0，否则周期图没有实际意义，因此先使数据以0为中心。

② 如果选择两个或两个以上分析变量，可以勾选"双变量分析-第一个变量与每个变量"复选框，要求进行"变量"框中第一个变量（因变量）与后面每个变量（自变量）的双变量谱分析。各个序列的单变量分析照常进行。

（6）在"图"栏中选择输出的分析图。

"周期图"复选框和"谱密度"复选框对单变量和双变量分析都有效，其他选项只对双

变量分析有效。

①"周期图"复选框。选择此选项，要求在"查看器"窗口中输出以频率或周期为横轴的非平滑的频谱振幅图（在对数标尺上绘制）。变异均匀地分布在所有波段，象征"白噪声"。

②"平方一致性"复选框。平方一致性统计量是两序列增益值的乘积。选择此选项，要求在"查看器"窗口中输出以频率或周期为横轴的平方一致性图。

③"正交谱"复选框。正交谱是指交叉周期图的虚部，是两个时间序列异相频率分量相关的测度。分量是 π/2 弧度乘以异相。选择此选项，要求在"查看器"窗口中输出以频率或周期为横轴的正交谱图。

④"交叉振幅"复选框。交叉振幅是余谱密度平方与正交谱平方之和的平方根，反映振幅的大小。选择此选项，要求在"查看器"窗口中输出以频率或周期为横轴的交叉振幅图。

⑤"谱密度"复选框。谱密度图是已过滤不规则变化的周期图。选择此选项，要求在"查看器"窗口中输出以频率或周期为横轴的谱密度图。

⑥"同谱密度"复选框。同谱密度是交叉周期图的实部，是两个时间序列同相频率分量相关的测度。选择此选项，要求在"查看器"窗口中输出以频率或周期为横轴的同谱密度图。

⑦"相位谱"复选框。相位谱是一个序列领先或滞后于其他序列的各频率分量的长度的测度。选择此选项，要求在"查看器"窗口中输出以频率或周期为横轴的相位谱图。

⑧"增益"复选框。增益是用一个序列的谱密度除以交叉振幅得到的商。两个序列中每个序列都有其自己的增益值。增益值是在某一频率下的回归系数，与线性回归系数类似。选择此选项，要求在"查看器"窗口中输出以频率或周期为横轴的增益图。

⑨"按频率"单选按钮。选择此选项，要求所有图都由频率生成，频率的范围在频率 0（常数项或平均值项）到频率 0.5（两个观测资料的周期项）之间。

⑩"按周期"单选按钮。选择此选项，要求所有图都由周期生成，周期的范围在周期 2（两个观测资料的周期项）到周期等于观测值的数量（常数项或平均值项）之间。周期在对数标尺上显示。

### 7.7.3 频谱分析实例

**【例7】** 数据文件 data7-05 中记录的是国际航线 1949 年 1 月至 1960 年 12 月月度旅客总数（单位为千人），试用频谱分析法分析数据是否有年度周期。

1) 操作步骤

（1）在 SPSS "数据视图"标签页中打开数据文件 data7-05，按"分析→时间序列预测→谱分析"顺序单击，打开"谱图"对话框。

（2）选择 number 变量送入"变量"框。在"图"栏中勾选"周期图"复选框、"谱密度"复选框。

（3）单击"确定"按钮，提交系统执行。

2) 输出结果

输出结果如表 7-14 和图 7-37、图 7-38 所示。

表 7-14 所示为模型描述，从上至下依次是模型名称（MOD_1），分析类型（单变量），序列名称（number），值范围（通过零点居中进行处理），周期图平滑 [谱窗口（图基-哈

明），窗口跨度（5），权重值 W(-2)=2.233、W(-1)=2.238、W(0)=2.240、W(1)=2.238、W(2)=2.233]。

图 7-37 所示为周期图，图中显示的背景噪声中有引人注目的连续的峰值，在频率小于 0.1 处有最高的峰值，因此可以怀疑数据中包含一个年度周期成分，年度周期成分的贡献组成了周期图。在时间序列中每个数据点表示一个月，因此一个年度周期在当前数据集中对应的周期是 12。由于周期和频率互为倒数，周期 12 对应的频率为 1/12（或 0.083），所以年度周期成分显示在周期图中频率为 0.083 处，这与频率小于 0.1 处出现的峰值一致。

表 7-14　模型描述

| 模型描述 | |
|---|---|
| 模型名称 | MOD_1 |
| 分析类型 | 单变量 |
| 序列名称 | number |
| 值范围 | 通过零点居中进行精简 |
| 周期图平滑 谱窗口 | 图基-哈明 |
| 窗口跨度 | 5 |
| 权重值 W(-2) | 2.233 |
| W(-1) | 2.238 |
| W(0) | 2.240 |
| W(1) | 2.238 |
| W(2) | 2.233 |

正在应用来自MOD_1的模型指定项

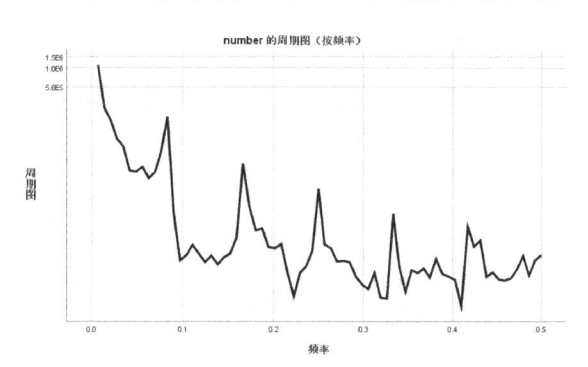

图 7-37　周期图

图 7-38 所示为谱密度图，是经过消除背景噪声平滑处理后的周期图。残余峰值最好与谱密度函数一起分析，让潜在结构变得更加清楚独立。谱密度图由 5 个明显的等间隔出现的峰值组成。最低频率的峰值出现在 0.08333 处。分析变量时间序列可以分解成 4 个主要（幅度较大）正弦或余弦成分，它们的周期就是峰值点频率的倒数。

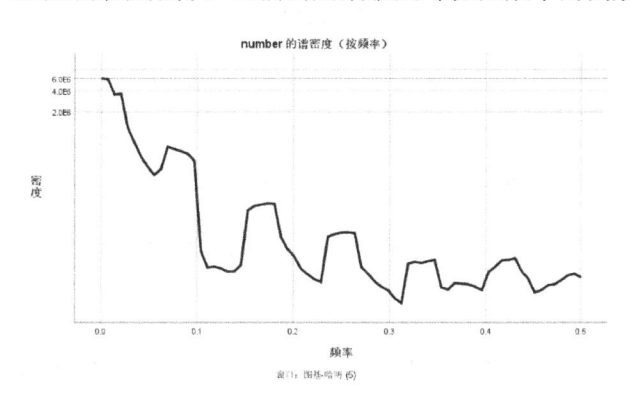

图 7-38　谱密度图

## 7.8　互　相　关

### 7.8.1　互相关概述

**1. 互相关的基本概念**

自相关函数和偏自相关函数是描述单个时间序列的重要工具。在很多场合中，需要同时考虑多个时间序列间的关系。如果要考察市场的货币供应量和股价变化间的关系，某产品的广告投入和该产品的市场占有率及销售量间的关系,就需要考虑两个序列或多个序列间的相互关系。为了和单序列分析(也称单变量时间序列分析)区分,将本节讨论的问题的模型称为多序列分析(又称多元时间序列分析)。分析这种模型的工具是互相关函数。

互相关函数(CCF)描述的是两个时间序列间的相关关系,即一个序列的观测值与另一个序列在不同的滞后和领先时的观测值间的相关关系。显示互相关关系的图称为互相关图。互相关图可以帮助我们识别变量间的关系。

### 2. 互相关函数

设 $x$、$y$ 为长度为 $n$ 的两个时间序列,则在滞后 $k$ 处,$x$ 和 $y$ 的互相关系数可用下式估计:

$$r_{xy}(k) = \frac{C_{xy}(k)}{S_x S_y}$$

式中,$C_{xy}(k) = \begin{cases} \dfrac{1}{n}\sum_{t=1}^{n-k}(x_t - \bar{x})(y_{t+k} - \bar{x}) & k = 0, 1, 2, \cdots \\ \dfrac{1}{n}\sum_{t=1}^{n-k}(y_t - \bar{x})(x_{t+k} - \bar{x}) & k = -1, -2, \cdots \end{cases}$,$S_x$ 和 $S_y$ 两个时间序列的标准差分别为

$$S_x = \sqrt{\frac{1}{n}\sum_{t=1}^{n}(x_t - \bar{x})^2}$$

$$S_y = \sqrt{\frac{1}{n}\sum_{t=1}^{n}(y_t - \bar{y})^2}$$

互相关函数关于 $k = 0$ 不对称。

$r_{xy}(k)$ 的近似标准误差为

$$\text{SE}[r_{xy}(k)] = \sqrt{\frac{1}{n - |k|}} \quad k = 0, \pm 1, \pm 2, \cdots$$

标准误差是基于序列没有互相关和序列之一为白噪声的假设计算的。

### 7.8.2 互相关过程

(1)互相关过程用来为正、负和 0 阶滞后绘制两个或多个序列互相关图。互相关过程只适用于时间序列数据。

(2)按"分析→时间序列预测→交叉相关性"顺序单击,打开"交叉相关性"对话框,如图 7-39 所示。

(3)在原始变量列表中至少选择两个变量,送入"变量"框。

(4)在"转换"栏中定义序列的转换方法。该栏中的选项有"自然对数转换"复选框、"差异"复选框、"季节性差异"复选框,这 3 个选项对应的 3 个函数的说明可参见 7.2.1 节中的相关内容。

"当前周期长度"后显示的是当前周期。

(5)单击"选项"按钮,打开"交叉相关性:选项"对话框,如图 7-40 所示。

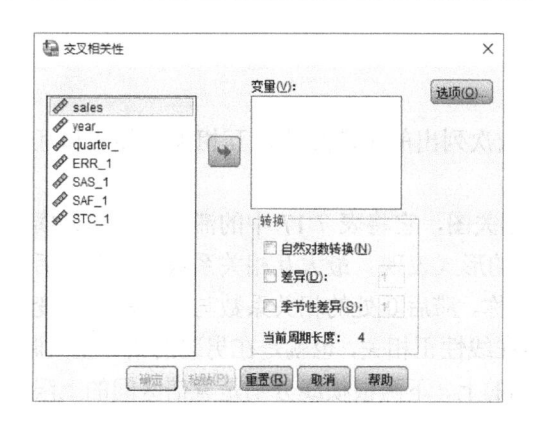

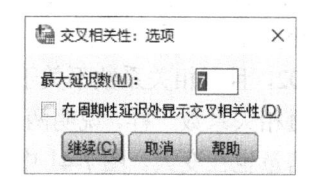

图 7-39 "交叉相关性"对话框　　图 7-40 "交叉相关性：选项"对话框

在"最大延迟数"框中输入互相关的最大滞后数，默认值为 7。若数据中定义了季节，则只显示"在周期性延迟处显示交叉相关性"复选框。

（6）单击"继续"按钮，返回"交叉相关性"对话框。单击"确定"按钮，提交系统执行。

### 7.8.3　互相关实例

【例 8】　数据文件 data7-06 中记录了 1989 年 1 月至 1998 年 12 月某公司每月 3 种男、女服装产品的销售量情况，试分析这 10 年间 3 种男、女服装的销售量间是否相关。

（1）在"数据视图"标签页中，打开数据文件 data7-06。按"分析→时间序列预测→交叉相关性"顺序单击，打开"交叉相关性"对话框。

（2）选择男装销售额变量 men 和女装销售额变量 women，送入"变量"框。

（3）其他选项保持系统默认设置，单击"确定"按钮，提交系统执行。

输出结果如表 7-15～表 7-17 和图 7-41 所示。

表 7-15　模型描述

| 模型描述 | | |
|---|---|---|
| 模型名称 | | MOD_1 |
| 序列名称 | 1 | Sales of Men's Clothing |
| | 2 | Sales of Women's Clothing |
| 转换 | | 无 |
| 非季节性差分 | | 0 |
| 季节性差分 | | 0 |
| 季节性周期长度 | | 无周期长度 |
| 延迟范围 | 从 | -7 |
| | 到 | 7 |
| 显示和绘制 | | 所有延迟 |

正在应用来自 MOD_1 的模型指定项

表 7-16　样品处理摘要

| 个案处理摘要 | | |
|---|---|---|
| 序列长度 | | 120 |
| 因为以下原因而排除的个案数 | 用户缺失值 | 0 |
| | 系统缺失值 | 0 |
| 有效个案数 | | 120 |
| 差分后可计算的零阶相关性系数的数目 | | 120 |

表 7-17　互相关系数表

| 交叉相关性 | | |
|---|---|---|
| 序列对： | Sales of Men's Clothing，带有 Sales of Women's Clothing | |
| 延迟 | 交叉相关性 | 标准误差 |
| -7 | 0.159 | 0.094 |
| -6 | 0.150 | 0.094 |
| -5 | 0.211 | 0.093 |
| -4 | 0.224 | 0.093 |
| -3 | 0.271 | 0.092 |
| -2 | 0.342 | 0.092 |
| -1 | 0.374 | 0.092 |
| 0 | 0.802 | 0.091 |
| 1 | 0.134 | 0.092 |
| 2 | 0.114 | 0.092 |
| 3 | 0.125 | 0.092 |
| 4 | 0.209 | 0.093 |
| 5 | 0.163 | 0.093 |
| 6 | 0.124 | 0.093 |
| 7 | 0.178 | 0.094 |

a. 基于各个序列不交叉相关性且其中一个序列为白噪声的假定。

表 7-15 所示为模型描述。

表 7-16 所示为样品处理摘要。

表 7-17 所示为互相关系数表,从左至右依次列出的是滞后值、互相关系数值和互相关系数的标准误差。

图 7-41 所示为男、女服装销售量间的互相关图,它将表 7-17 中的滞后的值作为横坐标,将互相关系数值作为纵坐标,通过直方图的形式表现。最大互相关系数出现在滞后 0 处,为 0.802,且互相关系数不关于滞后 0 处对称。滞后 0 处的相关系数与简单的两个变量间的皮尔逊相关系数一样,说明两个变量间存在线性正相关,也就是在男装的销售量大时,女装的销售量也在变大。图 7-41 中平行于横轴的上、下两根横线分别是置信区间的上限和下限。

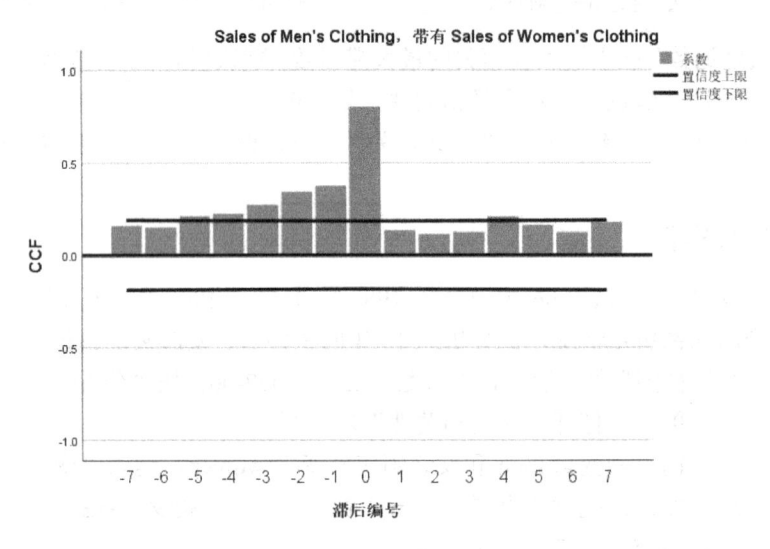

图 7-41 男、女服装销售量间的互相关图

# 习 题 7

1. 简述时间序列的基本概念。时间序列分析过程中的常用方法有哪几种?
2. 对数据用时间序列模型进行拟合处理前应做哪些准备工作?
3. 在哪个过程中可以进行缺失值的修补?修补缺失值的方法共有几种?
4. 在哪个过程中可定义时间变量?
5. 时间序列分析建立在序列平稳条件上,怎样判断序列是否平稳?
6. 为什么要建一个时间序列的新变量?在 SPSS 的哪个过程中建时间序列新变量?
7. 数据文件 data7-07 中有某公司在 1989 年 1 月至 1998 年 12 月男、女服装产品的销售量及一些可能影响服装销售的宣传、服务方面的变量。试用时间序列分析过程对其进行分析,并预测 1999 年 3 月的男装销售量。

# 第8章 生存分析

## 8.1 生存分析概述

### 8.1.1 生存分析与生存数据

生存分析被广泛应用于生物医学、工业、社会科学、商业等领域，如肿瘤患者经过治疗后的生存时间、电子设备的寿命、罪犯分子的假释时间、婚姻的持续时间等。这类问题的数据特点是在研究结束时，对于某些个体而言，要研究的事件还没有发生或过早终止，因此要收集的数据存在缺失。这样的数据称为生存数据。生存分析就是处理、分析生存数据。

**1. 生存分析的类型与 SPSS 过程**

生存分析方法按生存数据是否服从某种分布可分为 3 类：第一类为参数法，一般在预后分析中使用，常见的有指数模型法、威布尔模型法等。第二类为非参数法，常用于估计生存率和单因素预后分析等，常用的有寿命表法、乘积极限法及对数秩检验法等。第三类为介于第一类和第二类之间的半参数法，一般用于辨认多协变量的预后因素，较有代表性的方法为比例风险模型法。当参数类型已知时，相比而言，3 类方法中最有效的方法是参数法。

在"分析"菜单下的"生存分析"子菜单（见图8-1）中有"寿命表"选项、"Kaplan-Meier"选项、"Cox 回归"选项、"含依时协变量的 Cox"选项（带时间相依性变量的生存分析）4 种进行生存分析的选项。

**2. 生存数据的特点**

生存数据包括生存时间及与其相关的因素。生存数据有一个重要的特点，即对于某些个体而言，要研究的事件还没有发生或过早终止。观测的含有这些事件的数据称为删失数据（Censored Data），也称截尾数据。如果生存数据中没有删失数据，那么该生存数据就称为完全数据。

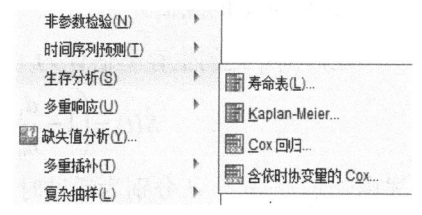

图 8-1 "生存分析"子菜单

按照删失数据出现的时间，删失数据可以分为右删失数据、区间删失数据和左删失数据。例如，在研究期内追踪观察病人某一事件的出现，如果在研究结束时，病人的该事件并未出现，那么得到的生存数据就是右删失数据；如果在研究期中某个时间区间中该事件出现了，那么得到的生存数据就是区间删失数据；如果在进行研究之前该事件已经出现了，那么得到的生存数据就是左删失数据。右删失类型包括单式删失和随机删失，常用的删失类型主要有 I 型删失和 II 型删失，它们均属于单式删失。在动物试验、设备寿命研究中常遇到删失数据。

以动物试验为例，由于时间和费用等因素限制，研究者常常不能等到所有动物死亡。若事先确定截止观测的日期，则为Ⅰ型删失，又称定时删失；若选择试验进行到有一固定数目的动物死亡为止，则为Ⅱ型删失，又称定数删失。一般通过在数据的右上角标注"+"号，表示删失数据。

### 8.1.2 生存时间函数

生存时间函数用于测量某事件出现的时间，通常用三个函数来描述，即生存函数、概率密度函数和危险率函数。这三个函数在数学上是等价的，得出其中一个函数，就可以推导出另外两个函数。

生存函数，医学统计中称其为累积生存率，记作 $S(t)$，是指个体生存时间长于 $t$ 的概率，即

$$S(t) = P(\text{个体生存时间长于 } t)$$

概率密度函数，又称密度函数，记作 $f(t)$。$f(t)$ 的图形称为密度曲线，在任何时间区间内死亡的比例和死亡概率的峰值都可以在密度曲线上找出。概率密度函数表达式为

$$f(t) = \lim_{\Delta t \to 0} \frac{P(\text{个体在区间}(t, t+\Delta t)\text{中死亡})}{\Delta t}$$

危险率函数，又称风险函数，医学统计中称其为瞬间死亡率、死亡强度、条件死亡率、分年龄死亡率、危险率，记作 $h(t)$。危险率函数是生存分析最基本的函数，表达式为

$$h(t) = \lim_{\Delta t \to 0} \frac{1}{\Delta t} P(\text{年龄是 } t \text{ 的个体在}(t, t+\Delta t)\text{中死亡})$$

### 8.1.3 Kaplan-Meier 法

Kaplan-Meier 法由英国统计学家 Kaplan 和 Meier 于 1958 年提出，也称乘积限法，适用于小样本或大样本未分组资料生存率估计及组间生存率比较。

**1. 生存率的点估计**

在时间 $t_i$ 处的生存率估计为

$$\hat{S}(t) = \left(1 - \frac{d_1}{n_0}\right)\left(1 - \frac{d_2}{n_1}\right)\cdots\left(1 - \frac{d_i}{n_{i-1}}\right) \quad i = 1, 2, \cdots, k$$

式中，$n_{i-1}$、$n_i$、$d_i$ 分别为活过时间 $t_{i-1}$ 且未在 $t_{i-1}$ 删失的观察对象数、期初例数（最初研究时的观察对象数）和死亡数。

**2. 生存率的区间估计**

Greenwood 生存标准误差的近似计算公式为

$$\text{SE}\left[\hat{S}(t_i)\right] = \hat{S}(t_i)\sqrt{\sum_{j=1}^{i}\frac{d_j}{n_j(n_j - d_j)}}$$

在总体服从正态分布时，总体生存率的 $1-\alpha$ 的置信区间为

$$\hat{S}(t_i) \pm Z_{\alpha/2} \cdot \text{SE}\left[\hat{S}(t_i)\right]$$

**3. 组间生存率比较**

不同组间的生存率比较简称组间生存率比较，通常采用非参数的对数秩（Log Rank）

检验。Log Rank 检验的基本思想为，当零假设组间生存率相等为真时，根据 $t_i$ 时的死亡率，可以算得各组理论死亡率，由此可得

$$\chi^2 = \frac{\left[\sum w_i(d_{gi} - T_{gi})\right]^2}{V_g}$$

式中，$V_g$ 为第 $g$ 组理论数 $T_g$ 的方差估计，$V_g = \sum w_i^2 \frac{n_{gi}}{n_i}\left(1 - \frac{n_{gi}}{n_i}\right)\left(\frac{n_i - d_i}{n_i - 1}\right)d_i$；$w_i$ 为权重，在 Log Rank 检验中，$w_i = 1$；在布雷斯洛检验或威尔科克森秩和检验中，$w_i = n_i$；在塔罗内-韦尔检验中，$w_i = n_i^{1/2}$，其中，$n_i$ 为时间 $t_i$ 处对应的期初例数。

$\chi^2 \sim \chi^2_{(k-1)}$，其中，$k$ 为比较组的组数。

当出现当前的 $\chi^2$ 值及其更加极端值的概率很小，如不足 0.05 时，可以拒绝零假设。

在进行有序分类变量的多组间生存率比较中，如果 Log Rank 检验组间生存率的差异有统计学意义，那么还可进行趋势检验，以进一步分析风险率是否有随分组等级的变化而变化的趋势。

### 8.1.4 Cox 回归模型

当众多危险因素对生存时间有影响时，应关心这些危险因素中哪些因素对生存时间有重要影响，也就是应确认重要的预后因素（预后因素是指早已存在且与生存时间相关的因素）。通过建立生存时间随危险因素变化的回归模型，来确定对生存时间有影响的预后因素，并根据预后因素在模型中的影响对生存率进行预测。由于危险率函数往往难以估计，因此不宜采用非参数法或参数法。1972 年英国统计学家 D.R.Cox 提出了比例风险模型（Cox Proportional Hazard Model），该模型可以很好地解决上述问题，故又称 Cox 回归模型，简称 Cox 模型。Cox 模型在表达形式上与参数模型相似，但在对各参数进行估计时不依赖特定分布的假设，所以也称半参数模型。当生存时间是连续分布，且预后变量间的相互作用可被忽略时，危险率函数 $h(t)$ 为

$$h(t) = h_0(t)e^{(\beta_1 x_1 + \beta_2 x_2 + \cdots + \beta_k x_k)}$$

式中，$h_0$ 是基准的生存分布的危险率函数；$\beta$ 是回归系数；$x$ 是预后变量。由于 Cox 模型假设每个预后变量的危险率在时间上正比于基础危险率，因此无须计算 $h_0$。

Cox 模型除用于确定预后因素外，还可以确定预后指数或比率，即求每个个体的 $\ln[h_i(t)/h_0(t)]$。

### 8.1.5 Cox 依时协变量回归模型

若 Cox 模型中的协变量对风险比例作用的强度随时间变化而变化，则不满足建立 Cox 模型的条件，此时需改用 Cox 依时协变量回归模型，也称非比例风险模型。

根据依存变量的取值和效应随时间变化的情况，可将 Cox 依时协变量回归模型分成以下两种情形。

#### 1. 外在时间依存变量模型

若依存变量的取值不随时间改变，但其效应（RR）随时间改变，则称这种依存变量为外在时间依存变量。外在时间依存变量模型为

$$h(t,X) = h_0(t)e^{\beta X_E + rX_E(t)}$$

式中，$h(t,X)$ 为在协变量作用下个体 $t$ 时的死亡率（风险率）；$X$ 为协变量向量；$h_0(t)$ 表示个体 $t$ 时的基准风险率，此时所有协变量取值为 0；$e^{\beta X_E + rX_E(t)}$ 为医学上的相对风险度，其中 $X_E$ 为时间依存变量，其值不随时间 $t$ 改变；$\beta$ 和 $r$ 为回归系数。

#### 2. 内在时间依存变量模型

若依存变量的效应（RR）在不同时间点没有变化，但其具体取值会随时间改变而改变，则称这种依存变量为内在时间依存变量。内在时间依存变量模型为

$$h(t,X) = h_0(t)e^{\beta X_E(t)}$$

式中，$X_E$ 表示变量取值随时间变化而变化的依存量，其他变量的含义与外在时间依存变量模型中的变量相同。

在上述情况下，需把可能随时间变化而变化的协变量定义成时间依存变量。当这样的协变量不止一个时，需用编程进行分析。

## 8.2 寿命表分析

### 8.2.1 寿命表分析概述

寿命表（Life Table，LT）又称生命表。Mantel 和 Haznszel 提出用寿命表分析法比较两种生存模式。寿命表分析法用来测定死亡率和描述群体生存现象。在一般情况下，将用来概括在特定时期内特定人口的死亡情况的寿命表统称为人口寿命表。寿命表应用在患有某种疾病并且在一定时期受到跟踪研究的患者身上，对患者构造的寿命表称为临床寿命表。人口寿命表和临床寿命表的计算方法是相似的，但要求的数据来源不同。

寿命表用于大样本，并且对生存时间的分布没有要求，这是它的优点，所以寿命表分析法是目前被广泛应用的一种非参数分析方法。在寿命表分析法中，生存函数和生存率的估计依赖寿命表中的所有区间。如果每个区间都很短，那么区间个数将很多，计算工作将变得很繁重，不能体现其优点。尽管利用计算机进行分析可以使这项工作轻松简单，但输出的结果却十分冗长。用于寿命表的一个假设是总体在每个区间内各处的生存概率近似相等。如果区间太长，那么这个假设可能受到破坏，从而使估计不精确。

### 8.2.2 寿命表分析过程

#### 1. 寿命表分析基本过程

（1）按"分析→生存分析→寿命表"顺序单击，打开"寿命表"对话框，如图 8-2 所示。

（2）从左侧的原始变量列表中选择生存时间变量送入"时间"框，生存时间可以是任何时间单位，如果生存时间变量中有负数，那么该负数将在寿命表分析过程中被剔除。

（3）在"显示时间间隔"栏中确定时间的区间。默认将 0 作为时间区间的起点，用户在"0 到"后的框中输入时间区间的止点，在"按"后的框中输入确定区间跨度的数值（步长）。例如，在"0 到"后的框中输入"200"，在"按"后的框中输入"20"，表明时间区间的止点为 200 个时间单位，从 0 至 200 每 20 个时间单位为 1 个分组跨度。

(4)选择状态变量送入"状态"框。状态变量用来标定删失状态和非删失状态。该变量应该是以整数编码的二分变量或分类变量。单击"状态"框下的"定义事件"按钮,打开"寿命表:为状态变量定义事件"对话框,如图 8-3 所示。该对话框中有两个选项。

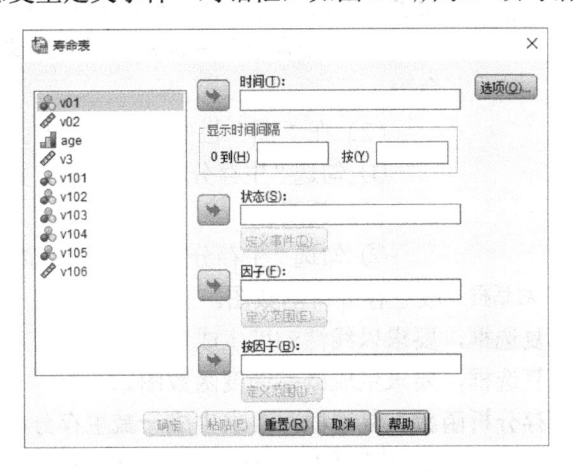

图 8-2 "寿命表"对话框

① "单值"单选按钮。默认单个变量值为 0。选择该选项后,在后面的框中输入一个值,系统将只对状态变量为该值的观测进行生存时间分析,其他未选变量值的生存时间按删失值处理。例如,在状态变量中有 0、1、2、3 四种变量值,在该框中输入"2",则只对状态变量值为 2 的观测进行生存时间分析。

② "值的范围"单选按钮。选择该选项,在该选项后的第一个框中输入起始值,在第二个框中输入终止值,指定状态变量值的范围。系统只对状态变量值在该范围内的观测进行生存时间分析,其他值按删失值处理。

(5)不同处理方案得到的结果不同,选择第一层变量送入"因子"框,将分别显示不同的方案结果。单击"因子"框下的"定义范围"按钮,打开"寿命表:定义因子范围"对话框,如图 8-4 所示。

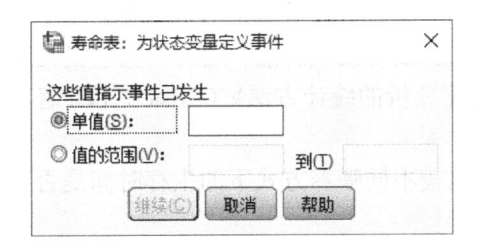

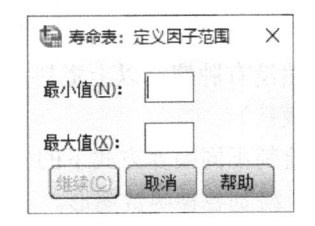

图 8-3 "寿命表:为状态变量定义事件"对话框　　图 8-4 "寿命表:定义因子范围"对话框

在"最小值"框和"最大值"框中分别输入最小值和最大值,确定分析范围。不同变量值代表不同分层。其他未选变量值的生存时间按删失数据处理,如果变量中有负值,那么该负值在寿命表分析过程中将被剔除。

(6)选择第二层变量送入"按因子"框,单击"按因子"框下的"定义范围"按钮,打开与图 8-4 一样的"寿命表:定义因子范围"对话框,在"最小值"框和"最大值"框中分别输入最小值和最大值,确定分析范围。第二层变量中各分层将与第一层变量中各分层相互结合,生成寿命表细分组。

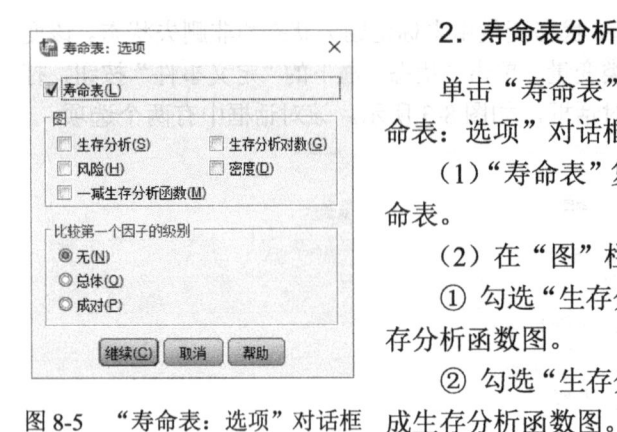

## 2. 寿命表分析选择项

单击"寿命表"对话框中的"选项"按钮，打开"寿命表：选项"对话框，如图 8-5 所示。

（1）"寿命表"复选框。不勾选该复选框，将不生成寿命表。

（2）在"图"栏中选择生成的函数图形。

① 勾选"生存分析"复选框，要求以线性刻度生成生存分析函数图。

② 勾选"生存分析对数"复选框，要求以对数刻度生成生存分析函数图。

图 8-5 "寿命表：选项"对话框

③ 勾选"风险"复选框，要求以线性刻度生成危险函数图。

④ 勾选"密度"复选框，要求生成概率密度函数图。

⑤ 勾选"一减生存分析函数"复选框，要求生成一减生存分析函数图。

（3）在"比较第一个因子的级别"栏中，选择第一层变量中各层间的显著性差异的比较方式，系统默认使用威尔科克森（吉亨）检验。如果有第二层变量，先对第二层变量的各层进行分组，再对第二层变量中各分组中的第一层变量中的各层进行比较。

① 选择"无"单选按钮，要求不进行各分层的比较。

② 选择"总体"单选按钮，要求同时比较第一层变量中各分层的差异。

③ 选择"成对"单选按钮，要求两两比较第一层变量中各层的差异。例如，在第一层变量中有 3 个分层，将对 1 层对 2 层、2 层对 3 层、1 层对 3 层分别进行比较，同时比较第一层变量在各分层中的差异。

### 8.2.3 寿命表分析实例

【例 1】 有位科学工作者研究了饮食与肿瘤间的关系，他将同种同龄的 90 只老鼠分成 3 组，在相同环境下，分别喂养低脂肪食物（low fat）、饱和脂肪食物（saturated）和不饱和脂肪食物（unsaturated），并对每只老鼠的脚趾注射等量的肿瘤细胞，观测这些老鼠 200 天。在这段时间内，有些老鼠偶然死亡且没有发现肿瘤，还有一些老鼠在观测结束时仍然没有肿瘤。以上资料源于《生存数据分析的统计方法》（Elisa T Lee 著，中国统计出版社）。

要求绘制不同喂养方式下的生存时间表，比较不同喂养方式下的生存时间是否有显著性差异，绘制各种函数图形。

1）数据文件

数据文件 data8-01 中的变量有：id 老鼠编号、food 三种不同的喂养方式（编码与值标签是 1：low-fat；2：saturated；3：unsaturated）、status 观测状态（编码与值标签是 0：died 已死亡；1：censored 删失数据）、time 生存时间（天）。

2）操作步骤

（1）按"分析→生存分析→寿命表"顺序单击，打开"寿命表"对话框。

（2）从左侧的原始变量列表中选择 time 变量，送入"时间"框。

（3）在"显示时间间隔"栏中确定时间的区间。在"0 到"后的框中输入"200"，在"按"后的框中输入"20"。

（4）选择 status 变量，送入"状态"框。单击"状态"框下的"定义事件"按钮，打开"寿命表：为状态变量定义事件"对话框，选择"单值"单选按钮，并在后面的框中输入"0"。单击"继续"按钮，返回"寿命表"对话框。

（5）选择 food 变量，送入"因子"框，作为第一层变量。单击"因子"框下的"定义范围"按钮，打开"寿命表：定义因子范围"对话框，在"最小值"框和"最大值"框中分别输入"1"和"3"。单击"继续"按钮，返回"寿命表"对话框。

（6）单击"选项"按钮，打开"寿命表：选项"对话框。勾选"寿命表"复选框，勾选"图"栏中的"生存分析"复选框、"一减生存分析函数"复选框，在"比较第一个因子的级别"栏中选择"成对"单选按钮。单击"继续"按钮，返回"寿命表"对话框。

（7）单击"确定"按钮，提交系统运行。

3）输出结果和解释

输出结果如表 8-1～表 8-5 和图 8-6 所示。

表 8-1 所示为寿命表。

**表 8-1 寿命表**

| 一级控制 | | 时间间隔开始时间 | 进入时间间隔的数目 | 时间间隔内撤销的数目 | 在风险的数目 | 终端事件数 | 终止比例 | 生存分析比例 | 期末累积生存分析比例 | 期末累积生存分析比例的标准误差 | 概率密度 | 概率密度的标准误差 | 风险率 | 风险率的标准误差 |
|---|---|---|---|---|---|---|---|---|---|---|---|---|---|---|
| 食物分类 | low-fat | 0 | 30 | 0 | 30.000 | 0 | .00 | 1.00 | 1.00 | .00 | .000 | .000 | .00 | .00 |
| | | 20 | 30 | 0 | 30.000 | 0 | .00 | 1.00 | 1.00 | .00 | .000 | .000 | .00 | .00 |
| | | 40 | 30 | 0 | 30.000 | 2 | .07 | .93 | .93 | .05 | .003 | .002 | .00 | .00 |
| | | 60 | 28 | 0 | 28.000 | 4 | .14 | .86 | .80 | .07 | .007 | .003 | .01 | .00 |
| | | 80 | 24 | 0 | 24.000 | 3 | .13 | .88 | .70 | .08 | .005 | .003 | .01 | .00 |
| | | 100 | 21 | 0 | 21.000 | 1 | .05 | .95 | .67 | .09 | .002 | .002 | .00 | .00 |
| | | 120 | 20 | 0 | 20.000 | 0 | .00 | 1.00 | .67 | .09 | .000 | .000 | .00 | .00 |
| | | 140 | 20 | 1 | 19.500 | 2 | .10 | .90 | .60 | .09 | .003 | .002 | .01 | .00 |
| | | 160 | 17 | 0 | 17.000 | 1 | .06 | .94 | .56 | .09 | .002 | .002 | .00 | .00 |
| | | 180 | 16 | 0 | 16.000 | 2 | .13 | .88 | .49 | .09 | .004 | .002 | .01 | .00 |
| | | 200 | 14 | 14 | 7.000 | 0 | .00 | 1.00 | .49 | .09 | .000 | .000 | .00 | .00 |
| | saturated | 0 | 30 | 0 | 30.000 | 0 | .00 | 1.00 | 1.00 | .00 | .000 | .000 | .00 | .00 |
| | | 20 | 30 | 0 | 30.000 | 0 | .00 | 1.00 | 1.00 | .00 | .000 | .000 | .00 | .00 |
| | | 40 | 30 | 0 | 30.000 | 4 | .13 | .87 | .87 | .06 | .007 | .003 | .01 | .00 |
| | | 60 | 26 | 0 | 26.000 | 3 | .12 | .88 | .77 | .08 | .005 | .003 | .01 | .00 |
| | | 80 | 23 | 0 | 23.000 | 6 | .26 | .74 | .57 | .09 | .010 | .004 | .02 | .01 |
| | | 100 | 17 | 0 | 17.000 | 4 | .24 | .76 | .43 | .09 | .007 | .003 | .01 | .01 |
| | | 120 | 13 | 0 | 13.000 | 3 | .23 | .77 | .33 | .09 | .005 | .003 | .01 | .01 |
| | | 140 | 10 | 0 | 10.000 | 2 | .20 | .80 | .27 | .08 | .003 | .002 | .01 | .01 |
| | | 160 | 8 | 1 | 7.500 | 1 | .13 | .87 | .23 | .08 | .002 | .002 | .01 | .01 |
| | | 180 | 6 | 0 | 6.000 | 0 | .00 | 1.00 | .23 | .08 | .000 | .000 | .00 | .00 |
| | | 200 | 6 | 6 | 3.000 | 0 | .00 | 1.00 | .23 | .08 | .000 | .000 | .00 | .00 |
| | unsaturated | 0 | 30 | 0 | 30.000 | 0 | .00 | 1.00 | 1.00 | .00 | .000 | .000 | .00 | .00 |
| | | 20 | 30 | 0 | 30.000 | 0 | .00 | 1.00 | 1.00 | .00 | .000 | .000 | .00 | .00 |
| | | 40 | 30 | 0 | 30.000 | 0 | .00 | 1.00 | 1.00 | .00 | .000 | .000 | .00 | .00 |
| | | 60 | 30 | 0 | 30.000 | 12 | .40 | .60 | .60 | .09 | .020 | .004 | .03 | .01 |
| | | 80 | 18 | 0 | 18.000 | 5 | .28 | .72 | .43 | .09 | .008 | .003 | .02 | .01 |
| | | 100 | 13 | 0 | 13.000 | 7 | .54 | .46 | .20 | .07 | .012 | .004 | .04 | .01 |
| | | 120 | 6 | 0 | 6.000 | 1 | .17 | .83 | .17 | .07 | .002 | .002 | .01 | .01 |
| | | 140 | 5 | 0 | 5.000 | 2 | .40 | .60 | .10 | .05 | .003 | .002 | .03 | .02 |
| | | 160 | 3 | 0 | 3.000 | 3 | 1.00 | .00 | .00 | .00 | .005 | .003 | .10 | .00 |

表 8-2 所示为中位生存时间，其中喂养低脂肪食物的老鼠的中位生存时间为 197.93（月）。

用威尔科克森（吉亨）检验喂养不同食物的老鼠导致癌症的生存时间。表 8-3 所示为总体检验统计量。表 8-4 所示为配对比较检验统计量。

表 8-5 所示为平均得分，包括总例数、未删失例数、删失例数、删失百分比、平均得分等信息。

表 8-2  中位生存时间

生存分析时间中位数

| 一阶控制 | | 时间中位数 |
|---|---|---|
| 食物分类 | low-fat | 197.93 |
| | saturated | 110.00 |
| | unsaturated | 92.00 |

表 8-3  总体检验统计量

总体比较[a]

| 威尔科克森（吉亨）统计 | 自由度 | 显著性 |
|---|---|---|
| 12.058 | 2 | .002 |

a. 执行的是精确比较。

表 8-4  配对比较检验统计量

成对比较[a]

| (I) food | (J) food | 威尔科克森（吉亨）统计 | 自由度 | 显著性 |
|---|---|---|---|---|
| 1 | 2 | 3.676 | 1 | .055 |
| | 3 | 11.913 | 1 | .001 |
| 2 | 1 | 3.676 | 1 | .055 |
| | 3 | 2.532 | 1 | .112 |
| 3 | 1 | 11.913 | 1 | .001 |
| | 2 | 2.532 | 1 | .112 |

a. 执行的是精确比较。

表 8-5  平均得分

平均得分

| 比较组 | | 总数 | 检剔前 | 检剔后 | 检剔百分比 | 平均得分 |
|---|---|---|---|---|---|---|
| 1 与 2 | 1 | 30 | 15 | 15 | 50.0% | 8.400 |
| | 2 | 30 | 23 | 7 | 23.3% | -8.400 |
| 1 与 3 | 1 | 30 | 15 | 15 | 50.0% | 15.400 |
| | 3 | 30 | 30 | 0 | 0.0% | -15.400 |
| 2 与 3 | 2 | 30 | 23 | 7 | 23.3% | 7.167 |
| | 3 | 30 | 30 | 0 | 0.0% | -7.167 |
| 总体比较 | 1 | 30 | 15 | 15 | 50.0% | 15.400 |
| | 2 | 30 | 23 | 7 | 23.3% | 7.167 |
| | 3 | 30 | 30 | 0 | 0.0% | -7.167 |

图 8-6（a）所示为生存分析函数图，图 8-6（b）所示为一减生存分析函数图。

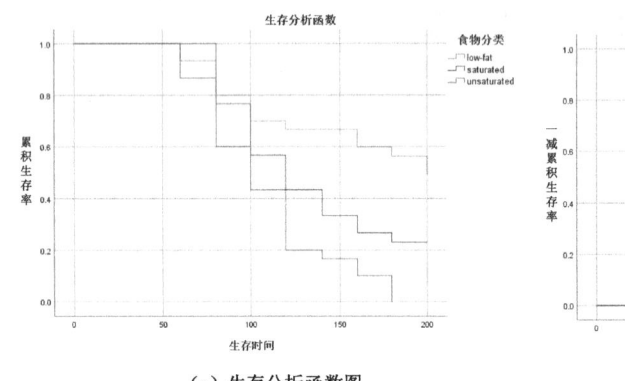

（a）生存分析函数图

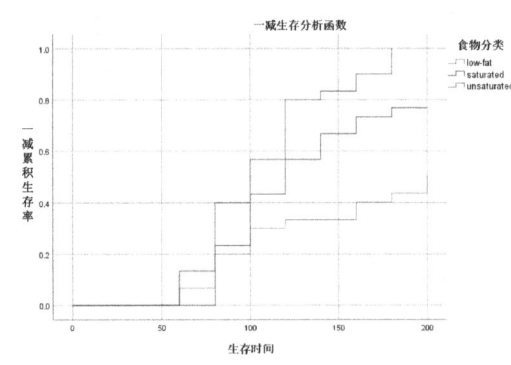

（b）一减生存分析函数图

图 8-6  生存图形

由于选择的观测较少，因此不适合用寿命表分析方法，但从寿命表的终止比例，即死亡率，可以看出，60～100 天内喂养低脂肪食物的老鼠患肿瘤死亡率较高。从表 8-3 中可以看出，用 3 种不同食物喂养的老鼠患癌症后的生存时间经过威尔科克森（吉亨）检验，存在显著性差异（$p=0.002$）。在进行组间比较时，喂养低脂肪食物和饱和脂肪食物的老鼠间的生存时间有显著性差异，检验统计量为 11.913，自由度为 1，概率为 0.001。由图 8-6（a）可知，随着生存时间的延长，累积生存率逐渐下降，3 条曲线明显不重叠，可以直观地看出喂养不同食物的老鼠的生存时间有所不同，喂养低脂肪食物的老鼠的生存时间最长（累积生存率最高），其次为喂养饱和脂肪食物的老鼠，而喂养不饱和脂肪食物的老鼠的生存时间最短。图 8-6（b）所示图形上下翻转 180° 后与图 8-6（a）所示图形是完全一样的，因而结论也是一致的。

## 8.3 Kaplan-Meier 分析

### 8.3.1 Kaplan-Meier 分析概述

很多人将 Kaplan 和 Meier 提出的 Kaplan-Meier 法称为寿命表估计，二者的差别是 Kaplan-Meie 法基于一个个数据，而寿命表估计基于按区间分组的数据。Kaplan-Meie 法可看作寿命表估计的特殊情形。

时间变量应是数值型变量。状态变量可以是二分变量或多分类变量，发生的事件可以用一个正数值表示或用某个范围内的连续数值表示。

寿命表假设事件发生的概率仅依赖时间。

### 8.3.2 Kaplan-Meier 分析过程

**1. Kaplan-Meier 分析基本过程**

（1）按"分析→生存函数→Kaplan-Meier"顺序单击，打开"Kaplan-Meier"对话框，如图 8-7 所示。

（2）从左侧的原始变量列表中选择生存时间变量送入"时间"框，生存时间可以是任何时间单位，如果在生存时间变量中有负数那么该负数将在 Kaplan-Meier 分析过程中被剔除。

（3）选择标定删失状态和非删失状态的状态变量送入"状态"框。单击"状态"框下的"定义事件"按钮，打开"Kaplan-Meier：为状态变量定义事件"对话框，如图 8-8 所示，选择要分析的状态，系统只分析选定状态下的生存时间数据，其余数据按删失值处理。

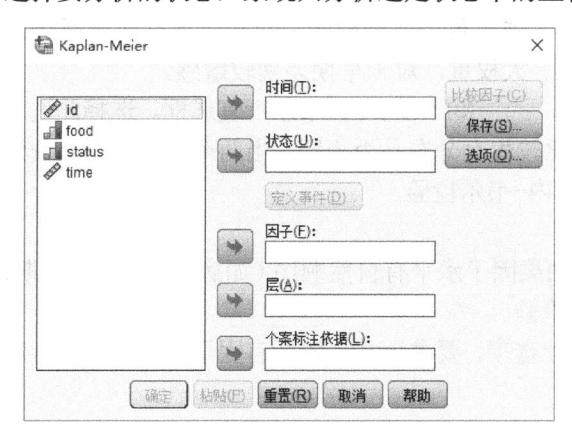

图 8-7　"Kaplan-Meier"对话框 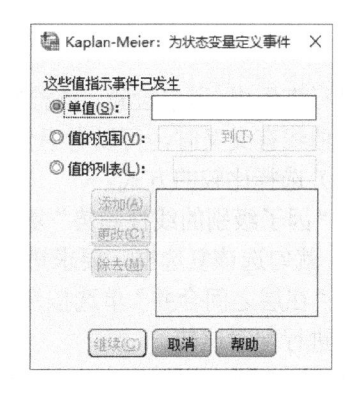　　　图 8-8　"Kaplan-Meier：为状态变量定义事件"对话框

① 选择"单值"单选按钮，并在后面的框中指定状态变量的值。例如，在状态变量中有 0、1、2、3 四种值，在该框中输入"2"，将只对状态变量值为"2"的观测进行生存时间分析。

② 选择"值的范围"单选按钮，并在后面的框中，指定状态变量中需要分析的值的范围。例如，在状态变量中有 0、1、2、3 四种值，分别在两个框中输入"1"和"3"，将只对状态值为"1""2""3"的观测进行生存时间分析。

③ 选择"值的列表"单选按钮，指定状态变量中需要分析的值的列表。例如，在状态变量中有 0、1、2、3 四种变量值，在该框中输入"1"和"3"，将只分析状态值为"1"和"3"的观测。每输入一个值后，单击"添加"按钮，该值将被添加到底部的框中。若输入值有误，则选择有误的值，单击"更改"按钮进行修改，或单击"除去"按钮删除该值。

单击"继续"按钮，返回"Kaplan-Meier"对话框。

（4）选择层变量送入"因子"框。用短字符串型或数值型的变量值代表不同水平。

（5）选择分层变量送入"层"框，即在层变量中的不同处理方案内进行分层。该变量的值代表不同的分层。变量可以是短字符串型变量也可以是数值型变量。

（6）选择标识观测的变量送入"个案标注依据"框，SPSS 将以列表方式用该变量值标出所有观测。该变量可以是字符串型，其值可以是小于或等于 20 个字母的字符串。

### 2. 选择比较层变量的统计方法

选择了层变量后，可以比较各不同水平是否具有显著性差异。单击"Kaplan-Meier"对话框中的"比较因子"按钮，打开"Kaplan-Meier：比较因子级别"对话框，如图 8-9 所示。

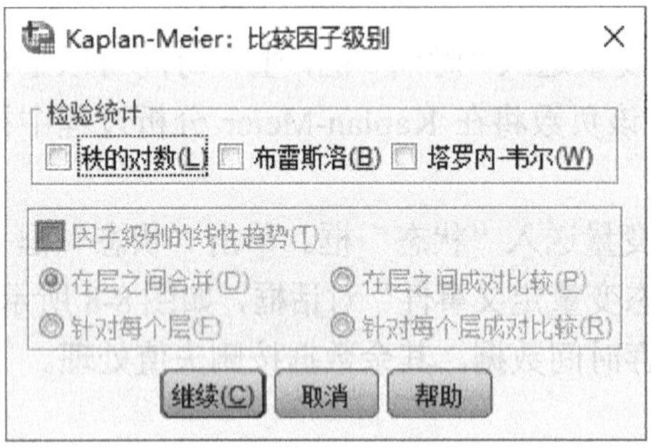

（1）在"检验统计"栏中选择统计方法。

① "秩的对数"复选框。选择此选项要求进行 Log Rank 检验。Log Rank 检验又称时序检验，赋予所有死亡时间相等的权重，比较生存分布是否相同，对后期差别较敏感。

② "布雷斯洛"复选框。选择此选项要求进行布雷斯洛检验，对较早死亡时间赋予较大权重，对于早期差别较敏感。

图 8-9 "Kaplan-Meier：比较因子级别"对话框

③ "塔罗内-韦尔"复选框。选择此选项要求进行塔罗内-韦尔检验。该检验用于比较生存分布是否相同。当两个危险率函数曲线或生存曲线有交叉时，可以考虑使用塔罗内-韦尔检验。

（2）选择比较的方式。

① "因子级别的线性趋势"复选框。如果因子水平有自然顺序（如病情的早期、中期、晚期），就勾选该复选框，要求进行趋势检验。

② "在层之间合并"单选按钮。选择此选项，要求合并比较所有因子水平下的生存时间，不进行配对比较。

③ "针对每个层"单选按钮。选择此选项，要求如果选择了分层变量，就在每层比较不同因子水平下的生存时间。

④ "在层之间成对比较"单选按钮。选择此选项，要求以不同的配对方式比较每对因子水平下的生存时间。如果勾选了"因子级别的线性趋势"复选框，该选项将不可选。

⑤ "针对每个层成对比较"单选按钮。选择此选项，要求如果选择了分层变量，就在每层用不同的配对方式比较每一对因子水平下的生存时间。如果勾选了"因子级别的线性趋势"复选框，该选项将不可选。

### 3. 保存新的统计量

将 Kaplan-Meier 分析过程中的新统计量保存到"数据编辑器"窗口中的具体操作如下。

单击"Kaplan-Meier"对话框中的"保存"按钮，打开"Kaplan-Meier：保存"对话框，如图 8-10 所示。

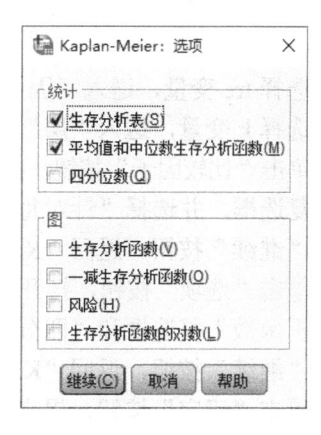

① "生存分析"复选框。选择此选项，要求保存累积生存概率估测值。如果没有指定变量名，将自动生成前缀为 sur 的变量名，如 sur_1、sur_2 等。

② "生存分析标准误差"复选框。选择此选项，要求保存累积生存概率的标准误差。如果没有指定变量名，将自动生成前缀为 se 的变量名，如 se_1、se_2 等。

③ "风险"复选框。选择此选项，要求保存累积危险函数估测值。如果没有指定变量名，将自动生成前缀为 haz 的变量名，如 haz_1、haz_2 等。

④ "累积事件"复选框。选择此选项，要求保存发生事件的累积频率。如果没有指定变量名，将自动生成前缀为 cum 的变量名，如 cum_1、cum_2 等。

**4．Kaplan-Meier 分析选择项**

用户根据需要选择一些统计量和图形。

单击"Kaplan-Meier"对话框中的"选项"按钮，打开"Kaplan-Meier：选项"对话框，如图 8-11 所示。

图 8-10　"Kaplan-Meier：保存"对话框　　图 8-11　"Kaplan-Meier：选项"对话框

（1）"统计"栏。

① "生存分析表"复选框。选择此选项，要求生成一个简化的寿命表，该表只包括乘积限寿命表、标准误差、累积频数、风险例数。如果取消勾选该复选框，将不生成寿命表，这样做可以缩短输出的篇幅。

② "平均值和中位数生存分析函数"复选框。选择此选项，要求计算生存时间的平均值、中位数及其标准误差和置信区间。

③ "四分位数"复选框。选择此选项，要求输出结果显示生存时间的 25%分位数、50%分位数和 75%分位数，以及它们的标准误差。

（2）在"图"栏中选择生成的函数图形。

① "生存分析函数"复选框。选择此选项，要求生成线性刻度的生存分析函数图。

② "一减生存分析函数"复选框。选择此选项，要求生成一减生存分析函数图。

③ "风险"复选框。选择此选项，要求生成线性刻度的危险函数图。

④ "生存分析函数的对数"复选框。选择此选项，要求生成对数刻度的生存分析函数图。

## 8.3.3 Kaplan-Meier 分析实例

**【例2】** 数据文件 data8-02 中为某医院对 58 名肾上腺样瘤患者在不同治疗研究中得到的数据。资料源于《生存数据分析的统计方法》，Elisa T Lee 著，中国统计出版社。

要求显示生存时间的平均值和中位数，以及 25 分位数、50 分位数和 75 分位数；检验在切除和未切除肾脏条件下的两种治疗方案的结果是否具有显著性差异。

1）数据文件

数据文件 data8-02 中的变量、变量标签、值、值标签为 id（患者编号）、sex（性别：1，男；2，女）、k（肾切除情况：0，未切；1，切除）、tre（治疗方案：1，化学与免疫法结合；2，其他方法）、time（生存时间：–99，未知）、sta（观测的状态：0，删失数据；1，已死亡；9，未知）。

2）操作步骤

（1）按"分析→生存分析→Kaplan-Meier"顺序单击，打开"Kaplan-Meier"对话框。

（2）从左侧的原始变量列表中选择 time 变量，送入"时间"框。

（3）选择 sta 变量，送入"状态"框。单击"状态"框下的"定义事件"按钮，打开"Kaplan-Meier：为状态变量定义事件"对话框，选择"单值"单选按钮，并在后面的框中输入"1"。

（4）选择 tre 变量，送入"因子"框，作为层变量。

（5）选择 k 变量，送入"层"框，作为分层变量。

（6）单击"比较因子"按钮，打开"Kaplan-Meier：比较因子级别"对话框。勾选"秩的对数"复选框，并选择"针对每个层成对比较"单选按钮。

单击"继续"按钮，返回"Kaplan-Meier"对话框。

（7）单击"选项"按钮，打开"Kaplan-Meier：选项"对话框。勾选"平均值和中位数生存分析函数"复选框和"四分位数"复选框。

单击"继续"按钮，返回"Kaplan-Meier"对话框。

（8）单击"确定"按钮，提交系统支行。

3）输出结果及解释

输出结果如表 8-6～表 8-9 所示。

表 8-6 所示为观测删失情况。在 Kaplan-Meier 分析过程中变量中的负数或缺失值被剔除。

表 8-6 观测删失情况

个案处理摘要

| 肾切除情况 | 治疗方案 | 总数 | 事件数 | 检剔后 | |
|---|---|---|---|---|---|
| | | | | 个案数 | 百分比 |
| 未切 | 化学与免疫法结合 | 7 | 7 | 0 | 0.0% |
| | 其他方法 | 3 | 3 | 0 | 0.0% |
| | 总体 | 10 | 10 | 0 | 0.0% |
| 切除 | 化学与免疫法结合 | 29 | 25 | 4 | 13.8% |
| | 其他方法 | 17 | 12 | 5 | 29.4% |
| | 总体 | 46 | 37 | 9 | 19.6% |
| 总体 | 总体 | 56 | 47 | 9 | 16.1% |

表 8-7 和表 8-8 是不同分层及不同处理情况生存描述性统计量。表 8-7 所示为生存时

间的平均值和中位数。表 8-8 所示为生存时间的四分位数。

表 8-9 所示为 Log Rank 检验统计量。在分层变量为 0 时，对层变量不同的水平进行 Log Rank 检验。

统计结果表明，在对 58 名肾上腺样瘤患者的治疗中，无论是否切除患者的肾脏，化学与免疫法结合治疗方案同其他治疗方案在延长患者生存时间上没有显著性差别。在未切除肾脏的情况下，Log Rank 检验统计量为 2.44（$p=0.118$）；在肾脏切除的情况下，Log Rank 检验统计量为 0.11（$p=0.741$）。

表 8-7 生存时间的平均值和中位数

生存分析时间的平均值和中位数

| | | 平均值[a] | | | | 中位数 | | | |
| | | | | 95% 置信区间 | | | | 95% 置信区间 | |
| 肾切除情况 | 治疗方案 | 估算 | 标准错误 | 下限 | 上限 | 估算 | 标准错误 | 下限 | 上限 |
|---|---|---|---|---|---|---|---|---|---|
| 未切 | 化学与免疫法结合 | 12.571 | 2.034 | 8.585 | 16.558 | 12.000 | 3.928 | 4.301 | 19.699 |
| | 其他方法 | 8.000 | .000 | 8.000 | 8.000 | 8.000 | . | . | . |
| | 总体 | 11.200 | 1.555 | 8.152 | 14.248 | 8.000 | .949 | 6.141 | 9.859 |
| 切除 | 化学与免疫法结合 | 46.217 | 7.154 | 32.194 | 60.240 | 36.000 | 7.908 | 20.500 | 51.500 |
| | 其他方法 | 52.392 | 18.232 | 16.657 | 88.128 | 20.000 | 4.749 | 10.692 | 29.308 |
| | 总体 | 47.414 | 7.698 | 32.326 | 62.503 | 30.000 | 6.982 | 16.316 | 43.684 |
| 总体 | 总体 | 40.825 | 6.579 | 27.929 | 53.720 | 20.000 | 3.606 | 12.932 | 27.068 |

a. 如果已对生存分析时间进行检剔，那么估算将限于最大生存分析时间。

表 8-8 生存时间的四分位数

百分位数

| | | 25.0% | | 50.0% | | 75.0% | |
| 肾切除情况 | 治疗方案 | 估算 | 标准错误 | 估算 | 标准错误 | 估算 | 标准错误 |
|---|---|---|---|---|---|---|---|
| 未切 | 化学与免疫法结合 | 17.000 | 2.315 | 12.000 | 3.928 | 8.000 | 1.793 |
| | 其他方法 | 8.000 | . | 8.000 | . | 8.000 | . |
| | 总体 | 15.000 | 3.795 | 8.000 | .949 | 8.000 | .791 |
| 切除 | 化学与免疫法结合 | 72.000 | 16.537 | 36.000 | 7.908 | 14.000 | 3.404 |
| | 其他方法 | 40.000 | 8.277 | 20.000 | 4.749 | 16.000 | 2.627 |
| | 总体 | 68.000 | 12.163 | 30.000 | 6.982 | 14.000 | 2.962 |
| 总体 | 总体 | 52.000 | 14.250 | 20.000 | 3.606 | 10.000 | 1.614 |

表 8-9 Log Rank 检验统计量

成对比较

| | | | 化学与免疫法结合 | | 其他方法 | |
| | 肾切除情况 | 治疗方案 | 卡方 | 显著性 | 卡方 | 显著性 |
|---|---|---|---|---|---|---|
| Log Rank (Mantel-Cox) | 未切 | 化学与免疫法结合 | | | 2.440 | .118 |
| | | 其他方法 | 2.440 | .118 | | |
| | 切除 | 化学与免疫法结合 | | | .110 | .741 |
| | | 其他方法 | .110 | .741 | | |

## 8.4 Cox 回归分析

### 8.4.1 Cox 回归分析概述

在 Cox 模型中，常将生存时间或恢复时间作为因变量，将与生存时间有关的一组变量作为自变量，即预后变量或协变量。

时间变量应是数值型变量。状态变量可以是分类变量或连续型变量。若状态变量是分类变量，则应经过哑元编码或指示符编码。分层变量为分类变量，可用整数或短字符串编码。自变量（协变量）可以是分类变量或连续型变量。预后变量可以是连续型变量或离散型变量。连续型自变量可以直接用在方程中；而离散型变量必须编码成指示变量才能参与分析。指示变量可以在"Cox 回归：定义分类协变量"对话框中重新编码。

在拟合 Cox 模型前，可以先通过计算变量间的相关系数来查明与因变量显著相关的变量，对数据的质量进行检查，然后结合专业知识拟合模型。应注意没有进入模型的因素不一定就是无关因素，进入模型的因素不一定就是相关因素。

Cox 回归分析假设为，两组被试对象在任何时间点发生事件的风险比例是恒定的。

## 8.4.2　Cox 回归分析过程

### 1. Cox 回归分析基本过程

（1）按"分析→生存分析→Cox 回归"顺序单击，打开"Cox 回归"对话框，如图 8-12 所示。

（2）从左侧原始变量列表中选择生存时间变量送入"时间"框。生存时间变量可以是任何时间单位的连续型变量。在 Cox 回归分析过程中自动剔除生存时间变量值为负数的观测。

（3）选中标定删失状态和非删失状态的状态变量送入"状态"框。单击"状态"框下的"定义事件"按钮，打开"Cox 回归：为状态变量定义事件"对话框，选择要分析的状态，具体方法见 8.3.2 节。

（4）从原始变量列表中选择一个或多个协变量送入"协变量"框，协变量可以是连续型变量或分类变量。如果协变量是分类变量，

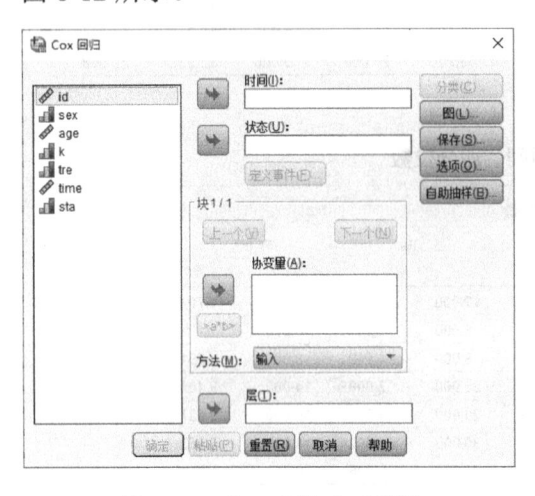

图 8-12　"Cox 回归"对话框

那么应经过哑元编码或指示符编码（分类过程中有一个自动对分类变量进行编码的选项）。

通过单击"上一个"按钮与"下一个"按钮，指定不同协变量组。单击"下一个"按钮进入下一个协变量组，单击"上一个"按钮退回上一个协变量组。

如果考虑协变量间的交互作用，在原始变量列表中选择有交互作用的变量，单击">a*b>"按钮，形成交互作用项，送入"协变量"框。

原始变量列表中的字符串型分类变量在移入"协变量"框后，变量名后自动加一个括号，括号中用 Cat 标注。

（5）在"方法"下拉列表中选择协变量进入回归模型的方式。该下拉列表中共有如下 7 个选项。

①"输入"选项。选择此选项，要求使用强行进入法，同一组中的协变量，一次性地全部进入回归方程。

②"向前：条件"选项。选择此选项，要求使用通过条件似然检验确定变量是否进入模型的向前选择法。

③"向前：LR"选项。选择此选项，要求使用通过似然比检验确定变量是否进入模型的向前选择法。

④"向前：瓦尔德"选项。选择此选项，要求使用通过瓦尔德检验确定变量是否进入模型的向前选择法。

⑤"向后：条件"选项。选择此选项，要求使用通过条件似然检验确定变量是否从模型中剔除的向后选择法。

⑥"向后：LR"选项。选择此选项，要求使用通过似然比检验确定变量是否从模型中剔除的向后消去法。

⑦"向后：瓦尔德"选项。选择此选项，要求使用通过瓦尔德检验确定变量是否从模型中剔除的向后消去法。

一般来说，使用向后消去法可以降低漏掉潜在的有价值的预测因子的概率。如果至少有一个协变量进入模型，那么可以使用向前选择法。

(6) 选中分层变量送入"层"框。SPSS 根据分层变量对数据进行细分组，然后在每个分组数据的基础上生成各自的危险率函数。分层变量应是分类变量。

### 2．分类变量的编码

在"Cox 回归"对话框中单击"分类"按钮，打开"Cox 回归：定义分类协变量"对话框，如图 8-13 所示。若在"Cox 回归"对话框中将字符串型变量设为协变量，则字符串型变量［变量名称后跟一个符号"（指示符）"］自动显示在"分类协变量"框中。

从"协变量"框中选择其他任意分类协变量并将它们移到"分类协变量"框中。每个变量都在括号中包含一个表示法，指示要使用的对比编码。数值型分类变量需要在该对话框中重新编码。

(1)"协变量"框中的变量是在"Cox 回归"对话框中选中的所有协变量，从中选择要编码的数值型分类自变量送入"分类协变量"框。

(2) 在"分类协变量"框中选择一个变量，在"更改对比"栏中选择一个对比类型和参照类。

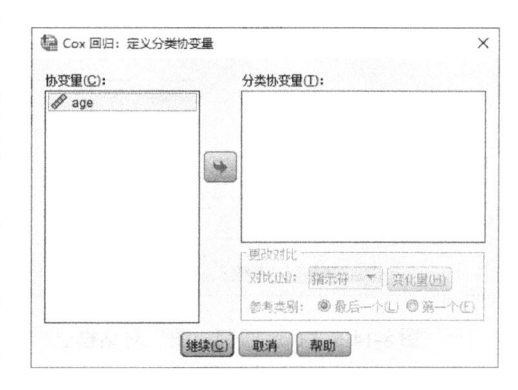

图 8-13　"Cox 回归：定义分类协变量"对话框

"对比"下拉列表中的选项如下。

①"偏差"选项。选择此选项，要求预测变量中的每个分类效应与总效应比较，即离差对比。

②"简单"选项。选择此选项，要求预测变量中的每类与参照类比较，即简单对比。可选择第一个类或最后一个类作为参照类。

③"差值"选项。选择此选项，要求除第一类外，预测变量的每类都与该类前面的各类的平均效应比较，又称反赫尔默特对比。

④"赫尔默特"选项。选择此选项，要求除最后一类外，预测变量的每类与后面各类

的平均效应比较。

⑤ "重复"选项。选择此选项，要求除第一类外，预测变量的每类都与它前面的分类比较。

⑥ "多项式"选项。选择此选项，要求进行正交多项式对比。该对比类型只能用于数值型分类变量，且假设各类间有相等的空间。

⑦ "指示符"选项。选择此选项，要求进行指示对比。指明类代表信息的有无，可选第一个类或最后一个类作为参照类。

"参考类别"选项。当在"对比"下拉列表中选择"离差"选项、"简单"选项和"指示"选项时，用户可以设置默认的参照类。选择"第一个"单选按钮，指定第一个类作为参照类；选择"最后一个"单选按钮，指定最后一个类作为参照类。

完成选择后，单击"变化量"按钮，确定这些设置。

### 3. 生成图形

单击"Cox 回归"对话框中的"图"按钮，打开"Cox 回归：图"对话框，如图 8-14 所示，设置想获得的图（如果有时间相依性协变量，那么不能生成图）。

（1）"图类型"栏。

① "生存分析"复选框。选择此选项，要求生成线性刻度的生存分析函数图。

② "风险"复选框。选择此选项，要求生成线性刻度的危险函数图。

③ "负对数的对数"复选框。选择此选项，要求生成经过 ln 或 –ln 转换后的生存估计值的图。

④ "一减生存分析函数"复选框。选择此选项，要求生成一减生存分析函数图。

（2）"协变量值的绘制位置"框。在默认状态下，以模型中对比变量和协变量的平均值绘制函数图形，如果需要用模型中对比变量和协变量的平均值绘制函数图

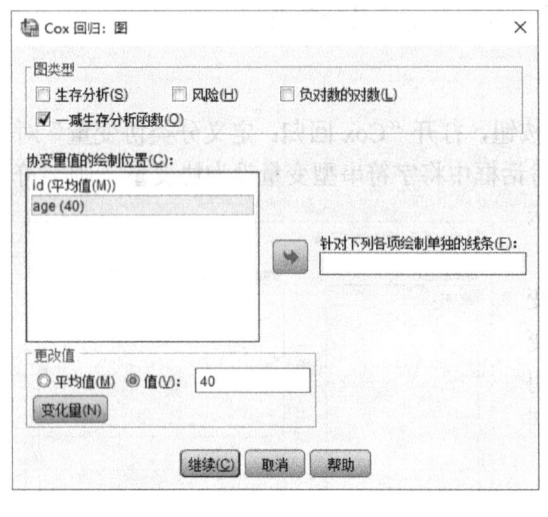

图 8-14 "Cox 回归：图"对话框

形，就可不进行任何选择。若想以对比变量和协变量的其他数值绘制函数图形，则先选中该框中的一个或多个协变量，然后在"更改值"栏中选择"值"单选按钮，并在后面的框中输入数值，最后单击"变化量"按钮，SPSS 将根据用户指定的协变量值，绘制危险函数图和一减生存分析函数图。

（3）"针对下列各项绘制单独的线条"框。选择一个分类协变量送入该框，系统按该变量的值将数据分成两个或多个组，对各分组分别绘制函数图。如果指定了层变量，将针对每层绘制一个图。

### 4. 保存新的统计量

在"Cox 回归"对话框中单击"保存"按钮，打开"Cox 回归：保存"对话框，如图 8-15 所示。选择要保存在"数据编辑器"窗口中的分析结果。

图 8-15 "Cox 回归：保存"对话框

（1）"保存模型变量"栏用于指定生成的生存时间变量。

①"生成分析函数"复选框。选择此选项，要求保存生存函数估测值。自动生成的变量名前缀为 sur，如 sur_1、sur_2 等。

②"生成分析函数的标准误差"复选框。选择此选项，要求保存生存函数估测值的标准误差。自动生成的变量名前缀为 se。

③"生成分析函数负对数的对数"复选框。选择此选项，要求保存经 ln（–ln）转换的生存函数估测值。自动生成的新变量名前缀为 lml。

④"风险函数"复选框。选择此选项，要求保存危险函数估测值。自动生成的变量名前缀为 haz。

⑤"偏残差"复选框。选择此选项，要求生成生存时间的偏残差，以检验比例危险的假设。SPSS 为最终模型中每个协变量保存一个偏残差变量。模型中至少含有一个协变量才能生成偏残差。自动生成的变量名前缀为 pr，如 pr1_1、pr1_2、pr2_1、pr2_2 等。

⑥"DfBeta"复选框。选择此选项，要求保存将每个观测从模型拟合中剔除时标准化回归系数的变化量。模型中至少含有一个协标量才能生成标准化回归系数变化量变量。自动生成的新变量名前缀为 dfb。

⑦"X*Beta"复选框。选择此选项，要求保存线性预测因素得分。它是平均中心协变量值与其相对应的每个观测参数估计值的乘积和。自动生成的新变量名前缀为 xbe。

（2）"将模型信息导出到 XML 文件"栏。

在"文件"框中输入需要保存文件的路径和名称，将参数估计值导出到 .xml 格式的文件中。在需要应用该模型信息对其他数据文件进行评分时，用户可以直接使用该模型文件。

### 5．Cox 回归分析选项

在"Cox 回归"对话框中单击"选项"按钮，打开"Cox 回归：选项"对话框，如图 8-16 所示，选择统计和输出方式。

（1）"模型统计"栏。

①"Exp(B) 的置信区间"复选框。选择此选项，设置相对危险估计值的置信区间，常用的有 90%、95% 和 99%。

②"估算值的相关性"复选框。选择此选项，要求显示回归系数估计值的相关系数矩阵。

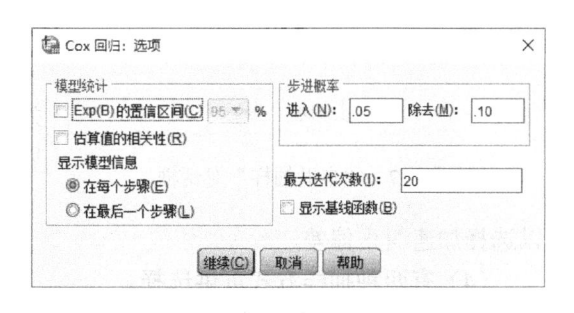

图 8-16 "Cox 回归：选项"对话框

③ "显示模型信息"选区。对于当前模型，显示对数似然统计量、似然比统计量和总体卡方值。对于模型中的变量，显示参数估计值及其标准误差、瓦尔德统计量。对于已从模型中剔除的变量，显示记分检验统计量和残差卡方值。

- "在每个步骤"单选按钮。选择此选项，要求在逐步回归的每一步显示上述全部统计量。
- "在最后一个步骤"单选按钮。选择此选项，要求显示逐步回归最后一步进入模型的协变量和最后模型的上述全部统计量。

(2) "步进概率"栏。如果选择了逐步回归法，还应在"进入"框和"除去"框中指定协变量进入模型或从模型中剔除的概率，默认值分别为 0.05 和 0.10。注意，变量进入模型的概率值应该小于从模型中剔除的概率值，否则模型中将没有变量。

(3) 在"最大迭代次数"框中指定模型最大迭代次数。在用 Newton-Raphson 方法计算参数估计值时，如果达到最大迭代次数，迭代过程将停止。

(4) 勾选"显示基线函数"复选框，要求生成基准危险函数、协变量平均值生存和危险函数表。若有分层变量，则每层生成独立表格。若指定了时间相依性协变量，则该选项无法使用。

### 6. 自助抽样法

在"Cox 回归"对话框中单击"自助抽样"按钮，打开"自助抽样"对话框，如图 8-17 所示。

自助抽样法是一种从原样本中以有放回方式重复抽取与原样本量相等的样本的抽样方法。

只有勾选了"执行自助抽样"复选框，该对话框中的其他选项才处于激活状态。

(1) 设定样本数。在"样本数"框中可输入一个正整数，设定需要生成的样本数。系统默认值为 1000。

(2) 设定随机种子。勾选"设置梅森旋转算法种子"复选框，可在"种子"框中输入一个正整数，设定随机种子，系统默认值为 2000000。

(3) 设定置信区间。系统默认的置信区间为 95%，可在"级别（%）"框中自定义数值，以修改该默认值。

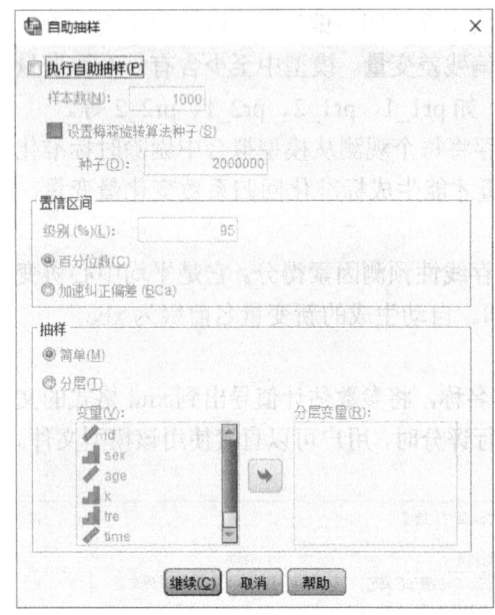

图 8-17 "自助抽样"对话框

置信区间的类型可以选择百分位数，也可以选择加速纠正偏差。

(4) 有两种抽样方式可供选择。

① 选择"简单"单选按钮，将采用简单随机抽样。

② 选择"分层"单选按钮，将采用分层抽样。如果选择本选项，就在其下方的"变量"框中选择一个变量作为分层变量移入"分层变量"框。

使用自助抽样方法，可以导出稳健的标准误差估计值，并能为平均值、中位数、比例、优势比、相关系数或回归系数等估计值计算置信区间。此外，还可以使用自助抽样法构建假设检验。当参数估计方法的假设存疑（如拟合较小样本的异方差残差回归模型），无法执行参数推论或需要标准误差计算公式非常复杂（如为中位数、四分位数和其他百分位数计算置信区间）时，执行自助抽样是最好的备选方法。

### 8.4.3 Cox 回归分析实例

**【例 3】** data8-03 肺癌治疗研究数据文件中是一组 137 位肺癌患者生存时间的数据。该数据来自 *SAS/STAT Guide for Personal Computers*，用 Cox 模型辨认预测因素。

#### 1．需要说明的变量

diagtime 诊断到治疗的时间；time 生存时间；prior 治疗前处理（0：经过处理；1：未经处理）；therapy 治疗方案（1：标准方法；2：实验方法）；status 病人状态（0：死亡；1 删失数据）；cell 肺癌细胞组织学分类 [1：鳞癌（squamous）；2：小细胞（small）；3：腺癌（adeno）；4：大细胞（large）]；kps 判断标准（≤30 住院治疗；30～60 住院和家庭治疗；>60 家庭治疗）。

#### 2．操作步骤

（1）按"分析→生存分析→Cox 回归"顺序单击，打开"Cox 回归"对话框。

（2）从左侧的原始变量列表中选择 time 变量，送入右侧的"时间"框。

（3）选择 status 变量，送入"状态"框。单击"状态"框下的"定义事件"按钮，在打开的"Cox 回归：为状态变量定义事件"对话框中选择"单值"单选按钮，并在后面的框中输入"0"。

单击"继续"按钮，返回"Cox 回归"对话框。

（4）选择 age、cell、diagtime、kps、prior、therapy 变量作为协变量，送入"协变量"框。

（5）在"方法"下拉列表中选择"向后：瓦尔德"选项。

（6）单击"分类"按钮，打开"Cox 回归：定义分类协变量"对话框。在"协变量"框中选择 cell、prior、therapy 变量送入"分类协变量"框。选中这三个变量，使它们的对比方式均为指示符对比，其中，cell 变量的"参考类别"为"第一个"，其他两个分类变量的"参考类别"为"最后一个"。

单击"继续"按钮，返回"Cox 回归"对话框。

（7）单击"选项"按钮，打开"Cox 回归：选项"对话框，勾选"估算值的相关性"复选框。在"显示模型信息"选区内选择"在最后一个步骤"单选按钮，其他选项保持系统默认设置。

单击"继续"按钮，返回"Cox 回归"对话框。

（8）单击"确定"按钮，提交系统运行。

#### 3．输出结果

表 8-10 所示为观测处理表。由表 8-10 不仅可以知道不含删失数据的观测数为 128，含有删失数据的观测数为 9，带有负生存时间的观测数为 0，在分层中删失观测数为 0，去除的观测总数为 0，用于统计分析的观测数为 137，还可以知道它们占总观测数的百分比。

表 8-11 所示为各变量值编码。由表 8-11 可知，cell 为分类变量，以该变量中的第一分类（squamous）作为参照分类（编码 0，0，0）。1 代表 small 类，2 代表 adeno 类，3 代表 large 类。

表 8-10 观测处理表

个案处理摘要

|  |  | 个案数 | 百分比 |
|---|---|---|---|
| 可以在分析中使用的个案 | 事件ᵃ | 128 | 93.4% |
|  | 检剔后 | 9 | 6.6% |
|  | 总计 | 137 | 100.0% |
| 已删除的个案 | 具有缺失值的个案 | 0 | 0.0% |
|  | 具有负时间的个案 | 0 | 0.0% |
|  | 层中最早发生的事件之前检剔后的个案 | 0 | 0.0% |
|  | 总计 | 0 | 0.0% |
| 总计 |  | 137 | 100.0% |

a. 因变量：time

表 8-11 各变量值编码

分类变量编码ᵃ,ᶜ,ᵈ

|  |  | 频率 | (1)ᵉ | (2) | (3) |
|---|---|---|---|---|---|
| 治疗方案ᵇ | 1=标准方法 | 69 | 1 |  |  |
|  | 2=实验方法 | 68 | 0 |  |  |
| 肺癌细胞组织学分类ᵇ | 1=鳞癌 | 35 | 0 | 0 | 0 |
|  | 2=小细胞肺癌 | 48 | 1 | 0 | 0 |
|  | 3=腺癌 | 27 | 0 | 1 | 0 |
|  | 4=大细胞肺癌 | 27 | 0 | 0 | 1 |
| 治疗前处理ᵇ | 0=经过处理 | 97 | 1 |  |  |
|  | 1=未经处理 | 40 | 0 |  |  |

a. 类别变量：治疗方案 (therapy)
b. 指示符参数编码
c. 类别变量：肺癌细胞组织学分类 (cell)
d. 类别变量：治疗前处理 (prior)
e. 由于 (0,1) 变量已重新编码，因此其系数不会与指示符 (0,1) 编码的系数相同。

表 8-12 所示为模型系数综合检验，包括第一步全模型与最后一步模型对系数检验的对数似然比值、总体得分的卡方检验、从前一步到本步变化量的卡方检验等。

表 8-12 模型系数综合检验

模型系数的 Omnibus 检验ᵇ

| 步长 | -2 对数似然 | 总体（得分） | | | 从上一步进行更改 | | | 从上一块进行更改 | | |
|---|---|---|---|---|---|---|---|---|---|---|
|  |  | 卡方 | 自由度 | 显著性 | 卡方 | 自由度 | 显著性 | 卡方 | 自由度 | 显著性 |
| 1ᵃ | 950.359 | 65.917 | 8 | .000 | 61.409 | 8 | .000 | 61.409 | 8 | .000 |
| 5 | 952.997 | 63.219 | 4 | .000 |  |  |  | 58.771 | 4 | .000 |

a. 在步骤号 1：age type diagtime kps prior project 处输入的变量
b. 起始块号 1。方法 = 向后步进（瓦尔德）

表 8-13 中使用了向后剔除拟合的第一步和最后一步的统计量和瓦尔德检验，步骤 1 指定所有协变量进入模型，但瓦尔德检验说明只有 cell 肺癌细胞组织学分类、kps 判断标准两个变量对模型贡献显著，步骤 5 说明经过一步步剔除对模型没有统计意义的协变量，最后剩下 cell 肺癌细胞组织学分类、kps 判断标准。

表 8-13 进入方程变量的统计量

方程中的变量

|  |  | B | SE | 瓦尔德 | 自由度 | 显著性 | Exp(B) |
|---|---|---|---|---|---|---|---|
| 步骤 1 | 年龄 | -.009 | .009 | .844 | 1 | .358 | .991 |
|  | 肺癌细胞组织学分类 |  |  | 17.916 | 3 | .000 |  |
|  | 肺癌细胞组织学分类(1) | .856 | .275 | 9.687 | 1 | .002 | 2.355 |
|  | 肺癌细胞组织学分类(2) | 1.188 | .301 | 15.610 | 1 | .000 | 3.281 |
|  | 肺癌细胞组织学分类(3) | .400 | .283 | 1.999 | 1 | .157 | 1.491 |
|  | 诊断到治疗的时间 | .000 | .009 | .000 | 1 | .992 | 1.000 |
|  | 判断标准 | -.033 | .006 | 35.112 | 1 | .000 | .968 |
|  | 治疗前处理 | -.072 | .232 | .097 | 1 | .755 | .930 |
|  | 治疗方案 | -.290 | .207 | 1.958 | 1 | .162 | .748 |
| 步骤 5 | 肺癌细胞组织学分类 |  |  | 17.080 | 3 | .001 |  |
|  | 肺癌细胞组织学分类(1) | .712 | .253 | 7.939 | 1 | .005 | 2.038 |
|  | 肺癌细胞组织学分类(2) | 1.151 | .293 | 15.441 | 1 | .000 | 3.161 |
|  | 肺癌细胞组织学分类(3) | .325 | .277 | 1.381 | 1 | .240 | 1.384 |
|  | 判断标准 | -.031 | .005 | 35.612 | 1 | .000 | .970 |

表 8-14 所示为拟合结束时未进入模型的变量的统计量。由表 8-14 可知，检验结果显著性都大于 0.05，表明没有进入模型的变量对模型无统计意义。

表 8-15 所示为回归系数的相关系数矩阵。相关系数均不大，说明进入模型的变量间基本是相互独立的，共线性问题不明显。

表 8-16 所示为协变量平均值。

**表 8-14 拟合结束时未进入模型的变量的统计量**

未包括在方程中的变量[a]

| | | 得分 | 自由度 | 显著性 |
|---|---|---|---|---|
| 步骤 5 | 年龄 | .424 | 1 | .515 |
| | 诊断到治疗的时间 | .165 | 1 | .684 |
| | 治疗前处理 | .248 | 1 | .618 |
| | 治疗方案 | 1.650 | 1 | .199 |

a. 残差卡方 = 2.675，自由度为 4，显著性 = .614

**表 8-16 协变量平均值**

协变量平均值

| | 平均值 |
|---|---|
| 年龄 | 58.307 |
| 肺癌细胞组织学分类(1) | .350 |
| 肺癌细胞组织学分类(2) | .197 |
| 肺癌细胞组织学分类(3) | .197 |
| 诊断到治疗的时间 | 8.774 |
| 判断标准 | 58.569 |
| 治疗前处理 | .708 |
| 治疗方案 | .504 |

**表 8-15 回归系数的相关系数矩阵**

回归系数的相关性矩阵

| | 肺癌细胞组织学分类(1) | 肺癌细胞组织学分类(2) | 肺癌细胞组织学分类(3) |
|---|---|---|---|
| 肺癌细胞组织学分类(2) | .570 | | |
| 肺癌细胞组织学分类(3) | .517 | .471 | |
| 判断标准 | .159 | .014 | -.097 |

以上统计结果表明，kps 判断标准和 cell 肺癌细胞组织学分类对模型有显著性意义。kps 判断标准相对危险度为 0.970，回归系数为 –0.031，说明 kps 判断标准取值越大，生存时间越长。在 cell 肺癌细胞组织学分类中，adeno 和 small 分类与 squamous 分类相比具有显著性，而 large 分类与 squamous 分类相比不具有显著性差异。adeno 的回归系数为 1.151，相对危险度为 3.161；small 的回归系数为 0.712，相对危险度为 2.038；large 的回归系数为 0.325，相对危险度为 1.384。所以鳞癌细胞肺癌患者生存时间最长，其次是大细胞肺癌患者，再次是小细胞肺癌患者，腺癌细胞肺癌患者生存时间最短。

## 8.5 Cox 依时协变量回归分析

当预后因素对其死亡风险的作用强度不能在所有时间上保持一致时，也就是说，风险比率随时间变化，在不同时间点一个（或多个）协变量有不同值时，就需要使用扩展的 Cox 模型，即 Cox 依时（更多地将其称为时间依存）协变量回归模型。在该模型中，需先指定时间依存协变量，再将其作为协变量进行 Cox 回归分析。

### 8.5.1 Cox 依时协变量回归分析过程

**1. 计算时间依存变量**

按"分析→生存分析→含依时协变量的 Cox"顺序单击，打开如图 8-18 所示的"计算依时协变量"对话框。

在此对话框中，可在"T_COV_的表达式"框中设置逻辑表达式，依据该表达式计算时间依存变量。

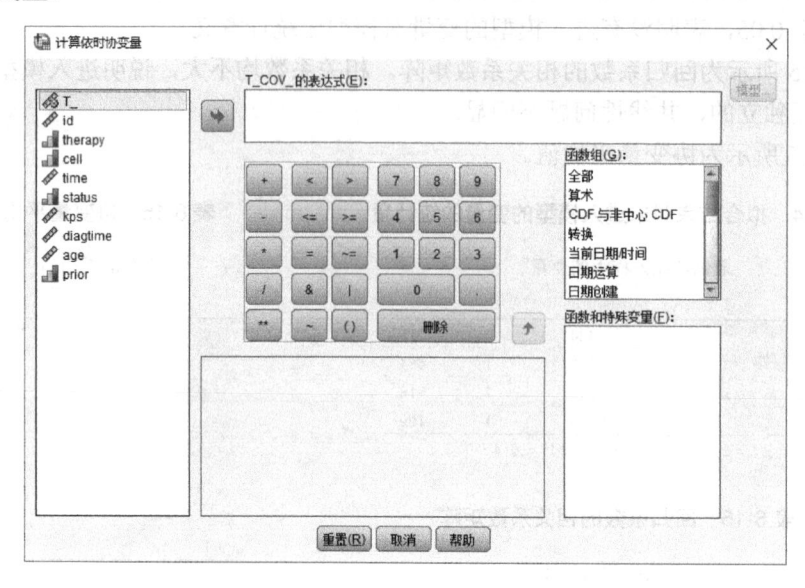

图 8-18 "计算依时协变量"对话框

左侧的原始变量列表中列出了当前数据文件中的所有变量,这些变量可以用于构造时间依存变量。其中,名为 T_ 的变量是系统提供的时间变量。它可以与其他变量结合来构建时间依存变量。在构建时间依存变量表达式的过程中,可以充分使用"T_COV_的表达式"框下的各个键和 SPSS 提供的各种函数。

时间依存变量的构建取决于以下两种情形。

(1) 如果要检验关于特定的协变量的 Cox 模型假设或者估计一个非比例风险的扩展 Cox 模型,那么可以将时间依存变量定义为该协变量和时间变量 T_ 的函数。常用的方法是把时间变量 T_ 和该协变量简单相乘,还可以指定较复杂的函数。通过对时间依存协变量系数的显著性进行检验,判断 Cox 模型假设是否合理。

(2) 有些变量虽然在不同时间点取值不同,但其值与时间并非系统地相关。在这种情况下,需用逻辑表达式定义一个分段时间依存协变量。逻辑表达式为真时,取 1;逻辑表达式为假时,取 0。用一系列逻辑表达式,可以从一系列观察记录中建立需要的时间依存变量。例如,对住院 3 周的患者,每周测量 1 次血压,共观察 3 次(变量名为 BP1~BP3),时间依存协变量可定义为

$$Var=(T\_<1)*BP1+(T\_\geq 1\ \&\ T\_<2)*BP2+(T\_\geq 2\ \&\ T\_<3)*BP3$$

式中,& 表示逻辑与。该函数表示在时间不足 1 周时,第一个括号内取值为 1,其他括号内取值为 0,故使用 BP1 的值;在 1~2 周时,中间括号内取值为 1,其他括号内取值为 0,故使用 BP2 的值;在 2~3 周时,第三个括号内取值为 1,其他括号内取值为 0,故使用 BP3 的值。

### 2. 模型设定

单击"模型"按钮,打开如图 8-19 所示的"Cox 回归"对话框,与如图 8-12 所示的"Cox 回归"对话框相比,除没有图功能及自助抽样功能外,其余完全一样,不再赘述,相关内容参见 8.4.2 节。

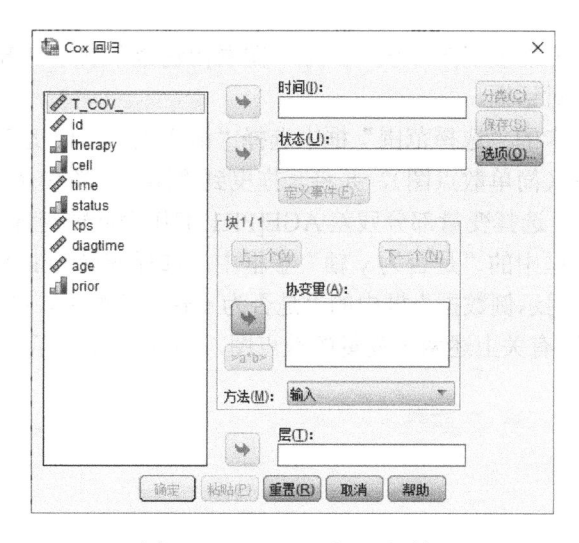

图 8-19 "Cox 回归"对话框

## 8.5.2 Cox 依时协变量回归分析实例

**【例 4】** 数据文件 data8-04 中的数据来源于 SPSS 自带的数据文件 recidivism，记录的是第二次逮捕罪犯分子时罪犯分子的年龄和距第一次逮捕该罪犯分子的时间，以及其他信息的一个随机样本。

涉及分析的主要变量有 time，标签为 Time to second arrest，即第二次逮捕距第一次逮捕的时间（天），数值型尺度变量；arrest2，标签为 Second arrest，即第二次逮捕，值标签 0 表示 no，1 表示 yes，分类名义变量；age，标签为 Age in years，即年龄，数值型尺度变量。

政府执法机构非常关心其管辖区的累犯率。测量累犯率的指标之一是罪犯分子第一次被逮捕到第二次被逮捕的间隔时间。该机构想使用 Cox 模型构建重新逮捕时间的模型，以此来研究罪犯分子在两次犯罪时间上的规律，但担心在整个年龄组别中年龄的比例风险不随时间变化的假设无效。现使用 Cox 回归分析评估关于年龄的比例风险假设。

打开数据文件后的操作步骤如下。

按"分析→生存分析→Cox 回归"顺序单击，打开如图 8-12 所示的"Cox 回归"对话框。

在左侧原始变量列表中，选择 time 作为时间变量，送入"时间"框。

选择 arrest2 作为状态变量，送入"状态"框。

单击"状态"框下的"定义事件"按钮，打开"Cox 回归：为状态变量定义事件"对话框，选择"单值"按钮，并在后面的框中输入值"1"，表示第二次逮捕该犯罪分子。

单击"继续"按钮，返回"Cox 回归"对话框。

选择 age 作为协变量，送入"协变量"框。

单击"保存"按钮，在弹出的"Cox 回归：保存"对话框中勾选"偏残差"复选框。单击"继续"按钮，返回"Cox 回归"对话框。

单击"确定"按钮，在当前数据文件中生成一列变量名为 PR1_1 的变量，该变量用于保存 age 变量的偏残差。将该变量的度量标准修改为度量。

建立时间偏残差的散点图，以检查 Cox 模型假设。

为建立时间偏残差的散点图，按"图形→图表构建器"顺序单击，打开如图 8-20 所示的"图表构建器"对话框。

在"图库"选项卡的"选择范围"框中选择"散点图/点图"选项，并在右侧的图案库中单击第一张图案（简单散点图），并将其拖曳到"图表预览使用示例数据"框中。

在"变量"框中，选择变量部分残差 AGE[PR1_1]作为 $y$ 轴变量，将其拖曳到"图表预览使用示例数据"框中的"是否为 y 轴"虚框中；选择变量 time 作为 $x$ 轴变量，将其拖曳到"图表预览使用示例数据"框中的"是否为 x 轴"虚框中。单击"确定"按钮，在"查看器"窗口中得到有关上述两个变量的散点图，如图 8-21 所示。

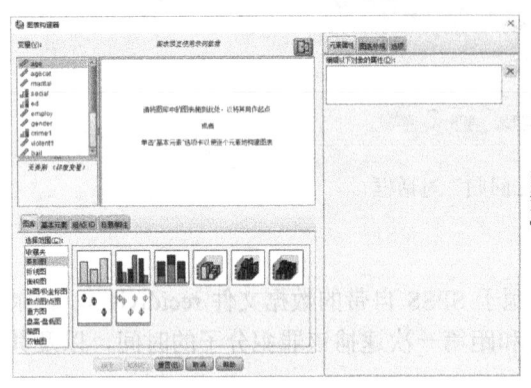

图 8-20　"图表构建器"对话框 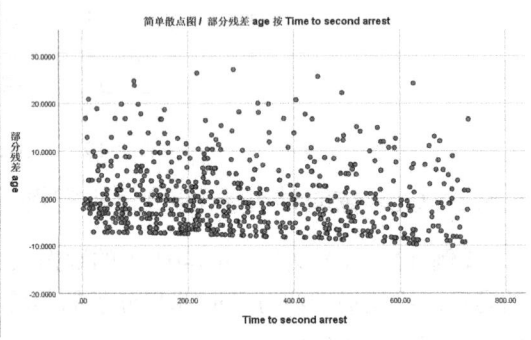　　　　图 8-21　time 与 PR1_1 的散点图

为了看到重叠在散点图上的最佳拟合线，在"查看器"窗口中双击该散点图，进入编辑状态，如图 8-22 所示，单击一个点，单击"添加总计拟合线"图标，产生添加了拟合线的散点图，如图 8-23 所示，可以用来评估 Cox 模型假设。

$x$ 轴显示的是第二次被逮捕距第一次被逮捕的时间，$y$ 轴显示的是 age 变量的偏残差。协变量的偏残差是每个个案协变量值的观察值和期望值间的差异（在给定模型正确时）。

偏残差及图中这样的点只是为无约束的个案产生的。

如果关于罪犯分子的年龄的风险 Cox 模型假设是正确的，那么在图 8-23 中不会有趋势性形态。可是，由图 8-23 可知偏残差和时间间有一个清晰的负相关，这暗示 age 变量的效应取决于时间。

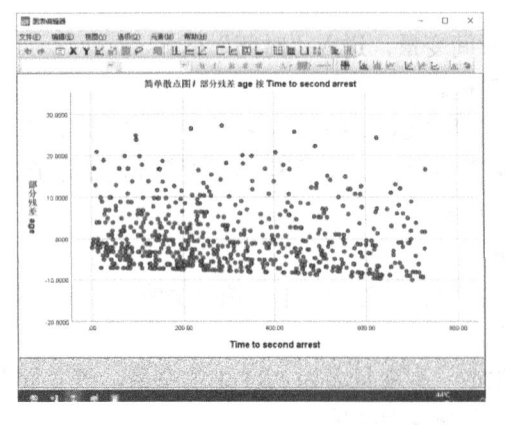

图 8-22　处在编辑状态的散点图 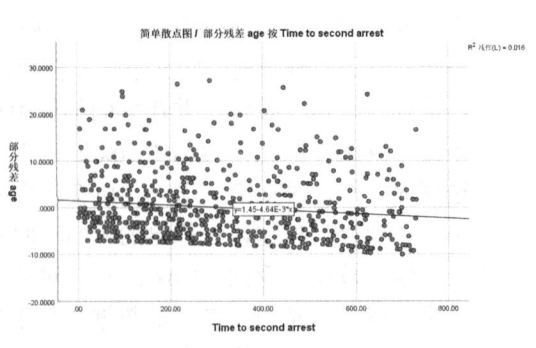　　　　图 8-23　添加拟合线的散点图

当遇到这种情况时，可以向模型中增加时间依存协变量，进行含有时间依存协变量的 Cox 回归分析。

按"分析→生存分析→含依时协变量的 Cox"顺序单击，打开"计算依时协变量"对话框。

在"T_COV_ 的表达式"框中输入时间依存协变量的表达式 T_*age。

单击"模型"按钮，打开如图 8-19 所示的"Cox 回归"对话框。在左侧原始变量列表中选择 time 变量，将其移入"时间"框，作为时间变量；选择 arrest2 变量，将其移入"状态"框，作为状态变量。单击"状态"框下的"定义事件"按钮，打开"Cox 回归：为状态变量定义事件"对话框，选择"单值"单选按钮，并在后面的框中输入"1"，单击"继续"按钮，返回"Cox 回归"对话框；选择 age 变量和 T_COV_ 变量，将其移入"协变量"框，单击"确定"按钮，在"查看器"窗口中得到如表 8-17 所示的输出结果。

由表 8-17 可知，时间依存协变量的显著性值小于 0.05，这表明它对模型有贡献，但系数值很小。

表 8-17　方程中的变量

方程中的变量

| | B | SE | 瓦尔德 | 自由度 | 显著性 | Exp(B) |
|---|---|---|---|---|---|---|
| Age in year | -.026 | .010 | 6.346 | 1 | .012 | .975 |
| T_COV_ | .000 | .000 | 10.736 | 1 | .001 | 1.000 |

为改变时间依存协变量系数显示的小数位数，双击表格，激活该表。双击表 8-17 中的"T_COV_"行与"B"列交叉的单元格，按"格式→单元格属性"顺序单击，打开如图 8-24 所示的"单元格属性"对话框。

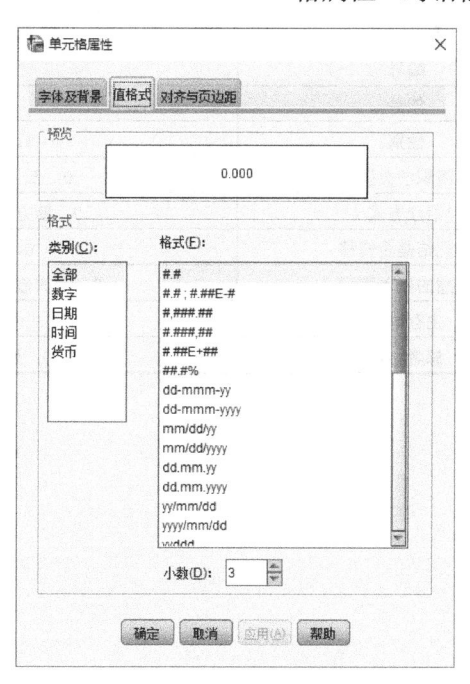

图 8-24　"单元格属性"对话框

在"小数"框中输入"8"，指定显示的小数位数。

单击"确定"按钮，显示的值变为 0.00009300。系数如此小的原因是，时间依存协变量的值可以非常大。例如，一个 45 岁罪犯分子在第一次逮捕释放后 200 天的 T_COV_的值为 45×200 = 9000。

为了使得该值不太极端，可以将横轴缩放为周、月或年。

使用 Cox 回归分析过程，可以发现第一次犯罪被捕时年龄越小，距离第二次因再犯被捕时的间隔时间越短，因此，累犯的年龄作用与重犯的时间间隔存在依存关系。由此可见，向 Cox 回归模型增加一项依时协变量，有助于解释时间依存性。

# 习 题 8

1. 什么是寿命表和 Cox 模型？

2. 数据文件 data8-05 中是 3 期和 4 期黑瘤患者的数据。其中，id 变量为编号，age 变量为年龄，sex 变量为性别（1：男；2：女），survtime 变量为生存时间，survstatus 变量为生存状态（0：死亡；1：删失），stage 变量为肿瘤级别。计算时间间隔为 5 个月的不同肿瘤级别寿命。（数据来源：《生存数据分析的统计方法》，Elisa T Lee 著，陈家鼎等译，北京：中国统计出版社，1998。）

3. 数据文件 data8-06 中是 63 例患者的生存时间、结局及影响因素。各变量的意义及标签值或单位如表 8-18 所示。请用 Cox 模型进行预测并分析。（数据来源：《医学统计学》，孙振球主编，北京：人民卫生出版社，2002。）

表 8-18 各变量的意义及标签值或单位

| 变量 | 意义 | 标签值或单位 |
| --- | --- | --- |
| X0 | 编号 | — |
| X1 | 年龄 | 岁 |
| X2 | 性别 | 1，男，2，女 |
| X3 | 组织学类型 | 0，低分化，1，高分化 |
| X4 | 治疗方式 | 0，新方法，1，传统方法 |
| X5 | 淋巴结是否转移 | 0，否，1，是 |
| X6 | 肿瘤的侵入程度 | 0，未突破浆膜，1，突破浆膜 |
| t | 生存时间 | 月 |
| Y | 患者结局 | 0，死亡，1，截尾 |

# 第9章 生成统计图

## 9.1 概　　述

统计图是用点的位置、线段的升降、条的长短或面积的大小等方法表达统计资料的一种形式，特点是简明生动、形象具体、通俗易懂。

SPSS具有很强的制图功能，能绘制多种统计图，这些图形可以由各种统计分析过程产生。部分统计图还可以直接使用"图形"菜单中的一系列图形选项产生。"图形"菜单提供了三种图形产生方式，本章主要介绍通过"旧对话框"命令生成的统计图。

SPSS直接从当前窗口中读取指定数据，进而生成图形。由于数据影响图形的生成，因此在生成图形前需要完成以下几个步骤。

### 1. 建立数据文件

打开"数据编辑器"窗口，录入有关数据。数据文件data9-01中的数据是我国12座城市1985—1994年每月平均气温，数据文件结构以各个城市的月平均气温、年和月作变量。资料来源于中国统计出版社出版的1986—1995年的《中国统计年鉴》。

### 2. 制定数据文件结构

数据文件结构往往决定着图形的类型，来源于同一资料的数据，可以做成不同的数据文件结构。例如，数据文件data9-01的数据文件结构可以生成1985—1994年某个城市12个月的平均气温图，但不能生成1985—1994年某月各城市的平均气温图。若想利用数据文件data9-01生成1985—1994年某月各城市的平均气温图，必须改变数据文件data9-01的数据文件结构，以月平均气温、年和城市作变量重新制作数据文件（见数据文件data9-02）。

### 3. 调整数据文件结构

为了制图，需要对已有数据文件结构进行调整。对于数据文件data9-02，如果想生成1985—1994年上海4月、5月和6月的平均气温图，就必须将上海的数据单独生成一些变量。先将上海的数据复制，然后在当前数据文件中粘贴，形成有关上海气温的变量，也可以在一个新数据文件中粘贴这些数据形成有关上海气温的变量（见数据文件data9-03）。为了与已有变量区别，将与上海气温有关的变量名加上sh。

## 9.2　条形图和三维条形图

条形图（Bar Charts）是利用相同宽度条的长短或高低表现统计数据大小或变动的统计图。横排的条形图称为带形图，纵排的条形图称为柱形图。平面条形图只能同时显示2个变量，三维条形图可以同时显示3个变量。条形图常用作分类资料的图示。

## 9.2.1 选择图类型

用户在生成条形图时，应先选择图类型。

按"图形→旧对话框→条形图"顺序单击，打开"条形图"对话框，如图9-1所示。

按"图形→旧对话框→三维条形图"顺序单击，打开"三维条形图"对话框，如图9-2所示。

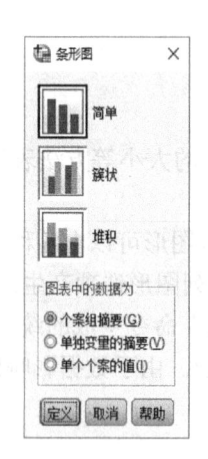

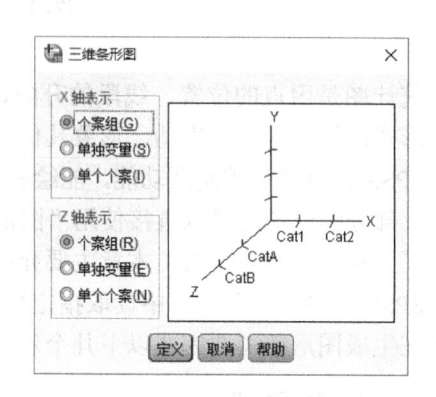

图9-1 "条形图"对话框　　　　图9-2 "三维条形图"对话框

**1. 条形图模式**

（1）简单条形图：以若干平行且等宽的矩形条体现数量，条间有间隙。

（2）簇状条形图：由两个或两个以上矩形条组成一组的条形图。

（3）堆积条形图：用矩形条的全长代表某个变量整体，矩形条内的各分段长短代表各组成部分在整体中所占比例，每一段用不同线条或颜色表示。

**2. 统计量描述模式**

"条形图"对话框的"图表中的数据为"栏中包含如下3个选项。

- "个案组摘要"单选按钮。选择此选项，要求每组观测生成一个简单、分类、分段图。
- "单独变量的摘要"单选按钮。选择此选项，要至少选择两个或两个以上相同或不同的变量。
- "单个个案的值"单选按钮。选择此选项，要求每个观测值生成一个图。

在"三维条形图"对话框中，"X轴表示"栏和"Z轴表示"栏中的选项均为"个案组"单选按钮、"单独变量"单选按钮和"单个个案"单选按钮，各单选按钮的功能与上述三个单选按钮的功能相对应。

## 9.2.2 简单条形图

简单条形图是一种对分类变量进行说明的条形图,矩形条的高度代表分类变量的情况。

读取数据文件data9-04，在"条形图"对话框中选择"简单"选项和"个案组摘要"单选按钮，单击"定义"按钮，打开"定义简单条形图：个案组摘要"对话框，如图9-3所示，定义图形参数。

（1）在"条形表示"栏中选择条形图表达的统计量。该栏中的选项可分为两大类：一类选项是对分类变量的描述，包括"个案数"单选按钮、"个案百分比"单选按钮、"累积数量"单选按钮和"累积百分比"单选按钮；另一类选项是对其他变量的描述，包括"其他统计（例如平均值）"单选按钮。

选择"其他统计（例如平均值）"单选按钮。在原始变量列表中选择纵轴变量，移入"变量"框。本节选择 wine 变量。

"变量"框中显示的是统计函数表达式"MEAN(wine)"，MEAN 为统计函数，wine 为统计函数的自变量，默认矩形条的长度表示葡萄酒产量平均值。

若选择其他统计函数，则单击"更改统计"按钮，打开如图 9-4 所示的"统计"对话框，对"变量"框中的表达式的统计函数部分进行设置。"统计"对话框中包含四组统计函数。

第一组统计函数包括值的平均值、值的中位数、值的众数、个案数、值的总和、标准差、方差、最小值、最大值和累积求和。

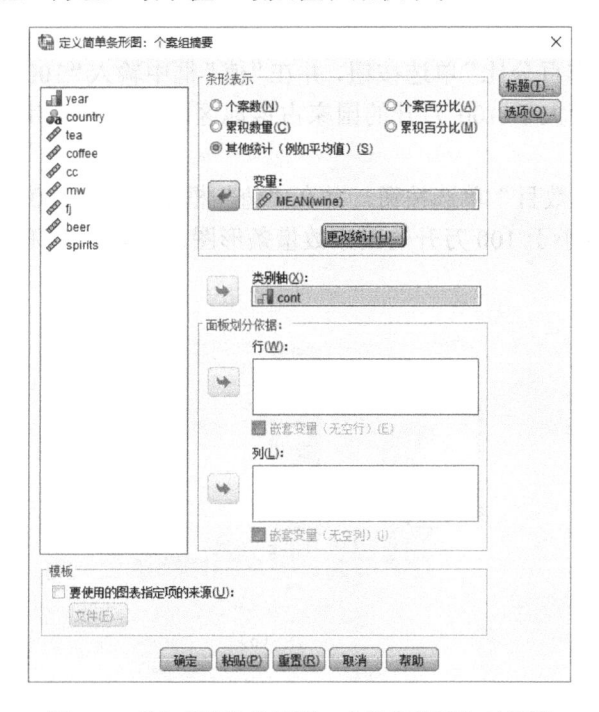

图 9-3　"定义简单条形图：个案组摘要"对话框　　　图 9-4　"统计"对话框

第二组统计函数与"值"框中的参数有关。在选择如下选项后，可在"值"框中指定一个参数。

- "上方百分比"单选按钮。选择此选项，选择的统计函数是大于"值"框中指定的参数的观测数占变量值总数的百分比。
- "下方百分比"单选按钮。选择此选项，选择的统计函数是小于"值"框中指定的参数的观测数占变量值总数的百分比。
- "百分位数"单选按钮。选择此选项，选择的统计函数是"值"框中指定的参数的百分位数。
- "上方数目"单选按钮。选择此选项，选择的统计函数是大于"值"框中指定的参数的观测数。

- "下方数目"单选按钮。选择此选项,选择的统计函数是小于"值"框中指定的参数的观测数。

第三组统计函数对应的选项是"区间内百分比"单选按钮和"区间内数目"单选按钮。"低"框和"高"框内的数分别对应下限值和上限值,这两个参数在自变量值的范围内且"低"框中的值小于"高"框中的值。生成图形的分类轴包括下限值和上限值两个点,且剔除了自变量中的缺失值。

- "区间内百分比"单选按钮。选择此选项,选择的统计函数是落在"低"框和"高"框参数范围内的观测数占总数的百分比。
- "区间内数目"单选按钮。选择此选项,选择的统计函数是落在"低"框和"高"框参数范围内的观测数。

第四组统计函数对应的选项只有一个,即"值是分组中点"复选框。若选择了"值的中位数"单选按钮和"百分位数"单选按钮,则该选项被激活。选择此选项,将计算中位数和百分位数。

在"统计"对话框中,若选择"上方百分比"单选按钮,并在"值"框中输入"100",将生成 1988—1992 年各洲葡萄酒产量大于 100 万升的国家占该地区国家总数的百分比的条形图,如图 9-5(a)所示。

若在"统计"对话框中选择"下方数目"单选按钮,并在"值"框中输入"100",将生成 1988—1992 年各洲葡萄酒产量小于 100 万升的国家数量条形图,如图 9-5(b)所示。

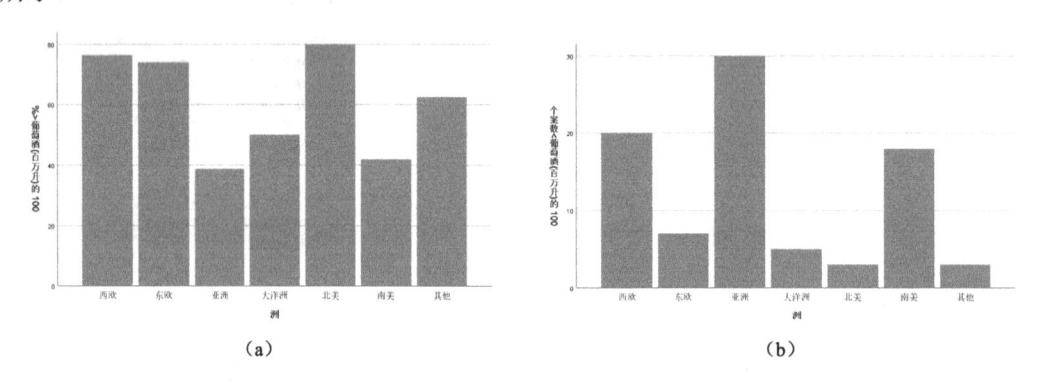

图 9-5 例图

(2)在"类别轴"框中设置分类轴变量。

在原始变量列表中选择 cont 作为分类轴变量,送入"类别轴"框。系统默认的分类轴是横轴。

分类轴上各变量值的排列位置是由分类变量中变量值的大小和字母顺序确定的,数值最小或字母顺序最靠前的变量值排在分类轴最左端。

(3)在"定义简单条形图:个案组摘要"对话框中单击"标题"按钮,打开"标题"对话框,如图 9-6 所示,对标题进行设置。

(4)在"定义简单条形图:个案组摘要"对话框中单击"选项"按钮,打开如图 9-7 所示的"选项"对话框。

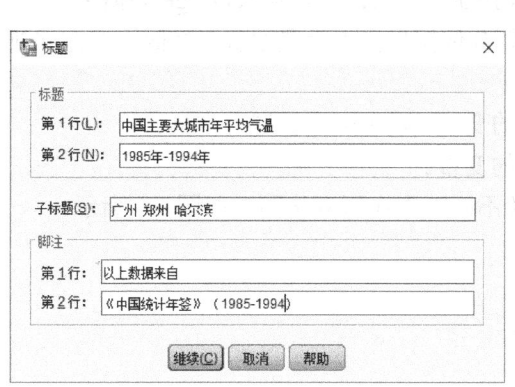

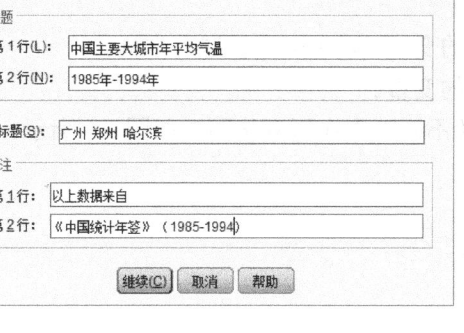

图 9-6 "标题"对话框 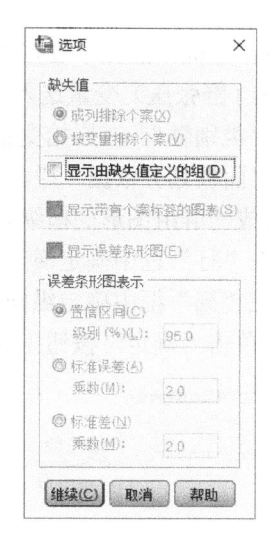　　　　图 9-7 "选项"对话框

① 在"缺失值"栏中选择缺失值处理方式，该栏中的选项如下。
- "成列排除个案"单选按钮。选择此选项，要求当观测在一变量中有缺失值时，剔除该观测。
- "按变量排除个案"单选按钮。选择此选项，要求当某个变量中存在缺失值时，仅剔除该变量中含有缺失值的观测。
- "显示由缺失值定义的组"复选框。选择此选项，要求在图中显示缺失值所属组。

② 勾选"显示带有个案标签的图表"复选框，要求在图中显示观测的标签值。

③ "显示误差条形图"复选框。本选项仅当在"定义简单条形图：个案组摘要"对话框中选择"其他统计（例如平均值）"单选按钮，单击"更改统计"按钮，在"统计"对话框中选择"值的平均值"单选按钮或"值的中位数"单选按钮时有效。误差条形图不能用在三维图中。选择此选项，激活"误差条形图表示"栏中的选项。
- "置信区间"单选按钮。选择此选项，并根据需要在"级别"框中输入水平值。
- "标准误差"单选按钮。选择此选项，并根据需要在"乘数"框中输入标准误差的倍数。
- "标准差"单选按钮。选择此选项，并根据需要在"乘数"框中输入标准差的倍数。

(5) 在"定义简单条形图：个案组摘要"对话框中，勾选"要使用的图表指定项的来源"复选框，并单击"文件"按钮，打开"使用文件中的模板"对话框，指定模板文件，新生成的图形的大小、比例、小数位数、字形、字体及图题的位置等将自动转换成模板文件格式。之后可通过套用该模板文件，生成风格一致的图形。

### 9.2.3　复式条形图

读取数据文件 data9-05。在"条形图"对话框中选择"簇状"选项和"单独变量的摘要"单选按钮，单击"定义"按钮，打开"定义簇状条形图：单独变量的摘要"对话框，如图 9-8 所示。要求生成不同年龄（岁）不同性别血压（mmHg）变化图（见图 9-9）。

主要操作步骤如下。

(1) "条形表示"框。"条形表示"框中至少要有两个变量，这些变量应为数值型变量。变量在本框中的上下位置决定其在分类轴上从左向右排列的顺序。本例将 sp（收缩压）和 dp（舒张压）变量送入"条形表示"框。

（2）"类别轴"。在原始变量列表中选择 age 送入该框。默认以 age 为横轴。

（3）"面板划分依据"栏。在"面板划分依据"栏中设置由若干按照一定方式排列的小图形组成的群组图形的横纵轴变量。

① 在"行"框中确定横向排列图形的变量，将 sex 变量送入本框。

② 在"列"框中确定纵向排列图形的变量。

（4）单击"确定"按钮生成不同年龄不同性别血压变化图，如图 9-9 所示。

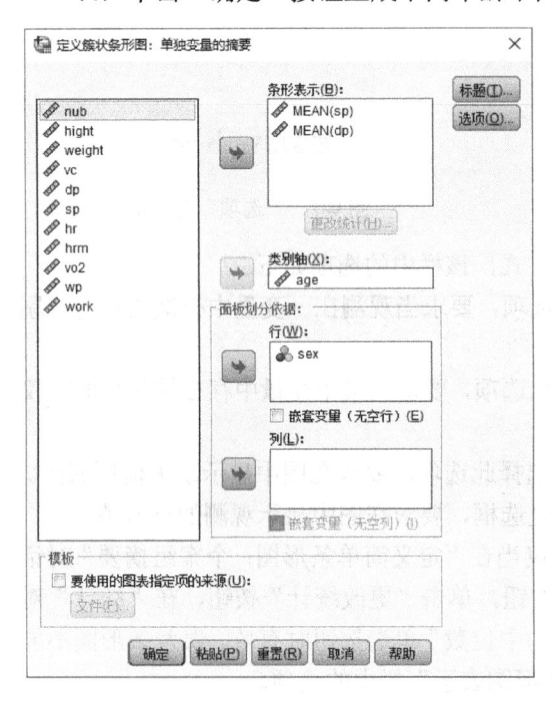

图 9-8　"定义簇状条形图：单独变量的摘要"对话框

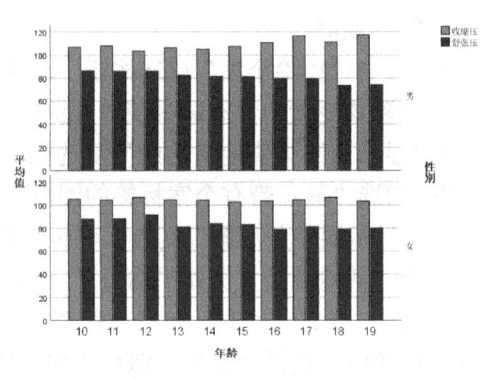

图 9-9　不同年龄不同性别血压变化图

### 9.2.4　堆积条形图

（1）读取数据文件 data9-04。

（2）在"条形图"对话框中选择"堆积"选项和"个案组摘要"单选按钮，单击"定义"按钮，打开"定义堆积条形图：个案组摘要"对话框，如图 9-10 所示。

（3）在"条形表示"栏中选择"其他统计（例如平均值）"单选按钮，将 cc 变量送入"变量"框。

（4）选择 cont 作为分类轴变量，送入"类别轴"框。

（5）选择 year 作为堆积变量，送入"堆积定义依据"框。堆积条形图是按照堆积变量中各变量值的数字或字母顺序排列的，数值小或字母顺序靠前的变量值在下端。

单击"确定"按钮，生成 1988—1992 年各洲每年碳酸盐和浓缩饮料平均产量（百万升）图，如图 9-11 所示。

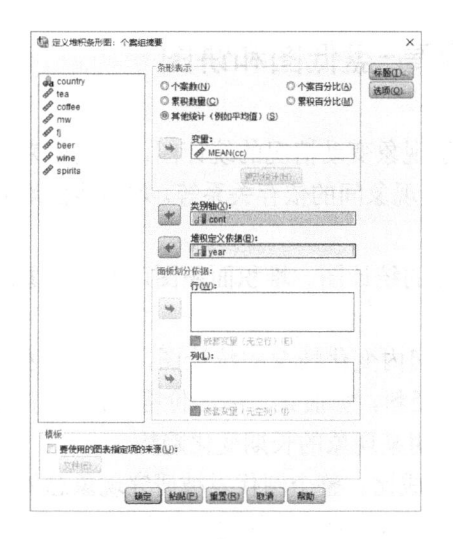

图 9-10 "定义堆积条形图：个案组摘要"
对话框

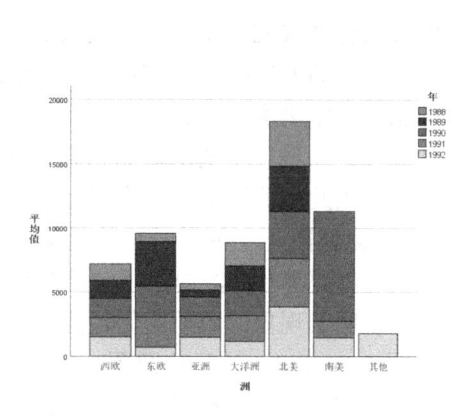

图 9-11 1988—1992 年各洲每年碳酸盐和
浓缩饮料平均产量图

### 9.2.5 三维条形图

（1）读取数据文件 data9-06。按"图形→旧对话框→三维条形图"顺序单击，打开"三维条形图"对话框，如图 9-2 所示。

（2）在"X 轴表示"栏和"Z 轴表示"栏中均选择"个案组"单选按钮。SPSS 默认 $Y$ 轴为数值型变量，$X$ 轴和 $Z$ 轴为分类变量。单击"定义"按钮，打开"定义三维条形图：个案组摘要"对话框，如图 9-12 所示。

（3）在"条形表示"下拉列表中选择"值的平均值"选项。将 salary 变量送入"变量"框作为 $Y$ 轴变量。

将 college 变量送入"X 类别轴"框作为 $X$ 轴变量，将 gender 变量送入"Z 类别轴"框作为 $Z$ 轴变量。

单击"确定"按钮，生成不同专业不同性别毕业生的初始薪酬（元）平均值对比图，如图 9-13 所示。

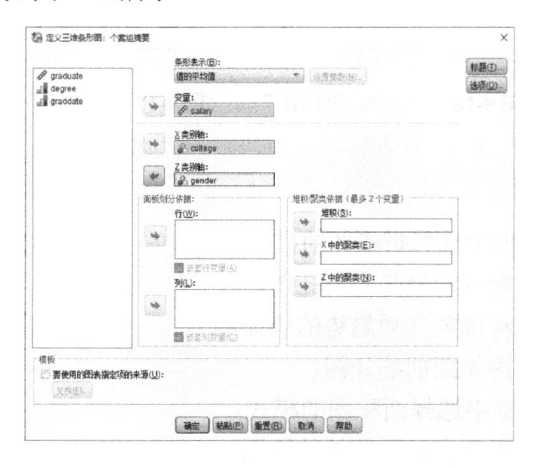

图 9-12 "定义三维条形图：个案组摘要"
对话框

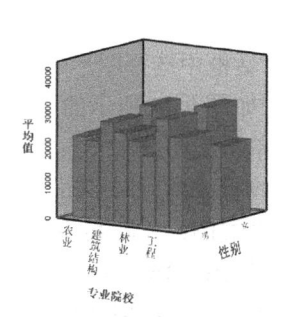

图 9-13 不同专业不同性别毕业生的
初始薪酬平均值对比图

## 9.3 线图、面积图、盘高-盘低图和饼图

线图又称曲线图，是一种用线段的升降展示现象变动情况的统计图，主要用来表示现象在时间上的变化趋势、现象的分配情况、两个现象间的依存关系等。本节线图均为纵轴、横轴是算术刻度的普通线图。

面积图是用线段下的阴影面积强调现象变化的统计图。堆积面积图可展示现象总体内部构成，因此也称为结构曲线图。

盘高-盘低图是一种说明某些现象在单位时间内变化情况的统计图，适合描述每小时、每天、每周等时间段内不断波动的市场信息资料，如股票、商品价格等，盘高-盘低图既可以说明某现象的短期变化趋势，也可以说明某现象的长期变化趋势。

饼图（Pie Charts）又称圆图，常用来展示构成比。整个圆代表被研究现象总体，按各构成部分占总体的比重把圆分割成若干扇形，表示部分与总体的比例关系。

### 9.3.1 选择图形类型

按"图形→旧对话框→线图"顺序单击，打开"折线图"对话框，如图9-14所示。

按"图形→旧对话框→面积图"顺序单击，打开"面积图"对话框，如图9-15所示。

按"图形→旧对话框→高-低图"顺序单击，打开"盘高-盘低图"对话框，如图9-16所示。

按"图形→旧对话框→饼图"顺序单击，打开"饼图"对话框，如图9-17所示。

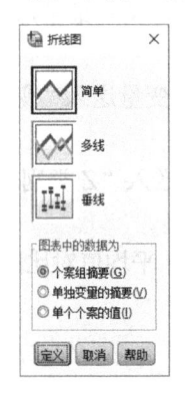

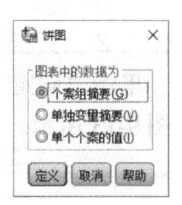

图9-14 "折线图"对话框　　图9-15 "面积图"对话框　　图9-16 "盘高-盘低图"对话框　　图9-17 "饼图"对话框

在各对话框中选择图形的模式。

(1) 在如图9-14所示的"折线图"对话框中选择折线图的模式。

① 简单折线图：用一条折线表示某种现象变动趋势的统计图。

② 多线折线图：用多条折线同时表示多种现象变动趋势的统计图。

③ 垂直线图：反映某些现象在同一时期内差距的统计图。

(2) 在如图9-15所示的"面积图"对话框中选择面积图的模式。

① 简单面积图：用面积的变化表示某种现象变动趋势的统计图。

② 堆积面积图：用不同种类的面积同时表示多种现象变动趋势和总体内部构成的统计图。

（3）在如图9-16所示的"盘高-盘低图"对话框中选择盘高-盘低图模式。

① 简单盘高-盘低-收盘图：表示单位时间内某现象的最高值、最低值和收盘值的统计图，适合描述股票、期货等价格趋势，可说明每天最高价、最低价和收盘价。

② 简单范围条形图：表示单位时间内某现象的最高值和最低值的统计图，与简单盘高-盘低-收盘图的区别是省去了收盘值。

③ 簇状盘高-盘低-收盘图：表示单位时间内两种或两种以上现象的最高值、最低值和收盘值的统计图。

④ 簇状范围条形图：表示单位时间内两种或两种以上现象的最高值和最低值的统计图。

⑤ 差别面积图：表示两种现象在同一时间段内相互变化对比关系的线性统计图。

（4）在如图9-17所示的"饼图"对话框中选择饼图模式。

相关统计量描述模式的说明参见9.2.1节。

## 9.3.2 堆积面积图

在"面积图"对话框中选择"堆积"选项和"单个个案的值"单选按钮，单击"定义"按钮，打开"定义堆积面积图：单个个案的值"对话框，如图9-18所示。

本节数据来自数据文件data9-07。要求生成1950—1985年我国每年国防支出（亿元）和经济建设支出（亿元）面积图。

主要操作步骤如下。

（1）选择eco、def变量送入"区域表示"框。

（2）"类别标签"栏内的选项如下。

① "个案号"单选按钮。选择此选项，将以当前"数据编辑器"窗口中的个案序号为标记排列"区域表示"框内变量的变量值，分类轴上的变量值用阿拉伯数字标记。

② "变量"单选按钮。选择此选项，将以某变量的变量值为标记排列"区域表示"框内变量的变量值。

本例选择"变量"单选按钮，并将year变量送入"变量"框。

单击"确定"按钮，生成1950—1985年我国每年国防支出和经济建设支出面积图，如图9-19所示。

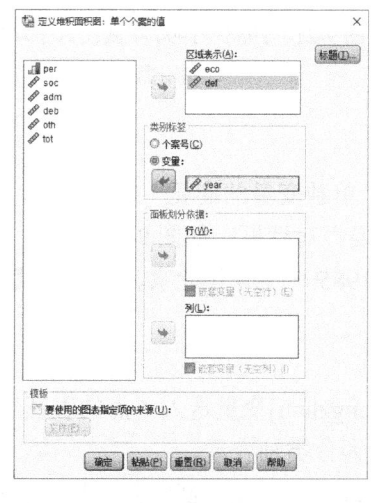

图9-18 "定义堆积面积图：单个个案的值"对话框

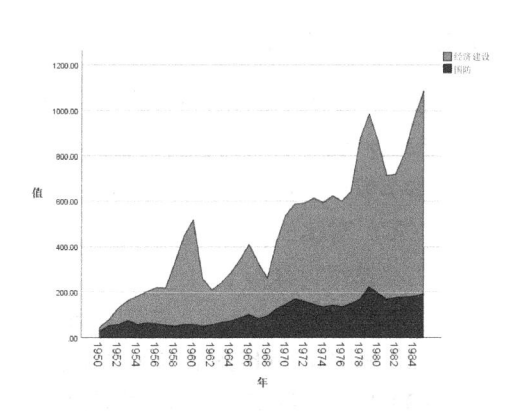

图9-19 1950—1985年我国每年国防支出和经济建设支出面积图

### 9.3.3 多线折线图

在"折线图"对话框中,选择"多线"选项和"个案组摘要"单选按钮,单击"定义"按钮,打开"定义多线折线图:个案组摘要"对话框,如图 9-20 所示。

使用数据文件 data9-01 中的数据,要求生成 1985—1994 年武汉月平均气温变化图。

主要操作步骤如下。

(1)在"折线表示"栏中选择"其他统计(例如平均值)"选项。选择 wuhan 变量,送入"变量"框。

(2)选择 month 变量,送入"类别轴"框。

(3)选择 year 变量,送入"折线定义依据"框。

(4)单击"确定"按钮,生成 1985—1994 年武汉月平均气温变化图,如图 9-21 所示。

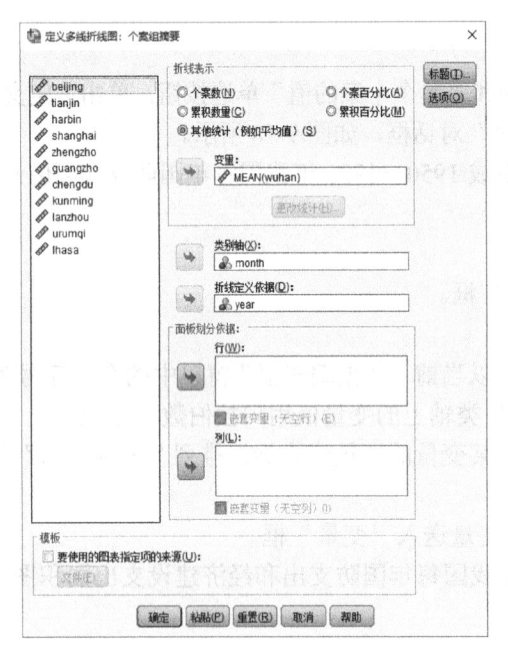

图 9-20 "定义多线折线图:个案组摘要"对话框

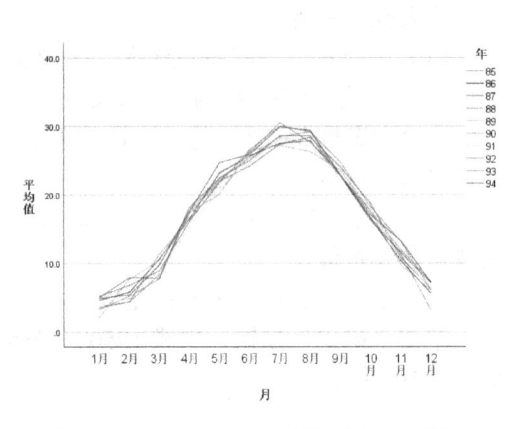

图 9-21 1985—1994 年武汉月平均气温变化图

### 9.3.4 垂直线图

在"折线图"对话框中选择"垂线"选项和"单独变量的摘要"单选按钮,单击"定义"按钮,展开"定义垂直线图:单独变量的摘要"对话框,如图 9-22 所示。

本节数据来自数据文件 data9-01,要求生成 1985—1994 年北京、广州、武汉月平均气温(℃)对比的垂线图。

主要操作步骤如下。

(1)将北京[beijing]、武汉[wuhan]、广州[guangzhou]变量送入"点的表征"框。

(2)将月[month]变量送入"类别轴"框,作为分类轴变量。

(3)单击"确定"按钮,生成 1985—1994 年北京、广州、武汉月平均气温对比的垂线图,如图 9-23 所示。

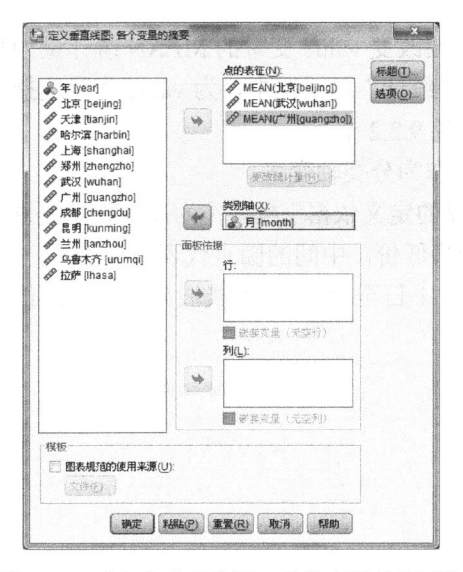

图 9-22 "定义垂直线图：单独变量的摘要"对话框

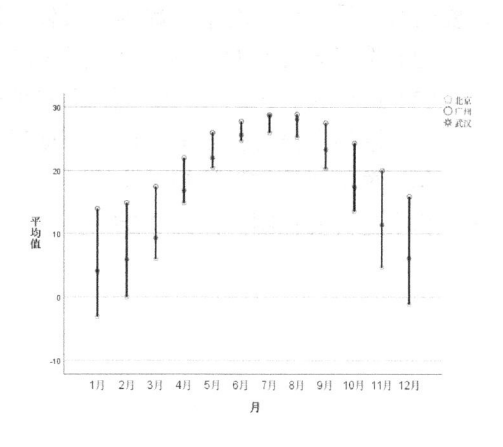

图 9-23  1985—1994 年北京、广州、武汉月平均气温对比的垂线图

### 9.3.5 简单盘高-盘低-收盘图

在"盘高-盘低图"对话框中选择"简单盘高-盘低-收盘图"选项和"个案组摘要"单选按钮，单击"定义"按钮，打开"定义简单盘高-盘低-收盘图：个案组摘要"对话框，如图 9-24 所示。

本节数据来自数据文件 data9-08，要求生成 1996 年 4 月 1 日至 19 日地产类股票每天最高价（元）、最低价（元）和收盘价（元）变化图。

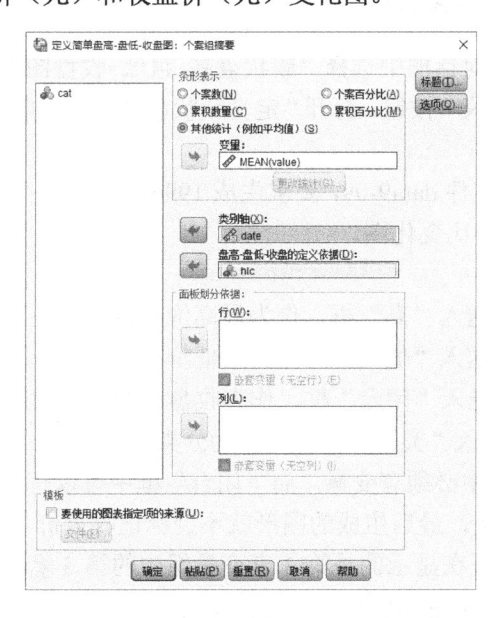

图 9-24  "定义简单盘高-盘低-收盘图：个案组摘要"对话框

主要操作步骤如下。

（1）在"条形表示"栏中选择"其他统计（例如平均值）"项。将 value 变量选入"变

量"框，value 变量的统计量为 MEAN，如果需要改变 value 变量的 MEAN 统计量为其他统计量，可单击"更改统计"按钮，在打开的"统计"对话框中，为 value 变量选择一个需要的统计量，如值的中位数等，具体做法参见 9.2.2 节。

（2）选择 date 变量，送入"类别轴"框，作为分类轴变量。

（3）选择 hlc 变量，送入"盘高-盘低-收盘的定义依据"框，作为高低收盘变量，生成的统计图的上横线代表最高价，下横线代表最低价，中间的圆点代表收盘价。

（4）单击"确定"按钮，生成 1996 年 4 月 1 日至 19 日地产类股票每天最高价、最低价和收盘价变化图，如图 9-25 所示。

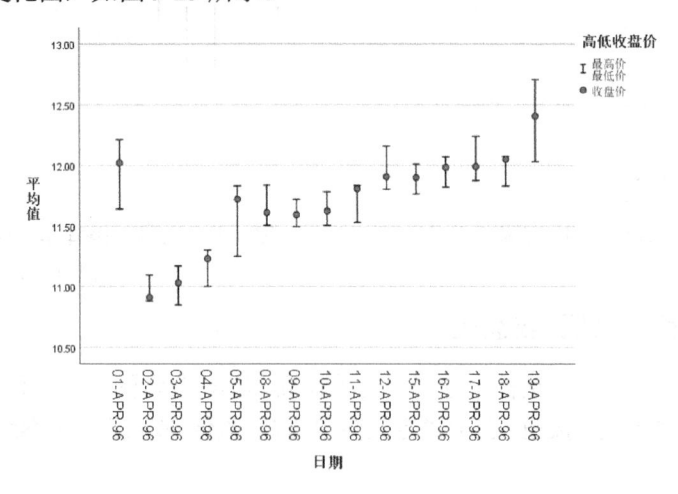

图 9-25　1996 年 4 月 1 日至 19 日地产类股票每天最高价、最低价和收盘价变化图

### 9.3.6　簇状盘高-盘低-收盘图

在"盘高-盘低图"对话框中选择"簇状盘高-盘低-收盘图"选项和"单独变量的摘要"单选按钮，单击"定义"按钮，打开"定义簇状盘高-盘低-收盘图：单独变量的摘要"对话框，如图 9-26 所示。

本节数据来自数据文件 data9-09，要求生成 1996 年第 14～16 周城乡股票、天桥股票及北人股票价格（元）对比变化图。

主要操作步骤如下。

（1）将 chx_hi 变量送入"高"框，作为最高价变量。

（2）将 chx_lo 变量送入"低"框，作为最低价变量。

（3）将 chx_cl 变量送入"闭合"框，作为收盘价变量，对应图中的圆圈。

（4）将 week 变量送入"类别轴"框，作为分类轴变量。

"高"框和"低"框中必须有变量，而"闭合"框中可以有变量也可以没有变量。如果"闭合"框内没有变量，最后生成的图形就不会标记收盘价（圆圈）。

"变量集 3/3"表示正在显示的是第 3 套变量组中的第 3 套变量，如果选入的变量组较多，那么可以看到"变量集 M/N"的形式，表示正在显示的是第 $N$ 套变量组中的第 $M$ 套变量。在第一次进入"定义簇状盘高-盘低-收盘图：单独变量的摘要"对话框时，"变量集"框右上角显示的是"变量集 1/1"。当选择完一套变量后，即在"高"框、"低"框、"闭合"框中分别选入一套变量的最高价变量、最低价变量或收盘价变量后，单击"下一个"按钮,"变量集"框右上角显示的是"变量集 2/2"。此时可以录入第 2 套变量。本例录入 3 套变量(chx_hi、chx_lo、chx_cl,tq_hi、tq_lo、tq_cl 和 br_hi、br_lo、br_cl),因此"变量集"框右上角显示的是"变量集 3/3"。若想修改第 2 套变量,则单击"上一个"按钮,此时"变量集"框右上角显示的是"变量集 2/3",即 3 套变量组中的第 2 套变量,同时在相应的框内显示第 2 套变量的最高价变量、最低价变量及收盘价变量。

单击"确定"按钮,生成 1996 年第 14~16 周城乡股票、天桥股票及北人股票对比变化图,如图 9-27 所示。

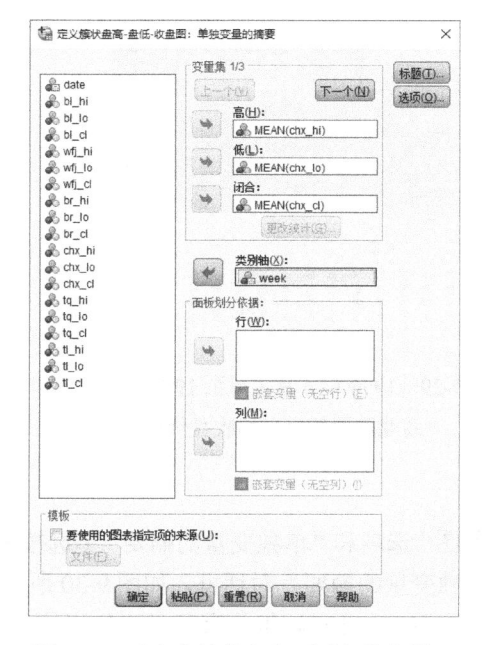

图 9-26 "定义簇状盘高–盘低–收盘图:单独变量的摘要"对话框

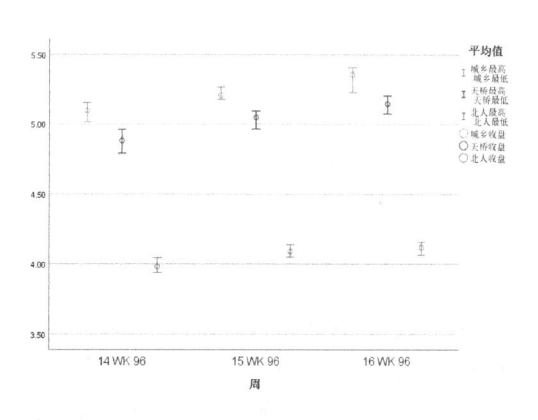

图 9-27 1996 年第 14~16 周城乡股票、天桥股票及北人股票对比变化图

## 9.3.7 简单范围条形图

在"盘高–盘低图"对话框中选择"简单范围条形图"选项和"个案组摘要"单选按钮,单击"定义"按钮,打开"定义简单范围条形图:个案组摘要"对话框,如图 9-28 所示。

本节数据来自数据文件 data9-10,要求生成 1996 年 4 月 1 日至 19 日工业股票和商业股票每日收盘平均价(元)对比图。

主要操作步骤如下。

(1)在"条形表示"栏中选择"其他统计(例如平均值)"单选按钮,将 close 变量送入"变量"框,close 变量的统计量为 MEAN。

(2)选择 date 变量,送入"类别轴"框,作为分类轴变量。

(3)选择 group 变量,送入"定义 2 个组,依据"框作为分组变量。分组变量用来确定极差图两端的变量。极差图两端代表不同的变量值。从参与绘图的数据集中的原始数据来看,本节极差图下端表示的是所选工业股票的每日均价,极差图上端表示的是所选商业股票的每日均价,因此用来分组的变量只能有两个类别。通过极差图的长短表示工业股票和商业股票两个类别每日平均收盘价的差距。

(4)单击"确定"按钮,生成 1996 年 4 月 1 日至 19 日工业股票和商业股票每日平均收盘价对比图,如图 9-29 所示。

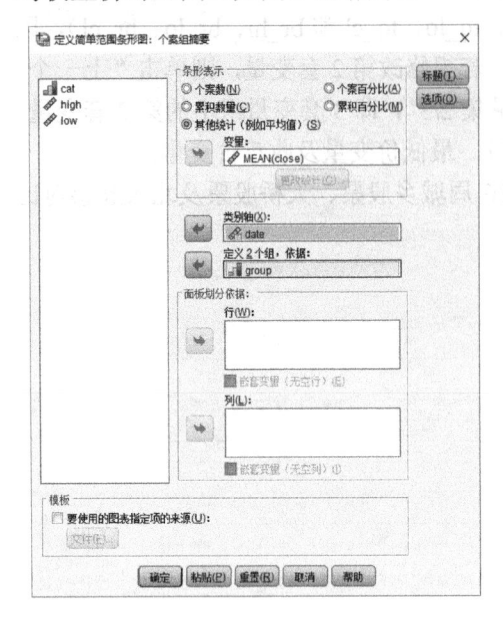

图 9-28　"定义简单范围条形图：个案组摘要"对话框

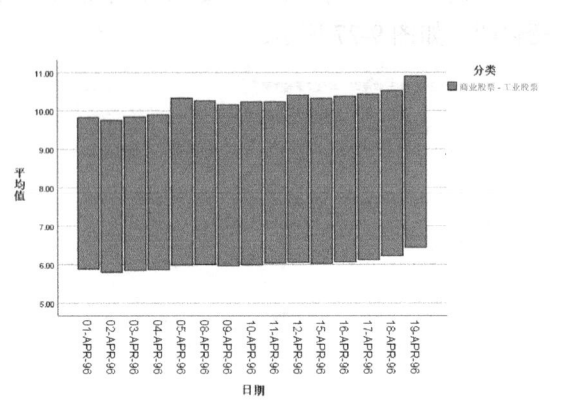

图 9-29　1996 年 4 月 1 日至 19 日工业股票和商业股票每日平均收盘价对比图

### 9.3.8　差别面积图

在"盘高-盘低图"对话框中选择"差别面积图"选项和"单独变量的摘要"单选按钮,单击"定义"按钮,打开"定义差别面积图：单独变量的摘要"对话框,如图 9-30 所示。

本节数据来自数据文件 data9-01,要求生成 1985—1994 年北京和天津年平均气温(℃)对比图。

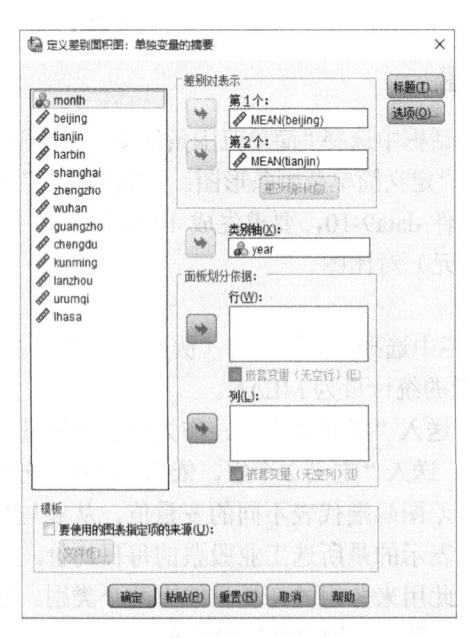

图 9-30　"定义差别面积图：单独变量的摘要"对话框

主要操作步骤是将 beijing 和 tianjin 变量分别送入"第 1 个"框和"第 2 个"框,统计函数为 MEAN;将 year 变量送入"类别轴"框;单击"确定"按钮,生成 1985—1994 年北京和天津年平均气温对比图,如图 9-31 所示。图 9-31 中的深色代表天津年平均气温,浅色代表北京年平均气温;浅色在上表示北京年平均气温高于天津年平均气温,深色在上表示天津年平均气温高于北京年平均气温。

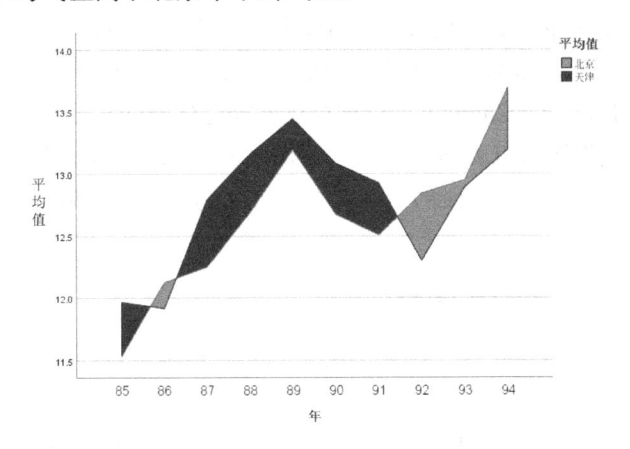

图 9-31　1985—1994 年北京和天津年平均气温对比图

### 9.3.9　饼图

在"饼图"对话框中选择"单个个案的值"单选按钮,单击"定义"按钮,打开"定义饼图:单个个案的值"对话框,如图 9-32 所示。

本节数据来自数据文件 data9-11,要求生成 1993 年乌克兰每月失业人口数(万人)饼图。

主要操作步骤是,将 ukr 变量送入"分区表示"框,选择"变量"单选按钮,并将 mon 变量送入"变量"框。单击"确定"按钮,生成 1993 年乌克兰每月失业人口数饼图,如图 9-33 所示。

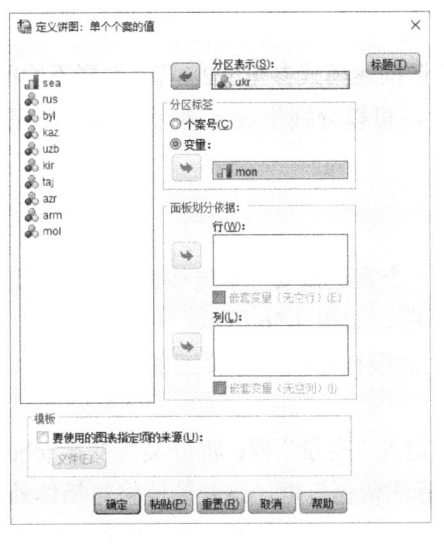

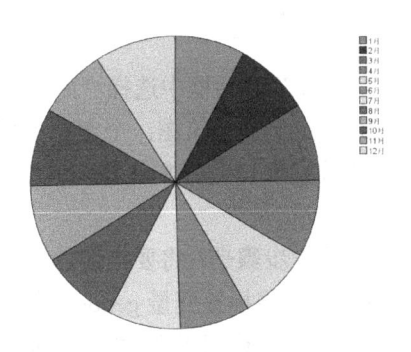

图 9-32　"定义饼图:单个个案的值"对话框　　图 9-33　1993 年乌克兰每月失业人口数饼图

## 9.4 箱图和误差条形图

箱图（Box Plots）又称箱线图，是一种描述数据分布的统计图，展示了变量值的分布情况。箱图主要表示变量值的中位数、25%分位数、75%分位数等统计量。箱图可以通过探索分析统计过程获得，本节介绍的方法能够制作更复杂的箱图。

误差条形图（Error Bar Charts）是一种描述数据总体离散程度的统计图，展示了样本的离散程度。误差条形图可以表达平均值的置信区间、标准差或标准误差。在误差条形图中，中间的圆点表示平均值，线段的两端为置信区间的上限和下限（平均值±1.96×标准差或标准误差）。

### 9.4.1 选择箱图和误差条形图类型

按"图形→旧对话框→箱图"顺序单击，打开"箱图"对话框，如图9-34所示，指定图形模式。

按"图形→旧对话框→误差条形图"顺序单击，打开"误差条形图"对话框，如图9-35所示，指定图形模式。

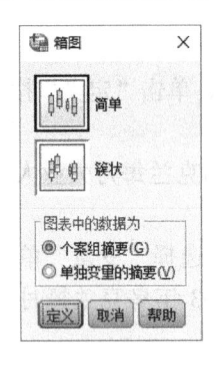

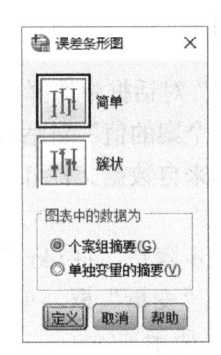

图9-34 "箱图"对话框

图9-35 "误差条形图"对话框

对于箱图、误差条形图的图形模式和统计量描述模式参见9.2.1节。选择不同的箱图、误差条形图的图形模式和统计量描述模式组合，可以分别生成4种不同类型的箱图和误差条形图。

### 9.4.2 简单箱图

在"箱图"对话框中选择"简单"选项和"个案组摘要"单选按钮，单击"定义"按钮，打开"定义简单箱图：个案组摘要"对话框，如图9-36所示。

本节数据来自数据文件data9-12，要求生成银行不同职务员工的当前工资（元）的箱图。

主要操作步骤是，将要描述的变量salary送入"变量"框；将分类轴变量jobcat送入"类别轴"框；将标签变量gender送入"个案标注依据"框，该变量值将对箱体外的观测进行标识，"男"标识男性，"女"标识女性。单击"确定"按钮，生成银行不同职务员工的当前工资的箱图，如图9-37所示。

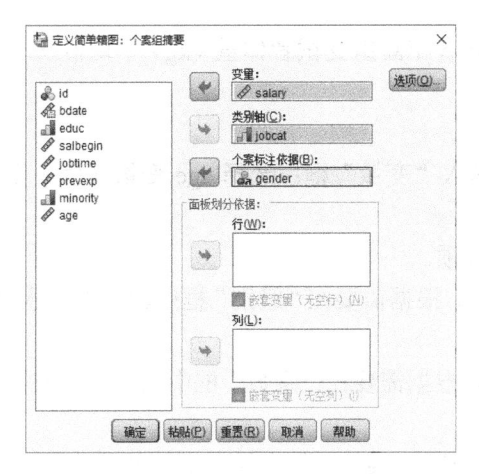

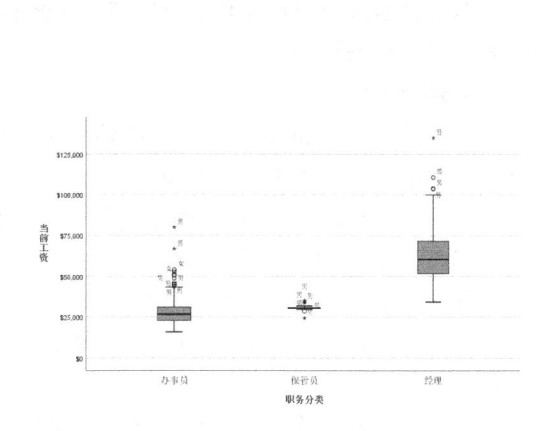

图 9-36 "定义简单箱图:个案组摘要"对话框     图 9-37 银行不同职务员工的当前工资的箱图

### 9.4.3 复式箱图

在"箱图"对话框中选择"簇状"选项和"单独变量的摘要"单选按钮,单击"定义"按钮,打开"定义簇状箱图:单独变量的摘要"对话框,如图 9-38 所示。

本节数据来自数据文件 data9-12,要求生成银行不同职务员工的起始工资(元)和当前工资(元)的箱图。

主要操作步骤是,选择起始工资 salbegin 和当前工资 salary 两个变量作为箱图要描述的变量送入"箱表示"框;选择职务分类 jobcat 变量作为分类轴变量送入"类别轴"框;单击"确定"按钮,生成银行不同职务员工的起始工资和当前工资的箱图,如图 9-39 所示。由于没有选择标签变量,因此图 9-39 中的数字为个案编号。

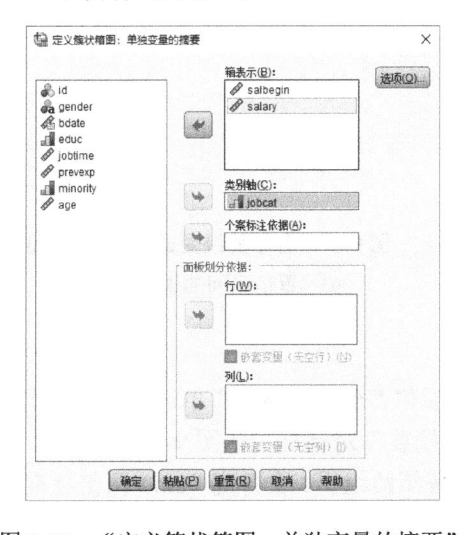

图 9-38 "定义簇状箱图:单独变量的摘要"    图 9-39 银行不同职务员工的起始工资和
          对话框                                      当前工资的箱图

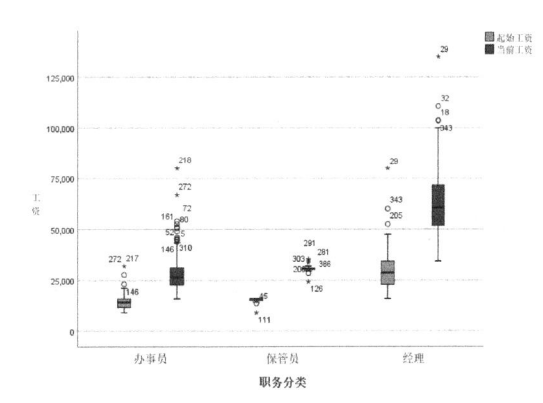

### 9.4.4 简单误差条形图

在"误差条形图"对话框中选择"简单"选项和"个案组摘要"单选按钮,单击"定义"按钮,打开"定义简单误差条形图:个案组摘要"对话框,如图 9-40 所示。

本节数据来自数据文件 data9-05，要求生成各年龄组受试者体重（kg）平均值 95%置信区间的误差条形图。

主要操作步骤如下。

（1）选择 weight 变量作为被描述变量，送入"变量"框；选择 age 变量（岁）作为分类轴变量，送入"类别轴"框。

（2）"条形表示"下拉列表中有如下 3 个选项。

①"平均值的置信区间"选项。选择此选项，根据需要在"级别"框中输入置信水平。本节选择此选项，并在"级别"框中输入"95"。

②"平均值标准误差"选项。选择此选项，根据需要在"乘数"框中输入平均值标准误差的倍数。

③"标准差"选项。选择此选项，根据需要在"乘数"框中输入标准差的倍数。

（3）单击"确定"按钮，生成各年龄组受试者体重平均值 95%置信区间的误差条形图，如图 9-41 所示。在图 9-41 中，中间的圆点对应的纵坐标是对应年龄的受试者的体重平均值，上、下横线是体重平均值的 95%置信区间的上、下限。

图 9-40　"定义简单误差条形图：个案组摘要"
对话框

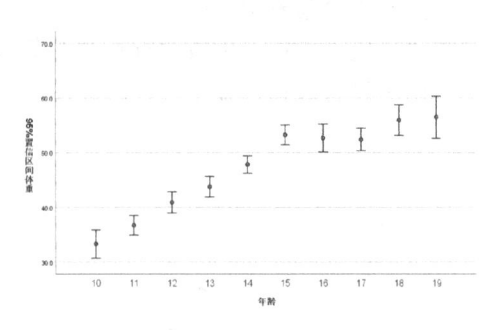

图 9-41　各年龄组受试者体重平均值
95%置信区间的误差条形图

## 9.4.5　复式误差条形图

在"误差条形图"对话框中选择"簇状"选项和"个案组摘要"单选按钮，单击"定义"按钮，打开"定义簇状误差条形图：个案组摘要"对话框，如图 9-42 所示。

本节数据来自数据文件 data9-05，要求生成各年龄组男、女身高（cm）两倍标准差范围的误差条形图。

主要操作步骤是，选择身高（cm）[height]变量，送入"变量"框，作为要描述的变量；选择年龄 age 变量送入"类别轴"框，作为分类轴变量；选择性别[sex]变量送入"聚类定义依据"框，作为标签变量；在"条形表示"下拉列表中选择"平均值标准误差"选项，单击"确定"按钮，生成各年龄组男、女身高两倍标准差范围的误差条形图，如图 9-43 所示。

图 9-42 "定义簇状误差条形图：个案组摘要"对话框

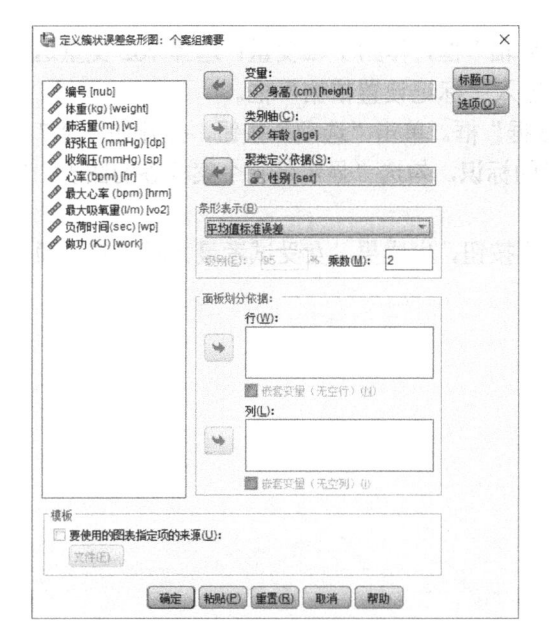

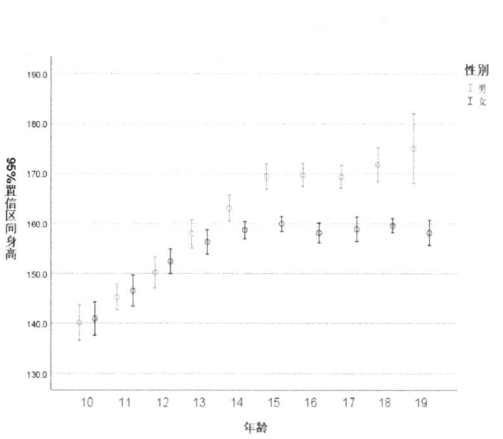

图 9-43 各年龄组男、女身高两倍标准差范围的误差条形图

## 9.5 散 点 图

散点图（Scatter Plots）又称散布图或相关图，是通过点的分布表现变量间相关情况的图形，根据图中的各点分布和密集程度，大致可以判断变量间协变关系的类型。

### 9.5.1 选择散点图模式

按"图形→旧对话框→散点图/点图"顺序单击，打开"散点图/点图"对话框，如图 9-44 所示，指定散点图模式。

（1）简单散点图：显示一对相关变量的散点图。
（2）重叠散点图：显示多对相关变量的散点图。
（3）矩阵散点图：显示多个相关变量间的矩阵散点图。

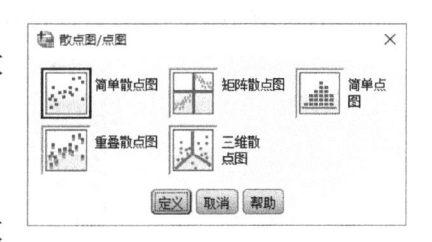

图 9-44 "散点图/点图"对话框

（4）三维散点图：显示三个相关变量间的散点图。
（5）简单点图：每个点代表一个观测量，在图中显示数值型变量中各观测量在 $X$ 轴上分布的图形，该图也可以看作一种散点图。

### 9.5.2 简单散点图

在"散点图/点图"对话框中选择"简单散点图"选项，单击"定义"按钮，打开"简单散点图"对话框，如图 9-45 所示。

本节数据来自数据文件 data9-05，要求生成男、女受试者最大吸氧量（L/min）与负荷时间（s）的简单散点图。

主要操作步骤是，选择 wp 变量送入"Y 轴"框，作为 Y 轴变量；选择 vo2 变量送入"X 轴"框，作为 X 轴变量；选择 sex 变量送入"标记设置依据"框。

还可以选择标签变量送入"个案标注依据"框。单击"选项"按钮，打开如图 9-7 所示的"选项"对话框，确定是否显示观测量的标识，勾选"显示带有个案标签的图表"复选框，标签变量才有效。

在"简单散点图"对话框中单击"确定"按钮，生成男、女受试者最大吸氧量与负荷时间的简单散点图，如图 9-46 所示。

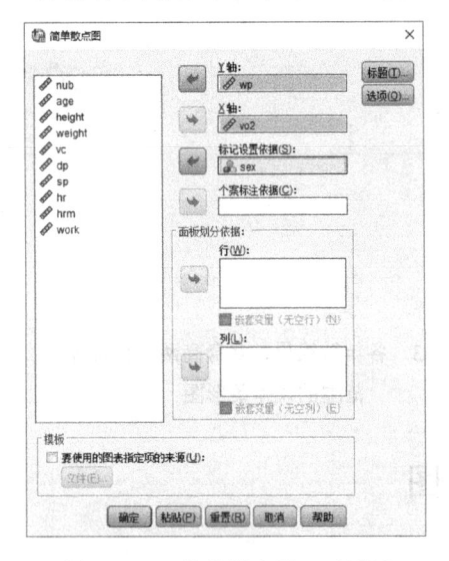

图 9-45　"简单散点图"对话框　　　　图 9-46　男女受试者最大吸氧量与负荷时间的简单散点图

### 9.5.3　重叠散点图

在"散点图/点图"对话框中选择"重叠散点图"选项，单击"定义"按钮，打开"重叠散点图"对话框，如图 9-47 所示。

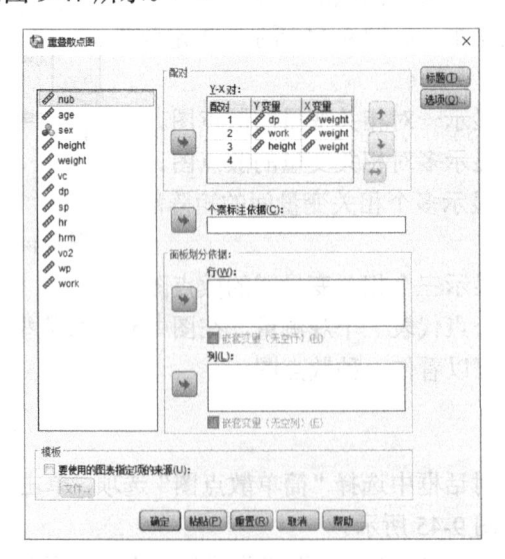

图 9-47　"重叠散点图"对话框

本节数据来自数据文件 data9-05，要求生成舒张压（mmHg）与体重（kg）、做功（kJ）与体重、身高（cm）与体重的重叠散点图。

在原始变量列表中选择 Y-X 轴配对变量。第一个选择的变量为 Y 轴变量，第二个选择的变量为 X 轴变量，将其送入"Y-X 对"表。本节选择 dp-weight（舒张压-体重）、work-weight（做功-体重）和 height-weight（身高-体重）三对变量。如果想要调换 Y-X 轴变量的位置，可以先选中"Y-X 对"表中的变量对，再单击 ↔ "置换 Y-X"按钮。

单击"确定"按钮，生成舒张压与体重、做功与体重、身高与体重的重叠散点图，如图 9-48 所示，该图表现了三对变量的关系。由图 9-48 可以看出，身高与体重的线性关系比较明显，做功与体重的线性关系不明显，舒张压与体重几乎没有线性关系。

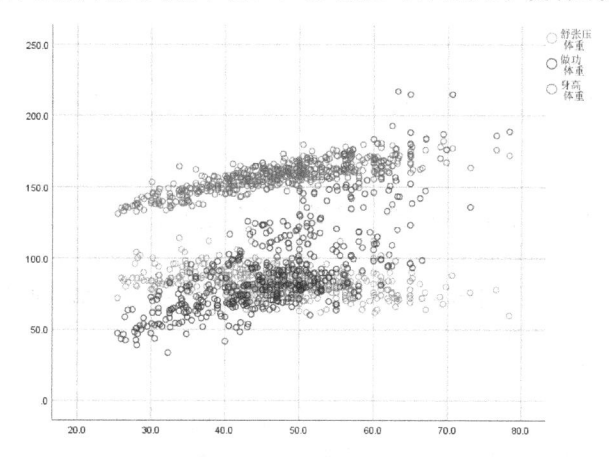

图 9-48 舒张压与体重、做功与体重、身高与体重的重叠散点图

### 9.5.4 矩阵散点图

在"散点图/点图"对话框中选择"矩阵散点图"选项，单击"定义"按钮，打开"散点图矩阵"对话框，如图 9-49 所示。

本节数据来自数据文件 data9-05，要求生成男、女受试者最大吸氧量（L/min）、肺活量（mL）和最大心率（bpm）矩阵散点图。

（1）"矩阵变量"框内要有两个或两个以上变量。本节选择 vo2、vc、hrm 变量送入"矩阵变量"框，作为被描述变量。需要注意的是，"矩阵变量"框内的变量顺序与矩阵散点图对角线变量的顺序对应。

（2）在"标记设置依据"框中设置散点标记。本节选择 sex 变量送入"标记设置依据"框，作为散点标记。

单击"确定"按钮，生成男、女受试者最大吸氧量、肺活量和最大心率矩阵散点图，如图 9-50 所示。

由图 9-50 可以看出，肺活量和最大吸氧量间有较明显的线性关系；而最大心率与肺活量、最大吸氧量之间没有线性关系。

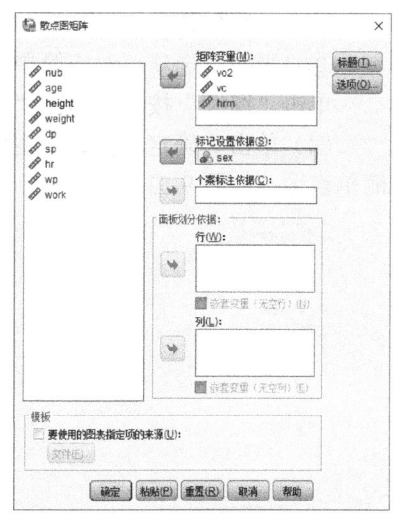

图 9-49 "散点图矩阵"对话框

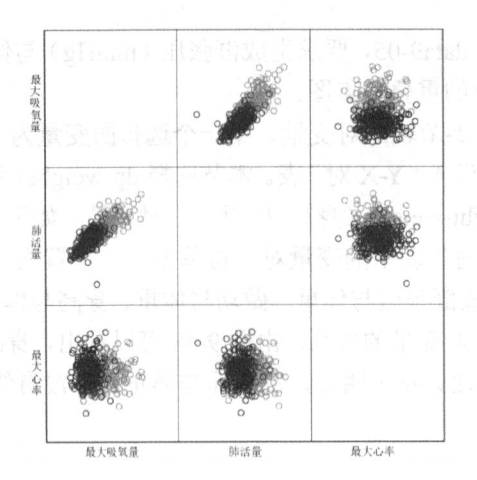

图 9-50 男、女受试者最大吸氧量、肺活量和最大心率矩阵散点图

## 9.5.5 简单点图

在"散点图/点图"对话框中选择"简单点图"选项，单击"定义"按钮，打开"定义简单点图"对话框，如图 9-51 所示。

本节数据来自数据文件 data9-05，要求生成男、女受试者最大吸氧量（L/min）在 $X$ 轴上方不对称堆积分布简单点图。

主要操作步骤如下。

（1）选择 vo2 变量，送入"$X$ 轴变量"框，作为被观测的变量，该变量必须为数值型变量。通过点在 $X$ 轴上方的堆积情况，观察观测的分布状态。

（2）选择 sex 变量送入"行"框。

（3）单击"选项"按钮，打开"定义简单点图：选项"对话框，如图 9-52 所示，确定点的分布形状。

① "不对称"选项，对应简单点图中的点分布在 $X$ 轴上方。本节选择此选项。

② "对称"选项，对应简单点图中的点对称地分布在 $X$ 轴两侧。

③ "平面"选项，对应简单点图中的点平行地分布在 $X$ 轴上方。

单击"继续"按钮，返回"定义简单点图"对话框。

（4）单击"确定"按钮，生成男、女受试者最大吸氧量在 $X$ 轴上方不对称堆积分布简单点图，如图 9-53 所示。

图 9-51 "定义简单点图"对话框 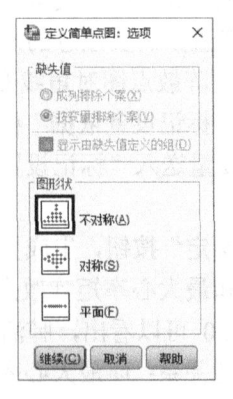    图 9-52 "定义简单点图：选项"对话框

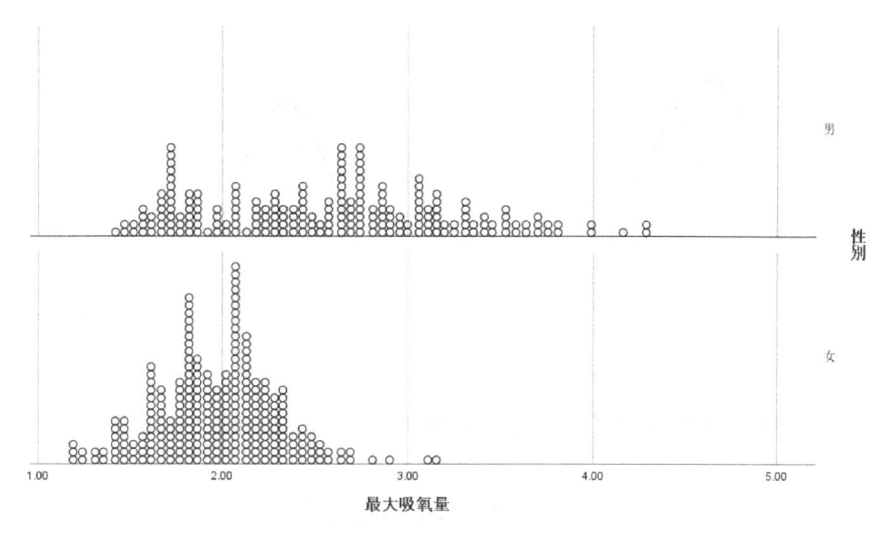

图 9-53　男、女受试者最大吸氧量在 $X$ 轴上方不对称堆积分布简单点图

## 9.6　直　方　图

直方图（Histogram）是以一组无间隔的矩形条展示定量变量频数分布特征的统计图，直方图的每个矩形条的高度代表相应组别的频数。利用直方图可以直观地展示变量值的分布状况。

本节数据来自数据文件 data9-13 和数据文件 data9-14。数据文件 data9-13 中的数据是某市 150 名 3 岁女童的身高（cm），来源于《卫生统计》（周士楷，人民卫生出版社）；数据文件 data9-14 中的数据是 1971 年某市调查 190 例正常人的血铅含量（μg/100g），来源于《中国医学百科全书·医学统计学》（上海科学技术出版社），要求生成带有正态曲线的某市 150 名 3 岁女童身高直方图和某市 190 例正常人血铅含量直方图。

按"图形→旧对话框→直方图"顺序单击，打开"直方图"对话框，如图 9-54 所示。

（1）在原始变量列表中选择需要描述的变量送入"变量"框。

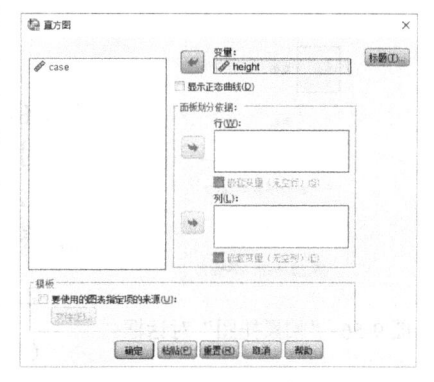

图 9-54　"直方图"对话框

① 使用数据文件 data9-13，选择变量 height 作描述变量。
② 使用数据文件 data9-14，选择变量 pb 作描述变量。

（2）勾选"显示正态曲线"复选框，在生成的直方图上显示正态曲线。本节勾选此复选框。

单击"确定"按钮，生成带有正态曲线的某市 150 名 3 岁女童身高直方图［见图 9-55（a）］和带有正态曲线的某市 190 例正常人血铅含量直方图［见图 9-55（b）］。

由图 9-55 可以看出，3 岁女童身高数据基本符合正态分布的特征；而血铅含量呈非正态分布，有一个比较长的右尾，即血铅含量越高对应人数越少，大部分人的血铅含量比较低。

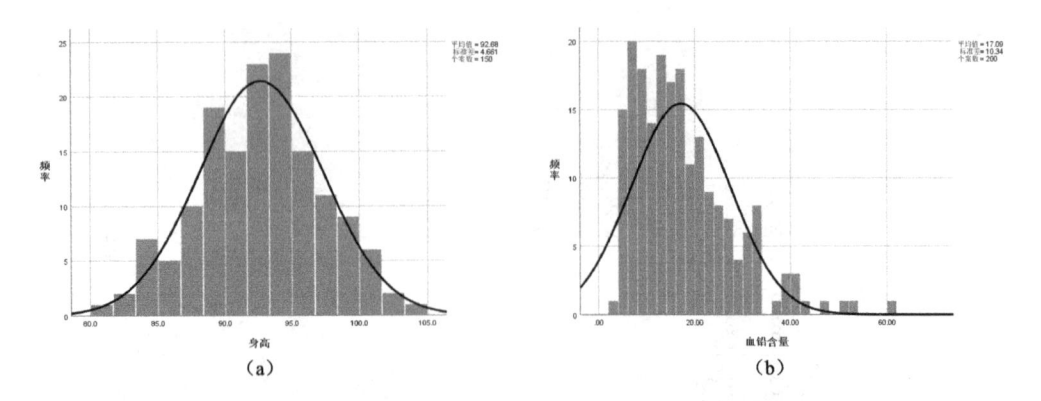

图 9-55  带有正态曲线的某市 150 名 3 岁女童身高直方图和带有正态曲线的某市 190 例正常人血铅含量直方图

## 9.7 帕累托图

帕累托图（Pareto Charts）又称排列图或主次因素图，是一种在改善质量管理活动中选择关键问题的工具。由于关键问题的选择具有普遍性，所以帕累托图被广泛应用于多个研究领域。

### 9.7.1 选择帕累托图类型

按"分析→质量控制→帕累托图"顺序单击，打开"帕累托图"对话框，如图 9-56 所示。

**1. 帕累托图模式**

（1）简单帕累托图：对分类轴上变量的每一种类型产生一个条形图，并按各种因素发生频数的大小从左到右排列，帕累托曲线是对分类轴上的每类出现的次数进行累加而得到的曲线。

（2）堆积帕累托图：由分段条形图和帕累托图曲线构成的统计图。

**2. 统计量描述模式**

图 9-56 "帕累托图"对话框

（1）"个案组的计数或总和"单选按钮。选择此选项，将统计分类轴上的不同类别出现的次数，或者对分类轴上的观测值进行累加。

（2）"单独变量的总和"单选按钮。选择此选项，将累加分类轴上每个变量的值。

（3）"单个个案的值"单选按钮。选择此选项，将对分类轴变量中的每个观测值进行累加。

### 9.7.2 简单帕累托图

**1. 以个案组的计数或总和统计量描述模式生成的简单帕累托图**

在"帕累托图"对话框中选择"简单"选项和"个案组的计数或总和"单选按钮，单击"定义"按钮，打开"定义简单帕累托图：个案组的计数或总和"对话框，如图 9-57 所示。

(1)"条形表示"栏中的两个选项对应两种不同类型的变量。

① "计数"单选按钮:适用于字符串型变量。

② "变量总和"单选按钮:适用于数值型变量,被选中的变量应送入"变量总和"框。

(2) 选择分类轴变量,将其送入"类别轴"框。

(3) "显示累积线"复选框。系统默认勾选此复选框。选择此选项,显示帕累托曲线(累积曲线)。

根据数据文件 data9-15,在"帕累托图"对话框中选择"简单"选项和"个案组的计数或总和"单选按钮,在"定义简单帕累托图:个案组的计数或总和"对话框中的"条形表示"栏中选择"计数"单选按钮,选择 cat 不合格产品分类变量送入"类别轴"框,生成

图 9-57 "定义简单帕累托图:个案组的计数或总和"对话框

切削刀质量帕累托图,如图 9-58(a)所示。通常把累积百分比分为三部分:0~80%,表示主要因素(A 类);80%~90%,表示次要因素(B 类);90%~100%,表示一般因素(C 类)。由图 9-58 可以看出,主要因素是短料和裂缝,其余为次要因素。

根据数据文件 data9-16,在"帕累托图"对话框中选择"简单"选项和"个案组计数或总和"单选按钮,在"定义简单帕累托图:个案组的计数和总和"对话框中的"条形表示"栏中选择"变量总和"单选按钮,将 nurse 变量送入"变量总和"框,并将 cont 变量送入"分类轴"框,单击"确定"按钮,生成各洲护士人数(人)帕累托图,如图 9-58(b)所示。

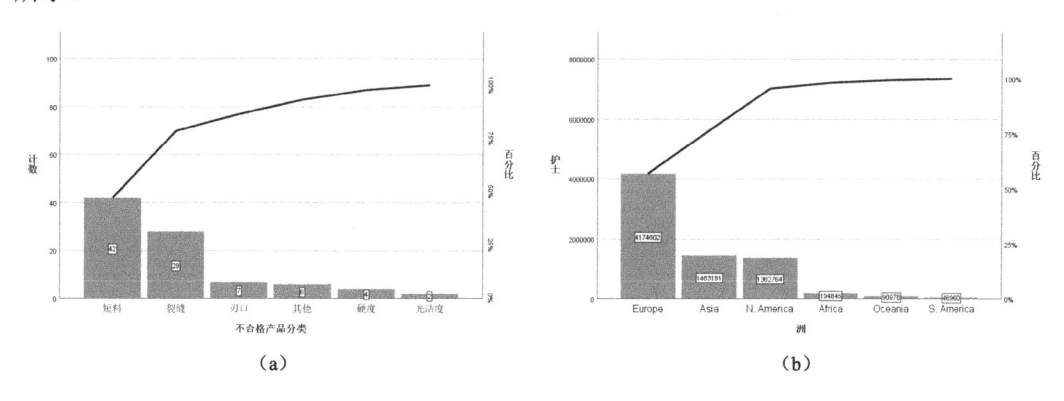

(a)　　　　　　　　　　　　　　　(b)

图 9-58　切削刀质量帕累托图和各洲护士人数帕累托图

## 2. 以单个个案的值统计量描述模式生成的简单帕累托图

在"帕累托图"对话框中选择"简单"选项和"单个个案的值"单选按钮,单击"定义"按钮,打开"定义简单帕累托图:单个个案的值"对话框,如图 9-59 所示。

打开数据文件 data9-17,该数据文件中记录的是汽车空调蒸发器故障次数(次)的数据。主要操作是将 count 变量送入"值"框,在"类别标签"栏中选择"变量"单选按钮,将 procat 变量送入"变量"框,单击"确定"按钮,生成汽车空调蒸发器故障问题分类帕累托图,如图 9-60 所示。由图 9-60 可知,丢失螺钉是造成汽车空调蒸发器故障的主要原因。

图 9-59 "定义简单帕累托图：
单个个案的值"对话框

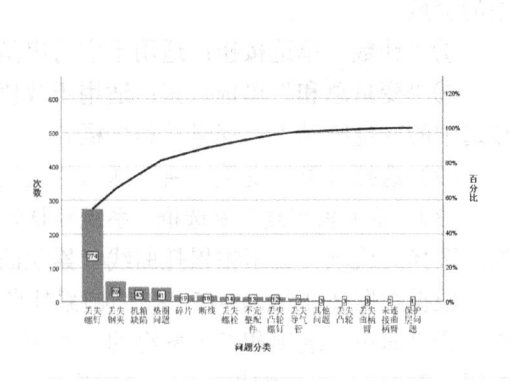

图 9-60 汽车空调蒸发器故障问题
分类帕累托图

### 9.7.3 堆积帕累托图

**1. 以个案组的计数或总和统计量描述模式生成的堆积帕累托图**

在"帕累托图"对话框中选择"堆积"选项和"个案组的计数或总和"单选按钮，单击"定义"按钮，打开"定义堆积帕累托图：个案组的计数或总和"对话框，如图 9-61 所示。打开数据文件 data9-18。主要操作步骤是，在"条形表示"栏中选择"变量总和"单选按钮，将 count 变量送入"变量总和"框；将 cont 变量送入"类别轴"框；将 cat 变量送入"堆积定义依据"框。单击"确定"按钮，生成各洲加工制造工业工厂数量（家）帕累托图，如图 9-62 所示。

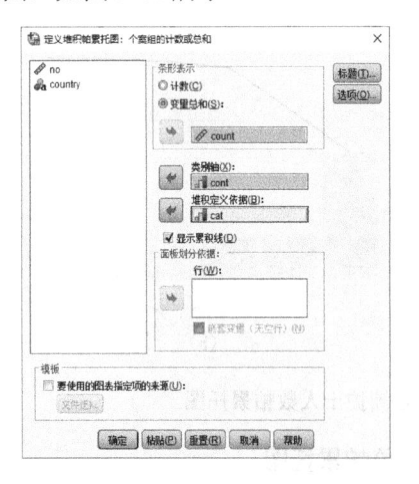

图 9-61 "定义堆积帕累托图：
个案组的计数或总和"对话框

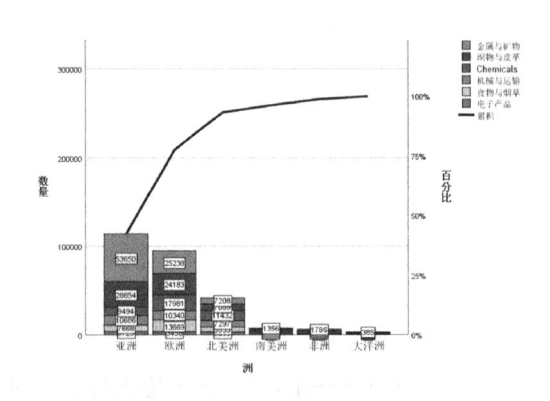

图 9-62 各洲加工制造工业工厂
数量帕累托图

由图 9-62 可知，约有 80%的 100 人以上的加工制造业工厂设立在亚洲和欧洲，这些工厂以金属与矿物、织物与皮革类加工制造业工厂为主。

**2. 以单个个案的值统计量描述模式生成的堆积帕累托图**

数据文件 data9-19 中是各年龄段不同性别司机百万公里伤亡及非伤亡事故的统计数

据。在"帕累托图"对话框中选择"堆积"选项和"单个个案的值"单选按钮，单击"定义"按钮，打开"定义堆积帕累托图：单个个案的值"对话框，如图 9-63 所示。将男司机伤亡事故数变量 cam、女司机伤亡事故数变量 caf、男司机非伤亡事故数变量 ncam 与女司机非伤亡事故数变量 ncaf 送入"值"框。在"类别标签"栏中选择"变量"单选按钮，将年龄段变量 age 送入"变量"框。单击"确定"按钮，生成各年龄段（岁）不同性别司机交通事故数（次）帕累托图，如图 9-64 所示。

图 9-63 "定义堆积帕累托图：单个个案的值"对话框

图 9-64 各年龄段不同性别司机交通事故数帕累托图

从图 9-64 中可以看出，30 岁之前的非伤亡事故与伤亡事故约占非伤亡事故与伤亡事故总和的 80%；交通事故随着司机年龄增长逐渐减少；非伤亡事故在交通事故中占比很大。

## 9.8 控 制 图

控制图（Control Charts）又称管理图，是一种用于分析和判断生产工序是否处于稳定状态的带有控制界限的统计图。控制图最初用于产品质量的控制，之后被推广到生产领域外的多个领域，如医学、金融等领域。控制图大致可分为两类：一类是计量值控制图，另一类是计数值控制图。在实际应用中，常组合使用这两类控制图。

### 9.8.1 选择控制图类型

按"分析→质量控制→控制图"顺序单击，打开"控制图"对话框，如图 9-65 所示。

**1. 控制图模式**

（1）"X 条形图，R 图，s 图"选项：选择此选项，生成平均值控制图、极差控制图、标准差控制图。

（2）"个体，移动范围"选项：选择此选项，生成单值控

图 9-65 "控制图"对话框

制图和移动极差控制图。

(3)"p 图，np 图"选项：选择此选项，生成不合格品率控制图和不合格品数控制图。

(4)"c 图，u 图"选项：选择此选项，生成缺陷数控制图和单位缺陷数控制图。

**2. 数据组织选择**

在"数据组织"栏中有如下两个选项。

①"个案是单元"单选按钮：观测量组结构数据选择此项，如数据文件 data9-20 的数据结构。

②"个案是子组"单选按钮：变量组结构数据选择此项，如数据文件 data9-21 的数据结构。

### 9.8.2 平均值控制图、极差控制图、标准差控制图

**1. 个案是单元的平均值控制图、极差控制图、标准差控制图**

在"控制图"对话框中选择"X 条形图，R 图，s 图"选项和"个案是单元"单选按钮，单击"定义"按钮，打开"X 条形图、R 图、s 图：个案为单元"对话框，如图 9-66 所示。根据数据文件 data9-20 中的数据作图，该数据文件中的数据是某厂 1988 年 6 月电解工序三个班次的电解效率。

(1)在"过程度量"框中指定控制图主要描述的变量。本例将电解效率变量[eec]送入该框。

图 9-66 "X 条形图、R 图、s 图：个案为单元"对话框

(2)在"定义子组"框中指定一个分类变量，在控制图中作为横轴变量。本例将日期变量[date]送入该框。

(3)"图表"栏中的"X 条形图使用范围"单选按钮和"X 条形图使用标准差"单选按钮的使用区别在于，前者用于细分组中样本数较小的资料，后者用于定义子组变量的各分类中样本数较大（大于 10）的资料。本例选择"X 条形图使用范围"单选按钮。

(4)系统默认勾选"显示 R 图"复选框，要求显示极差控制图。

(5)单击"选项"按钮，打开"X 条形图，R 图，s 图：选项"对话框，如图 9-67 所示。

① 在"Sigma 数目"框中输入中心线上、下的标准差数值，默认值为 3。

② 在"最小子组大小"框中输入分类变量各类最小样本数，默认值为 2。

③ 勾选"显示由缺失值定义的子组"复选框，生成的值将把缺失值作为一类显示。

图 9-67 "X 条形图，R 图，s 图：选项"对话框

单击"继续"按钮，返回"X 条形图、R 图、s 图：个案为单元"对话框。

(6)单击"确定"按钮，作图输出。

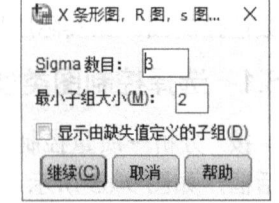

图 9-68（a）所示为电解工序每日三个班次的电解效率（%）的平均值控制图，中间

横线位置是平均值，为 94.739；UCL 是控制管理上限，为 100.043；LCL 是控制管理下限，为 89.435。

图 9-68（b）所示为电解效率的极差控制图，平均值是每天电解效率的范围（就是电解工序每日三个班次的电解效率的最大值减最小值）的平均值，为 5.183；管理控制上限 UCL 为 13.345，三个班次的电解效率最大差不能超过此值；管理控制下限 LCL 为 0。

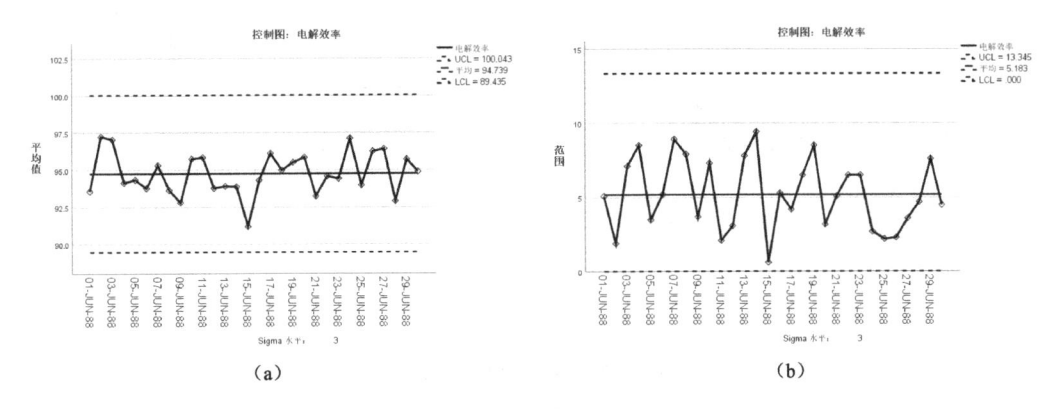

（a）　　　　　　　　　　　　　　（b）

图 9-68　电解工序每日三个班次的电解效率的平均值控制图和电解效率的极差控制图

### 2. 个案是子组的平均值控制图、极差控制图、标准差控制图

数据文件 data9-21 中的数据是某轧钢厂对 6mm 钢板的测试记录。变量 case 是样品编号，变量 t1～变量 t5 是对每个样品进行 5 次测试得到结果数据。

在"控制图"对话框中选择"X 条形图，R 图，s 图"选项和"个案是子组"单选按钮，单击"定义"按钮，打开"X 条形图，R 图，s 图：个案是子组"对话框，如图 9-69 所示。

（1）样品测定。至少要选择 2 个数值型变量送入"样本数"框。本例选择 t1 变量～t5 变量（对每个样品的 5 次测量值）送入"样本数"框。

（2）将细分组标识变量送入"子组的标注依据"框。本例将 case 变量作为细分组标识变量送入"子组的标注依据"框，在横轴上显示 19 个样品的平均值或 5 次测量的极差（最大值减最小值）。

（3）单击"确定"按钮，作图输出。

图 9-70（a）所示为 6mm 钢板厚度（mm）平均值控制图，测量的平均值是 5.9906，控制管理上限 UCL 为 6.2836，控制管理下限 LCL 为 5.6976，图中每个点的纵坐标为每个样品 5 次测量的平均值。

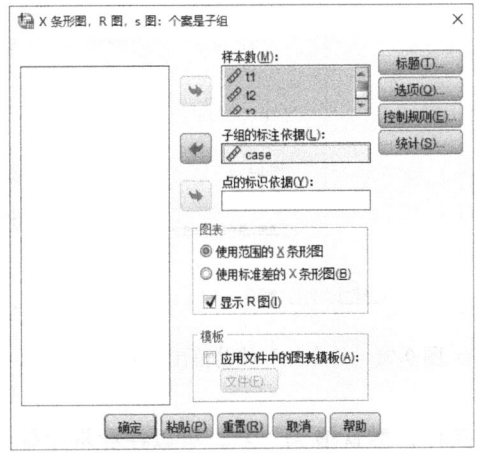

图 9-69　"X 条形图，R 图，s 图：个案是子组"对话框

图 9-70（b）所示为 6mm 钢板厚度极差控制图，图中每个点的纵坐标为每个样品 5 次测量的最大值减最小值的范围值，即极差值。这些极差值的平均值是中间的横线对应

的纵坐标值，为 0.5080，测量范围的控制管理上限 UCL 为 1.0742，控制管理下限 LCL 为 0。

图 9-70 中的两个分图的图题有误，不是"第 1 次……"，可以在编辑图形时修改。为便于读者对照这里给出原图。

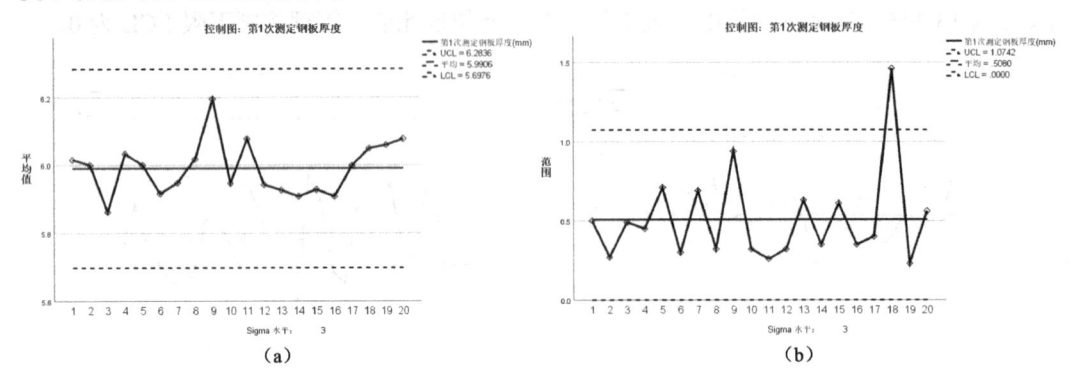

图 9-70  6mm 钢板厚度平均值控制图和极差控制图

### 9.8.3  单值控制图和移动极差控制图

数据文件 data9-22 中是混凝土坍落度（mm）数据。

在"控制图"对话框中选择"个体，移动范围"选项和"个案是单元"单选按钮，单击"定义"按钮，打开"个体和移动范围"对话框，如图 9-71 所示。

（1）选择 value 变量作为作图变量，送入"过程测量"框。

（2）选择 no 变量作为细分组标识变量，即横轴变量，送入"子组的标注依据"框。

（3）"图表"栏中的选项如下。

①"个体和移动范围"单选按钮。选择此选项，将绘制单值控制图和移动极差控制图。本例选择此选项。

②"个体"单选按钮。选择此选项，将绘制单值控制图。

③"跨度"框。在此框中指定计算控制极限时使用的个案数，以及用于计算移动极差的时间单位跨度。默认值为"2"。可以在此框中输入介于 2～100 的整数。本例保持系统默认设置。

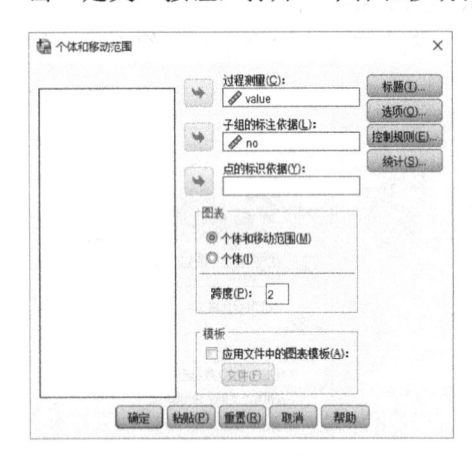

图 9-71  "个体和移动范围"对话框

（4）单击"确定"按钮，作图输出。

图 9-72（a）所示为单值控制图，每个点是一个观测值，中间横线对应值是这些观测值的平均值，为 7.104；控制管理上限 UCL 为 9.020，控制管理下限 LCL 为 5.188，也就是混凝土坍落度应该控制在 9.020～5.188 范围内。

图 9-72（b）所示为移动极差控制图，由于设置跨度为 2，因此第一个点对应横坐标为 2，对应纵轴值为第二个点值减第一个点值的值；第二个点对应横坐标为 3，对应纵轴

值为第三个点值减第二个点值的值，依次类推。移动极差的平均值为 0.721，控制管理上限 UCL 为 2.355，控制管理下限为 0。这表明两次处理间的差值应该控制在 0.721～2.355 范围内。

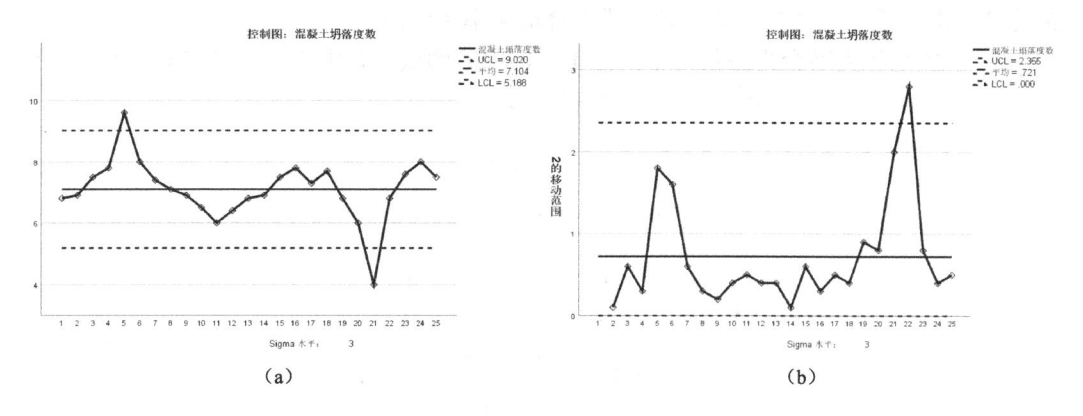

(a)

(b)

图 9-72　单值控制图和移动极差控制图

## 9.8.4　不合格品率控制图和不合格品数控制图

### 1. 个案是单元的不合格品率控制图和不合格品数控制图

在"控制图"对话框中选择"p 图，np 图"选项和"个案是单元"单选按钮，单击"定义"按钮，打开"p 图，np 图：个案是单元"对话框，如图 9-73 所示。

数据文件 data9-23 中的数据是小螺钉检测数据。case 为样品分组变量；products 为样品是否合格的数值型变量，值为 0 表示不合格，值为 1 表示合格。

（1）在"特征"框中指定作图变量，该变量必须是数值型变量。本例将 products 变量作为作图变量送入"特征"框。

（2）在"要计数的值"栏中设置变量值计数方式。该栏中的选项如下。

①"不符"（应译为"不合格"）单选按钮。选择此选项，将指定计算不合格产品数。

②"符合"（应译为"合格"）单选按钮。选择此选项，将指定计算合格产品数。

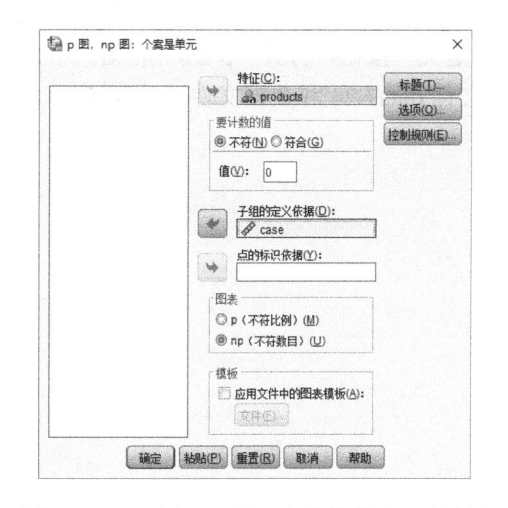

图 9-73　"p 图，np 图：个案是单元"对话框

③"值"框。在此框中输入对应属性变量值。对于数据文件 data9-23，如果要计算不合格产品数，就选择"不符"单选按钮，并在"值"框中输入"0"。这里输入的变量值应与作图变量中的变量值类型相同。

（3）将细分组标识变量送入"子组的定义依据"框。本例将 case 变量送入"子组的定义依据"框。

（4）在"图表"栏中选择图形描述模式。该栏中的选项如下。

①"p（不符比例）"单选按钮。选择此选项，将作不合格品率控制图。

②"np(不符数目)"单选按钮。选择此选项,将作不合格品数控制图。本例选择本选项。

在"要计数的值"栏中无论选择"不符"单选按钮,还是选择"符合"单选按钮,最后生成的图形都是不合格品数控制图或不合格品率控制图。

图 9-74 所示为不合格品数(个)控制图,中间的横线是中心线,各点对应的纵轴坐标表示对应横轴坐标表示的组内的不合格品数。

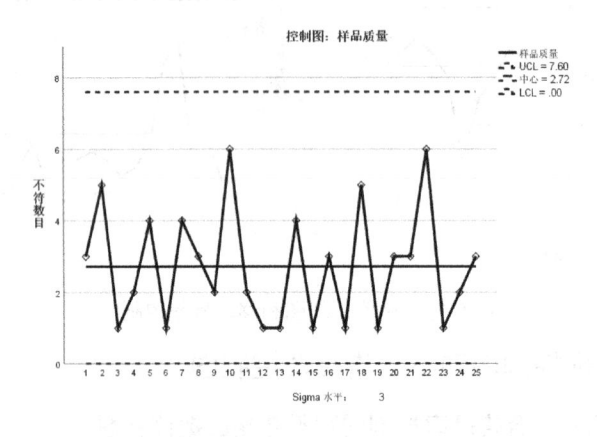

图 9-74 不合格品数控制图

### 2. 个案是子组的不合格品率控制图和不合格品数控制图

在"控制图"对话框中选择"p 图,np 图"选项和"个案是子组"单选按钮,单击"定义"按钮,打开"p 图,np 图:个案是子组"对话框,如图 9-75 所示。本例使用数据文件 data9-24 和数据文件 data9-25。

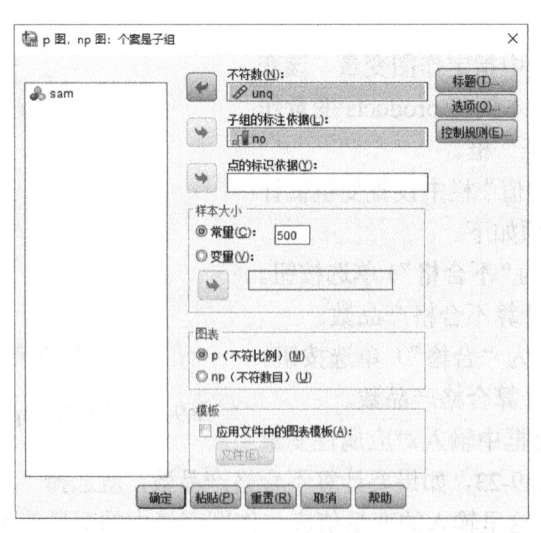

图 9-75 "p 图、np 图:个案是子组"对话框

数据文件 data9-24 中的数据是某构件厂产品质量数据。变量 no 是样品分组编号,变量 sam 是样品数(个),变量 unq 是不合格样品数(个)。每个细分组的样品数均为 500。

数据文件 data9-25 中的是抽样数不等的小螺丝检测数据。变量名及含义与数据文件

data9-24 中的变量名及含义相同，只是每个分组样品数不同。

（1）在"不符数"框中输入的变量必须是数值型变量。对于数据文件 data9-24 和数据文件 data9-25，均将不合格数变量 unq 送入该框。

（2）将细分组标识变量送入"子组的标注依据"框。对于数据文件 data9-24 和数据文件 data9-25，均将样品分组变量 no 送入该框。

（3）"样本大小"栏中的选项如下。

①"常量"单选按钮。若细分组样本量恒定，每个细分组样本量相同，则选择此选项并在"常量"框中输入样本量。对于数据文件 data9-24，由于每个细分组的样本量都是 500，故选择此选项，并在"常量"框内输入"500"。

②"变量"单选按钮。若细分组样本量不确定，无论细分组样本量是否相同，都可以通过表示每个细分组样本量的变量来说明细分组样本量，则选择此项。由于数据文件 data9-25 中的 sam 变量就是这样的变量，因此对于数据文件 data9-25，将 sam 变量送入"变量"框，用 sam 变量确定细分组样本量。

（4）在"图表"栏中选择图形描述模式。该栏中的选项如下。

①"p（不符比例）"单选按钮。选择此选项，将作各组不合格品率控制图。本例选择此选项。

②"np（不符数目）"单选按钮。选择此选项，将作各组不合格品数控制图。

（5）单击"确定"按钮，生成不合格率控制图，如图 9-76 所示。

由于数据文件 data9-27 中各分组中的样品数不同，所以不合格比例控制的上限、下限是一条水平线。

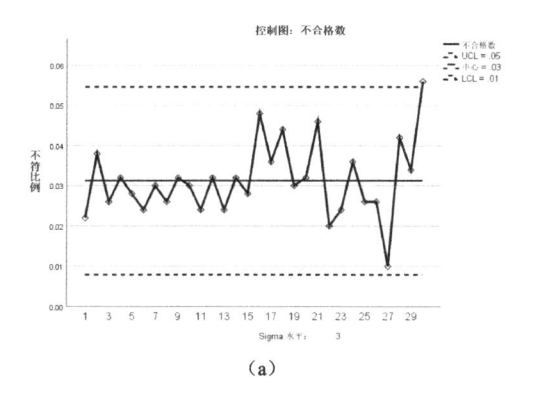

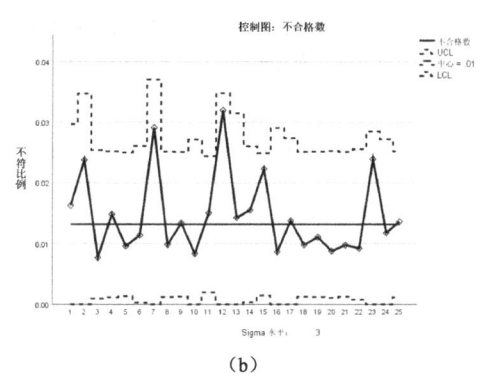

（a） （b）

图 9-76 不合格品率控制图

## 9.8.5 缺陷数控制图和单位缺陷数控制图

在"控制图"对话框中选择"c 图，u 图"选项和"个案是单元"单选按钮，单击"定义"按钮，打开"c 图，u 图：个案是单元"对话框，如图 9-77 所示。

本节使用数据文件 data9-24，该数据文件中的数据是某医院每周危急手术例数（例）。

主要操作步骤：选择 aes 变量作为被测对象送入"特征"框；选择 week 变量作为细分组标识变量，送入"子组的定义依据"框。

"图表"栏中有如下两个选项。

①"u（每个单元的不符数）"单选按钮。选择此选项，生成单位缺陷数控制图。

②"c（不符数）"单选按钮。选择此选项，生成缺陷数控制图。本例选择此选项。

单击"确定"按钮，生成某医院每月出现危急外科手术的缺陷数控制图，如图9-78所示。

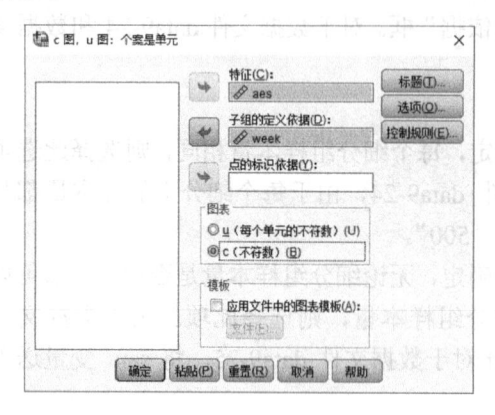

图9-77 "c图，u图：个案是单元"对话框

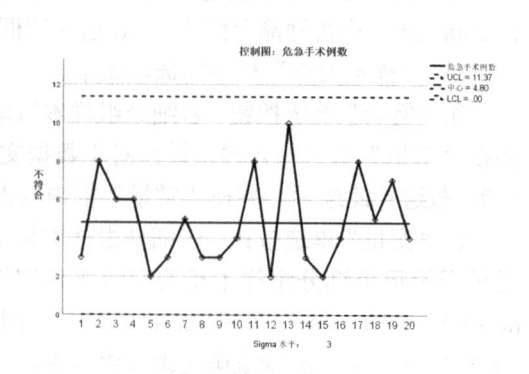

图9-78 某医院每月出现危急外科手术的缺陷数控制图

# 习 题 9

1. 绘制统计图的基本要求有哪些？
2. 使用数据文件 data9-27 绘制以下图形。
（1）男性和女性期望寿命对比条形图。
（2）不同气候地区的国家数量图。
（3）不同地区平均国民生产总值交互图。
（4）世界上不同宗教所占百分比饼图。

# 第 10 章　编辑统计图

## 10.1　认识图形组成

SPSS 可以生成普通统计图和交互统计图,二者各部分的名称基本相同。图形元素如图 10-1 所示。这里介绍一些主要名称。图形外框包括整个图形。数据边框包括坐标轴标题、坐标轴上的数值标注及图形。图形内框仅包括图形。图形外框和数据边框可以通过拖曳改变相应部分大小。文本可以以不同形式出现在图形中,可以是图形标题、脚注、轴标题、数据标签、注释等。

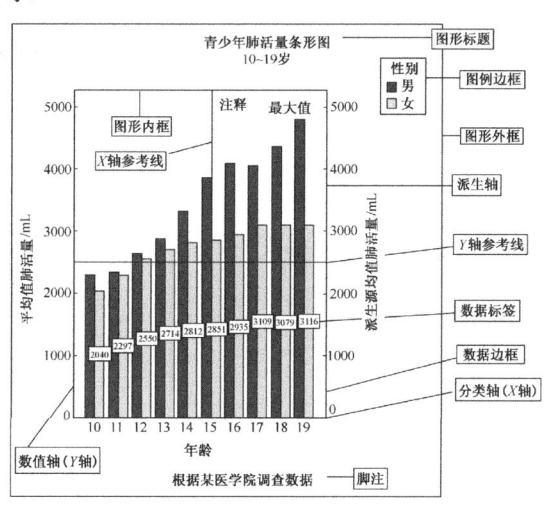

图 10-1　图形元素

其他图形组成说明如图 10-2 所示。

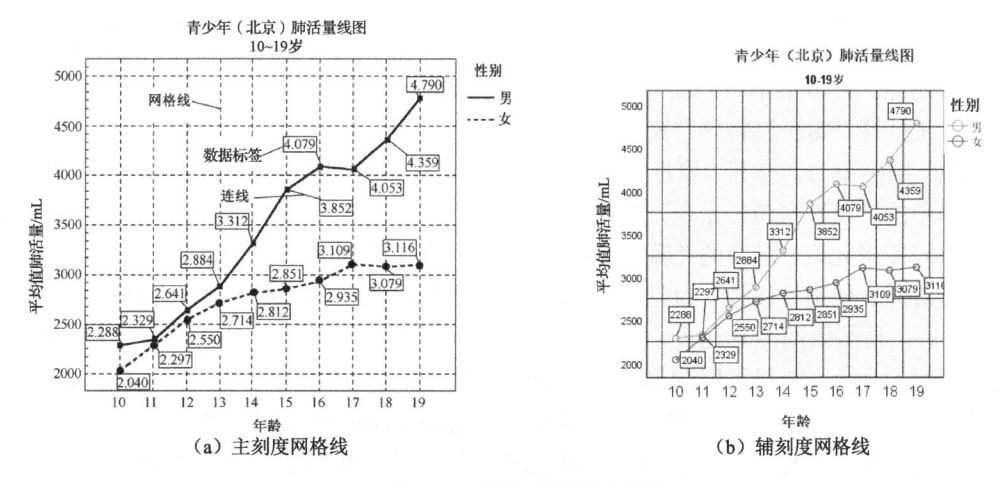

(a) 主刻度网格线　　(b) 辅刻度网格线

图 10-2　其他图形组成说明

## 10.2 编辑平面统计图

### 10.2.1 图形编辑途径和操作

在"查看器"窗口中产生图形后,为了进一步探查数据或增强视觉效果,需要在"图表编辑器"窗口对其进行编辑。

**1. 编辑图形的三种途径**

编辑图形的基本操作是双击该图形,进入图形编辑状态,在"图表编辑器"窗口中显示待编辑的图形,如图10-3所示,同时打开"属性"对话框,如图10-4所示。

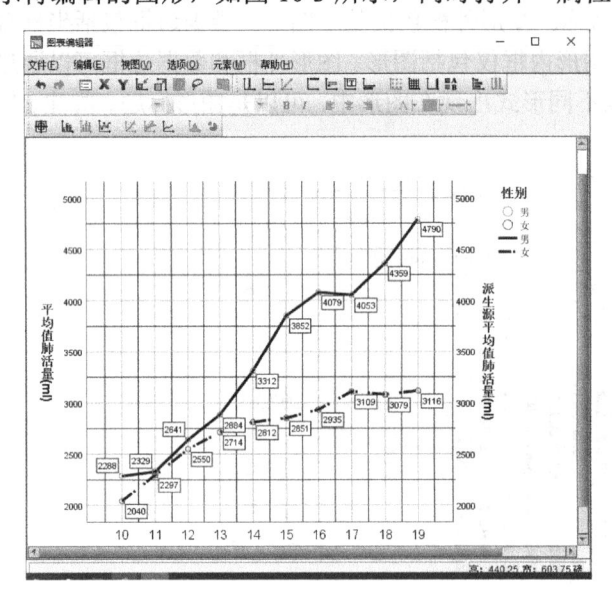

图 10-3 "图表编辑器"窗口　　　　图 10-4 "属性"对话框

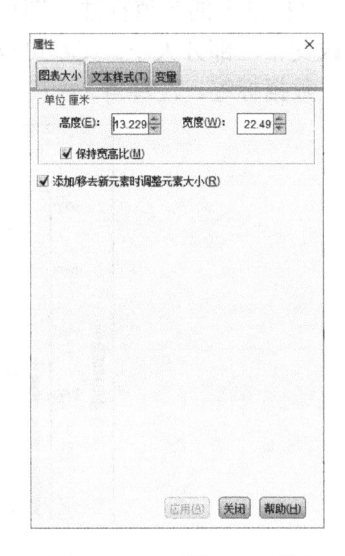

图10-3所示的"图形编辑器"窗口的标题栏包括功能菜单、编辑工具、选择工具、元素工具和格式工具。该窗口右下角为状态栏。是否在窗口中显示这些内容,可以在"视图"菜单项中进行设置。

(1)在"图表编辑器"窗口使用菜单项和工具栏中的工具对图形进行编辑是编辑图形的第一种途径。许多菜单中的命令已经在前面章节介绍,此处不再赘述。

(2)在打开"图表编辑器"窗口的同时,如果没有打开"属性"对话框,可以按"编辑→属性"顺序单击,打开"属性"对话框;也可以在图形外框的空白处右击,选择右键快捷菜单中的"属性窗口"命令,打开"属性"对话框。在"图表编辑器"窗口中的图形上选择不同图形元素,对应的"属性"对话框内容不同。各选项卡中的编辑方法与选择的图形元素对应。使用"属性"对话框中的各种选项卡中的功能是编辑图形的第二种途径。

(3)右击待编辑的图形元素,打开右键快捷菜单,其中包括各种编辑该图形元素和有关的元素组的命令。选择不同图形、不同图形元素,右键快捷菜单中的命令不相同,选择其中的命令,可以对图形元素进行具体编辑。这是编辑图形的第三种途径。

这三种途径是相通的,都必须在"图表编辑器"窗口中才能实现编辑功能。

本节主要介绍与图形编辑有关的命令、工具、属性窗口和右键快捷菜单的操作。

## 2. 选择编辑对象

（1）图形元素的选择。要对图形元素进行编辑，必须先选择它。要编辑的图形元素有时是单个元素，如坐标轴；有时是一组元素，如轴上刻度的标签。被选择的图形元素将被彩色框框住。下面介绍几种常用的选择图形元素的方法。

① 单击。例如，选择坐标轴、选择饼图的所有扇面、选择图形的数据区。

② 双击。该方法常用于选择并列元素组中的一组元素，如选择双变量条形图中的一个变量的一组条。

③ 右击。该方法用于指定元素组中的一个成员。例如，实现选择条形图中的一个矩形条的操作可以是右击该矩形条，在右键快捷菜单中按"选择→此条"顺序单击。

④ 用套索工具 选择几个图形元素。例如，在散点图中选择离群点，可以单击套索工具，用套索光标对要选择的对象画封闭曲线。

（2）文字的选择与移动、放缩。选择文字的方法与选择图形元素的方法相同。选择文字后，文字四周会出现带 8 个方块的框（见图 10-5）。将鼠标指针置于方块上，按住左键，鼠标指针变成双向箭头，按住左键拖曳即可对选择的文字进行缩放。将鼠标指针置于框的边缘，鼠标指针变成 4 个箭头，按住左键拖曳即可将选择的文字移动到新位置。

在如图 10-4 所示的"属性"对话框的"图表大小"选项卡中可以对图形进行精确的缩放，单击"高度"框、"宽度"框旁的数值调节按钮，即可改变图形外框的高度和宽度。要想保持图形高宽比不变，按比例缩放，应勾选"保持宽高比"复选框。勾选此复选框后，在缩放外框以内的各图形元素时，文字部分，如主副标题、轴标题、轴刻度标签、图例不变化。勾选"添加/移去新元素时调整元素大小"复选框，在添加或移除其他元素时，图表中元素的大小能自动调整。

图 10-5 选择文字

### 10.2.2 改变图形构成

为了说明图形编辑方法，先作条形图。数据文件 data10-01 中是 12 个城市 1985—1994 年各月气温（℃）的数据。按"图形→旧对话框→条形图"顺序单击，打开"条形图"对话框，选择"简单"选项和"个案组摘要"单选按钮，单击"定义"按钮，打开"定义简单条形图：个案组摘要"对话框。在原始变量列表中选择 month 作为 X 轴变量送入"类别轴"框；在"条形表示"栏中选择"其他统计（例如平均值）"单选按钮，选择 guangzhou 变量送入"变量"框。

单击"标题"按钮，打开"标题"对话框，设置图形标题，在"第 1 行"框中输入"月均气温比较"；在"第 2 行"框中输入"1985—1994 年"。单击"继续"按钮，返回"定义简单条形图：个案组摘要"对话框，单击"确定"按钮，生成如图 10-6（a）所示图形。

#### 1. 图形转换

图形转换的前提条件是有充足的数据。系统自动识别可以转换的图形，在"属性"对话框"变量"选项卡的"元素类型"下拉列表中加黑的图形，就是当前图形可以转换成的目标图形。将标记状态的条形图转换为内插线图和散点图的操作方法是，双击该条形图，在"属性"对话框"变量"选项卡的"元素类型"下拉列表中选择"内插线图"选项，单击"应用"按钮，如图 10-6（a）所示的图形变换成如图 10-6（b）所示的线图；在"元素类型"下拉列表中选择"标记图"选项,单击"应用"按钮,如图 10-6(a)所示的图形转换成如图 10-6(c)所示的图形。每选择一个选项,就需要单击一次"应用"按钮。

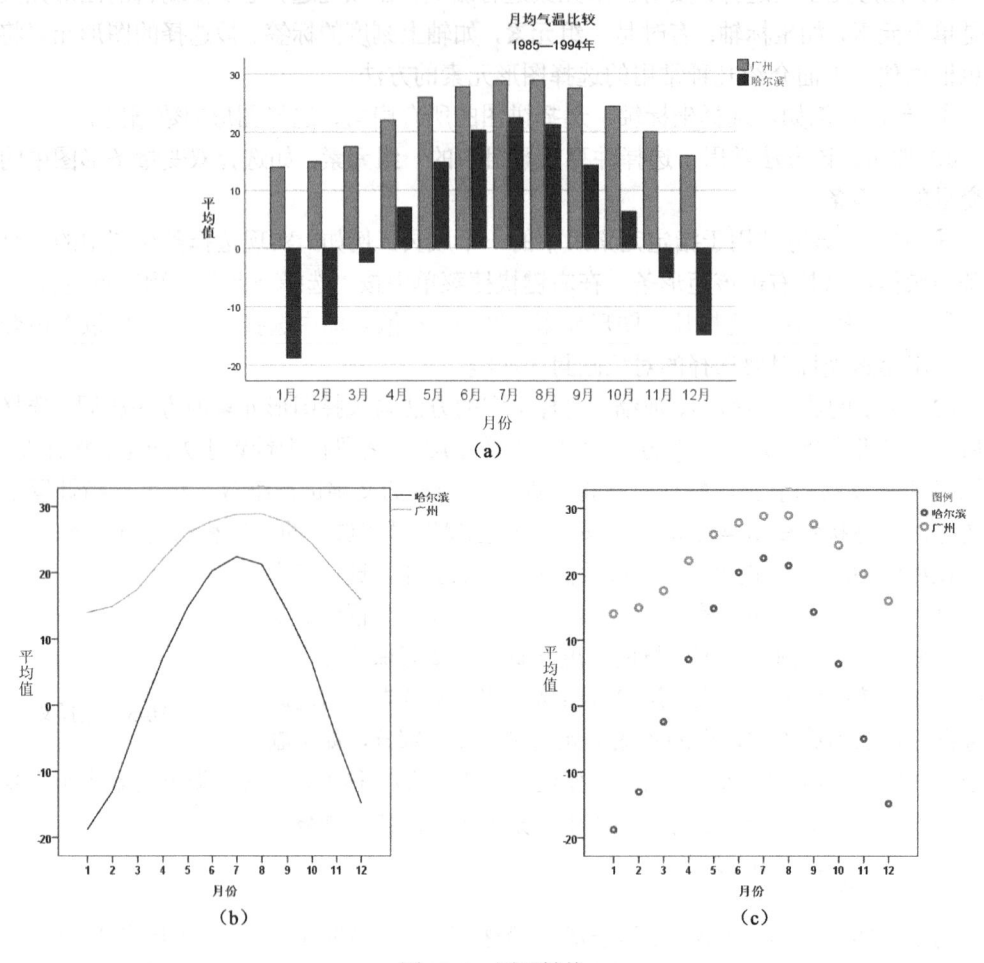

图 10-6 图形转换

**注意**:转换后的图形类型不一定能很好地表达数据,不一定便于观察。如果将如图 10-6(a)所示的图形转换成饼图,就不易直接观察。因此需要注意最后的图形转换结果。

### 2. 图形转置

有 $X$ 轴、$Y$ 轴的平面图形可以进行转置,即把直角坐标系旋转 90°。这与改变原始变量与自变量的角色是有区别的。例如,对曲线图形来说,后者需要重新进行拟合。

图形转置的方法很简单,在"图表编辑器"窗口中右击需要转置的图形,在右键快捷菜单中选择"变换图表"命令,图形将顺时针旋转 90°,得到转置后的图形。图 10-6(a)的转置结果如图 10-7 所示。

### 3. 在图形中增加值标签

用户通过设置可以使图形显示条形图中的矩形条、饼图中的扇面、线图中的点、箱图中的线等代表的数值和百分比,或者散点图和箱图中各个观测量的数值。

先选择要显示的数值的图例,在如图 10-8(a)所示的图例中选择"哈尔滨",右击,在右键快捷菜单中选择"显示数值标签"命令,哈尔滨的所有平均气温数值将被标出;选择右键快捷菜单中的"隐藏数值标签"命令,值标签将被隐藏。

选择值标签,"属性"对话框中会显示"数据值标签"选项卡,其中"显示"框中显示的是已经在图中显示标签的变量的标签名,"不显示"框中显示的是没有在图中显示标签名的变量名。例如,将"不显示"框中的"月份"送入"显示"

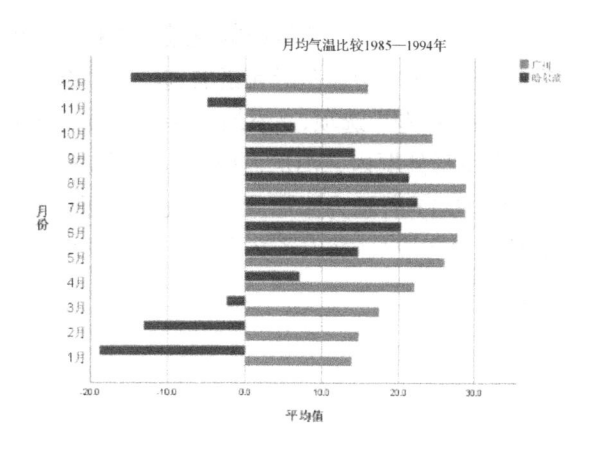

图 10-7 图 10-6(a)的转置结果

框,单击"应用"按钮,哈尔滨的平均气温矩形条上增加了对应月份,如图 10-8(b)所示。

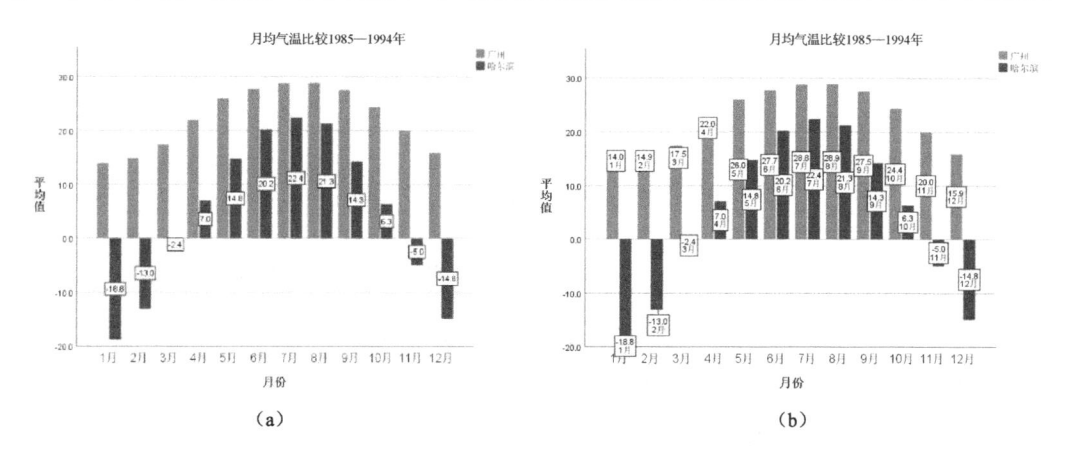

图 10-8 值标签示例

"数据值标签"选项卡如图 10-9 所示。

单击工具栏中的▣图标,光标变成▣形状,表示数据识别模式被激活,此时,单击某个图形中的矩形条、点、线等即可显示/隐藏值标签。这个工具的方便之处在于可以逐个增加值标签,也可以逐个隐藏已经显示的值标签。

在"属性"对话框"数据值标签"选项卡的"标签位置"栏中选择"自动"单选按钮、"手动"单选按钮、"定制"单选按钮中的一个,选择标签位置的调整方式。在选择"手动"单选按钮调整标签位置时,可以用鼠标将已经加在图中的标签拖曳到任何位置;在选择"自定义"单选按钮调整标签位置时,可以在"标签位置"栏下面的九格表中选择标签的位置。

### 4. 增加其他图形组成

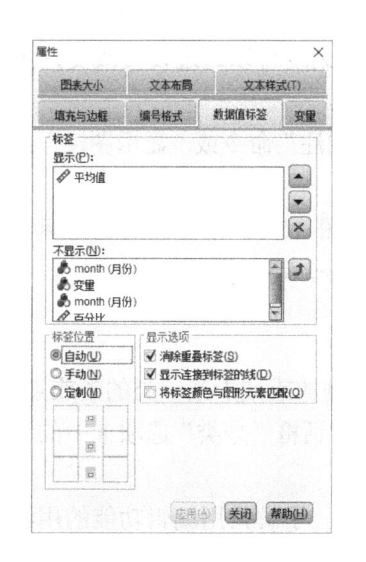

图 10-9 "数据值标签"选项卡

生成图形后可以继续对图形进行修饰。例如,增加对图形的解释，对一些变量或数值进行注释，画出参考线、拟合线等。图 10-10 所示为右键快捷菜单，其中增加图形元素的选项有"添加 X 轴参考线"选项、"添加 Y 轴参考线"选项、"添加标题"选项、"添加注释"选项（在图形内框内、数据区中）、"添加文本框"选项（在图形外框内、图形内框外）、"添加脚注"选项。

图 10-11 所示为添加新图形元素的条形图，添加了图形元素 Y 轴参考线（Y 轴值为 10 处的参考线）、插入了文本框（最高平均气温、最低平均气温）、添加了脚注（2022 年 2 月 1 日）。

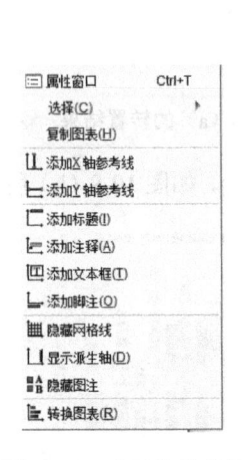

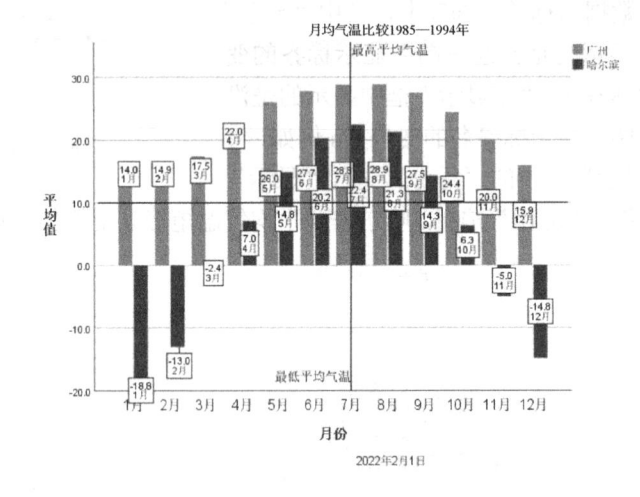

图 10-10　右键快捷菜单　　　　图 10-11　添加新图形元素的条形图

这些新加入的图形元素与生成的图形元素一样，可以通过单击、双击进行编辑，可以移动位置，还可以改变文字元素的字体、字号等。

### 5．显示派生轴、图例、线图标记点

派生轴是为了看图方便在原始轴对面产生的刻度、标注与原始轴不完全一样的轴线。在右键快捷菜单中选择"显示派生轴"命令、"隐藏派生轴"命令可显示与隐藏派生轴。图 10-12 中右侧有刻度的轴线就是派生的 Y 轴。派生轴上的刻度可以通过设置改变，不一定与原始轴相同。

如果原图中有图例，那么在右键快捷菜单中选择"隐藏图注"命令或"显示图注"命令，可以隐藏或显示图例。

线图标记点是在线图上对应横轴各刻度的点的标记，如图 10-12 中曲线上的各标记点。在编辑线图时，在右键快捷菜单中选择"添加标记"命令，可对线添加标记。

### 6．在"属性"对话框"分类"选项卡中改变分类

若想改变条形图、散点图等图中分类变量各类的顺序、增加或减少某一类的条或点，或者减少或增加饼图中某一类的扇面等，可以通过"属性"对话框"分类"选项卡中的设置完成。

【例】　以数据文件 data10-01 为例，建立编辑图形的概念，了解常用编辑功能的用法及效果。

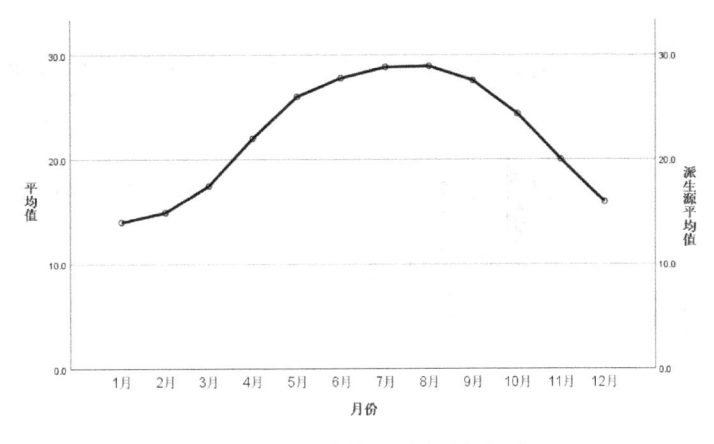

图 10-12 派生轴、图注和标记点

（1）建立条形图。

按"图形→旧对话框→条形图"顺序单击，打开如图 10-13（a）所示的"条形图"对话框。选择"簇状"选项，在"图表中的数据为"栏中选择"单独变量的摘要"单选按钮，单击"定义"按钮，打开"定义簇状条形图：单独变量的摘要"对话框，如图 10-13（b）所示。

在"定义簇状条形图：单独变量的摘要"对话框中，将北京、哈尔滨、广州变量送入"条形表示"框，将月变量送入"类别轴"框，单击"确定"按钮，生成条形图。双击该图进入图形编辑状态，如图 10-13（c）所示，并打开"属性"对话框，如图 10-13（d）所示。

单击"图表大小"选项卡，如图 10-13（d）所示，精确地调整图形外框的尺寸。勾选"保持宽高比"复选框，修改"高度"框和"宽度"框中的一个数值，另一个数值会根据比例自动变化，不用手动调整。系统默认勾选"添加/移去新元素时调整元素大小"复选框。

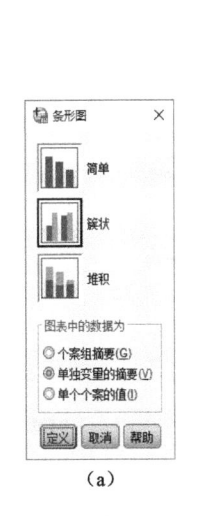

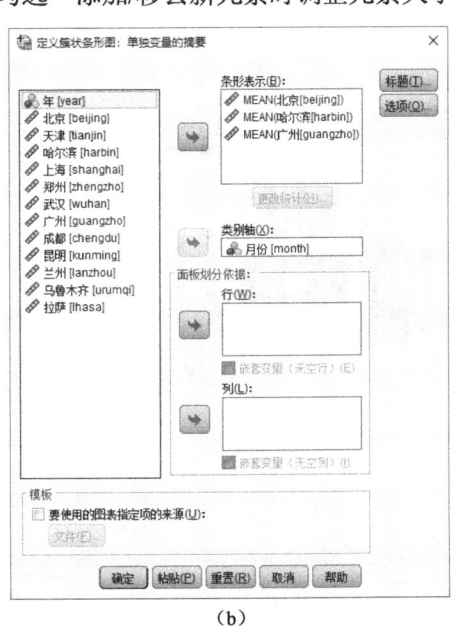

（a） （b）

图 10-13 生成条形图与进入图形编辑状态的操作示意图

(c) (d)

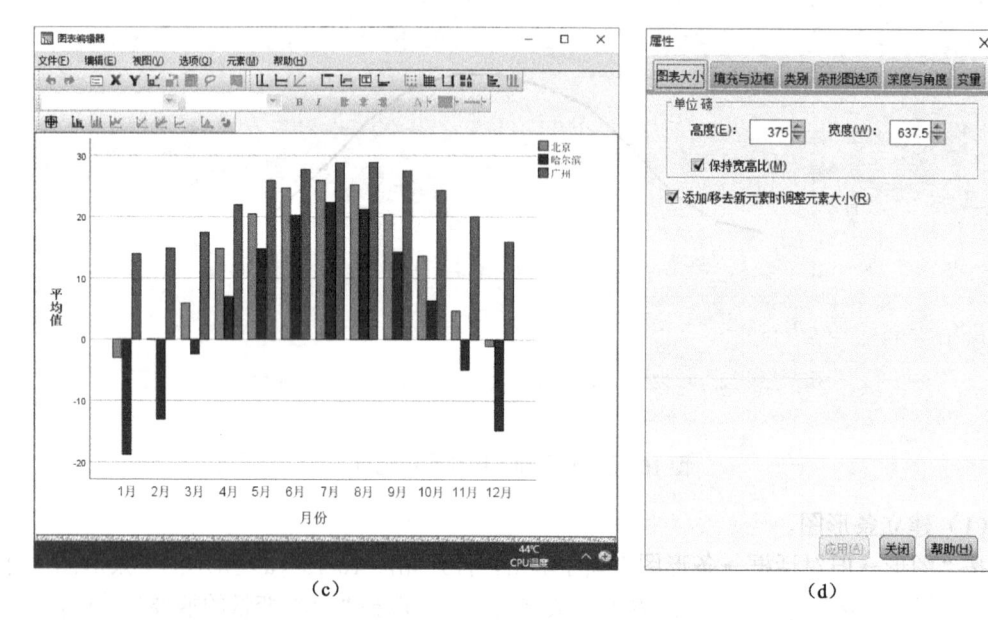

图 10-13 生成条形图与进入图形编辑状态的操作示意图（续）

（2）编辑条形图。

当单击图形中的一个矩形条时，所有矩形条都将被选择，如图 10-14（a）所示。同时"属性"对话框发生变化，这里是显示"类别"选项卡，如图 10-14（b）所示。

① 在"变量"下拉列表中可以指定变量，也可以指定图例，指定一个设置一个，单击"应用"按钮实现一个。图 10-14（a）所示为对图例所列城市分类的操作。图 10-14（b）所示为对变量北京的操作。去掉北京对应的矩形条的操作是，在"顺序"框中选择北京，单击右侧的"删除"按钮，北京被移到"已排除"框内，如图 10-14（c）所示，单击"应用"按钮，输出的条形图不再显示表示北京 12 个月平均气温的矩形条，如图 10-14（d）所示。

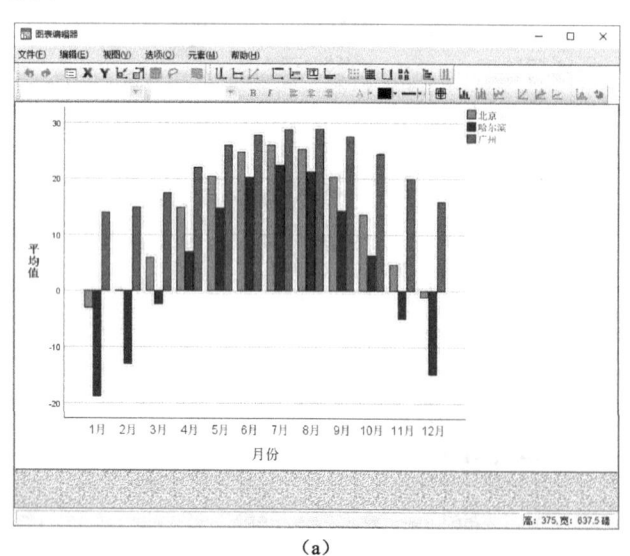

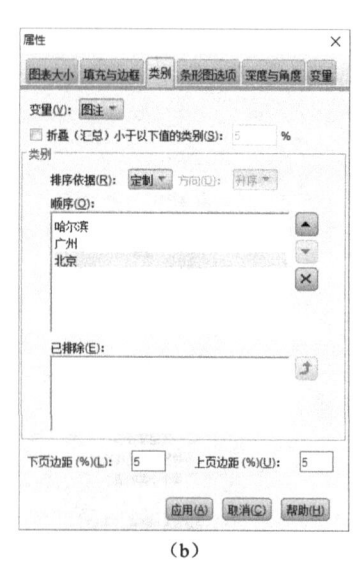

(a) (b)

图 10-14 "类别"选项卡对分类变量的设置

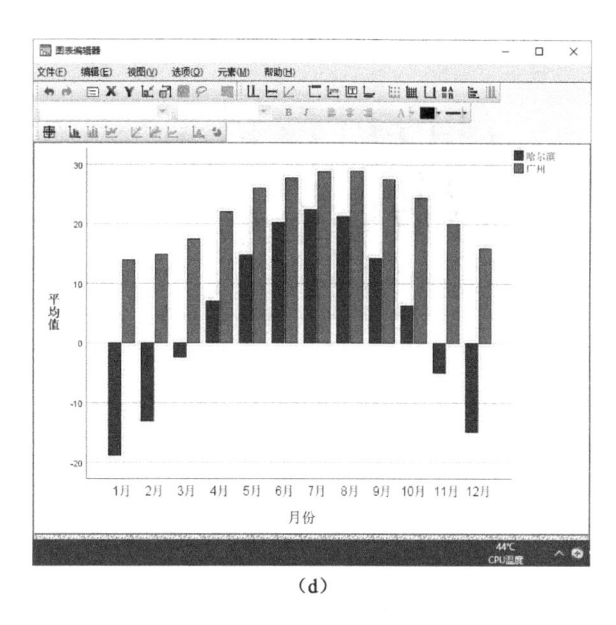

figure 10-14 "类别"选项卡对分类变量的设置（续）

② 勾选"折叠（汇总）小于以下值的类别"复选框，并在后面的框中输入百分比值，将小于该数值的元素合并为一类。例如，在后面的框中输入"10"，图中数值总和小于10%的分类将被合并为默认名为"其他"的新分类，并显示在"顺序"框中。该功能用于在条形图重点不突出时合并一些类。

③ "类别"栏显示分类变量的各类排序的方法。

- 在"排序依据"下拉列表中选择变量的排序依据，该下拉列表包括"标签"选项、"统计"选项、"值"选项、"定制"选项。排序结果显示在"顺序"框中。在选择前3种排序分类值的方法时，需要在"方向"下拉列表中选择升序或降序排序。
- "顺序"框中显示的是分类轴上显示的分类值。如果将"排序依据"设置为"定制"，可通过单击向上箭头按钮、向下箭头按钮调整分类值顺序。选中某分类值，单击"删除"按钮将其移到"已排除"框中，在单击"应用"按钮后，分类轴上将不再显示该分类值对应的矩形条。
- "已排除"框中是被剔除的分类变量。选择一个变量，单击向上移动变量按钮，该变量将被送回"顺序"框。

④ 若需要在分类轴两侧留白，则需要在"上页边距"框、"下页边距"框中分别输入在分类轴上面、下面留出的空间占整个分类轴的百分比。

图 10-15（a）所示为四个国家月失业率数据条形图的原图与编辑后的效果图，上图为原图，下图为去掉一个国家数据后的效果图。（注：绘图用到的原始数据存放在数据文件 data10-04 中。）

"类别"选项卡的功能对饼图的作用更明显。图 10-15（b）上图是原图，下图是将小于 8%的扇面合并后的效果图，其中，1月、2月对应扇面被合并成其他类，数值是两个月的数值相加，为 15.11%。

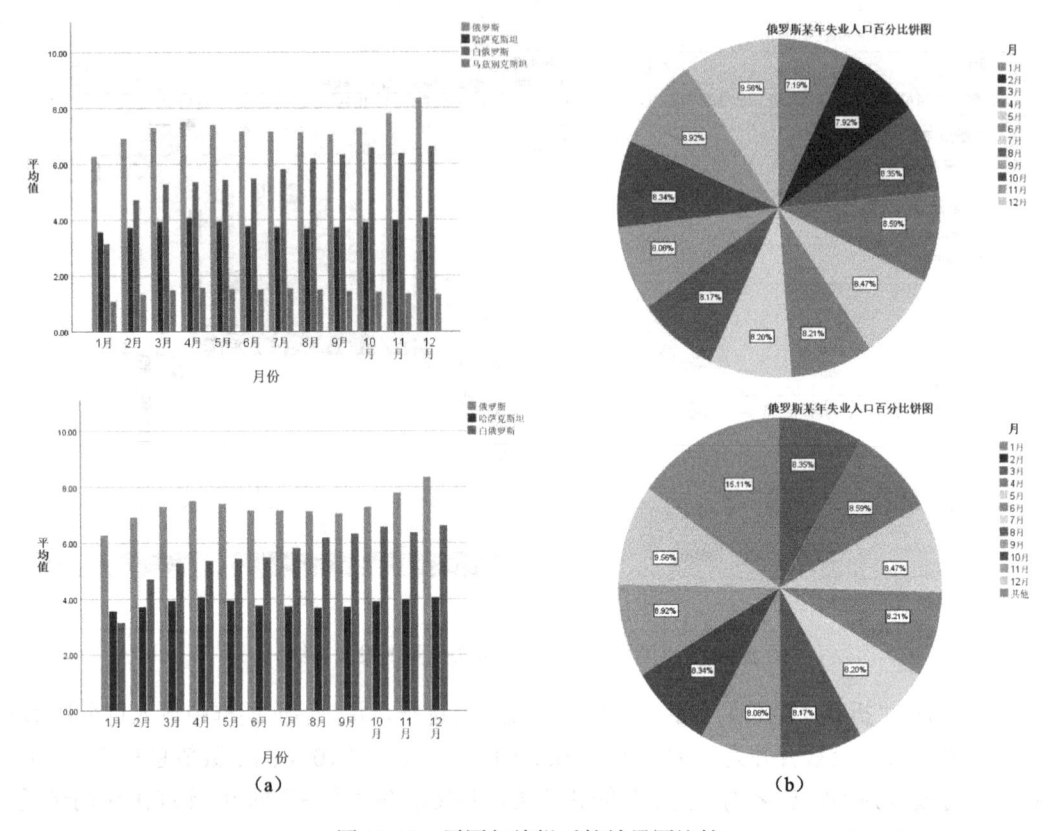

图 10-15 原图与编辑后的效果图比较

### 10.2.3 图形与文字修饰

通过"属性"对话框中的"填充与边框"选项卡对图形进行修饰。当选择了条形图的矩形条、饼图的扇面等元素时,"属性"对话框自动变为如图 10-16(a)所示的对话框;当选择了文字元素,如值标签、标题、脚注等时,"属性"对话框自动变为如图 10-16(b)所示的带有"文本样式"选项卡的对话框。在右键快捷菜单中选择"显示数据标签"命令,可以打开"属性"对话框中的"文本布局"选项卡,如图 10-16(c)所示,对值标签进行编辑。

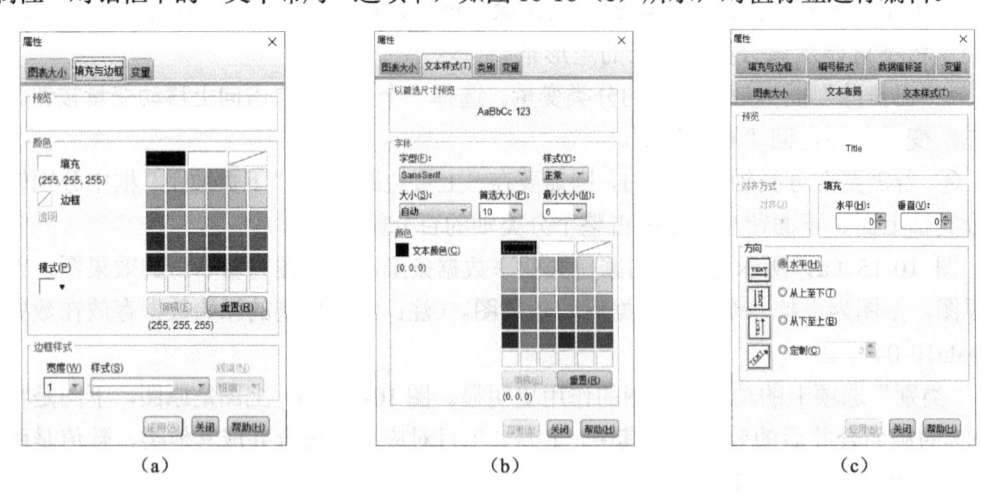

图 10-16 修饰图形元素、文字的"属性"对话框

如果选择了要修饰的图形元素或文字，没有出现带有相应功能的"属性"对话框，可按"编辑→属性"顺序单击，打开"属性"对话框。

**1. 填充与边框**

利用填充功能，可为图形整体增加底纹或为选中的区域填充颜色或增加底纹。利用边框功能，可对选中的区域增加线框，改变边框的线型、粗细、颜色。可被选中的区域包括图形整体、图形内框、图例框、文本框、注释框等，还包括条形图、面积图、极差图、饼图、箱图、误差条形图、直方图等。

（1）"预览"栏显示单击"应用"按钮后实现的效果。

（2）"颜色"栏。"填充"框中显示的是填充的颜色，"边框"框中显示的是边框的颜色，"模式"下拉菜单中的选项是要填充的底纹。在调色板中，选择■，将填充黑色；选择□，将填充白色；选择╱，将填充透明色。图形内框背景色在创建图形后显示为灰色，选择╱的填充效果较好。

（3）"边框样式"栏。在"宽度"下拉列表中选择边框宽度；在"样式"下拉列表中选择线型，包括虚线、点画线等；在"线端"下拉列表中选择虚线类线型每段线两端的形状，包括粗端、圆形、正方形。

**2. 修饰文字**

图形中的文字包括文本框中输入的文本、图形标题、子标题、脚注、轴标题、坐标轴值标签、图例标题等。

（1）"文本样式"选项卡［见图10-16（b）］。

① "以首选尺寸预览"栏显示首选尺寸的当前文字式样，对字体、颜色进行设置，并单击"应用"按钮后，该栏显示实际的文字效果。

② 在"字体"栏中设置字体。在"字型"下拉列表中选择字体；在"样式"下拉列表中选择字体的加粗、倾斜或加粗并倾斜等效果；在"大小"下拉列表中选择字号；在"首选大小"下拉列表中选择首选字号；在"最小大小"下拉列表中选择最小字号。如果图形不是太小，可将"大小"设置为"自动"，显示的字号将与整个图成比例，首先尝试使用首选字号，最小不会小于最小字号。如果要插入的图形需要缩小，最好选择较大的字号并加粗，这样打印出的图形效果较好。

③ 在"颜色"栏中选择字的颜色，所选颜色将显示在"文本颜色"旁的方块中。

（2）在"文本布局"选项卡［见图10-16（c）］中设置文字排列方式。

① 在"预览"栏中可预览设置效果。

② 在"对齐方式"栏中的"对齐"下拉列表中选择文字对齐方式。

③ 在"填充"栏中设置文字水平方向与左边框（或垂直方向与上边框）的距离，包括水平距离和垂直距离。如果对齐方式不是中心对齐，那么距离设置不当有可能导致文字无法显示。

④ 在"方向"栏中选择文字排列方向，包括水平、从上至下、从下至上、定制4种方式。

## 10.2.4 坐标轴的编辑

在"图表编辑器"窗口中,选择坐标轴,打开"属性"对话框。如果没有打开"属性"对话框,就按"编辑→属性"顺序单击。坐标轴编辑可能使用到的选项卡有如图 10-17(a)所示的"刻度"选项卡、如图 10-17(b)所示的"编号格式"选项卡、如图 10-18(a)所示的"线"选项卡和如图 10-18(b)所示的"标签与刻度"选项卡。

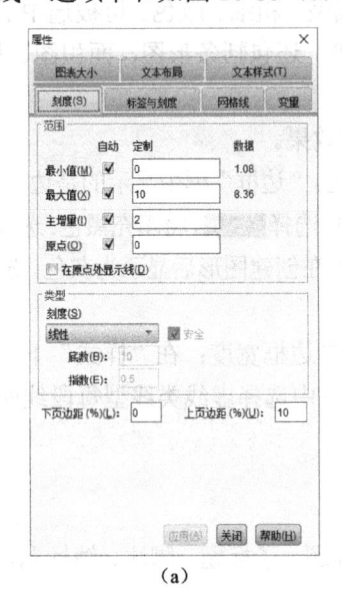

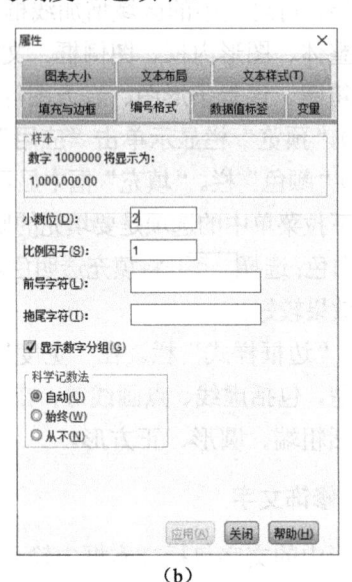

(a)

(b)

图 10-17 "刻度"选项卡和"编号格式"选项卡

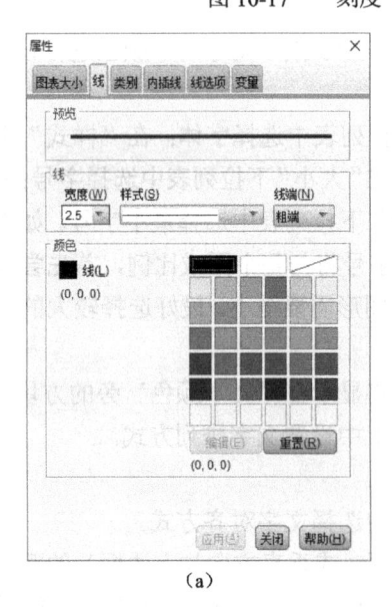

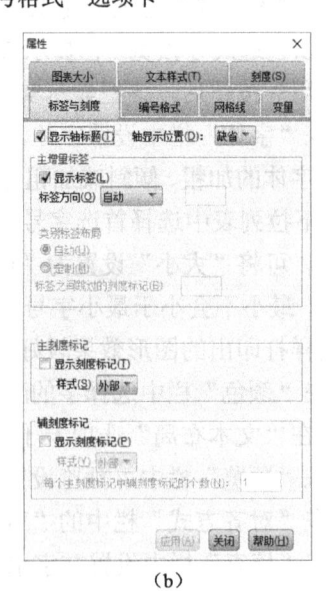

(a)

(b)

图 10-18 "线"选项卡和"标签与刻度"选项卡

### 1. "刻度"选项卡

如果选择的坐标轴变量是尺度变量,就在"刻度"选项卡中对其进行编辑。

(1)"范围"栏用于设置坐标轴的刻度范围,包括最大值、最小值、主增量(跨度或步长）和原点刻度起始位置。

① 选择刻度范围和跨度。它们之间的关系如下。

| 选　项 | 自 动 设 置 | 定　制 | 数　据 |
|---|---|---|---|
| 最小值 | 系统指定最小值 | 用户指定最小值 | 实际数据最小值 |
| 最大值 | 系统指定最大值 | 用户指定最大值 | 实际数据最大值 |
| 主增量 | 系统指定主刻度跨度 | 用户指定主刻度跨度 | — |
| 原点 | 系统指定起始值 | 用户指定起始值 | — |

② 如果两轴交叉点不是(0,0)点，可以勾选"在原点处显示线"复选框，以在(0,0)点处显示一条直线。

（2）在"类型"栏选择坐标轴的变换方法。为便于得出统计结论，可以对刻度进行转换。

"刻度"下拉列表中包括如下选项。

① "线性"选项。选择此选项，将显示线性转换的刻度。

② "对数"选项。选择此选项，将显示对数转换的刻度。选择此选项后，需在"底数"框中输入对数的底，该值必须大于1。如果勾选了"安全"复选框，将不以log$y$作刻度，而是对原刻度的绝对值取对数，再加上正负号。

③ "幂"选项。选择此选项，将显示指数幂刻度。选择此选项后，需在"指数"框中输入指数，默认值为 0.5，即开方。如果勾选了"安全"复选框，将显示安全的刻度，即对原刻度处的数值取指数，而不是对轴变量取指数。

④ "logit"选项。选择此选项，将显示 Logit 转换的刻度。转换的公式是 $\log(1/(1-x))$。$x \in (0,1)$，即对于任何数据值 $x$ 有 $0 < x < 1$。

⑤ "概率"选项。选择此选项，将显示概率转换的刻度。转换的公式是正态分布的逆累积分布函数。$x \in [0, 1]$，即对于任何数据值 $x$ 有 $0 \leqslant x \leqslant 1$。

⑥ "逆正弦"选项。选择此选项，将显示逆正弦转换的刻度（又称反正弦刻度）。转换的公式是 arcsin$x$。$x \in [0, 1]$，即对于任何数据值 $x$ 有 $0 \leqslant x \leqslant 1$。

⑦ "双曲反正切函数"选项。选择此选项，将显示反正切函数转换的刻度（又称逆双曲线正切刻度或费希尔 $z$ 刻度）。转换的公式是 arctan$x$。$x \in (-1, 1)$，即对于任何数据值 $x$ 有 $-1 < x < 1$。

⑧ "互补双对数"选项。选择此选项，将显示互补双对数转换的刻度（又称威布尔刻度）。转换公式是 $\log(\log(1/(1-x)))$，$x \in (0, 1)$，即对于任何数据值 $x$ 有 $0 < x < 1$。

（3）"上页边距"框和"下页边距"框用于设置图形数据区元素的上、下留白的百分比，默认值为 5，可以输入的值范围为 0～50。如果输入"50"，将看不到图形。

**2. "编号格式"选项卡**

如果选择的坐标轴变量是尺度变量，就在"编号格式"选项卡中对其进行编辑。如果没有打开"属性"对话框，可以通过右键快捷菜单打开。

① 在"小数位"框中输入刻度标识的小数位数。

② 在"比例因子"框中指定比例因子，刻度轴上的每个值除以换算系数。例如，刻度值为 1000000、2000000，可以用 1、2 代替，同时将 millions 加到轴的标题上。

③ 在"前导字符"框中指定刻度标识的第一个字符，如$。

④ 在"拖尾字符"框中指定刻度标识的最后一个字符，如%。
⑤ 勾选"显示数字分组"复选框，将指定使用千位分节号。
⑥ "科学记数法"栏中有三个选项："自动"单选按钮、"始终"单选按钮、"从不"单选按钮。

### 3. "线"选项卡

（1）在"线"栏中的"宽度"下拉列表中，选择线的宽度；在"样式"下拉列表中选择线型；在"线端"下拉列表中选择虚线线型每段线两端的形状。
（2）在"颜色"栏中设置线的颜色。

### 4. "标签与刻度"选项卡

在"标签与刻度"选项卡中设置轴上的值标签和刻度线的属性。
（1）"显示轴标题"复选框。系统默认勾选此复选框。
（2）"轴显示位置"下拉列表。默认选择"缺省"选项，即 $X$ 轴在下边，$Y$ 轴在左边。若选择"相反"选项，则坐标轴显示到默认位置的对面。
（3）"主增量标签"栏。
① "显示标签"复选框。勾选此复选框将显示坐标轴刻度标签，并激活"标签方向"下拉列表。"标签方向"下拉列表中可选的排列方向包括自动、水平、垂直、对角线、交错排列及定制角度。若将"标签方向"设置为"定制角度"，则可在后面框中指定旋转角度，自定义排列方向。
② "类别标签布局"选区包括两个选项，只对分类轴有效。

- "自动"单选按钮。系统默认选择此选项。
- "定制"单选按钮。选择此选项后，需要在"标签之间跳过的刻度标记"框中指定跳过某些刻度。框中的数字决定跳过的标签数。例如，在分类轴上有 A~L 12 个分类刻度标签，在"标签之间跳过的刻度标记"框中输入"2"，在分类轴上将只显示 A、D、G、J 4 个标注。

（4）"主刻度标记"栏。
勾选"显示刻度标记"复选框，激活"样式"下拉列表，选择显示方式。"样式"下拉列表中有三个选项："外部"选项，刻度标记在坐标轴外，系统默认选择此选项；"内部"选项，刻度标记在坐标轴内；"穿过"选项，刻度标记穿越坐标轴线。
（5）"辅刻度标记"栏。
勾选"显示刻度标记"复选框，激活"样式"下拉列表，选择显示方式，各选项含义与"主刻度标记"栏中的"样式"下拉列表中的选项含义相同。
在"每个主刻度标记中辅刻度标记的个数"框中设置每两个主刻度间的辅刻度数。

### 5. 派生 $Y$ 轴的修饰（派生轴显示方法参见 10.2.2 节）

选择派生出的 $Y$ 轴，在"属性"对话框中单击"派生轴"选项卡，如图 10-19（a）所示。在"定义"栏内定义派生轴与尺度轴的比例。

（1）在"刻度轴"和"派生轴"下面定义原 $Y$ 轴单位与派生 $Y$ 轴单位的比例。例如，"比率"为"1000"，"单位等于"为"1832"，含意为原 $Y$ 轴 1000 个单位相当于派生 $Y$ 轴 1832 个单位，两个框中输入的数必须是正整数。此外，在指定了比值后，还应该考虑增量的大小。

（2）"匹配"框、"值等于"框中的值表示原 $Y$ 轴上某数值与派生 $Y$ 轴上某数值对应。例如，在"匹配"框中输入"0"，在"值等于"框中输入"32"，即原 $Y$ 轴刻度 0 与派生 $Y$ 轴刻度 32 对应，这种对应关系要根据作图需要确定。

如图 10-19（b）所示，原 $Y$ 轴对应单位为摄氏度，派生轴对应单位为华氏度。$X$ 轴是分类轴，刻度标签按自定义排序；主刻度向外，隔一个值显示一个，显示轴标题，横轴两端各有 10%的留白；$Y$ 轴的原点（0℃）显示一条直线。

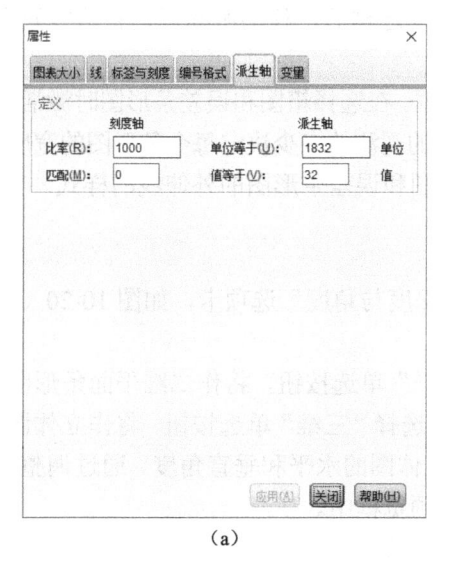

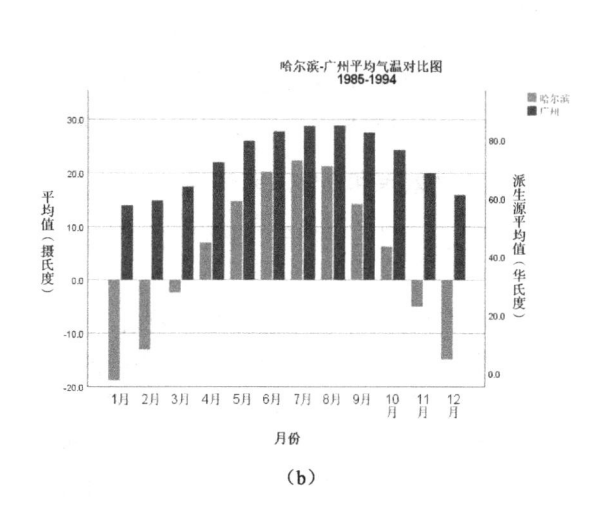

（a）

（b）

图 10-19　"派生轴"选项卡及编辑结果

## 10.2.5　图形的修饰

当生成的图形为条形图、箱线图、误差条形图、垂直线图、盘高-盘低图时，可以对图形进行修饰。图形的修饰在两个选项卡，即"条形图选项"选项卡和"深度与角度"选项卡（见图 10-20）中进行，以条形图为例来说明图形的修饰方法。

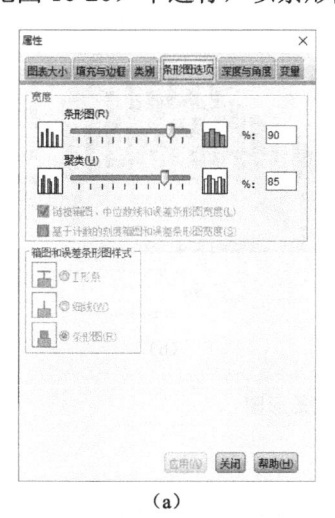

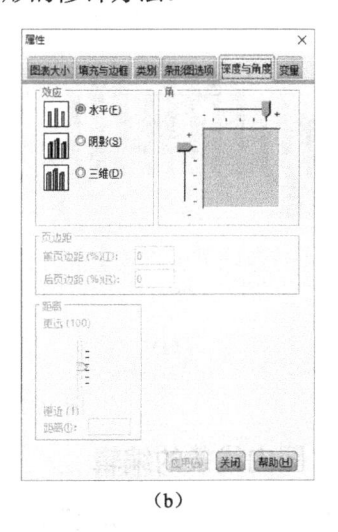

（a）

（b）

图 10-20　"条形图选项"选项卡和"深度与角度"选项卡

选择图形中某个图例,打开"属性"对话框,单击"条形图选项"选项卡,如图 10-20(a)所示。

### 1. "条形图选项"选项卡

(1)"宽度"栏。移动游标或在后面的框中输入矩形条宽度占系统给出范围的百分比。"条形图"项调整条形图组内间距百分比,"聚类"项调整条形图组间间距百分比。

"链接箱图、中位数线和误差条形图宽度"复选框。在选择箱图中的箱体、中位数线或在误差条形图中的误差条时激活此选项,勾选此复选框后,移动游标可调整这些元素的宽度。

"基于计数的刻度箱图和误差条形图宽度"复选框。在选择箱图和误差条形图时激活此选项,勾选此复选框,将根据分类变量各分类中含有的观测的多少决定每个条形图的宽度。

(2)在"箱图和误差条形图样式"栏中选择箱图和误差条形图的外伸线的样式。

### 2. 平面效果和立体效果转换

选择某个图例,打开"属性"对话框,单击"深度与角度"选项卡,如图 10-20(b)所示。

(1)在"效应"栏中选择图形效果。选择"水平"单选按钮,将作二维平面条形图;选择"阴影"单选按钮,将作二维有阴影的条形图;选择"三维"单选按钮,将作立体图。

(2)在"角"栏中拖动游标,可设置阴影图和立体图的水平和垂直角度。通过调整角度,立体图可表现出不同的深度,调整效果显示在预览框中。

(3)在"页边距"栏的"前页边距"框和"后页边距"框中分别输入立体图前、后两侧留白空间占内框的百分比。

(4)在"距离"栏中对立体图视觉上的远近进行修改。可以通过拖动游标确定图形大小,也可以通过在"距离"框中输入距离数值确定图形大小。距离数值越大,图形越小,视觉效果越远。

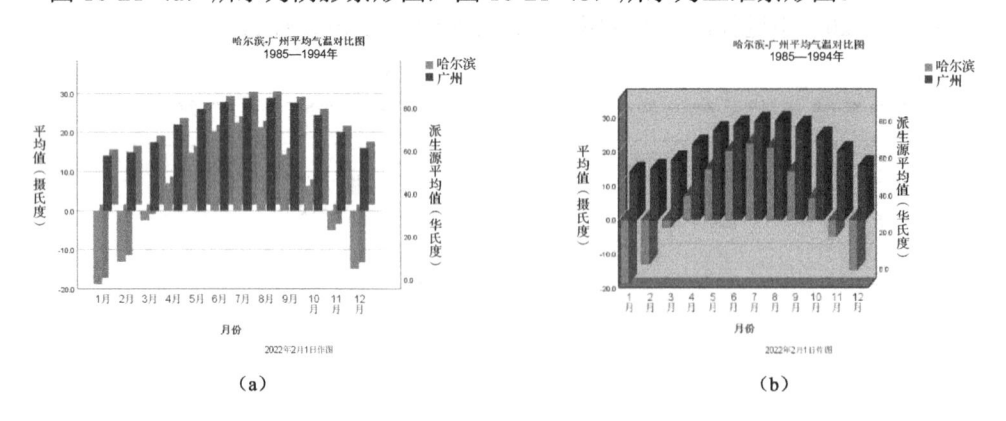

图 10-21(a)所示为阴影条形图,图 10-21(b)所示为三维条形图。

(a)

(b)

图 10-21 阴影条形图与三维条形图

## 10.2.6 图内线条的编辑

修饰图内线条使用"属性"对话框中的"内插线"选项卡、"线选项"选项卡和"线"

选项卡，如图 10-22 所示。选择图内线条，打开"属性"对话框。当选择图中不同的线时，会自动打开包括对应选项卡的"属性"对话框。

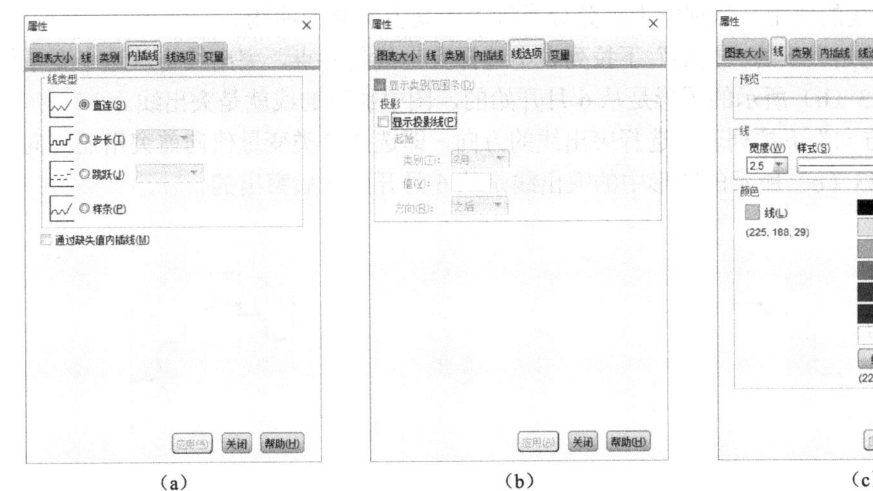

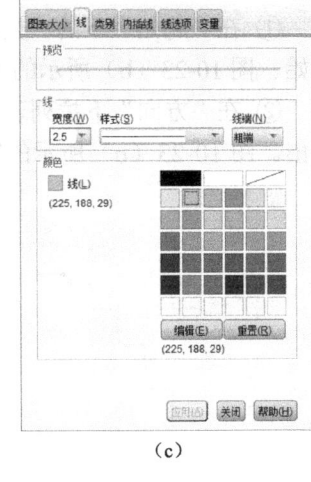

(a) (b) (c)

图 10-22  "内插线"选项卡、"线选项"选项卡和"线"选项卡

### 1. "内插线"选项卡

在"内插线"选项卡［见图 10-22（a）］中确定内插线连线方式。

（1）在"线类型"栏中设置内插线的线型。该栏包括如下选项。

①"直连"单选按钮。选择此选项，线图上各点的连接方式将为折线，生成的线图的相邻两点间用直线线段连接。系统默认选择此选项。

②"步长"单选按钮。选择此选项，图中水平线将穿过每个数据值点，垂线将连接相同分类值的两个变量数据值点。在后面的下拉列表中选择"左步长"选项、"中心步长"选项或"右步长"选项，确定数据值在水平线上的位置。

③"跳跃"单选按钮。选择此选项，将画一条通过每个数据值点的水平线。在后面的下拉列表中选择"左跳跃"选项、"中心跳跃"选项或"右跳跃"选项，确定数据值点在水平线上的位置。

选择"步长"单选按钮和选择"跳跃"单选按钮使用的画线方法相同，只是选择"跳跃"单选按钮绘制的线没有垂直连接线。

④"样条"单选按钮。选择此选项，将用三次方曲线光滑连接相邻数据值点。

连线还可以应用在散点图、盘高-盘低图、误差条形图等图形上。

（2）勾选"通过缺失值内插线"复选框，连线将通过缺失值。

### 2. "线选项"选项卡

对于线图和已添加了内插线的图表，通过"线选项"选项卡［图 10-22（b）］中的"投影"栏中的设置，可以显示一条投影线；也可以通过勾选"显示类别范围条"复选框，来实现显示有多条线的图表的类别范围条形图。

（1）勾选"显示类别范围条"复选框，将用垂线连接同一分类中不同变量的数值，达到强调同一分类不同变量值间的差异的效果。图 10-23（a）中的垂线长度反映了两个城市同月份的温度平均值之差，是带有垂线的步长线图，在"步长"下拉表中选择的是

"左步长"选项,点在步长线的左边。

(2) 在"投影"(应译为"突出")栏中勾选"显示投影线"复选框,输出图形将显示突出线。突出线的作用是从视觉上区分分类轴上的某值两侧的曲线。

① 在"起始"下的"类别"下拉列表中选择突出线起始点,突出线将从这个变量值开始。图 10-23(b)所示的图形是从 6 月开始的,图中加粗的线就是突出线。

② 在"方向"下拉列表中选择突出线的方向,即选择分类变量值向前突出还是向后突出。图 10-23(b)所示的图形中的突出线是从 6 月开始向后突出的。

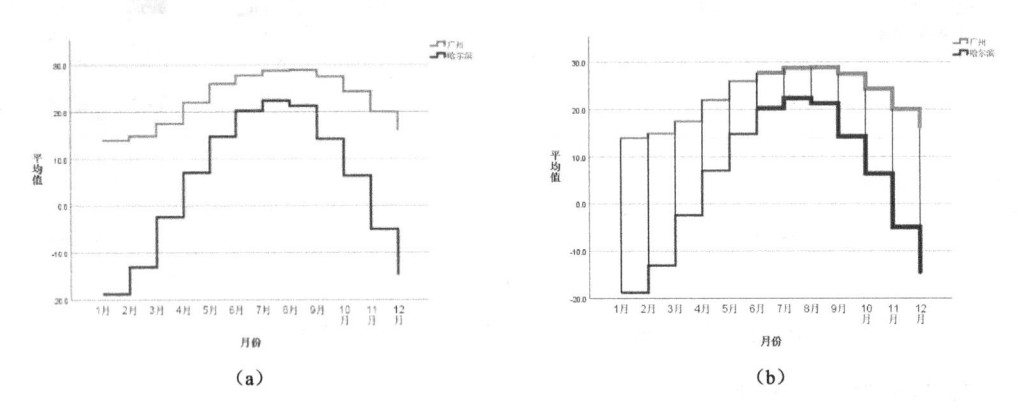

(a)

(b)

图 10-23 加垂线与突出线的编辑效果

### 3."线"选项卡

在"线"选项卡中对线的宽度、样式、线端样式和颜色进行编辑。"预览"栏中显示的是设置效果。

## 10.2.7 饼图编辑

为说明与饼图编辑相关的各选项功能,对世界各国饮料产量绘制饼图,步骤如下。

(1) 打开数据文件 data10-02。

(2) 按"图形→旧对话框→饼图"顺序单击,打开"饼图"对话框,选择"个案组摘要"单选按钮,单击"定义"按钮,打开"定义饼图:个案组摘要"对话框。

将碳酸盐和浓缩饮料变量作为饼图的分区表示变量,将变量总和作为表现的统计量,将洲作为分区定义依据变量。在"定义饼图:个案组摘要"对话框中,单击"标题"按钮,输入标题。单击"确定"按钮,输出如图 10-25(a)所示图形。

### 1. 平面饼图和立体饼图

双击饼图,打开"属性"对话框,单击"深度与角度"选项卡,如图 10-24(a)所示。

(1) 选择"效应"栏中的"水平"单选按钮,将生成平面效果图,这是系统默认选项。除"水平"单选按钮外,"效应"栏中还有"阴影"单选按钮和"三维"单选按钮。本例选择"三维"单选按钮。在"效应"栏中选择"三维"单选按钮后,在"深度"框中输入深度数值,改变三维饼图的高度。

(2) 对于三维图形,只可以移动"角"栏中的纵向游标,改变纵向观察角度;对于阴影图形,可以移动"角"栏中的纵向游标和横向游标改变光源方向。根据预览框中的效果确定最佳角度。

（3）在"确定分区位置"栏中确定扇面位置和排列方向。

① 通过"第一个分区（时钟位置）"下拉列表的设置，可以以钟表盘的方式确定第一个扇面的位置。在该下拉列表中选择第一个分区的时间，若选择"12:00"选项，则从时钟 12 点位置开始排列扇面。本例选择"12:00"选项。

② 在"分区顺序"栏中选择饼图中扇面的排列方向，有顺时针或逆时针两种排列方向。本例选择系统默认选项"顺时针"单选按钮。

（4）只有在"效应"栏中选择"三维"单选按钮时，才能激活"距离"栏。通过调节"距离"栏中的游标，确定图形的大小。本例在"距离"框中输入"16"。

（5）单击"应用"按钮，保存设置效果。

**2．值标签**

选择饼图，在右键快捷菜单中选择"数据值标签"命令，打开"属性"对话框"数据值标签"选项卡，如图 10-24（b）所示。

（1）在"标签"栏中设置显示的标签内容。"显示"框中显示的是已经在图中显示标签的变量的标签名。"不显示"框中显示的是没有在图中显示标签名的变量名，选择相应变量，移入"显示"框，单击"应用"按钮，即可在饼图中显示该变量的标签。在"数值标签"选项卡中，可以将"不显示"框中的洲变量的值显示在饼图的各扇面区中，操作是在"不显示"框中选择洲变量，单击向上移动变量按钮，单击"应用"按钮。例如，要求显示百分比，不显示具体数值，在"显示"框中选择总和碳酸盐和浓缩饮料（百万升）变量，单击"删除"按钮，将其移到"不显示"框内；在"不显示"框内选择百分比变量，单击向上移动变量按钮，将其移到"显示"框内，单击"应用"按钮，得到如图 10-25（b）所示图形。

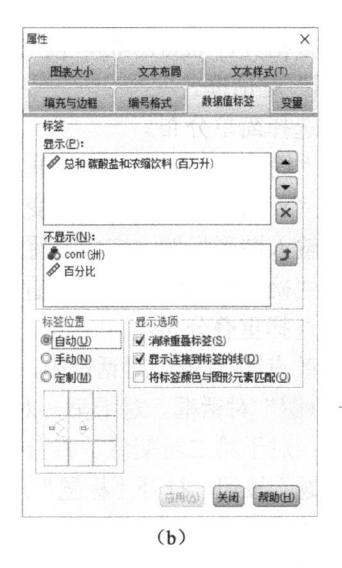

（a） （b）

图 10-24 饼图的"深度与角度"选项卡和"数据值标签"选项卡

（2）在"标签位置"栏中用户可以自行指定标签的显示位置。若选择"自动"单选按钮，则由系统决定标签的显示位置；若选项"手动"单选按钮，则可以在饼图中用鼠标拖曳标签到任何位置；若选择"定制"单选按钮，则可以在下面的九格表中选择显示位置。

（3）"显示选项"栏用于设置标签的显示方式，有 3 个选项："消除重叠标签"复选框、"显示连接到标签的线"复选框、"将标签颜色与图形元素匹配"复选框。这3个选项很容易理解,不再赘述。

**3. 分离扇面的饼图并设置数值标签位置**

分离扇面的饼图的方法为,选择一个扇面,在右键快捷菜单中选择"分解分区"命令,被选择的扇面将脱离饼图单独显示。

设置数值标签位置的方法为,在"数据值标签"选项卡中,将"标签位置"设置为"手动",单击"应用"按钮,拖曳数值标签到指定位置。将西欧对应的扇面分离出来并手动拖曳数值标签到指定位置的效果图如图10-25(c)所示。

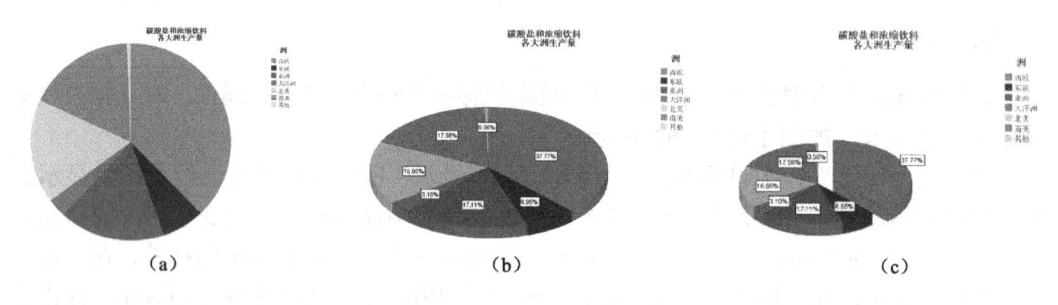

图 10-25 饼图的编辑效果

## 10.2.8 散点图的编辑

本节作简单散点图,以说明编辑散点图的各种工具及其功能和方法。

数据文件data10-03中是451名青少年体质测量数据,有肺活量(mL)和体重(kg)两个变量。为了探讨这两个变量间的关系,作散点图进行初步观察。

打开数据文件data10-03,按"图形→旧对话框→散点/点状图"顺序单击,打开"散点图/点图"对话框。

(1) 选择简单分布。

选择"简单散点图"选项,单击"定义"按钮,打开"简单散点图"对话框。将体重变量送入"Y轴"框,将肺活量变量送入"X轴"框。单击"标题"按钮,打开"标题"对话框,输入图形标题。完成设置后,单击"继续"按钮,返回"简单散点图"对话框。

单击"确定"按钮,在"查看器"窗口中生成如图10-26(a)所示图形。

(2) 选择重叠分布。

在"散点图/点图"对话框中,选择"重叠散点图"选项,单击"定义"按钮,打开"重叠散点图"对话框。对于第一对变量,将体重变量设为Y轴变量,将肺活量变量设为X轴变量;对于第二对变量,将身高变量设为Y轴变量,将肺活量变量设为X轴变量。单击"标题"按钮,打开"标题"对话框,输入图形标题。完成设置后,单击"继续"按钮,返回"重叠散点图"对话框。

单击"确定"按钮,在"查看器"窗口中,生成如图10-26(b)所示图形。

对于散点图,常用的编辑功能如下。

(1) 点样式的编辑。

各种类型散点图的"属性"对话框中都有"标记"选项卡,如图10-27(a)所示。

选择图中的点,打开"属性"对话框,单击"标记"选项卡,对点的类型、大小、边框宽度及颜色等进行设置。

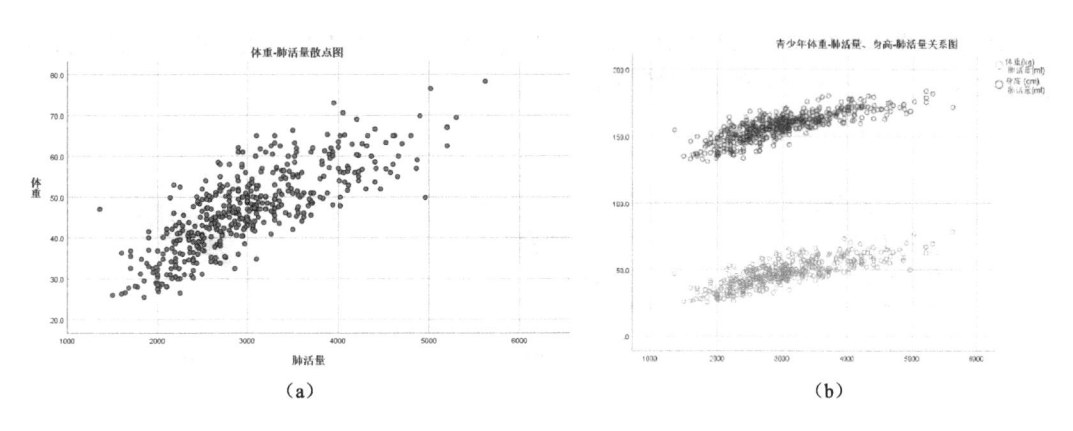

图 10-26 简单散点图和重叠散点图

（2）散点图类型的编辑。

在"属性"对话框"变量"选项卡中设置散点图类型。在"元素类型"下拉列表中选择将当前图形转化成的其他类型的散点图或其他图形。

（3）钉状图。

钉线是从每个数据点到选定位置画的线段，用来展示数据点的差异。在图形框中，双击要加钉线的点，打开"属性"对话框，单击"钉状图"选项卡，如图 10-27（b）所示。

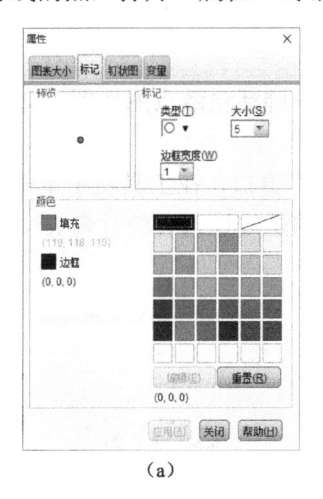

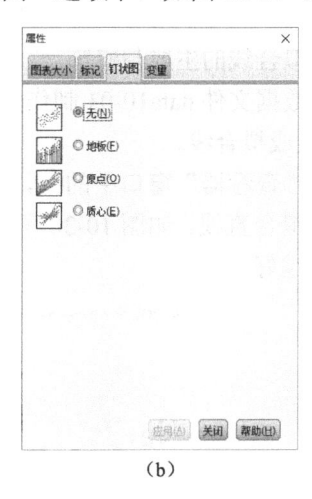

图 10-27 "标记"选项卡与"钉状图"选项卡

①"无"单选按钮。选择此选项将生成原图形，系统默认选择此选项。

②"地板"单选按钮。选择此选项，对于平面散点图，钉线为每个数据点到 $X$ 轴的垂直线；对于三维散点图，钉线为每个数据点到 $X$ 轴、$Z$ 轴平面的连线。

③"原点"单选按钮。选择此选项，钉线为从每个数据点到原点的连线。

④"质心"单选按钮。选择此选项，钉线为从每个数据点到全部数据质心的连线，质心的坐标是 $X$ 轴、$Y$ 轴、$Z$ 轴上多个变量值的加权平均值，若某一变量中有缺失值，则要将其从计算中剔除。改变轴的刻度不影响质心点的计算。

图 10-28 所示为简单散点图与重叠散点图的地板钉状图、原点钉状图、质心钉状图的效果，由此容易看出 3 个选项的含义。图 10-28（a）和图 10-28（d）所示为地板钉状

图的效果，图 10-28（b）和图 10-28（e）所示为原点钉状图的效果，图 10-28（c）和图 10-28（f）所示为质心钉状图的效果。

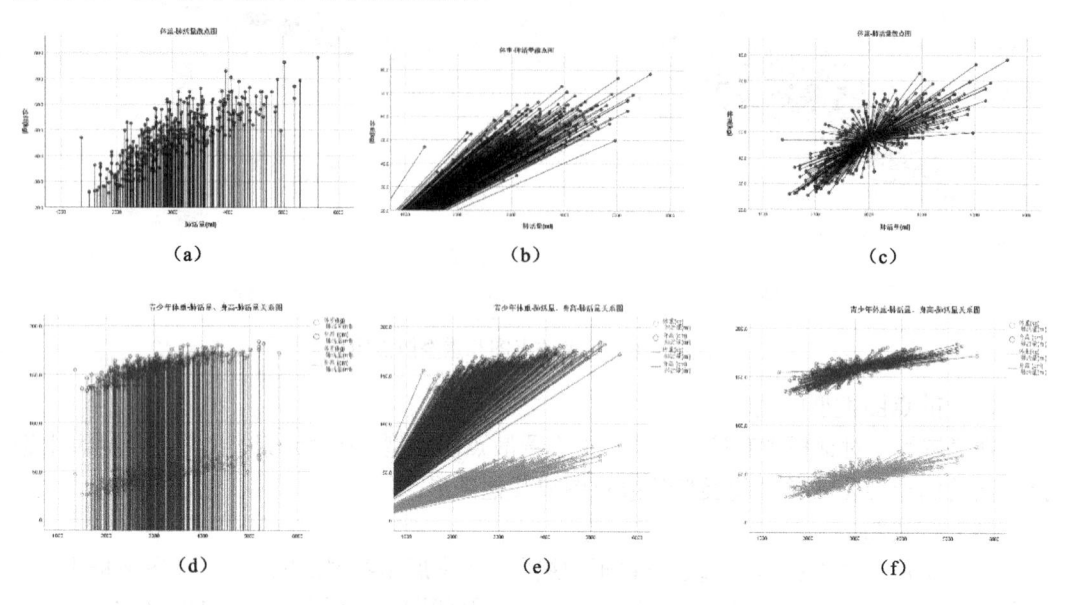

图 10-28　简单散点图与重叠散点图的地板钉状图、原点钉状图、质心钉状图的效果

（4）拟合线的生成与修饰。

使用数据文件 data10-03 制作的男、女青少年体重-肺活量散点图如图 10-29 所示。

① 生成拟合线。

双击"查看器"窗口中的图，进入"图表编辑器"窗口，在工具栏中单击图标产生分组的拟合直线，如图 10-30 所示，图例下方显示的是线性拟合统计量 $R^2$，该值越大拟合效果越好。

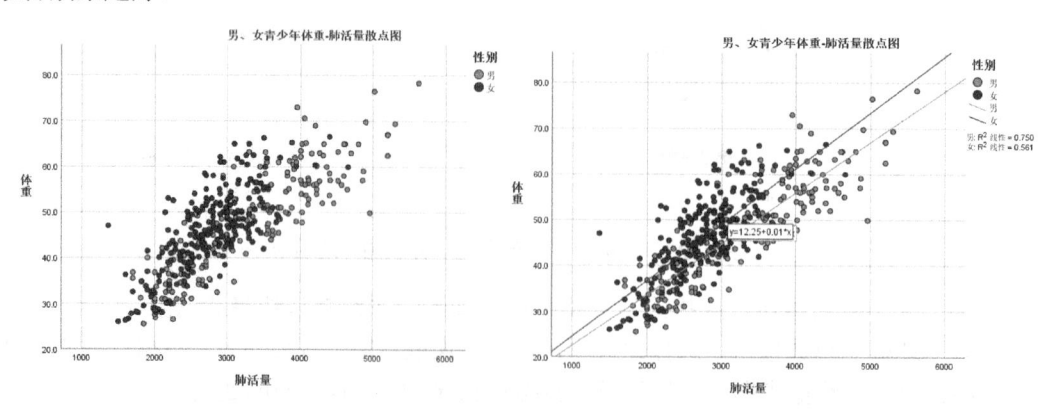

图 10-29　男、女青少年体重-肺活量散点图　　图 10-30　按性别分组的拟合直线

男性直线拟合统计量 $R^2 = 0.750$，女性直线拟合统计量 $R^2 = 0.561$。

在"图表编辑器"窗口中，双击生成的拟合线，打开"属性"对话框"拟合线"选项卡，如图 10-31（a）所示。此时，还可以单击"线"选项卡，如图 10-32（b）所示。

在"拟合线"选项卡的"拟合方法"栏中，选择"二次项"单选按钮，单击"应用"按钮，得到如图 10-32 所示的二次曲线拟合结果。

(a)                                    (b)

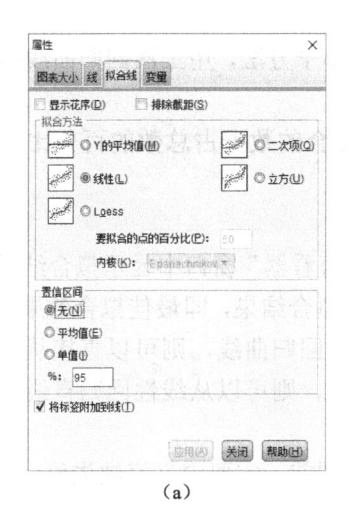

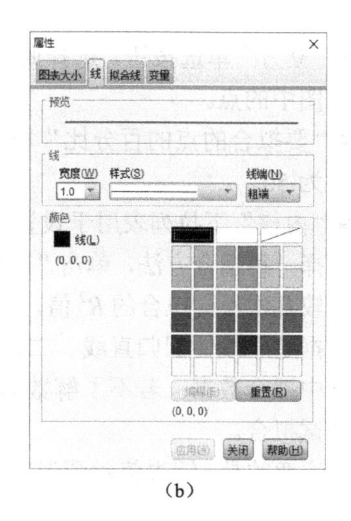

图 10-31    "拟合线"选项卡和"线"选项卡

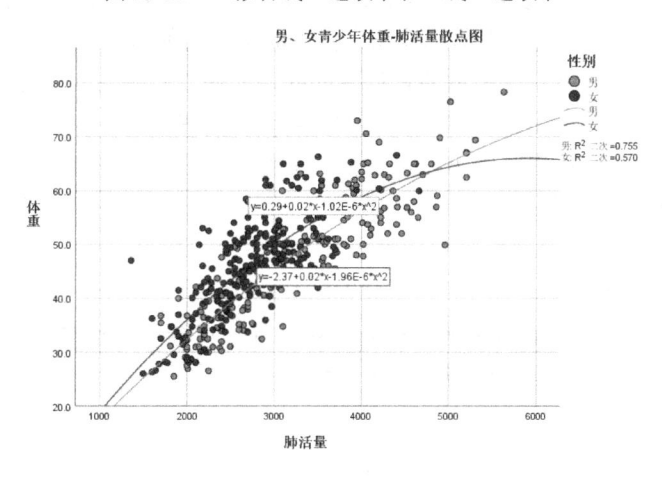

图 10-32    二次曲线拟合结果

男性二次曲线拟合统计量 $R^2 = 0.755$，女性二次曲线拟合统计量 $R^2 = 0.570$。
与直线拟合相比，二次曲线拟合得更好。

② 编辑拟合线。
- "显示花序"复选框。选择此选项，将显示拟合线到每个点的垂直连线。
- "排除截距"复选框。选择此选项，将修改拟合线，使其通过原点，即回归直线方程中不包括截距。
- "拟合方法"栏。
  - "Y 的平均值"单选按钮。选择此选项，将生成一条 Y 轴数值的平均线。
  - "线性"单选按钮。选择此选项，将根据最小平方法，用线性回归直线对散点图中的数据点进行最佳拟合。系统默认选择此项。
  - "Loess"单选按钮。选择此选项，将使用局部加权回归散点平滑法，用迭代加权最小平方法拟合散点图中的点，至少需要 13 个点。
  - "二次项"单选按钮。选择此选项，将根据最小平方法，用二次回归曲线拟合散点图中的点。

- "立方"单选按钮。选择此选项,将根据最小平方法,用三次回归曲线拟合散点图中的点。
- "要拟合的点的百分比"框用于指定用于拟合的数据占总数的百分比,默认值为 50。
- "内核"下拉列表用于设置需要的核函数。

选择一种拟合方法,单击"应用"按钮,在"查看器"窗口中显示拟合结果。可以比较几次不同拟合的 $R^2$ 值,选择 $R^2$ 值最大的拟合结果,即最佳拟合效果。若已知数据趋于线性回归直线、二次回归曲线和三次回归曲线,则可以直接从下面的选项中拟合数据;若不了解数据集趋于何种曲线,则可以从线性回归直线开始一个个试拟合。

需要注意的是,缺失值对图形有较明显影响,作图前一定要定义好缺失值,使之不参与图形绘制。

- "置信区间"栏用于设置拟合线的置信区间。选择"无"单选按钮,将不生成置信区间线;选择"平均值"单选按钮,将生成平均值的置信区间线;选择"单值"单选按钮,将生成单个观测量的置信区间线。选择"平均值"单选按钮和"单值"单选按钮后,需要指定置信区间百分比,默认值为 95。

在"线"选项卡中编辑线的方法,上文已介绍,这里不再赘述。

### 10.2.9 文件管理

#### 1. 保存图形模板

用户将生成和完成编辑的图形保存为模板文件,以后在生成新的图形时,调用模板文件,新生成图形的格式将与模板中的图形格式一致。

在"图表编辑器"窗口中按"文件→保存图表模板"顺序单击,打开"保存图表模板"对话框,如图 10-33 所示,选择想保存在模板文件中的图形要素。当前图形的所有图形要素都以折叠菜单形式显示在"保存图表模板"对话框中。可选择保存的种类和细项大致如下。

(1) 所有设置:保存所有图形元素的设置。

① 布局:确定模板图形的版面编排,包括图形大小、图形各个边框的大小/位置和图形方向等。

② 文本内容:包括图形标题、轴标题等元素。不包括值标签的文字。

③ 样式:包括文本格式、非数据元素样式、数据元素样式等。

④ 轴:包括对刻度轴的各种设置。

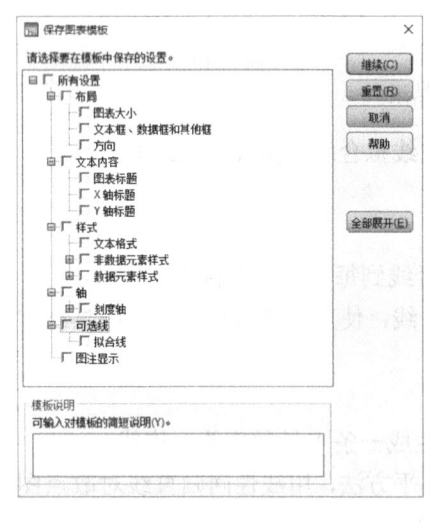

图 10-33 "保存图表模板"对话框

⑤ 可选线:包括拟合线等。

⑥ 图注显示。

(2) 单击"全部展开"按钮,所有折叠项都将展开,显示项目框中的所有项目。

(3) 在"模板说明"栏中输入对本模板的描述文字。

（4）单击"重置"按钮，"保存图表模板"对话框将恢复到选择前的状态。完成选择后，单击"继续"按钮，打开"保存"对话框，选择文件保存位置和文件名，单击"保存"按钮，完成保存。

**2．应用图形模板**

在"图表编辑器"窗口中套用某个图形模板的操作为，按"文件→应用图形模板"顺序单击，打开"应用图形模板"对话框，选择需要的图形模板。

# 习 题 10

1．各种图形（条形图、饼图、散点图等）是由哪些成分组成的？

2．数据文件 data10-05 中的数据描述的是世界各地的气候、人口状况，基于该数据文件绘制宗教信仰饼图并修饰。对世界上不同宗教所占百分比饼图，进行以下调整：显示每个扇面的文字、数值和百分比，合并小于 5%的扇面。

# 第11章 贝叶斯推断

## 11.1 贝叶斯统计推断概述

### 11.1.1 贝叶斯公式

在英国学者贝叶斯（Thomas Bayes, 1701—1761）逝世后，普莱斯在贝叶斯遗留的文件中发现了论文《机遇理论中一个问题的解》，并于1763年12月23日在英国皇家学会宣读此文，后又帮其发表了此文。

贝叶斯在该论文中根据许多特例推导出了著名的贝叶斯公式（又称逆概公式，也称贝叶斯定理）：

设 $B_1, \cdots, B_n$ 为样本空间 $\Omega$ 中的一个完备事件组（$P(B_i)>0, i=1,\cdots,n$），即 $B_i$ 和 $B_j$ ($i \neq j$) 两两不相交，且 $\sum_{i=1}^{n} B_i = \Omega$，则对于 $\Omega$ 中的任意一个事件 $A$（$P(A)>0$）有

$$P(B_i|A) = \frac{P(A|B_i)P(B_i)}{P(A)}$$

后来该公式被推广为一个普遍的定理。

### 11.1.2 贝叶斯统计学

由贝叶斯公式引申的关于统计推断的系统理论和方法称为贝叶斯方法，由这种方法得到的所有统计推断结果构成了贝叶斯统计学的内容。贝叶斯学派与经典（频率）学派共同推动了数理统计学的发展。两大学派既有相同点，也有不同点。

#### 1. 总体信息

总体指的是全体被研究对象。样本是从总体中抽取的部分个体的集合。如果个体从总体中抽取的方式是随机的，那么抽样方式就是随机抽样，抽得的样本称为随机样本。样本具有两重性，在将其看成变量时，它有概率分布（称为总体分布）。一般当总体分布形式已知时，就知道了总体信息。

#### 2. 样本信息

在从总体中抽取样本时，样本提供的信息称为样本信息。显然，样本越多，样本提供的信息越多。通过对样本信息进行加工、整理，可对总体分布或某些数字特征进行统计推断。因此，样本信息很重要，没有样本信息就无法进行推断。

#### 3. 抽样信息

总体信息和样本信息结合在一起，称为抽样信息。

### 4. 先验信息

在抽样之前，与统计推断问题中未知参数有关的一些信息称为先验信息。

### 5. 先验分布

对先验信息进行挖掘、加工、整理得到的经验分布称为先验分布。

### 6. 经典统计学

根据总体信息和样本信息进行统计推断的理论和方法称为经典统计学。

### 7. 贝叶斯统计学

利用先验信息、总体信息、样本信息进行统计推断的理论和方法称为贝叶斯统计学。

贝叶斯统计学与经典统计学有许多相同之处，如二者都认为样本有概率分布，概率的计算遵循相同的准则等；二者的主要区别在于在推断中是否会利用先验信息。

## 11.1.3 贝叶斯统计推断中用到一些基本术语

**1. 先验、后验、联合和边缘分布的统计学定义**

（1）先验分布。

参数空间 $\Theta$ 上的任意一个概率分布都称为先验分布。

为对如下术语和计算公式进行描述，假设随机变量用 $\theta$ 表示，$\theta$ 的先验分布的密度函数用 $\pi(\theta)$ 表示。当 $\theta$ 为离散型随机变量时，事件 $\{\theta = \theta_i\}$ 的概率分布用 $\pi(\theta_i)$ （$i=1,2,\cdots$）表示，也就是概率 $P(\theta = \theta_i)$；当 $\theta$ 为连续型随机变量时，$\theta$ 的概率密度函数用 $\pi(\theta)$ 表示，$\theta$ 的分布函数用 $F^{\pi}(\theta)$ 表示。

（2）后验分布。

后验分布用 $\pi(\theta|x)$ 表示。$\theta$ 的后验分布就是在得到样本 $x$ 后，在给定 $X=x$ 的条件下 $\theta$ 的条件分布。

若后验分布中的 $\theta$ 为连续型随机变量，则其概率密度函数为

$$\pi(\theta|x) = \frac{h(x,\theta)}{m(x)} = \frac{f(x|\theta)\pi(\theta)}{\int_{\Theta} f(x|\theta)\pi(\theta)\mathrm{d}\theta}$$

上式是贝叶斯公式的密度函数形式，显然，它是集中了总体信息、样本信息和先验信息中所有与 $\theta$ 有关的信息，又排除了所有与 $\theta$ 无关信息后得到的结果。因此，在获取后验分布 $\pi(\theta|x)$ 后，一切条件推断都应依此出发，这是贝叶斯学派的观点。

（3）联合分布。

称后验分布中的分子，即

$$h(x,\theta) = f(x|\theta)\pi(\theta)$$

为 $X$ 和 $\theta$ 的联合分布。

（4）边缘分布。

称后验分布密度函数的分母，即

$$m(x) = \int_{\Theta} f(x|\theta)\pi(\theta)\mathrm{d}\theta$$

为 $X$ 的边缘分布。

(5) 无信息先验分布。

参数 $\theta$ 的无信息先验分布是指除了参数 $\theta$ 的取值范围，即参数空间 $\Theta$，和其在总体分布中的地位外，不包含任何与 $\theta$ 相关的信息的先验分布。

(6) 共轭分布与共轭先验分布。

若后验概率 $P(\theta|x)$ 与先验概率 $P(\theta)$ 满足同样的分布律，则先验分布和后验分布称为共轭分布。同时，先验分布称为似然函数 $P(x|\theta)$ 的共轭先验分布。

常见的共轭分布有：二项分布与贝塔分布，多项分布与狄里克雷分布，泊松分布与伽马分布。

### 2. 假设检验

贝叶斯条件推断中的假设检验问题的一般形式为

$$H: \theta \in \Theta_H \leftrightarrow K: \theta \in \Theta_K$$

式中，$\Theta$ 是参数空间，$\Theta_H$ 是 $\Theta$ 的非空子集，$\Theta_H \cup \Theta_K = \Theta$。

在获得参数的后验分布后，可通过公式：

$$p_H(x) = P(\theta \in \Theta_H | x), \quad p_K(x) = P(\theta \in \Theta_K | x)$$

分别计算 $\Theta_H$ 与 $\Theta_K$ 的后验概率。

若 $p_H(x) > \dfrac{1}{2}$，则不拒绝 H；否则，拒绝 H。

### 3. 区间估计

在得到随机变量的后验分布的密度函数后，求统计量 $A(x)$ 和 $B(x)$，若能使得后验概率满足

$$P(A(x) \leqslant \theta \leqslant B(x)|x) = 1-\alpha$$

那么 $[A(x), B(x)]$ 为 $\theta$ 的置信度为 $1-\alpha$ 的置信区间，式中，$0 < \alpha < 1$ 为常数。

### 4. 点估计

在得到参数 $\theta$ 的后验分布的密度函数后，可用后验平均值：

$$\hat{\theta}_B = E(\theta|x) = \int_\Theta \theta \pi(\theta|x) \mathrm{d}\theta = \frac{\int_\Theta \theta f(x|\theta)\pi(\theta)\mathrm{d}\theta}{m(x)}$$

作为 $\theta$ 的估计量，也可用后验分布的中位数或众数作为其估计量。

### 5. 贝叶斯因子

设两个假设 $\Theta_0$ 和 $\Theta_1$ 的先验概率分别为 $\pi_0$ 和 $\pi_1$，后验概率分别为 $\alpha_0$ 和 $\alpha_1$，则称

$$B^\pi(x) = \frac{\alpha_0/\alpha_1}{\pi_0/\pi_1}$$

为支持零假设的贝叶斯因子。其中，称贝叶斯因子公式中的分子部分 $\alpha_0/\alpha_1$ 为零假设对备择假设的后验机会比；称贝叶斯因子公式中的分母部分 $\pi_0/\pi_1$ 为零假设对备择假设的先验机会比。计算得到的贝叶斯因子的值越大，对零假设的支持程度越高。常用于定义证据显著性的阈值如表 11-1 所示。

表 11-1　常用于定义证据显著性的阈值

| 贝叶斯因子 | 证据分类 | 贝叶斯因子 | 证据分类 | 贝叶斯因子 | 证据分类 |
|---|---|---|---|---|---|
| >100 | 有极有力的证据支持零假设 | 1~3 | 有很弱的证据支持零假设 | 1/30~1/10 | 有强有力的证据支持备择假设 |
| 30~100 | 有非常强有力的证据支持零假设 | 1 | 没有证据支持零假设或备择假设 | 1/100~1/30 | 有非常强有力的证据支持备择假设 |
| 10~30 | 有强有力的证据支持零假设 | 1/3~1 | 有很弱的证据支持备择假设 | <1/100 | 有极有力的证据支持备择假设 |
| 3~10 | 有中等力度的证据支持零假设 | 1/10~1/3 | 有中等力度的证据支持备择假设 | — | — |

### 11.1.4　贝叶斯统计决策中用到一些基本术语

**1．贝叶斯期望损失**

设 $\theta$ 的决策函数为 $\delta(x)$，损失函数为 $L(\theta,\delta(x))$，$\theta$ 的先验分布函数为 $F^{\pi}(\theta)$，令

$$R(\pi,\delta(x)) = \int_{\Theta} L(\theta,\delta(x))\mathrm{d}F^{\pi}(\theta) = \begin{cases} \int_{\Theta} L(\theta,\delta(x))\pi(\theta)\mathrm{d}\theta, & \theta\text{为连续随机变量} \\ \sum_{i} L(\theta,\delta(x))\pi(\theta_i), & \theta\text{为离散随机变量} \end{cases}$$

则称 $R(\pi,\delta(x))$ 为贝叶斯先验风险或贝叶斯期望损失。

**2．贝叶斯风险**

设风险函数为 $R(\theta,\delta(x))$，$\theta$ 的先验分布函数为 $F^{\pi}(\theta)$，则称

$$R_{\pi}(\delta(x)) = \int_{\Theta} R(\theta,\delta(x))\mathrm{d}F^{\pi}(\theta) = E^{\pi}[R(\pi,\delta(X))]$$

$$= \int_{\Theta}\int_{\Omega} L(\theta,\delta(x))f(x|\theta)\mathrm{d}x\mathrm{d}F^{\pi}(\theta)$$

为 $\delta(x)$ 的贝叶斯风险。式中，$\Omega$ 为样本空间。

**3．贝叶斯解**

若 $R_{\pi}(\delta_1(x)) \leqslant R_{\pi}(\delta_2(x))$，则称 $\delta_1(x)$ 在贝叶斯风险下优于 $\delta_2(x)$。函数 $\delta(x)$ 被称为决策函数。如果存在 $\delta^*(x)$ 对于任一决策函数 $\delta(x)$ 能使下式成立

$$R_{\pi}(\delta^*(x)) \leqslant R_{\pi}(\delta(x))$$

就称 $\delta^*(x)$ 是考虑的统计决策问题的贝叶斯解。

### 11.1.5　几种常见先验条件下的后验分布

**1．无信息先验下的后验分布**

（1）正态总体情形。

① 当 $\delta^2$（总体方差）已知时，平均值参数 $\theta$ 的后验分布为正态分布 $N(\bar{y},\delta^2/n)$。其中，$\bar{y}$ 为从该总体中随机抽取的简单样本的平均值。

② 当 $\theta$ 已知时，尺度参数 $\delta^2$ 的后验分布为逆伽马分布 $\Gamma^{-1}(n/2,ns_*^2/2)$。其中，$s_*^2$ 为从该总体中抽取的随机样本的观测值与已知参数 $\theta$ 的偏差平方和。

③ 当 $\theta$ 和 $\delta^2$ 都未知时，尺度参数 $\delta^2$ 的后验分布为逆伽马分布。当给定 $\delta^2$ 时，$\theta$ 的

后验分布为正态分布。

（2）二项分布情形。

设 $X \sim B(n,\theta)$，$\theta$ 的后验分布为贝塔分布 $B(x+1/2, n-x+1/2)$。

**2. 共轭先验下的后验分布**

（1）正态总体情形。

① 当 $\delta^2$（总体方差）已知时，假设 $\theta$ 的共轭先验分布 $\pi(\theta)$ 为正态分布 $N(\mu, T^2)$，其中 $\mu$ 和 $T^2$ 都已知，则平均值参数 $\theta$ 的后验分布为 $N(\mu_n(\overline{\overline{x}}), \eta_n^2)$，其中：

$$\mu_n(\overline{\overline{x}}) = \frac{\delta^2/n}{\delta^2/n + T^2}\mu + \frac{T^2}{\delta^2/n + T^2}\overline{\overline{x}}$$

$$\eta_n^2 = \frac{\delta^2 T^2}{\delta^2 + nT^2}$$

② 当 $\theta$ 已知，且其共轭先验分布为逆伽马分布 $\Gamma^{-1}(r/2, \lambda/2)$，$r$ 和 $\lambda$ 已知时，$\delta^2$ 的后验分布服从逆伽马分布 $\Gamma^{-1}((n+r)/2, A/2)$，其中：

$$A = \sum_{i=1}^{n}(x_i - \theta)^2 + \lambda$$

③ 当 $\theta$ 和 $\delta^2$ 皆未知，取定 $\theta$ 和 $\delta^2$ 的先验分布正态-逆伽马分布形式时，$\theta$ 和 $\delta^2$ 的边缘后验分布分别是一元 $T$ 分布和逆伽马分布。

（2）二项分布情形。

在样本 $X \sim B(n,\theta)$，$\theta$ 的共轭先验分布为贝塔分布 $B(a,b)$ 时，$\theta$ 的后验分布为贝塔分布 $B(x+a, n-x+b)$。

（3）泊松分布。

在样本分布为泊松分布 $P(\theta)$，其共轭先验分布为伽马分布 $\Gamma(\alpha, \beta)$ 时，$\theta$ 的后验分布为 $\Gamma(n\overline{x}+\alpha, n+\beta)$。

由上可知，使用贝叶斯公式的贝叶斯推断（Bayesian Inference）是一种统计推断方法，当有更多证据和信息可用时，它可以用来更新一个特定假设的概率。贝叶斯推断已被广泛应用于工程学、医学、哲学、法律等领域中。

### 11.1.6　"贝叶斯统计信息"菜单项涉及过程与 SPSS 其他过程的联系与区别

在 SPSS 26 中进行贝叶斯分析，由主菜单的"分析"菜单列表中的"贝叶斯统计信息"菜单项导出。单击"分析"菜单，用鼠标指针指向"贝叶斯统计信息"菜单项，显示"贝叶斯统计信息"子菜单，如图 11-1 所示，其中包括"单样本正态"选项、"单样本二项式"选项、"单样本泊松"选项、"相关样本正态"选项、"独立样本正态"选项、"Pearson 相关性"选项、"线性回归"选项、"单因素 ANOVA"选项、"对数线性模型"选项和"单因子重复量数变异数分析"选项。

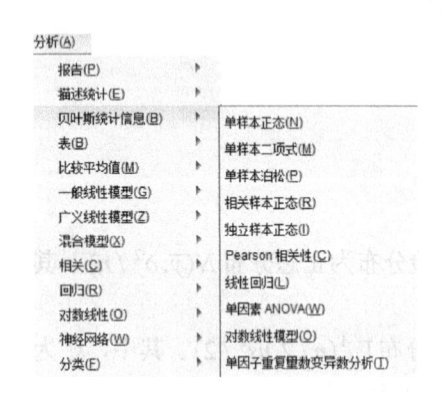

图 11-1　"贝叶斯统计信息"子菜单

上述 10 个选项对应的过程，从过程名称上来看与《SPSS 统计分析（第 6 版）（经典版）》中的第 8

章平均值比较与检验、第 9 章方差分析、第 10 章相关分析、第 11 章回归分析，以及本书第 2 章非参数检验中的过程名称相同或相似。

### 1. "贝叶斯统计信息"菜单项涉及过程与其他 SPSS 过程的对应关系

（1）贝叶斯单样本正态分布推断分析与《SPSS 统计分析（第 6 版）（经典版）》中的 8.3 节单样本 $T$ 检验对应。

（2）贝叶斯单样本二项式分布推断分析与本书 2.2 节二项分布检验对应。

（3）贝叶斯单样本泊松分布推断分析与本书 2.4 节一个样本的柯尔莫戈洛夫-斯米诺夫检验对应。

（4）贝叶斯相关样本正态分布推断分析与《SPSS 统计分析（第 6 版）（经典版）》中的 8.6 节配对样本 $T$ 检验对应。

（5）贝叶斯独立样本正态分布推断分析与《SPSS 统计分析（第 6 版）（经典版）》中的 8.4 节独立样本 $T$ 检验对应。

（6）皮尔逊相关分析贝叶斯推断分析与《SPSS 统计分析（第 6 版）（经典版）》中的 10.2 节中皮尔逊相关分析对应。

（7）皮尔逊线性回归模型的贝叶斯推断分析与《SPSS 统计分析（第 6 版）（经典版）》中的 11.1 节线性回归对应。

（8）贝叶斯单因素方差推断分析与《SPSS 统计分析（第 6 版）（经典版）》中的 9.2 节单因素方差分析对应。

（9）贝叶斯对数线性回归模型分析本书 1.4 节对数线性模型对应。

（10）贝叶斯单因素重复测量方差分析与《SPSS 统计分析（第 6 版）（经典版）》中的 9.5 节重复测量设计的方差分析对应。

### 2. "贝叶斯统计信息"菜单项涉及过程与其他 SPSS 对应过程的异同点

（1）不同点。

经典统计推断方法中的拒绝域的临界值由检验水平 $\alpha$ 决定，而贝叶斯推断中的临界值由损失函数和先验信息决定。贝叶斯决策利用先验信息和样本信息推导出后验分布，构建后验风险函数，使之达到最小的行动，就是将要采取的决策。因此，在贝叶斯统计推断中，需关注贝叶斯因子，并按表 11-1 中的判据做出决策。

贝叶斯估计的优势不仅在于使用样本信息进行估计，还能很好地利用待估参数的先验信息，且能根据样本量和先验信息的确定程度来调和两部分信息的相对贡献。

（2）相同点。

各过程对变量测量类型的要求是完全相同的，检验的任务是相同的，贝叶斯推断与经典统计学推断具有相同的拒绝域，因此各个方法中具有相同名称的统计量，如 $t$ 值、检验的显著性概率值、样本量等，统计量的计算公式也是相同的。

为节省篇幅，本章不再对数据的要求、统计量计算公式进行叙述。

## 11.2 贝叶斯单样本正态分布推断分析

贝叶斯单样本正态分布推断分析：正态分布程序通过描述后验分布，提供对单样本

和双样本配对 $T$ 检验进行贝叶斯分析的选项。在已提供正态数据的情况下，可用贝叶斯单样本正态分布推断分析过程来获得正态后验分布。

### 11.2.1 贝叶斯单样本正态分布推断分析过程

（1）建立或打开数据文件后，按"分析→贝叶斯统计信息→单样本正态"顺序单击，打开如图 11-2 所示的"贝叶斯单样本推论：正态"对话框。

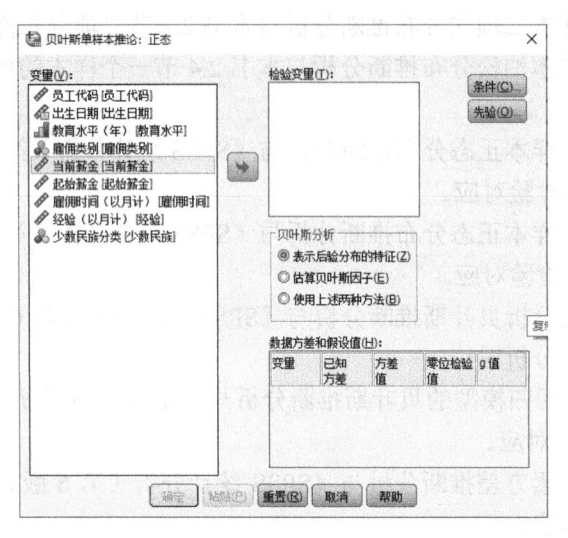

图 11-2　"贝叶斯单样本推论：正态"对话框

（2）"变量"框中提供了除日期型变量和字符串型变量外的所有可用的数值型变量。在"变量"框中至少选择一个变量，将其送入右侧的"检验变量"框。

（3）"贝叶斯分析"栏提供了三个进行贝叶斯分析的选项。

- "表示后验分布的特征"（应译为"描述后验分布的特征"）单选按钮。选择此选项，将从描述后验分布的特征的角度进行贝叶斯推断。用户可以通过整合其他多余参数来研究感兴趣的参数的边缘后验分布，进一步构造贝叶斯置信区间，从而进行推断。系统默认选择此选项。
- "估算贝叶斯因子"单选按钮。选择此选项，将使用估计贝叶斯因子（贝叶斯推断中最著名的方法之一）构建一个似然比，以比较零假设和备择假设之间的边缘似然率（观测资料在参数上的边缘分布）。
- "使用上述两种方法"单选按钮。选择此选项，将同时使用描述后验分布的特征和估计贝叶斯因子两种推断方法。

（4）在"数据方差和假设值"表中进行设置。

当"检验变量"框中有一个或多个变量时，"数据方差和假设值"表中的"变量"列将显示"检验变量"框中的变量。该变量会随着"检验变量"框中变量的添加或移除而变动。

同时，将激活"已知方差"列和"方差值"列。如果"检验变量"框中某变量的方差已知，则在"检验变量"框中选中此变量，"方差值"列将被激活，可在对应单元格中输入方差值。

当在"检验变量"框中有一个或多个变量，且未选择"表示后验分布的特征"单选按钮时,"零位检验值"列和"g 值"列被激活。

零位检验值是一个必需参数,用于指定贝叶斯因子估计中的零假设的平均值。只允许有一个值,系统默认值为 0。

g 值用于定义贝叶斯因子估计中 $\Psi^2 = \sigma^2 x$。当指定方差值时,g 值默认值为 1。当未指定方差值时,可以指定一个固定的 g 值或忽略该值。

(5) 各种标准设置。

根据需要,在"贝叶斯单样本推论:正态"对话框中单击"条件"按钮,打开如图 11-3 所示的"贝叶斯单样本推论:条件"对话框,指定条件。该对话框中包括"置信区间百分比%"框、"缺失值"栏,以及"数值方法"栏。还可以根据需要,在"贝叶斯单样本推论:正态"对话框中单击"先验"按钮,打开如图 11-4 所示的"贝叶斯单样本推论:正态先验"对话框,进行相应设置(先验类型,如推断参数、平均值给定的方差或精度)。

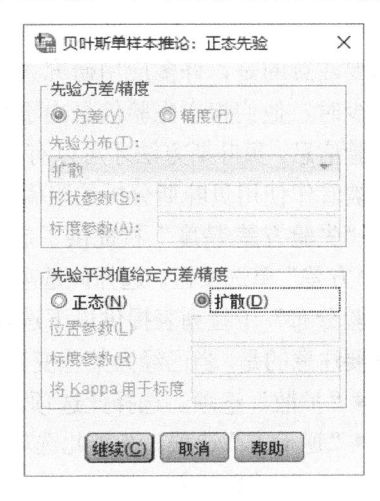

图 11-3　"贝叶斯单样本推论:条件"对话框　　图 11-4　"贝叶斯单样本推论:正态先验"对话框

在"贝叶斯单样本推论:条件"对话框中,为贝叶斯单样本推断指定下述分析标准。

① 在"置信区间百分比%"框中指定置信区间的百分比,系统默认值为 95。

② 在"缺失值"栏中设置缺失值处理方法。

- "按具体分析排除个案"单选按钮。选择此选项,将在对比分析的基础上排除有缺失值的观测。对于用于特殊检验的变量,将从该检验中删除包含缺失值的变量。系统默认选择此选项。
- "成列排除个案"单选按钮。选择此选项,将排除分析变量中包含缺失值的观测。将从所有分析中排除在任何子命令上被指定为包含缺失值的观测。

下面的选择项仅当在"贝叶斯分析"栏中选择"估算贝叶斯因子"单选按钮或"使用上述两种方法"单选按钮时可以使用。

③ 在"数值方法"栏中指定用于估计积分的计算方法。该栏中有两个选项。

- "自适应高斯-罗巴脱求积"单选按钮。选择此选项时,激活下面两个选项。系统默认选择此选项,该方法被称为自适应高斯-罗巴脱(Gauss-Lobatto)求积方法。
  - "容差"框:为计算方法指定容差。系统默认值为 0.000001。
  - "最大迭代次数"框:指定自适应高斯-罗巴脱求积方法迭代的最大次数。该值必须是一个正整数。系统默认值为2000。
- "蒙特卡洛近似值"单选按钮。该方法被称为蒙特卡洛近似值法。
  - "设置定制种子"复选框。当选择此选项时,"种子"框及"蒙特卡洛样本的数量"框被激活。在"种子"框中可为蒙特卡洛近似值法指定一个随机的自定义的种子值。该值必须是一个正整数。在默认情况下,被分配一个随机种子值。在"蒙特卡洛样本的数量"框中可以为蒙特卡洛近似值法指定一个抽样数量。该值必须是一个正整数。系统默认值为1000000。

单击"继续"按钮,返回"贝叶斯单样本推论:正态"对话框。

(6) 设置先验方法。

根据需要,在"贝叶斯单样本推论:正态"对话框中单击"先验"按钮,打开"贝叶斯单样本推论:正态先验"对话框,如图11-4所示,为贝叶斯单样本推断指定以下先验分布条件。

需要注意的是,许多应用研究人员会遇到需要指定先验分布的情况。在参考的先验信息太少时,他们担心先验信息由于数据增加而难当重任,认为只有指定了信息量足够大的先验信息,贝叶斯方法才可以有效地使用这些信息。实际上,指定一个先验分布的要求不应被看作使用贝叶斯分析的阻碍因素。

① "先验方差/精度"栏提供了定义方差及精度的选项。
- "方差"单选按钮。选择此选项,指定方差参数的先验分布。当选择此选项时,"先验分布"下拉列表提供以下选项。

需要注意的是,当已经为某些变量指定了数据方差时,这些变量的下列设置将被忽略。
  - "扩散"选项。选择此选项,指定扩散先验分布。系统默认选择此选项。
  - "逆卡方"选项。选择此选项,指定分布为逆$\chi^2(v_0, \sigma_0^2)$,其中,$v_0 > 0$,为自由度;$\sigma_0^2$为刻度参数。
  - "逆伽马"选项。选择此选项,指定分布为逆$\Gamma(\alpha_0, \beta_0)$,其中,$\alpha_0 > 0$,为形状参数;$\beta_0 > 0$,为刻度参数。
  - "杰弗里斯 S2"选项。选择此选项,指定无信息先验分布$\propto \sigma_0^2$。
  - "杰弗里斯 S4"选项。选择此选项,指定无信息先验分布$\propto \sigma_0^4$。
- "精度"单选按钮。选择此选项,指定精度参数的先验分布。当选择此选项时,"先验分布"下拉列表提供以下选项。
  - "伽马"选项。选择此选项,指定分布为$\Gamma(\alpha_0, \beta_0)$,其中,$\alpha_0 > 0$,为形状参数;$\beta_0 > 0$,为刻度参数。
  - "卡方"选项。选择此选项,指定分布为$\chi^2(v_0)$,其中,$v_0 > 0$,为自由度。
- 在"形状参数"框中,为逆伽马分布指定形状参数。该框中必须输入一个大于0的值。
- 在"标度参数"(应译为"刻度参数")框中,为逆伽马分布指定刻度参数。该框中必须输入一个大于0的值。刻度参数值越大,分布越离散。

② 在"先验平均值给定方差/精度"栏中,指定以方差或精度参数为条件的平均值参数的先验分布。该栏提供了如下选项。
- "正态"单选按钮。选择本选项,为$N(\mu_0, k_0^{-1}\sigma_0^2)$在方差或精度方面指定分布及参

数，其中，$\mu_0 \in (-\infty,\infty)$，$\sigma^2 > 0$。
- "扩散"单选按钮。选择本选项，将指定扩散先验∝1的默认设置。
  - 在"位置参数"框中输入数值，为分布指定位置。
  - 在"标度参数"框中，输入一个大于 0 的值，为逆伽马分布指定刻度参数 $b_0$。
  - 在"将 Kappa 用于标度"框中，输入一个大于 0 的值（1 是系统默认值）指定 $N(\mu_0, K_0^{-1}\sigma_0^2)$ 或 $K_0$ 值。

单击"继续"按钮，返回"贝叶斯单样本推论：正态"对话框。

（7）单击"确定"按钮，在"查看器"窗口中得到计算结果。

## 11.2.2 贝叶斯单样本正态分布分析实例

【例 1】 数据文件 data11-01 是将数据文件 data2-10 中 100 名成年女子血清蛋白含量原始测试数据整理成频数分布后形成的数据文件。已知成年女子血清蛋白含量原始数据服从平均值为 7.36，标准差为 0.39 的正态分布。整理成频数分布后的数据资料经 K-S（V）正态性检验，表明拒绝服从正态分布的假设。现假设：①成年女子血清蛋白含量的方差已知，为 0.15。②成年女子血清蛋白含量的方差未知，用贝叶斯单样本正态分布推断分析过程检验成年女子总血清蛋白含量频数分布数据是否仍服从平均值为 7.36 的正态分布。

在 SPSS 中的操作步骤如下。

### 1. 方差已知

（1）加权处理。

打开数据文件 data11-01，按"数据→个案加权"顺序单击，打开"个案加权"对话框，选择"个案加权依据"单选按钮，并将频数变量送入"频率变量"框，对"组中值"变量进行加权处理。

（2）调用贝叶斯单样本正态分布推断分析过程。

按"分析→贝叶斯统计信息→单样本正态"顺序单击，打开"贝叶斯单样本推论：正态"对话框。

（3）选择检验变量及设置选项。

在"变量"框中选择组中值，并将其送入"检验变量"框。

在"贝叶斯分析"栏中，选择"估算贝叶斯因子"单选按钮，构建一个似然比来比较零假设和备择假设间的边缘似然率（观测资料在参数上的边缘分布）。

在"数据方差和假设值"列表中进行如下设置。

对于组中值变量，将"零位检验值"设置为"7.36"，指定在估计贝叶斯因子中使用的零假设的值；勾选"已知方差"复选框；系统自动将"g 值"设置为"1"；将"方差值"设置为"0.12"，指定数据的方差值。

单击"确定"按钮，提交系统运行，在"查看器"窗口中得到表 11-2。

（4）结果解释。

表 11-2 汇总了贝叶斯因子及 P 值。组中值代表的成年女子血清蛋白含量的贝叶斯因子为 9.840，为观测数据支持零假设提供了中等力度的证据，因此贝叶斯估计不拒绝组中值的平均值等于 7.36 的零假设（$P$=0.842）。

### 表 11-2 单样本 T 检验的贝叶斯因子

**单样本 T 检验的贝叶斯因子**

| | N | 平均值 | 标准偏差 | 标准误差平均值 | 贝叶斯因子[a] | t | 自由度 | 显著性（双尾） |
|---|---|---|---|---|---|---|---|---|
| 组中值 | 100 | 7.3520 | .40063 | .04006 | 9.840 | -.200 | 99 | .842 |

a. 贝叶斯因子：零假设与备择假设。

## 2. 方差未知

重新回到"贝叶斯单样本推论：正态"对话框。

（1）选择贝叶斯分析方法。

在"贝叶斯分析"栏中，选择"表示后验分布的特征"单选按钮。

（2）设置先验方法。

单击"先验"按钮，打开"贝叶斯单样本推论：正态先验"对话框。

在"先验方差/精度"栏中，选择"方差"单选按钮，为方差参数指定先验分布。

在"先验分布"下拉列表中选择"逆卡方"选项。

在"形状参数"框中输入"2"，指定逆伽马分布的形状参数 $\sigma_0$ 的值为"2"。

在"标度参数"框中输入"1"，指定逆伽马分布的刻度参数 $b_0$ 的值为"1"。

在"先验平均值给定方差/精度"栏中选择"正态"单选按钮。

在"位置参数"框中输入"10"。

在"将 Kappa 用于标度"框中输入"2"。

单击"继续"按钮，返回"贝叶斯单样本推论：正态"对话框。

（3）单击"确定"按钮，提交系统运行，在"查看器"窗口中得到如表 11-3 所示的单样本平均值的后验分布结果，以及组中值后验分布图，如图 11-5 所示。

### 表 11-3 单样本平均值的后验分布结果

**单样本平均值的后验分布特征**

| | N | 众数 | 后验 平均值 | 方差 | 95% 置信区间 下限 | 上限 |
|---|---|---|---|---|---|---|
| 组中值 | 100 | 7.4039 | 7.4039 | .003 | 7.2945 | 7.5133 |

先验方差：Inverse Chi-Square. 先验平均值：Normal.

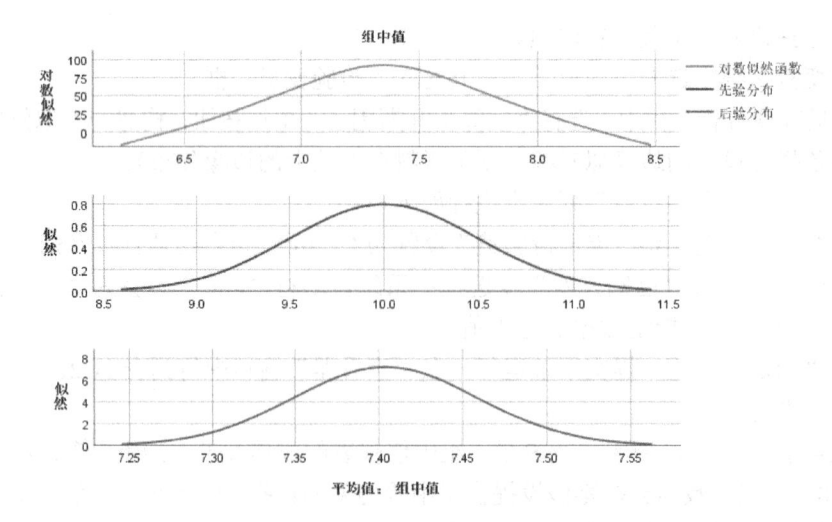

图 11-5 组中值后验分布图

（4）结果解释。

组中值的后验平均值为 7.4039。95%的贝叶斯置信区间为(7.2945,7.5133)。先验方差估计方法为逆卡方分布，先验平均值估计方法为正态分布。由于 7.36 在贝叶斯置信区间中，因此不拒绝零假设。

后验分布图说明组中值是以估计平均值或众数为中心对称轴的钟形分布（服从 $T$ 分布）。

## 11.3 贝叶斯单样本二项分布推断分析

贝叶斯单样本二项分布推断分析过程可用于执行贝叶斯单样本二项分布推断分析。在该过程中感兴趣的参数是 $\pi$，它表示在一个可能成功或失败的试验在固定试验次数中成功的概率。需要注意的是，每次试验都是相互独立的，且每次试验中 $\pi$ 的概率都相同。二项随机变量可以被看作一个独立伯努利试验固定次数的总和。

在估计二项式参数时，通常选择来自贝塔分布族的先验分布，尽管这不是必需的。贝塔分布族是二项式族的共轭族，采用贝塔分布族的先验分布可导致封闭性的后验分布仍然是贝塔分布族。

### 11.3.1 贝叶斯单样本二项分布推断分析过程

（1）建立或打开数据文件后，按"分析→贝叶斯统计信息→单样本二项式"顺序单击，打开"贝叶斯单样本推论：二项式"对话框，如图 11-6 所示。

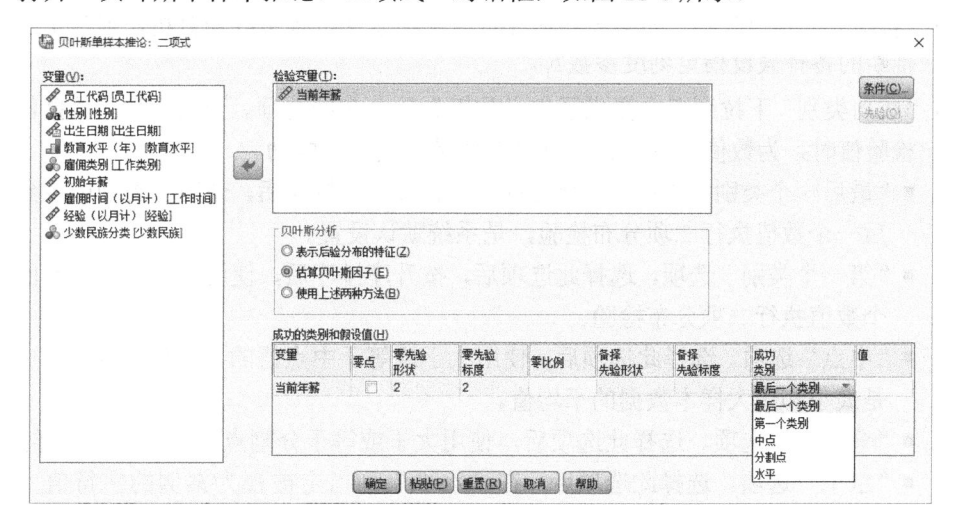

图 11-6 "贝叶斯单样本推论：二项式"对话框

（2）"变量"框中提供了除日期型变量和字符串型变量外的所有可用的数值型变量。在"变量"框中至少选择一个变量，将其送入右侧的"检验变量"框。

（3）"贝叶斯分析"栏中提供了三个进行贝叶斯分析的选项。
- "表示后验分布的特征"单选按钮。选择此选项，将从描述后验分布的特征的角度进行贝叶斯推断。用户可以通过整合其他多余参数来研究感兴趣的参数的边缘后验分布，进一步构造贝叶斯置信区间，从而进行推断。系统默认选择此选项。

- "估算贝叶斯因子"单选按钮。选择此选项,将使用估计贝叶斯因子(贝叶斯推断中最著名的方法之一)构建一个似然比,以比较零假设和备择假设之间的边缘似然率(观测资料在参数上的边缘分布)。
- "使用上述两种方法"单选按钮。选择此选项,将同时使用描述后验分布的特征和估计贝叶斯因子两种推断方法。

(4) 在"成功的类别和假设值"表中进行设置。

"成功的类别和假设值"表中的是目前显示在"检验变量"框中的变量。该变量列表会随着"检验变量"框中变量的添加或移除而变动。

当在"贝叶斯分析"栏中选择"表示后验分布的特征"单选按钮时,"成功类别"下拉列表被激活。

当在"贝叶斯分析"栏中选择"估算贝叶斯因子"单选按钮或"使用上述两种方法"单选按钮时,所有可编辑的列都被激活。

- "零点"列的值用于决定"零比例"列的启用和禁用。当勾选此复选框时,"零先验形状"列和"零先验标度"列都将被禁用。
- "零先验形状"列用于指定基于二项式推断的零假设的形状参数 $a_0$。
- "零先验标度"列用于指定基于二项式推断的零假设的刻度参数 $b_0$。
- "零比例"列基于零假设为共轭先验分布(以适应贝塔和霍尔丹的先验分布)指定形状参数 $a_0$ 及刻度参数 $b_0$。输入数值的有效范围为 0~1。
- "备择先验形状"列。如果要用估计贝叶斯因子法进行贝叶斯分析,则基于二项式推断的备择假设指定形状参数 $a_1$。
- "备择先验标度"列。如果要用估计贝叶斯因子法进行贝叶斯分析,则基于二项式推断的备择假设指定刻度参数 $b_1$。
- "成功类别"下拉列表中提供了定义共轭先验分布的选项。当被检验的数据值违背检验值时,为数值型变量或字符串型变量定义何为成功。
  - "最后一个类别"选项。选择此选项后,按升序排序后,使用在类别中找到的最后一个数值执行二项分布检验,是系统默认设置。
  - "第一个类别"选项。选择此选项后,按升序排序后,使用在类别中找到的第一个数值执行二项分布检验。
  - "中点"选项。选择此选项后,使用大于或等于中点值的数值作为样品。中点值是最小和最大样本数据的平均值。
  - "分割点"选项。选择此选项后,使用大于或等于分割点值的数值作为样品。
  - "水平"选项。选择此选项后,在"水平"列指定被视为案例的字符值(可以大于1)。不同的值间使用逗号分隔。

(5) 各种标准设置。

根据需要,在"贝叶斯单样本推论:二项式"对话框单击"条件"按钮,打开如图11-3所示的"贝叶斯单样本推论:条件"对话框,指定条件。该对话框中包括"置信区间百分比%"框、"缺失值"栏,以及"数值方法"栏。设置方法说明参见11.2.1节中的相关内容。

(6) 先验参数设置。

在"贝叶斯单样本推论:二项式"对话框中单击"先验"按钮,打开"贝叶斯单样本推论：二项式/泊松分布先验"对话框，如图 11-7 所示，为贝叶斯单样本推断指定下述先验分布参数。

需要注意的是，许多应用研究人员会遇到需要指定先验分布的情况。在参考的先验信息太少时，他们担心先验信息由于数据增加而难当重任；只有指定了信息量足够大的先验信息，贝叶斯方法才可以有效地使用这些信息。实际上指定一个先验分布的要求不应被看作使用贝叶斯分析的阻碍因素。

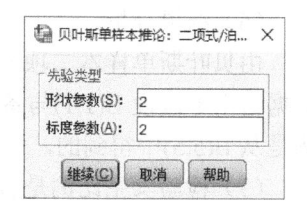

图 11-7 "贝叶斯单样本推论：二项式/泊松分布先验"对话框

- "形状参数"框。对于二项式先验而言，为贝塔分布指定形状参数 $a_0$。对于泊松先验而言，为伽马分布指定形状参数 $a_0$。该框中必须输入一个大于 0 的值。
- "标度参数"框。对于二项式先验而言，为贝塔分布指定标度参数 $b_0$。对于泊松先验而言，为伽马分布指定标度参数 $b_0$。该框中必须输入一个大于 0 的值。

### 11.3.2 贝叶斯单样本二项分布推断分析实例

**【例 2】** 数据文件 data11-02 为 2019 年北京市中小学生参与体育情况问卷调查研究的数据，使用贝叶斯单样本二项分布推断分析过程检验学生中女性比例，即观察样本所示的比例，是服从零假设分布 B(1,1)，还是服从备择假设分布 B(5,5)。若趋向于服从备择假设分布，则检验女性比例是否服从 $p$=0.495 的二项分布假设。

在 SPSS 中的具体操作步骤如下。

（1）在 SPSS 中，打开数据文件 data11-02，按"分析→贝叶斯统计信息→单样本二项式"顺序单击，打开"贝叶斯单样本推论：二项式"对话框。

（2）在"贝叶斯单样本推论：二项式"对话框左侧"变量"框中，选择性别变量，将其送入"检验变量"框，作为检验变量。

（3）在"贝叶斯分析"选项栏中，选择"估算贝叶斯因子"单选按钮，通过构建一个似然比，来比较零假设和备择假设间的边缘似然率。

（4）在"成功的类别和假设值"表中，在"零先验形状"列和"零先验标度"列中输入"1"，在"备择先验形状"列和"备择先验标度"列中输入"5"。

从"成功类别"下拉列表中选择"最后一个类别"选项。"成功类别"下拉列表提供了定义共轭先验分布的选项。选择"最后一个类别"选项，表示将用户指定的字符串值"女"视为分析样品。

（5）单击"确定"按钮，提交系统运行，在"查看器"窗口中得到如表 11-4 所示的输出结果。

表 11-4 二项式比例检验的贝叶斯因子

二项式比例检验的贝叶斯因子

| | 成功类别 | N | 实测 | | 贝叶斯因子 |
| | | | 成功 | 比例 | |
|---|---|---|---|---|---|
| 性别 | = 女 | 37876 | 18689 | .493 | .407 |

贝叶斯因子：零假设与备择假设。

(6) 结果分析。

由贝叶斯单样本二项分布推断分析过程估计的贝叶斯因子为 0.407，小于 1。由观测数据给出零假设 B(1,1) 与备择假设 B(5,5) 之间相比的几率约为 0.407。结果支持女性的比例是从 B(5,5) 中得到的，但证据支持的力度很弱。

(7) 检验女生比例是否服从 $p=0.495$ 的二项分布假设。

在 SPSS 打开数据文件 data11-02，进入"贝叶斯单样本推论：二项式"对话框。

在"贝叶斯分析"栏中选择"使用上述两种方法"单选按钮。

在"成功的类别和假设值"表中，在上述设置的基础上勾选"零点"列的复选框，并在"零比例"列中输入"0.495"。

单击"确定"按钮，提交系统运行，在"查看器"窗口中得到如表 11-5、表 11-6 和图 11-8 所示的输出结果。

表 11-5 二项式比例检验的贝叶斯因子

二项式比例检验的贝叶斯因子

| | 成功类别 | 实测 | | | 贝叶斯因子 |
|---|---|---|---|---|---|
| | | N | 成功 | 比例 | |
| 性别 | = 女 | 37876 | 18689 | .493 | 52.347 |

贝叶斯因子：零假设与备择假设。

表 11-6 二项式推断的后验分布特征

二项式推论的后验分布特征[a]

| | 后验 | | | 95% 置信区间 | |
|---|---|---|---|---|---|
| | 众数 | 平均值 | 变量 | 下限 | 上限 |
| 性别 | .493 | .493 | .000 | .488 | .498 |

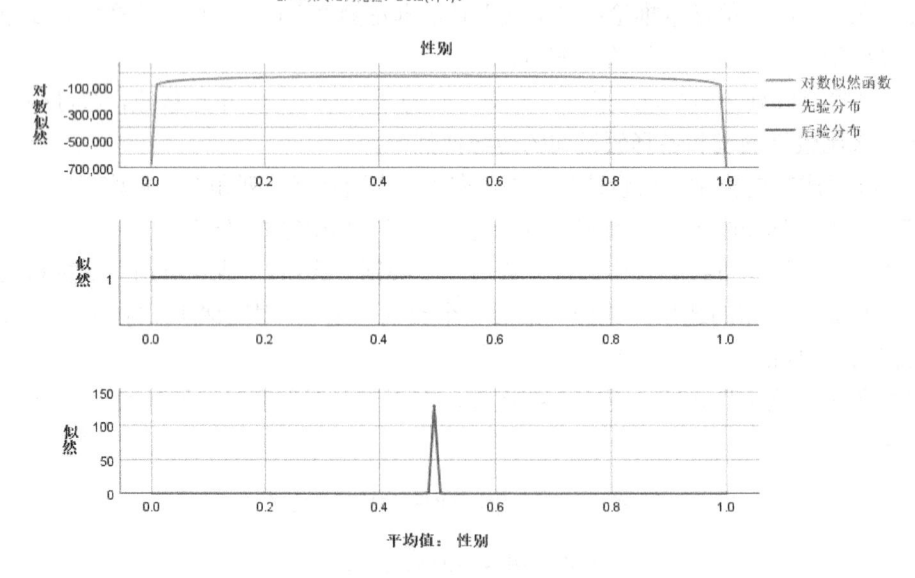

a. 二项式比例先验：Beta(1, 1)。

图 11-8 后验分布图

(8) 结果分析。

由表 11-5 可知，贝叶斯因子为 52.347，有非常强有力的证据支持女性比例等于 0.495 的零假设。

在基于 B(1,1)均匀分布先验条件下，估计的后验众数和平均值均为 0.493，该比例的 95%的贝叶斯置信区间为(0.488,0.498)，0.5 不在其中，表明女生比例略低于男生。

由图 11-8 可知，峰值接近 0.495。

## 11.4　贝叶斯单样本泊松分布推断分析

贝叶斯单样本泊松分布推断分析过程，用于执行基于泊松分布的贝叶斯单样本推断。泊松分布模型是一个适用于偶发事件的模型，假设在一个很短的时间间隔内，事件发生的概率与等待的时长成正比。该过程将使用伽马分布族内的共轭先验得出泊松分布的贝叶斯统计推断。

### 11.4.1　贝叶斯单样本泊松分布推断分析过程

（1）建立或打开数据文件后，按"分析→贝叶斯统计信息→单样本泊松"顺序单击，打开"贝叶斯单样本推论：泊松"对话框，如图 11-9 所示。

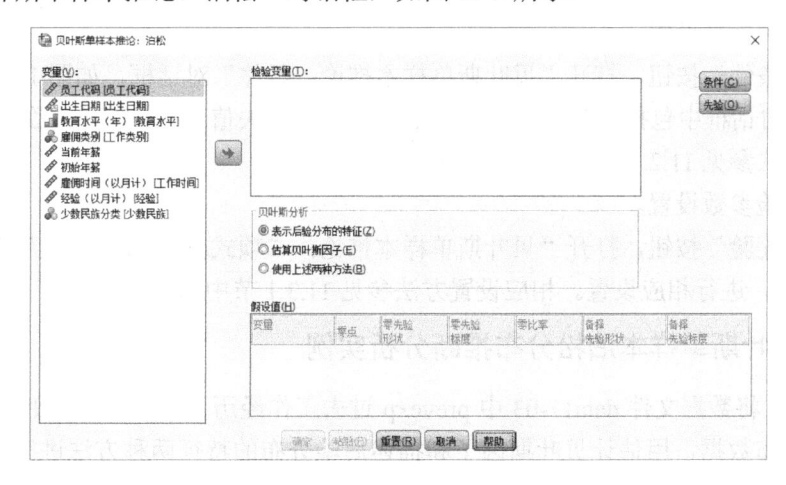

图 11-9　"贝叶斯单样本推论：泊松"对话框

（2）"变量"框中提供了除日期型变量和字符串型变量外的所有可用的数值型变量。在"变量"框中至少选择一个变量，将其送入右侧的"检验变量"框。

（3）"贝叶斯分析"栏提供了三个进行贝叶斯分析的选项。

- "表示后验分布的特征"单选按钮。选择此选项，从描述后验分布的特征角度进行贝叶斯推断。用户可以通过整合其他多余参数来研究感兴趣的参数的边缘后验分布，进一步构造贝叶斯置信区间，从而进行推断。系统默认选择此选项。
- "估算贝叶斯因子"单选按钮。选择此选项，将使用估计贝叶斯因子（贝叶斯推断中最著名的方法之一），构建一个似然比，以比较零假设和备择假设之间的边缘似然率（观测资料在参数上的边缘分布）。
- "使用上述两种方法"单选按钮。选择此选项，将同时使用描述后验分布的特征和估计贝叶斯因子两种推断方法。

（4）在"假设值"表中进行设置。

"假设值"表中显示的是目前在"检验变量"框中的变量。该变量表会随着"检验变量"框中变量的添加或移除而变动。

当在"贝叶斯分析"栏中选择"表示后验分布的特征"单选按钮时,不激活任何列。

当在"贝叶斯分析"栏中选择"估算贝叶斯因子"单选按钮或"使用上述两种方法"单选按钮时,激活所有可编辑的列。

- "零点"列的值用于决定"零比率"列的启用和禁用。当选择该选项时,"零先验形状"列和"零先验标度"列都将被禁用。
- "零先验形状"列指定基于泊松推断的零假设的形状参数 $a_0$。
- "零先验标度"列指定基于泊松推断的零假设的刻度参数 $b_0$。
- "零比率"列基于零假设为共轭先验分布(以适应泊松-伽马关系)指定形状参数 $a_0$ 及刻度参数 $b_0$。最小值必须是大于 0 的数值,最大值必须是双精度最大值。
- "备择先验形状"列。如果要用估计贝叶斯因子法进行贝叶斯分析,则基于泊松推断的备择假设,需要指定形状参数 $a_1$。
- "备择先验标度"列。如果要用估计贝叶斯因子,则基于泊松推断的备择假设,需要指定刻度参数 $b_1$。

(5)各种标准设置。

单击"条件"按钮,打开"贝叶斯单样本推论:条件"对话框,如图 11-3 所示,指定条件。该对话框中包括"置信区间百分比%"框、"缺失值"栏,以及"数值方法"栏。相应设置方法参见 11.2.1 节中的相关内容。

(6)先验参数设置。

单击"先验"按钮,打开"贝叶斯单样本推论:二项式/泊松分布先验"对话框,如图 11-7 所示,进行相应设置。相应设置方法参见 11.3.1 节中的相关内容。

### 11.4.2 贝叶斯单样本泊松分布推断分析实例

【例3】 将数据文件 data11-03 中 prevexp 过去工作经历(单位为月)变量中的数据,视为泊松分布数据,用估计贝叶斯因子和描述后验分布的特征两种方法进行关于平均值参数的贝叶斯推断。

在 SPSS 中的具体操作步骤如下。

(1)打开数据文件 data11-03,按"分析→贝叶斯统计信息→单样本泊松"顺序单击,打开"贝叶斯单样本推论:泊松"对话框。

(2)在"变量"框中,选择 prevexp 变量,将其移到"检验变量"框中,作为检验变量。

(3)在"贝叶斯分析"栏中,选择"使用上述两种方法"单选按钮,指定同时使用描述后验分布的特征和估计贝叶斯因子两种方法进行贝叶斯分析。

(4)在"假设值"表的"零先验形状"列和"零先验标度"列对应的单元格中输入"1"。"零先验形状"列用于指定基于泊松推断的零假设下的形状参数 $a_0$。"零先验标度"列用于指定基于泊松推断的零假设下的刻度参数 $b_0$。

在"备择先验形状"列对应的单元格中输入"0.5",在"备择先验标度"列对应的单元格中输入"1"。"备择先验形状"列用于指定用估计贝叶斯因子法进行贝叶斯分析时基于泊松推断的备择假设下的形状参数 $a_1$;"备择先验标度"列用于指定用估计贝叶斯因子法进行贝叶斯分析时基于泊松推断的备择假设下的刻度参数 $b_1$。

（5）单击"先验"按钮，打开"贝叶斯单样本推论：二项式/泊松分布先验"对话框。在"形状参数"框中输入"0.5"，指定伽马分布形状参数 $a_0$。在"标度参数"框中输入"1"，指定伽马分布刻度参数 $b_0$。

（6）单击"继续"按钮，返回"贝叶斯单样本推论：泊松"对话框。单击"确定"按钮，提交系统运行，在"查看器"窗口中得到如表 11-7、表 11-8 和图 11-10 所示的输出结果。

表 11-7 泊松比率的贝叶斯因子检验

泊松比率的贝叶斯因子检验

| | 计数 | | | |
|---|---|---|---|---|
| | N | 最小值 | 最大值 | Bayes Factor[a] |
| 过去工作经历(月) | 474 | 0 | 476 | 17.336 |

a. 贝叶斯因子：零假设与备择假设。

表 11-8 泊松推断的后验分布特征

泊松推论的后验分布特征[a]

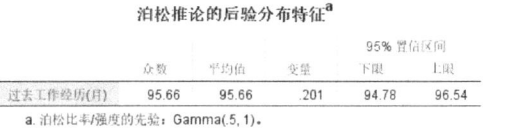

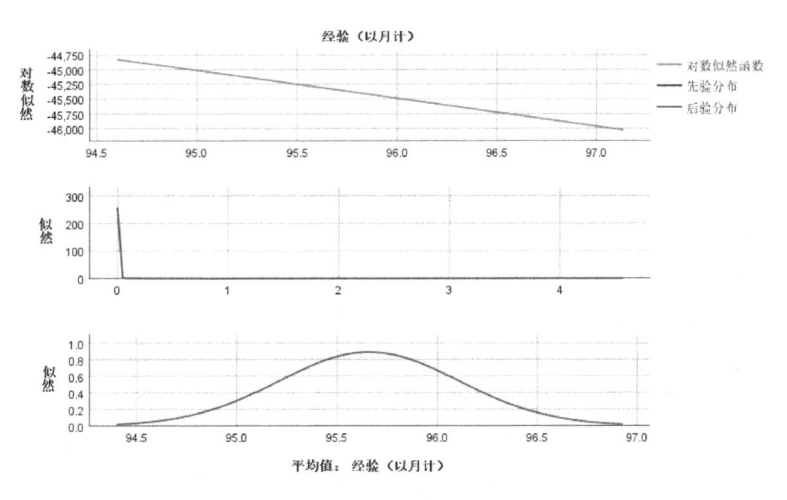

| | | | | 95% 置信区间 | |
|---|---|---|---|---|---|
| | 众数 | 平均值 | 变量 | 下限 | 上限 |
| 过去工作经历(月) | 95.66 | 95.66 | .201 | 94.78 | 96.54 |

a. 泊松比率强度的先验：Gamma(.5,1)。

图 11-10 后验分布图

（7）结果分析。

为了估计贝叶斯因子，假设感兴趣的参数是分别基于从 $\Gamma(300,3)$ 和 $\Gamma(200,2)$ 的零假设和备择假设中取得的平均值。由贝叶斯单样本泊松分布推断分析过程估计得到的贝叶斯因子为 17.336，这意味观测数据有强有力的证据支持零假设。

使用 $\Gamma(0.5,1)$ 的杰弗里斯先验设定关注的参数来估计后验分布。后验众数和平均值的估计值均为 95.66。基于给定的观测数据，过去工作经历平均值的贝叶斯估计的 95% 的置信区间为 (94.78, 96.54)。图 11-10 所示为后验分布图，解释了给定数据中关注的平均值的全部信息。

## 11.5 贝叶斯相关样本正态分布推断分析

贝叶斯相关样本正态分布推断分析过程用于对配对样本进行贝叶斯单样本推断。在本过程中可以成对地指定变量名，并对平均值差异进行贝叶斯分析。

## 11.5.1 贝叶斯相关样本正态分布推断分析过程

（1）建立或打开数据文件后，按"分析→贝叶斯统计信息→相关样本正态"顺序单击，打开"贝叶斯相关样本推论：正态"对话框，如图 11-11 所示。

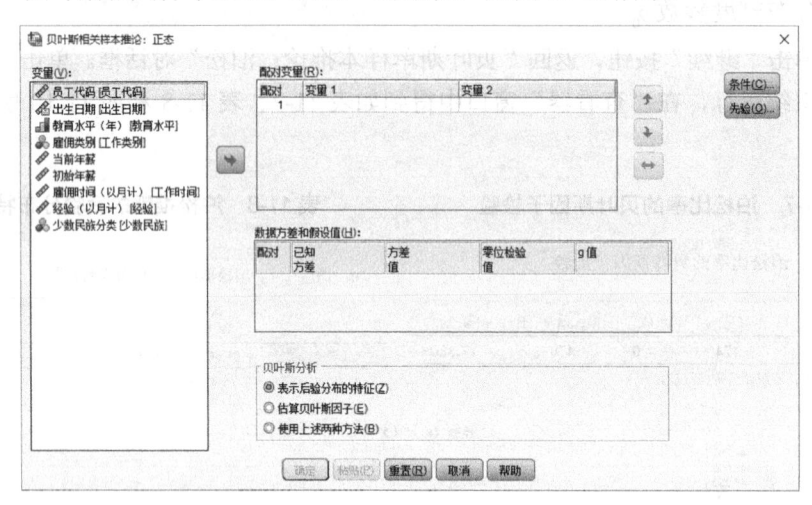

图 11-11 "贝叶斯相关样本推论：正态"对话框

（2）"变量"框中提供了除字符串型变量外的所有其他变量。在"变量"框中至少选择一对变量，将其送入右侧的"配对变量"框。需要注意的是，在任何一次配对设置中选择的变量不能超过 2 个。

（3）"贝叶斯分析"栏提供了三个进行贝叶斯分析的选项。

- "表示后验分布的特征"单选按钮。选择此选项，将从描述后验分布的特征角度进行贝叶斯推断。用户可以通过整合其他多余参数来研究感兴趣的参数的边缘后验分布，进一步构造贝叶斯置信区间，从而进行推断。系统默认选择此选项。
- "估算贝叶斯因子"单选按钮。选择此选项，将使用估计贝叶斯因子（贝叶斯推断中最著名的方法之一）构建一个似然比，以比较零假设和备择假设之间的边缘似然率（观测资料在参数上的边缘分布）。
- "使用上述两种方法"单选按钮。选择此选项，将同时使用描述后验分布的特征和估计贝叶斯因子两种推断方法。

（4）在"数据方差和假设值"表中进行设置。

"数据方差和假设值"表中显示的是目前在"配对变量"框中的成对变量。该变量表会随着"配对变量"框中成对变量的添加或移除而变动。

当一个或多个成对变量出现在"配对变量"框中时，"已知方差"列和"方差值"列被激活。

- "已知方差"列。当方差已知时，对每个变量设置本列。
- "方差值"列。对于观测数据，如果知道方差值，就在对应单元格中输入方差值。

当一个或多个成对变量出现在"配对变量"框中，而且在"贝叶斯分析"栏中未选择"表示后验分布的特征"单选按钮时，"零位检验值"列和"g 值"列被启用。

- "零位检验值"列。零位检验值是贝叶斯因子估计中需要的一个参数，用于指定零假设的平均值。只允许有一个值，系统默认值是 0。

- "g 值"列。g 值用于定义使用描述后与分布的特征进行贝叶斯分析时的 $\Psi^2$，$\Psi^2 = g\sigma^2 x$。当指定方差值后，g 值的默认值为 1。当未指定方差值时，可以指定一个固定的 g 值或忽略该值。

（5）各种标准设置。

单击"条件"按钮，打开"贝叶斯单样本推论：条件"对话框，如图 11-3 所示，指定条件。该对话框中包括"置信区间百分比%"框、"缺失值"框，以及"数值方法"框。设置方法参见 11.2.1 节中的相关内容。

（6）先验参数设置。

单击"先验"按钮，打开"贝叶斯单样本推论：正态先验"对话框，如图 11-4 所示，进行相应设置。设置方法参见 11.2.1 节中的相关内容。

### 11.5.2 贝叶斯相关样本正态分布推断分析实例

【例 4】 使用数据文件 data11-03 中的数据，将当前薪水和初始薪水分别乘以 6.5，转换成当前年薪和初始年薪并存放在数据文件 data11-04 中，使用贝叶斯相关样本分析中的估计贝叶斯因子法，推断当前年薪和初始年薪之间的差异是否为 97500 元。

#### 1. 使用估计贝叶斯法正态性检验

当前年薪检验平均值为 223000 元，初始年薪检验平均值为 110600 元，为不失一般性，假设两个年薪的方差未知。

在 SPSS 中具体操作步骤如下。

（1）打开数据文件 data11-04，按"分析→贝叶斯统计信息→单样本正态"顺序单击，打开"贝叶斯单样本推论：正态"对话框。

（2）在"变量"框中，选择当前年薪变量和初始年薪变量，并移入"配对变量"框。

（3）在"贝叶斯分析"栏中，选择"使用上述两种方式"单选按钮。

（4）单击"先验"按钮，打开"贝叶斯单样本推论：正态先验"对话框。

在"先验方差/精度"栏中，选择"方差"单选按钮，为方差参数指定先验分布。

在"先验分布"下拉列表中选择"逆卡方分布"选项。

在"形状参数"框中输入"2"，指定逆伽马分布的形状参数 $\sigma_0$ 的值为 2。

在"标度参数"框中输入"1"，指定逆伽马分布的刻度参数 $b_0$ 的值为 1。

在"先验平均值给定方差/精度"栏中选择"正态"单选按钮。

在"位置参数"框中输入"10"。

在"将 Kappa 用于标度"框中输入"2"。

（5）单击"继续"按钮，返回"贝叶斯单样本推论：正态"对话框。

（6）单击"确定"按钮，提交系统运行，在"查看器"窗口中，得到表 11-9、表 11-10 和图 11-12、图 11-13 所示的结果。

表 11-9 单样本 T 检验的贝叶斯因子

单样本 T 检验的贝叶斯因子

| | N | 平均值 | 标准偏差 | 标准误差平均值 | 贝叶斯因子[a] | t | 自由度 | 显著性（双尾） |
|---|---|---|---|---|---|---|---|---|
| 当前年薪 | 474 | 223727.1888 | 110991.7995 | 5098.02219 | 27.068 | .143 | 473 | .887 |
| 初始年薪 | 474 | 110604.5622 | 51159.14800 | 2349.81749 | 27.344 | .002 | 473 | .998 |

a. 贝叶斯因子：零假设与备择假设。

表 11-10 单样本平均值的后验分布特征

单样本平均值的后验分布特征

| | N | 众数 | 后验 平均值 | 方差 | 95% 置信区间 下限 | 上限 |
|---|---|---|---|---|---|---|
| 当前年薪 | 474 | 222787.2006 | 222787.2006 | 26267817.74 | 212737.5386 | 232836.8626 |
| 初始年薪 | 474 | 110139.8792 | 110139.8792 | 5594807.141 | 105501.8656 | 114777.8928 |

先验方差: Inverse Chi-Square。先验平均值: Normal。

(7) 结果解释。

由表 11-9 可知，单样本 $T$ 检验结果不拒绝当前年薪检验平均值为 223000 元（$P=0.887$），初始年薪检验平均值为 110600 元（$P=0.998$）的假设。贝叶斯因子值分别为 27.068 和 27.344，有很强的证据支持零假设。

由表 11-10 可知，当前年薪和初始年薪对数值的后验平均值分别为 222787.2006 和 110139.8972，95% 的贝叶斯置信区间为 (212737.5386, 232836.8626) 和 (105501.8656, 114777.8928)。

图 11-12 和图 11-13 所示分别为当前年薪后验分布图和初始年薪的后验分布图，它们都是以估计平均值或众数为中心对称的钟形分布（两者都服从 $T$ 分布）。

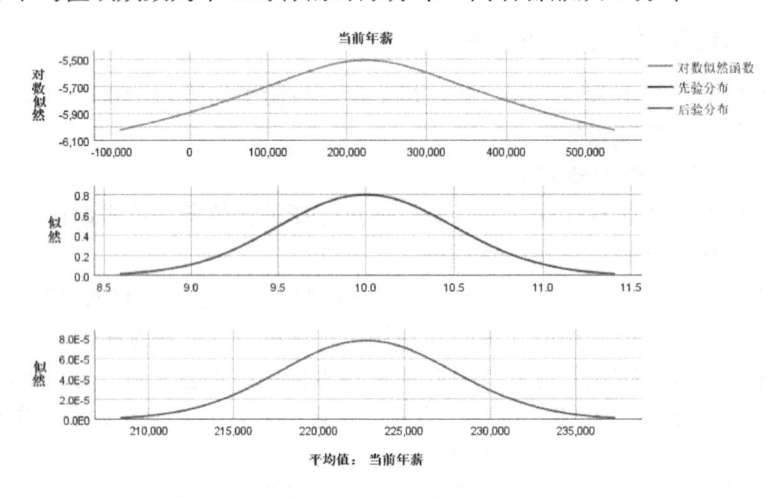

图 11-12 当前年薪后验分布图

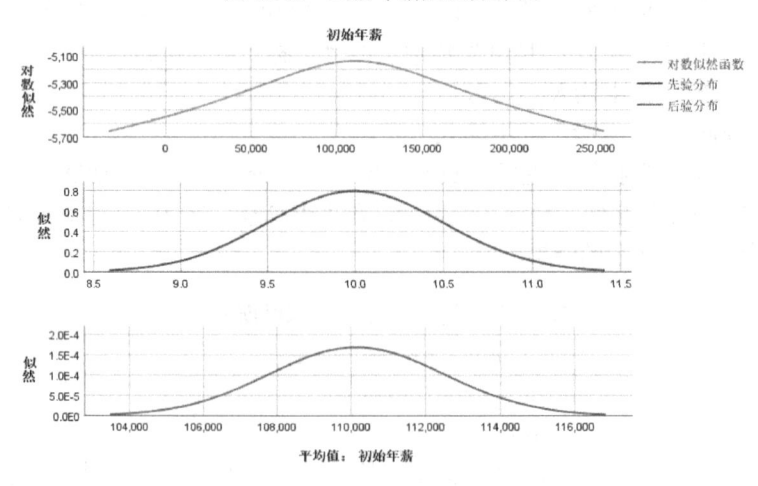

图 11-13 初始年薪后验分布图

## 2. 当前年薪和初始年薪差异检验

（1）按"分析→贝叶斯统计信息→相关样本正态"顺序单击，打开"贝叶斯相关样本推论：正态"对话框。

（2）在"贝叶斯相关样本推论：正态"对话框的左侧"变量"框中，将当前年薪变量作为"变量1"的值，将初始年薪变量作为"变量2"的值。

（3）在"贝叶斯分析"栏中，选择"估算贝叶斯因子"单选按钮。在"零位检验值"列对应单元格中输入"97500"。

（4）单击"确定"按钮，提交系统运行，在"查看器"窗口中得到输出结果，如表11-11所示。

表 11-11 相关样本 T 检验贝叶斯因子

| | N | 平均值差值 | 标准偏差 | 标准误差平均值 | 贝叶斯因子 | t | 自由度 | 显著性（双尾） |
|---|---|---|---|---|---|---|---|---|
| 当前年薪 - 初始年薪 | 474 | 113122.6266 | 70295.02974 | 3228.75765 | .000 | 4.839 | 473 | .000 |

贝叶斯因子：零假设与备择假设。

（5）结果分析。

由表11-11可知，贝叶斯因子为0.000306（在"查看器"窗口中，双击该数值所在单元格，可查到0.000后面未显示的数值），该值用来检验零假设与备择假设。当该值小于1时，可以取其倒数，1/0.000306≈3768，支持备择假设。说明初始年薪和当前年薪间的差异不是97500，是更大的值，表11-11中给出的差值为113122.6266。

## 11.6 贝叶斯独立样本正态分布推断分析

贝叶斯独立样本正态分布推断分析过程使用分组变量定义两个不相关组，并对两个组的平均值差异进行贝叶斯分析。该过程可以选用不同的方法来估计贝叶斯因子，还可以在假设方差已知或未知的情况下描述期望的后验分布。

### 11.6.1 贝叶斯独立样本正态分布推断分析过程

（1）建立或打开数据文件后，按"分析→贝叶斯统计信息→独立样本正态"顺序单击，打开"贝叶斯独立样本推论"对话框，如图11-14所示。

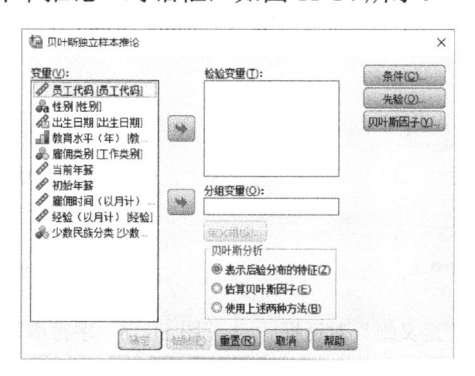

图 11-14 "贝叶斯独立样本推论"对话框

（2）在"变量"框中选择适当的变量作为检验变量（至少选择一个变量），送入右侧的"检验变量"框。

（3）从"变量"框中选择合适的变量作为分组变量，送入"分组变量"框。一个分组变量为不成对的 $T$ 检验定义了两组。选择的分组变量既可以是数值型变量，也可以是字符串型变量。

（4）"贝叶斯分析"栏提供了三个进行贝叶斯分析的选项。

- "表示后验分布的特征"单选按钮。选择此选项，将从描述后验分布的特征角度进行贝叶斯推断。用户可以通过整合其他多余参数来研究感兴趣的参数的边缘后验分布，进一步构造贝叶斯置信区间，进而进行推断。系统默认选择此选项。
- "估算贝叶斯因子"单选按钮。选择此选项，将使用估计贝叶斯因子（贝叶斯推断中最著名的方法之一）构建一个似然比，以比较零假设和备择假设之间的边缘似然率（观测资料在参数上的边缘分布）。
- "使用上述两种方法"单选按钮。选择此选项，将同时使用描述后验分布的特征和估计贝叶斯因子两种推断方法。

（5）为 $T$ 检验定义两个组。

对于字符串型变量，指定两个值，定义两个组。对于数值型变量，指定两个值、一个中点或一个分割点值，定义两个组。

需要注意的是，指定的这些值必须存在于变量中，否则"查看器"窗口将出现指出至少一个组是空的警告信息。

① 对于数值型变量。

单击"定义组"按钮，打开"定义组"对话框，如图 11-15 所示。

- "使用指定的值"单选按钮。选择此选项后，在"组 1"框中输入一个值，在"组 2"框中输入另一个值。含有其他值的样品将被从分析中剔除。数值不必为整数（如 6.25 和 12.5 都是有效的）。
- "使用中点值"单选按钮。选择此选项，将按小于中点值和大于或等于中点值来分组。
- "使用分割点"单选按钮。选择此选项，在"分割点"框中输入一个值，将根据该值把分组变量的值分为两组。值小于分割点的所有样品为一组，值大于或等于分割点的样品为另一组。

② 对于字符串型变量。

单击"定义组"按钮，打开"定义组"对话框，如图 11-16 所示。

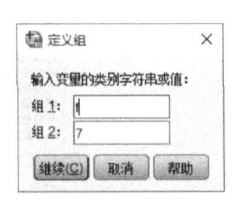

图 11-15 数值型变量的"定义组"对话框    图 11-16 字符串型变量的"定义组"对话框

在"组 1"框中输入一个字符值，在"组 2"框中输入另一个字符值，如 yes 和 no。

含有其他字符串的样品将被从分析中剔除。

单击"继续"按钮，返回"贝叶斯独立样本推论"对话框。

（6）参数标准设置。

单击"条件"按钮，打开"贝叶斯独立样本推论：条件"对话框，如图 11-17 所示。

① 设置置信区间。

- 在"置信区间百分比%"框中输入一个数值，指定置信区间的百分比，系统默认值为 95。

② "缺失值"栏用于指定缺失值处理方法包括两个选项。

- "按具体分析排除个案"单选按钮。选择此选项，将根据检验变量剔除包含缺失值的观测。系统默认选择此选项。

图 11-17 "贝叶斯独立样本推论：条件"对话框

- "成列排除个案"单选按钮。选择此选项，在任何子命令上指定的任何变量中包含缺失值的观测，都将从所有的分析中被剔除。

③ "自适应求积法"栏用于指定自适应求积法的容差和最大迭代次数。

- 在"容差"框中输入一个数值，指定计算方法中的容差值，系统默认值为 0.000001。
- 在"最大迭代次数"框中输入最大自适应求积法迭代次数。该数值应为正整数，系统默认值为 500。

单击"继续"按钮，返回"贝叶斯独立样本推论"对话框。

（7）先验参数设置。

单击"先验"按钮，打开"贝叶斯独立样本推论：先验分布"对话框，如图 11-18 所示，为贝叶斯独立样本推断指定下述先验分布标准。

① "数据方差"栏提供用于定义数据方差的选项。

- "已知方差"单选按钮。选择此选项，将允许输入两个已知的组方差。两个值都必须大于 0。
  - 在"组 1 方差"框中输入第一个已知的组方差值。
  - 在"组 2 方差"框中输入第二个已知的组方差值。
- "假定等方差"单选按钮。选择此选项，将假设两组方差相等。在默认情况下，假设两组方差不相等。
- "假定不等方差"单选按钮。系统默认选择此选项。

② "先验方差"栏用于指定两个等方差的先验分布。

- "杰弗里斯"单选按钮。选定此选项，将使用参数空间的无信息（目标）先验分布。
- "逆卡方"单选按钮。选定此选项，指定逆 $\chi^2(v_0, \sigma_0^2)$ 随机变量和连续概率分布参数的正数值。其中，$v_0 > 0$，为自由度；$\sigma_0^2 > 0$，为刻度参数。
  - 在"自由度"框中输入一个大于 0 的数，为逆卡方指定自由度参数。
  - 在"标度参数"框中输入一个大于 0 的数，为逆卡方指定刻度参数。刻度参数越大，分布越分散。

③ "先验平均值条件方差"栏提供了用于指定两个组平均值的先验分布的选项。

需要注意的是，仅当在"数据方差"栏中选择"已知方差"单选按钮时，"扩散"单选按钮和"正态"单选按钮才处于激活状态。
- "扩散"单选按钮。选择此选项，指定使用扩散先验。系统默认选择此选项。
- "正态"单选按钮。选择此选项，必须在该选项下的列表中指定已定义的组平均值的位置参数和标度参数。

单击"继续"按钮，返回"贝叶斯独立样本推论"对话框。

（8）设置估计贝叶斯因子的方法。

单击"贝叶斯因子"按钮，打开"贝叶斯独立样本推论：贝叶斯因子"对话框，如图 11-19 所示，指定估计贝叶斯因子的方法。

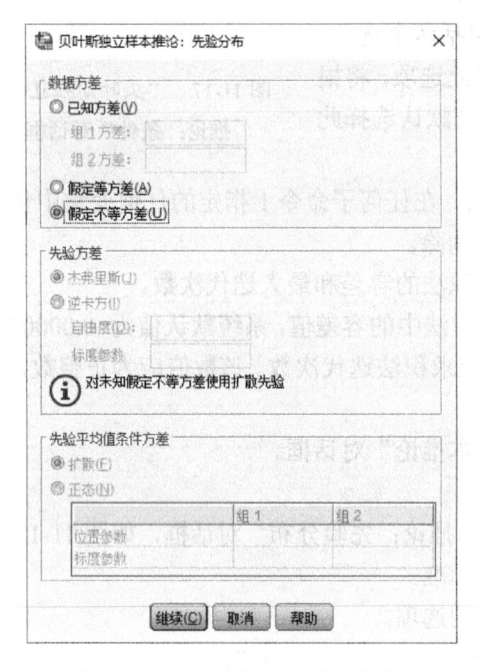

图 11-18 "贝叶斯独立样本推论：先验分布"对话框

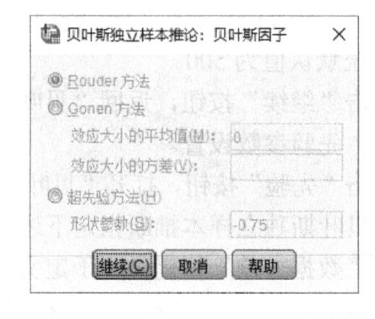

图 11-19 "贝叶斯独立样本推论：贝叶斯因子"对话框

- "Rouder 方法"。选择此选项，调用 Rouder 方法估计贝叶斯因子。系统默认选择此选项。
- "Gonen 方法"。选择此选项，调用 Gonen 方法估计贝叶斯因子，并且必须指定以下效应大小。
  - 在"效应大小的平均值"框中输入用于指定两个组平均值间的差值的值。
  - 在"效应大小的方差"框中输入用于指定两个组的方差的值。该数值必须大于 0。
- "超先验方法"。选择此选项，调用需要指定单个值的 Hyper-g 方法。输入介于 –1～ –0.5 的值。系统默认值为 –0.75。

## 11.6.2 贝叶斯独立样本正态分布推断分析实例

【例5】调用第 2 章的例 6 中的研究两种安眠药对睡眠延长时数效果的数据，两种药物疗效的数据已存放在数据文件 data2-06 中，试用贝叶斯独立样本正态分布推断分析过程来推断甲、乙两种药物在睡眠延长时数的平均值上是否存在差异。

SPSS 中的具体操作步骤如下。

（1）打开数据文件 data2-06，按"分析→贝叶斯统计信息→独立样本正态"顺序单击，打开"贝叶斯独立样本推论"对话框。

（2）在"变量"框中选择 ycss 变量，将其送入"检验变量"框；选择 zb 变量，将其送入"分组变量"框。

（3）单击"定义组"按钮，打开"定义组"对话框，如图 11-15 所示。选择"使用指定的值"单选按钮，在"组 1"框中输入"1"，在"组 2"框中输入"2"，为 zb 变量指定两个分组值。单击"继续"按钮，返回"贝叶斯独立样本推论"对话框。

（4）在"贝叶斯分析"栏中，选择"使用上述两种方法"单选按钮。

（5）单击"先验"按钮，打开"贝叶斯独立样本推论：先验分布"对话框。在"数据方差"栏中，选择"假定等方差"单选按钮。单击"继续"按钮，返回"贝叶斯独立样本推论"对话框。

（6）单击"确定"按钮，提交系统运行，在"查看器"窗口中得到如表 11-12～表 11-14 和图 11-20 所示的结果。

表 11-12　两组描述统计量

组统计

| 组别 | N | 平均值 | 标准偏差 | 标准误差平均值 |
|---|---|---|---|---|
| 睡眠延长时数 = 服甲药组 | 10 | .760 | 1.7890 | .5657 |
| = 服乙药组 | 10 | 2.490 | 1.8144 | .5738 |

表 11-13　贝叶斯因子独立样本检验结果

贝叶斯因子独立样本检验（方法 = Rouder）[a]

| | 平均值差值 | 汇聚标准误差差值 | 贝叶斯因子[b] | t | 自由度 | 显著性（双尾） |
|---|---|---|---|---|---|---|
| 睡眠延长时数 | 1.730 | .8058 | .588 | 2.147 | 18 | .046 |

a. 假设各个组中的方差相等。
b. 贝叶斯因子：零假设与备择假设。

表 11-14　独立样本平均值的后验分布特征

独立样本平均值的后验分布特征[a]

| | 后验 | | | 95% 置信区间 | |
|---|---|---|---|---|---|
| | 众数 | 平均值 | 方差 | 下限 | 上限 |
| 睡眠延长时数 | 1.730 | 1.730 | .730 | .037 | 3.423 |

a. 方差的先验：Jeffreys 2。平均值的先验：Diffuse。

（7）结果分析。

表 11-12 所示为两组描述统计量，给出了两个组的样本量、平均值、标准差和标准误差平均值等常规描述统计结果。

表 11-13 所示为贝叶斯因子独立样本检验结果，两组睡眠延长时数的平均值间的差异为 1.730，$t$ 值为 2.147，出现当前 $t$ 值或更加极端值的概率为 0.046，拒绝平均值相等的零假设，支持两组睡眠延长时数平均值间不相等的备择假设。贝叶斯因子为 0.588，说明有很弱的证据支持备择假设。

表 11-14 所示为独立样本平均值的后验分布特征，估计的后验众数和平均值均为 1.730。观测数据给出的两组睡眠延长时数间差异的 95%贝叶斯置信区间为(0.037,3.423)。由于该区间中不包含 0，因此可以得出，观察到的数据支持两组睡眠延长时数平均值间存在差异的结论。

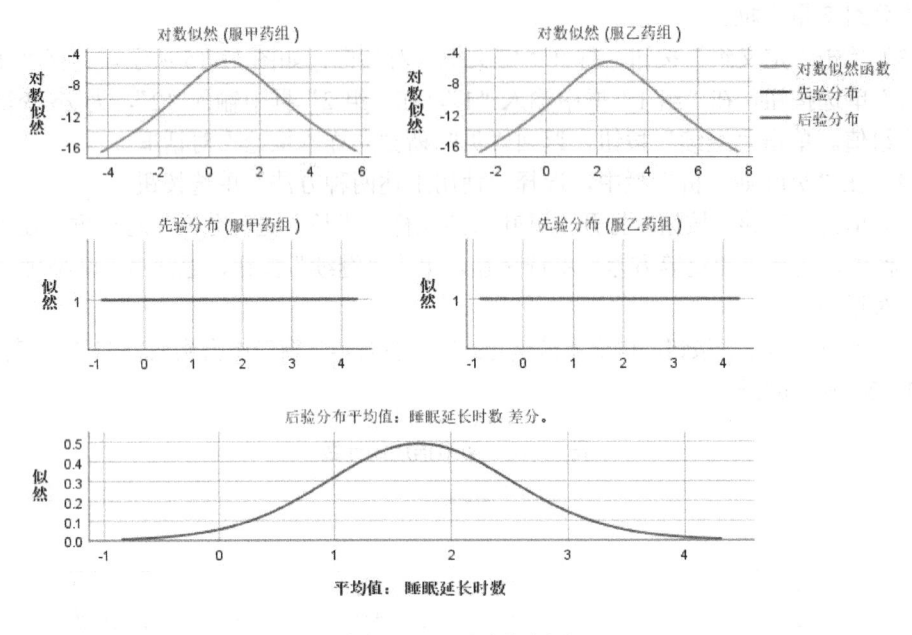

图 11-20 后验分布图

图 11-20 所示为后验分布图，解释了（对于给定的观测数据）关注的参数的所有信息。数据相当清楚地表明两组睡眠延长时数平均值间不相等。

## 11.7 皮尔逊相关分析贝叶斯推断分析

皮尔逊相关系数度量了两个共同服从二元正态分布的尺度变量间的线性关系。在本节介绍的皮尔逊相关分析贝叶斯推断分析过程中，允许用户使用估计贝叶斯因子法和描述后验分布特征法进行贝叶斯分析。

### 11.7.1 皮尔逊相关分析贝叶斯推断分析过程

（1）建立或打开数据文件后，按"分析→贝叶斯统计信息→Pearson 相关性"顺序单击，打开"关于 Pearson 相关性的贝叶斯推论"对话框，如图 11-21 所示。

（2）在"变量"框中选择用来进行两两相关分析的检验变量（至少选择两个变量），将其送入右侧的"检验变量"框。当选择两个以上变量时，将对所有选择的变量的两两组合进行分析。

（3）在"贝叶斯分析"栏中选择期望进行贝叶斯分析的方法。

- "表示后验分布的特征"单选按钮。选择此选项，将从描述后验分布的特征的角度进行贝叶斯推断。用户可以通过整合其他多余参数来研究关注的参数的边缘后验分布，进一步构造贝叶斯置信区间，从而进行推断。系统默认选择此选项。

- "估算贝叶斯因子"单选按钮。选择此选项,将使用估计贝叶斯因子(贝叶斯推断中最著名的方法之一)构建一个似然比,以比较零假设和备择假设间的边缘似然率(观测资料在参数上的边缘分布)。
- "使用上述两种方法"单选按钮。选择此选项,将同时使用描述后验分布的特征和估计贝叶斯因子两种推断方法。

(4)在"最大图数"框中指定在"查看器"窗口中显示的最大图数。

在同一个窗格中一组图可以包含 3 个图。这些图先按照第一个变量对余下变量的顺序生成,然后按照第二个变量对余下变量的顺序生成,依次类推。定义的整数值必须介于 0~50。系统默认值为 10,该值适用于 5 个变量。当使用估算贝叶斯因子法进行贝叶斯分析时,"最大图数"框无法使用。

(5)参数标准设置。

单击"条件"按钮,打开"贝叶斯 Pearson 相关性:条件"对话框,如图 11-22 所示,为皮尔逊相关分析贝叶斯推断分析过程指定分析标准。该对话框中包括"置信区间百分比%"框、"缺失值"栏,以及"数值方法"栏。

图 11-21 "关于 Pearson 相关性的贝叶斯推论"对话框

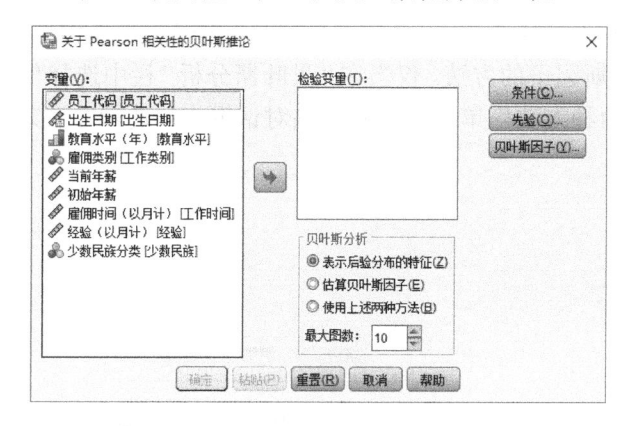

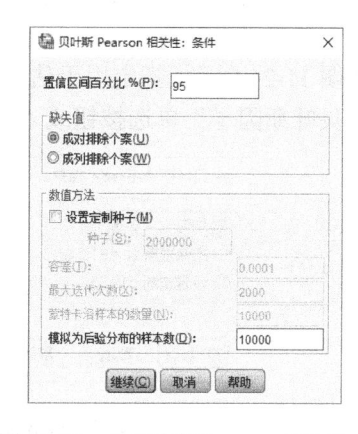

图 11-22 "贝叶斯 Pearson 相关性:条件"对话框

- 在"置信区间百分比%"框中指定置信区间的百分比,系统默认值为 95。
- 在"缺失值"栏中指定处理缺失值的方法。该栏中有两个选项。
  - "成对排除个案"单选按钮。选择此选项,将成对剔除包含缺失值的观测。
  - "成列排除个案"单选按钮。选择此选项,将成列剔除包含缺失值的观测。在任何子命令上被指定为包含缺失值的任何变量的观测都将从所有分析中被剔除。

需要注意的是,仅当在"贝叶斯分析"栏中选择"估算贝叶斯因子"单选按钮或"使用两种方法选项"单选按钮时,以下选项才被激活。

- 在"数值方法"栏中指定计算积分的数值方法。
  - "设置定制种子"复选框。选择此选项,可以在"种子"框中输入自定义的种子值,系统默认值为 2000000。
  - 在"容差"框中输入一个值,指定数值计算方法中的容差值,系统默认值为 0.000001。
  - 在"最大迭代次数"框中输入一个值,指定数值计算方法中的最大迭代次数。

该值必须为正整数，系统默认值为2000。
- 在"蒙特卡洛样本的数量"框中输入一个值，指定蒙特卡洛近似法抽样数。该值必须为正整数，系统默认值为10000。
- 在"模拟为后验分布的样本数"框中输入一个值，指定得到期望后验分布的样本数，系统默认值为10000。

单击"继续"按钮，返回"关于Pearson相关性的贝叶斯推论"对话框。

（6）先验参数设置。

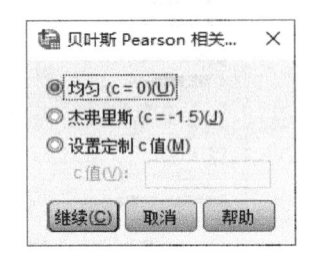

单击"先验"按钮，打开"贝叶斯Pearson相关性：先验分布"对话框，如图11-23所示，指定先验 $p(\rho) \propto (1-\rho^2)^c$ 中的 $c$ 值。

- "均匀（c=0）"单选按钮。选择此选项，将使用均匀先验分布。
- "杰弗里斯（c=-1.5）"单选按钮。选择此选项，将使用无信息先验分布。
- "设置定制 c 值"单选按钮。选择此选项，可以将 $c$ 值指定为任何一个实数值。

单击"继续"按钮，返回"关于Pearson相关性的贝叶斯推论"对话框。

（7）贝叶斯因子参数设置。

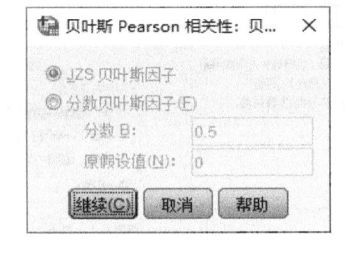

单击"贝叶斯因子"按钮，打开"贝叶斯Pearson相关性：贝叶斯因子"对话框，如图11-24所示，指定用于估计贝叶斯因子的方法。仅当在"贝叶斯分析"栏中选择"估算贝叶斯因子"单选按钮或"使用两种方法"单选按钮时，该对话框中的选项才有效。

图11-23 "贝叶斯Pearson相关性：先验分布"对话框

图11-24 "贝叶斯Pearson相关性：贝叶斯因子"对话框

- "JZS 贝叶斯因子"单选按钮。选择此选项，将调用 Zellner-Siow（泽尔纳-萧）方法估计贝叶斯因子。系统默认选择此选项。
- "分数贝叶斯因子"单选按钮。选择此选项，在"分数"框中指定小数值的贝叶斯因子，该值必须∈(0,1)，系统默认值为0.5；在"零假设值"框中输入一个检验的相关关系值，系统默认值为0。

单击"继续"按钮，返回"关于Pearson相关性的贝叶斯推论"对话框。

（8）单击"确定"按钮，提交系统运行，在"查看器"窗口中得到输出结果。

### 11.7.2 皮尔逊相关分析贝叶斯推断分析实例

【例6】 使用四川绵阳中山柏生长与气候关系研究得到的数据文件 data11-05，试用贝叶斯推断方法推断月降雨量（rain）、月平均日照时数（hsum）和月平均湿度（humi）两两变量间的线性相关，并用贝叶斯因子对相关系数进行推断。

SPSS中的具体操作步骤如下。

（1）打开数据文件 data11-05，按"分析→贝叶斯统计信息→Pearson 相关性"顺序单击,打开"关于 Pearson 相关性的贝叶斯推论"对话框。

(2)在"变量"框中选择 rain、hsum、humi 变量,并将其送入"检验变量"框。

(3)在"贝叶斯分析"栏中,选择"估算贝叶斯因子"单选按钮。

(4)单击"条件"按钮,打开"贝叶斯 Pearson 相关性:条件"对话框,在"缺失值"栏中选择"成对排除个案"单选按钮。

单击"继续"按钮,返回"关于 Pearson 相关性的贝叶斯推论"对话框。

(5)单击"贝叶斯因子"按钮,打开"贝叶斯 Pearson 相关性:贝叶斯因子"对话框。选择"JZS 贝叶斯因子"单选按钮,用 Zellner-Siow 方法估计贝叶斯因子。

单击"继续"按钮,返回"关于 Pearson 相关性的贝叶斯推论"对话框。

(6)单击"确定"按钮,提交系统运行,在"查看器"窗口中得到如表 11-15 所示的输出结果表。

表 11-15 两两相关系数的贝叶斯因子推断结果

成对相关性的贝叶斯因子推论[a]

| | | 月降雨量 (mm) | 月平均日照时数 | 月平均湿度 |
|---|---|---|---|---|
| 月降雨量(mm) | 皮尔逊相关性 | 1 | .702 | .384 |
| | 贝叶斯因子 | | .185 | 2.160 |
| | N | 12 | 12 | 12 |
| 月平均日照时数 | 皮尔逊相关性 | .702 | 1 | -.051 |
| | 贝叶斯因子 | .185 | | 4.601 |
| | N | 12 | 12 | 12 |
| 月平均湿度 | 皮尔逊相关性 | .384 | -.051 | 1 |
| | 贝叶斯因子 | 2.160 | 4.601 | |
| | N | 12 | 12 | 12 |

a. 贝叶斯因子:零假设与备择假设。

(8)结果分析。

表 11-15 所示为两两相关系数的贝叶斯因子推断结果。对于月降雨量和月平均日照时数这对变量,估计的皮尔逊相关系数高达 0.702,对应的贝叶斯因子为 0.185,这表明,观察到的月降雨量和月平均日照时数有中等力度的证据支持这两个变量间存在线性相关的假设。

对于月平均湿度和月平均日照时数这对变量,估计的皮尔逊相关系数为-0.051,对应的贝叶斯因子为 4.601,有中等力度的证据支持零假设,即月平均湿度和月平均日照时数这对变量间不存在线性关系。

月降雨量与月平均湿度间有很弱的证据支持两者间不存在线性相关的零假设。

## 11.8 皮尔逊线性回归模型的贝叶斯推断分析

回归分析是一种广泛应用于定量变量建模的统计方法。线性回归分析是回归分析中的一种基础和标准方法。在线性回归分析中,研究者利用多个变量的值来解释或预测一个尺度变量结果的值。贝叶斯单变量线性回归分析是线性回归分析的一种,其中统计分析是在贝叶斯推断背景下进行的。

## 11.8.1 皮尔逊线性回归模型的贝叶斯推断分析过程

（1）建立或打开数据文件后，按"分析→贝叶斯统计信息→线性回归"顺序单击，打开"关于线性回归模型的贝叶斯推论"对话框，如图11-25所示。

（2）在"变量"框中选择一个非字符串型的因变量（必须选择一个非字符串型的变量），将其送入右侧的"因变量"框。从"变量"框中为模型选择一个或多个分类因子变量，将其送入右侧的"因子"框。从"变量"框中选择一个或多个非字符串型尺度测量的协变量，将其送入"协变量"框。

需要注意的是，"因子"框和"协变量"框不能同时为空。至少选择一个变量送入"因子"框或"协变量"框。

根据需要，选择一个非字符串型变量作为回归权重变量，将其送入右侧的"权重"框。

（3）在"贝叶斯分析"栏中选择期望进行贝叶斯分析的方法。

- "表示后验分布的特征"单选按钮。选择此选项，将从描述后验分布的特征的角度进行贝叶斯推断。用户可以通过整合其他多余参数来研究关注的参数的边缘后验分布，进一步构造贝叶斯置信区间，进而进行推断。系统默认选择此选项。
- "估算贝叶斯因子"单选按钮。选择此选项，将使用估计贝叶斯因子（贝叶斯推断中最著名的方法之一）构建一个似然比，以比较零假设和备择假设间的边缘似然率（观测资料在参数上的边缘分布）。
- "使用上述两种方法"单选按钮。选择此选项，将同时使用描述后验分布的特征和估计贝叶斯因子两种推断方法。

（4）参数标准设置。

单击"条件"按钮，打开"贝叶斯线性回归模型：条件"对话框，如图11-26所示。在"置信区间百分比"框中指定置信区间的百分比，系统默认值为95。

图11-25　"关于线性回归模型的贝叶斯推论"对话框

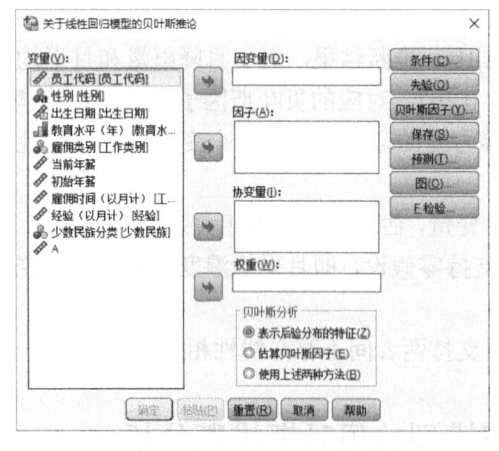

图11-26　"贝叶斯线性回归模型：条件"对话框

若在"贝叶斯分析"栏中选择了"估算贝叶斯因子"单选按钮或"使用上述两种方法"单选按钮，则"数值方法"栏中的"容差"框和"最大迭代次数"框将被激活。

- 在"容差"框中输入一个值，指定数值方法的容差值，系统默认值为0.000001。
- 在"最大迭代次数"框中输入一个值，指定数值方法的最大迭代次数。该值必须为正整数，系统默认值为 2000。

单击"继续"按钮，返回"关于线性回归模型的贝叶斯推论"对话框。

（5）先验分布设置。

单击"先验"按钮，打开"贝叶斯线性回归模型：先验分布"对话框，如图 11-27 所示，设置回归参数和误差方差的先验分布。

需要注意的是，仅当在"贝叶斯分析"栏中选择"表示后验分布的特征"单选按钮时，以下选项才被激活。

"先验分布"栏中有如下两个选项。

- "参考先验"单选按钮。选择此选项，将参考先验分布分析生成客观的贝叶斯推断。推断报告只取决于采用的模型和现有数据，被用来作为推断依据的先验分布的信息量可以是最少的。系统默认选择此选项。
- "共轭先验"单选按钮。选择此选项，可自定义共轭先验分布。共轭先验采用正态逆伽马联合分布。虽然在执行贝叶斯更新时无须进行共轭先验，但是该过程对计算过程有利。

需要注意的是，为了指定线性回归模型的共轭先验，可在"先验误差方差"栏中设置回归参数的预期平均值，还可以使用在"协方差矩阵"表中设置的方差指定先验的方差-协方差。

- 在"先验误差方差"栏中，可对形状参数和刻度参数进行以下设置。
    - 在"形状参数"框中输入逆伽马分布的形状参数 $a_0$。必须输入一个大于 0 的值。
    - 在"标度参数"框中输入逆伽马分布的刻度参数 $b_0$。必须输入一个大于 0 的值。刻度参数越大，分布越分散。
- 在"先验回归参数"栏的"回归参数的平均值（包括截距）"表中，为了定义回归参数，指定平均值向量 $\theta_0$。值的数量必须与回归参数的数量相符，包括截距项。第一个变量名称始终是 INTERCEPT（截距）。从第二行起，"变量"列自动使用"因子"框和"协变量"框中的变量进行填充。"平均值"列不包括任何默认值。

    单击右边的"重置"按钮，可清除"平均值"列中输入的值。
- 在"先验回归参数"栏的"协方差矩阵：$\sigma x^2$"表中指定多变量正态先验的协方差矩阵中下三角形中的 $v_0$ 值。注意，$v_0$ 必须为半正定的。每行的最后一个值必须为正。下一行应比上一行多一个值。对于参考类别（如果有），不会指定任何值。

    单击其右侧的"重置"按钮，可清除该表中的值。
- "使用恒等矩阵"复选框。选择此选项，将使用尺度单位矩阵。不能在多变量正态先验的协方差矩阵中的下三角形中指定 $v_0$ 值。

单击"继续"按钮，返回"关于线性回归模型的贝叶斯推论"对话框。

（6）贝叶斯因子参数设置。

单击"贝叶斯因子"按钮，打开"贝叶斯线性回归模型：贝叶斯因子"对话框，如图 11-28 所示，指定用于分析的模型设计，包括用于估计贝叶斯线性回归模型的贝叶斯因子的方法。以下选项仅在在"贝叶斯分析"栏中选择"估算贝叶斯因子"单选按钮或"同时使用两种方法"单选按钮时被激活。

"零假设下的模型"栏中有如下选项。

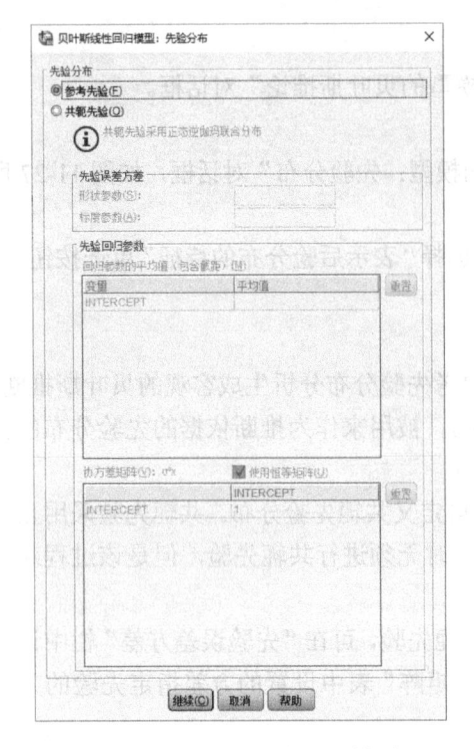

图 11-27 "贝叶斯线性回归模型：
先验分布"对话框

图 11-28 "贝叶斯线性回归模型：
贝叶斯因子"对话框

- "原模型"单选按钮。选择此选项，将根据零假设模型估计贝叶斯因子。系统默认选择此选项。
- "全模型"单选按钮。选择此选项，将根据全模型及选择使用的附加因子变量、协变量估计贝叶斯因子。
- "变量"框中列出了所有可用于全模型的变量。
- "其他因子"框。从"变量"框中选择作为附加因子的变量送入此框。
- "其他协变量"框。从"变量"框中选择作为附加协变量的变量送入此框。

在"计算"栏中指定估计贝叶斯因子的方法。

- "JZS 方法"单选按钮。选择此选项，将调用 Zellner-Siow 方法估计贝叶斯因子。系统默认选择此选项。
- "Zellner 方法"单选按钮。选择此选项，将调用 Zellner 方法估计贝叶斯因子，同时需要在"g 先验值"框中输入一个大于 0 的值（没有默认值）。
- "超先验方法"单选按钮。选择此选项，将调用超-g 方法估计贝叶斯因子，同时需要在"形状参数"框中输入一个值，以指定逆伽马分布的形状参数 $a_0$。该值必须是一个大于 0 的值，系统默认值为 3。
- "Rouder 方法"单选按钮。选择此选项，将调用 Rouder 方法估计贝叶斯因子，同时需要在"标度参数"框中输入一个值，以指定逆伽马分布形状参数 $b_0$。该值必须是一个大于 0 的值（系统默认值为 1）。

单击"继续"按钮，返回"关于线性回归模型的贝叶斯推论"对话框。

（7）保存统计量设置。

单击"保存"按钮，打开"贝叶斯线性回归模型：保存"对话框，如图 11-29 所示，为贝叶斯预测分布指定需要在当前数据文件中存储的统计量，并将模型信息导出到一个.xml 格式的文件中。

在"后验预测统计"表中勾选需要存储的由贝叶斯分析得到的统计量对应的"保存"复选框。

- 勾选"平均值"对应的"保存"复选框，将存储后验预测分布的平均值。
- 勾选"方差"对应的"保存"复选框，将存储后验预测分布的方差。
- 勾选"众数"对应的"保存"复选框，将存储后验预测分布的众数。
- 勾选"置信区间下限"对应的"保存"复选框，将存储后验预测分布置信区间的下限。
- 勾选"置信区间上限"对应的"保存"复选框，将存储后验预测分布置信区间的上限。

在"定制变量名称"列对应的单元格中，可以为每个统计量设置相应变量名。

在"将模型信息导出到 XLM 文件"框中输入记录方差-协方差矩阵参数的.xml 文件名和位置。

单击"继续"按钮，返回"关于线性回归模型的贝叶斯推论"对话框。

（8）设置回归变量值。

单击"预测"按钮，打开"贝叶斯线性回归模型：预测"对话框，如图 11-30 所示，指定回归变量的值。

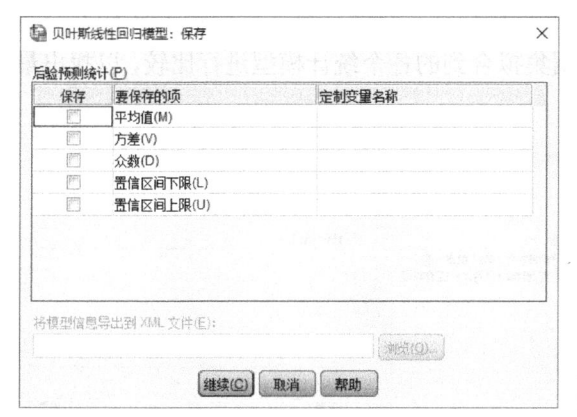

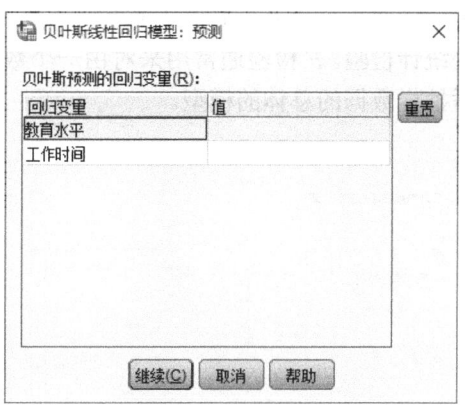

图 11-29　贝叶斯线性回归模型：保存对话框　　图 11-30　"贝叶斯线性回归模型：预测"对话框

"贝叶斯预测的回归变量"表中列出了所有可使用的回归变量。"回归变量"列自动列出了某些在"关于线性回归模型的贝叶斯推论"对话框中"其他因子"框和"其他协变量"框中的变量。"值"列用于指定观察到的向量。每个回归变量可以指定一个值或字符，并且允许仅预测一个样品。对于因子变量而言，值和字符都可以。对于协变量而言，只能指定数值。

单击"重置"按钮，可清除已定义的值。

为了运行预测（通过单击"继续"按钮实现），必须指定所有或全部"回归变量"列中对应变量的"值"。

当在"关于线性回归模型的贝叶斯推论"对话框的"其他因子"框和"其他协变量"框中移除某变量时，该变量也将从"贝叶斯预测的回归变量"表的"回归变量"列中移除。

单击"继续"按钮,返回"关于线性回归模型的贝叶斯推论"对话框。

(9) 设置输出图的数量。

单击"图"按钮,打开"贝叶斯线性回归模型:图"对话框,如图 11-31 所示,设置输出图的数量。

"协变量"框中列出了当前定义的协变量。

从"协变量"框中选择要绘制图的协变量,并将其送入"图协变量"框。

"因子"框中列出了当前定义的因子变量。

从"因子"框中选择要绘制图的因子变量,并将其送入"图因子"框。

在"要绘制的最大类别数"框中设置需要绘制的最大类别数。该设置适用于所有因子变量。系统默认值为 2,表示为每个因子变量绘制前 2 个水平的图。

"包含以下图"栏中包括以下 3 个选项。

- "截距项"复选框。选择此选项,将绘制截距项图。
- "误差项方差"复选框。选择此选项,将绘制误差的方差图。
- "贝叶斯预测分布"复选框。选择此选项,将绘制预测分布图。仅当选择了有效的回归值时,才能选择此选项。

单击"继续"按钮,返回"关于线性回归模型的贝叶斯推论"对话框。

(10) 设置 $F$ 检验标准。

单击"F 检验"按钮,打开"贝叶斯线性回归模型:F 检验"对话框,如图 11-32 所示,创建一个或多个局部 $F$ 检验。$F$ 检验是检验任意一个统计量在零假设下具有 $F$ 分布的统计检验。$F$ 检验通常用来对由一个数据集拟合到的各个统计模型进行比较,以找出最适抽样数据的总体的模型。

图 11-31 "贝叶斯线性回归模型:图"对话框

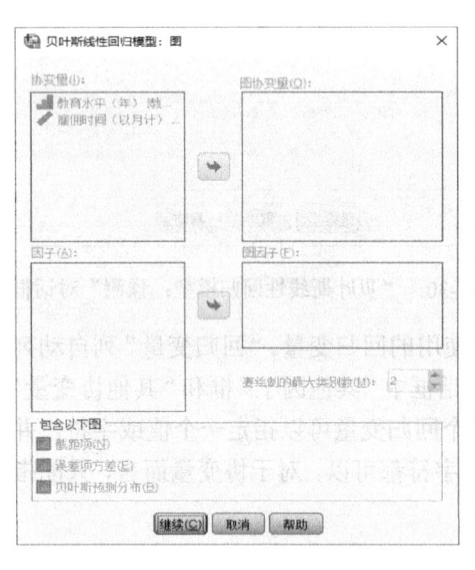

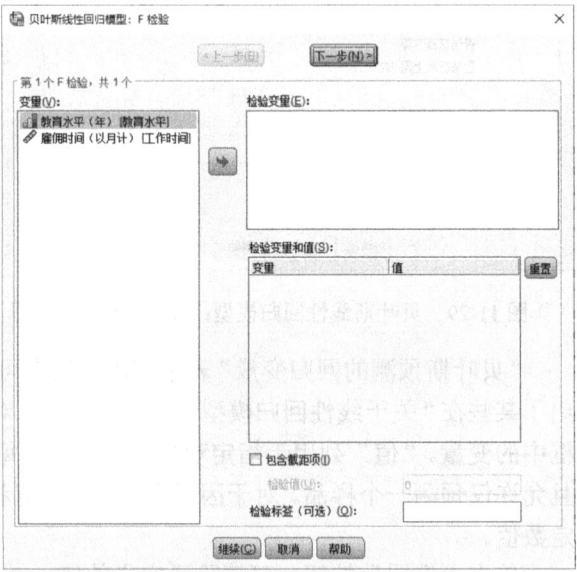

图 11-32 "贝叶斯线性回归模型:F 检验"对话框

"变量"框中列出了"关于线性回归模型的贝叶斯推论"对话框中的"因子"框和"协变量"框中的变量。当在"关于线性回归模型的贝叶斯推论"对话框的"因子"框和"协变量"框中添加或删除变量时,"贝叶斯线性回归模型:F 检验"对话框中的"变量"框中的变量也将进行相应更新。

从"变量"框中选择要检验的因子变量或协变量,将其送入"检验变量"框。

需要注意的是,若没有选择要检验的因子变量或协变量,必须勾选"包含截距项"复选框。

在"检验变量和值"表中指定要检验的值。值的数量必须与原始模型中的参数数量匹配。当指定数值时,第一个数值必须是为截距项指定的(在没有明确定义时,假设所有值都为 0)。

"包含截距项"复选框。选择此选项,在检验中将包含截距项。选择此选项后,需要在"检验值"框中输入一个数值。

在"检验标签(可选)"框中根据需要为每个检验指定一个标签。可以指定一个最大长度为 255 个字节的字符串值。每个 $F$ 检验只可以指定一个标签。

单击"继续"按钮,返回"关于线性回归模型的贝叶斯推论"对话框。

(11)单击"确定"按钮,提交系统运行,在"查看器"窗口中得到输出结果。

## 11.8.2 皮尔逊线性回归模型的贝叶斯推断分析实例

【例 7】 使用数据文件 data11-06,根据职工的教育水平和经验对他们当前年薪使用描述贝叶斯后验分布特征及估计贝叶斯因子两种方法进行回归。将回归模型与只包含截距项的空模型进行比较,估计回归参数的后验分布。

SPSS 中的具体操作步骤如下。

(1)打开数据文件 data11-06,按"分析→贝叶斯统计信息→线性回归"顺序单击,打开"关于线性回归模型的贝叶斯推论"对话框。

(2)在"变量"框中选择当前年薪变量,将其送入右侧的"因变量"框;选择教育水平变量、经验变量,将其送入"协变量"框。

(3)在"贝叶斯分析"栏中,选择"使用上述两种方法"单选按钮,即同时使用描述贝叶斯后验分布特征及估计贝叶斯因子两种方法进行贝叶斯分析。

(4)单击"图"按钮,打开"贝叶斯线性回归模型:图"对话框。将"协变量"框中的教育水平变量、经验变量送入"图协变量"框。确保"包含以下图"栏中的所有复选框处于取消勾选状态。

其他选项保持系统默认设置。

单击"继续"按钮,返回"关于线性回归模型的贝叶斯推论"对话框。

(5)单击"确定"按钮,提交系统运行,在"查看器"窗口中得到如表 11-16~表 11-19和图 11-33、图 11-34 所示的输出结果。

(6)结果分析。

由表 11-16 可知,贝叶斯因子为 $5.851 \times 10^{56}$。现有观测数据有极有力的证据支持检验模型。

表 11-17 所示为贝叶斯回归模型方差分析表,表明模型有统计学上的显著性意义($P=0.000$)。

表 11-16 贝叶斯因子模型摘要表

贝叶斯因子模型摘要[a,b]

| 贝叶斯因子[c] | R | R方 | 调整后R方 | 标准估算的错误 |
|---|---|---|---|---|
| 5.851E+56 | .664 | .441 | .439 | 83126.5133 |

a. 方法: JZS
b. 模型: (截距), 教育水平(年), 经验(以月计)
c. 贝叶斯因子: 检验模型与空模型 (截距)。

表 11-17 贝叶斯回归模型方差分析表

ANOVA[a,b]

| 源 | 平方和 | 自由度 | 均方 | F | 显著性 |
|---|---|---|---|---|---|
| 回归 | 2.572E+12 | 2 | 1.286E+12 | 186.132 | .000 |
| 残差 | 3.255E+12 | 471 | 6910017210 | | |
| 总计 | 5.827E+12 | 473 | | | |

a. 因变量: 当前年薪
b. 模型: (截距), 教育水平(年), 经验(以月计)

表 11-18 显示了关于回归参数的参考先验的位置值。教育水平和经验的回归参数的估计后验平均值分别为 26132.232 和 78.463。基于观测到的数据，回归参数贝叶斯估计的 95% 的置信区间分别为 (23441.688, 28822.776) 和 (4.249, 152.678)。

表 11-18 模型系数的贝叶斯估计

贝叶斯系数估算[a,b,c]

| 参数 | 后验 | | | 95% 置信区间 | |
|---|---|---|---|---|---|
| | 众数 | 平均值 | 方差 | 下限 | 上限 |
| (截距) | -136358.973 | -136358.973 | 404408737.2 | -175791.241 | -96926.706 |
| 教育水平(年) | 26132.232 | 26132.232 | 1882769.672 | 23441.688 | 28822.776 |
| 经验(以月计) | 78.463 | 78.463 | 1432.496 | 4.249 | 152.678 |

a. 因变量: 当前年薪
b. 模型: (截距), 教育水平(年), 经验(以月计)
c. 假设标准参考先验。

表 11-19 所示为贝叶斯误差方差估计值。

表 11-19 贝叶斯误差方差估计值

贝叶斯误差方差估算[a]

| 参数 | 后验 | | | 95% 置信区间 | |
|---|---|---|---|---|---|
| | 众数 | 平均值 | 方差 | 下限 | 上限 |
| 误差方差 | 6880799378 | 6939484234 | 2.062E+17 | 6105920784 | 7884996758 |

a. 假设标准参考先验。

图 11-33 和图 11-34 两个后验分布图解释了对观测数据感兴趣的参数的信息。

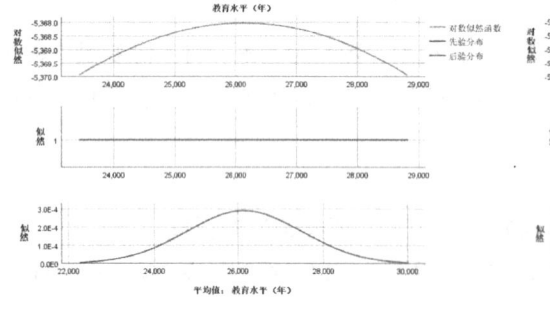

图 11-33 教育水平后验分布图 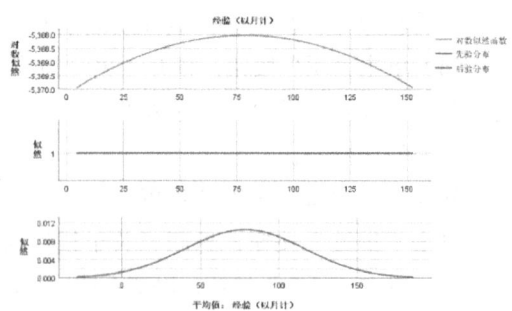　　　　图 11-34 经验的后验分布图

## 11.9　贝叶斯单因素方差分析

单因素方差分析过程使用独立变量为定量因变量产生一个单因素方差分析。方差分

析用来检验因素几个水平间的平均值相等的假设。SPSS 统计分析过程支持贝叶斯因子、共轭先验及无信息先验。

### 11.9.1 贝叶斯单因素方差分析过程

（1）建立或打开数据文件后，按"分析→贝叶斯统计信息→单因素 ANOVA"顺序单击，打开"贝叶斯单因素 ANOVA"对话框，如图 11-35 所示。

（2）在"变量"框中选择单个数值型变量，将其送入右侧的"因变量"框。必须至少选择一个变量。

从"变量"框中选择单个因子变量，将其送入右侧的"因子"框。必须至少选择一个变量。

从"变量"框中选择单个在回归中起权重作用的非字符串型变量，将其送入右侧的"权重"框。"权重"框中可以没有变量。

（3）在"贝叶斯分析"栏中选择期望进行贝叶斯分析的方法。

- "表示后验分布的特征"单选按钮。选择此选项，将从描述后验分布的特征的角度进行贝叶斯推断。用户可以通过整合其他多余参数来研究关注的参数的边缘后验分布，进一步构造贝叶斯置信区间，进而进行推断。系统默认选择此选项。
- "估算贝叶斯因子"单选按钮。选择此选项，将使用估计贝叶斯因子（贝叶斯推断中最著名的方法之一）构建一个似然比，以比较零假设和备择假设间的边缘似然率（观测资料在参数上的边缘分布）。
- "使用上述两种方法"单选按钮。选择此选项，将同时使用描述后验分布的特征和估计贝叶斯因子两种推断方法。

（4）参数标准设置。

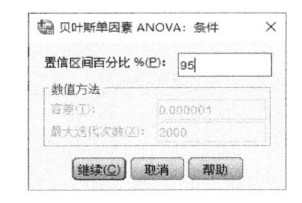

单击"条件"按钮，打开"贝叶斯单因素 ANOVA：条件"对话框，如图 11-36 所示。在"置信区间百分比%"框中输入置信区间的百分比，系统默认值为 95。

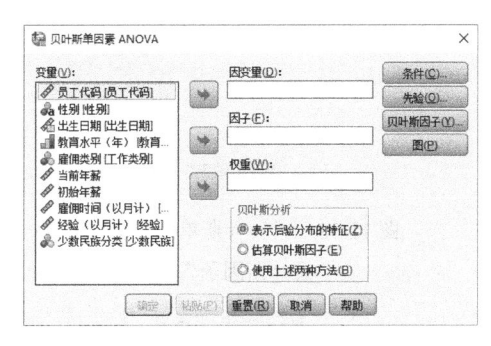

图 11-35 "贝叶斯单因素 ANOVA"对话框

图 11-36 "贝叶斯单因素 ANOVA：条件"对话框

如果在"贝叶斯分析"栏中，选择了"估算贝叶斯因子"单选按钮或"使用上述两种方法"单选按钮，"数值方法"栏中的"容差"框和"最大迭代次数"框将被激活。

- 在"容差"框中输入一个数值，指定数值方法的容差值。系统默认值为 0.000001。
- 在"最大迭代次数"框中输入一个数值，指定数值方法的最大迭代次数。该值必须为正整数。系统默认值为 2000。

单击"继续"按钮，返回"贝叶斯单因素 ANOVA"对话框。

(5) 先验分布设置。

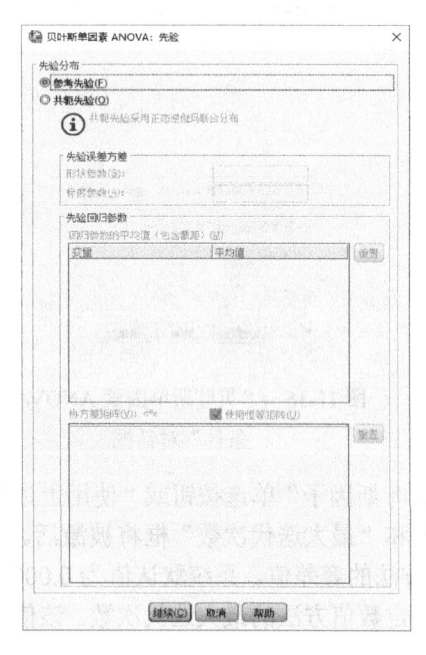

单击"先验"按钮,打开"贝叶斯单因素 ANOVA:先验"对话框,如图 11-37 所示,设置回归参数和误差方差的各项先验分布。

具体设置方法参见 11.8.1 节中的相关内容。

单击"继续"按钮,返回"贝叶斯单因素 ANOVA"对话框。

(6) 贝叶斯因子算法设置。

单击"贝叶斯因子"按钮,打开"贝叶斯单因素 ANOVA:贝叶斯因子"对话框,如图 11-38 所示。

在"计算"栏中选择估计贝叶斯因子的方法。

- "JZS 方法"单选按钮。选择此选项,将调用 Zellner-Siow 方法估计贝叶斯因子。系统默认选择此选项。
- "Zellner 方法"单选按钮。选择此选项,将调用 Zellner 方法估计贝叶斯因子,同时需要在"g 先验值"框中输入一个大于 0 的值(没有默认值)。
- "超先验方法"单选按钮。选择此选项,将调用超-g 方法估计贝叶斯因子,同时需要在"形状参数"框中输入一个数值,为逆伽马分布指定形状参数 $a_0$ 值。该值必须是一个大于 0 的值(系统默认值为 3)。
- "Rouder 方法"单选按钮。选择此选项,将调用 Rouder 方法估计贝叶斯因子,同时需要在"标度参数"框中输入一个数值,为逆伽马分布指定刻度参数 $b_0$ 值。该值必须是一个大于 0 的值(系统默认值为 1)。

单击"继续"按钮,返回"贝叶斯单因素 ANOVA"对话框。

(7) 输出图形设置。

单击"图"按钮,打开"贝叶斯单因素 ANOVA:图"对话框,如图 11-39 所示,对输出图进行设置。

图 11-37 "贝叶斯单因素 ANOVA:先验"对话框

图 11-38 "贝叶斯单因素 ANOVA:贝叶斯因子"对话框

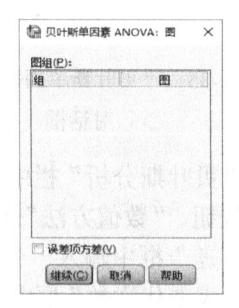

图 11-39 "贝叶斯单因素 ANOVA:图"对话框

在"图组"栏中指定要绘图的组。为指定组的平均值绘制似然比、先验分布图及后验分布图。"组"列是因子变量类别的子集，其格式应该与因子变量的数据类型和实际值一致。

勾选"误差项方差"复选框，将绘制误差的方差图。系统默认不勾选此复选框。当在"贝叶斯分析"栏中选择"估算贝叶斯因子"单选按钮时，此选项无法使用。

单击"继续"按钮，返回"贝叶斯单因素 ANOVA"对话框。

（8）单击"确定"按钮，提交系统运行，在"查看器"窗口中得到输出结果。

### 11.9.2 贝叶斯单因素方差分析实例

**【例 8】** 使用数据文件 data11-04，用描述贝叶斯特征和估计贝叶斯因子两种方法来推断不同工作类别对当前年薪的影响。

SPSS 中的具体操作步骤如下。

（1）打开数据文件 data11-04，按"分析→贝叶斯统计信息→单因素 ANOVA"顺序单击，打开"贝叶斯单因素 ANOVA"对话框。

（2）在"变量"框中选择当前年薪变量，将其送入右侧的"因变量"框；选择工作类别变量，将其送入"因子"框。

（3）在"贝叶斯分析"栏中，选择"使用上述两种方法"单选按钮。

其他选项保持系统默认设置。

（4）单击"确定"按钮，提交系统运行，在"查看器"窗口中得到如表 11-20～表 11-22 和图 11-40～图 11-43 所示的输出结果。

**表 11-20　贝叶斯单因素方差分析表**

**ANOVA**

| 当前年薪 | 平方和 | 自由度 | 均方 | F | 显著性 | 贝叶斯因子[a] |
|---|---|---|---|---|---|---|
| 组间 | 3.779E+12 | 2 | 1.889E+12 | 434.481 | .000 | 1.081E+104 |
| 组内 | 2.048E+12 | 471 | 4348611436 | | | |
| 总计 | 5.827E+12 | 473 | | | | |

a. 贝叶斯因子：JZS

**表 11-21　贝叶斯估计的系数**

**贝叶斯系数估算[a,b,c]**

| | | 后验 | | 95% 置信区间 | |
|---|---|---|---|---|---|
| 参数 | 众数 | 平均值 | 方差 | 下限 | 上限 |
| 工作类别 = 职员 | 180950.510 | 180950.510 | 12030731.74 | 174149.279 | 187751.740 |
| 工作类别 = 保管员 | 201102.778 | 201102.778 | 161746504.5 | 176164.932 | 226040.624 |
| 工作类别 = 经理 | 415855.685 | 415855.685 | 51989947.87 | 401717.255 | 429994.114 |

a. 因变量：当前年薪
b. 模型：工作类别
c. 假设标准参考先验。

**表 11-22　误差方差的贝叶斯估计**

**贝叶斯误差方差估算[a]**

| | | 后验 | | 95% 置信区间 | |
|---|---|---|---|---|---|
| 参数 | 众数 | 平均值 | 方差 | 下限 | 上限 |
| 误差方差 | 4330224073 | 4367155621 | 8.168E+16 | 3842577542 | 4962185481 |

a. 假设标准参考先验。

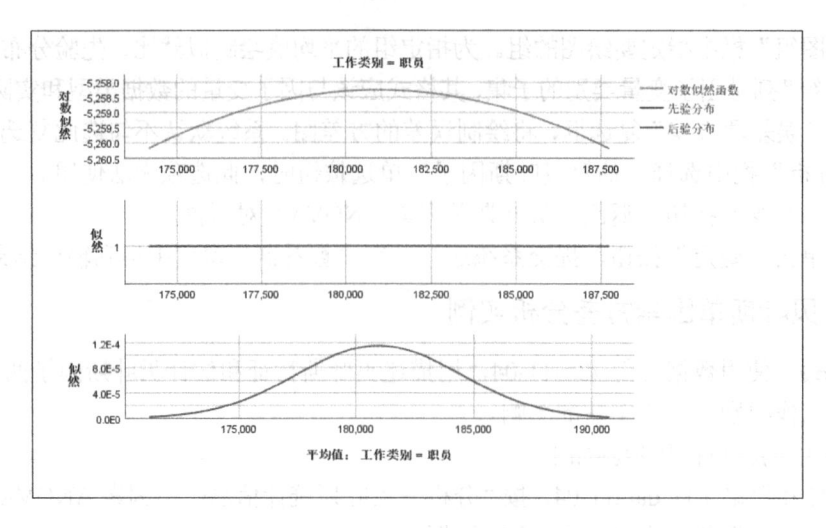

图 11-40 职员当前年薪后验分布图

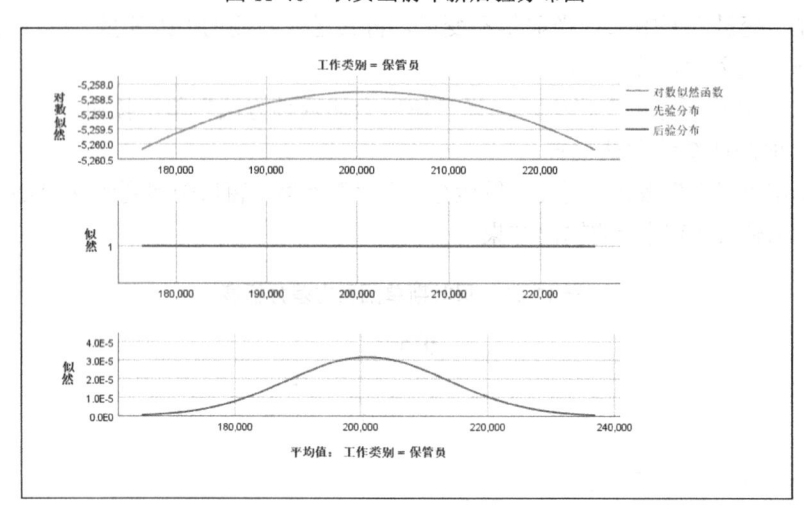

图 11-41 保管员当前年薪后验分布图

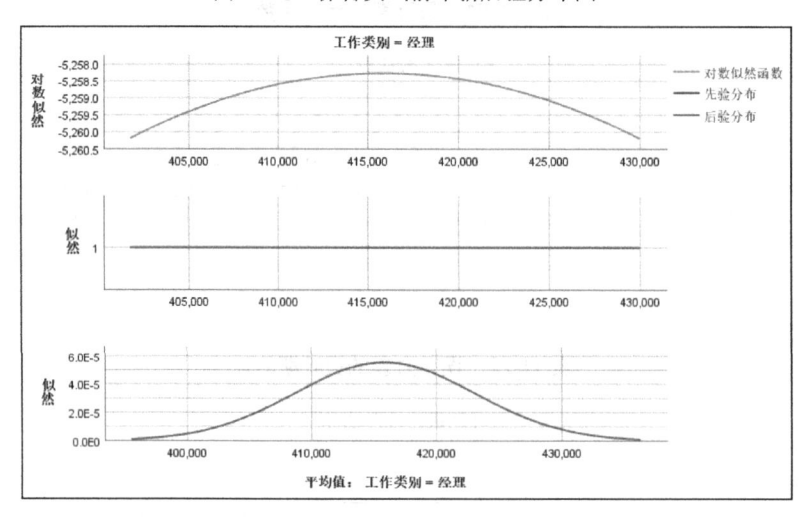

图 11-42 经理当前年薪后验分布图

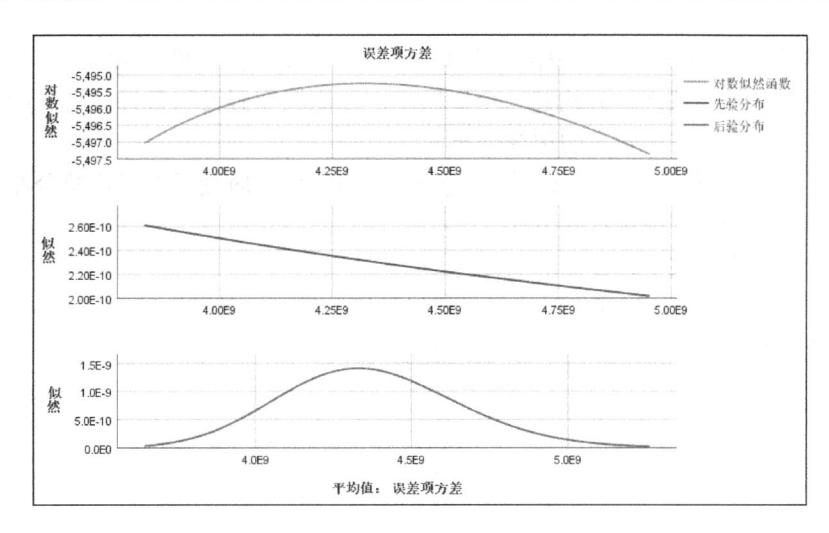

图 11-43　误差方差后验分布图

（5）结果分析。

由表 11-20 可知，方差分析有显著性意义（$P=0.000$），贝叶斯因子方法估计了检验模型与零假设模型的几率，因贝叶斯因子为 $1.081 \times 10^{104}$，极有力地支持了备择假设，即至少有两个水平均值间存在显著性差异。

表 11-21 所示为贝叶斯估计的系数。经理的平均工资（415855.685）明显高于保管员和职员的平均工资。

表 11-22 所示为误差方差的贝叶斯估计。

图 11-40～图 11-43 所示的后验分布图用图示的方式展示了感兴趣的参数的信息。

## 11.10　贝叶斯对数线性回归模型分析

若想检验两个因素的独立性，需要用两个类别变量构造一个交叉表，并对行、列的关联关系进行贝叶斯推断。可以通过假设不同的模型来估计贝叶斯因子，并通过模拟同步交互作用项的置信区间来描述期望的后验分布。

### 11.10.1　贝叶斯对数线性回归模型分析过程

（1）建立或打开数据文件后，按"分析→贝叶斯统计信息→对数线性模型"顺序单击，打开"贝叶斯对数线性回归模型"对话框，如图 11-44 所示。

（2）在"变量"框中选择一个非刻度变量，将其送入右侧的"行变量"框。必须至少选择一个非刻度变量。

在"变量"框中选择一个非刻度变量，将其送入右侧的"列变量"框。必须至少选择一个非刻度变量。

（3）在"贝叶斯分析"栏中选择期望进行贝叶斯分析的方法。

- "表示后验分布的特征"单选按钮。选择此选项，将从描述后验分布的特征的角度进行贝叶斯推断。用户可以通过整合其他多余参数来研究关注的参数的边缘后验分布，进一步构造贝叶斯置信区间，进而进行推断。系统默认选择此选项。

- "估算贝叶斯因子"单选按钮。选择此选项,将使用估计贝叶斯因子(贝叶斯推断中最著名的方法之一)构建一个似然比,以比较零假设和备择假设间的边缘似然率(观测资料在参数上的边缘分布)。
- "使用上述两种方法"单选按钮。选择此选项,将同时使用描述后验分布的特征和估计贝叶斯因子两种推断方法。

(4)回归模型算法中收敛标准的设置。

单击"条件"按钮,打开"贝叶斯对数线性回归模型:条件"对话框,如图11-45所示,为贝叶斯对数线性模型指定以下分析条件。

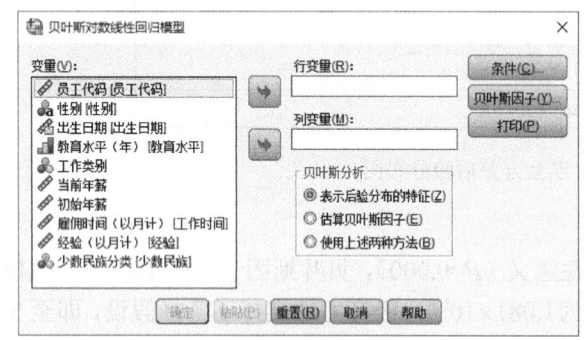

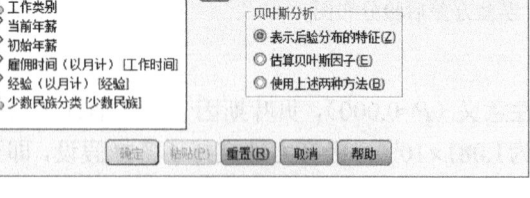

图11-44 "贝叶斯对数线性回归模型"对话框

图11-45 "贝叶斯对数线性回归模型:条件"对话框

在"置信区间百分比%"框中指定置信区间的百分比,系统默认值为95。

若在"贝叶斯分析"栏中,选择了"估算贝叶斯因子"单选按钮或"使用上述两种方法"单选按钮,则"数值方法"栏中的"容差"框和"最大迭代次数"框将被激活。

"数值方法"栏用来指定计算积分的数值方法。

- "设置定制种子"复选框。选择此选项,可以在"种子"框中输入一个随机的种子值。该数值必须是一个正整数。系统默认值为2000000。
- "容差"框。在此框中输入一个数值,指定数值方法的容差值,系统默认值为0.000001。
- "最大迭代次数"框。在此框中输入一个数值,指定数值方法的最大迭代次数。该数值必须为正整数,系统默认值为2000。
- "模拟为后验分布的样本数"框。在此框中输入一个数值,指定用于得到期望后验分布的样本数,系统默认值为10000。

在"格式"栏中选择是按升序显示分类变量的类别,还是按降序显示分类变量的类别。系统默认按升序显示分类变量的类别。

单击"继续"按钮,返回"贝叶斯对数线性回归模型"对话框。

(5)模型及分布设置。

单击"贝叶斯因子"按钮,打开"贝叶斯对数线性回归模型:贝叶斯因子"对话框,如图11-46所示,为观测到的数据指定假设的(泊松分布、多项或非参数)模型。系统默认选择"多项模型"单选按钮。以下选项仅在"贝叶斯对数线性回归模型"对话框的"贝叶斯分析"栏中选择"估算贝叶斯因子"单选按钮或"同时使用两种方法"单选按钮时才被激活。

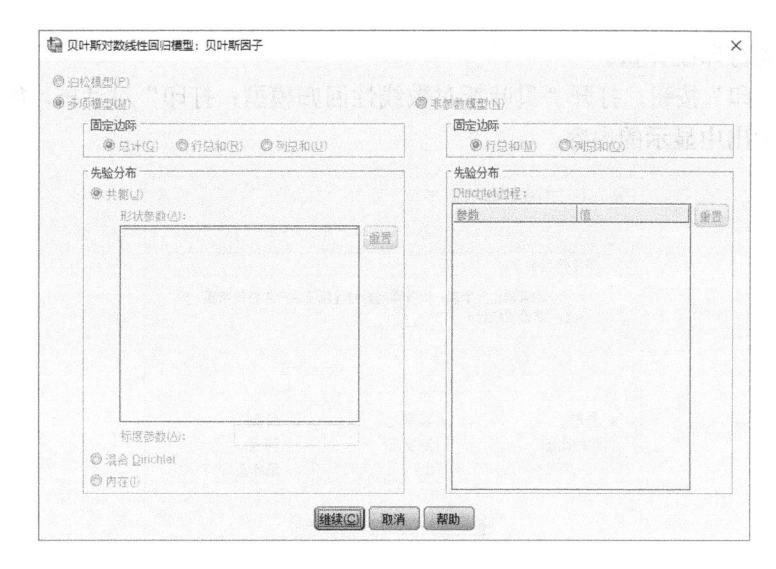

图 11-46 "贝叶斯对数线性回归模型：贝叶斯因子"对话框

① "泊松模型"单选按钮。选择此选项，将假设观测到的数据为泊松分布模型。

② "多项模型"单选按钮。选择此选项，将假设观测到的数据为多项分布模型。

在"固定边际"栏中从"总计"单选按钮、"行总和"单选按钮、"列总和"单选按钮中选择一个，以指定交叉表的固定边缘合计。系统默认选择"总计"单选按钮。

当在"贝叶斯对数线性回归模型"对话框的"贝叶斯分析"栏中选择"估算贝叶斯因子"单选按钮时，可以在"先验分布"栏中选择先验分布种类。

- "共轭"单选按钮。选择此选项，将指定共轭先验分布。使用"形状参数"表来为伽马分布的指定形状参数 $a$。当将共轭分布作为先验分布类型时，必须指定形状参数。当指定单个值时，所有 $a$ 都假设等于这个值。系统默认 $a=1$。如果需要指定多个值，那么用空格来分隔。"形状参数"表的每行和每列中指定的数值数量必须与交叉表的维度匹配。所有指定的数值必须大于 0。

  单击"重置"按钮，可清除"形状参数"表中设置的值。

- "标度参数"框。在此框中输入一个值为伽马分布指定刻度参数 $b$。必须指定单个大于 0 的数值。

- "混合 Dirichlet"单选按钮。选择此选项，将指定混合 Dirichlet 先验分布。

- "内在"单选按钮。选择此选项，将指定一个内在的先验分布。

③ "非参数模型"单选按钮。当选择此选项时，将假设观测到的数据为非参数模型。

在"固定边际"栏中从"行总和"单选按钮和"列总和"单选按钮中选择一个，以指定交叉表的固定边缘合计。系统默认选择"行总和"单选按钮。

在"先验分布"栏中的"Dirichlet 过程"表中，为 Dirichlet 先验分布指定参数 $\lambda$。当选择"非参数模型"单选按钮时，必须指定先验分布参数。当指定单个数值时，假设所有 $\lambda$ 都等于这个数值。系统默认 $\lambda=1$。如果需要指定多个值，那么用空格分隔。所有指定的数值必须大于 0。"Dirichlet 过程"表的每行和每列中指定的数值数量必须与交叉表的维度匹配，而列或行在交叉表中是不固定的。

单击"重置"按钮，可清除"Dirichlet 过程"表中设置的值。

单击"继续"按钮，返回"贝叶斯对数线性回归模型"对话框。

(6) 设置打印统计量。

单击"打印"按钮,打开"贝叶斯对数线性回归模型:打印"对话框,如图11-47所示,选择在输出中显示的内容。

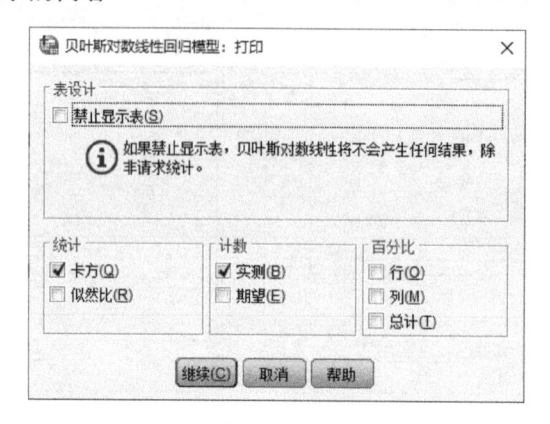

图11-47 "贝叶斯对数线性回归模型:打印"对话框

① "表设计"栏。
- "禁止显示表"复选框。选择此选项,输出中将不包含交叉表。系统默认不勾选本复选框。

勾选"禁止显示表"复选框,对如下设置无影响。

② "统计"栏。在此栏中指定检验独立性的统计量。
- "卡方"复选框。选择此选项,将计算皮尔逊卡方统计量、自由度,以及双尾渐近的显著性水平。对于2×2交叉表,选择此选项,还会计算耶茨连续修正的统计量、自由度,以及相关的双尾渐近的显著性水平。对于2×2交叉表,若至少有一个期望单元格的合计数小于5,选择此选项,还可计算费希尔精确检验双尾和单尾精确的显著性水平。
- "似然比"复选框。选择此选项,将计算似然比检验统计量、自由度,以及双尾渐近的显著性水平。

③ "计数"栏。在此栏中指定交叉表中包括的计数类型。
- "实测"复选框。选择此选项,交叉表中将包括观测单元计数。
- "期望"复选框。选择此选项,交叉表中将包括期望单元计数。

④ "百分比"栏。在此栏中指定交叉表中包括的百分比类型。
- "行"复选框。选择此选项,交叉表中将包括行百分比。
- "列"复选框。选择此选项,交叉表中将包括列百分比。
- "总计"复选框。选择此选项,交叉表中将包括总计百分比。

单击"继续"按钮,返回"贝叶斯对数线性回归模型"对话框。

(6) 单击"确定"按钮,提交系统运行,在"查看器"窗口中将得到输出结果。

## 11.10.2 贝叶斯对数线性回归模型分析实例

【例9】 使用贝叶斯对数线性回归模型分析检验数据文件data11-06中性别和工作类别两个因素间的独立性。假设男性和女性的数量是固定的。

SPSS 中的具体操作步骤如下。

（1）打开数据文件 data11-06，按"分析→贝叶斯统计信息→对数线性模型"顺序单击，打开"贝叶斯对数线性回归模型"对话框。

（2）在"变量"框中选择性别变量，将其送入右侧的"行变量"框；选择工作类别变量，将其送入右侧的"列变量"框。

（3）在"贝叶斯分析"栏中，选择"估算贝叶斯因子"单选按钮。

（4）单击"条件"按钮，打开"贝叶斯对数线性回归模型：条件"对话框。在"格式"栏中选择"升序"单选按钮。

单击"继续"按钮，返回"贝叶斯对数线性回归模型"对话框。

（5）单击"贝叶斯因子"按钮，打开"贝叶斯对数线性回归模型：贝叶斯因子"对话框。选择"多项模型"单选按钮，假设观测到的数据为多项模型。在"固定边际"栏中选择"行总和"单选按钮。在"先验分布"栏中选择"混合 Dirichlet"单选按钮，其他选项保持系统默认设置。

单击"继续"按钮，返回"贝叶斯对数线性回归模型"对话框。

（6）单击"打印"按钮，打开"贝叶斯对数线性回归模型：打印"对话框。在"统计"栏中勾选"卡方"复选框、"似然比"复选框。其他选项均不选。

单击"继续"按钮，返回"贝叶斯对数线性回归模型"对话框。

（7）单击"确定"按钮，提交系统运行，在"查看器"窗口中得到如表 11-23～表 11-25 所示的输出结果。

表 11-23　样品摘要

个案处理摘要

| | N | 百分比 |
|---|---|---|
| 包括 | 474 | 100.0% |
| 排除 | 0 | 0.0% |
| 总计 | 474 | 100.0% |

表 11-24　性别与工作类别的交叉表

交叉表

| | | | 工作类别 | | | |
|---|---|---|---|---|---|---|
| | | | 职员 | 保管员 | 经理 | 总计 |
| 性别 | 女 | 计数 | 206 | 0 | 10 | 216 |
| | 男 | 计数 | 157 | 27 | 74 | 258 |
| 总计 | | 计数 | 363 | 27 | 84 | 474 |

表 11-25　两个因素的独立性检验

独立性检验[a]

| | 值 | 自由度 | 渐进显著性（双侧） |
|---|---|---|---|
| 贝叶斯因子 | .000[b] | | |
| 皮尔逊卡方 | 79.277[c] | 2 | .000 |
| 似然比 | 95.463 | 2 | .000 |

a. 列联表中的行总计是固定的。
b. 该分析检验独立性与关联，并假设 多项 模型和 Dirichlet 先验。
c. 0 个单元格 (0.0%) 的期望计数小于 5。最小期望计数为 12.304。

（8）结果分析。

表 11-23 所示为样品摘要，由此可知样本量及有效样本量均为 474，没有含有缺失值的观测。

表 11-24 所示为性别和工作类别交叉表，列出了性别与工作类别各水平对应的观测值合计数，因为根据抽样方案行合计是固定的，所以表的单元格数遵循独立的多项分布。

由表 11-25 可知，贝叶斯因子小于 0.001，这提供了极有力的证据支持备择假设，即性别和工作类别是相关的。皮尔逊卡方检验和似然比检验得到的 $P$ 值都小于 0.001，这表明可以拒绝两个因素间没有关联的零假设。

## 11.11 贝叶斯单因素重复测量方差分析

在贝叶斯单因素方差分析模型中，假设每个被试对象只有一个单一的测量值。但在调查研究多个不同时间点或不同条件下的平均响应的比较研究设计中，每个被试对象往往要被测试或调查多个水平的多个测量值。这在实际研究中是很常见的，因此需要用到重复测量方差分析方法。此时，贝叶斯单因素重复测量方差分析过程就有了用武之地。

当每个被试对象在每个时间点或条件下都只有一个单独的观测值时，就不用考虑被试对象与处理间的交互作用了。

### 11.11.1 贝叶斯单因素重复测量方差分析过程

（1）建立或打开数据文件后，按"分析→贝叶斯统计信息→单因子重复量数变异数分析"（"重复量数变异数分析"应译为"重复测量方差分析"）顺序单击，打开"贝叶斯单因子重复量数变异数分析"对话框，如图 11-48 所示。

（2）在"变量"框中至少选择两个重复测量变量，将其送入右侧的"重复测量"框。根据需要，在"变量"框中选择单个变量作为回归加权变量，将其送入右侧的"权重"框。"权重"框可以为空。

需要注意的是，"变量"框中显示了除字符串型变量外的所有变量。

（3）在"贝叶斯分析"栏中选择期望进行的贝叶斯分析方法。

- "表示后验分布的特征"单选按钮。选择此选项，将从描述后验分布的特征的角度进行贝叶斯推断。用户可以通过整合其他多余参数来研究关注的参数的边缘后验分布，进一步构造贝叶斯置信区间，进而进行推断。系统默认选择此选项。
- "估算贝叶斯因子"单选按钮。选择此选项，将使用估计贝叶斯因子（贝叶斯推断中最著名的方法之一）构建一个似然比，以比较零假设和备择假设间的边缘似然率（观测资料在参数上的边缘分布）。
- "使用上述两种方法"单选按钮。选择此选项，将同时使用描述后验分布的特征和估计贝叶斯因子两种推断方法。

（4）算法收敛标准设置。

- 单击"条件"按钮，打开"贝叶斯单因子重复量数变异数分析：条件"对话框，如图 11-49 所示，为贝叶斯单因素重复测量方差分析指定以下分析条件。

在"置信区间百分比%"框中输入一个数，指定置信区间的百分比，系统默认值为95。

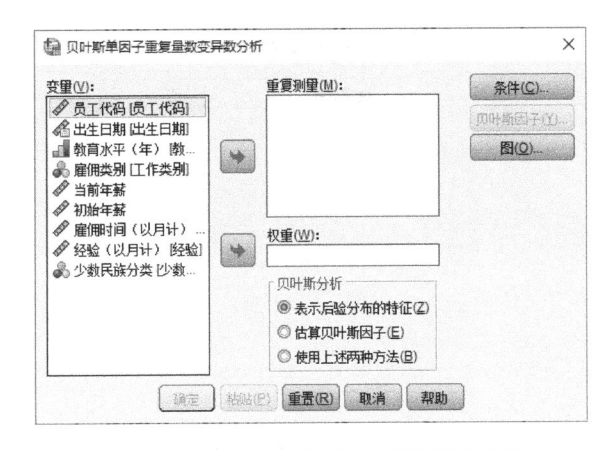

图 11-48　"贝叶斯单因子重复量数变异数
　　　　分析"对话框

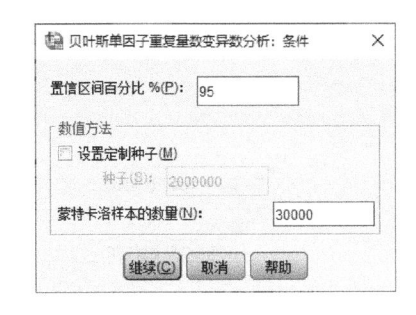

图 11-49　"贝叶斯单因子重复量
　　　　数变异数分析：条件"对话框

在"数值方法"栏中选择用于计算积分的数值方法。

- "设置定制种子"复选框。选择此选项，在"种子"框中输入一个数，自定义种子值。系统默认值为 2000000。此数值必须是介于 1～2147483647 的正整数。
- "蒙特卡洛样本的数量"复选框。在此框中输入一个值，为蒙特卡洛近似法指定抽样的样本数量。此数值必须是介于 $10^3$～$10^6$ 的正整数，系统默认值为 30000。

单击"继续"按钮，返回"贝叶斯单因子重复量数变异数分析"对话框。

（5）设置估计贝叶斯因子方法。

单击"贝叶斯因子"按钮，打开"贝叶斯单因子重复量数变异数分析：贝叶斯因子"对话框，如图 11-50 所示，指定用于估计贝叶斯单因素重复测量方差分析模型的贝叶斯因子的方法。仅当在"贝叶斯分析"栏中选择"估算贝叶斯因子"单选按钮或"使用两种方法"单选按钮时，以下选项才被激活。

- "贝叶斯信息标准（BIC）"单选按钮。选择此选项，将对重复测量设计使用扩展的 BIC 近似法来估计贝叶斯因子。本设置得到解释重复测量相关性的有效样本量，建议在两个竞争模型间选择估计 BIC 时改进惩罚项。系统默认选择此选项。
- "Rouder 混合设计"单选按钮。选择此选项，将为标准效应量使用多元一般柯西分布作为先验分布，以及对方差使用无信息先验。

需要注意的是，选择"Rouder 混合设计"单选按钮时，将忽略全局的频数权重设置和回归权重设置。

单击"继续"按钮，返回"贝叶斯单因子重复量数变异数分析"对话框。

（6）输出图数设置。

单击"图"按钮，打开"贝叶斯单因子重复量数变异数分析：图"对话框，如图 11-51 所示，对输出图进行设置，以说明各组平均值的后验分布。该对话框中的表列出了在"贝叶斯单因子重复量数变异数分析"对话框中从"变量"框送入"重复测量"框的所有变量。选择要绘图的重复测量变量。

单击"继续"按钮，返回"贝叶斯单因子重复量数变异数分析"对话框。

（7）单击"确定"按钮，提交系统运行，在"查看器"窗口中得到输出结果。

图 11-50 "贝叶斯单因子重复量数变异数分析：贝叶斯因子"对话框

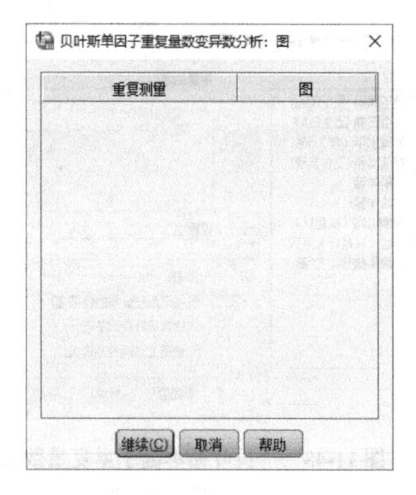

图 11-51 "贝叶斯单因子重复量数变异数分析：图"对话框

### 11.11.2 贝叶斯单因素重复测量方差分析实例

**【例 10】** 在一项记忆实验中，研究者用随机招募了多个参与实验的被试对象，基于 4 种精心设计的不同任务对每个被试对象得到了 4 组测量值。假设测量值服从正态分布。数据分析人员使用贝叶斯因子法来评估假设，并创建一个有意义的图表以可视化后验分布。

SPSS 中的具体操作步骤如下。

（1）打开数据文件 data11-07，按"分析→贝叶斯统计信息→单因子重复量数变异数分析"顺序单击，打开"贝叶斯单因子重复量数变异数分析"对话框。

（2）在"变量"框中选择变量任务 1～任务 4，将其送入右侧的"重复测量"框。

（3）在"贝叶斯分析"栏中，选择"使用上述两种方法"单选按钮。

（4）单击"贝叶斯因子"按钮，打开"贝叶斯单因子重复量数变异数分析：贝叶斯因子"对话框。选择"Rouder 混合设计"单选按钮。

单击"继续"按钮，返回"贝叶斯单因子重复量数变异数分析"对话框。

（5）单击"图"按钮，打开"贝叶斯单因子重复量数变异数分析：图"对话框。在"图"列选中变量任务 1～任务 4。

单击"继续"按钮，返回"贝叶斯单因子重复量数变异数分析"对话框。

（6）单击"确定"按钮，提交系统运行，在"查看器"窗口中得到如表 11-26～表 11-29 和图 11-52 所示的输出结果。

表 11-26 样品摘要

个案处理摘要

| | N | 百分比 |
|---|---|---|
| 包括 | 10 | 100.0% |
| 排除 | 0 | 0.0% |
| 总计 | 10 | 100.0% |

表 11-27 被试对象组内各水平的描述统计量

主体内因子级别的描述统计

| 因变量 | 平均值 | 标准偏差 | N | 最小值 | 最大值 |
|---|---|---|---|---|---|
| 任务1 | 6.6000 | 1.34990 | 10 | 5.00 | 9.00 |
| 任务2 | 6.5000 | 1.95789 | 10 | 4.00 | 10.00 |
| 任务3 | 5.5000 | 2.27303 | 10 | 2.00 | 9.00 |
| 任务4 | 5.0000 | 1.63299 | 10 | 3.00 | 7.00 |

（7）结果分析。

表 11-26 所示为样品摘要。从表 11-26 中可以看出，样本量和有效样本量均为 10。

表 11-28 贝叶斯因子和球形度检验

表 11-29 各组平均值的贝叶斯估计

贝叶斯因子和球形度检验

| | 贝叶斯因子[a] | Mauchly 球形度检验 | | | |
|---|---|---|---|---|---|
| | | Mauchly W[b] | 近似卡方 | 自由度 | 显著性 |
| 主体内效应 | 1.687 | .544 | 4.704 | 5 | .456 |

a. 方法：Rouder 法。样本数：10。种子值：606261721。检验模型与空模型。

b. Mauchly 检验使用等距多项式对比来检验以下原假设：正交化转换后因变量的误差协方差矩阵与恒等矩阵成比例。

各组平均值的贝叶斯估算[a]

| 因变量 | 众数 | 后验 | | 95% 置信区间 | |
|---|---|---|---|---|---|
| | | 平均值 | 方差 | 下限 | 上限 |
| 任务1 | 6.6000 | 6.6000 | .304 | 5.5202 | 7.6798 |
| 任务2 | 6.5000 | 6.5000 | .304 | 5.4202 | 7.5798 |
| 任务3 | 5.5000 | 5.5000 | .304 | 4.4202 | 6.5798 |
| 任务4 | 5.0000 | 5.0000 | .304 | 3.9202 | 6.0798 |

a. 后验分布是根据贝叶斯中心极限定理进行估算。

表 11-27 显示了各组平均值、标准差、样本量、最小值、最大值等基本描述统计量。

表 11-28 显示了贝叶斯因子和球形度检验结果，估计的贝叶斯因子约为 1.7，大于 1.0。因为贝叶斯方法估计了检验模型与零假设模型的几率，结果支持备择假设，即不是所有组的平均值都相同。但证据很弱，因为估计的贝叶斯因子小于 3.0。

表 11-29 所示为各组平均值的贝叶斯估计，列出了每个重复测量变量的后验统计量，包括平均值估计的 95% 置信区间。

图 11-52 所示为各组平均值的后验分布图，该图对后验分布间的差异进行了可视化。与任务 3 和任务 4 相比，任务 1 和任务 2 的后验平均值更接近，值得进行进一步研究。

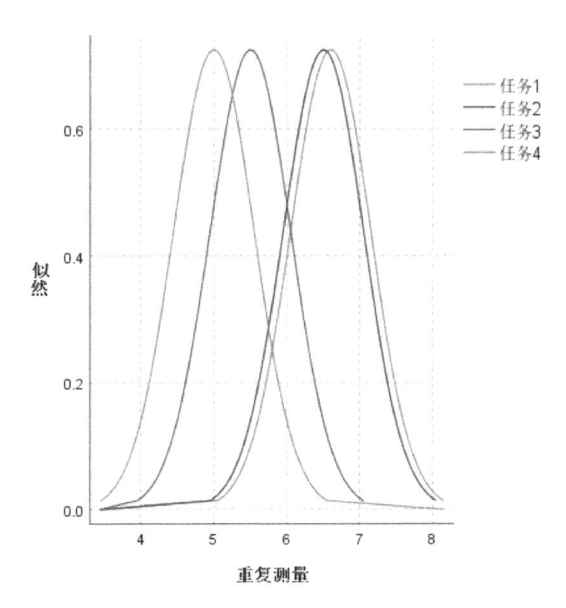

图 11-52 各组平均值的后验分布图

# 习 题 11

1. 贝叶斯公式是什么？
2. 在 SPSS 中贝叶斯推论包括哪些过程？
3. 利用数据文件 data11-03 中的数据，假设观察到的当前年薪和初始年薪均服从正态分布且初始年薪对数转换值的方差已知，用贝叶斯方法检验当前年薪和初始年薪的对数转换值的平均值是否分别为 12.2218 元和 11.3718 元。

4. 利用数据文件 data11-03 中的性别变量中的男性和女性数据，使用贝叶斯单样本二项分布推断分析检验员工总体中女性的比例，即观察样本所示的比例是服从零假设分布 B(2,2)，还是服从备择假设分布 B(5,5)。

# 附录 A  标准化、距离和相似性的计算

SPSS 中的许多分析使用了距离和相似性、不相似性的计算，如聚类分析、尺度分析等。

**1. 对于等间隔测量的变量（尺度变量，测量类型为 scale）计算距离的方法**

约定：距离或相似性公式中的 $x$、$y$ 均表示 $n$ 维空间中的两个点，$x_i$ 是点 $x$ 的第 $i$ 个变量的值，$y_i$ 是点 $y$ 的第 $i$ 个变量的值。

（1）Euclidean Distance（欧氏距离），两项间的距离是每个变量值之差的平方和的平方根：

$$\text{EUCLID}(x,y) = \sqrt{\sum_i (x_i - y_i)^2}$$

（2）Squared Euclidean Distance（欧氏距离平方），两项间的距离是每个变量值之差的平方和：

$$\text{SEUCLID}(x,y) = \sum_i (x_i - y_i)^2$$

（3）Cosine（cos 相似性测量），计算值向量间的余弦，值范围是 –1～1，值为 0 表示两向量正交（相互垂直）：

$$\text{COSINE}(x,y) = \frac{\sum_i (x_i y_i)^2}{\sqrt{\left(\sum_i x_i^2\right)\left(\sum_i y_i^2\right)}}$$

（4）Pearson Correlation（皮尔逊相关），计算值向量间的相关性，皮尔逊相关是线性关系的测量，值范围是 –1～1，值为 0 表示没有线性关系：

$$\text{CORRELATION}(x,y) = \frac{\sum_i (Z_{x_i} Z_{y_i})^2}{n-1}$$

（5）Chebychev（切贝谢夫距离），两项间的距离用最大的变量值之差的绝对值表示：

$$\text{CHEBYCHEV}(x,y) = \text{Max}_i |x_i - y_i|$$

（6）Block（布洛克距离），两项间的距离是每个变量值之差的绝对值总和：

$$\text{BLOCK}(x,y) = \sum_i |x_i - y_i|$$

（7）Minkowski（明可斯基距离），两项间的距离是各变量值之差的 $p$ 次方幂的绝对值之和的 $p$ 次方根：

$$\text{MINKOWSKI}(x,y) = \sqrt[p]{\sum_i |x_i - y_i|^p}$$

（8）Customized（自定义距离），两项间的距离用各项值之差的绝对值的 $p$ 次幂之和的 $r$ 次方根表示，$p$，$r$ 可以自己指定：

$$\text{MINKOSKI}(x,y) = \sqrt[r]{\sum_i |x_i - y_i|^p}$$

### 2. 两个计数变量的不相似性测量的方法

（1）Chi-Square Measure（卡方测量），用卡方值测量不相似性。该测量假设两个集的频数相等，测量产生的值是卡方值的平方根。这是系统默认的对计数变量的不相似性的测量方法，根据被计算的两个观测量或两个变量总频数计算其不相似性。期望值来自观测量或变量 $x$、$y$ 的独立模型，式中 $E(x_i)$ 和 $E(y_i)$ 为频数期望值：

$$\text{CHISQ}(x,y) = \sqrt{\frac{\sum_i (x_i - E(x_i))^2}{E(x_i)} + \frac{\sum_i (y_i - E(y_i))^2}{E(y_i)}}$$

（2）Phi-Square Measure（两组频数间的 $\Phi^2$ 测量），该测量考虑了减少样本量对测量值的实际预测频率减少的影响。该测量利用 $\Phi^2$ 除以联合频数的平方根，实现不相似性的卡方测量规范化。该值与参与计算不相似性的两个观测量或两个变量的总频数无关：

$$\text{PH2}(x,y) = \sqrt{\frac{\dfrac{\sum_i (x_i - E(x_i))^2}{E(x_i)} + \dfrac{\sum_i (y_i - E(y_i))^2}{E(y_i)}}{N}}$$

### 3. 二分变量的距离或不相似性测量的约定

（1）对于二分变量，系统默认用 1 表示某特性出现（或发生、存在等），用 0 表示某特性不出现（或不发生、不存在）。

（2）二分变量相似性或不相似性测量都基于一个四格表，如表 A-1 所示。

若对观测量进行计算，则需要对所有变量对各制作一个四格表。若对变量进行计算，则需要对所有观测量对各制作一个四格表。对每个四格表按选择的方法进行一次距离参数的计算，形成距离矩阵。例如，分析变量 $V$、$W$、$X$、$Y$、$Z$，观测量 1 的 5 个变量值顺序为 0、1、1、0、1；观测量 2 的 5 个变量值顺序为 0、1、1、0、0，其四格表如表 A-2 所示。

表 A-1 四格表

| 第一特性 | 第二特性 | |
|---|---|---|
| | 发生 | 不发生 |
| 发生 | a | b |
| 不发生 | c | d |

两个事件都发生的变量有 $W$、$X$，相应的四格表中的 $a$ 为 2；两个事件都不发生的变量有 $V$、$Y$，因此四格表中的 $d=2$；事件 1 发生，事件 2 不发生的变量是 $Z$，因此四格表中的 $b=1$；没有事件 1 不发生，事件 2 发生的变量，因此四格表中的 $c=0$。

表 A-2 例题数据中的两个观测量及对应的四格表

| 观测号 | 分析变量 | | | | | 第一特性 | 第二特性 | |
|---|---|---|---|---|---|---|---|---|
| | $V$ | $W$ | $X$ | $Y$ | $Z$ | | 发生 | 不发生 |
| 1 | 0 | 1 | 1 | 0 | 1 | 发生 | $a=2$ | $b=1$ |
| 2 | 0 | 1 | 1 | 0 | 0 | 不发生 | $c=0$ | $d=2$ |

（3）二分变量相似性或不相似性测量，或者二分变量距离测量算法的分类如下。
- 匹配系数的计算：RR、SM、SS1、RT、JACCARD、DICE、SS2、K1、SS3。
- 与条件概率有关的测量：K2、SS4、HAMANN。

- 与预测特性有关的测量：Y、Q、LAMBDA、D。
- 其他距离、相关等测量：BEUCLID、BSEUCLID、SIZE、PATTERN、BSHAPE、OCHIAI、SS5、PHI 等。

（4）在下面给出的公式中，作为自变量的 $x$ 和 $y$ 不一定指两个变量。如果根据观测量之间的相似性或距离可以观测量聚类，那么 $x$ 和 $y$ 就指两个观测量；如果根据两个变量的距离或相似性、二值相关性进行变量聚类，那么 $x$ 和 $y$ 就是两个变量。

（5）另外，四格表中联合发生的指 $a$，联合不发生的指 $d$，所有匹配的指 $a+d$，所有不匹配的指 $c+b$，$n=a+b+c+d$。

（6）按权重及分子分母特征归纳各计算方法，如表 A-3 所示。

表 A-3　匹配系数计算中的权重关系及分子、分母特征表

|  |  | 分子中不包括联合不发生的 $d$ | 分子中包括联合不发生的 $d$ |
|---|---|---|---|
| 分母中包括所有匹配的（$a$、$d$） | 匹配与不匹配的权重相等 | RR | SM |
|  | 匹配的双倍权重 | — | SS1 |
|  | 不匹配的双倍权重 | — | RT |
| 分母中不包括联合不发生的（$d$） | 匹配与不匹配的权重相等 | JACCARD | — |
|  | 匹配的双倍权重 | DICE | — |
|  | 不匹配的双倍权重 | SS2 | — |
| 分母中剔除所有匹配的（$a$、$d$） | 匹配与不匹配的权重相等 | K1 | SS3 |

### 4．二分变量的距离或不相似性测量的方法

（1）Euclidean Distance，二值欧氏距离，根据四格表计算：SQRT($b+c$)，式中 $b$ 和 $c$ 表示事件在一项中发生，在另一项中不发生的对角单元，最小值为 0，无上限。

（2）Squared Euclidean Distance，二值欧氏距离平方，计算的是不匹配事件的数目，其最小值为 0，无上限，数值等于 $b+c$。

（3）Size Difference，不对称指数，其范围为 0～1：

$$\text{SIZE}(x,y) = \frac{(b-c)^2}{n^2}$$

（4）Pattern Difference，不相似性测量，其值范围为 0～1，根据四格表计算 $bc/n^2$，式中 $b$ 和 $c$ 表示事件在一项中发生，在另一项中不发生的对角单元；$N$ 是观测量或总变量数。

（5）Variance，方差不相似性测量，根据四格表计算 $(b+c)/4n$，其范围为 0～1。

（6）Dispersion，是一个相似性指数，其范围为 –1～1：

$$\text{DISPER}(x,y) = \frac{ad-bc}{n^2}$$

（7）Shape，距离测量，无上、下限：

$$\text{BSHAPE}(x,y) = \frac{n(b+c)-(b-c)^2}{n^2}$$

（8）Simple Matching，匹配数与值的总数的比值，匹配与不匹配的权重相同：

$$\text{SM}(x,y) = \frac{a+d}{n}$$

（9）Phi 4-point Correlation，皮尔逊相关系数二值模拟，其范围为 –1～1：

$$\mathrm{PHI}(x,y) = \frac{ad-bc}{\sqrt{(a+b)(c+d)(a+c)(b+d)}}$$

（10）Lambda 数，是 Goodman 和 Kruskal's Gamma，是一种相似性测量，当预测方向同等重要时该系数估计的是用一项预测另一项的误差降低的比例，其范围为 0～1：

$$\mathrm{LAMBDA}(x,y) = \frac{t_1-t_2}{2n-t_2}$$

式中，$t_1$=Max($a,b$)+Max($c,d$)+Max($a,c$)+Max($b,d$)；$t_2$=Max($a+c,b+d$)+Max($a+d,c+d$)。

（11）Anderberg'D 统计量，类似于 Lambda 数，该指数取决于用一项预测另一项（在两个方向上进行预测）的误差降低的实际数值，其范围为 0～1：

$$D(x,y) = \frac{t_1-t_2}{2n}$$

式中，$t_1$，$t_2$ 的定义与（10）中的定义相同。

（12）Dice，该指数剔除了联合不发生，匹配双倍权重，类似于 Czekanowski 或 Sorensen 测量：

$$\mathrm{DICE}(x,y) = \frac{2a}{2a+b+c}$$

（13）Hamann，相似性测量，该指数为匹配数减去不匹配数除以总项数的值，其范围是-1～1：

$$\mathrm{HAMANN}(x,y) = \frac{(a+d)-(b+c)}{n}$$

（14）Jaccard，是一个不考虑联合不发生（$d$）的指数，匹配与不匹配具有相等权重，类似相似比：

$$\mathrm{JACCARD}(x,y) = \frac{a}{a+b+c}$$

（15）Kulczynski 1，是联合发生与非匹配数的比，下限为 0，无上限：

$$K1(x,y) = \frac{a}{b+c}$$

在理论上，对无不匹配的情况（$b$=0，$c$=0）没有定义。当值没有定义或大于 9999.999 时，软件赋值给该指数一个特定常数 9999.999。

（16）Kulczynski 2，相似性测量，该指数根据某特性在一项中出现的条件概率给出在其他项中出现的概率。在计算该指数时，若每一项作为其他项的预测值，则各值取其平均值：

$$K2(x,y) = \frac{a/(a+b)+a/(a+c)}{2}$$

（17）Lance and Williams，根据四格表计算($b+c$)/($2a+b+c$)，式中，$a$ 表示与事件在两项中都发生相对应的单元；$b$ 和 $c$ 表示事件在一项中发生且在另一项中不发生的对角单元。该测量值的范围为 0～1。例如，Bray-Curtis 非度量系数。

（18）Ochiai，该指数是余弦相似性测量的二元形式，范围为 0～1：

$$\mathrm{OCHIAI}(x,y) = \sqrt{\frac{a}{a+b}\cdot\frac{a}{a+c}}$$

（19）Rogers and Tanimoto，是一个为所有不匹配的（$b+c$）赋予双倍权重的指数：

$$\mathrm{RT}(x,y) = \frac{a+d}{a+d+2(b+c)}$$

（20）Russel and Rao，是内积（点积）的二元形式，对所有匹配的与所有不匹配的给予相等的权重，是二元相似数据的系统默认方法：

$$\mathrm{RR}(x,y) = \frac{a}{a+b+c+d}$$

（21）Sokal and Sneath 1，给所有匹配的以双倍权重的一种指数：

$$\mathrm{SS1}(x,y) = \frac{2(a+d)}{2(a+d)=b+c}$$

（22）Sokal and Sneath 2，给所有不匹配的以双倍权重的一种指数，且不考虑联合不发生的情况：

$$\mathrm{SS2}(x,y) = \frac{a}{a+2(b+c)}$$

（23）Sokal and Sneath 3，所有匹配的与所有不匹配的比，下限为 0，无上界：

$$\mathrm{SS3}(x,y) = \frac{a+d}{b+c}$$

在理论上，对无不匹配的情况没有定义。当值为未定义或大于 9999.999 时，软件给予该指数一个特定常数 9999.999。

（24）Sokal and Sneath 4，同一匹配状态（某特性出现或不出现）在另一项出现或不出现的条件概率。计算该指数时，若每一项作为其他项的预测值，则各项值取其平均值。该指数范围为 0～1：

$$\mathrm{SS4}(x,y) = \frac{a/(a+b) + a/(a+c) + d/(b+d) + d/(c+d)}{4}$$

（25）Sokal and Sneath 5，该指数是正负匹配的条件概率的几何平均值的平方，独立于项编码，值范围为 0～1：

$$\mathrm{SS5}(x,y) = \frac{ad}{\sqrt{(a+b)(c+d)(a+c)(b+d)}}$$

（26）Yule's Y，该指数是 2×2 交叉表交叉比的函数，且独立于边际总和，值范围为 –1～1：

$$Y(x,y) = \frac{\sqrt{ad} - \sqrt{bc}}{\sqrt{ad} + \sqrt{bc}}$$

（27）Yule's Q，该指数是 Goodman 和 Kruskal's Gamma 的特殊事件，是 2×2 交叉表交叉比的函数，且独立于边际总和，其值范围为 –1～1：

$$Q(x,y) = \frac{ad - bc}{ad + bc}$$

### 5. 对数据进行标准化的方法

（1）Z Scores，把数值标准化到 Z 分数。标准化后变量平均值为 0，标准差为 1。该值为每一个值减去正被标准化的变量或观测量的平均值，再除以其标准差。若原始数据的标准差为 0，则将所有值置为 0。

（2）Range –1 to 1，把数值标准化到 –1 至 1 范围内。选择该项，对每个值用正在被标准化的变量或观测量的值的范围去除。若范围为 0，则所有值不变。

（3）Maximum Magnitude of 1，把数值标准化到最大值为 1。该方法是把正在标准化的变量或观测的值用最大值去除。如果最大值为 0，则用最小值的绝对值除再加 1。

（4）Range 0 to 1，把数值标准化到 0 至 1 范围内，对于正在被标准化的变量或观测量的值，先减去正在被标准化的变量或观测量的最小值，然后除以范围。若范围是 0，则将所有变量值或观测量值设置为 0.5。

（5）Mean of 1，把数值标准化到平均值的一个范围内。对于正在被标准化的变量或观测量的值，除以正在被标准化的变量或观测量的值的平均值。若平均值是 0，则变量或观测量的所有值都加 1，使其平均值为 1。

（6）Standard Deviation of 1，把数值标准化到单位标准差。该方法对每个值除以正在被标准化的变量或观测量的标准差。若标准差为 0，则这些值保持不变。

# 参 考 文 献

[1] GEORGE A MORGAN,ORLANDO V GRIEGO. Easy use and interpretation of SPSS for Windows: answering research questions with statistics. London: Psychology Press, 1998
[2] Duncan CRAMER. Introducing statistics for social research: step-by-step calculations and computer techniques using SPSS. London: Routledge, 1994
[3] SAS Institute Inc. SAS/BASE guide for Personal Computer, 1988
[4] SAS Institute Inc. SAS/STAT Guide for Personal Computer, 1988
[5] SPSS Inc. SPSS Base 7.5 for Windows user's guide, 1997
[6] SPSS graphics. SPSS Inc, 1985
[7] MARIJA J NORUSIS. SPSS professional statistics Version 6.1. Chicago: SPSS, 1994
[8] NARESH K MALHOTRA. MARKETING RESEARCH. 北京：清华大学出版社，1998 年
[9] 卢纹岱，金水高. SAS/PC 统计分析实用技术. 北京：国防工业出版社，1996
[10] 高惠璇，李东风，耿直，等. SAS 系统与基础统计分析. 北京：北京大学出版社，1995
[11] 吴明隆. SPSS 系统应用务实. 北京：中国铁道出版社，2000 年
[12] 汪贤进. 常用统计方法手册. 杭州：浙江人民出版社
[13] DOUGLAS M BATES. 非线性回归分析及其应用. 北京：中国统计出版社，1998
[14] RATKOWSHY D A. 非线性回归模型. 南京：南京大学出版社，1986
[15] 郝德元. 教育与心理统计. 北京：教育科学出版社，1982
[16] ELISA T LEE. 生存数据分析的统计方法. 北京：中国统计出版社
[17] 孙尚拱. 实用多变量统计方法. 北京：中国医科大学与中国协和医科大学联合出版社，1990
[18] 吴国富. 实用数据分析方法. 北京：中国统计出版社
[19] 袁淑君. 数据统计分析——SPSS/PC$^+$原理及其应用. 北京：北京师范大学出版社，1995
[20] 周兆麟. 数理统计学. 北京：中国统计出版社，1987
[21] 张元. 田间实验与生物统计. 沈阳：东北师大出版社，1986
[22] 贾宏宇. 统计辞典. 上海：上海人民出版社，1986
[23] 郑家亨. 统计大辞典. 北京：中国统计出版社，1995
[24] DAVID F FREEDMEN. 统计学. 北京：中国统计出版社，1997
[25] 胡学锋. 统计学. 广州：中山大学出版社，1999
[26] 黄德霖. 统计学. 北京：人民日报出版社，1988
[27] 杨树勤. 卫生统计学. 北京：人民卫生出版社，1993
[28] 胡良平. 现代统计学与 SAS 应用. 北京：军事医学科学出版社，1996
[29] 方积乾. 医学统计学与电脑实验. 上海：上海科学技术出版社，1997
[30] 史秉璋. 医用多元分析. 北京：人民卫生出版社，1988

[31] 金丕焕. 医用统计方法. 上海：上海医科大学出版社，1992
[32] 贾怀勤. 应用统计学. 北京：对外贸易教育出版社
[33] WEISBERG S. 应用线性回归. 北京：中国统计出版社，1998
[34] 吴辉. 英汉统计词汇. 北京：中国统计出版社，1987
[35] 杨树勤. 中国医学百科全书——医学统计学. 上海：上海科学技术出版社，1985
[36] 机械电子工业部质量安全司. 最新质量统计技术及其应用. 北京：机械工业出版社，1992
[37] 柯惠新，丁立宏. 市场调查与分析，北京：中国统计出版社，2000
[38] 郑日昌，蔡永红，周益群. 心理测量学. 北京：人民教育出版社，1999
[39] 袁淑君，孟庆茂. 数据统计分析——SPSS/PC$^+$原理及其应用. 北京：北京师范大学出版社，1995
[40] 谢小庆. 信度估计的系数. 心理学报，1998，（30）2：193-196
[41] 侯杰泰. 信度与度向性：高 Alpha 量表不一定是单向度. 教育学报（香港），1995，（23），1：142
[42] JOHNSON R A，WICHERN D W. 实用多元统计分析（第四版）. 陆璇译. 北京：清华大学出版社. 2001
[43] 孙振球，徐勇勇. 医学统计学. 北京：人民卫生出版社，2002
[44] SPSS Inc. SPSS Advanced Models 10.0，2000
[45] SPSS Inc. SPSS Regression Models 10.0，2000
[46] 阮桂海，等. SPSS for Windows 高级应用教程. 北京：电子工业出版社，1998
[47] 孙明玺. 预测和评价. 浙江：浙江教育出版社，1986
[48] 于秀林，任雪松. 多元统计分析. 北京：中国统计出版社，1998
[49] 徐国祥. 统计预测和决策. 上海：上海财经大学出版社，1998
[50] GEORGE E P B. 时间序列分析预测与控制. 北京：中国统计出版社，1997
[51] 吴喜之. 非参数统计. 北京：中国统计出版社，1999
[52] DAVID R ANDERSON，DENNIS J SWEENEY，THOMAS A WILLIAMS，et al. 商务与经济统计（第七版）. 张建华，王健，等译. 北京：机械工业出版社，2000
[53] TERRY SINCICH. 例解商务统计. 陈鹤琴，罗明安，译. 北京：清华大学出版社，2001
[54] 韦来生，张伟平. 贝叶斯分析. 合肥：中国科学技术大学出版社，2017